# 中国历代谋士传 上

晁中辰　主编

辽宁人民出版社

© 晁中辰　2021

**图书在版编目（CIP）数据**

中国历代谋士传 / 晁中辰主编. —2版. —沈阳：
辽宁人民出版社，2021.5
ISBN 978-7-205-09757-8

Ⅰ.①中… Ⅱ.①晁… Ⅲ.①历史人物—列传—中国
—古代 Ⅳ.①K820.2

中国版本图书馆 CIP 数据核字（2021）第030159号

出版发行：辽宁人民出版社
　　　　　地址：沈阳市和平区十一纬路 25 号　邮编：110003
　　　　　电话：024-23284321（邮　购）　024-23284324（发行部）
　　　　　传真：024-23284191（发行部）　024-23284304（办公室）
　　　　　http://www.lnpph.com.cn
印　　刷：北京长宁印刷有限公司天津分公司
幅面尺寸：170mm×240mm
印　　张：41.75
字　　数：630千字
出版时间：2021 年 5 月第 2 版
印刷时间：2021 年 5 月第 1 次印刷
责任编辑：赵维宁
封面设计：乐　翁
版式设计：留白文化
责任校对：吴艳杰
书　　号：ISBN 978-7-205-09757-8
定　　价：99.80元（上、下册）

## 关于《回顾丛书》

约半年前，艾明秋女士来电，要我"再做点贡献"。小艾是辽宁人民出版社文史编辑室主任，也是我的第一本书《大汉开国谋士群》的责任编辑，我们的合作非常愉快，进而"成为生活中的益友"（张立宪语）。

对小艾的要求，我一向近乎有求必应。听她谈过初步设想后，觉得挺有意思，可以操作。随后，辽宁人民出版社副总编辑张洪兄来电，进一步讨论、商定了相关细则。这便是《回顾丛书》的由来。

《回顾丛书》拟每年出一辑，以经过时间和市场淘洗的旧书再版为主，新作为辅；以专著为主，文集为辅；以史为主，政治经济军事社会思想文学为辅。入选的各类书籍，都是我所感兴趣的，有料，有趣，有种。回顾的目的，当然是为了更好地前瞻、前行。

太白诗：却顾所来径，苍苍横翠微。2008 年初夏，收到首册样书时，欧洲杯激战方酣。去年秋天再版，新书出炉时，我正沿着 318 国道驱车前往珠峰大本营。此情此景，宛如昨日。我想，再过五年、十年，回过头来看这套《回顾丛书》，又会是什么心境呢？

是为序。

梁由之

2013 年 6 月 6 日，夏历癸巳蛇年芒种后一日，于深圳天海楼。

丛回
书顾

却顾所来径·苍苍横翠微

# 前　言

日本前首相吉田茂在《激荡的百年史》一书中曾说，中华民族“是东方最优秀的民族”。中华民族之所以优秀，不仅仅在于她勤劳、勇敢，而且在于她的智慧。这种智慧在历代谋士身上得到了典型的体现。

这里所说的谋士，不是指会要点小聪明的人，而是指为上司出谋划策、能谋善断，成就了一番大事业的谋略家。本书所选取的都是历代谋士中有代表性的人物。书中所述事迹都有史实根据，没有无中生有的编造。为了便于广大读者阅读，本书一改学术论文式的写作形式，力求通俗易懂，行文生动形象，不大段引用艰涩的古文，而在使用时译为白话。书中尽可能少加注释或不加注释，对所据主要文献在文后一并列出。

每篇都以时间为经，以人物事迹为纬，既简要交代出人物生活的大背景，又尽量突出谋士个人的活动。尤其是对于能影响事件进程的主要谋略多着笔墨，力求写出其谋略的主要影响和特征。

在一个竞争激烈的时代，谋略比知识显得更重要。谋略和知识是有区别的：知识是对已经存在的事物的了解，谋略则是对尚未发生的事件的预测和判断；讲知识是为了求知，讲谋略是为了致用。谋略是对知识的综合运用，但又不完全受知识的制约，而更主要的是谋士个人的敏锐和随机应变。从书中可以看出，有的谋士并不是学富五车的饱学之士，但却往往能料事如神，出奇制胜。

中国自古以来就十分重视谋略，视谋略为国家兴亡、事业成败的关键。《孙子兵法》实际上就是讲谋略的军事教科书。书中提到："上兵伐谋，其次伐交，其次伐兵。"这里所说的"上兵伐谋"，就是要达到"不战而屈人之兵"的目的，自然是"善之善者也"。中国还流行着一句俗语："狭路相逢勇者胜，势均力敌谋者成。"这都强调了谋略的重要。

谋略与通常的道德观念是格格不入的。道德观念温情脉脉，而谋略则显得严酷和冷峻。这是因为，谋略面对的是敌对营垒，而不是亲朋好友，所以总是"策划于密室"，唯恐让外人知道。从这个意义上来说，就是"阴谋"。泄谋历来为兵家之大忌。但是，这里所说的谋略，要比一般阴险小人的阴谋诡计高明和博大，而且面对的主要是敌对营垒，故能为大家所接受和欣赏，视之为制胜的必要手段。

中国历史上存在着发达的谋略文化。它是中国大文化的一部分，文化蕴含十分深厚。看一下春秋战国时期的历史舞台就不难发现，活跃于舞台上的主要就是一些谋士。他们四处游说，兜售自己富国强兵、克敌制胜的谋略，希求一用。当他们不能被任用时，就显得栖栖惶惶，就苦恼，就"孤愤"。中国的谋略文化与西方的宗教文化不同，强调的是人事，是"治国安邦平天下"，强国富民。正因如此，一些谋略家对推动中国历史的发展起到有益的作用。

谋士们都有几个共同的特点。一是功利性，或称之为实用性。他们设谋都是以利害为出发点，目标是夺取胜利。为了实现这种目标，他们对天、地、人及各种事物的考察都带有功利化的色彩。二是竞争性。谋士最活跃的时期就是竞争最激烈的时期。为了进取，为了克敌制胜，谋士的谋略就闪烁起耀眼的光彩。三是灵活性，或称之为随机性。对于谋士来说，任何理论和经验都只具有相对的、有限的意义。他们更主要的是依靠对形势的了解和直觉，在错综复杂和瞬息万变的情况下献计献策，以出奇制胜。四是保密性。谋士们都是密谋策划，泄密就意味着失败。

由于谋士个人接受的教育和信仰不同，其谋略也表现出不同的特色。例如，儒家以攻心为上，实际上就是将道德功利化。法家则较为严苛和冷酷，像吴起为了赢得鲁国信任而"杀妻求将"，这在儒家士人中就难以找到。道家更讲究以静制动，以柔克刚。魏晋时期崇尚黄老，王导和谢安都持之以静，缓和了南北士族和新旧士族之间的矛盾，使东晋政权获得百余年的安宁。信奉佛道学说的谋士不贪图禄位，像李泌、刘秉忠和明代的姚广孝，他们平时以皇帝的宾友自居，事急则前来献谋，事成则游于名山或退居寺观，官位如同虚授。纵横家的谋略则主要表现在游说和辩难上，例如张仪、苏秦即是其典型代表。

历代谋士所表现出来的谋略和智慧，对中国社会产生了极其深刻的影响，成为中国人民文化生活的重要内容。不要说一般读书人对他们的事迹知之甚详，即使目不识丁的乡间老农，也能神采飞扬地说上几段出奇制胜的智谋。像"明修栈道，暗度陈仓"、"声东击西"、"知彼知己，百战不殆"等俗语，更是妇孺皆知。

今天，全国上下都在为实现现代化而奋斗，市场经济中所表现出来的竞争性越来越激烈，人们越来越认识到知识和人才的重要。历代谋士为我们提供了巨大的智慧宝库，人们至今仍可以从中得到有益的启发和借鉴。我们同时希望，对于尊重知识、尊重人才社会风气的形成，本书能起到某些积极的推动作用。

谋略可以治国安邦，但为心术不正者所利用也会祸国殃民。就谋士本人来看，也有缺点，也有失算的时候。有的谋士在功成名就之后变得昏昏然，结果自身不保，即是明证。如果一个人过分地倚重计谋，就会变得诡诈和自私，不利于维护社会正义和公平。谋略文化像其他的古代文化一样，也存在着精华和糟粕。因此，今天我们在吸收其精华的同时，也应剔除其糟粕部分。正是出于这种考虑，书中所选都是对历史进步或多或少有所贡献的人物，而对那些虽有计谋但属于奸邪之徒的人物则不予收录。

本书收录范围上起先秦，下至近代，现代人物未收。在收录时既考虑到人物的代表性，又考虑到时代性，即每一个大的朝代都有人入选。细心的读者或许可以看出，受时代的影响，不同时代的谋士也表现出了不同的特色。

由于篇幅所限，有些颇为出名的谋士也没有选入。有的谋士虽然很出名，但因事迹太少，难以成篇，也未入选。对于书中入选的谋士，书中的分析和评述也难保十分准确和恰当。对此，尚祈读者指正。

书稿成于多人之手，虽经主编反复修订，但行文风格仍不尽一致，请读者见谅。本书最初由山东人民出版社于1997年出版，今经修订，得以在辽宁人民出版社再版，我感到十分高兴。其间，梁由之先生极力推荐，话语中充满着对文化事业的执着和虔诚，令人感动。辽宁人民出版社的艾明秋女士精心筹划，为本书的出版付出了大量的心血，谨在此一并致以诚挚的谢意。

晁中辰

# 目　录

# 半生潦倒垂钓渭滨　得遇明主大展宏图

## ——姜太公传

　　提起姜太公这个名字，在中国可谓家喻户晓。歇后语有"姜太公钓鱼，愿者上钩"，旧时门神常有"姜太公在此百无禁忌"的字样。不过人们对他的了解，大多来自明人许仲琳所著的《封神演义》。在《封神演义》中，姜子牙乃阐教传人，修仙得道，神通广大，奉师下山，兴周灭商，降服诸路妖魔，俨然一个通天贯地的半仙。《封神演义》毕竟是一部神魔小说，历史上的姜太公没有这样的神通，但却是一位沉稳持重、善于思考的智者。人们历来将运筹帷幄、决胜千里的用兵艺术称为"韬略"。其实，"韬略"本来是指古代两部重要的军事著作。"韬"是指《太公六韬》，传说为姜太公所著，其实是后人托姜太公之名写成，分"文、武、龙、虎、豹、犬"六韬，记录了姜太公大量的谋略言行，是战国秦汉时期广为流传的一部兵书。"略"是指《黄石公三略》，即汉初谋士张良受之于圯上老人的那部书，传说亦为姜太公所撰。古人造伪书多愿借名人自重，以售其说。《六韬》前面赫然写着姜太公的名字，正说明他的智谋有过人之处。汉代以后，人们常将"韬略"一词挂在嘴边，姜太公实际上也就成了谋略家的鼻祖。他受到周文王的重用后，大展宏图，在兴周灭商的过程中发挥了重大作用。周朝建立后，他被封在齐（今山东东部），为齐国始祖，并把齐国建成一时大国。

## 一、半生潦倒，冷眼阅世情

姜太公，本名尚，字子牙，又名吕尚。他是炎帝的后裔，祖先为贵族，在尧、舜时期曾做过四岳（四方氏族部落的首领），协助大禹治理洪水，立下功劳，被禹封于吕（今河南南阳一带），所以此后又以封地吕为氏。投奔周文王后，人们又叫他"太公望"。因此姜太公的名字见于载籍的共有七八个，这在历史上可谓绝无仅有：姜太公、姜子牙、姜尚、姜望、吕尚、吕望、吕牙、太公望等。

姜太公的身世和前半生事迹，史籍记载零散，扑朔迷离，且颇有几分传奇色彩。夏禹之时，姜太公的祖先是受封的贵族，但随着时间的推移，子孙繁衍，一部分人仍保留了贵族的地位，更多的旁支庶出则沦为平民。姜太公就属于后一种情况。到了商朝末年，姜氏家族更加衰微，姜太公已是出身微贱的庶民。那么姜太公是哪里出生的呢？《吕氏春秋》中提到他是"东夷之士"，《史记》说他是"东海上人"。其实"东夷"、"东海"大概指的都是一个地方，大约相当于今山东东部沿海地区，上古这一带的居民被通称为"东夷"。另一种说法是，姜太公是河内汲人（今河南汲县一带），他早年也主要活动于这一地带，东海是他后来隐居的地方。这两种说法各有道理，究竟哪一个正确则不得而知。

从我们掌握的姜太公的生平材料看，他的前半生很不得志，生不逢时，命运乖蹇，长年为衣食而奔波，饱历世事沧桑，从事过多种职业，带有浓厚的传奇色彩。应当说，这些记述大多出自战国秦汉文士说客之手，多夸诞不实之词，只能近似地看出他早年活动的轮廓。

姜太公年少时，家里很贫穷，养不活更多的人口，年龄稍长，就不得不到别人家做了赘婿。他做过农夫，但种田的本领实在不高，打出的粮食居然连种子也收不回来。他又去打鱼，结果更糟，打鱼的收获还抵偿不了渔网的消耗。姜太公缺乏谋生的本领，家境每况愈下。久而久之，引起了妻家的反感。姜太公不是那种自甘平庸的人，但胸怀大志之人往往疏于细务。姜太公的妻家当然没有周文王那样的慧眼，他们看到这位女婿难遂人意，最后干脆就将他赶出了家门。姜太公的妻家是齐人，于是后来有人就笑话他是"齐之逐夫"、"故老妇之出夫"。姜太公流落在外,落得逍遥自在。他辗转来到了作为殷王朝统治中心的中原地区,借以观察朝野动态,以谋进身之路。但此时的姜太公两手空空,困于生计,不得不做点小生意以维持生活。他先是在一个叫棘津的黄河渡口(今河南延津东北)开过食摊。同时又替别人帮工干活,以补不足。后来他又到一家旅店当过迎送客人的伙计。据说此时的姜太公已是50多岁的人了,还这样拼命劳作,足见他日子过得何等艰难。为维持生计,他又往来于商朝都城朝歌贩卖货物,后来又到朝歌的屠宰市肆中干起了杀牛卖肉的营生。由于不善经营,他卖的肉经常腐烂变臭。据说此时姜太公已有70岁了,习庖丁之技,鼓刀列肆,对他来说已是勉为其难了。作为一个被赶出家门的男人,姜太公此时仍是孤身一人,艰难度日。家中的妻儿已多年不通音讯,故后人说他"屠牛于朝歌,利不及妻子"。

尽管生活艰难,但姜太公从来没有放弃读书和钻研学问。长期在中原一带活动,使他对当时的社会状况有了深刻的了解。来到朝歌后,与商朝的上层社会也有了初步的接触,遂萌生了做官的念头。在这段时间内,他与周文王有了最初的交往。据《史记》记载,姜太公满腹经纶,有强烈的政治抱负,曾出仕商纣王。商纣暴虐无道,耽于声色,不善用人,他失望而去。又游历于诸侯列国之间,希望能得到赏识和重用,结果仍不能如愿。有一次他来到良国(今江苏邳州北)游说,良国的君主给他安排了一个小职位。姜太公空负雄才而曲高和寡,最终还是被赶走了,故后人说他是"子良之逐臣"。姜太公连遭挫折,失望已极。他认识到商朝政治腐败,已不可挽救,加上此时商与东夷间矛盾激化,姜太公身为东夷人中之一员,自然难以在商境内立足。几十年的奔波劳累,年岁已大,他只得回到他的老家东海隐居起来,静观世变。

## 二、渭水垂钓,终为霸王辅

周人原是活动在渭水流域的一个古老的姬姓部落,据说其始祖是后稷,其历史可以追溯至三皇五帝时期。夏商之时,周一直处于属国的地位。商代后期,周人必须定期向商朝贡。周文王的父亲季历还亲自去朝见过商王。但到了商朝末年,周人内修国政,外结诸侯,实力开始增强。至姬昌时,已经成为"西伯",也就是成了商朝西方诸侯部落的总管。周国力的壮大,引起了商纣王的疑惧和不安。为了阻止周人的进一步发展,商纣王下令将西伯姬昌抓了起来,并投进了商都附近羑里的监狱。文王被囚期间,正值姜太公在朝歌活动。姜太公仰慕西伯之贤,他们之间有了最初的接触。这期间,姜太公收了三个学生,即散宜生、闳夭、南宫适,都是当世闻名的贤士。一次,姜太公置酒招待他们,席间喟然长叹:"西伯姬昌真是亘古无双的大贤人啊,倘有这样的大贤君临天下,岂不是我们士人的福分?今西伯无端被囚,遭此大难,我们不去营救,还有谁去营救呢?"四人遂定救狱之谋,并当即秘密至羑里拜见了周文王。姜太公深知商纣王性喜玩乐,尤好女色,便让散宜生等人千方百计觅得莘国美女,以及骏马奇物等,进献给纣王。纣王喜出望外,不仅赦免了周文王,而且还赐给弓矢斧钺,授权周文王讨伐违命的诸侯。

姜太公归隐东海后,终日以钓鱼为事,闲适自得,实际上随时在注视着天下大势。释囚而归的文王正积极振作,内修政务,外睦邻邦,整军练兵,国势蒸蒸日上。太公对此已略有所闻,逍遥余生的初衷也渐渐动摇,遂决意出山,辅佐文王以成大业。但他又不想让周围的人知道自己的底蕴,临行时干脆就对别人说:"我已上了年纪,不中用了,久闻文王善待老者,不如且去投奔他,聊度余生。"太公昼行夜宿,不一日来到周人管辖的地界。有意思的是,他并不急于求见文王,而是在渭水岸边寻了一块安静的地方,搭了一所简陋的茅屋,优哉游哉地钓起鱼来。那么姜太公为什么不直接求见文王呢?况且他与文王有相知相识之谊,不愁文王不加重用。其实此时姜太公考虑得更加深远周密,他知道,要想进入周人的最高决策层,事先必须进行必要的铺垫和充分的准备。太公欲参与周政,还需面对几个不利因素。首先,姜太公身为外姓,虽受文王赏识,但周人统治阶层的大部分人对他不甚知悉,能否取得他们的信任尚属未知;其次,周室勋臣戚旧如云,一旦凌驾于他们之上,会不会招致反感?在这样的背景下,若贸然晋见文王以求重用,会使文王左右为难,恐怕效果适得其反。考虑再三,他才决定静观周室动静,垂钓渭滨,"以渔钓奸西伯"。这期间他很可能通过散宜生等人与文王取得了秘密联系(此时散宜生、南宫适等人已归周),文王为了让姜太公名正言顺地进入周室最高决策层，也进行了周密的布置。

原来文王料理国事之余，喜欢外出打猎，以求一日之闲。每次打猎之前，他都让史官占卜，预知顺利与否，所获何物。这一天文王又要出猎，但除了文王等少数几个人外，没有人知道这是一次非同寻常的出猎。照例又让史官占卜，史官会意，卜毕，出卦辞云："所获非龙非螭，非虎非罴，所获乃霸王之辅佐。"周人颇信鬼神之说，朝中上下对此极为重视。文王带着出猎随从，直奔渭水而去。这边姜翁正垂竿挂饵，悠然独钓，等着"来者上钩"呢。忽见远处一彪车马疾驰而来，就中一人翻身下车，走至姜太公跟前。姜太公知为文王，却不动声色，依然专注着自己的钓竿。看着姜太公专心致志的样子，文王笑问道："看来先生很乐于钓鱼吧？"姜太公道："君子乐于实现远大的志向，小人乐于眼前的琐事。我并不是喜欢钓鱼，而是借垂钓来寄托自己的抱负。"文王道："奇哉此言。请先生细细道来。"姜太公答道："钓鱼事虽琐细，其实里面也有权术。以饵钓鱼，好比以禄取人：钓线细弱而饵小，只能钓到小鱼；线密实而饵香，则能钓到中鱼；线坚粗而饵食丰厚，就能钓到大鱼。鱼吃了饵食，只能受鱼钩的摆布；人得了俸禄，只能受君王的役使。由此观之，食饵之鱼可杀而烹，食禄之士可誓死为君。只要善于用人，以一家之力，可以取一国；以一国之力，可以取天下。"一席话说得文王大喜过望，说："怪道我先君太公曾说过：'将来会有圣贤之人到我们周国来，帮助我们周族兴旺发达。'您就是这位圣人。我太公盼望您已经很久了。"故此后姜太公又被周人称作"太公望"，姜太公一名亦由此而来。文王高兴地请姜太公上车，载回歧都，并顺理成章地立姜太公为国师，从而开始了辅佐文王兴周灭商的大业。

### 三、安内攘外，谋如贯珠

姜太公归周以后，君臣开始精心策划，积蓄国力。在内政上，姜太公从增强周的国力出发，向文王提出了许多有价值的建议。有一次，文王问他如何治理天下，他回答："要成为一统四海的王国，就必须让普通民众都富起来；要成为统治一方的霸主，就必须让有知识的人富裕安适；若只做一个苟延残喘的小国，就让做官的人富起来；若做一个行将灭亡的国家，那就只让国家的仓库充足即可。上面聚敛多，就意味着下面所得寡。故治国之道，在于爱民。"文王问："如何爱民呢？"姜太公答："重生命而少杀戮，多给予而少索取。具体地说，须使民有所务，使农不失时，慎刑罚而薄赋敛，轻徭役而惜民力。这才是统治民众的根本原则。"

在法令治国方面，姜太公也提出了自己的主张。他认为刑罚并非是用来惩罚民众的，而是为了儆一劝百，因德立威，从而达到教化民众的目的。在兴复周室的过程中，文王充分地采用了姜太公的这些治国思想，国势很快强大起来。

正当周人悄悄壮大自己力量的时候，商朝的统治却一天天腐朽、没落。纣王只听信谗奸之言，疏远比干、微子一班忠臣；只对美女、歌舞、犬马感兴趣，而把朝政大事置于一边；只对征伐、酷刑感兴趣，而丧失了民心。姜太公根据这些动向，抓住时机，向文王提出了"阴谋修德，以倾商政"的方针，削弱商的政治影响，扩展周室的政治号召力，向商王朝发起无形的挑战。

首先，根据当时商强周弱的形势，表面上率诸侯奉纣为共主，以麻痹商纣王的注意力。为此，在姜太公的策划下，周向商献出了洛西的土地，以示诚意，并建议纣王废除酷刑，从而赢得商朝臣民和四方诸侯的好感。这样，表面上是共尊纣王，实际上以自己的威德赢得诸侯的信赖，分化瓦解了商王朝的盟邦。虞（今山西平陆东北）、芮（今陕西潼关西北）本是商的属国，两国之间发生了领土纠纷，但两国国君并没有到他们的宗主国商去解决争端，而是慕名前来晋见周文王，求他审断。二人来到周境，所见到的都是"耕者让畔（田界），行者让路"，"士让为大夫，大夫让为卿"，一派互谅互让的君子之风。二君深受感动，回国之后便议定将所争土地定为闲田，不再纷争。后来这块地方就叫"闲原"。周文王不费唇舌，自动化解虞、芮二国矛盾的事在诸侯中传为佳话，威望大增，自动依附的诸侯有40余国。

在致力文治的同时，姜太公还协助文王积极整军练兵，征伐周围一些不听命的邦国，以壮国威。在军事征伐的过程中，姜太公成功地扮演了军师的角色，贡献了大量的计谋。可以说，周人的每一个胜利，都凝结着姜太公过人的胆识和智慧。值得注意的是，姜太公并不一味强调武力，他曾向文王提出了一套"文伐"的策略。文伐的策略共有十二条：（一）因其所喜，顺其所好，使其骄而轻敌；（二）亲其所爱之人，分其威权，分化其内部力量；（三）暗中收买其臣下，为我提供情报；（四）以珠玉美女厚赂对方，纵其淫乐，使其走上自取灭亡之途。同时表面上对其平和恭顺，以懈其戒心；（五）对下面的忠臣，可暗中设计，阻其成事，使其逐渐丧失国君的信任，然后我方再亲近他，并促其国君再起用他，则可为我所用；（六）收买其国内的人才，搞坏其盟国间的关系，以促其人才外流而敌国内侵；（七）笼络利诱其近身宠臣，纵其挥霍，造成国库空虚；（八）为其出谋划策，使其尝到甜头，则对方就会言听计从，任我摆布；（九）尽奉承之能事，使其自诩虚名而妄自尊大，疏远圣贤之士；（十）通过曲意奉承以博其信任，使其视我为知己，而在不知不觉中倾其权柄；（十一）暗中收揽其豪杰，并将我方智勇之士推荐给对方，使其周围尽为我之党徒；（十二）收买其乱臣以迷之，进献美女淫声以惑之，赠送珍宝良马以使其玩物丧志，时机一到，则可与天下诸侯共谋伐之。十二条计策，是姜太公和周文王对付商王朝的软刀子，但它与真正的利剑一样寒光逼人。这些计谋与兵圣孙武的"不战而屈人之兵"有着异曲同工之妙。文伐十二条的内容出自后人追记，免不了有附益的成分，但大都能与姜太公的用计史实相互印证。

在姜太公和周文王精心策划对商进行"文伐"的同时，又紧锣密鼓地开始对商的一些属国进行征讨，以逐步剪除商王朝的羽翼。第一步先对周的西方和北方几个威胁比较大的部族进行军事打击，逐走猃狁，又派兵攻打西方的犬戎族。犬戎族人马剽悍，对周人威胁极大。姜太公指挥得当，大败犬戎，随后又击灭了泾水上游的阮、共等小国。

初战告捷，文王又开始选择下一个打击的目标，于是征询姜太公的意见。姜太公说："密须国（今甘肃灵台东南）对我三心二意，可先对它下手。"当时，密须是商的属国中力量较强、较难对付的一个。姜太公的意见也遭到一些人的反对，其中文王的儿子管叔持议尤左："听说密须国内政治稳定，君主贤明，讨伐它恐怕不合适吧！"姜太公反驳说："我听说先王讨伐临国，先对付不听话的，不去欺负恭顺听命的。首先要敢于对强大的、跋扈的敌国下手，把嚣张的、抗命不臣的强敌打败了，就可以杀一儆百，其他诸侯就会俯首听命。"文王对姜太公的意见深表赞同，遂起兵伐密须，包围了密须国都。密须人走投无路，遂将其国君抓了起来，向文王献降。接着，周人又趁势挥兵东进，灭掉了黎国（今山西黎城一带）和邦国（今河南沁阳西北），逼近了商王朝统治的中心地带。据说这一带是商纣王经常巡猎的地方，商纣王也日益感受到周人咄咄逼人的气势。

周人在经历了一连串胜利后，在姜太公的策划下，又把打击目标对准了商王朝西方最大的一个属国——崇国。崇国位于今陕西西安一带，它占据着关中平原地区最肥沃的土地，国势颇强。其国君崇侯虎是商朝统治集团中的实力派人物，它是商朝阻止周人挺进中原的最大也是最后一个据点。崇国城墙坚固，防守严密。周人为攻崇进行了多年的精心准备，集中优势兵力攻城，并动用了大量登城器械。崇君自恃城坚濠深，猝不及防，军无斗志，苦战月余，终为周兵攻陷。崇国的败灭，极大地震动了商王朝，不仅其西边的门户洞开，而且使更多的诸侯邦国慑于形势，投入了周的阵营中。文王灭崇后，为了进一步营建自己的反商基地，便将都城从偏僻的岐都迁到人稠地肥的丰邑（今陕西户县东北）。此时的形势已是"天下三分，其二归周"，灭商的前期准备工作已大体就绪。在这一系列的胜利中，姜太公十分成功地扮演了智囊的角色，从内政到外交，从文治到武功，姜太公的谋略智慧都起了重要的作用。司马迁在回顾周人崛起的历程时，认为"太公之谋计居多"，并且"多兵权与奇计"，这绝非夸饰之词。

## 四、灭商建周，功业凌绝顶

灭崇迁都之后，文王不幸病逝，太子姬发即位，这就是周武王。周武王继承乃父遗志，继续完成其父未竟的灭商大业。姜太公作为先朝老臣，作为兴周灭商战略的主要制定者，愈加受到周统治阶层的倚重。武王破例地尊称姜太公为"师尚父"，拜他为国师，使他拥有统率全国军队的大权。此时的姜太公，已不仅仅担任襄佐参谋的角色，而名副其实地成了整个国家的柱石。这时，他已是年近八旬的老翁。

武王即位后，经常向姜太公请教一些军事策略问题。有一次武王问："用兵之道的关键是什么？"姜太公回答说："用兵之道贵在专一，不为其他无关因素所左右，只有这样才能把握胜机。"又说："兵为不祥之器，应有为而发，不能轻易动用。现在商王穷兵黩武，虚耗国力，应当引为鉴戒。"武王又问道："攻伐敌国的要领是什么？"太公回答："要善于根据敌方的细微变化寻找并抓住战机。敌我阵垒之间的态势随时都在发生变化，根据这些变化相应地采取奇、正之计。用兵之要，贵在决断，兵无常形，倏而往，忽而来，若遇到新情况而犹豫不定，狐疑不决，则极易陷于危局。故善用兵者应当机立断，行动起来迅雷不及掩耳，打起仗来如狂飙席卷，挡我者破，近我者亡，这样才能常胜不败。"

又有一次，武王请教姜太公："我想让三军兵士敬服其将如父母一样，攻城能争先登城，野战则争先赴敌，闻鸣金声而怒，闻战鼓声而喜，如何才能做到？"太公说："一个合格的将领，应与士卒同甘共苦，冬天不穿衣裘，夏天不用扇子，雨天不撑幔盖，路难走时率先下地步行，先把士卒安顿好了自己再休息，先让士卒吃饱后自己再吃饭。士卒也是人，他们也不情愿去送死和负伤，但如果善于体恤他们，他们就会冒死不辞。"姜太公就是这样凭借自己高超的治军手段，使周的军事力量更加强大。不久武王又接受姜太公的建议，在沣水东岸营建新的国都，名为镐京，其规模超过丰都，整个西周时期一直是全国的政治中心。镐京的建成是周人对商王朝的又一次无声的示威，表明其国力已经上升到一个新的高度。

反观此时的商王朝，已是日薄西山。纣王比以前更加荒淫残暴，国内民心尽失，社会矛盾空前激化。连年对东夷用兵，国力已趋衰竭。周、商的力量对比已经发生了根本的变化，可以说灭商的各种条件已经走向成熟。但周武王和姜太公并不急于向商摊牌，而是精心策划了一次规模空前的军事会盟。这一年正当武王即位的第十一年。实际上这是一次以灭商为目标的军事总演习。姜太公作为国师，担任这次演习的军事总指挥。由周武王号召天下诸侯，约期会集于黄河的一个重要渡口——孟津。大军出发前，姜太公身披帅袍，傲然立于中军的帅车之上，左手持着象征军事统帅权的黄钺，右手拿着指挥三军的白旄，庄严地对天发誓："苍兕啊苍兕！集合好你们的队伍，随同你们的舟船一起出发吧！迟到者斩！"大军浩荡东进，不日抵达孟津。其实，此次会盟的主要目的是试探一下天下人心和各诸国的态度，验证一下周在各诸侯民众中的政治号召力。结果正如姜太公、周武王预料的那样，天下诸侯群起响应，据说有八百多个诸侯如期来会。

"孟津观兵"标志着反商阵营已正式形成。当时来会的八百诸侯一致建议乘势击灭商纣，但武王和太公并不急于向商纣开战。他们认为，商的灭亡只是时间问题，目前尚不是灭商的最佳时机，应当让商沿着腐朽衰败的轨道继续滑下去，等到其内部自耗到一定程度，再全面出击，可不费力而一举定乾坤。

果不出姜太公等人所料，孟津会盟之后的两年内，纣王的昏虐愈加严重，商的上层统治集团开始分裂。箕子看到商危在旦夕，劝谏纣王，纣不理睬，箕子为避祸而装疯为奴。商的另一位忠臣微子启也多次在纣王跟前进谏，纣王颇不耐烦。微子启见大势已去，不敢久留，远逃他方。比干仍不死心，在纣王跟前连续进谏三天不离去，纣王大怒，杀比干，并开膛破肚，掏心挖肝。上述三个人都是当世有名的贤臣，遭遇如此悲惨，大臣们深感商纣王已不可救药，人人自危，许多大臣叛纣而去。太师疵、少师疆投奔周，紧接着内史挚也带着图籍典册逃奔到周。

武王眼见商已陷绝境，于是询问姜太公道："商朝的三位贤臣死的死，逃的逃，是不是可以讨伐商纣了？"姜太公认为灭商的时机已经成熟，加之周境内粮食歉收，民众争欲外出作战，以获取敌国粮秣，遂回答武王说："我听说，明于天道者不怨天，善于自知者不怨人，先谋划而后行动者就会走向兴盛，先行动而后谋划者就会走向灭亡。苍天授予而不取，反受天谴；时机成熟而不行动，反遭祸殃！机会难得而易失，到了该行动的时候了。"于是武王传檄各诸侯国，宣布纣王罪状，秣马厉兵，准备伐商。

公元前 1046 年，武王动员兵车 300 乘，虎贲 3000 人，甲士近 5 万人，并联合庸、蜀、羌、微、卢、彭、濮等诸侯部落，大军浩浩荡荡向商都进发。用兵是国家大事，起兵前由太史郑重进行占卜，然而钻灼出龟兆却呈不吉之象。这时大臣鱼辛出来反对说："太岁现居北方，不宜向北方征商。"周人笃信鬼神，君臣顿时疑虑重重。正好临出兵时下了一场大雨，淋坏了辎重车，更给人们心中抹上了浓重的阴影。一些大臣如散宜生等人也想打退堂鼓。姜太公历来对偏信占卜而不观事理的做法持反对意见，尤其是在这种箭已上弦、后退半步都会带来严重后果的关键时刻。于是他坚决地反对说："干枯的龟胄和腐朽的蓍草都是无生命的东西，在祭祀仪式上使用是可以的，但在军国大事上应以事理为重，不能因为卜兆凶就是不吉利。况且天道鬼神都是些虚无缥缈的东西，只有愚人才会相信那些枯骨朽草！至于天降大雨，正好洗净我们的兵器，好让我们顺利杀敌！"一席话重新唤回了武王及群臣伐商的信心，大军又坚定地向商都进发。

周军于阴历的十二月从孟津渡过了黄河，转而北进，直指朝歌，一路上没有遇到什么抵抗。武王十三年正月甲子日黎明时分（据推算，相当于公元前1046年3月7日），周军及其盟军抵达距离商都朝歌70里的牧野安营，并举行了庄严的誓师大会。武王当众宣布商纣王祸国殃民的罪状，号召诸侯们替天行道，同仇敌忾，誓灭商朝！

此时商军主力正在东方与东夷族鏖战。龟缩于朝歌的商纣王眼见大兵压城，只得拼凑起17万老弱残兵和囚徒出城迎战。两军在牧野摆开阵势，大战一触即发。当时武王坐镇中军，姜太公为前敌总指挥。他建议以奇兵冲击纣之要害，武王即命姜太公亲率敢死士百人，向商阵冲去。只见姜太公站在檀车上，如奋击长空的雄鹰，年逾80而丝毫不见老态。马蹄得得，杀声震天，商营顿时阵脚大乱。武王乘势率精锐虎贲军及兵车350乘掩杀过去。纣王面对周军凌厉的攻势不堪一击，商军士兵不仅不抵抗，反而在阵前纷纷起义，掉转矛头，向纣王杀去。纣王带着少数人马狼狈退往朝歌，周军和倒戈的商军一起将朝歌团团围困，纣王知大势已去，绝望地登上鹿台，一把火把自己烧死了。在牧野之战中姜太公厥功至伟，后人有诗赞颂道："牧野洋洋，檀车煌煌，驷騵彭彭。维师尚父，时维鹰扬。"

周取得全国政权后，为处理灭商的善后事宜和巩固政权，姜太公也提出了许多宝贵的建议。在太公的谋划下，首先把鹿台所积的金钱和钜桥粮仓的粮食散发给贫穷饥饿的民众。其次，将因劝谏纣王而遭囚禁的箕子释放出来，修葺了商朝贤人商容的故居，封修了比干的陵墓。其三，杀掉宠妃妲己，释放后宫宫女，并迁九鼎于周，以示王权更替。通过这些措施，安定了人心，笼络了故商的贵族阶层，周的统治初步得以巩固。

## 五、赏功封齐，韬略传千古

周朝建立后，周武王论功行赏，认为姜太公功劳最大，出谋最多，故首封吕尚于营丘（今山东淄博市临淄区），建立齐国（一说，姜太公受封在成王时，灭商之后的第二年，武王病逝，太子诵即位，是为成王）。时天下初定，百废俱兴，姜太公留在镐京帮助治理了一段时间，然后才东行就国，因路途遥远，途中鞍马劳顿，免不了延误些时日。一位同住旅舍的人看见姜太公这样不紧不慢，提醒道："俗谓'机不可失，时不再来'，看您这优哉游哉，平安无事的样子，哪像是去赴国就任？"一席话说得姜太公怦然心跳，他不敢再睡了，赴国如赴难！当即整衣命驾，往齐国急进。刚赶到齐地，就碰上莱侯（今山东龙口东南）起兵入侵，与齐争营丘。幸亏姜太公人马及时赶到，杀退莱侯，才保住营丘。

齐国的局势稳定之后，姜太公开始制定治理齐国的大政方针。他的尚变、尚功的思想得到淋漓尽致的体现。尚变就是崇尚变通，尚功就是提倡功利，崇尚武功。

首先，齐国濒海，地域广阔，物产丰富而开发尚不充分，利用这些自然条件，积极发展生产，开放工商各业，兴渔盐之利，使齐国很快强大起来。

其次，他根据齐国社会文化传统不同于中原地区的具体情况，采取"因其俗，简其礼"的社会制度，尊重当地人的社会风俗和观念，而不是生搬周原有的社会制度，使社会很快得以稳定。

第三，在用人思想上，姜太公完全抛弃了在西周原有的宗法制度上建立"亲亲上恩"的用人制度，建立了"尊贤上功"的用人之道，限制宗室贵族的特权，提拔重用有才能、有功劳的人。这种提倡"靠本事吃饭"的人事制度造就了齐人重实干，进取向上的文化传统。在这方面齐和鲁截然不同，周公的儿子伯禽治理鲁国，事事皆严格遵循周礼。耐人寻味的是，当姜太公得知鲁的立国方针后，感慨地说："鲁自此将日渐衰落。"周公则反驳道："齐虽强，后必有篡杀之忧。"两人说得都对。但当我们重新翻看这页历史时，却发现齐虽被田氏篡代，但从春秋五霸到战国七雄，齐始终是一个强国；反观鲁，东周列国 500 年间，始终是一个受人欺负的弱者，虽无篡国之事，而其内部的"三桓之乱"，亦不亚于田氏篡齐。由此看来，姜太公治齐与伯禽治鲁，其大政方针孰优孰劣，不言自明。

更值得注意的是，在齐国800余年的风雨历程中，其政治制度和文化特色基本上是按照姜太公设计的模式延续下来的。他的思想和韬略智慧在齐国历史中得到充分的延续和体现，以至出现了这样一个独特的历史现象，即齐人的尚武、求变思想成为齐文化中固有特色。先秦的许多军事家和谋略家出自齐国，从谋略家管仲到兵圣孙武，从军事谋略家孙膑到军事家田穰苴（即司马穰苴）、尉缭子，从权谋家鬼谷子到天才战将田单，从多谋善辩的晏婴到战国稷下的智慧群。这一连串接踵而出的才俊，不禁使人们想到，这些智士的产生和姜太公治齐的方略是密不可分的。应当说，是姜太公亲手营造出的肥厚的社会文化土壤，才为齐国养育出这么多杰出的军事家、谋略家，他们的身上都或多或少地折射着姜太公的影子。

姜太公的晚年同他的前半生一样扑朔迷离，但可以肯定是在齐国平静地度过的。他的真正卒年今已无考。古本《竹书纪年》载，其卒年为周康王六年。若根据"吕尚年七十二为文王师"这一通行的说法推算，则吕尚死时当有120余岁，这显然不合情理。但在历代姜太公的崇拜者的心目中，他们宁愿相信这是事实。在他们心中，姜太公已经由人渐渐变成一尊白发苍苍而又精神矍铄的老神，他活多大岁数都是正常的。

（周玉山）

▼

本文主要资料来源：《史记》卷三二，《齐太公世家》；卷四，《周本纪》；（汉）刘向：《说苑》；房中立编：《姜太公全书》。

# 治国安邦平天下　周公胜过孔圣人

## ——周公传

中国古代流行着这么一句俗语："治国安邦平天下，自有周公孔圣人。"但孔子主要是个教育家和思想家，在治国安邦方面并没有什么大的作为。周公则的的确确做成了一番大事业。他不仅协助周武王灭掉了殷朝，而且"周公辅成王"，彻底平定了殷商残余势力的反抗，出现了"成康之治"，将中国奴隶制社会经济推向鼎盛。他"制礼作乐"，建立起一整套统治方法和统治规则，对以后历代都产生了极为深远的影响。在那重大的历史转折关头，周公充分展示了他政治家和谋略家的杰出才能。

## 一、助武王灭殷

周公姓姬，名字叫姬旦。他是周文王的第四子，周武王的弟弟，周成王的叔父。他也是位于山东西部的鲁国的始祖。由于他原来的封地在"周"（今陕西岐山南），所以历史上称他为周公。再加上后人经常将周公和孔子并称，以至于人们只知周公，不知姬旦，正像孔子比他的原名孔丘更为人们熟悉一样。周公的生卒年今已难详考，大约生于公元前12世纪中期，活了60多岁。他的第一件大事就是协助周武王灭掉了殷。

殷朝也称商朝，有时也合称殷商。原建都于商（也称亳，今河南商丘），后迁都到殷（今河南安阳），便先后以商、殷为朝代名。殷朝大约延续了5个世纪，最后一个皇帝是殷纣王。殷纣王是中国历史上出名的暴君，他用刑苛重，剥削残酷，再加上连年东征西讨，故不断引起平民和奴隶的起义。这时，位于陕西岐山一带的周族日益强大起来。起初，周族为了对付西边的鬼方，所以就臣服于殷，成为殷的属国。周公的父亲周文王是个极有作为的政治家，在位 50 余年，在姜太公等谋臣的协助下，灭掉了周边的许多小国，势力逐渐强大起来。当时殷纣王正全力征伐东方各族，无暇西顾，周文王便趁机扩大自己的地盘，不仅控制了陕、甘一带，而且向殷朝的统治中心河南步步进逼。当周文王死去的时候，殷商大约 2/3 的疆域已属周所有。由于文王的长子早死，故由次子武王姬发继位，继续领导灭殷的斗争。在这个过程中，周公成了武王最得力的助手。

两年后，周公陪同武王去盟津（今河南孟津），与联合伐殷的各诸侯会盟。这时殷的首都已迁至朝歌（今河南淇县）。盟津离朝歌不远，在这里会盟无疑带有向殷纣王示威的性质。另外，按照武王和周公的原意，想通过会盟检阅一下反殷的力量，也试探一下殷的反应，看殷的实力如何，伐殷的时机是否成熟。据史书记载，当时有 800 诸侯都背叛了殷朝，都赶来盟津会盟。很多诸侯主张，应立即大举伐殷。他们认为，纣王已荒淫暴虐到极点，可一举将殷灭掉。武王和周公商议后认为，还有不少诸侯听命于殷，其力量还不可低估，还需要再等一段时间，等没有人再愿为纣王出力的时候，就可以一举将殷灭掉了。为了说服那些主张立即伐殷的诸侯，周武王便说他们不懂天命，按照天命，还不是殷灭亡的时候。古人迷信，殷商时的人尤其喜谈鬼神，信天命，所以用天命来劝说往往能收到立竿见影的效果。于是，在盟津会盟后，武王没有立即伐殷，而是和周公一起又回到周的都城。

在此后的一段时间，殷朝的腐败日甚一日。比干是著名的正直敢谏的大臣，因进谏惹得纣王大怒，竟下令将比干的心挖了出来，要看看圣人的心有没有"七窍"。箕子也是著名的贤士，进谏不纳，大失所望，便假装疯癫，离开了朝廷。纣王后来发现他是假装，还是把箕子关进了监狱。有的大臣看纣王实在不可救药，便背弃殷朝，而投奔到周。殷朝众叛亲离，周公感到伐殷的时机成熟了，于是便建议武王加紧准备，大举伐殷。

在盟津会盟的第二年，伐殷的准备已基本就绪。碰巧这一年周地遇到饥荒，武王和周公便想通过伐殷夺得殷朝积聚的财富，从而解决自己的困难。

于是，武王便由周公和姜太公陪同，率兵车300乘，士卒近5万人，再加上南方一些小诸侯国前来助战的兵士，组成了一支浩浩荡荡的伐殷大军，径直向殷的都城朝歌杀来。

周公认为，尽管纣王十分暴虐，众叛亲离，但殷商的统治毕竟已维持了五个多世纪，东方的许多诸侯仍服从殷的统治，纣王仍有相当大的号召力。如果要使灭殷的战争顺利进行，必须争取民心，使天下人都认识到，纣王是应该被推翻的，周举兵是正义行动。于是，当周兵到达牧野（今河南汲县）时，举行了一个伐殷的誓师大会。这里距殷的都城朝歌只有70里路，一场决战近在眼前。周公代武王起草了一篇誓师辞，这就是保存在《尚书》中的《牧誓》，流传至今。在这篇《牧誓》中，周公列举了纣王的四大罪状：第一，纣王宠信妃子妲己，危害朝政，残害忠良；第二，纣王不按时祭祀自己的祖宗，酒池肉林，挥霍钱财；第三，纣王对自己的同祖兄弟也不信任，甚至加以迫害；第四，纣王召集各地的逃奴和罪人。

周公揭露纣王的这四条罪状极有说服力，很能博得各诸侯的支持。殷人十分迷信，认为不按时祭祖的人一定要受到上天的惩罚。当时，奴隶是主要的社会生产力，谁拥有的奴隶多，谁的势力就大。纣王将其他小国的奴隶招诱到自己这里来，严重损害了小国的利益，自然引起了小诸侯国的不满和怨恨。起初，周文王为了争取各小国的支持，曾制定过一条法律，即所谓"有亡荒阅"。这里的"有亡"，指有奴隶逃亡，"荒阅"即大举搜索之意。这条法律的意思是，如果奴隶逃跑，就要联合大搜捕，谁的奴隶仍归还给谁，不得隐藏。这时，周公将纣王招诱别国的奴隶列为一大罪状，自然就激起了各小国的仇恨。于是，各小诸侯国纷纷表示效忠周，共同反抗纣王。通过这篇《牧誓》，使各小国都感到，周兵是正义之师，伐纣合于天意，名正言顺，从而有力地瓦解了殷的统治基础。

正当周公协助武王大举伐殷的时候，纣王正在讨伐东方各族，其精锐的主力一时抽调不回来。为了迎击武王的联军，纣王将大批奴隶和俘虏组织起来，发给他们兵器，要他们到牧野迎敌。由于周公广泛宣传纣王的罪过，这些人本来就对纣王一肚子怨恨，这时就更加痛恨纣王，恨不能让纣王马上灭亡，于是一到牧野便倒戈起义，和周军一起向朝歌进击。武王顺利地占领了朝歌，殷朝灭亡，纣王兵败自杀。从此，中国历史上又出现了一个新王朝——周朝。

武王和周公进入朝歌后，打开监狱，释放了被纣王无辜关押的犯人。打开仓库，把粮食分发给穷人，社会秩序很快安定下来。周公又帮助武王制定了一些有利于经济发展的措施，使周朝实现了更大范围的统一，促进了社会生产力的发展，进一步促进了我国多民族国家的形成。

## 二、周公东征

牧野之战后，周朝虽然建立起来了，但并未能很快在全国建立起稳定的统治。殷朝的许多旧属国并未马上承认周朝是它们的共主，殷朝的传统势力和影响还很大，其残余势力还时刻打算复辟。东部是殷朝统治的中心区域，这里反抗周朝统治的势力也最大。由于这里的一些部族顽固对抗周朝的统治，所以历史上就将这些人称之为"殷之顽民"。为了有效地统治这些"顽民"，武王采取了"以殷制殷"的办法，将殷朝原来直接控制的领地一分为三，北部地区封给纣王的儿子武庚，东部和西部地区分别封给自己的弟弟管叔和蔡叔，由管叔和蔡叔协助统治殷民，并对武庚进行监视。

周朝建立后的第二年，武王就得了一场大病，长时间不能上朝理事。武王深知周公有谋略，办事细心，就委托周公代为处理政务。周公深知创业的艰难，这时周的统治尚立足未稳，武王的儿子尚年幼，万一武王病死，说不定会发生什么样的动乱。因此，周公心里比别人都更为着急。于是，周公专门设坛祷告，希望先人在冥冥中保佑武王，让武王恢复健康。周公向曾祖古公亶父、祖父季历、父亲文王祷告道："你们的宗嗣武王因勤政染病。如果你们三王要召武王前去，请不要召他，就把我召去好了。武王不善于奉事鬼神，但他能秉承天命，布道四方，使你们的子孙永远安处乐土，使四方之民无不敬畏周朝。他能长享社稷，先王们也可以久享宗庙血食。"周公祷告后，又卜了一卦，得了个吉利之卦。周公将祷词收藏在金縢柜中，自己入宫向武王祝贺，说得到了先王的旨意，他不久就可以恢复健康，一定能长享王位。古人都有程度不同的迷信心理，武王听了后，精神果然为之一振，吃的饭食也比往日多了一些。但是，这类的祈祷和占卜充其量只能给人一种暂时的精神安慰，决不能使人起死回生，所以不久武王还是死去了。这对一个新建的王朝来说，无疑是一个重大的政治危机。鉴于武王的儿子成王太年幼，周公在立他继承王位后，全面担当起执掌国家政事的重任，成为周朝实际上的最高统治者。

不久出现了一场灾害。一场大飓风将许多大树刮倒，庄稼几乎全部倒伏，风后又有暴雨，不少老百姓死于非命。一些大臣便认为是不祥之兆，一些有关周公的流言也传播开来，说周公有野心，处理政事不当，所以才惹得上天发怒，降灾示警。这种流言的迷惑作用很大，连成王也对周公产生了怀疑。于是，成王便领着几个大臣打开金滕柜，想借鉴前事，以应付灾变。令成王没有想到的是，竟发现了周公愿意代武王去死的祷词。这使成王大受感动，对周公的疑虑顿时全消，感到周公是完全可以信赖的好叔父。因此，各种政事便尽交周公处置。

从在王室中的地位来看，封在东方的管叔和蔡叔与周公不分上下。他们都是弟兄，只因长兄死得早，所以排行老二的武王继承了王位。管叔排行第三，蔡叔排行第五，周公排行第四。周公在朝中总摄朝政，管叔和蔡叔分封在外。二人对周公极为不满，他们散布流言，说周公摄政"将不利于孺子"，周公要谋害成王，篡夺王位。他们二人本来是要监督武庚的，这时却和武庚暗中勾结，打算借助殷的残余势力共同反对周公。管叔自恃是周公的哥哥，认为要摄政的话也应首先由自己来摄政。这种政治野心促使他和蔡叔、武庚勾结在一起。

管叔和蔡叔想借助殷的力量来打倒周公。武庚的野心更大，他想乘周内乱之机，彻底推翻周朝，恢复殷商的统治。东方的许多诸侯国对周的统治一直不满，也想恢复殷商的统治，时刻在蠢蠢欲动。周王室的内部分裂被他们视为千载难逢的良机，故极力怂恿武庚举兵起事。这更加坚定了武庚的决心。于是，以管叔、蔡叔和武庚为首的大规模叛乱就开始了，历史上称这次叛乱为"管蔡以武庚叛"。

这次联合叛乱声势颇大，不仅东方各国大都卷入了这场叛乱，而且朝内还有不少人与管叔、蔡叔遥相呼应。在这些人当中，有的原来就是管、蔡的旧人，有的则是出于对周公的不信任。从当时的情况来看，这场联合叛乱的力量明显占有优势，而且内外矛盾错综复杂。周公的处境一时十分困难。

在危急关头，周公表现出了一个政治家和谋略家的沉着和坚定。他首先采取措施稳定内部，这是制胜的根本。当时，朝内除周公外，地位最高的就是姜太公和召公奭，这二人的影响力都很大。周公对二人作了恳切的解释：自己代成王执掌国事，完全是因为成王年幼，等他年龄稍长就还政于他。自己的所作所为完全是为了周朝的根本大业，没有半点私心。经过周公推心置腹的解释，使二人对周公的疑虑完全消失。他们又利用自己的巨大影响说服了众多的臣下，戳穿了有关周公要篡位的谣言，从而坚定地站在周公的一边，巩固了内部的团结。

为了坚定大家平叛的信心，周公又借助鬼神，通过占卜来传达"上帝"的旨意，说上帝会帮助周朝，一定能平定东方的叛乱，周朝一定会取得彻底的胜利。周公是否真的信鬼神，今已难详考，但周公巧妙地利用了古人的迷信心理，使鬼神为自己的政治目的服务，却不止一次地取得成功。许多人得知神灵也在帮助周朝，信心大增，内部的团结更为巩固，为平叛奠定了良好的基础。

周公又千方百计地瓦解敌人，分化叛乱集团。当时，各诸侯国都有相当大的独立性，有的是被裹挟参加了叛乱，周公派人对一些这样的小诸侯国进行劝说，有的则用优厚的条件加以收买，而对那些死硬的叛乱分子，则坚决予以武力镇压。这种做法颇为奏效，使一些小诸侯国改变了态度，有的甚至帮助周公进行平叛。这就大大削弱了叛乱集团的力量。

周公心里很清楚，朝内还有一些人并没有完全接受自己的意见，甚至暗中破坏。对这些人，周公为了使他们在自己东征时不至于在后方闹事，就强迫他们跟随自己一起东征，以便于控制。在大规模出师东征前，周公发布了一篇动员令，即保存在《尚书》中的《大诰》。这篇动员令的大意是说："殷人想重新把周变成他们的属国，这是白日做梦。不少殷人也在暗中帮助我们，我们一定能取得平叛的胜利，保住文王和武王开创的基业。周朝是靠上天的保佑才兴盛起来的。这次出征，我又占卜了一次，上天又要来帮助我们了。这是天命，谁也不能违抗。你们大家要顺从天意，帮助我完成这个伟大的事业。"在这里，周公又一次搬出了天命，使随征的人坚定了胜利的信心。

周公东征是一场十分艰苦的战争，它实质上是武王伐纣的继续。武王伐纣的胜利使周朝得以建立，周公东征的胜利则使周朝得到真正的巩固。在这场大规模东征中，周公巧施谋略，使一些随从叛乱的小国不战自降，而集中兵力攻打管叔、蔡叔和武庚。经过三年的艰苦战争，周公终于彻底平定了这场叛乱。武庚和管叔被杀，蔡叔被流放。周公还一举消灭了跟随叛乱的东方17个小国。于是，周公彻底粉碎了殷商复辟的图谋，使周朝的统治真正延伸到东部沿海地区。

周公吸取了这次叛乱的教训，想方设法加强对东方的控制。关于如何处置"殷之顽民"，周朝内部存在着不同意见。著名的大臣姜太公主张斩尽杀绝，使其永远无力反叛。召公奭则主张有罪的杀掉，无罪的留着。周公认为这两种办法都不妥。实行屠杀政策，不仅斩不尽、杀不绝，而且会树立更多的敌人，引起更激烈的反抗。杀一部分、留一部分的主张也不好，因为当地人大都卷入了叛乱，难以区分，而且还可能逼反另一部分人。周公采取的策略是：威德并施，分化利用，以殷制殷，武力监视。实施这一策略的核心是营建东都洛邑（今河南洛阳）。

周朝的都城在镐京（今陕西西安），称为宗周。由于这里远离中原，难以对东方实施有效的控制。营建洛邑，使其成为一个新的政治、军事中心，可以就近对东方各诸侯国进行监视，如有反抗，可及时镇压。从此以后，洛邑（洛阳）就成为中国的重要都城之一。

周公心里很清楚，殷人贵族是反叛的核心，普通百姓则大都是被裹挟而参加造反。于是，周公就将这些贵族迁徙到洛邑，以便就近进行监视和控制。起初，周公将一些最有影响的大贵族迁徙至黎水（今河南浚县）。这里离殷朝的都城朝歌很近，土地又肥沃，这些殷人贵族颇为满意。周公后来感到在这里不便控制，便又占卜求问鬼神。此卜得到的回答是，在黎水不吉利，迁至洛邑最好。殷人都十分迷信，敬事鬼神，于是就同意迁到洛邑去。那时人们的居室相对简陋，流动性较大，所以殷人曾九次迁都。周公这次实际上早已将地址选好，求问鬼神只不过耍了个小花招。通过这个小花招，周公又轻而易举地将这些大贵族迁至洛邑。他们集中居住在下都。周公派2万余兵士驻扎于此，对这些"殷之顽民"进行监视。周公又在下都附近修筑了一座王城，在这里不时会见东方各小国诸侯。下都和王城合称为成周，成了周朝的东都，亦即洛邑。

周公一再申谕殷人贵族，只要俯首听命，上天就会可怜他们，周人也会赏赐他们，并可以从他们当中挑一些人到王廷做官。如果不服从周的统治，再暗中谋反，就要果断地将他们杀掉。这不是因为周人的德行不好，而是他们咎由自取。周公说到做到，将几个暗中策划反周的贵族断然杀掉，并以这些人的事例来教育殷人。对那些老老实实接受周统治的贵族，周公则允许他们占有较多的房屋、土地和奴隶。这就是周公所说的"宅尔宅，畋尔田"。周公一方面严格控制这些殷人贵族，另一方面又通过这些贵族去控制平民和奴隶，从而达到了以殷制殷的目的，缓和了周族和殷人的矛盾。

### 三、周公辅成王，行宗法分封制

在中国历史上，"周公辅成王"被传为千古美谈。武王灭殷后不久即死去，如何维护和巩固这个新建王朝的统治，这是一个艰巨而复杂的任务。武王的儿子成王年幼，但按礼法应由成王继位。周公虽有谋略，但只能处于辅佐的地位。大小政务皆由周公代为处置，又显得权势过重，容易引起外人的疑虑。"管蔡以武庚叛"就与这种疑虑有关。以周公的谋略和声望，他完全可以代成王自立，由自己当周王。但他没有这样做，为了周朝的长治久安，他呕心沥血，尽心辅佐，终于消除了一次又一次危机，使周朝建立起稳定的统治。

当东都洛邑建成时，成王已经长大成人，周公便还政给成王，自己退居辅佐的位置，就像一个普通的大臣一样。成王住在镐京，由召公奭在身边辅佐，专心治理西方；周公留住洛邑，重点管理东方各国的事务。

周公担心，成王尚年轻，容易贪图安逸，贻误政事。于是，周公便写了一篇《无逸》，以劝诫成王。这篇《无逸》保留在《尚书》中，流传至今。文章可分为三大段。在第一段，周公首先对成王提出要求："君子所其无逸。"那么，怎么做到"无逸"呢？周公提出，首先要了解"稼墙之艰难"，了解"小人"的疾苦。用今天的话说，就是体察民情，关心老百姓的疾苦。第二段总结历史上的经验教训，论证"无逸"的重要。周公列出商王中几个正面的典型，他们勤于政务，了解百姓的疾苦，享国时间长，天下也太平。周公接着又举出殷后期的几个王作为反面典型，这几个王贪图安逸，不关心老百姓，荒于政事，致使朝政混乱，他们享国的时间也短。周公要成王以这几个王为戒，要像文王和武王那样勤于国事，巩固周朝的基业。第三段论述应如何对待下人的怨恨。有两种态度，一种是一听到有这类怨恨就滥杀无辜，而不去深究这种怨恨产生的原因。怨恨虽出自下人之口，但根源不在下人，而在于君臣为政是否清明。另一种态度是，一听到这类怨恨就反省自己，认为是"朕之愆"，"不敢含怒"，进而改善政事，革除弊政。最后，周公语重心长地告诫成王，要以史事为鉴，勤勤恳恳地把周朝治理好。

这篇《无逸》是我国历史上教导君主的最早的教材，也是后世历代教导君主和皇子皇孙的重要文章。周公的教导对成王很起作用，成王基本上都能按照周公的教导去做。成王死后，康王继位，仍继续执行周公制定的政策。因此，各种社会矛盾得到缓和，社会生产力有较快的发展，出现了"成康之治"的繁荣景象。周朝的手工业生产水平明显地超过了商代，商业贸易也有了明显进步，使成康时代成为我国奴隶制时代的鼎盛时期。

周公辅成王的另一个重大举措是实行宗法分封制，历史上也称为"封邦建国"。从实质上看，就是推广周公在洛邑实行的那套统治办法，在各地建立更多的据点。在这些据点里，安插周朝的同姓兄弟、功臣、贵族，要他们帮助周王实行统治。这些封国就是诸侯国。实际上，殷朝后期也实行过分封，只是范围比较小，组织上也不是很严密。周朝的疆土大为扩大，斗争更为复杂，需要对战略要地和经济文化中心进行严密控制。于是，宗法分封就成为周朝的一项基本政治制度。

武王即实行过分封，周公东征后分封的规模更大，至成王亲政时，先后共建立了71个封国。这些封国的一大半由周王的兄弟子侄进行控制，异姓诸侯只占一小半。诸侯不仅领有封国内的土地，而且领有当地的居民。诸侯在封国内实行世袭制，要服从周天子的命令，定期向周天子朝贡和提供军赋、力役。在封国内，诸侯有自行征收田税和工商业赋税的权力，实际上就是代表周天子对当地进行统治。

分封制又是和宗法制连在一起的，宗法制由父家长制演变而成，至周代达于完备。按照宗法制，周王自称天子，王位由嫡长子继承，称为天下的"大宗"，是同姓贵族的最高家长，也是政治上的共主，掌管国家的政权和军权。周王的其他儿子则大都分封到各地当诸侯。对于周天子来说，他们是"小宗"，但在本诸侯国却是大宗。诸侯也实行嫡长子继承制，诸侯的其他儿子有的被封为卿大夫。依次类推，按照血缘的亲疏就建立起了金字塔式的统治模式。嫡长子也称宗子，由他们掌管本族的财产，负责本族的祭祀，管理本族的成员，并代表本族统治和剥削辖区的人民。

这种宗法分封实际上就是按血缘亲疏建立起来的等级制。用今天民主、平等的观念来看，似乎是太落后了。但是在当时，它却有巨大的合理性和进步性。因为当时交通不便，通信技术不发达，如何使周朝这个疆域辽阔的大帝国保持统一和稳定，是当时最大的政治课题。周公设计和推行的这套制度就较好地解决了这个问题，使周维持了800多年的统治。从当时的历史条件来看，似乎还没有更好的秩序。社会的发展需要秩序，这套秩序的确促进了周朝的发展。因此，尽管在今天看来这套秩序不大合于正义，但在当时却有很大的进步性。后世帝王不顾具体的历史条件，仍实行分封，致使汉初出现了"吴楚七国之乱"，西晋出现了"八王之乱"。应该承认，越到后来，这种分封制消极的一面就暴露得越多。但是在周初，周公设计和推行的这套制度却取得了巨大的成功。

周公很清楚，治理好东方是周朝长治久安的关键。这里是被周用武力征服的地区，殷的残余势力较强，一有机会就图谋反叛。周公营建洛邑后，将洛邑作为控制东方的据点。这里集中了大批从各地迁来的殷人贵族，如何管束这批人也是个十分重要的问题。为此，周公特地将他的弟弟康叔分封于此，建立卫国。康叔即为卫侯，掌握着8师的兵力，封土大，控制的人口也多。在康叔去卫国上任时，周公对他叮嘱了一番，这些话保留在《尚书·康诰》中。周公对康叔说："小人难治，你要尽心政事，不要贪图安逸。你的任务就是把周王的事业发扬光大，安定殷民，把殷民改造成顺服的百姓。"康叔问："殷人如果反抗应如何办？"周公回答说："要坚决镇压！如果对罪犯不加惩戒，上天给我们的法律就会紊乱和废弃。但执行刑罚要慎重，如明知故犯，且坚持不改，罪虽小也不可不杀；如出于一时疏忽，不坚持错误，能自首悔罪，其罪虽大，也不可以杀。"康叔就把这一套办法带到了卫国，果然将卫国治理得很好。

周公起初被封至鲁（今山东曲阜），建立了鲁国。由于辅佐成王，周公一直未去鲁国上任。周公便命长子伯禽去鲁，叮嘱他道："我是文王的儿子，武王的弟弟，成王的叔父，地位该不低了吧。但是，我一沐三握发，一饭三吐哺，起以待士，犹恐失天下之贤人。你这次去鲁国，千万不可骄逸。"于是，"一沐三握发，一饭三吐哺"就成为当政者勤政的典型事例。伯禽遵循父教，果然将鲁国治理得很好。鲁国的东边是齐国，大谋略家姜太公即分封于此，也将这里治理得井井有条。于是，周朝在东方的统治就得到了巩固。

从周朝的情况来看，封邦建国是周公在政治上的成功之举，表现了他的深谋远虑。周天子拿一部分土地分赐给诸侯，诸侯又在封国内拿一些土地分赐给卿大夫，一层一层，从而构成了周朝在全国的统治基础，形成了一个相对较为稳定的统治体系。也正是在这样的环境下，中国奴隶制社会经济在周朝进入鼎盛时期。

## 四、"敬天保民"，制礼作乐

周公不仅是个大政治家和大谋略家，而且是个大思想家。自然，他的思想和谋略也是密切相关的。

周公的一个重要思想是关于对天命的认识和解释。天命是一个古老的概念，殷商的统治者就声称，他们的统治来自于天命，因而有无上的权威，是神圣不可侵犯的。按照这种理论，殷朝的统治就应该千秋万代地永远延续下去，谁要反对，就是犯上作乱，就要受到"天"的惩罚。古人迷信，相信天命之说。周族本来是殷的臣民，这时却推翻了殷的统治，建了周朝，这岂不是违反了天命吗？也正是因为许多殷的遗民迷信天命，所以周朝建立之后许久还一直顽固地反对周朝。周公清楚地认识到，要想使周朝的统治稳固，就必须对天命作出新的解释，以使周的统治在思想理论上顺理成章，为广大民众所接受。于是，周公就提出了"敬天保民"、"天命无常"以及"以德配天"的思想。

周公讲天命，又怀疑天命，便称"天命无常"。殷商原来得到了"天"的保护，所以取代了夏，建立了殷商。现在殷又被周取代，说明"天"不保护殷了，而开始保护周了。周朝正是按上天的命令来代替殷朝的统治的。接下来的一个问题是，"天"为什么忽而保护殷，又忽而改为保护周了呢？周公解释道："民之所欲，天必从之。"也就是说，"天"究竟保护谁，要看老百姓的意愿。"天"是为民作主的，只有得到老百姓拥护的人，才能享有天命。殷遭到老百姓的反对，所以"天"就抛弃了殷。周取代了殷，就是因为周的统治合于老百姓的意愿，只有周朝才配享天命。这就是周公的"敬天保民"的思想。

这种"敬天保民"的思想对后世的统治者产生了很大的影响。这实际上就是"德政"思想。统治者要加强自己的道德修养，关心老百姓的疾苦，这样"天命"就可以长保，江山就可以稳固。周公将天命和德政联系在一起，赋予天命以新的内容，在那种宗教迷信占统治地位的情况下，这种思想确实发挥了很大的作用。仔细分析一下就可以看出，周公更重视的是"人治"，而不是"天命"。这也正是周公的高明之处。对于稳定周朝的统治来说，周公对天命的解释起到了十分重大的作用。

周公还建立了一整套礼乐制度，这也就是历史上所常说的"制礼作乐"。所谓"礼"，就是划分等级名分的典章制度；所谓"乐"，就是音乐。"礼"的内容非常复杂和烦琐，几乎包括了各级贵族衣食住行和丧葬嫁娶的一切行为规则。大体来看，"礼"分五大类：一是吉礼，用于祭祀鬼神；二是凶礼，用于丧葬凶荒之事；三是宾礼，用于朝觐接待；四是军礼，用于兴师征伐；五是嘉礼，用于婚嫁饮宴。至于音乐，那时只有少数贵族才能使用。这在当时是种很大的特权，什么等级的贵族用什么音乐，有严格的区分，不能乱用，否则要受到严惩。"礼"和"乐"相辅相成，成为巩固贵族等级制的重要手段。

周公还建立起了一整套的官僚制度和刑罚制度。这些制度和礼、乐制度相配合，使周朝建立起十分完整的统治秩序。自然，这些不可能全是周公一人所制作，有些内容就是从殷朝继承来的。周公加以整理、补充、修订，并新增加一些内容，从而使之系统化、完整化和制度化。这些制度为后世统治阶级长期所沿用，成为巩固统治的重要工具。正因如此，所以周公在以后历代统治阶级的心目中地位都极为崇高。

为了周朝的建立和巩固，周公耗尽了毕生的精力，也充分显示了他作为政治家、思想家和谋略家的才能。临死时，周公叮嘱身边的人，要他们将自己葬在成周，以表示自己不敢离开成王。周公死后，成王用最隆重的天子礼仪将周公葬于毕原（今西安西北）。文王和武王都葬在那里，成王将周公和他们葬在一起，表示周公的功劳大，完成了文王和武王的未竟之业，同时也表明，成王不敢把周公视为自己的臣下。为了表彰周公的功劳，成王特许鲁国用祭天子的礼、乐来祭祀周公。

周公在后世的地位一直很高。汉代立学开始庙祀孔子，孔子称先师，周公称先圣，同时受祭。直至唐代以前，都一直称周公为先圣。唐代则时有变化，有时以孔子为先圣，周公为先师；有时以周公为先圣，孔子为先师。直至明初，在先师庙中周公和孔子同时受众学子的祭拜。明成祖时形势为之一变，他将先师庙改为文庙，独祭孔子，而将周公移出，祀于文华殿之东室。明成祖之所以这样做，与他隐秘的心理有关。当明成祖起兵与侄儿建文帝争夺皇位时，口口声声说要"周公辅成王"。但是，当他胜利后却自己当了皇帝，因而受到许多人的指责。明成祖担心，当众学子祭拜周公时，会自然联想到"周公辅成王"的可敬，自己所谓"周公辅成王"的欺世盗名。因此，明成祖便取消了周公和孔子同时受祭的资格，致使此后周公在人们心目中的地位有所下降。但是，周公以他的智慧和谋略为中国早期历史所作出的巨大贡献是无法掩盖的。

（郭首涛）

▼

本篇主要资料来源：《史记》卷四，《周本纪》；《史记》卷三十三，《鲁周公世家》。

# 安齐国富国强兵  霸诸侯"一匡天下"

## ——管仲传

　　管仲（约前 725—前 645）名夷吾，字仲，颍上（颍水之滨，今安徽境）人。他是春秋时期著名的政治家、军事家和思想家，在辅助齐桓公治理齐国、建立霸业时，立下了不朽的功勋，对齐国的改革与发展起了极为重要的作用。他是中国历史上最为全面的谋士之一，在政治、经济、军事、外交等领域，都能为齐桓公出谋划策，并能在齐桓公的支持下，卓有成效地组织实施。有了管仲的辅佐，齐桓公曾形象地比喻说好像飞鸿有了羽翼、济大水有了舟楫一样。管仲的一些言论散见于《国语·齐语》《管子》《说苑》等书中，不仅为历代统治者所借鉴，即便在今天，也仍有宝贵的借鉴作用。

### 一、怀才不遇

　　管仲是姬姓的后裔，当为贵族之后。他自幼聪颖好学，酷爱射箭。其父管严早亡，他和母亲孤苦伶仃，相依为命，小小年纪过早地挑起了家庭的重担。迫于生计，他从事过许多职业。他替人放过马；和鲍叔牙一起做买卖，因为家贫，常常将两人赚来的钱多留给自己一些；有心为鲍叔牙办点好事，却事与愿违，越办越糟，反而给鲍叔牙添了麻烦；当兵时因家有老母无人奉养多次临阵脱逃；有一次家里实在揭不开锅了，他还在成阳偷过人家的狗。管仲本是贵族之后，非常向往上层社会的生活，企图通过当官出人头地，但是他当过三次小官都没有当好，被人家扫地出门了。

坎坷的经历，没有摧垮管仲的精神支柱。相反，管仲从中却开阔了眼界，洞察了世间的风云变幻，锻炼了自己的意志，增长了才干，造就了他坚韧不拔、百折不挠、不成大器誓不休的性格。在这动荡不安的生活中，管仲和鲍叔牙结下了深厚的友谊，也正是鲍叔牙为管仲后来通向政治大舞台铺平了道路，二人相互帮助，相互支持，堪称刎颈之交，为后人所称道。

这个时期，管仲尽管怀才不遇，但因为他经多见广，结识了许多朋友，他的才华也逐渐为许多人所了解。有人把管仲和鲍叔牙推荐给齐僖公，齐僖公决定让他们做齐国公子的师傅。管仲对鲍叔牙说，齐僖公的三个公子，将来谁当国君现在难以预料，我们两个要分开，不能共同做某一个公子的师傅，这样将来无论哪一个做了国君，我们两个都不难进入齐国政界。就这样，管仲和召忽一起做了公子纠的师傅，鲍叔牙尽管认为公子小白不会成大器，但还是听从了管仲的劝告，做了公子小白的师傅。

公子纠是齐僖公的次子。管仲出任公子纠师傅的时间已不可考，但总在他30岁以后。这个时候，管仲个人的思想已经成熟，辅佐公子纠使他得以与闻宫廷政事，可是他的角色却不允许他有什么"非分"之想，只能和召忽终日与公子纠相伴，读书、下棋、狩猎、游园，等等，日子过得安宁、自在，却谈不上施展个人的抱负。一次宫廷事变，改变了管仲的一生。

## 二、得遇明君

齐僖公有三个儿子，长子公子诸儿，次子公子纠，幼子公子小白。公子纠有管仲、召忽辅佐，公子小白有鲍叔牙辅佐，品行、能力都很好，唯独公子诸儿没有贤人辅佐，终日不思进取，放任自流，成了一个花花公子。公元前698年，齐僖公去世，按照长子继承制，公子诸儿继任为君，是为齐襄公。齐襄公上台后，不是考虑怎样治理齐国，怎样使齐国在风云变幻的国际形势中立足脚跟，图谋发展，而是整日沉湎于酒色花月之中不能自拔，甚至不顾人伦道德和自己的妹妹文姜私通。文姜出嫁鲁桓公后，仍时常与他秘密幽会，影响极坏。他不理国政，喜怒无常，滥杀无辜，导致民不聊生，边防日弛。从姜太公到齐僖公十三代人创下的齐国基业眼看就要毁在齐襄公的手中，许多大夫深恐祸及自身，纷纷外逃，鲍叔牙和公子小白出奔莒国。

多行不义必自毙。公元前686年，边将连称、管至父和公孙无知杀死了齐襄公，公孙无知自立为君。事变发生后，管仲、召忽奉公子纠仓皇出奔到鲁国。公孙无知弑君而立，不得人心，不久被杀，齐国陷入一片混乱之中。

国不可一日无君。齐国的大族国氏、高氏迅速将这一消息报告了远在莒国的公子小白，鲍叔牙立即和公子小白向齐国进发，准备继承君位。与此同时，鲁国也得到了这一消息，急忙派兵护送公子纠回国，为稳妥起见，又派管仲埋伏在莒国通往齐国的大道上，准备袭击公子小白一行。不多时，公子小白一行人马急匆匆赶来，管仲搭箭引弓，一箭中的，公子小白应声倒于车下。管仲见大功已成，便从从容容地追赶公子纠去了。公子纠知公子小白已死，无人能和他争夺君位，归齐的速度也慢了，在路上盘算做国君的情景。孰知管仲一箭正好射在公子小白的衣钩上，公子小白唯恐管仲再来一箭，便顺势假装死去，倒于车下，骗过了管仲。经此一吓，公子小白和鲍叔牙昼夜兼程，大大加快了归齐的速度，结果先于公子纠6天回到齐国，在国氏、高氏的支持下，继任为君，这就是历史上有名的齐桓公。

齐桓公不同于齐襄公，他是一个雄才大略的君主。他决心振微起弊，大力治理齐国，使齐国强于天下。于是，继位之初，他便委相职于鲍叔牙。而鲍叔牙自知才智不及管仲，便极力向齐桓公推荐管仲。

桓公自莒反于齐，使鲍叔为宰，辞曰："臣，君之庸臣也。君加惠于臣，使不冻馁，则是君之赐也。若必治国家者，则非臣之所能也。若必治国家者，则其管夷吾乎。臣之所不若夷吾者五：宽惠柔民，弗若也；治国家不失其柄，弗若也；忠信可结于百姓，弗若也；制礼义可法于四方，弗若也；执枹鼓立于军门，使百姓皆加勇焉，弗若也。"[1]

鲍叔牙曰："臣幸得从君，君竟以立。君之尊，臣无以增君。君将治齐，即高傒与叔牙足也。君且欲霸王，非管夷吾不可争。夷吾所居国国重，不可失也。"[2]

---

[1]《国语·齐语》。
[2]《史记·齐世家》。

齐桓公见鲍叔牙诚心诚意地推荐管仲，便说我知道管仲有才华，但他是我的仇人，要不是我的衣钩，说不定我已被他射死了，我怎么能用他呢？鲍叔牙说，管仲是我的好朋友，我十分了解他，他也很了解我。想当初您的父亲让我做您的师傅，我不乐意，是管仲劝我接受任命，他认为您可能是三个公子中最有作为的一个。他射您是为了公子纠，如您肯原谅他，他肯定会为您尽力的。齐桓公在鲍叔牙的劝说下，以一个大政治家的坦荡胸怀，尽释管仲的一箭之仇，决定重用管仲。

然而，管仲不在齐国而在鲁国。鲁庄公派兵攻击齐国，恰为管仲归齐创造了条件。

管仲奉公子纠赶到齐国时，齐桓公已经登位。鲁庄公闻讯，认为这是越礼之举，即发兵进攻齐国，企图通过武力打垮齐桓公，让公子纠做齐国的国君。鲁齐军队战于乾时，鲁军大败。鲍叔牙不失时机地向鲁国提出让鲁国杀死公子纠，放管仲、召忽回齐国等条件，这几个条件得不到满足，齐军将继续向鲁国进攻。鲁庄公召施伯商量对策，施伯说，管仲是个难得的人才，他为政的国家必然富强，决不能让管仲活着回去，可先杀死他，把尸体交给齐国。可是齐国的使者说，齐桓公对管仲恨之入骨，一定要亲手杀了他才解恨，不如此，齐军仍然要向鲁国进军。鲁庄公此时尚未从乾时战败中定下神来，便按照齐国的要求，把管仲装入囚车，交给了齐国的使者。管仲惧怕鲁庄公变卦，一路上引吭高歌为役夫们解除疲劳，大大加快了归齐的速度，待鲁庄公醒悟过来，派兵追赶时，管仲早已进入齐国境内了。鲍叔牙在齐鲁边境亲自为管仲洗尘接风，希望管仲为齐桓公治理齐国出谋划策。管仲念及与齐桓公有一箭之仇，担心齐桓公不肯饶恕他。鲍叔牙说你不要多虑，一切由我来安排。

齐桓公得知管仲已平安回到齐国，十分高兴。但他并不急于马上接见管仲，而是请人选择了一个"黄道吉日"，沐浴一新，十分隆重地接见了管仲。接见这天，风和日丽，齐桓公和管仲一见如故，相见恨晚。管仲终于遇到了明君。齐桓公此举历来被誉为尊贤的模范，而管仲也从此正式踏上齐国政治的大舞台，开始了他的谋士生涯。这一年，管仲约40岁。

### 三、立稳脚跟，审时度势

管仲原为公子纠的师傅，在齐国没有什么地位，更谈不上形成自己的势力，除了鲍叔牙和他是至交外，可谓势单力薄。在这种情况下，管仲要想把自己的政治、军事、经济、外交谋略通过齐桓公去付诸实施，难度相当大，所以他采取了按兵不动的策略。齐桓公很纳闷，便问管仲为什么还不为治理齐国献计献策。管仲说地位低下的人不能领导贵族，齐桓公心领神会，提拔他为上卿。过了一段时间，齐桓公见管仲仍没有什么动作，又问管仲。管仲慢条斯理地说，贫穷的人不能领导富有的人，齐桓公不急不躁，赐给他齐国的市租。又过了一段时间，齐桓公仍不见管仲有什么动作，又去问管仲，管仲说名分疏远的人不能领导名分亲近的人，齐桓公闻言肃然，尊之为仲父。管仲起而治齐。孔子评论说，以管仲之贤才，如果得不到这三种权力，是不可能辅助其君称霸天下的。

事实正是如此。管仲并非恃才向齐桓公讨价还价。他看到，面对齐国的形势，如果他没有一定的政治地位、权力、经济基础以及与国君的特殊关系，根本无法推行其政治主张。齐桓公不愧为一代明君，他对管仲有求必应，而且同意管仲推荐的五名人才出任国家重要职责：隰朋为大行，主管外交；宁戚为大司田，主管农业；王子城父为大司马，主管军事；宾须无为大司理，主管司法；东郭牙为大谏，主管谏议。鲍叔牙时为大夫，对管仲治齐的举措自然是鼎力相助。管仲有了这六个人的帮助，真如猛虎添翼，在齐国乃至整个时代的大舞台上尽情地施展着自己的才华，所向披靡。

摆在齐桓公和管仲面前的国际形势是：天子直辖的"王畿"，在戎狄不断侵扰和诸侯不断蚕食下，大大缩小了，仅剩下成周方一二百里之地；同时，天子控制诸侯的能力和直接拥有的军事力量也日益丧失。但是天子以"共主"的名义，仍然具有号召力。因此，一些随着地方经济发展逐步强大的诸侯国如郑国，就利用王室这个旗号，"挟天子以令诸侯"，积极发展自己的势力。公元前707年，周桓王亲率陈、蔡、卫等诸侯国的军队讨伐郑国，结果王师惨败，连桓王也被箭射中了肩膀，天子的威严扫地，从此一蹶不振，郑庄公成为春秋初期的小霸。

随着王权的沦落，诸侯对天子的朝聘、贡献大大减少，王室财政越来越拮据，不得不仰赖诸侯的赞助。周襄王曾低声下气地向郑国"请盟"，后来又接受晋侯的召唤，参加诸侯召开的会议。天子共主的地位，已名存实亡，"礼乐征伐自天子出"的时代已经成了过去，社会进入了一个动乱的时代，各种矛盾都在急剧发展，而且错综复杂地交织在一起。

动乱的中原局面，给周边少数民族提供了发展的机会。占有西周旧地的西戎继续威胁着东周；居住在今山西、陕西北部、河北西北部以及内蒙古等广大地区的狄族，也逐渐向内地发展，威胁着中原的安全；居住在今河北、山东境内的戎族部落以及河北东北部直到东北地区的山戎，与齐、燕等国多次发生战争；江汉流域的楚国，在臣服了百濮、群蛮，控制了群舒、淮夷等族之后，势力迅速强大，力图向黄河流域争夺土地。郑国因为内乱，对于戎狄蛮交侵的局面，束手无策。这种形势，迫切要求中原各国联络起来，节制诸侯国之间的侵伐兼并，抵抗戎、狄各族的入侵，充当联络人的，便是霸主，以代替周天子向诸侯国发号施令。霸主的条件必须是力量最强的诸侯国的国君，还必须有一定的"德"。

齐桓公和管仲面临的国内形势是严峻的。本来，齐国经过庄公、僖公的发展，已成为东方一个比较强大的诸侯国，在国际事务中扮演着十分重要的角色，如公元前701年，齐国就作为东方的大国出面调解郑与宋卫的纠纷，与郑宋卫盟于恶曹。但由于齐襄公在位期间荒淫残暴，穷兵黩武，加上公孙无知作乱，齐国田野荒芜，饿殍遍野，人烟稀少，有才之士纷纷外逃，守边的将士衣不蔽体，食不果腹，导致边防日弛，国力大大下降，齐国的国际地位一落千丈。齐桓公可谓从齐襄公手里接过一个烂摊子，齐国上下百废待兴，百业待举。用齐桓公的话讲，即：

> 昔吾先君襄公筑台以为高位，田、狩、毕、弋，不听国政，卑圣侮士，而唯女是崇。九妃、六嫔，陈妾数百，食必粱肉，衣必文绣。戎士冻馁，戎车待游车之裹，戎士待陈妾之余。优笑在前，贤材在

后。是以国家不日引，不月长。恐宗庙之不扫除，社稷之不血食。①

针对这样的国际国内形势，管仲陷入了深深的思索之中。他不仅在考虑怎样治理齐国，而且在考虑如何使齐国在风云变幻的国际形势中迅速脱颖而出，达到称霸的目的。他经过深思熟虑，向齐桓公郑重提出了围绕称霸总谋略的一系列分谋略。从齐桓公登位 7 年即称霸诸侯来看，管仲的谋略筹划十分奏效，甚至可以称得上立竿见影。

## 四、以民为本，革新政治

管仲向齐桓公提出的政治谋略涉及齐国政治生活的各个方面。

针对齐国无序的现状，管仲提出整饬宗周的礼制，对文武周公时期的旧法利用其合理的部分，剔除其不合理的部分；承认个人的私有性，用法治约束这种私有性使之不泛滥，并将约束私有性的法律制度高悬于城门之外的象魏上，做到家喻户晓，妇孺皆知，然后依法行事，以严刑峻法惩处违法乱纪现象。

在法治的前提下，管仲提出了民本思想。他认为圣君明主要顺乎民心，要体察人民的意愿，提出的政策必须代表广大人民的共同要求，与人民休戚相关，浑然一体。为了取得人民的拥护，必须使人民的正当要求得到满足，物质生活得到保障。在一次答齐桓公提问时，管仲对曰：

> 齐国百姓，公之本也。人甚忧饥，而税敛重；人甚惧死，而刑政险；人甚伤劳，而上举事不时。公轻其税敛，则人不忧饥；缓其刑政，则人不惧死；举事以时，则人不伤劳。②

这段话集中反映了管仲的民本思想。

为了有效地管理国家，管仲提出重新划分行政区划：把国都划分为二十一个乡，其中六个工商乡，十五个士乡，齐桓公统率六个工商乡和五个

---

① 《国语·齐语》。
② 《管子·霸形》。

士乡，国子、高子各率五个士乡。国都内的行政区划为五家为轨，设轨长；十轨为里，设里司；四里为连，设连长；十连为乡，设乡良人（或乡大夫）管理。国都内的国政分为三项，制定三官制度，设三宰管理官吏，设三族管理工匠，设三乡管理市井，设三虞管理川泽水产，设三衡管理山林。对于野鄙的行政区划，管仲是这样划分的：三十家为邑，邑设邑司；十邑为卒，卒设卒帅；十卒为乡，乡设乡帅；三乡为县，县设县帅；十县为属，属设属大夫。全国设五属，共有五个属大夫，设五正使各听一属之政，这样，五正管理五属，五属大夫管理五十县，县帅管理乡政。全国自上而下建立了严密的管理体制，各级官吏各治一方。五大夫每年正月向国君述职，国君定期对他们进行考察。

与此相呼应，管仲还提出了四民分业定居的方案。"四民"即士、农、工、商。按照人口的地域或职业结构，使士、农、工、商各居其所，即把讲学道艺的"士"安排在清净之所，把工匠安排在官府，把商人安排在市井，把农民安置在田野，不允许他们随意迁移。根据这个方案，士、农、工、商四民集中居住，只在本行业中交流学习，不发生横向联系，以家庭和社会小环境作为各行各业接班人的养成所，使士之子恒为士，农之子恒为农，工之子恒为工，商之子恒为商，世任其事，各安其业，不致见异思迁。社会秩序相对安定，管理起来也就更加方便了。

管仲深知，任何政策的实施都离不开各级官吏，所以各级官吏素质的好坏，直接决定着国家的命运。为了建设好官吏队伍，管仲建议齐桓公废除选官中的门户观念，提出选贤任能的用人策略。这个策略规定，各乡长如果在当地发现有居处好学、慈孝于父母、聪慧质仁、发闻于乡里者，有拳勇股肱之力秀出于众者，要立即向上级报告，由长官书伐考评，经齐桓公策问后，授官任事。如果发现地方官压制人才，不向上推荐，则以蔽明、蔽贤罪论处。选贤任能策略的意义是积极的，它不仅打破了世官世禄制和诸谒成风、用人唯亲的陋习，而且为下层人士参与政治、跻身仕途提供了渠道。所谓"匹夫有善，可得而举也"。这个策略实施后，黎民百姓都争着做好事，齐国的社会风气大大好转。

## 五、寓兵于民

管仲为齐桓公筹划的总谋略是称霸，其余的都是分谋略。军事谋略是实现称霸总谋略的武力保障，没有强大武力做后盾的霸主是不存在的。管仲军事谋略的突出之处在于"作内政而寄军令"，实质上就是要寓兵于民，把居民组织和军事编制结合起来，达到全民皆兵的目的。

这一计划规定，国都中十五个士乡的居民，按照轨、里、连、乡四级编制起来，五家为一轨，设一轨长；十轨为一里，设一里司；四里为一连，设一连长；十连为一乡，设一良人。四级居民之长掌管军令，每家出一兵，则一轨五兵，组成一伍，由轨长率领；一里五十人，组成一小戎，由里司率领；一连二百人，组成一卒，由连长率领；一乡两千人，组成一旅，由乡良人率领；五乡一万人，组成一军，立一个元帅。

管仲就这个计划对齐桓公解释说，按照这个计划，全国共设三军，您和国子、高子各充任一军元帅。每年春秋两季农闲时节进行军事训练，训练结束后，国都内的人不允许自由迁徙，同伍之人无论战争时期还是和平时期都生活在一起，有福同享，有难同当。由于他们彼此十分熟悉，若是夜间作战，只要凭声音即可辨别敌我，如果白天作战，则相互认识，不至于自相残杀。同伍之人相互间有了感情，作战时争先恐后，守则同固，战则同强。

管仲进一步解释说，按照这个计划，阵亡的士兵可由其家人递补，您可拥有3万常备军。有了这3万常备军，您便可以无敌于天下，天下大国之君谁能和您抗衡呢？

齐桓公对这个计划很满意，但他不无忧虑地问管仲，现在国家很穷，从哪里能弄到武器装备军队呢？管仲说，我已经考虑过了，可以通过让罪犯用军器赎罪的办法来解决：凡犯了重罪的人，可以用一副犀牛皮制的甲和一柄车戟赎罪；凡犯了轻罪的人，可以用一副皮制的盾和一柄车戟赎罪；凡犯了小罪的人，可以用不同量的铜铁赎罪；凡打官司的人，可交12支箭作为诉讼费。这样不仅可以解决军器的来源，而且可以降低犯罪率，因为赎罪的军器是昂贵的，许多人为了赎罪，往往要倾其所有。齐桓公听后，暗暗称叹。

## 六、富民富国

经济基础决定上层建筑。为了保证政治谋略、军事谋略的顺利实施，管仲还向齐桓公提出了经济谋略。管仲经济谋略的指导思想是富民。

> 凡治国之道，必先富民。民富则易治也，民贫则难治也。奚以知其然也？民富则安乡重家，安乡重家则敬上畏罪，敬上畏罪则易治也。民贫则危乡轻家，危乡轻家则敢凌上犯禁，凌上犯禁则难治也。故治国常富，而乱国常贫。是以善为国者，必先富民，然后治之。[①]

在富民思想指导下，管仲提出了"相地而衰征"、"官山海"的经济谋略。所谓"相地而衰征"，就是依据土地的肥瘠好坏划分等级，然后按等级征收赋税，既承认了土地私有权，又使劳动者明了自己土地的应征数额，生产积极性大大提高。在这项政策中，管仲扩大了"土地"的外延，将山林川泽及旱地涝洼地都按一定比例折合成产粮地，统一征税。管仲提醒齐桓公不要违背农时，不要在牛羊繁殖季节宰杀牛羊，以免妨害畜牧业生产。

所谓"官山海"，就是实行盐铁专卖。管仲认为，盐和铁是人们日常生活中不可或缺的商品。生产盐铁又需要特定的自然条件、一定的生产技术和相当的生产设备，如果单靠国家投资，齐国一时没有能力，所以管仲建议齐桓公放开生产，垄断流通，即允许个人煮盐冶铁，但产品只能卖给国家，然后由国家统一定价、统一运输、统一销售至境内外，国家牢牢控制这两大财源，从中获取巨额利润。

在经济谋略中，管仲还提出"设轻重九府"和"通齐国之鱼盐于东莱，使关市几而不征"的谋略。"轻重"指商品价格的贵和贱，"九府"指九种掌财政货币的官，即大府、玉府、内府、外府、泉府、天府、职内、职金、职币。此项策略旨在由国家牢牢控制铸币权，国家垄断货币铸造的数量、质

---

① 《管子·治国》。

量、流通量，以货币斗争作为国家增加财政收入、打击囤积、平抑物价、调节供求的手段。"通齐国之鱼盐于东莱，使关市几而不征"即打通齐国和莱夷的流通渠道，取消齐国关税，用低价从莱夷购进鱼、盐，然后加价卖到其他诸侯国，从中赚取贸易差价。

管仲还为齐桓公成功地导演了一次"商战"。齐桓公欲降服鲁、梁二国，问管仲何计可行。管仲说您不必兴师动众，只需穿上绨做的衣服就可以了。鲁、梁二国之民俗织绨，您带头穿绨衣，令全国上下都穿绨衣，并下令不准齐国织绨，必须从鲁、梁二国进口，这样，鲁、梁二国就会放弃农业而都去织绨了。

齐桓公依计而行，在泰山之阳穿绨衣，并令齐国人都穿绨衣，一时齐国绨贵。

管仲又对鲁、梁二国的商人说，你们为我买绨千匹，我支付300斤金，买绨万匹，我支付3000斤金。如此一来，鲁、梁二国即使不征税，国家财用也够了，鲁、梁国君见有利可图，便下令百姓都来织绨，以致农田荒芜。过了13个月，管仲派人去鲁、梁探听，但见鲁、梁上下都在织绨，无人耕田，便对齐桓公说，鲁、梁必将降服齐国。齐桓公尽管很纳闷，仍然按照管仲的安排，去掉绨衣，改穿帛衣，下令全国一律不许再穿绨衣，关闭齐与鲁、梁二国的关卡，不与鲁、梁通使。

又过了10个月，管仲再派人去鲁、梁探视时，鲁、梁之民饿馁相及，鲁、梁之君大呼上当，令其百姓去绨修农，但3个月长不出谷子来，只好从齐国进口，其时齐国谷价与鲁、梁二国谷价之比为1∶100，齐国着实赚了一笔。两年后，鲁、梁之民归齐者十之有六，三年后，鲁、梁之君请服于齐。

管仲不费一兵一卒降服鲁、梁二国，"商战"之功也。

## 七、以德亲四邻

齐桓公用人不疑，他完全接受了管仲的政治、军事、经济谋略，并在管仲、鲍叔牙等人的协助下，积极组织实施，很快医治了齐襄公留下的创伤，缓和了国内的各种矛盾，政治清明，人心思治，人民各得其所，安居乐业，齐国呈现出一派欣欣向荣的景象。齐桓公十分高兴，专门设宴招待管仲，并对管仲说，现在你提出的谋略我都采纳了，国家安定了，人民也富足了，我是否可以称霸诸侯了呢？齐桓公满以为管仲会同意他的设想，不料管仲却说现在仍不是称霸诸侯的时候，尽管齐国的国力足以称霸诸侯，但是四邻国家还没有和齐国建立起友好的国家关系，要想称霸诸侯，一定要先和邻国搞好关系，让邻国亲信齐国。于是，管仲又向齐桓公献出了一套旨在让邻国亲信齐国的外交谋略：

重新审查齐国的国界，把以前齐国侵占的鲁国的棠、潜二邑，卫国的台、原、姑、漆里四邑，燕国的柴夫、吠狗二邑归还回去，明确标明齐国与邻国的国界，不要为此接受邻国的任何资财。这样一来，齐国的国界西至于济，南至于饷阴，北至于河，东至于纪酅；

派出临时使者，多带皮币，频繁出使邻国，视察邻国之政，以安定四邻；

派使者常驻友好诸侯国以随时处理外交事务：曹孙宿驻楚，商容驻宋，季友驻鲁，卫卅方驻卫，匽尚驻燕，审友驻晋；

选派 80 名游士，给他们配备车马、裘衣，多给他们一些资币，让他们周游列国，号召天下的贤士到齐国建功立业；

让普通百姓带皮币玩好卖于四方，以察其上下之所好，如果玩好物贵，那么这个国家奢侈，如果玩好物贱，那么这个国家俭朴，可从中选择淫乱者而先征之；

轻其币而重其礼。如果有诸侯国派使者来访，用弱马或犬羊做礼物，齐国一定用良马相酬报，如果诸侯国的使者用布帛或鹿皮做礼物，齐国一定用纹锦或虎豹皮相酬报，个别小国穷国的使者如空手而来，就让他们满载而归。

上述外交谋略，不仅有利于齐国了解诸侯国的国情，而且更有利于让各诸侯国了解齐国，相信齐国，一定程度上也害怕齐国。外交战线是没有硝烟的战场，管仲的外交谋略使齐桓公在称霸过程中首先争取了主动。

## 八、齐桓首霸

在政治、军事、经济、外交等分谋略逐步得以实施后，管仲开始协助齐桓公向称霸的总谋略接近。

管仲所处的时代是天子式微、礼崩乐坏的时代，各诸侯国之间相互兼并、攻伐，相互欺诈，牢固的长期的伙伴关系是不存在的，有的只是暂时的联合和妥协。管仲清醒地看到了这一点。他告诉齐桓公，要想图威定霸，单靠外交上一味吃亏让步的办法求得改善同邻国的关系是不可行的，吃亏是为了占更大的便宜，所以必须示之以武。管仲把首选目标对准了谭国和遂国。

谭国位于齐国西部。想当初公子小白出奔莒国时，曾经路过谭国，谭君对他很不礼貌，公子小白即位为齐桓公时，谭君又没来祝贺。根据这两个理由，公元前684年，齐国出兵灭掉了谭国，谭君逃到了莒国。

遂国位于齐、鲁两国之间（今山东肥城南）。公元前682年宋国发生争夺君位的内乱。第二年，齐桓公约宋、陈、蔡、邾、遂盟于北杏，谋划平定宋国之乱，遂国借口是鲁国的属国没有参加北杏之盟，齐国乘机借诸侯之兵灭掉遂国，大兵直压鲁国边境。

齐国灭掉谭、遂，一方面扩大了齐国的领土，另一方面向各诸侯国炫耀了武力，对那些不顺服齐国的国家起到了杀鸡儆猴的作用。鲁国就从中感到了极大的威胁。鲁国尽管在长勺之战中侥幸取胜，但齐国返还了其棠、潜二邑，陈、蔡、邾等已归附齐国，于是鲁国见风使舵，主动和齐修好。公元前681年，两国盟于柯（今山东阳谷东北）。两国会盟时，发生了鲁将曹沫劫盟事件。

本来会盟的仪式十分隆重，气氛十分严肃。齐桓公刚刚宣布会盟开始，但见鲁将曹沫出其不意地冲上了盟坛，用匕首逼住了齐桓公。齐桓公毫无思想准备，一时惊得不知所措。管仲疾步上前挡在齐桓公胸前，责问曹沫意欲何为。曹沫说，齐强鲁弱，请齐国返还鲁国的汶阳之田。管仲见势不妙，立即暗示齐桓公答应曹沫之请。会盟结束后，齐桓公闷闷不乐，恨不能将曹沫剁成肉酱，并想收回成命，不归还鲁国的汶阳之田。管仲却乐呵呵地对齐桓公说，曹沫为您取信诸侯创造了条件，您万万不可不守诺言。见齐桓公一脸疑惑，管仲接着说，曹沫的暴行，诸侯皆知，您如果不计怨仇，信守诺言，归还鲁国汶阳之田，只是失了小利，各诸侯国却目睹了您的大义之举，能不归顺齐国吗？齐桓公转怒为喜，马上命人将汶阳之田还给了鲁国。

鲁国和齐国讲和的消息使宋国感到不安。公元前 681 年，宋国背叛了北杏之会。齐桓公为了维护会盟的权威性，于公元前 680 年率领齐、陈、曹三国军队伐宋，为了壮大声威，还向周王室要兵，假王命以示大顺，周僖王派单伯率师助之。在强大的攻势面前，宋国屈服了。

齐桓公频频对外用兵之际，郑国国内政局动荡不安。到公元前 680 年，郑厉公在傅瑕的协助下，归国复位，政局趋于稳定。这时的郑国迫切要求同大国尤其是齐国建立良好的关系，主动和齐国和好。

经过上述种种努力，中原及黄河下游的主要国家都已和齐国建立起比较亲善的关系，在管仲的策划下，齐桓公加快了称霸的步伐。公元前 680 年冬天，单伯、齐桓公、卫惠公、郑厉公、宋桓公会于鄄（今山东鄄城西北）。鄄之会，齐桓公主持，而天子的代表单伯参加，说明周僖王事实上已经承认了齐桓公在东方的霸主地位。公元前 679 年，齐、宋、陈、卫、郑五国复会于鄄，标志着齐桓公霸主地位的确立。同年夏天，鲁庄公夫人文姜赴齐通好。

这样，在短短的七年中，管仲和齐桓公对内深化改革，对外恩威兼施，终于将郑、宋、陈、卫、鲁、蔡、邾等比较强大的国家笼络到齐国为主的同盟之下，齐桓公成为春秋时期第一个霸主，揭开了春秋历史的新篇章。从此以后，春秋史进入了霸权争夺时期。

管仲的总谋略得以落实。

## 九、尊王攘夷

有道是创业难守成更难。霸主地位确立以后，齐桓公没有沾沾自喜、高枕无忧。面对国际形势，他陷入了深深的思索之中，他在考虑如何巩固其霸主地位，如何让齐国在国际事务中发挥更大的作用。同时他也考虑到他这个霸主尽管盟国承认了，但是周天子并没有正式承认，也就是说他的霸主称号名不正言不顺，这差不多成了齐桓公的心病了。

经过几年的合作，管仲和齐桓公已经相知甚深，管仲非常理解齐桓公这一时期的心情。他见齐桓公郁郁寡欢的样子，故意问齐桓公："现在霸业已定，您为何却闷闷不乐？"齐桓公说："我这个霸主，地位并不牢固，鲁、宋、陈、卫、郑等国并没有真正顺服，时刻都想背叛我，周天子那里并没有正式承认我，戎狄异族不断入侵中原，更为我心头之患，我怎么能高兴起来呢？"管仲听后，略加思索，说道："这几个问题都不难解决。"齐桓公急切地说："你有什么办法就快讲出来吧，我这里都快急坏了。"管仲说："以武力为后盾，尊王、攘夷，您所担心的问题都将迎刃而解。"齐桓公是何等聪明之人，管仲寥寥数语，他便茅塞顿开。随后，齐桓公按照这个思路，在管仲的辅佐下，立于霸主地位而不败。

尊王即尊崇周王。其时王室虽已衰微，但王权仍然是秩序安定的象征。在诸侯林立的大环境中，尚没有一个诸侯国强大到能够取周王室而代之，所以尊王是称霸最有力的口号。公元前 677 年，周僖王卒，惠王继位。边伯等失意贵族立惠王异母弟子颓为君，迫使惠王出奔郑国。郑厉公欲借惠王以自重，出面调解王室纠纷失败，便和虢公丑同伐王子颓，保护周惠王平乱复位，周室得以安定。但郑国因贪赏赐，加之郑厉公去世，失去了这次与齐国抗衡的机会。

公元前 667 年，齐、鲁、宋、陈、郑盟于幽，各国共推齐国为诸侯长。同年冬，周惠王派王室卿士召伯廖赴齐国，赐命齐桓公为侯伯，正式承认齐国的霸主地位，齐国还得到了征伐不服王命者的特权，并受命讨伐卫国拥立王子颓的罪行。公元前 666 年 3 月，齐桓公以周王的名义大张旗鼓地讨伐卫国助逆之罪，打败了卫国的军队，迫使卫国纳贿求和。

周惠王末年，宠爱少子带，有废太子郑而另立少子带的意向。公元前655 年，齐桓公会集宋、鲁、陈、卫、郑、许、曹等国国君于首止，与周太子郑订立盟约，确立了太子的正统地位。公元前 652 年，周惠王卒，太子郑继立为周襄王。襄王害怕弟弟叔带争位，秘不发丧，而告难于齐国，求齐桓公帮助确立王位。公元前 652 年，齐桓公率鲁、许、卫、曹、陈世子和周襄王派出的大夫盟于洮，郑文公请与盟，齐桓公麾下的诸侯国共同奉太子郑即位，确立了周襄王的王位。周襄王对此十分感激，公元前 651 年，趁齐桓公召集鲁、宋、曹等国会于葵丘之机，派宰孔赐齐桓公胙，并说齐桓公可以不下拜。齐桓公闻言，一时不知所从，忙召管仲商量应付办法。管仲说，做君的不尽君礼，做臣的不行臣礼，是造成祸乱的根源，怎么能不下拜呢？齐桓公连忙依礼下拜谢王恩、受王赐。

公元前 649 年，周襄王之弟叔带凯觎王位，召集王城附近的杨泉、泉皋及伊洛诸戎攻打王城。秦、晋两国兴师帮助襄王伐戎戍周。第二年，齐桓公派管仲、隰朋分别去周晋调停周晋与戎人的战事，力促双方媾和。周襄王早就知道齐桓公身边有个博学多才、忠心耿耿的谋士叫管仲，此次得以相见，欲以上卿之礼款待管仲。管仲连忙推辞说，我只是个低级的官员，现在齐国有天子所任命的国氏、高氏两位上卿在那里，我不宜接受上卿之礼。最终，管仲接受了下卿的礼节后回国。

攘夷即抵抗戎、狄等少数民族的入侵。齐国离戎、狄较远，戎狄的势力一般渗透不到齐国，那么齐国何以攘夷？因为齐国是霸主，其邻国与盟国受到戎狄侵扰时，齐国理应援助他们。齐桓公在管仲辅助下主要做了三件事：

救燕。燕国在齐国的北部，经常受山戎侵扰。公元前 664 年，山戎又大举侵燕，燕向齐求救。管仲提议齐桓公救燕，为增强势力，让鲁国也出兵相助。鲁国口头答应，但没有出兵。为救燕国，齐军孤军奋战，力伐山戎，一直打到令支（今河北迁安西）、孤竹（今河北卢龙、滦县一带）。在行军千里、深入戎狄腹地的艰苦情况下，齐国君臣上下同心，终于战胜山戎，为燕国解除了祸患。燕庄公感谢齐桓公的存亡之德，千里相送，不知不觉进入齐境。齐桓公以诸侯相送不出境为理由，分沟割燕君所至之地与燕，命燕庄公修召公之政，纳贡于周。燕国从此对齐无二心。

伐山戎班师后，齐桓公念及鲁国言而无信，便欲移师伐鲁。管仲不同意齐桓公这么做，认为鲁国为齐国的邻国，邻国不亲，非霸王之道，不如把伐山戎所得战利品的一部分送到鲁国，让鲁国陈之于周公之庙，不仅可以安定鲁国，而且可以争取其他诸侯国的赞赏。齐桓公救燕，由于管仲善于因势利导，使齐桓公收到了一举三得的效果。

救邢。邢国在齐国的西部，为齐国的近邻。公元前 661 年，狄人起兵攻打邢国，齐国得知消息后，君臣集于一堂商量对策。管仲说，戎狄的性情像豺狼一样，欲壑难填。诸夏之国是亲戚，不能坐视不救，请发兵救邢。齐桓公接受了管仲的建议，发兵救邢，狄人败退。公元前 659 年，狄人再次攻邢，邢国军民溃散，齐桓公再次率宋国、曹国军队救邢。混战中，邢国百姓潮水般奔向联军驻地，联军经苦战，击退了狄人。齐桓公又派人置备了各种器具，护卫邢人迁往夷仪（邢地，今山东聊城西）。宋、曹及齐国军队纪律严明，秋毫无犯，还帮助邢人筑起夷仪新城，齐桓公另派车百乘、士兵千人帮助邢人戍守，可谓无微不至。

存卫。公元前660年，狄人起兵侵卫。由于卫懿公荒淫无度，不理国政，国内人心涣散。国难当头之时，国内百官百姓各奔东西，狄人轻而易举地攻占了卫国首都，灭掉了卫国，卫懿公也在混战中被杀。狄人把卫国的遗民一直追到黄河边。宋国救出了卫的遗民，共730人，加上共（今河南辉县市）、滕（今山东滕州市西南）两邑的居民才凑足5000人，宋国在曹地（今河南滑县东）立卫惠公庶兄昭伯的儿子申为卫君，是为卫戴公。管仲观此之变，立即建议齐桓公派公子无亏带领300乘车马、3000名甲士去替卫国戍守曹邑，又送给卫国乘马、祭服、牲口、木材等，同时还给卫君夫人带去乘车和锦帛，帮助卫国重建家园。恢复后的卫国百姓们心情舒畅，甚至忘记了亡国的悲痛。宋国救卫功不可没，但齐国由于管仲的策划，存卫之举的影响远远大于宋国救卫。

救燕、救邢、存卫，是管仲攘夷政策的具体体现，它不仅有效地遏止了戎狄入侵中原的势头，为燕、邢、卫三国立下了起死回生的功劳，而且也使中原的先进文化免遭戎狄蹂躏，得以保存。齐桓公和齐国在诸侯国中赢得了声誉，巩固了其霸主、霸国的地位，增强了齐国遏制楚国北上的力量。

## 十、遏制楚国

楚国的崛起较晚。武王、文王时期，国势渐强，先后伐随、伐申，灭掉了邓、息，将其势力扩大到汉水中游一带，并试图向中原渗透。齐桓公称霸以后，秦国、晋国都还没有足够的能力和齐国抗衡，齐国的同盟国更无法和齐国抗衡，能和齐国抗衡的只有南方的楚国，也就是说，楚国是齐桓公霸业的主要威胁。事实上，楚国也接连不断地攻打郑国，力图在中原谋一席之地。

公元前679年，郑国背叛鄄之会的盟约，兴师攻打宋国。楚国闻讯，趁机北上攻打郑国，楚军打到郑国一个叫栎的地方。其时齐国刚刚称霸，对郑国的叛逆行为十分恼火，齐国也兴兵伐郑。在遭受南北夹击的危急形势下，郑国向齐国求和，楚国不逞而还。

公元前 666 年，楚国令尹子元以战车百乘攻打郑国都城。楚军见城门不闭，而郑国士兵操着楚国话进出，误认为郑国有深通韬略的人在主持军事，怕中埋伏，放弃了攻城的计划，正好齐、鲁、宋军赶到，楚军连夜遁逃，齐国第一次成功地阻止了楚国的北上。

但是，楚国北上的念头却越来越强，成为中原各中、小国家之大敌，郑国首当其冲，几乎连年遭到楚国的攻伐，在齐国后援不及的情况下，郑国乍叛乍服，令齐桓公伤透了脑筋。管仲和齐桓公都意识到，必须和楚国大打一场才能有效地制止楚国的北上，稳定齐桓公的霸主地位。在管仲巧妙的策划下，这一天终于来到了。

公元前 657 年的一天，蔡姬在船上惹恼了齐桓公，齐桓公一怒之下把她打发回娘家蔡国（在河南上蔡），蔡侯感到非常屈辱，又把蔡姬改嫁他人。齐桓公原本十分宠爱蔡姬，打发她回娘家只是逞一时之气，并无休蔡姬之意。蔡姬另嫁令齐桓公大动肝火，发誓要消灭蔡国。管仲劝齐桓公不要为一妇人的缘故启动兵戈，但齐桓公一意孤行，管仲只好因势利导，向他献了一计：

您如果一定要伐蔡，可以用伐楚的名义要求诸侯国派兵参战，因为楚国是中原的大患，已经三年没有向周天子贡献用以缩酒的苞茅了。蔡国靠近楚国，又是小国，可趁势消灭它。这样，既攻打了楚国，又达到了灭蔡的目的；既可得捍卫天子利益的美名，又可得报您的私仇之实。

齐桓公闻听此计，十分高兴，待一切准备停当之后，于公元前 656 年春，联合鲁、宋、陈、卫、郑、许、曹等八国联军南下，先袭击蔡国，蔡国溃败，接着继续南下伐楚。这场伐楚之战持续了半年多。楚在齐统率的大军压境之下，屡战不胜，只好派屈完为使求和：

> 楚子使与师言曰："君处北海，寡人处南海，唯是风马牛不相及也，不虞君之涉吾地也，何故？"管仲对曰："昔召康公命我先君大公曰：'五侯九伯，女实征之，以夹辅周室！'赐我先君履，东至于海，西至于河，南至于穆陵，北至于无棣。尔贡苞茅不入，

王祭不共，无以缩酒，寡人是征。昭王南征而不复，寡人是问。"对曰："贡之不入，寡君之罪也，敢不共给？昭王之不复，君其问诸水滨！"师进，次于陉。

夏，楚子使屈完如师。师退，次于召陵。齐侯陈诸侯之师，与屈完乘而观之。齐侯曰："岂不谷是为？先君之好是继，与不谷同好如何？"对曰："君惠徼福于敝邑之社稷，辱收寡君，寡君之愿也。"齐侯曰："以此众战，谁能御之？以此攻城，何城不克？"对曰："君若以德绥诸侯，谁敢不服？君若以力，楚国方城以为城，汉水以为池，虽众，无所用之。"①

屈完以出色的外交辞令平息了战事，又代表楚国在召陵和诸侯国订立了盟约。

这次行动，对于齐桓公而言，炫耀了齐国集团的武力，迫使楚国承认了不贡苞茅之罪，不战而达到了巩固霸主地位、有效地遏制楚国北上的目的。楚国也掂量出齐国霸主地位的牢固与强大，不敢轻易出兵中原了。这次行动也是齐桓公称霸时期规模最大的一次军事行动。

## 十一、忧天下诸侯

齐桓公霸业确立后，管仲提醒他时刻不要忘记自己霸主的身份，要以诸侯之忧为己忧，既不能坐视同盟国之间的摩擦，也不能对同盟国有非分之想。这也是管仲以德亲四邻策略的延伸。

由于历史的原因，齐国的同盟国鲁、宋、郑、卫、陈、曹、邾等国之间存在一些宿怨，这些宿怨并不因为同属齐国的盟国而消失。公元前 679 年，宋因倪叛宋，联合邾、齐军队侵倪，而郑国却趁机侵宋。公元前 678 年，齐国率宋国、卫国军队联合攻打郑国，郑国屈服了，在宋国的幽地会盟，齐、鲁、宋、陈、卫、郑、许、滑、滕九国参加。鲁国也曾想联络莒国独立于同盟之外，鲁庄公夫人曾两次去莒国通好，公元前 675 年，宋、齐、陈联军打

①《左传·僖公四年》。

破了鲁国的美梦。就这样，齐桓公为首的这个大同盟在磕磕碰碰中勉强维持了表面上的联合。

公元前662年，鲁庄公死，鲁国发生了争夺君位的内战。庄公之弟庆父杀鲁君公子般，立公子启方。公元前660年，庆父欲自立为君，派人杀了闵公，鲁国大乱，时人所谓"庆父不死，鲁难未已"。不久，鲁国国内要诛杀庆父，庆父逃到莒国，因庆父连杀两君，罪恶昭著，鲁国要求莒国将他引渡回国，迫使他畏罪自杀。参与叛逆弑君的鲁庄公夫人哀姜逃到邾国。

齐国一直密切关注着鲁国庆父之难的进展。齐桓公先是派人到邾国把哀姜杀了，切断了鲁国的祸源，并把哀姜的尸体交给了鲁国。接着，齐桓公派上卿高子与鲁国订盟，高子率领南阳甲兵，帮助鲁僖公确立了君位，并帮助修复鲁国都城从鹿门到争门的城防。高子率军安鲁订盟，在历史上被传为美谈，齐桓公由此声名鹊起，其霸主地位愈益牢固了。

在大约40年的时间里，管仲辅佐齐桓公先后主持了三次武装会盟，六次和平会盟，并辅助王室一次，即所谓"九合诸侯，一匡天下"。其霸业之盛，前无古人，后无来者。

桓公知诸侯之归己也，故使轻其币而重其礼。故天下诸侯疲马以为币，缕纂以为奉，鹿皮四个；诸侯之使垂橐而入，稛载而归。故拘之以利，结之以信，示之以武，故天下小国诸侯既许桓公，莫之敢背，就其利而信其仁、畏其武。桓公知天下诸侯多与己也，故又大施忠焉。可为动者为之动，可为谋者为之谋，军谭、遂而不有也，诸侯称宽焉。通齐国之鱼盐于东莱，使关市几而不征，以为诸侯利，诸侯称广焉。筑葵兹、晏、负夏、领釜丘，以御戎、狄之地，所以禁暴于诸侯也；筑五鹿、中牟、盖与、牡丘，以卫诸夏之地，所以示权于中国也。教大成，定三革，隐五刃，朝服以济河而无怵惕焉，文事胜矣。是故大国惭愧，小国附协。唯能用管夷吾、宁戚、隰朋、宾须无、鲍叔牙之属而伯功立。①

①《国语·齐语》。

《国语·齐语》结尾的这段话，概括了齐桓公霸业的盛况，肯定了管仲等人的作用。

公元前 651 年，齐桓公和宋、鲁、卫、郑、许、曹之君及王使会盟于葵丘（今河南考城附近）。根据管仲的建议，订立了盟约，规定：不准堵塞泉水，不准囤积谷物，不准废嫡立庶，不准立妾为妻，不准妇人参政。同时宣布：凡参加同盟的国家，既盟之后，言归于好。这就是历史上有名的葵丘之会，也是齐桓公霸业中的盛举。

在葵丘之会上，齐桓公已面露骄色，各诸侯国也开始貌合神离。葵丘之会以后，齐桓公更是洋洋自得，自以为功高三王，甚至想封泰山，禅梁父，以祭祀天地，炫耀功德。管仲看在眼里，急在心里，虽力谏齐桓公打消了封禅的念头，但他明白：西方的秦国、晋国已经强大起来了，南方楚国的羽毛更加丰满了，齐国独霸天下的局面即将被打破，而齐桓公已非昔日的齐桓公了。今日的齐桓公沉醉于胜利的喜悦之中不能自已，已经没有了忧患意识，没有了战斗意志，齐桓公老了，自己也老了，一切顺其自然吧。

## 十二、鞠躬尽瘁，死而后已

管仲的大半生都是在为齐国出谋划策，先是辅佐公子纠，后是辅佐齐桓公。他为了齐国的富强、社稷的安定和霸业的建立、巩固可谓殚精竭虑。功夫不负有心人，管仲的努力，不仅使齐桓公成为春秋时期第一个霸主，而且为齐国的经济、政治、军事、文化的发展奠定了雄厚的基础，使黄河下游地区先进的文化免于落后民族的摧残。从不轻易称赞他人的孔子评论管仲时说：

> 桓公九合诸侯，不以兵车，管仲之力也。如其仁，如其仁。
> 管仲相桓公，霸诸侯，一匡天下，民到于今受其赐。微管仲，吾其被发左衽矣。[1]

---

① 见《论语·宪问》。

长期紧张的谋士生涯，加上年纪大了，公元前 645 年，管仲终于病倒了。齐桓公闻讯，立即去管仲家中探望。看着管仲奄奄一息的样子，想起 40 年来君臣二人的诚心合作，齐桓公百感交集，禁不住紧紧握着管仲瘦骨嶙峋的大手，老泪纵横，久久无语。

管仲自知不久于人世，对齐桓公说："我快不行了，您还有什么话对我说吗？"齐桓公犹豫再三，终于开口："假如有一天你不在了，谁可以接替你为相呢？"管仲反问："您认为谁可以胜任呢？"齐桓公说："鲍叔牙可以吗？"

> 管仲对曰："不可。夷吾善鲍叔牙，鲍叔牙之为人也，清廉洁直，视不己若者不比于人，一闻人之过，终身不忘。勿已，则隰朋其可乎？隰朋之为人也，上志而下求，丑不若黄帝，而哀不己若者。其于国也，有不闻也；其于物也，有不知也；其于人也，有不见也。勿已乎？则隰朋可也。夫相，大官也。处大官者，不欲小察，不欲小智。故曰：大匠不斫，大庖不豆，大勇不斗，大兵不寇。"①

管仲比较了鲍叔牙和隰朋的优缺点后，提议齐桓公在他死了以后任用隰朋为相。

管仲还忠告齐桓公，楚国崛起，将成为齐国的劲敌，而江、黄两个小国的归属问题，将成为齐、楚矛盾的焦点。管仲建议齐桓公主动把江、黄二国托付给楚国，这样楚国没有理由独家私有江、黄。对齐国来说，又可以从名义上拥有江、黄。否则，楚国攻打江、黄，齐国无力援救，江、黄二国势必怨恨齐国，归附楚国，那样齐国的境况就很尴尬了。

管仲合上眼睛休息了一会儿，又说："您一定要疏远易牙、开方、竖刁三个奸佞的小人，千万不能重用他们，否则将给您和齐国造成无可挽回的损失。"齐桓公说："易牙能烹自己儿子的肉给我吃；竖刁宁愿伤残自己侍候我；开方跟随我 15 年，他亲爹去世也没有回去送葬。难道你怀疑他们对我的忠心吗？"管仲说："易牙不爱自己的儿子，竖刁不爱自己的身体，开方不为父

---

① 《吕氏春秋·孟春纪第一·重己》。

亲尽孝道，他们怎么会真心忠于国君呢？"齐桓公喏喏而去。

几天以后，管仲与世长辞。齐桓公闻讯，失声痛哭。齐国为管仲举行了隆重的葬礼，齐国都城万人空巷，都去为管仲送行。一代贤相，得以善终。

管仲的生命结束了，但他留下的遗嘱却没有为齐桓公所重视。管仲死后，齐桓公任用隰朋为相，事不凑巧，隰朋为相不久也死去了，齐桓公只好任用鲍叔牙为相。身边缺少易牙、竖刁、开方侍候，齐桓公食不甘味，寝不安席，以致朝政不整，于是齐桓公怀疑管仲对易牙、竖刁、开方的评价，决定重新起用他们。

易牙等三人复官后，忌恨管仲、桓公，乘桓公年事已高精力不济之机，越发肆无忌惮，上下其手，预闻废立大事，专擅公室大权。公元前643年，齐桓公病重卧榻，御医常之巫与易牙等相互勾结，假托公命，堵塞宫门，筑高墙，不许人出入，致使齐桓公在宫中病饿而死。群公子忙于争夺君位，致使桓公的尸体在床上67天无人收殓，蛆虫爬满门户内外。一代霸主，竟不得善终！可怜管仲的临终之言！齐桓公临终前，也后悔不已，痛哭流涕地说："如果死者有知，我有何面目去见仲父呢？"

管仲的生命结束了，但他辅佐齐桓公开创的基业没有结束。后来齐国的"明君"均遵其方略，终春秋战国，不失为强国，不为诸侯国所轻视，即使到了战国末期，也是最后一个为秦国所灭亡的国家。

管仲的生命结束了，但他的政治、军事、经济、外交等方面的谋略却已深深植根于齐国沃土之中，并随着文化的交流，辐射至全国、全世界。以管仲之名命名的《管子》一书，历来为执政者和学术界所推重，其中的大多数观点，正在日益为人们所接受，继续发挥着应有的作用。

（吕世忠）

本文主要资料来源：《史记》卷六二，《管晏列传》；《国语·齐语》；王阁森、唐致卿主编：《齐国史》。

# 身矮谋高安齐国　除暴使楚传佳话

## ——晏婴传

俗话说，乱世出英才。春秋时代，各国纷争，历史舞台上出现了一个杰出的谋略家晏婴。晏婴（？—前500），字平仲，夷维（今山东高密市）人，生年不详。相传他身材矮小，貌不出众。父亲晏弱，字桓子，在齐顷公、灵公时期为卿（执政的高级长官）。周灵王十六年（前556），即齐灵公二十六年，晏弱死，晏婴继任为卿。从此，他开始了辅佐齐国灵公、庄公、景公三代的历程，前后达50余年。他生活俭朴，为人刚正，是齐国极有声望的人物。他做相国之后，吃饭时肉食很少，妻妾也不穿丝织衣服。在朝中，不论君主同他谈什么，他都直陈自己的意见；对于没同君主讨论过的事，他就本着公正的原则去处理。就是以这种刚正不阿的作风，他在辅佐三代国君时受到了列国的称赞，成为当时著名的政治家、谋略家，也是我国历史上著名的贤相之一。

## 一、辅佐灵公，革除弊政

晏婴做卿时，已近灵公末年。齐灵公昏庸怪僻，常做些出格的事。有一阵子，他喜欢让宫中的妇女都女扮男装，但又禁止宫外的女子模仿，如发现违命者，就命人撕下她的衣服，扯断她的衣带。可是上行下效，受宫里的影响，宫外女子仍竞相着男装。不论灵公怎样三令五申，全无效用。一天，晏婴来朝，灵公便向他说起了这事，问晏婴该怎么办。晏婴说："您允许宫里的女子着男装，但又禁止宫外的女子模仿，这本来就表里不一，好像挂羊头卖狗肉一样。如果您能禁止宫里的女子着男装，那么宫外的妇女自然就没有人再穿男装了。"灵公觉得有理，于是照办，果然不到一个月就改变了这种风气。

灵公在位时，曾两次出兵侵略鲁国。鲁国君主向当时的盟主晋国告状。周灵王十七年（前555）十月，晋国率诸侯军队来攻齐国。灵公起兵在平阴（今山东平阴县东北）抵抗。齐军出师不利，伤亡很多。晋国又派范宣子到处放风说，鲁国和莒国还要各派1000辆战车来攻打齐国。灵公闻讯，异常恐慌，想率军逃跑。晏婴认为此时撤兵必会全军覆没，晋军会乘机长驱直入，于是苦劝灵公。在当时，晏婴并不怎么被信用，灵公根本不听他的话。晏婴长叹一声："国君本来就缺乏勇气，听了敌军的谣言，就更胆怯了。想来，国君大概活不了多久了！"平阴之战后的第二年五月，齐灵公果然死去。

## 二、辅佐庄公，忠贞刚直

灵公死后，庄公即位。对于齐国在平阴之战中惨败，庄公一直耿耿于怀，总想寻机报复。晋国是当时的盟主，庄公认为只有敢对盟主挑战，才能在各诸侯国中树立自己的威望。于是，他把怎样对外用兵，作为即位后首先考虑的大事。他崇尚武力，不顾道义，在国内设置"勇士"爵位，用以鼓励人们的尚武精神。他重用殖绰、郭最等猛士，把他们称为自己的"大公鸡"。这样一来，一些流氓无赖和所谓的勇士，就在国内横行霸道，搅得鸡犬不宁。

一日，晏婴来见庄公，庄公洋洋得意地问晏婴："古时候有只凭勇力而立足于世的国君吗？"晏婴觉得这是个劝谏的好机会，便说："我听说，能舍命轻死以行礼义者才可称得上是勇敢；能诛伐残虐而不畏强暴者，才能称得上有力量。因此，所谓凭勇力立于世，是指用勇力来实行礼义。商汤和周武王用武力推翻前朝君主并不算叛逆，兼并他国也无人说他们贪婪。这一切全都是因为他们按照仁义来行事。诛灭暴虐而不畏强暴，讨伐罪恶而不怕其势众，这才叫勇力的行为。如果上无仁义之理，下无伐罪诛暴之行，而只凭勇力就想立足于世，做诸侯的就一定会使国家遭难，使百姓遭灾。古时候这样的教训太多了。君王您现在只知奋勇力而不知行道义，勇力之人在国内横行霸道，这违反了圣王之德，完全是亡国之君的行为啊！"庄公哑口无言，感到晏婴说得有理，因而有所收敛。

晋国的下卿栾盈和执政的范宣子之间有矛盾。范宣子担心栾盈势力扩大，于是一心想除去这个心头之患。周灵王二十年（前552），范宣子终于利用职务之便，派栾盈到外地去筑城，后来又寻机撤了他的职，逼走了栾盈，还大肆捕杀其党徒。接着，他又利用晋国的盟主地位，召集各诸侯在商任（今河南安阳市）会盟，宣称不准各国接纳栾氏。栾盈起初逃到楚国，后来得知其手下多半逃到齐国，便于第二年秋天也由楚到齐。齐国大臣们担心，收留栾盈会开罪于晋，惹起兵端。庄公却要收留他。晏婴劝道："您参加了商任大会，会上您已经接受了晋国的命令，现在又要接纳栾氏，您如此失信于人，又怎么能立身立国呢？"晏婴劝谏无效，出宫后对大夫陈文子说："做君主的应保持信用，一诺千金，做臣下的应保持恭敬，忠实可靠。现在国君抛弃了信用，恐怕他的君位保不久了！"这年冬天，晋国再次召集诸侯在沙随（宋地，今河南宁陵县北）会盟，重申不准收留栾盈。齐庄公也参加了，但会后仍把栾盈留在齐国。晏婴多次劝谏，认为不可为此一人惹起兵端，且失信于世人，有损国君声誉。但庄公仍一意孤行，晏婴哀叹道："大难要临头了！看来国君是想要与晋国打仗啊！"

果然，齐庄公之所以收留栾氏，就是想找机会送他回晋国去制造内乱，齐国好乘机攻打晋国。周灵王二十二年（前550）春，晋国嫁女给吴国，与吴国交好。齐庄公借向晋国赠送媵妾之机，偷偷地用篷车载了栾氏和其手下，将他们送到晋国的曲沃（今河南陕县南），这里是栾氏的私邑。栾氏一回到曲沃，便组织军队发动叛乱，庄公闻讯大喜，认为攻打晋国的机会到了。他想先攻打卫国，再由卫国去攻晋。出兵前，他征求晏婴的意见。晏婴说："万万不可。您所希望得到的都已得到了，您还想要什么呢？一个人如果多欲而贪得无厌，必定会遭报应的；放纵欲望而任意妄行，一定会陷于困境。现在您毫无理由地去攻打诸侯盟主，如果成功了，齐国也将大难临头了！无德而尚武，必定会给您带来灾难！"庄公听了，很不高兴，仍坚持攻打晋国。这年秋天，庄公正式出兵。齐军先攻取了卫都朝歌（今河南淇县附近），接着从朝歌出发攻打晋国，取得小胜。

攻晋的胜利冲昏了庄公的头脑，他又想征服各诸侯国。一日，他问晏婴："要想威当世而服天下，是靠时运呢，还是靠行动？"晏婴说："靠行动。"他又问："那么，靠什么样的行动呢？"晏婴说："爱惜自己国内人民生命的君主，才能禁止素逞强暴之国的邪逆之行，使国外不遁善道的人顺服；善于听取正确意见而又愿意任用贤能之人的君王，才能在诸侯中树立威望；行仁义而又有利于社会的君王，才能使天下的人归附。您如果想威当世而服天下，这些您都应该做到。"然而，忠言逆耳，庄公一意孤行，完全不理会晏子的劝告。

当时，齐国的大贵族崔杼虽然一手把齐庄公扶上国君的位置，但后来他又想将庄公除掉，自己来操纵齐国朝政。有一年，齐国大夫棠公病故，崔杼坐车去吊唁，见棠公妻子棠姜长得标致，于是便娶她为妻。哪知庄公荒淫无耻，与棠姜暗中早有来往。棠姜嫁给崔杼后，庄公还常去与她幽会，有时竟不避讳崔杼。

齐国攻打晋国时，鲁国曾为援晋而侵齐，齐庄公于是兴兵伐鲁，还打算联络楚国抗晋。但是齐国的胜利完全因为晋国内乱所致，晋国后来便一心想报复齐国，打算邀集诸侯一起对齐国进行讨伐。齐国大臣都料到这一点，非常害怕。崔杼想趁这个机会杀死齐庄公，讨好晋国。周灵王二十四年（前548）五月的一天，崔杼得知庄公又要来找棠姜，便预先在宅中埋伏了勇士，将庄公杀死。当时崔杼大权在握，其他大臣都不敢为庄公哭祭，唯独晏婴赶来，头枕庄公，号啕大哭，以尽君臣之礼。崔杼的手下人问他："您将为国君而死吗？"晏婴说："难道是我一个人的国君，我应该为他而死？"手下人又问："那么，您想逃走吗？"晏婴正色道："难道国君的死是我的罪过，我要逃走？"手下人再问："那么您想回去了？"晏婴叹道："国君都死了，我能回到哪儿去呢？作为老百姓的君主，不应只满足于高踞百姓之上，应当主持国政；作为君主的臣下，也不应只为了获取俸禄，应当保卫国家的江山社稷。所以君主若为国家而死，那么臣下就应为他而死；君主若为国家而逃，那么臣下就应跟他逃亡。但如果君主只为了自己的私欲而死，谁又为他而死，为他而逃呢？如今我是无处可去了！"晏子敢哭祭庄公是个大胆的举动，人们更加敬佩他的刚直。有人对崔杼说："大人一定得杀了他！否则必定后患无穷。"崔杼叹道："他是百姓爱戴之人，放了他，可以得民心啊。"崔杼草草埋葬了庄公，立齐庄公的异母弟弟杵臼为国君，即齐景公。他自命为正卿来辅佐他。

## 三、辅佐景公，直言敢谏

景公即位之初，晏婴并未受到重用，景公只是让他做了个地方小官——东阿宰。晏婴在当地治理了3年，景公听到的都是关于晏婴的坏话，不禁大怒，召来晏婴责问，并要罢其官职。晏婴谢罪说："我已经知道自己错在什么地方了，请您网开一面，再给我一次机会，让我去东阿再干3年，我保证一定让您听到赞誉我的话。"景公同意了，于是晏婴又去东阿干了3年，果然是誉满都城。景公大喜，召见晏婴，要对其封赏。晏婴却坚辞不受。景公感到很意外，问他为什么，晏婴便把两次治理东阿的真相说了出来。

原来，前3年晏婴在东阿，把老百姓的事放在首位，修桥筑路，尽做善事，于是遭到那些欺压平民的富商大贾的反对；他竭力表彰举荐勤劳节俭的人，惩罚好吃懒做之徒，于是遭到不务正业的无业游民的反对；他判狱断案，秉公执法，不畏权势，于是又遭到了豪强大绅的反对；他左右的人对他提的要求，合情合理的他就答应，不合法的他就拒绝，于是又常常被手下人忌恨；他接待朝廷派来的重臣，完全按照规定办事，决不违礼逢迎，于是也遭到他们的排挤。这一大群人对晏子不满，说他坏话，齐景公听了，自然对晏子不满意。后3年晏子治理东阿时，便反其道而行之，于是原来反对他的人都高兴了，开始说他的好话。晏子叹道："实际上，前3年您认为该罚我，罢我官的时候，实际上应该奖励我；后3年您认为该奖励我，为我升官的时候，该罚我。所以现在，我不敢接受您的封赏。"

景公听了这一番话，才恍然大悟，知道晏婴确实是一个不可多得的贤才，于是深悔自己听信谗言，错怪了晏婴。从此，景公开始重用晏婴，授以国政，让他辅佐自己治理齐国，并从此不再轻信流言。

景公是个雄心勃勃的国君。他认为，桓公治理齐国时，能够既成武功，又立文德，使天下诸侯纷纷归附，连周天子也表彰了他的德行，都是得力于管仲的辅佐。他也想凭借晏婴的帮助，重图霸业。晏婴便劝他从现在做起，从自身做起。晏婴说，桓公成功的原因一是能任用贤才，官吏办事不徇私情，大臣没有额外俸禄，姬妾没有多余开支，人民不受权贵的随意欺凌，鳏寡孤独者也能保持温饱；二是桓公自己从不劳民伤财，他取之于民有节制，用之于民很广泛，藏富于民而不聚财于国，使国家上无骄奢之行，下无谗佞之人。所以他能成为霸主，享受如天子一样的尊崇。晏子最后劝景公道："您要想称霸，就不能因为个人私欲而内积怨于百姓，外开罪于诸侯。您要努力学习先君的崇高德行，才会有人愿为您效犬马之劳，不会有人违抗您的政令。您现在疏贤臣而亲小人，江山社稷险矣，还谈什么图谋霸业？"听了这番话，景公陷入了沉思，多有醒悟。

又有一次，齐景公问晏婴："古代的君王，他们是怎么做到盛世之主的？"晏婴答道："那些盛世君主，首先都能做到薄敛而厚施，自身非常勤俭；他们虽身处高位，但从不自吹自擂，更不用武力对付人民，也从不轻视出身低贱的人，他们依法办事，不徇私情，顺从民意，鼓励人民互利互爱，使人民各安其位，所以天下人都拥戴他们，同心同德，像一家人一样。现在国君您却恰恰相反，您重赋敛，人民与您离心；乱收税，商贾为之绝迹；重用奸佞小人，劳民伤财，国君应该三思啊！"景公听了觉得有理，于是下令封存珍奇玩好，停建无益于民的大型土木工程，减轻人民的赋税劳役，改善对市场的管理，齐国上下一时欣欣望治。

景公虽然一心想改善国政，但他有雄心而无雄才，安于享乐。景公好饮酒，有时因耽于酒乐，一连几天不上朝。一年秋天，庄稼即将成熟，一片丰收的大好景象。不料天有不测风云，一连十七天的瓢泼大雨，造成了严重灾荒。晏婴忧心如焚，向景公请求开仓放粮，赈济灾民。一连上书三次，景公却终日饮酒作乐，既不问灾情，也不准晏婴的请求，还变本加厉地命人去全国各地为他搜求能歌善舞的美女。晏婴无奈，把自己家的粮食拿出来分给灾民，又把自己的车马器具拿出，帮助灾民恢复生产。一天，他来见景公，情绪激昂地说道："百姓们现在饥寒交迫，正处于水深火热之中。国君您不仅丝毫不怜惜他们，还成天饮酒作乐，居然还命人去全国选美女。再看看您喂养的狗马，吃的是现在连人也吃不上的粮食；您宫里的侍女，也整日饱食精粮鱼肉。您这样，不是厚狗马宫女，而轻黎民百姓吗？我身为齐国重臣，使人民饥困而无处诉苦，使国君沉于酒乐而不体恤民情，我的罪孽实在深重，请国君允许我辞职还乡！"说完，转身就走。景公这才意识到问题严重，连忙起身追赶晏婴。他先来到晏婴家，见他们的粮食和器具已分给了灾民。他又来到大街上，才找到了晏婴。景公下车对晏婴谢罪道："寡人有罪，为您所嫌弃。寡人纵然不值得您顾惜，难道您就不顾惜国家和百姓了吗？寡人愿意给灾民发放财物和粮食，不论用多少全凭您调用。"景公于是在大街上宣布，命晏婴负责赈灾济贫。晏婴这才放弃了辞职的要求。

又有一次，景公喂养的一条狗死了。他为了寻求刺激，搞点儿花样，就下令要为狗举行棺葬，并准备大张旗鼓地祭祀。晏婴闻讯，便急忙来劝止。景公不以为然，说："这仅是小事一桩，我不过想和左右开开心而已。"晏婴正色道："国君您这就大错特错了！轻易地浪费财物，为的只是和左右寻开心，如此无视人民疾苦，只顾个人私欲快活，这江山社稷还有什么指望呢？况且现在许多老弱病残之人因饥寒而死，死后也无葬身之地，您的狗却要享受棺葬祭祀。百姓一旦知道了，一定会怨恨您；诸侯听说了，也一定会看不起我们齐国。这怎么会是小事一桩呢！"景公听后，才猛然醒悟，于是让人把狗交给厨大夫烹煮，然后把狗肉分给大臣们吃了。

还有一次，景公为了个人玩乐，建造了一座高台，接着又想铸造大钟。晏婴劝谏说："作为一国之君，不应把自己的快乐建立在百姓的疾苦之上。您既已建造了高台，又想铸造大钟，这就必将加重赋敛。赋敛重，民必哀，民哀而君得乐，这对于一个国家来说，是个不祥的兆头，决不是您该做的。"景公思考再三，终于打消了铸造大钟的念头。

## 四、"二桃杀三士"

春秋时代，各国纷争，于是有许多国君崇尚武力而轻视礼义。景公身边有三个出名的勇士：公孙接、田开疆和古冶子。他们都力大无穷，能斗猛虎，又很讲义气，因此，很受景公的宠信。但是三人恃宠生傲，不知礼义，经常胡作非为。一天，晏婴从他们三人跟前走过，这三位坐在那里，故意装着视而不见。晏婴人宫叩见景公，说："我听说，贤明的君主所供养的勇士都能做到上有君臣之义，下知长少之礼，内可禁暴，外可却敌。他们所建立的功勋，上可安国，下可服众，因此才给他们以尊贵的地位和丰厚的俸禄。现在您所供养的这三位所谓勇士，却完全不是这样，长此以往，必会危害国家，不如早作处置。"

景公也觉得晏婴的话有些道理，但又有些于心不忍，因而犹豫不决。晏婴献上一计："请国君派人拿两个桃子来，赐给他们，让他们比比功劳的大小，功劳大的两个就有资格吃桃子。"景公依计照办。公孙接首先表白道："我曾斗过大野猪，又曾两次打过母虎，像这样的功劳，无人可比。"说罢，便拿了一个桃子。田开疆说："我曾手持兵刃两次打退敌国的三军，可谓一夫当关，万夫莫开。像如此之功劳，也无人可比。"说罢，也拿了一个桃子。古冶子说："二位且慢，听我说说我的功劳。我曾跟从国君过河，国君的车子掉在了河里，是我奋力救出了国君，我的功劳更是无人可比，你们二位还不把桃子让出来！"说罢拔剑而起，准备夺桃，这时公孙接和田开疆都说："我们的功劳确实比不上您。取桃而不让就是贪，知贪而不死就是无勇。"于是二位都让出了桃子，然后拔剑自杀。古冶子见状，叹道："用言语羞辱别人而自夸其功，是不义；悔恨自己做的事而又不死，是不勇；结拜兄弟已死，若我独生，是不仁。如此不仁不义不勇，我还有何颜面活在世上！"于是他也拔剑自杀。

晏婴略施小计，为国人除掉了这三个祸害，这就是历史上著名的"二桃杀三士"典故的来历。

## 五、劝景公行礼义

一年，景公背上生了疮痈，流了很多脓血，几个月也不见好，景公为此很焦躁。大夫梁丘据趁机劝道："国君贵体不愈，完全是祝官和史官的罪过，他们不敬鬼神，使齐国开罪了天帝，天帝才下令要惩罚您……"景帝听后，将信将疑。梁丘据又说："我们齐国对鬼神的侍奉是极丰厚的，况且您比以前任何一位国君都要虔诚，可是天帝不奖赏您，偏偏难为您，这不是祝官和史官的过错吗？他们一定没有为您向鬼神歌功颂德，而是尽说坏话，所以弄得国君才如此痛苦不堪。我劝您赶快下令诛杀史官、祝官……"景公听说能消除身体和疾患，顿时眉开眼笑："好吧，我听你的，若病好了，寡人带你一起去打猎。"晏婴闻讯，急忙来见景公，说："国君最主要的是修行养德，而不是靠向鬼神报功。现在齐国朝政混乱，即使祝官和史官再怎么能说会道，对您又有什么好处呢？您的疮痈只要请医生看视，精心调整，就会痊愈，犯不着又祭鬼神，又祷告天帝。"晏婴为景公请来名医，不久他的疮痈就好了。景公大喜，于是下令放宽政令，取消关卡，减轻赋税，老百姓安居乐业，齐国国力也日益强盛。

过了几年，齐国的天空突然出现了彗星，老百姓十分惊骇，大夫们也很畏惧。梁丘据劝景公说："这是个不祥之兆呀！赶快祭祀消灾吧！"景公心里害怕，于是决定亲自祭祷天神。晏婴劝阻道："彗星是天帝的扫帚，专门消除污秽。如果德行真有污秽之处，即使祈祷也不会减轻它的惩罚。您既然没有污秽的德行，祭祷它干什么？只要国家富强，百姓安乐，还害怕什么彗星？"景公听罢，眉头舒展，笑逐颜开，对大夫们说："不必祭祀天神了，今后寡人要用礼义来治理国家，不会有什么灾祸的。"那年虽出现了彗星，但齐国并没有什么大的灾祸。

## 六、晏子使楚传佳话

晏子多智谋，在当时众人皆知。同时，他又极善于论辩。他的论辩往往直截了当，一下子就抓住问题的要害。他谈笑倜傥又善于掌握分寸，在幽默风趣的笑谈中暗藏锋芒。晏子曾多次出使楚国，以他的足智多谋和机敏善辩，一次次挫败了楚国的刁难。

齐国在桓公时代国势强盛，成为"春秋五霸"之首。桓公后，国力下降，渐不如楚国强大。晏子处于春秋时期，社会急剧变动，各国之间纷争不已，外交斗争十分尖锐复杂。楚国自恃强大，对于使楚的晏子常想戏辱。一次，晏子来到楚国。楚人见其如此矮小，于是在王宫大门的一侧另开了一扇小门，要他从小门进去。晏子正色道："出使狗国的使者，才从狗门进；如今我来楚国，楚国并非狗国，为何叫我从这扇狗门进去呢？"楚人听了，十分尴尬，只好请晏子从大门进去。楚王见了晏子，讥笑他的身材矮小，问道："难道齐国没有人了吗？"晏子回答道："齐国的都城临淄是如今少有的大都会，人口众多，人们举起袖子就会出现一大片阴凉地，每人挥把汗就像天上下了一场大雨，人与人都肩靠肩，脚靠脚，大王何出此言？"楚王又问："那么为何齐王派出你这样的人前来我国？"晏子答道："齐国任命使者，依贤而任，贤者就派往有贤明国君的国家，庸者就派往昏君当道之国。我晏子在齐国算是庸碌之人，所以才被派来使楚。"楚王本来想戏弄晏子，没想到反而自取其辱，一时十分难堪。

又有一次，晏子要来出使楚国，楚王问左右："晏婴是齐国能言会道之人。如今他就要来楚国，我打算羞辱他一番，你们以为用什么办法最好呢？"有人答道："晏子来时，臣请求国君让我绑上一个齐国人，从大王面前走过，就说他犯了偷盗之罪。"晏子来后，楚王赐他酒馔。酒过三巡，菜过五味，有两个差人绑了一个人来见楚王。楚王问："所绑之人犯了什么罪呀？"差人说："这个齐国人犯了偷盗之罪。"楚王面露得意之色，看了看晏子，说："难道你们齐国人精于这种偷盗之术吗？"晏子识破了这出鬼把戏，却又不便当场挑明，于是站起身来说："我听说过，橘生长在淮南就是橘，生长在淮北就是枳，它们仅仅叶子相似，果实的味道却很不相同。为什么会出现这种情况呢？是因为水土不一样的缘故。如今老百姓生活在齐国不偷东西，到了楚国就犯偷盗之罪，莫不是楚国的水土使齐国的百姓善于偷盗了吗？"楚王无言以对，只得尴尬地笑着说："晏子乃圣贤之人，非是一般人能与之开玩笑的，寡人我是自讨没趣啊。"晏子遇事镇静，以"逾淮为枳"类比"入楚为盗"，以妙语制胜，楚王只好乖乖认输，齐国的尊严得以维护。

## 七、礼贤下士

晏子十分尊重贤士。一个叫越石父的人，是晏婴早就知道的贤人，但他的生活很穷苦，以做佣工糊口。一天晏婴外出，在路口遇见了越石父。一打听，才知道他因欠了别人的钱才去当佣工。晏婴当场解下自己车前的一匹马交给越石父，让他去还了债，又请他到自己家，安排他在一间小屋子里住下了。过了几天，越石父见晏婴并不把他当回事，好像他只是个吃闲饭的无用之人，心里觉得不是味儿，便向晏婴提出，要离开这里，并要断绝今后的来往。晏婴很惊讶，但他还是谦逊地撩起衣服，脱帽致歉道："晏婴虽然不好，但总算也帮您解脱了困境，您为什么这么快又要断绝你我的交情呢？"越石父说："不是那么回事。我听说，一个人可以在没有知己的情况下受委屈，而在知己人面前是不能再受委屈的。以前我处境困难，那是因为别人不了解我。您既然了解我，并帮我摆脱了困难，就算是我的知己；知己的人也使我受委屈，那还不如让我再回到原来的困境中去。"晏婴一听，顿觉失误，赶紧表示自己失礼，并立即待他以上宾之礼。

晏婴身居高位，他的驾车人常常露出一副不可一世的样子。驾车人的妻子观察多日后，向他提出要分手。驾车人很感意外，便问："这是为什么？"他妻子说："晏大人虽然身材矮小，但他做了齐国宰相，名显诸侯，是个大贤人。我仔细观察过，他从无骄色。可如今你堂堂一个八尺男儿，不过是为别人驱车赶马，就那么心满意足，这一辈子还有什么指望？"驾车人听后十分惭愧，从此再也不志得意满了。晏婴觉得这人表现反常，于是问他，驾车人一五一十地说了其中原委。晏子觉得驾车人能知错就改，是个贤人，便在国君面前推荐他，使他做了齐国大夫。

## 八、为齐国鞠躬尽瘁

周景王六年（前539）北方燕国发生内乱，燕惠公逃奔到齐国。景公想："当年齐桓公就是通过救燕而赢得诸侯尊敬的，现在如果能送燕惠公回国，平息燕国内乱，那岂不是可以同当年齐桓公相媲美了吗？"但是景公办事优柔寡断，行动迟缓，直到三年以后，即周景王九年（前536）十二月，才正式出兵送燕惠公回国。然而此时燕国已经立了新君，局势也早已稳定，所以晏子劝景公放弃这次行动。景公不同意。晏婴叹道："燕惠公是肯定送不回去了！因为燕国已有了新国君，而且百姓对新国君并无二心。齐国很难对燕惠公守信到底。想办大事又不守信用，如何了得！"果不出其所料，齐景公率兵抵达燕境后，燕国派人来讲和，说了许多非常动听的话，又赠送了很多珍宝，并把燕姬嫁给景公。于是齐景公便同燕国结盟，班师回朝。又过了6年，齐景公才把燕惠公送回在燕的唐邑安置下来，一直没有复位。

不过，从周景王十九年（前526）到二十五年（前520）间，齐景公用武力连续征服了徐、曹、郯等东南方的几个小国。在此后的一二十年间，他又乘晋国衰颓之机，把郑、鲁、卫等国拉到了齐国一边，奉齐为盟主，结成了暂时的不稳定联盟。景公为此沾沾自喜，晏婴身为齐相，深知齐国内政混乱，暗藏着危机。他为此忧心忡忡，常向景公进谏，但收效甚微。

齐国是个贵族专政的国家，大贵族之间不断为争权夺利而互相倾轧。景公时，有栾、高、鲍、陈四氏相互争夺大权。栾氏子旗和高氏子良都是齐惠公的后代，这两个人都好酒好色，又与陈氏、鲍氏结怨，树敌颇多。陈氏、鲍氏为形势所迫，联合起来。一日，鲍、陈二氏受人挑唆，欲攻打栾、高二氏。高氏和栾氏于是率兵赶到宫门，要把国君扣作人质。这时晏子正穿着朝服站在南门外的虎门那儿。四个家族都要召见他，但他一概拒绝，哪一家也不去。他手下的人问他："相国您准备帮助陈桓子和鲍文子吗？"晏子说："他们有什么善行值得我帮助呢？"手下人又问："那么您是准备帮助栾氏、高氏两个家族了？"晏子说："他们又能比陈氏、鲍氏强到哪儿去呢？"手下人又问："既然您谁也不愿帮，那么是要回去了？"晏子说："国君正被攻打，我又能回到哪儿去呢？"景公召见晏子，君臣商量后，决定派王黑领兵抗敌，就在稷门同栾氏、高氏交战。结果，栾、高军队大败，在慌忙退兵时，恰又碰上了陈氏、鲍氏队伍，双方又是一场厮杀。几进几出，栾氏、高氏又是大败，只好跑到鲁国藏了起来。陈氏、鲍氏正要瓜分栾氏、高氏家产，晏子劝道："胜利品一定要交给国君，谦让是德行的根本，是一种美德。虽然血气方刚的人都有争夺之心，但是利益不能勉强得来，道义才是利益的根本。只顾利益就会发生祸乱，你们姑且先不要聚积财富，还是顺其自然吧！"陈桓子听了，便向景公如数上交了栾、高二氏的财产。

晏子对外极力维护齐国同各大国的关系，尤其尽力避免同晋国发生冲突。齐国于周景王五年（前540），曾把宗女少姜嫁给了晋平公为妾。没想到这位少姜红颜薄命，夏天嫁到晋国，秋天就死了。于是晏婴同齐景公商量，决定再次嫁女到晋国。第二年正月，晏婴奉命出使晋国，使两国再次建立起和亲关系，为齐国赢得了一个和平安定的环境，专心在东方发展。

周敬王四年（前516）冬季的一天，景公向晏婴感叹地说："齐国的宫室是多么富丽堂皇啊！不知将来谁会拥有它？"晏婴直截了当地说："恐怕是陈氏吧。陈氏虽然没有大的德行，然而对百姓有施舍。他们向百姓征税时用小容器，向百姓放贷时用大容器。您征税多，陈氏施舍多，百姓自然归附于他。您的后代要是再稍有怠懒，陈氏的封地想必马上就要变成整个国家了。"景公叹道："相国言之有理！寡人该怎么办呢？"晏婴说："只有施礼义，得民心，就可以改变这一切，按照周礼的规定，家族的施舍是不允许扩大到整个国家的。君王用礼来约束陈氏，方可免灾啊！"齐景公点头称是，便减少了一些暴政，使齐国又延续了多年。

周敬王二十年（前 500），晏婴辅佐齐景公在夹谷（今山东莱芜市南）与鲁国结盟，从而形成了齐国与郑、鲁、卫的抗晋联盟。这年，晏婴去世了。齐景公那时正在外地游玩，他闻此噩耗，马上返回，跑到晏婴家，伏在晏子身上放声痛哭："您老人家生前日夜为寡人操劳，时时批评指正我，对寡人的一丝一毫过失也不放过。而寡人却不收敛，在百姓中积怨甚深。现在老天终于给齐国降了大祸，使我失去了您老人家！再也没有人像您那样经常指正我了，齐国的社稷要危险了！"

事实也正是如此，晏子死后，齐国国势迅速衰落，后来终于被田氏（即陈氏）所取代。

（扈艳华）

▼

本文主要资料来源：《史记》卷六二，《管晏列传》；《晏子春秋》。

# 治军有术兴吴破楚
# 《孙子兵法》谋略宝藏

## ——孙武传

春秋战国时期的中国，杀伐四起，诸侯争霸，斗智斗勇，运筹帷幄，造就了璀璨的中华兵学智慧。而作为"兵家"集大成者的孙武，以其所著《孙子兵法》在我国的军事、哲学、文化、经济等领域占有举足轻重的地位，被后人誉为"兵圣"，与孔子并称"文武两圣人"。

以"兵经"著称的《孙子兵法》是我国兵学宝藏中的奇珍瑰宝，不但是我国最早的自成体系的兵书，也是古代世界上第一部兵书。它智慧的光芒，至今还照耀着我们的生活，不断给后人以全新的感悟和启示。

## 一、贵族世家

孙武的祖辈出自陈国公室，妫姓。他的远祖公子完为陈宣王次子，出生于公元前 705 年。33 岁时陈国公室掀起权力风波，杀机四起，公子完避难远走齐国，遂定居下来，改姓田。

这个流浪的公子才华横溢，被当时名震天下的齐桓公所器重。田完怀着对昔日豪华富贵背后阴影的恐惧，无意于重温高官厚禄，只去做了个"工正"，督造器械，踏踏实实与物打交道，做一番可以触摸到的事业。逃避"崇高"的田完意想不到的是，历经百年繁衍，他的后代兴旺发达，将军、大夫层出不穷，簪缨累世，位高权重，田氏也成为齐国后起的一大家族。

到了田完的五世孙田书，身为齐大夫，颇有军事才华，统兵伐莒，大获全胜。当时在位的齐景公就将乐安（今山东省广饶县）封与他作采邑，并赐姓孙氏。田书遂又称为孙书。孙书之子孙凭，也做了齐卿，他就是孙武的父亲。

孙武，字子卿，少时便聪颖多才。此时的齐国，危机四伏。齐国公室与田、鲍、栾、高四大家族之间的矛盾，四大家族相互之间的矛盾，四大家族内部的矛盾，愈演愈烈。公元前 523 年，田氏联合鲍氏，趁执政的栾氏、高氏大摆宴席之际，突然率铁甲兵包围了他们。临淄城中，火光喊杀声乱成一团。作为田氏一支的孙氏，怕兵败殃及自己，带着对杀伐纷争的厌倦，趁动乱逃离了齐国，重演了他先祖流亡的故事。

## 二、著《孙子兵法》

距吴国国都不远的罗浮山，秀出天外，清幽深邃。孙武就在山下隐居，灌园种田，读书养韬。

旧日王孙，今日农夫，少了诸多烦恼，多了几分心灵的宁静和恬淡。孙武从齐国来时，曾带来了大量书简，一些是家藏典籍，还有许多是世代先辈们的札记，或记录战争经历，或总结战役得失等。这时，他正一面读书、作笔记，一面开始了兵法的写作。

齐人尚武，自太公姜尚开国以来，军功在人们心中有崇高地位。孙武的祖辈又多是军事名家，耳濡目染之间，培养了他对兵学的浓厚兴趣。孙武作为贵族子弟，"学在官府"，接受了良好的教育。八方名士云集，诸家学说争鸣，使孙武在青少年时期就眼界大开，兼容并蓄，提高了知识层次，开阔了思维空间。

其实，孙武早在齐国时就酝酿写一部兵书，为此还专门拜访了他的叔父司马田穰苴。田穰苴为一代名将，无论实践还是理论在当时都是首屈一指的。老人一言不发地听完他的陈述，最终只说了句："兵者，国之凶器也。与人亦然。"老人将自己写的《司马兵法》简册送给他，没有褒奖，也没有责备。孙武拜别老人，听到的却只是长长的叹息声。后来田穰苴被杀，再后来自己出逃，那长长的叹息时时追随耳边。孙武听懂了许多东西，但他却没有回心转意。

　　吴国的田园风光比齐国清秀恬静，悠闲的日子过得飞快，写作也很顺利。这样过了七八年，《兵法》十三篇也写成了。隐居生活，虽平淡却耐人寻味，充实隽永。孙武差点喜欢上这种生活，想平平淡淡终老一生了。这时他的朋友伍子胥来向他道别。孙武深居简出，伍子胥是他有数的几个朋友之一。

　　吴国的疆域相当于今天江苏大部和安徽、浙江的一部分，在当时是小国，立国最早，开化很晚。当各国打得天昏地暗时，偏居一方的吴国却安然无恙。公元前584年，晋国派大夫巫臣出使吴国，教吴人战阵乘车，牵制楚国。吴国军事实力迅速增强，成为颇具威胁的强国。各国失意和遇难的士大夫，纷纷入吴，寻求发展和支持。在孙武入吴前后，两个楚国人伍子胥和伯嚭因父祖无辜被楚王杀害，逃来吴国，想借吴国力量，报仇雪恨。

　　伍子胥历尽千辛万苦来到吴国，在公子光门下当了宾客。公子光是吴王僚的叔伯兄弟，野心勃勃，却无权柄。伍子胥眼见报仇无望，便隐居乡邑。不久与孙武相识，相同的经历使他们英雄相惜，每每品茶饮酒，纵论天下。伍子胥对孙武敏锐的洞察力和军事才干钦佩不已，二人倾心成了知己。

　　然而今天，岁数不大而头发已雪白的伍子胥突然对孙武说，他要走了，去助公子光成就大业，然后兴师灭楚以报家仇，他不能再等了。

　　"这样埋没下去，我不甘心！"伍子胥愤愤地说，眼中赌徒似的射出光来，早没了往日的风雅。孙武很吃惊，说了句保重，将刚写完的《兵法》十三篇放在伍子胥手中，送他到山外。孙武也开始动摇他的生活信念，有才能为什么不试试呢？他先辈们的身影一个个清晰起来，终于燃起了一种渴望，从沙场的刀戈中寻找失落的理想。

　　接着几个月过去了，消息一个个传来。

　　吴王僚派胞弟公子盖余和烛庸兴兵伐楚，求胜心切，被楚军截断退路。

　　公子光与专诸设计刺杀了吴王僚，而专诸是伍子胥的朋友。

　　公子光当上了吴王，是为吴王阖闾，广召天下贤能。

　　伍子胥被任命为行人，主掌内政外交。

　　吴国都城西门改为"破楚门"，以示伐楚决心……

傍晚，炊烟散尽，一个布衣白发的人敲响了孙武茅舍的门。伍子胥依旧一身出走时的装束，只是脸上神采已没了过去的尘土，孙武心中一震。

"我向吴王推荐了你，前后一共七次，吴王想见你。"伍子胥开门见山，"大王对你的兵法很感兴趣，爱不释手，咱们一起干，怎么样？"

茅舍的灯亮了一夜，天刚蒙蒙亮，孙武走出门，接着是伍子胥，二人驰马向姑苏奔去。

## 三、练兵斩王妃

孙武在馆驿等了两天，吴王还没召见。黄昏时分，寒鸦归巢，屋后高大的乌柏树喧嚣成一片，吴王偕伍子胥轻车简从，亲自来登门拜访了。

叙过礼，吴王点头赞道："先生文如其人，真俊逸之士也。寡人已细读过先生的兵法十三篇，篇篇珠矶，奥妙无穷，博大精深。"他看了伍子胥一眼，又对孙武说："不知能否实地演练一番，让寡人见识见识？"孙武答道："可以。"吴王阖闾笑了，仿佛玩笑似的说："女子也行吗？"他为自己这个天才的难题兴奋不已。

"行！"孙武信心十足地说，"不过，军队中纪律是生命线，大王既然委托我训练女兵，一切就得按军纪从事，任何人也不得例外。倘出了什么纰漏，还望大王不要见怪才是。"吴王点头应允，下令挑选宫妃宫女，定好时间，准备演练。伍子胥始终没说话，紧皱双眉。于是，一个凄婉的军事寓言就这样上演了。

次日清晨，180 名妃子和宫女笑闹着拥到了校场。久居深宫的妃子和宫女们，仿佛出笼的小鸟，又好像出游踏青一般兴高采烈。

校场的北面已高搭起一座将台，孙武全身戎装，威风凛凛地站在正中，几排雄壮威猛的武士，手执剑戟、刀戈、斧钺、盾牌，整齐地分列两旁，石像似的一动不动，只有风卷起台前的大纛旗，猎猎飘舞。

一阵雷鸣般的鼓声响过，孙武一脸冷峻，大声传令，把 180 名妃子和宫女分成两队，指定吴王最宠爱的两个美貌妃子为队长。认真讲解操练的要领和纪律后，开始演练。

"你们知道自己的前胸和后背吗？"孙武问。

队伍晃动，"知——道。"一阵哄笑。

"拿起你们的武器！向前，看前心的方向；向后，看后背的方向，向左，视左手；向右，视右手。听鼓声，整肃向前进。你们听清楚了没有？"

"清楚了。"下面参差不齐地答道。

吴王稳稳地坐在看台上，见红装佳人一转眼个个披坚执锐，两个心爱的美姬扶着长长的画戟巧笑倩兮，娇娜中有一种别样的美，心中既好笑又得意。

"擂鼓！前进！"孙武下令。

妇人们从没见过这样的阵势，以为只是在扮戏，新鲜有趣好玩，一个个掩口而笑。动的与不动的，撞出一片笑闹，乱成一团。

孙武严肃地自责道："纪律没讲明白，动作交代不清楚，这是我的过错！"于是又将操练的要点、细节耐心地说了几遍，又特意训示两位队长，要求她们带头听从号令，以身作则。

第二次命令下达了。两位队长和宫女们你推我搡，笑得比第一次还厉害，拖着刀戟的、撞歪了盔的，队形更乱了。

鼓声如狂风疾雨。

孙武大怒，声色俱厉地喝道："既然我已宣讲清楚，你们明知故犯。尤其队长为一军表率，带头违反军规，理应按军法处置。"命令武士速推出二妃斩首，以儆效尤。

吴王阖闾大惊，忙派人传命说："先生用兵如神，寡人已知道了，这两个妃子太不懂事，却是寡人最宠爱的，请先生饶了她们吧。"孙武毫不留情："将在外，君命有所不受。既已事先与大王讲好，如果按大王的私意，随意改变法律，以后如何建立军法的威信，如何指挥士卒出生入死战斗？"

孙武将二妃枭首示众，又任命了另外两个妃子为队长，继续练兵。

战鼓又响起，整个队伍鸦雀无声，随命令的下达，前进，后退；向左，向右；进退回旋，全都合乎规矩法度。人人全神贯注，谁也不敢乱说乱笑，严整协调如正规军队一般。

操练结束，孙武派人报告吴王："军队已训练完毕，请大王前去检阅。现在这支军队，再训练几次，就可以派出去打仗了，就是让她们赴汤蹈火，也不成问题。"

吴王怒气未消，心中不快地说；"让他回馆驿休息，我不愿再看了。"

一连几天，吴王都没提孙武的事，孙武也准备收拾行装打道回府了。

伍子胥得知孙武要走，立刻面见吴王，劝谏道："练兵打仗，不能光讲空话，为将的不能执法，就难以治军。大王要打败楚国，威震天下，不依靠孙武这样有才能的大将怎么成？美色易得，良将难求，大王三思。"吴王阖闾认为有理，又亲自去挽留孙武，任命孙武为上将军。

在孙武的严格训练下，吴军很快成为一支纪律严明、作战勇敢的军队。

## 四、治吴有成

吴王在太湖之滨为孙武修建了府第，并给予优厚赏赐，想让天下人知道吴王礼贤下士，轻色重才，也让孙武忠心为自己卖力。他的目的都达到了——孙武吴宫教战和拜为上将军的事，一时间传遍吴国的大街小巷，成为家喻户晓的佳话；孙武从此也开始了他长达30余年的军事生涯。

近来伍子胥常过府拜访，询问何时出兵伐楚。有时同他一起来的还有个子不高、胖乎乎的伯嚭。孙武只谈练兵，并不提出兵的事。孙武语重心长地对他们说："楚是个强国大国，有军队20多万，我们吴国不过三四万人，虽然经过训练，但要以少胜多，还须假以时日，必须先有充分的准备才行。对内修治，富民强国，还赖二位之力，这是战争必胜的根本。"二人深以为是。

吴王听到孙武的这一番话，颇为称赞，对孙武更加看重了。有伍子胥、孙武二人辅佐，吴国对内修治，恢复经济，发展生产，加强练兵，国家日渐兴旺发达起来。

有一天，吴王请孙武入宫，二人谈起治国治军之道。孙武说："古时候，黄帝征伐四方。先是与民休息，广积粮，大赦天下，得天时、地利、人和的优势，然后才奋兵出击，四战四胜，天下太平。商汤灭夏桀，周武王讨商纣亦然。得天时、地利、人和方能无往不胜。这样的经验应记取。"

吴王道："喏。这是远的，寡人深以为是。那么，请问将军，以晋国为例，咱们分析一下如何？晋国的大权掌握在范氏、中行氏、智氏和韩、魏、赵六家世卿手中，他们相互争权夺利，争斗不休，将军你看他们谁会先灭亡，谁又会最后独享胜利果实呢？"

孙武沉思片刻道："臣对治世之道看法浅陋，但依臣之愚见，六卿之中，范氏、中行氏两家必先败亡。"

吴王笑道："为何？"

孙武说："臣是依据他们亩制的大小、征收租赋的多少，以及士卒人数、官吏贪廉作出判断的。季氏、中行氏以160平方步为一亩。六卿之中，这两家的亩制最小，收的租税最重，高达十分抽五。官吏繁多，且骄奢淫逸，军队庞大，连连兴兵，长此以往，必致众叛亲离。"

吴王点头不语。孙武继续说下去。

"紧接着下来灭亡的是智氏，之后就轮到韩、魏两家了，他们的病根是一样的，只是轻重略有不同而已，所以必然重蹈覆辙。"孙武接着说："六卿之中惟赵氏亩制最大，税又轻，为君者不致过分骄奢，为民者尚可温饱。宽政以得人心，兵少不妄动杀戮，晋国的大权恐怕要归入赵氏之手了。"

吴王听了这一番话，深受启发，起身很高兴地说："将军不但有军事天赋，于治国安民之策亦深谙畅达，真寡人之福也。寡人明白了，君王治国之正道在于爱惜民力，不失人心。"

孙武也连忙站起施礼："大王谬奖了，臣以为军事与政治，与经济，譬如人之四肢，鸟之双翼，不可偏废，如此方可立于不败之地。"

吴王向宫中颁布了训示，从今以后，寡人食不二味，居不重席，器物，舟车、衣服等，去其雕饰，务尚简朴，减少开支……

如水之涟漪，一环环荡开，波及吴国朝野各地。吴国人心在凝聚，力量在增强。

吴国阖闾是一位有为的君主，从前为将，屡建奇功，在吴楚长岸之战（前525），吴楚鸡父之战（前519），其非凡的指挥才能和治军才华都有突出显露。他是懂军事的内行，知道孙武的价值。他又有政治家的心胸和权谋，从善如流，戒奢从俭，求贤若渴，励精图治，使伍子胥、孙武、伯嚭倍感知遇之恩，乐意为其驱使。息兵养农，发展生产，不妄动兵伐。两三年的时间，吴国的政治、军事、经济等实力不断增强，令诸强国刮目相看。

吴王也欲有所作为了，派人问计于孙武。孙武说："我们要伐诸强，立霸业，首要伐楚。楚吴世仇，伐楚可扬威。而伐楚先要无后顾之忧，理应扫除来自各方面的威胁。吴王僚的两个弟弟盖余和烛庸兵败逃亡，现在正在徐国和钟吾国，环视于我。我军伐楚，其必从后偷袭，陷我于腹背受敌之境，这是很危险的事啊！"

公元前512年（吴王阖闾三年），吴国派使臣要求徐国和钟吾国交出二公子。两国国君仗着有楚国撑腰，拒不理会，并放二人投奔了楚国。楚国则张灯结彩，派出大员以隆重的贵宾之礼迎接二位公子。酒席宴前特使宣读了楚昭王的命令，请二公子在养地暂住。不久，又将养地的一部分地区分封给二位公子，让他们防御吴国，骚扰吴国。

吴王闻听大怒。这年冬天，吴王派孙武、伍子胥兴师伐罪，破徐、钟吾二国，然后乘胜攻取楚国的养城，杀盖余、烛庸二位公子，绝了后患。

孙武小试牛刀，旗开得胜。捷报传来，吴王兴奋不已，想乘势移师伐楚。孙武认为不可，让使者转告吴王说："楚是大国，兵强马壮，岂徐和钟吾这两个小国可比。我军连打了几个胜仗，人马疲劳，军资消耗，再战恐难取胜，不如暂且收兵，从长计议。"伍子胥也认为这样稳妥。经过这几年与孙武交换看法及对楚国形势的研究，他也渐渐明白，伐楚非一蹴可就，要从削弱楚国，发展自己入手，这样才能以小胜大，以弱胜强。

号角齐鸣，大军拔营回国。伍子胥与孙武并辔而驰，身后是浩浩大军，帅旗在风中飘舞，两人回头望望铁流似的部队、士气高昂的兵卒，相视而笑。

"子卿，我考考你，你说楚国的决策弱点在哪里？"伍子胥突然问道。

"楚国政出多门，互相猜忌，推诿责任又好大喜功。不知对否？"孙武随口答道。

"对，子卿高才。我有个想法，假如我们利用其多疑的弱点，把我军分成三支，轮番去骚扰他，彼出我归，彼归我出，楚军必疲于道路。长此以往，国力消耗，忙中出乱，再有良机出现，然后我们大举出兵讨伐，就一定能胜。"伍子胥说得兴奋。

"老兄高见，我很是佩服！"孙武与伍子胥击掌大笑。

吴王采纳了他们的计谋，嘱二人分步实施。

公元前511年（吴王阖闾四年）的秋天，田野中稻菽正黄，楚地六（在今安徽六安北）、潜（在今安徽霍山县南）二城附近的农人正忙着收割。天气很好，秋高气爽，田埂边有野菊花香迎风飘来，细心的人嗅得出，飘来的不只花香，还有杀气。一支吴国的人马已不知从何处突然冒了出来，农人们惊慌失措，狼奔豕突，喊叫着跑入城中。好在吴国的士卒并不追赶，只迅速包围了二城，人喧马嘶，尘土飞扬，田野成了跑马场。

楚王闻报，立刻派沈尹戌率精锐部队救潜解围。大军日夜兼程，风餐露宿，杀向边境地区。

伍子胥和孙武指挥后续部队又将地里的粮食抢收装车，估计楚军快赶到了，一声令下，全军押着粮草，胜利而归。

楚军杀到，不见吴军踪影，扑了个空。六、潜二城的老百姓望着空荡荡的田野，痛哭失声，纷纷跪倒在沈尹戌马前求他做主。沈尹戌又气又恨，驻了几天看没动静，又怕一走吴军又来，只好带了潜城百姓迁到南岗（今安徽霍山县北），率部复命去了。

沈尹戌刚到郢都，人未解甲，马未下辕，就听说吴军的第二支人马又包围了弦城（在今河南息县南），他意识到此中有诈，马上面见楚王陈述。楚王正在发火，众臣莫衷一是，惊慌不定者有之，豪气干云者亦有之。沈尹戌的话谁也没听进去，只告诉他率兵继续出征。当楚军又一次风雨兼程奔赴前线，才赶到豫章，离弦城不远时，吴军又撤走了。

之后，又有几次，众臣意见不一，认为孙武多诡，如果前几次是故意麻痹迷惑我们，谁又能担保这一回不是真的呢？小心为是。于是楚军不得不一次次疲于奔命，国力日渐消耗，军队疲惫不堪，百姓惊恐不安。

而吴国以逸待劳，不时袭扰楚国，并逐步以讨伐、拉拢等手段剪除四周附拥楚国的诸侯国。在孙武的策划下，公元前510年（吴王阖闾五年）夏，吴国又取得了伐越的胜利。

公元前508年（吴王阖闾七年），楚王决定争取主动。秋天，楚王派令尹囊瓦统率大军伐吴，以报六、潜之仇。

当时，桐国（在今安徽桐县城北）背叛了楚国。孙武便派间谍编造了一些假情报，四处扩散，吴军又将战船摆满桐国以南的江面，制造假象迷惑楚军，让楚国君臣相信，吴军面对楚之大军胆怯万分，想以伐桐来讨好自己。

主帅囊瓦将大军驻扎在豫章，静观事态的变化，想纵容吴军灭了桐国，再来个以逸待劳，从中渔利。楚军的贪心正中了孙武的妙计。孙武已暗中在巢城（今安徽淮南市南）集结，等待战机。

楚军从秋天一直驻扎到冬天，时间久了，士气日益低落，囊瓦也急躁起来，打又不成，等又不是，一时没了主意。

孙武看火候到了，指挥吴军突然发起进攻，在豫章大败楚军，又出其不意合围并攻克了巢城，守卫城池的大夫公子繁被俘。

楚国劳师丧财，丢城失地，处于十分被动的局面。孙武为吴王创造的伐楚条件也日益成熟了。

## 五、大举伐楚

楚国对外局势日趋恶化的同时，内部也每况愈下。楚昭王新即位，年幼无知，昏庸贪婪。权臣令尹囊瓦当道，飞扬跋扈，专横残暴。唐、蔡二国都是楚的属国，有一年，唐成公和蔡昭侯入楚朝贡。唐成公带着两匹名贵的骕骦宝马，蔡昭侯进贡的是一双晶莹的玉佩和两副银貂鼠裘。楚昭王得此宝物欢喜万分，在众臣面前大加赞赏。事后，令尹囊瓦立刻派人向二人索取，二人厌恶囊瓦的贪婪，置之不理，结果被囚禁起来。三年后，二君献出宝物，方得自由。归国途中，蔡昭侯指着淮河水发誓："寡人不报此仇，枉为人也！"

唐成公和蔡昭侯受此大辱，自然对囊瓦恨之入骨，想方设法报复，曾请求晋国为他们出头讨个公道。晋国权衡利害，不愿卷入争斗中。

公元前506年（吴王阖闾九年），囊瓦借故率大军包围了蔡国的都城。蔡昭侯认为晋国不可靠，便派心腹公孙姓至唐国，与唐成公协商，共同请求吴国出兵。

吴王阖闾派人请来伍子胥与孙武，征询他们的意见。

"将军慎战、全胜的思想，寡人已心领神会。当年提出伐楚，将军认为时机尚不成熟，而今内部、外部条件都已具备，二位认为现在出兵怎样？"吴王一见面就直奔主题。

孙武拱手道："大王英明。楚之所以难攻，是因其兵多国大，四方依附。而令尹囊瓦专横贪暴，楚国众叛亲离，日渐孤立。而我们经过五六年的准备，力量更强大了，人心也更齐了，现在正是我们伐楚的大好时机。"伍子胥也道："联合唐、蔡二国，使我们的胜利多几分把握，这个仗也就好打了。"

这年冬天，吴王阖闾下决心伐楚，亲率大军，拜孙武为将军，伍子胥、伯嚭为副将，胞弟夫概为先锋，倾全国之兵力，联合唐、蔡二国，战车数百辆，人马6万，祭旗誓师，发兵伐楚。

孙武采取"攻其所必救"的战略方针，挥师北上，后来又乘船溯淮水西行，直逼蔡国，造成救蔡的假象。

大军从蔡国边上行过，并不攻击围蔡的楚军，却弃舟登岸，由水军变成陆军，向楚国东北境内纵深挺进，直达汉阳。

孙武与伍子胥驰马来到汉水边上。"破了这道屏障，楚国郢都就在面前了。"伍子青踌躇满志地说。"这也是最艰难的关口，楚国毕竟有20万大军，成败系于一发啊！"孙武皱紧了眉头。

话音未落，哨探来报，南岸已有楚军驻扎。原来，楚军也马上理解了吴军的企图，放弃了围蔡，大军沿汉水之南防御，与吴国军队隔江对峙。

孙武脸色更凝重了，楚军已做好了应战准备，自己兵力少，发动突袭攻击南岸已无可能。

夜已很深了，巡营的梆声格外清晰。孙武辗转反侧，无法入眠，便悄然走出大帐。南岸楚军的灯火通明，照红了半江水。

"楚军20万，咱们才6万，你说咱能打赢吗？"值哨的兵卒说话声传了过来。

"要是打败了，咱们就成了无家之鬼，妻儿老小便会沦为楚国的奴隶了。赢，一定要赢，咱们大王和孙将军说能赢，就一定能赢！"语气激昂起来。

次日，孙武升帐，成竹在胸地向将士们讲述了战略部署："兵者，国之大事，生死之地，存亡之道，不可不察也。我们今日国运昌盛，政治清明，君民上下齐心，将士训练有素，不怕牺牲，得天时、地利、人和之助，必能伐楚成功。我们也应看到，在敌我数量的对比上，我军处于劣势，怎样才能化劣势为优势，取得战争的胜利呢？"孙武环顾左右，顿了一下，接着说道："集中优势兵力，各个击破，调动敌人，造成敌人的失误，抓住战机，消灭敌人！"

众将群情激奋，纷纷讨令出战。

孙武下令，全军在豫章地区安营扎寨，休整待命。众人又一下子陷入迷魂阵中，猜不透孙武罐子里装的什么药。

楚军主帅令尹囊瓦此时正带着手下将领巡视防线。他断定，吴军千里远征，军资后勤接济十分困难，必求速战。

几天过去了，吴军却按兵不动，与自己隔江对峙。囊瓦一时摸不清吴军的意图，只得传令部队，严加戒备。

随后囊瓦召集众将商议对策。左司马沈尹戍建议："吴军远征，利在速战，现在孙武按兵不动，正是犯了兵家之大忌，这是老天保佑我楚国得胜。将军坚守南岸营垒，使吴军不敢冒险渡江。末将率军绕道吴军后方，扼守大隧、直辕、冥扼三关。待吴军师劳兵疲，我军两路夹攻，使其首尾不能相顾，必可不破吴军。"

囊瓦觉得此计可行，左司马沈尹戍拱手作别，分兵而去了。岂知这又中了孙武之计，在强敌面前故意露出破绽，促使敌人分散兵力，造成兵力对比的改变，以便集中优势兵力，攻击敌人。

又是许多天过去了，两岸还是静悄悄的，吴军没有动静，沈尹戍也无消息。楚军大夫武城黑向囊瓦献计："吴军与咱们这么对峙着总不是办法，他们深入我境内，被阻于江北已经好多天了，军心已经懈怠。吴军的战车纯用木材制作，极耐风雨，而我军战车外包皮革，用胶筋固定，遇到连阴雨，胶化筋脱，容易损坏，长久相持，对我不利。况我军兵力数倍于吴，还怕什么，不如渡过江去，突击打败他们。"

囊瓦正在犹豫不决，心腹部将史皇来见，四顾无人，悄声对囊瓦说："国人对将军本有微词，左司马的威信比您高，假使左司马的计划成功了，他就抢了头功，您难免劳而无获啊！"

"好，渡江！"囊瓦倚仗自己兵多势众，再也不顾与左司马沈尹戍的约定，下令三军渡过汉水，在大小别山一带连营数十里，摆出一副决战的架势。

孙武正为楚军按兵不动而发愁，听说楚军过江，很是高兴。马上传令击鼓进兵，趁楚军立足未稳，先声夺人，集中优势兵力，消灭敌人的先头部队。两强相遇勇者胜，两勇相遇智者胜。吴军知前有堵截大军，后有抄袭之师，楚军则背水一战，两军虽同陷绝地，奋力拼杀，吴军在孙武指挥下，智勇兼备，先胜了头一场。

吴王带了酒向孙武、伍子胥等将领道贺。孙武道："囊瓦贪功好利，今天吃了小亏，损失不大，他必报复。我估计今夜他必来劫营，大家小心防备，可别喝醉了！"众人大笑。

谯楼上响过三更鼓，四野一片漆黑。囊瓦果然气势汹汹率万余楚军，人衔枚，马摘铃，趁着夜色绕过山坳，杀向吴军大营。不料，是一个空营，扑了个空，被埋伏的吴军杀了个尸横遍野，只有数骑掩护着囊瓦逃回。

接着双方又激战数次，楚军虽众，却尾大不掉，指挥失措，连连失败。囊瓦见首战失利，便向西南退去，心中早无斗志，只想扎稳营盘，等左司马沈尹戌兵来，铁壁合围，战胜吴军。

楚军且战且退，无法站稳脚跟，直至柏举（在今湖北麻县以东），囊瓦集结兵力，发现士卒死伤过半，斗志薄弱。面对潮水似的吴军，阻挡是挡不住了，退回去也没命，便发狠孤注一掷，同吴军决战，斗个鱼死网破。

旧历十一月十八日清晨，两军对垒。

吴国先锋夫概亲率5000劲卒，乘楚军尚未开饭之机，发起攻击。早已成惊弓之鸟的楚军被杀得措手不及，四处逃窜。孙武指挥大军从两边掩杀过来。吴楚两军在柏举展开了一场惊天动地的决战。方圆十几里，人喊马嘶，血流成河，扬起的尘土，直冲云霄。吴军以排山倒海之势，横扫楚军。囊瓦见败局已定，无回天之力，乘乱一直逃到郑国去了，部将史皇死于乱军之中。

失去将帅的楚军没头苍蝇似的乱撞，拼命向后撤退。当退到清发水（今湖北安陆西的涢水）在抢船渡河时，吴军又杀到了。

先锋夫概勒马止住追兵，吴王正欲责备其贻误战机，夫概忙解释道："困兽犹斗，楚军见我军急逼，赶尽杀绝，难免一死，必死里求生，与我拼命。我士卒作无谓牺牲不说，弄不好会发生战局逆转。如果让一条生路，没过河的楚军便丧失斗志，只顾逃命。我军趁其渡过一半时发起攻击，定会大胜。"

吴王哈哈大笑："与孙将军在一起，你也快成谋略家了！"吴王采纳了夫概的建议，在清发水又大败楚军。据说当时，楚军被杀的、淹死的不可胜数，河水都变成了红的，河面浮满死尸。

侥幸逃命过河的楚军，一气跑了几十里，又饥又渴，人困马乏，早饭还没吃呢，便埋锅烧饭。饭刚刚烧好，吴军又杀到了。逃命要紧，眼巴巴看着香喷喷的饭留给了吴军。吴军饱食一顿，继续追杀。

楚军饿了一天，又跑了那么远，哪有力气再抵抗？一路上丢盔弃甲，尸横遍野。

败军一直退到西南的雍澨（在今湖北京山县西南）。前有滔滔汉水，后有吴军的追兵，疲惫不堪的楚军，叫天天不应，叫地地不灵，大放悲声，痛哭不已。这时，一队楚国的人马赶到，杀退了吴军的先头部队，来人正是左司马沈尹戍。

原来，左司马沈尹戍依计潜行至息城（在今河南息县西南），听到囊瓦战败的消息，又气又急，马上回师救援，在雍澨与囊瓦残部相遇。他命令扎住营盘，重新调整兵力，迎战孙武大军。终因楚军人心涣散，兵困马乏，连战三次也无法挽回败局，左司马沈尹戍兵败自杀，楚军全线崩溃。

渡过汉水，郢都完全暴露在吴军面前了。

## 六、攻克郢都

大军长驱直入，逼近郢都。

孙武决定兵分三路，向楚国作最后的一击。请吴王亲率大军从正面进攻郢都。为分散敌人兵力，保障主攻目标，他又派伍子胥和蔡昭侯进攻麦城；自己则与唐成公，进击纪南城。两翼呼应，三路人马最后在郢都会合。

孙武与唐成公引兵至纪南城，登上虎牙山远望。纪南城在郢都之东，二城之间有一个湖叫赤湖，湖水一直到郢都城下。二城地势低洼，漳江自纪南城北流过。

孙武沉吟片刻，下令把军营驻扎在高地上，士兵每人准备好镢头和畚箕，然后好好休息。

入夜，大队人马出动，一部分在漳江和赤湖之间挖一条深壕；另一部分在漳江之北筑起了一道长堤，阻断了江水。漳江水改变了方向，顺着新开的壕沟，直向赤湖流去。天亮，汹涌的江水奔流不息，赤湖容纳不下，随着西北风，急灌入纪南城中。

纪南城的守军仓皇逃窜，城不攻自破。

水还在涨，越来越大，一直冲到郢都城下，从纪南到郢都，一片汪洋。不久，大水漫过郢都的城墙，郢都城里到处是水，一片混乱，全城军民争相逃命。

孙武叫士兵就地取材，从周围的山上伐竹赶制成竹筏。吴军乘着竹筏，冲向郢都。

这时吴王、伍子胥的大军也杀到，三军会师。

旧历十一月二十八日，郢都被攻陷，楚昭王带着妹妹，急急备了船，从西门逃亡。

吴王与孙武、伍子胥浩浩荡荡开入楚国郢都。

自吴伐楚开始，孙武指挥吴军，贯彻了他"慎战"、"谋攻"、"全胜"的军事思想，在大小别山地区首战得势，奠定了胜利的基础，在柏举取得了决定性的胜利，在清发水巩固了战果，在雍筮消灭了敌人的余部。11天连续行军700里，以6万人马，击败20万楚军，以少胜多，攻克郢都，创造了以少胜多的战争典范。从此，吴国声威大震，跻身强国之列。

转眼已过了10年，吴王阖闾在伐越之战中死于流矢，其子夫差继位。在伍子胥、孙武的谋划下，南服越国，北威齐晋，达到吴国强盛的极顶。

夫差的暴戾好战、急于称霸，让老臣伍子胥和孙武提心吊胆。民需要休养生息，连年的征伐，吴国经济凋敝，百姓多有怨言。

伍子胥、孙武连连上书劝谏，夫差置之不理，对二人亦生不满。不久，吴王夫差又谋划伐齐，孙武不愿对故国动刀兵，便向夫差请求归隐，吴王并没有挽留。

傍晚，伍子胥来了，头发还是那么白，而人却苍老了。两人闷闷地喝酒，最后两人都醉了。伍子胥说："我是要做忠臣的，只有死，只有死了才是忠臣。"说罢老泪纵横。

孙武走时，伍子胥来送。

又是许多年过去了。

伍子胥终于被吴王夫差赐以属镂之剑割断了脖子，尸体被装入皮革口袋，投入了大江。

一处恬静的庄园，绿树婆娑，浓荫匝地，一个老人临窗而坐，他就是孙武。八十二篇兵法，九卷图册整齐地放在几案上。

屋外，孩子们的嬉笑声清脆悦耳，一声声传来。

老人木然的表情渐渐被一种激动所代替，他叫了一声，跌跌撞撞走过来，疯也似的将放在案上的书简推撒了一地，一边流泪，一边漫无边际地将这些书简投入了火炉中。他已厌恶了战争。

孙武安静地离开了人世，他的未被烧掉的兵法十三篇，永远流传下来，成为历代兵家经典。

（李西宁）

▼

本文主要资料来源：《史记》卷六五，《孙子吴起列传》；卷三一，《吴太伯世家》；李祖德主编：《孙子研究新论》。

# 助勾践功成名就　携西施逍遥江湖

## ——范蠡传

春秋时代，周朝王室衰微，霸国迭兴。当时，北有齐、晋，南有吴、越，相继称霸。越国本是僻居东南一隅的弱小国家，后来竟然成就了一番霸业，其中一个重要原因，就是像齐桓公重用管仲一样，越王勾践重用了谋士范蠡。范蠡在帮助勾践灭掉吴国后，深知勾践为人，与他只能共患难，不能同富贵，便悄悄地带着西施和家眷离开越国，逍遥江湖。他以经商为主业，"三致千金"，成为后世商人的神明。同时辅佐勾践的大功臣文种，不听范蠡劝告，贪图禄位，后果然被勾践处死。这生动表明，像范蠡这样既能成就大业又善于自保的谋士，在历史上是难得一见的。

范蠡，字少伯，春秋末期楚国三户（今河南淅川西北）人。他出身于"饮食则甘天下之无味，居则安天下之贱位"的布衣之家。当时的楚国，贵族当权，君主无为，吏治腐败，国势渐衰。年轻的范蠡眼见楚国受制于吴国和秦国，不免忧心如焚。他虽然出身卑微，却具贤圣之资、独虑之明，不肯结交权贵，常常出入陋巷，浪迹民间，过着倜傥不群的清苦生活。为了不苟同于世俗，也为了躲避凡夫俗子的妒忌，他假装癫狂，隐身待时。

楚平王时，文种为宛邑令（今河南省南阳市）。一天，文种来到三户访求人才，看见一个衣衫褴褛的年轻人蹲在一个洞穴里，他身旁还有一条狗对着文种狂吠。随从人员怕文种感到寒碜，忙叫人拉起衣服，将年轻人和狗遮蔽起来。文种制止说："不用挡了，我都看见了。今天我瞧这里有圣人之气，行而求之，来至于此，但不知这位年轻人是谁？"随从人员忙答道：这个人就是"疯子"范蠡。文种早就听说过范蠡的名字，并得知他虽时痴时醒，但内怀独见之明，是个非凡人物。今日得见，分外高兴，赶紧下车拜见。但范蠡表情淡漠，并不理睬文种。

文种深知，"士有贤俊之资，必有佯狂之讥"。范蠡"佯狂倜傥负俗"的行为，更激起了文种的兴趣。于是他便派一名官员拿着请柬去拜见范蠡，范蠡仍然佯装狂痴。无奈，文种只好自己驱车再次拜见范蠡。范蠡见文种真心诚意，就向哥哥、嫂子借了衣服、帽子，会见了文种。二人一见如故，"抵掌而谈"。从此以后，两人成为莫逆之交。

一天，文种对范蠡说："先生才识高远，为什么不想法求取功名，而混迹在寻常百姓之中呢？"

范蠡答道："一个人有了知识和才能，如果仅仅是为了谋取自己的富贵，那是很可耻的，而且也是最容易的，但是这并非我的志向。我的志向要有利于楚国，如果做不到这一点，我情愿一生与草木同朽。"

不久，范蠡打算离开楚国到越国去施展自己的才能，以实现自己扶越制吴助楚的方略。他劝文种与其同往。范蠡说："天命千年一次，黄帝是第一位受天命的君王。他掌握天命的日子已经过去了。霸王之气就在大地之中，关键在于人们自己去奋斗争取。伍子胥就是凭借着自己的军事才能去辅佐吴王的。吴国和越国同风同俗，各国中有希望称雄争霸的不是吴国，就是越国。如今楚国最大的敌人就是吴国，而能牵制吴国、削弱吴国的只有越国。如果我们帮助越国，抵制吴国，吴国就没有余力来攻打楚国，楚国就能摆脱秦国的控制，强盛起来。故而，他为他，我为我，我们两人一起到越国去吧。"经范蠡一说，文种立即"捐弃官位，相邀而往"。

## 一、会稽献策

公元前496年，越王允常病逝，其子勾践继承王位。吴王阖闾闻讯，遂决定起兵讨伐越国。这是因为，彻底消灭越国，北上伐齐伐晋，称霸天下，是吴国的既定战略。加之越王当初不肯帮助吴国攻打楚国，反而派兵帮助吴王的兄弟夫概内讧，因此，两国结下仇恨。故而，吴王阖闾便不顾国丧不兴兵的规矩，不听伍子胥的劝阻，调集 3 万精兵，亲自统率，去攻打越国。

新继位的越王勾践挂孝抵抗。两国兵马相遇于槜李（今浙江省嘉兴市西南 70 里处）。勾践瞧吴国军队阵脚整齐，一时不易突破，便采取智攻。勾践先派 300 名死囚，排成三行横队，每人相距三步，每队间隔三步，光着膀子，把剑搁在自己的脖子上，列队走到吴军阵前，一齐高喝："大王英明，越国必胜！"随着一阵阵卟卟声中，一个个人头滚落在地，一注注鲜血势如涌泉。吴军从未见过这种古怪的阵法，彼此议论纷纷，心惊胆战。前面的在看尸首，后面的则不明情况，争向前拥，一下子乱了阵脚，严整的队伍散乱了。越军乘机猛袭过来。吴军没有防备，一下子全乱了。吴军死伤过半，3 万精兵一下子垮在了槜李。吴王阖闾也在战斗中负伤。阖闾因年迈有伤，加之输在一个娃娃勾践手中，又气又急，又羞又愧，回到军营后不久，大叫几声"勾践"，便气绝身亡。

阖闾死后，伍子胥立夫差为吴王。夫差当政之后，励精图治，一心要复仇雪耻。他派人站在宫门口，在他每日吃饭和临睡的时候，扯开嗓子喊道："夫差！尔忘越王杀尔之父乎？"夫差即泣而答曰："不，不敢忘！"以此天天提醒，警惕其心。

吴王夫差拜伍子胥为太师，伯嚭为相国，孙武为元帅，大力整顿内政，训练军队。他命令伍子胥等在太湖操练水兵，自己则在陆上训练兵车。

面对磨刀霍霍的吴国，越王勾践心知自己在军队、土地、人才等各方面都比不上吴国，因此寝食不安，忧心如焚。

正是在这个时候，范蠡和文种一起从楚国来到了越国。越王勾践如获至宝，待为上宾，并拜二人为大夫。

范蠡入越后，勾践抱着很大的希望与范蠡进行了慎重的谈话，寻求兴越灭吴的良方。

范蠡侃侃而谈："当务之急是要广纳贤士。商汤得了伊尹，灭了夏朝；周武王得了姜尚，灭了商朝；诸侯之中秦穆公重用百里奚，齐桓公重用了管仲，晋文公重用了狐偃，他们才能称霸诸侯。吴国呢，有了伍子胥、伯嚭、孙武，所以才强盛起来，战胜了楚国，又威压齐国。"

"到哪里去求取贤士呢？天下有名的贤士都已为人所用了啊！"勾践迷

惑不解地反问道。

范蠡答道："吴国有人才，孙武不就是吗？楚国也有人才，伍子胥、伯嚭不都是楚人吗？但做国君的应该善于发现人才。事实上，有其名的，不一定有其实；有其实的，不一定有其名。早先的姜子牙并不出名，不过是个垂钓的老人，而周武王用了他伐纣灭殷；伊尹和傅说或为小臣，或为奴隶，而商汤和夏王用了他们便称王天下……"

勾践希望范蠡能提供兴越灭吴的锦囊妙计，以便尽快灭掉吴国。没想到范蠡却大谈特谈用人的重要性，勾践大失所望，觉得范蠡这个人太迂阔，因此对范蠡有怠慢之意。

吴王夫差经过三年的准备，于公元前494年，以伍子胥为大将，伯嚭为副将，倾国内全部精兵，由五湖（即今太湖）取水道直攻越国。

越王勾践闻讯后，立即调兵遣将，准备与吴军决一死战。这时大夫范蠡忙劝谏道："大王且慢！吴国君臣上下都牢记着兵败君亡的国仇家恨，立志报仇，至今已有三年了。他们胸怀义愤，万众一心，其势不可挡。我看大王不要匆忙出师迎战，还是据城坚守为好。"

大夫文种也劝说："依臣之见，吴兵势盛，不宜力敌，只能智取。我有一计，就是先卑辞厚礼，向吴军求和，麻痹他们的斗志，等到他们松懈下来，再出兵奇袭，定能一战成功！"

勾践本是个刚愎自用的人，哪里听得进别人的劝告！他轻慢地说道："你们二位的主意也许稳妥些，但不是太显得怯懦了吗？二位不要再多说了，我的主意已定，不想更改了！"

听了这话，范蠡、文种面面相觑，无法再劝谏了。于是勾践征调越国3万壮丁，编成军队，浩浩荡荡直向五湖进发。

吴、越两国大军在五源的椒山之下相遇了。双方立刻摆下阵势，擂鼓呐喊，展开了一场殊死的战斗。

吴王夫差精神抖擞，三年来一直压抑着的仇恨此时全部迸发出来。他高高地站在战车之上，亲自擂鼓指挥。大将伍子胥久经战阵，勇猛无敌。吴国将士见吴王和大将都舍生忘死，他们无不以一当十，奋勇杀敌。

越军被杀得丢盔弃甲，四散奔逃。越王勾践气得两眼冒火，便亲手杀死了几个退却的将领。可是兵败如山倒，溃败的大军像退潮的海水，哪里拦阻得住？范蠡见败局已定，无法挽回，便也随着败军撤了下来，然后拥着发疯似的越王驱车逃出了乱军。

吴军乘胜追击，长驱直入越国。勾践边战边逃，他的骄妄之心开始由于大败而变得绝望了。他狼狈地逃到会稽山（今浙江省绍兴县东南），才止住了脚步。他爬到山顶，眼望败鳞残甲，吓得连话都说不成句了。大夫范蠡临变不惊，分外冷静。他赶忙把残兵败将收拢到山上，清点了一下，数万精兵只剩下 5000 余人了。

勾践看了看身旁盔甲不整的兵将，再往山下望去，吴兵又漫天盖地涌来，早把会稽山团团围住。直到这时，勾践才如醉方醒，凄然感叹道："自从先王到如今，30 年来，从未有此大败。我悔不该拒绝了范、文二位大夫的忠言，今天才落到这种地步呀！"

越王勾践被吴军围困在会稽山上，眼看着自己好像鱼游釜底，无路可逃了。但他还希望能在绝境中寻出一条生路，便向大夫范蠡讨教说："全是因为我没有听从大夫的忠言，才落到这般田地，想起来，我实在惭愧呀。可是，难道先王辛辛苦苦建立的越国，就要这样毁在我这个不肖子孙手里了吗？请大夫给我想个挽救危亡的办法吧！"

范蠡叹了口气，说："时至今日，只有一个办法可以挽救越国的社稷了。只是不知大王肯不肯同意。"

"我已经穷途末路，还有什么同意不同意的！您说吧，只要能挽救我的国家社稷，我什么事都愿意做！"

"那就是卑辞屈节，用尽一切手段向吴王求和。"

"卑辞屈节，我是可以做到的。"勾践垂头丧气地说，"可是吴王心怀报仇雪恨之志，如今胜利在望，他怎么会答应求和呢？"

"大王不必担忧，这事我早已深思熟虑过了。"范蠡笑了笑说，"吴王夫差虽年轻气盛，却是外刚内柔，貌勇实怯，十分重视自己的名声，我们派人求和，其虚荣心已满足一半。吴国的太宰（最高行政长官）伯嚭，既贪财又好色，而且嫉贤妒能，招权纳贿，是个为了自己眼前利益什么都可以出卖的家伙。他虽然与相国伍子胥同是楚国人，靠伍子胥推荐，当上大夫，却对伍子胥百般谗言。而吴王夫差呢？他尽管尊重伍子胥，但在尊重中又有些惧怕；他虽然对伯嚭不太敬重，却很亲昵信任，言听计从。这样一来，我们就可以利用他们之间的矛盾，派人暗中会见伯嚭，结其欢心，订立盟约，太宰伯嚭言于吴王，吴王一定应允，子胥闻讯劝阻亦晚矣，和局可定。"

君臣们商议了一番，决定派文种携带重礼去买通太宰伯嚭。于是文种带了军中的全部珍宝求见伯嚭。伯嚭在军营里接见了文种，他架子很大，瞪着眼睛坐在那儿，动也不动。文种卑微地跪在地上，低声哀求道："越王无知，得罪了上国，如今已悔恨不及，情愿举国充当吴王的臣仆。可是又唯恐吴王记恨前仇，不肯接纳。我们君臣思来想去，认为只有太宰您德高望重，既胸怀坦荡，不念旧恶，又是吴国心腹大臣，一言九鼎，力可回天。所以越王先派小臣求见太宰，请您在吴王面前多说些好话。"

文种说罢，两手高举着礼单，挪动着双膝。伯嚭接过礼单，一见上面既有黄金碧玉，又有妙龄美女，心里十分高兴，可是脸上仍然故意做出冷冰冰的样子，装腔作势地说："越国的灭亡只在旦夕之间，那时越国的一切财富，还不都是我们吴国的？"

"太宰考虑得既对，又不完全对。越兵虽败，可是会稽山上还有劲卒万人。常言道：困兽犹斗。吴王如不准求和，被困越兵拼死一战，也未必没有转机。而且，即使再吃了败仗，越国君臣索性把府库珍宝烧个一干二净，然后逃亡到国外，贵国还能捞到些什么呢？再退一步说，即使越国的珍宝都为吴国所得，但恐怕大多要被吴王独吞，分到太宰您名下的，也是少得可怜了。而现在呢，虽然名义上越王是委身于吴王，实际上是委身于太宰。只要您促成和议，越国君臣将永远感恩戴德，今后再有贡献，先送太宰，后送吴王。太宰您觉得怎样做更合适呢？"

文种一席话，正说到伯嚭心坎上。伯嚭点了点头，说道："好吧！我明日引你去见吴王。"

第二天，伯嚭带着文种去见夫差。文种跪在夫差面前，低头行礼说："君王，您逃亡的臣子勾践，派了小臣文种向您祈求：请您把勾践收做臣子，把他的妻子收做侍妾吧。"伯嚭在一旁插话说："大王如果赦免了勾践之罪，越国就会把金银财宝统统奉献给大王；如果大王不肯赦免，说不定勾践会把妻子杀掉，放火烧毁金银财宝，然后带领残兵同吴军拼命，这样，吴国有可能什么也得不到，而且还可能会有损失。"

夫差终于接受了伯嚭的意见，撤兵回国，但提出了一个屈辱性的条件：越王和他的妻子必须到吴国做三年臣奴！

伍子胥听说后，极力劝阻，夫差仍执迷不悟。子胥悲叹地预言："越国10年生聚（聚集物力），10年教训（训练军队）；20年后就能把吴国灭掉！"

范蠡心知文种此次求和必定会成功，但吴王也会提出让越王感到耻辱的条件。为了让勾践镇定地面对现实，范蠡用越王的宝剑在石头上刻写了9个大字：

待其时，忍其辱，乘其虚！

## 二、忍辱三秋

勾践得知吴王夫差允其投降，但要他为奴三年，犹如五雷轰顶，气得说不出话来。文种劝慰道："大王不要哀伤，更不要绝望。过去商汤曾被夏桀囚禁在夏台，周文王也曾被商纣王关押在羑里，但他们不是都终于安然返回，振兴邦国，成了一代贤王吗？齐桓公曾流落莒国，晋文公更是奔波异邦，但他们也终于回国，成就了霸业。大王只要能够忍辱含辛，永远不失信心，就一定能安然归来，复国兴邦的！"范蠡也劝道："当今越国绝无还手之力，犹如一个伤重了流血过多的人，只要稍一动弹，就会气绝身亡的！"

勾践听了，渐渐止住了悲哀，对群臣嘱托道："我就要去吴国了，想委托范大夫代替我治理国政，请范大夫不要推辞。"

范蠡忙行一礼，谦和地说道："我本是楚国人，能够得到大王如此信任，实在感到荣幸之至。但是说起治理国家百姓，我的才能实在不如文种大夫。而应对敌国，随机应变，我似乎比他更合适一些。我希望大王重新考虑一下，让文种代行国政，我伴随大王同去吴国。"

勾践想了想，认为范蠡的分析是对的，便答应了他的提议。

启程的日子到了。勾践和夫人换上一身平民穿的旧衣，在范蠡的陪伴下离开了国都。文种率领群臣和越国父老忍痛含泪，一直送到钱塘江畔。

到了吴国都城，勾践先派范蠡把携来的十名美女、数箱珍宝送到伯嚭府上。伯嚭收下了美女和珍宝后，立刻在府上接见了勾践。

勾践见了伯嚭，低声下气，弯腰躬背，一再感谢伯嚭的庇护之恩。伯嚭见一国之尊对自己这样卑躬屈膝、感激涕零，心中万分得意。

范蠡在旁边赶忙说："太宰的恩德，不光我们君臣永世不敢忘，就是越国百姓也子子孙孙万代铭记。将来托太宰的福，我们能够返回越国，一定要年年贡献，岁岁请安，报答太宰的再造之恩！"

伯嚭满脸堆笑，信口说道："你们回国的事包在我身上啦！"

第二天，伯嚭带着勾践夫妇拜见了夫差。夫差把他们发落在阖闾坟墓旁边的一间石屋里。这石屋一半埋在地面下，一半露于地面上，阴冷潮湿，终年不见阳光。

越后常做噩梦；勾践则变得沉默寡言，偶尔发出一声粗重的叹息；而范蠡呢，则很坦然。他考虑的不是个人的安危和得失。他所思考的是，怎样才能让吴王觉得勾践已臣服于他；怎样才能加深吴王君臣的矛盾，诱发伯嚭和伍子胥的争斗；怎样才能充分利用伯嚭达到麻痹夫差的目的……

石屋栖身后，勾践君臣白天被武士押着去打扫马厩、铡草喂马和擦洗车轮，晚上回石屋向阖闾祈祷。夫差每次坐车出去，也总是让勾践给他牵马。范蠡则跟着他做奴仆的工作。为求得夫差的欢心，范蠡把养马的一些诀窍传授给勾践。不久，勾践喂养的马便毛皮光亮，膘肥体壮，夫差非常高兴；范蠡又把擦洗车辇的办法教授给勾践，经勾践擦拭的车辇光亮照人，夫差更加高兴了。

勾践在吴国软禁两年多以后，伍子胥向吴王提议杀死勾践，被伯嚭阻拦下来。而勾践听从了范蠡的劝告，一直忍耐着吴王的恶语讥诮，低头干活，不言不语，日夜忙碌，为夫差铡草养马，清扫马圈，擦洗车辇，真是百依百顺。吴王也暗中派人察看勾践的情况，想知道勾践是否已真心臣服于他。那回报的人总是称赞越王并没有因为干这样污贱的差使而有什么怨言，连不高兴的脸色也没有。而范蠡对勾践、越后也始终保持着臣子的礼节。

夫差有些不相信，一天，他登上宫中的高台，随意观览四周风景，正好瞥见勾践夫妇和范蠡手脚不闲地干着又脏又累的活。当勾践夫妇歇息的时候，范蠡就端坐在旁边，毕恭毕敬地执臣子之礼。夫差看了一会儿，不禁叹道："勾践不过是个小国之君，而范蠡也不过是一介寒士，可是他们身处穷厄之时，君臣之礼还是如此分明，不肯含糊。我倒真有些怜悯他们呢！"

文种时常打发人给伯嚭送礼。伯嚭老在吴王跟前给勾践说情。此时，伯嚭正在旁侍候，听了吴王的话，赶忙顺水推舟地说道："是啊，他们三年如一日，恭谨勤劳，毫无怨色，确实已经悔过自新了。愿大王以仁义圣贤之心，对他们实行一些宽赦吧。"

"好！让太史挑个吉日良辰，我就赦免他们回国去！"

伯嚭回府之后，立刻派人把这个喜讯告诉了勾践，希望勾践不要忘记自己的功劳，以后好厚厚地报答他。勾践高兴得喜形于色，坐立不安。范蠡却说："大王不要高兴太早了。伍子胥知道这消息，一定会节外生枝，从中作梗的。另外，大王即使高兴，也不应该在外表上显露出来。"

事情果然被范蠡说中了。伍子胥听说吴王一高兴就草率地决定放勾践回国，不由心中大怒，赶忙到宫中去劝谏。因此，夫差也犹豫起来，过了几天，赦免越王的事谁也不提了。

不久，夫差得了病，这一病就是两个多月。待在石屋里的勾践和范蠡十分着急。一天，范蠡悄悄对勾践说："夫差这样的昏君对我们来说实在太难得了，伍子胥几次劝谏他不要留下商汤、周文王那样的后患，他简直像头又顽固又愚蠢的驴，就是听不进去忠言。此人如果死了那就糟透了。我已经了解过太子友，那是个很有头脑的年轻人，而且很尊敬伍子胥。要是他当了吴王，我们的性命就难保了！"

"那可怎么办才好呢？"勾践吓得变了脸色。

"我有一个办法，或许能挽回危局，只是不知大王肯不肯采用。"

"事已至此，我是饥不择食，慌不择路，你快把主意说出来吧！"

"我认为，您最好要求去探视吴王的病体。病从口入，结于内脏，征兆在便，您用舌尖尝尝他的粪便，观察他的气色，再编上一套话，拜贺他早日康复，以此表示您对他的始终不渝的忠诚。这样，如果顺利，他也许当即就同意放您归国，如不顺利呢，那就等他病好了，再由伯嚭吹吹风，我们也一定能获得自由。到那时，我们如同虎归深山，哪怕壮志不酬！"

勾践一听让他去尝仇人的粪便，不光是埋汰恶心，还直冒火。但他终于横下了一条心，皱着眉头叹道："为了能活着回去，就是再下贱的事我也得去干呀！"

第二天，勾践就托人向伯嚭表示，要问候吴王病体。伯嚭对夫差一说，夫差就答应了。勾践拜见夫差时，恰好夫差刚刚解完大便，勾践便按照范蠡教他的话说道："罪臣少时曾从师名医，他教我品尝人粪便可推断病情吉凶。请大王恩准罪臣一试吧！"

说着，勾践走近屎盆，用手指把粪便抹进嘴里。勾践虽然恶心得五脏都要翻出来，但是面不改色，犹如馋猫尝腥一般。他咂咂嘴，装着凝神细辨了一会儿，跪下就给夫差磕头，道："恭喜大王，您的病很快就要痊愈了。"

夫差高兴地从床榻上支起身子。勾践又说："大王的粪便味苦而酸，正顺应春夏的时气，可见病患不能损坏大王的万金之体！"

夫差感动得声音发颤，他用不屑的神情看着身边的伍子胥说："把越王安顿在宫殿里，不要让他洗车喂马了。要范大夫也从石屋里搬出来陪越王同住。等我的病一好，你随我送越王夫妇回国。"

"只要大王早日康复，"勾践泣不成声地说，"罪臣情愿在吴国侍奉大王，已经无心返还越国了。"

在范蠡的策划下，由于勾践处处小心侍奉夫差，再加上伯嚭不断地向夫差报告越国国内十分平静，没有一点反叛吴国的迹象，夫差对勾践的臣服深信不疑，他觉得越国对吴国已经没有什么威胁了，于是下诏放越王回国。

公元前 491 年，夫差亲自送勾践夫妇回国。临行前，吴王夫差对勾践说："今兹赦归之后，越国永为吴国之附庸。不许练兵，不许筑城堡，岁时贡献，不许稍缺！"勾践急于苟全性命，徐图报仇雪耻之计，只得一一应许。吴王笑其懦怯，召见范蠡："寡人曾闻'贤妇不嫁破落之家，名士不仕灭绝之国'。如今越国已亡，先生何不弃越归吴？果如此，寡人一定委以重任。"勾践唯恐范蠡变节，暗自坠泪。只见范蠡委婉地推辞说："罪臣尝闻'亡国之臣不敢语政，败军之将不敢言勇'。臣在越国不能辅助勾践行善，以致得罪大王，如今侥幸不死，臣已十分满足了，岂敢攀求富贵？"

### 三、强越削吴

范蠡的一席话，使伍子胥更加看出了"放虎归山"的危险性，预感到吴国的灭亡指日可待了。

在吴国的三年，范蠡与勾践患难与共，相依为命，使勾践感到范蠡的良苦用心，更加欣赏范蠡的才能。回到越国后，勾践便让范蠡负责统军治兵，而让文种治理国家的政务。

范蠡很注意统兵策略，会稽一战，使将卒的士气一落千丈。越王回国后，军营情绪依然低落，而范蠡胸存韬略，信心百倍。他知道越国战船和战车技术比其他诸侯国高出一筹，便用了两年时间不遗余力集中训练了一支舰队、一支车队。然后，请勾践和文武大臣进行检阅。这次检阅使君臣上下英姿焕发，士气倍增，看到了越国的希望。

阅兵后，范蠡对勾践说："越国军队的剑术和弩术比不上吴国，要想办法弥补这两个短处。我听说南林（今浙江省山阴县南地区）有许多人善于使用剑戟，其中有一个青年女子的剑术很好，不独在那一带闻名，连全越国都知道她，大王可派人把她请来教授剑术。"

女剑侠被请来后，越王想试试她的剑术，便问她能敌几人，她毫不介意地说："能敌十人。能敌十人，也就能敌百人。"越王派了十个身高力大的剑士手握真剑，而让女剑侠握着竹剑与之比试，女剑侠几个回合便轻易得胜。勾践一见，高兴地对范蠡说："夫差定死剑下。"

之后，范蠡选出一批青年由越女亲自传授剑法，然后再由这批人去教其他人，一教十，十教百……为了让将士们学好剑术，范蠡还特地建了一座"剑城"作为剑女教剑的地方。

后来，范蠡又请了一个名叫陈音的楚国人到越国，这个人因善于使用弓弩而出名。越王考验后，就下令在剑城让陈音传授弩术给所有官兵，因为当时越国没有弩术。

陈音教授了约3个月，所有的越军都会使用弓弩了。不幸的是陈音不久病逝，范蠡十分惋惜。他请求勾践把陈音厚葬在都城以西的一座山上，后来这座山就叫作"陈音山"（今浙江省山阴县西南）。

范蠡在统兵的同时，常和文种讨论治越之术。他认为，对一个弱小的国家来说，重视粮食生产乃为治国之道，因为民以食为天。他还不避王者之忌，常对越王说："政策要取信于民，须要有一个从言到行的过程。上行则下效，因此要从'上'做起。"由于勾践复仇心切，范蠡的一切逆耳忠言，他都能听进去，而且能付诸行动。为了不让舒适的生活消磨了自己的意志，勾践把自己卧室里的锦绣被褥撤了，换上柴草，在吃饭的地方挂了一枚苦胆，每当起床或吃饭之前都要尝一尝胆的苦味，这就叫作"卧薪尝胆"。为增加人口，勾践还颁布了免谷税令和奖励生养的政策。例如，上了年纪的男人不准娶年轻的姑娘；男子到了20岁，女子到了17岁，还不成亲的，他们的父母要受一定的处罚；快要临盆的女人必须报官，好派官医去照顾她；添了儿子，国王赏她一壶酒、一头猪；添个女儿，国王赏她一壶酒、一头小猪；有两个儿子的，官家给养活一个；有三个儿子的，官家给养活两个。每到播种、收获季节，越王还亲自到地里和百姓一起耕作，为的是让百姓们加劲种地，多收粮食。勾践的妻子也亲自养蚕、织布。7年之内国家不收捐税。由于勾践带头，勤俭治国，臣下也到陇亩间劳动，百姓更加勤劳，越国的农业日渐发达起来。

范蠡还建议越王广辟财源以充盈国库。他听说会稽有两处鱼池，经过考察后，便对勾践说："蓄鱼3年，其利千万，越国当盈。"越国渔业因此发展起来，对经济的复兴起了很大作用。

范蠡一方面辅助勾践厉兵秣马以振军威，发展农业以强国力；另一方面，他时刻不忘贿赂吴王、伯嚭，打消吴国的戒心，并消耗吴国的实力，使吴王在懈怠中一步一步走向灭亡的深渊。

范蠡在吴国侍奉吴王时，经常看着吴王穿着华丽的衣服，便向勾践献计说："您应该派越后率领一批宫女，用我们越国最好的葛麻，织成最美丽的布，做成最时髦的衣服进贡给吴王。"

"我们送给吴国的东西太多了！"勾践埋怨说。

"不忍失其小者，必失其大！只要无失于国，这些东西又算什么呢？夫差唯一喜欢的是别人向他臣服，对他表达忠心，否则，他就滋长疑心。这就是他亲近伯嚭疏远伍子胥的原因啊！且忍人所不能忍之忍，才能为人所不能为之为，否则，这三年屈辱就白受了。"

勾践终于同意了。范蠡号召国中男女去山里采葛，越后也领着一批宫女在都城东边十里附近的山中采葛，后来这座山被称为"葛山"。

不久，越后、文种带着葛布10万匹和越后亲自为吴王、吴后、伯嚭织绣的葛袍向吴国进贡。吴王收到礼品后十分高兴。最使他得意的是越后亲手织成的葛袍，上面用各种彩线绣着越国的山川花草，构图生动，颜色鲜艳。夫差感叹道："越王、越后真是有良心的人啊，只有他们才真正臣服于我。难为他们待在一个偏僻、贫困、弱小的地方，我要给越国加封1000里土地。"

文种受了加封的土地回来，又告诉勾践，吴王准备营造姑苏台。范蠡、文种献计说，给吴国送一批又长又粗的楠梓木料。

夫差收到木料，更加高兴了。为了不使大材小用，吴王改变了姑苏台的设计，把工程扩大了十几倍，花了3年的时间才完成，弄得百姓怨声载道。

姑苏台建好后，吴王在国内广搜民女。文种闻讯后向勾践献计说："夫差乃好色之徒，今若选才色俱全之妇女数人，贡献于吴王，使其溺情声色，不理朝政，然后可以得志。"君臣商议已定，便密访国中女子。探访数月，未能得当，勾践焦灼万分。范蠡亲自微服易行，渐渐入诸暨之境，迤逦向苎萝村而来，走到若耶溪边，见一浣纱女西施，盈盈而立，明眸皓齿，秀眉天成，婀娜欲绝，似长夜之明月，犹下凡之天仙。乃以千金聘之，经过亲自教练后送到吴国。夫差马上被西施艳丽如仙的美貌迷住了，他天天在姑苏台上饮酒作乐，弦管相随，流连忘返。西施经常在枕边为越王说好话。这样，夫差对越国一点戒备也没有了。

公元前489年，吴王夫差听说齐景公已死，继位的晏孺子年幼无知，大臣争权夺利，国内混乱，就打算兴兵伐齐，意欲夺取霸主地位。消息传到越国，文种对勾践说："我看吴王对越国已不存戒心了，请大王让我去吴国借粮，顺便试探一下吴王对我们的态度。"范蠡对文种的想法十分赞赏，他补充说："我们把借来的好粮食存在国库以备军用，把国库的陈粮散发一部分给百姓。就说是从吴国借来的，这样百姓就会更加痛恨吴王，就会支持我们攻打吴国。"于是，勾践派文种到吴国，文种很快就借回了粮食，并对勾践说："看来吴王果真对越国不存戒心了。"

公元前 485 年，吴军又要攻打齐国，范蠡听说后对勾践说："我们应该出兵帮助吴国！"

勾践犹豫不定，文种插话说："我几次去吴国，都听到为了进攻齐国的事，伯嚭和伍子胥矛盾很大。伍子胥反对出兵齐国，他一贯主张消灭越国，认为越国才是心腹之患。"

范蠡接着说："只要我们帮助吴国把齐国战胜了，伍子胥就会在吴王面前彻底失宠，如果吴王不把他杀了，他也会自杀的！如果伍子胥死了，就再也没有人挑拨吴越的'友好'关系了。这样，我们就可以抓住时机讨伐吴国。"

勾践果然派兵 3000 支援吴国。吴国势力本来就强，加上越国的支援，军威大振，齐陵一战，齐军被打得一败涂地。正在夫差高兴的时候，伍子胥却泼了一盆冷水："攻打齐国，只是捡了一个小便宜，好比石板上耕种，是得不到什么好处的。越国才是真正的心腹大患，大王若不加防备，不出三年，吴国就要变成一片废墟！"

没等夫差开口，伯嚭便指责伍子胥："你表面上忠于大王，背后却私通齐国为自己打算！大王上次伐齐，你就反对；现在胜利了又怨恨大王。大王如果不防备你，你就会反叛作乱！"

夫差听了伯嚭一番话半信半疑，便故意派伍子胥出使齐国。伍子胥到齐国后，预料到吴国终究得有一场大祸，便把儿子托付给齐国的大夫鲍息。有人把这件事报告了夫差，夫差大怒道："贱臣果然背叛寡人！"

当日晚上，夫差闷闷不乐地回到宫里，同西施说起伍子胥的事。西施对夫差说："怪不得他老拦着大王去打齐国哪，原来是给他自个儿留着退身！俗语说得好，'用人不疑，疑人不用'。大王要是不用他，还留着这种外心人干什么！像这种人连本国的人他都屠杀，楚平王的尸首他还用鞭子抽哪！难道他还能怕你吗？"夫差在西施的手里就像算盘珠子，随着她的拨动而上下。伍子胥回国后，夫差派使者给伍子胥送了一把名字叫"属镂"的宝剑。伍子胥拿着属镂叹息了半天，想到自己帮助夫差的父亲称霸，又力劝立夫差为王，如今却死在夫差的剑下，顿时感慨万千。他手捧宝剑，对使者说："我死后，你告诉夫差，把我的眼睛挖出来，挂在姑苏城的东门，我要看着越兵攻打过来！"说完，伍子胥就伏剑自杀了。吴王听说了伍子胥临死前的话大为生气，叫人把伍子胥的尸体装入皮囊，丢入江中，并气哼哼地说："看你怎样瞧着越国的兵马杀来！"吴国人哀怜子胥的一片忠诚，为他在江边建了一个祠堂，并把祠堂所在地叫作"胥山"。

## 四、灭吴雪耻

伍子胥自杀后，夫差把吴国的政事委托给伯嚭，自己只管在姑苏台上日夕流连荒荡，不复以他事萦其念虑。勾践自从返回越国后，没有一天不想着灭吴雪耻。归国后的第三年，即公元前488年，越王召见范蠡谋议伐吴之事。范蠡献计说："我听说谋国破敌，动兵出击，一定要看准时机。孟津之会的时候，诸侯认为可以伐纣了，周武王却认为时机还未成熟而婉辞了诸侯的请求。当今吴、楚结仇，构怨不解；齐虽不亲，尚能求吴之困；晋虽不附，还可以为吴效劳。内臣谋而决断其策，领国通而不绝其援，这正是吴国兴霸诸侯之时。我听说峻高者坠，茂叶者摧，日中则移，月满则亏。今吴国欺凌诸侯，号令天下，不知德薄而怨广，更没有想到有一天威折而军溃。请王按师整兵，待其败坏，随后袭击，那么兵不血刃，士不旋踵，吴国的群臣就成俘虏了。"

过了两年，到公元前486年，越王勾践又召范蠡询问，说："我想与你计谋报复的事，可以吗？"范蠡答道："还不行。蠡听说，上天不成全，只有等待，强求是不会有好结果的。王不要过早地强取！"

又过了一年，勾践再次召见范蠡询问道："去年我与你谋攻吴，你说还不可以。现在吴王耽于淫乐而忘百姓，耗竭民力，违逆天时，听信那些专说别人坏话的人，憎恨出谋献计的人，远离规劝过错的人。因此，能人不出，忠臣灰心，大家都阿谀奉承，不再提出不同的意见。君臣上下，都在得过且过地混日子。这样，该可以攻吴了吧？"范蠡道："人事方面可攻的迹象是出现了，天时方面可攻的征兆还没有显露。王请暂且再待一段时间。"

自公元前486年，夫差为了进攻齐国，动用了大量的人工开挖运河，直通淮河，贯通了长江和淮河两大流域。这样就可以利用运河率大军从水路进攻齐国了。到公元前484年，吴王夫差亲率大军，在艾陵（今山东省泰安市）大败齐军，吴王夫差打了胜仗，更相信水上进兵的方便。他就征发了比上回更多的民工挖掘运河，北通沂水，西通济水。这样，吴国的大军从吴都坐船，一路可以从运河直上北方。勾践这时又召范蠡询问是否可以伐吴了，范蠡答道："吴国逆乱的迹象开始产生，但天地败吴的征兆还未见。如果先行征伐，其事非但不能成功，而且还要受到危害，大王暂且再等待一会儿吧。"

在吴国内外交困的公元前483年初，越王勾践又召范蠡询问道："前几次我与你商量伐吴，你都说还不可以。现今吴国又发生灾荒，总可以伐吴了吧？"范蠡答道："天时的征兆已经出现了，人事方面还没有发展到尽头，大王姑且再等一下。"越王勾践这一次发怒了，他喝道："有这样的道理吗？你是在欺骗我吗？我与你说人事，你回答我说天时；现在天时到了，你又回答我说人事。为什么？"范蠡答道："请大王不要责怪。人事必须与天时、地利互相配合，然后才能成功。现在吴国的灾荒刚刚发生，人民恐惧，其君臣上下知道资财不足以支持长久，他们还可以同心致死，与我决战，这样对我国还是有危险的。"

到了九月，越王又焦急地问范蠡说："俗语道：'一桌丰盛的酒席不及一盘熟食来得解饥。'今年时间又晚了，你打算怎么办？"范蠡答道："没有君王的催问，我也早就想来请示了。我听说抓住时机，就像救火、追捕逃犯，应当快步奔跑，唯恐不及。"停了一下，范蠡又悄悄地对勾践说："我听说吴王将北上会诸侯，精兵都跟着吴王出走了，国中空虚，太子留守，所剩的都是老弱残兵。要是我们现在就出兵去攻吴，吴兵方出境不远，听说越国袭其后，调过头来杀个回马枪还是不难的。不如等到明年春天再出去。"

公元前482年春天，夫差率主力北上，只留下老弱残兵和太子友守卫。消息传到越国，范蠡对勾践说："灭吴的时机到了。"

于是，越国以受过短暂训练的流放罪人2000名作为敢死队，以经过长期训练的军队4万人为主力攻打吴国。吴国留守的老兵弱卒碰到了越国的精锐部队，当然不堪一击。勾践一战之下，把太子友也杀了。

夫差正在黄池（今河南省封丘县西南）与诸侯会盟，接到甚急密报，却不敢声张，为了防止消息泄露，影响结盟当主，夫差把知情的七个信使全杀了。以陈兵叫阵威胁手段逼晋、鲁、卫三君在盟约上签字，尊其为盟主。之后，夫差匆匆忙忙班师从江淮水路而回。沿途不断传来姑苏城破，万人被斩的消息，军士心胆俱碎，丢盔弃甲，狼狈归国。但经过长途跋涉，士兵远行疲敝，皆无斗志，且粮草匮乏，天凉无衣，无法再战。夫差只好派伯嚭带着厚礼向勾践求和。范蠡对勾践说："吴国现在实力尚存，主力部队休整两天就可以迎战，而我们又不能在两天内消灭他们，停战讲和为上策。"双方议和条款是：越吴永为平等之国，越不再臣吴；吴归还越从阖闾以来所占土地、百姓；归还越贡送的宝物；吴每年向越送犒军之礼，数目如越往昔送吴数量。于是，勾践便退兵回国了。

黄池之会后，夫差得了一个霸主的虚名，但部队元气大伤，士气低落，加上几次伐齐，国力越来越弱。夫差灰了心，天天陪着西施饮酒解闷，索性连政事也不管了。而越国经过 10 年生聚，10 年教训，人口增加，生产发展，国力大增，军事实力也越来越雄厚。

公元前 477 年春，勾践、范蠡、文种带领 5 万大军偷袭吴国。两国在笠泽（今上海松江区）交战，吴军大败。然后，越军乘胜追击，节节胜利。夫差出城迎战时的 6 万大军，入城时只剩下万余。可叹伍子胥精心训练出打遍中原无敌手的精锐之师，朝夕之间便毁于昏君之手。

公元前 475 年，越军攻到姑苏城，将吴军团团围住。夫差打发王孙雄上越国兵营求和，情愿当个属国。王孙雄来回跑了六七趟，勾践坚决不答应。到公元前 473 年，吴军兵疲粮绝，夫差没有法了，只好叫伯嚭守着城，自己带着王孙雄逃到阳山（今江苏吴中西北）。范蠡、文种的兵马接连不断地攻打。伯嚭抵挡不住，先投降了。越国的兵马追上夫差，把他围困起来。

夫差到了山穷水尽的地步，于是他使出了离间越国君臣关系的一招。他让卫士扯下一块布，然后亲笔写了一封信，系在箭上，射向越军大营。越兵拾到这支箭赶快送到了范蠡和文种那里。打开布条一看，只见上面歪歪斜斜写道："常言道：'狡兔死，良犬烹；敌国灭，谋臣亡。'两位楚人，何不存吴一线，以留后路。"范蠡和文种在关键时刻当然不会犹豫彷徨，接受这种挑拨。他们写了一封回信，也用箭射了出去。夫差拿来一看，上面写着："你杀害忠臣，听信小人，专凭武力，侵犯邻国；越国杀了你的父亲，你不知报仇，反倒放走了敌人……你犯了这么些罪过，怎么能不死呢？22 年前，老天爷把越国送给你，你不要；如今老天爷把吴国送给越王，越王怎能违背天命！"夫差念着，心如箭穿，流着眼泪道："孤不诛勾践，忘先王之仇，为不孝之子，此之所以弃吴也。"

王孙雄劝道："臣请再见越王而哀恳。"夫差想想说："孤不愿复国，只求为附庸，世世事越，子去说吧。"王孙雄裸衣跪行到勾践面前，恳求道："孤臣夫差，当年在会稽山得罪大王，当时夫差不敢违背天命，使大王得以复国。如今大王大驾光临讨伐孤臣，孤臣唯命是从……但孤臣私下的心愿是希望也能像会稽山赦免越王一样，请越王赦免孤臣的罪。"勾践不忍心看着王孙雄那副可怜的样子，准备答应他的请求，范蠡忙劝阻说："当年在会稽，是上天把越国赐给吴国，吴国不肯接受；现在上天把吴国赐给越国，大王难道可以违逆天意吗？谋划了 22 年，而在一朝就将计划抛弃，这是上天也不会同意的。如果上天赐给的，你反而不取，一定会受到报应，就像树木一样，这次被斧头砍伐的树干，下次就变成伐树的斧柄了……"

勾践说："你说得很对，但我实在可怜吴国的使者。这样吧，孤心不忍加诛，告吴王，孤封他到甬东的岛上去（今浙江省舟山群岛），给他 500 家侍人，终养天年，以报他未杀孤之德。"王孙雄只好将此意转告给夫差。夫差苦笑着说："要是不废去吴国的宗庙，让吴国当个属国也就罢了，想不到要把我迁走，我已经上了年纪，何必再受这份罪！"瞬间又仰天大笑道："灭吴者，非越，实寡人也！愿天下诸侯以我为鉴！愿越王善待吴国臣民，莫以夫差为伍！"王孙雄等人哭劝夫差不要自决，到甬东再图。夫差到了国破家亡之境地，死心已定，对王孙雄说："悔不听子胥之言，破败如此。吾无颜和子胥黄泉相见。吾死后，将军用衣巾掩吾脸面。呜呼！孤去也！"说罢，拔剑自刎。王孙雄挥泪脱下自己的衣裳，将夫差的脸面盖上，叩了三个头，自刎在夫差身边。剩下的几十名卫士，也都拔剑自刎，顷刻之间，血流成河，一代霸主就这样长眠在阳山之上。可悲耶？可叹耶！

勾践攻进姑苏城后，坐在吴王夫差的朝堂上，接受文武百官的朝贺，吴国相国伯嚭得意地站在那儿，等着受封。勾践对他说："你是吴国的太宰，我哪儿敢收你做臣下哪？如今你的国君在阳山，你怎么不去呀！"伯嚭只好垂头丧气地退出去。勾践派人追上去，把他杀了。

## 五、功成身退

勾践灭吴之后，北上经营，争夺中原，很快就使许多诸侯国都来朝服他。周天子命他为诸侯之长，军队横行于江淮之间，声名大盛。《吕氏春秋》载，勾践"残吴二年而霸"。在短短的时间内取得这样大的成功，使勾践逐渐骄横起来。范蠡看出了这个苗头。自公元前496年左右，也就是勾践刚即位时，范蠡从楚国来到越国，一直辅佐越王勾践，"苦身戮力，与勾践深谋二十余年"，为兴越灭吴立下了汗马功劳。现在，勾践称霸中原，又加命范蠡为"上将军"。但范蠡是一个谙于世故的人，他懂得功成身退的道理，"大名之下，难以久居"。如果继续留在越国，对他将是不利的。同时，他从20年的经验中看出，勾践这个人为争国土，不惜群臣之死；而今如愿以偿，便不想归功臣下。可以与他一起共度忧患，难以与他一起同享安乐。在忧患的日子里，他能礼贤下士，共商复国大计；在安逸的日子里，他会变得粗暴，猜疑臣下，以致做出意想不到的事。因此，既然功成事遂，不如趁早急流勇退。于是他想伺机离开越国，到别处去谋生。

公元前470年前后，当范蠡与越王勾践出征北方回国以后，范蠡给勾践写了一封信，信中写道："臣闻'主忧臣劳，主辱臣死'。昔者，大王辱于会稽，耻于石室，臣所以相随不死者，欲隐忍兴越。今吴已灭，中原诸国已尊王为霸，天子加封大王为伯。恳请大王免臣之罪，乞无用骸骨，老于江湖。祝大王万寿万福，越国繁荣昌盛。"勾践读罢信，泪湿衣裳，就召范蠡来，对他说："国中的士大夫赞扬你，国中的人民称颂你，寡人赖将军之劳，才有今日；越国百姓赖相国之功，始人旺谷丰；寡人正欲图报，将军为何弃寡人而去呢？大将军收回奏简吧！"范蠡恳求其愿。勾践说："孤私下有句话告诉你，你如能留下来不走，孤将与你分国共享；你如决意要走，我将杀掉你的老婆孩子。"政治头脑十分清醒的范蠡一眼看出，"共分越国"，纯系虚语，便一语双关地说："君行其法，我行其意，大王，妻何罪？死生由王，臣不顾矣！"

事后不久，范蠡怕夜长梦多，匆匆不辞而别，带领家属奴仆，驾扁舟，泛东海，离开了风尘弥漫的越国。

范蠡出走后，勾践把离都城 18 里的苦竹城封给范蠡的儿子。在此之前，勾践已经把离都城 12 里的麻林山下的田地封给了功臣们。为了表示不忘功臣，勾践又叫手艺高超的工匠铸了一个范蠡的铜像在宫廷中，每天以礼相待，与之共商国家大事。每隔十天，即令大夫们向他朝拜。

在范蠡即将离开越国的时候，曾对好友文种说："你也和我一块走吧，越王将会杀你的。"文种自认为有功于越王，对范蠡的话不以为然。范蠡走后，又托人带给文种一封信，信中写道："少伯致子禽，我听说天有四季：春天生长，冬天杀伐。人有兴盛和衰亡的时候，发达到了极点必然会走向反面。知道进退存亡的道理而能立于不败之地，才是贤人啊！蠡虽不才，但还知道何时可进，何时该退。所谓'狡兔死，走狗烹；飞鸟尽，良弓藏；敌国破，谋臣亡'。伴君如伴虎，功成需抽身。勾践为人，长颈鸟嘴，眼睛像鹰，走步似狼，嫉贤妒功。可与之共患难，不可共安乐。子今不去，祸必不免！"文种读完，将竹简扔进火炉，仍然将信将疑，并没有立刻离开越国。为了安全着想，只是称病不再上朝。不久，就有人在勾践面前讲文种不朝是蓄意谋乱，勾践以此为借口，准备除掉才智出众的文种。

一天，勾践以探视病情为由来到文种家里，临走时，对文种说："你教给寡人伐吴的七个好计策，今只用其四已破强吴，其余的三个计策，你带着去为孤的前王用于地下，再谋取吴的先人吧！"勾践走后，文种发现勾践在他坐过的椅子旁留下了一把属镂之剑，仔细观看，正是当年夫差赐伍子胥自杀之剑。文种这时才后悔没有听从范蠡之言，捧剑叹道："走狗不走，只好让主人烹了。我没有听从范蠡的话，真是该死！"忽又笑着说："这把宝剑杀了伍子胥，又杀了我。它把我们结成了'刎颈之交'，我还有什么不满意的？百世之后，忠臣必定会以我为鉴的。"说完即伏剑而死。文种死后被葬于越国国都西面的西山上，后人称之为"种山"，即今浙江绍兴市内的卧龙山。

范蠡出走后的下落，是一个众说纷纭的历史悬案。有人说他追寻伍子胥沉江而死，似不可信。也有人说，范蠡载西施共泛太湖，这也不过是一厢情愿的英雄救美人式的民间传说。比较可信的说法是改名经商。

范蠡从越国出走后，来到了齐国定居。他唯恐树大招风，引来不测，便隐姓埋名，更名为鸱夷（一种皮革制的小酒囊）子皮。把自己比成盛酒的革囊，可大可小，舒卷自如，能屈能伸。

定居齐国后，范蠡举家同心协力，躬耕于海滨，开垦荒地，从事渔牧生产。他整日与农夫、商贾滚在一起，高谈养鱼养畜经，阔论市场行情，十分忙碌，十分愉快。他会医术，饲养五畜，无一死亡。几年间，积累了数十万家产。齐国宰相陈成子听说鸱夷子皮很贤明能干，便请他做官。范蠡感叹道："我当官到卿相，种地得千金，这是布衣出身的最高境界了。如果长久受尊名，这是不明智的。"于是，他送回齐国的官印，又把财产散给亲友乡邻，悄悄地离开了海边。

他听说齐国西南接近宋、卫两国的陶（今山东省定陶县）是当时天下的中心，四通八达，人口密集，三国交界，需求旺盛，是经济和贸易的会聚点，也是经商的好地方，便带了部分财产在陶邑城外五里处的陶山定居下来，以经商为业，并再次变易姓名，自称朱公。因住在陶地，人称陶朱公。他平时经营农牧生产，但主要通过买贱卖贵、囤积居奇等方法，与时逐利，积累了大量资金，成为天下首富。19年间，范蠡又三掷千金，把财产分出许多以接济贫困的朋友和同乡，真所谓"富而好行其德者也"。范蠡还总结出诸多致富的成功经验，如："夫粜，二十病农，九十病末，末病则财不出，农病则草不辟矣。上不过八十，下不减三十，则农末俱利，平粜齐物，关市不乏，治国之道也。"其意是说，谷贱伤农，谷贵损商。损商，则财政匮乏；伤农，则农业萧条。农商俱利，各尽其能，物价平稳。因此，范蠡主张用"平籴"、"平粜"的办法，调节市场，即在谷贱时由官府收购，谷贵时平价售出。只有这样，才能稳定物价，繁荣市场。同时，他提出经商活动中，也要有备无患，如："水则资本，旱则资舟。"即洪水期准备天旱商品，天旱时筹划防涝物资。他还提出"积蓄之理"的经商原则，即经营的物品要完好，商品不要长期积压，易腐败之物不要囤积居奇。要掌握好"贵上极则反贱，贱下极则反贵"的原理，顺其自然，待时而动，乘时出击，从而加速资金周转，生财获利。

范蠡不但经商有术，还乐于助贫，向农民百姓传播生财之道。公元前460年，他总结民间养鱼经验，结合自己的养鱼实践，写下了《养鱼经》，向百姓推广"凿池养鱼"之法。贾思勰在其《齐民要术》里高度评价说："朱公收利，未可顿求，然依法为池养鱼，必大丰足，终大糜穷，斯以无赀之利也。"鲁国有个猗顿，是个穷读书人，他闻朱公致富，便前去问成功的办法。朱公说："子欲速富，当畜五牸。"于是，猗顿大养牛羊，后成富翁，与范蠡并称"陶朱"、"猗顿"之富，驰名天下。

范蠡 73 岁时，在陶寿终正寝。后人把他定居的地方称作"定陶"，即今日定陶县名之来历。

范蠡，是先秦时期杰出的政治家、思想家和谋略家，是中国古代罕见的智士能臣。在社会剧烈动荡的春秋时期，他大胆探求天人关系，不拘旧说，提出了阴与阳、刚与柔、兴与衰等矛盾互相转化的可贵命题。他无论是国事、家事还是天下事，样样精通，所以无论是从政还是经商，他总是得心应手。司马迁在《史记》中尽管没有为范蠡专门立传，却把《越王勾践世家》的后半部留给了范蠡。"故范蠡三徙，成名于天下，非苟去而已，所止必成名。"字里行间洋溢着由衷的赞叹，令后人叹羡不已。

（金 河 张 磊）

▼

本文主要资料来源：《史记》卷四一，《越王勾践世家》；卷一二九，《货殖列传》；《吴越春秋》。

# 多谋善战威震七国　布衣将相治国有术

## ——吴起传

吴起（？—前381）是我国历史上著名的谋略家和军事家。他的一生大体可以用下面几句话来概括：别母逃卫从曾参，杀妻得将挫齐军。被谤离鲁事魏侯，文武兼治却强秦。变法强楚为令尹，威震四方老臣心。惜乎谋军谋国相，未解遭忌殒命因。

春秋战国时期是我国历史上从奴隶制过渡到封建制的大转变时期。封建制的生产关系逐渐形成，新兴的地主阶级先后登上政治舞台，他们迫切需要从各方面选拔人才，扩大势力，进行争霸战争。于是，在战国初期出现了"礼贤下士"之风。各种有才学的士人，四处奔走，八方游说。也就是在这个战火纷飞的变革时代里，吴起降生在黄河中游的卫国（今山东曹县），那年大约是公元前440年，在此后的60年里，吴起以超人的谋略先后成为鲁、魏的大将，楚国的令尹，他率军征战，锐意兴革，著兵法传世，奏响了这个变革时代的强音。

## 一、别母逃卫从曾参，杀妻得将挫齐军

吴起出生在卫国的一个富有家庭，青年时家中积蓄足有千金。他依靠这些积蓄外出求官没有结果，反而弄得倾家荡产。同乡中有人笑话他。吴起羞愤交加，一怒之下，杀掉毁谤自己的30多人，随后逃离卫国。他的母亲送他出卫国的东门，母子情深，依依难舍。吴起望着母亲渐渐花白的双鬓，心

中非常惭愧，就在自己的胳膊上咬了一口，狠狠地发誓："孩儿不孝，不能侍奉母亲于膝下，今日离去，做不到卿相，绝不再回卫国！"说完转身离去，始终没有回头。在泪眼蒙眬中，吴母看着儿子倔强的背影消失在东方的地平线上，她哪里知道，这一去竟是永诀，儿子从此走上了叱咤风云的征途……

战国时代，游说、从师是进入仕途的两条门径。吴起为了出人头地，必然走上这条道路。他首先师从曾参，成为孔子的再传弟子，研究儒学，日有所进。可是过了不久，吴起的母亲去世了。噩耗传来，吴起抑制不住内心的悲痛，泪如泉涌，恨不能立刻回到卫国。恍惚中，他仿佛又看到了生他养他的故乡熟悉的土地，又看到了那时别母东去的悲壮情景，铮铮誓言犹在耳边回响。而今物是人非，自己壮志未酬，怎么能回去呢？他日位居卿相，再荣归故里，想来母亲地下有知，定会明白这份苦心，想到这里，吴起决定不回去奔丧，继续攻读。曾子知道这件事后，大为恼火，认为吴起不讲孝道，不配做儒家的弟子，就和他断绝了师生关系。吴起从此抛弃儒道，潜心研究起兵法来，做了鲁君的臣下，这时的吴起，由于复杂的经历，他的思想已经有了很大的变化。

大约公元前410年，正当而立之年的吴起郁郁不得志之时，齐军进犯鲁国给了他施展才能的机会。鲁国国相公仪休知道吴起是一个精通兵法、学识渊博的人，他对鲁穆公推荐吴起，说："要打退齐军，一定要用吴起。"鲁穆公有口无心地答应着，实际上并不打算这样做。几天之后，齐军攻占了鲁国的城邑，情况紧急，公仪休再一次推荐吴起，穆公才为难地说："我并非不知吴起有将才，可以领兵退敌，但是他的妻子是齐国人，现在要派他去打齐国，很难保证他没有二心。所以才犹豫不决。"公仪休把实情告诉了吴起。成名心切的吴起，为了打消鲁君的疑虑，求得高官厚禄，不念夫妻之情，杀死了自己的妻子。鲁穆公见他杀妻示诚，觉得吴起可用，于是拜吴起为将军，率两万人马，抵御齐国的进攻。

初为大将，吴起仔细研究了齐鲁两国的军事力量，认为齐强鲁弱，而且齐军士气正盛，如果与他们硬拼必然伤亡惨重，所以难求速胜。只有稳住阵地，打持久战，以待时机。于是，吴起把军队驻扎下来，嘱咐士兵们坚守阵地，不与齐国开战。时间一长，齐军坚持不下去了。齐军首领田和急于侦察鲁国的兵营，于是派张邱假意说话，以探虚实。吴起得信后，觉得不如来个将计就计，就把精锐的兵马隐藏起来，让一些上了年纪的和瘦弱的士兵守在军中，吴起也假装害怕齐军的力量，请张邱帮忙，使齐鲁两国和好。张邱果然中计，他回去后向田和报告：鲁军兵士软弱无能，吴起胆小怕事，急于求和。于是田和放松了警惕，让士兵休息几天，再整齐兵马进行总攻击。可就在当天晚上，齐军驻地周围突然间战鼓四起，鲁军杀了过来，个个身强体壮，斗志高昂，吓得田和、张邱弃军逃命。齐军大乱，伤亡惨重。吴起率军队乘胜追击，将齐军完全赶出了鲁国国土，大大提高了鲁国的威望。吴起的名声从此在各个诸侯国中传开了。通过这次战争，吴起作为一个能谋善断的将领初露锋芒，于危难之时力挽狂澜，功不可没。他的军事谋略也开始得到了应用。这些在他后来著的兵书中也有体现。吴起初步实现了自己的诺言，成为鲁国的大将，名震四方。

## 二、被谤离鲁事魏侯，文武兼治却强秦

正当吴起踌躇满志的时候，鲁国有人到鲁穆公那里毁谤吴起："吴起是个猜忌而残忍的人。年轻时一怒之下杀掉了嘲笑他的30多人，后来母亲病故也不回去奔丧，而今又杀妻求将，这种不孝不义之人，怎能在鲁国这样讲求道德的国家为将呢？而且鲁国是个小国，现在却靠卫国人吴起打败了齐国，这名声一旦传开，诸侯各国就要共谋对付鲁国了。何况鲁国和卫国都是姬姓国，是兄弟之邦，您重用吴起，那就是鄙弃卫国。"鲁穆公听了这些话，便对吴起产生了疑虑，不久就辞退了他。

吴起一夜之间由大将变为一介布衣，不禁百感交集。鲁国是待不下去了，他听说魏文侯是贤明的国君，就想前去谋个一官半职。经过长途跋涉，吴起来到了魏国。

魏国在鲁国的西南方，境内有黄河支流鸿沟水流过，地处中原，土地肥沃，人口众多，交通便利。魏文侯即位后，已建成中央集权的封建国家。文侯礼贤下士，重用李悝、乐羊、西门豹等人，国势较强。吴起对文侯的为人和政绩早有耳闻，一心想投靠文侯。一天，文侯接见了吴起。吴起不失时机地谈起了军政大事，魏文侯故意推托，说对这个问题不感兴趣。吴起就说：

"我从显现的事物可以预知隐藏的东西，从过去可以察知未来。主君您嘴上说的与心里想的为什么不一致呢？现在您一年四季都派人宰杀牲畜，剥取皮革，制造各种长短兵器，可不可以理解为这是您的军事准备呢？从前承桑氏的国君，力修文德而废弛武备，致使国家灭亡。有扈氏的国君依仗兵多好战也使国家灭亡。英明的国君都应从中得到治国的借鉴，那就是对内要以文德治国，对外要加强战事准备，即文武兼治。因此说面对着敌人的侵略不去迎击，算不得义；看到被敌人杀害的战士而哀伤，也算不上仁。"吴起侃侃而谈，力倡文武兼治，与魏文侯不谋而合。魏文侯因此对他很器重，特设宴款待，并让夫人给他敬酒，隆重地任命吴起为魏国大将。

吴起担任大将时，与军队中最下层的士兵穿同样的衣服，吃同样的伙食。睡觉不铺垫褥，行军不骑马乘车，亲自担负军粮，与士兵同甘共苦。士兵中有一个人生了毒疮，吴起俯下身子，用嘴帮他把脓液吸出来。这个士兵的母亲听说后，放声大哭。有人问他："你的儿子只是一个小兵，如今吴大将亲自替他吸脓液，为什么还要哭呢？"那位母亲回答说："往年吴将军也替他的父亲吸过脓疮，结果他父亲在战场上勇往直前，战死沙场。如今，将军又同样对待我的孩子，我不知道他又会牺牲在什么地方了，所以我伤心落泪啊！"吴起善待士兵，使士卒乐于用命，受到兵士爱戴。公元前409年，吴起带兵讨伐秦国，一举夺取了五座城池。

公元前406年，魏文侯因为吴起善于用兵，为人廉洁，待人公平，战功卓著，就任命他做了西河地区的长官，以抗拒秦国和韩国。

魏文侯死后，魏武侯即位，吴起继续镇守西河。一天，武侯游览黄河，乘船顺流而下。行至中途，武侯指着滔滔的河水，回头对吴起说："多么壮丽啊！山河如此险要，这是魏国的瑰宝啊！"吴起回答说："主君所言极是。不过臣以为要巩固国家，关键在于施行德政。地势险要只是外在的条件。从前三苗氏左边靠洞庭湖，右边靠彭蠡湖，可是他不修德行，不施仁义，结果被夏禹灭掉。夏桀的地方，左边是黄河、济水，右边是泰山、华山，南边是伊阙山，北边是羊肠坂，可是他不施仁政，结果被商汤放逐。商纣的国土，左边是孟门山，右边是太行山，常山在它的北面，黄河从它的南面流过，可是他不修德政，结果被周武王灭掉。从这些历史事实看来，施行德政非常重要。如果只依靠险要的地势，不行德政，就连这些同船的人也会变成您的仇敌啊！"武侯听了吴起的一番话，连连称是，从此对吴起格外信任。

吴起在西河经营了二三十年，很有声望。在此期间，他对军事、政治、经济等各方面进行了许多改革，率军与诸侯国激战76次，其中64次全胜，其余几次打成平手。吴起统率三军，使士卒乐于为国捐躯，敌国不敢打魏国的主意。吴起管理各级官吏，接近黎民百姓，使府库充实。他镇守西河，使秦兵不敢东进，让韩、赵两国亲附。随着吴起领兵多次征战，魏国的领土也不断向四面扩展。

在魏国国势日强的同时，吴起的军事思想也逐渐成熟，他总结长期带兵作战的经验和在西河的治理经验，提出了许多战略战术和治国大计，写成《吴子兵法》，成为历代军事活动家必读之物。《汉书·艺文志》中记载《吴子兵法》48篇，把吴起列入兵权谋家一类。兵权谋家"以正守国，以奇用兵，先计而后战"，着重讲求战略战术的运用，兼采其他各派的长处，是兵家学派中最主要的一派。《吴子》是我国军事思想史上的宝贵遗产。现仅存6篇："图国""料敌""治兵""论将""应变""励士"，从中可以大体看到吴起的战略战术和治国谋略，这是吴起作为历史上著名的谋略家在军事和政治上的主要思想。

吴起不仅是一个军事家，而且是政治家、谋略家，他从政治与军事相联系的角度来阐述必胜之道，进一步发挥了他曾对魏文侯所提出的文武兼治的治国方略，提出"图国"必须"内修文德，外治武备"，政治是军事胜利的保证，军事是为政治服务的。

吴起指出，治理国家一定要先教化百姓，亲近万民。礼、义的教化尤为重要。在论述"四不和"时指出："不和于国，不可以出军；不和于军，不可以出阵；不和于阵，不可以进战；不和于战，不可以决胜。"强调了治理国家与军事的密切关系，从而进一步指出：有治国之道的君主，要使用民力，必"先和而造大事"。实现从国家到军队的团结。同时，要让人民明白，君主是爱惜民力的，那么人民在为君主谋事时，一定会奋勇向前，不怕牺牲。此外，爱惜民力也是胜利的重要因素。吴起指出，进行战争的国家，作战五次，尽管都胜利了，可还是难免灾祸；四次作战都胜了，还是有许多弊端；

三次作战胜利，仅可以称霸；两次作战胜利，才可以称王；一战决胜方可为帝王。多次作战胜利能得天下的很少，究其原因，战争频繁，国家消耗了大量的人力、物力，客观上造成了国势衰微。具体到教化百姓，吴起指出，必须修德，教礼、义。德分"道、义、谋、要"，修德则兴，废德则衰。以礼教民，以义励民，使人民有羞耻之心，从而可以作战，又可以守成。

吴起对用兵目的进行分类，从大的角度规定了对策，用兵目的有五："争名，争利，积恶，内乱，因饥。"兵又有了五种名称："义兵，强兵，刚兵，暴兵，逆兵。"禁绝暴动、解救纷乱是义兵，依靠势众征伐为强兵，一怒之下兴师动乱是刚兵，抛弃礼仪贪求私利为暴兵，国家混乱人民疲敝而兴师动众是逆兵。对这五种情况，有各自的应付办法。义兵要以礼义降服，强兵一定要以谦和降服，刚兵必要用言辞说服，暴兵要用计策降服，逆兵要用权势压服。具体到魏国当时的情况，西部是强大的秦国，南部是楚国，北面是赵国，东面是齐国，相邻两国前燕后韩，尽管处在不利的情况下，但吴起逐一分析了各国军阵，认为各军各自有攻破之法。齐国列阵前重后轻，重而不坚，应分别攻击进行胁迫。秦国军阵松散而内部有矛盾，破秦阵要以利诱敌，设下埋伏。楚国军阵虽然整齐但耐久力差，破楚阵要袭乱屯粮，挫其锐气，使敌疲敝。燕国军阵长于固守，但缺乏灵活性，破燕阵就要采用多种战术，让其将疑惑，让其兵惧怕。三晋军阵虽然有序但难以大用，因为人民疲于作战，士兵没有为国而死的志向，破阵的关键就是挫其斗志，失其锐气。

吴起还总结出了对敌实施攻击的要诀，即"审其虚实而避其危"。（一）敌人从远方刚到，行列还没有排好时。（二）敌军饭后，还没有备好装备时。（三）敌人疲于奔命时。（四）敌人尚未占据有利地势之时。（五）敌人渡河到一半时。（六）敌人处于危险的道路、狭窄的小道上时。（七）敌人惊慌失措，旗帜混乱之时。（八）将领离开士兵，群龙无首之时。（九）列阵多次移动之时。

在治军上，吴起坚持"以法治军"，主张"赏罚分明"，使士兵"各得其所"，进有重赏，退有重刑，以此来鼓舞斗志。并对死难者的家属，每年都要派人慰问，加以抚恤。《韩非子·内储说（上）》记载：吴起镇守西河的时候，秦国有一个小小的烽火台垒在临近魏国的边境上，吴起想拔掉这个钉子，但他没有直接下令，而是采取了间接的方法。一天，他把一根车上的横木靠在北门外的墙根，对士卒们说，谁把它搬到南门外去，就奖给他良田美宅。人们都将信将疑，一个人想试试看，就把它搬到了南门外。吴起果然赏给他田宅。不久，吴起又把一担豆子放在东门外，下令说："有谁把它挑到西门外去，同样赏赐。"这次，人们争着去做。士卒都知道吴大将守信用，明法令，对他的命令，将士们都乐于执行。吴起看到时机成熟，就下令说："明天我们要拿下秦国的烽火台，谁先攻上去，就让他担任大夫职务，并赏给田宅。"第二天，士兵们蜂拥向前，只用了一个早上的时间，就把烽火台攻下来了。

吴起在治军上特别强调使士兵"各得其所"，这样才能激发士兵的斗志。吴起说："古代贤明的帝王，一定要注意君臣之礼和上下的威仪。招募良才，以应付没有预料到的情况。从前齐桓公招募了5万勇士，从而称霸诸侯；晋文公招募4万先行军，从而实现了自己的志向；秦缪公设了冲锋陷阵的3万勇士，使邻国服从。所以明达的君主，一定要使自己的百姓各得其所。有胆识而又力大无穷的人作为一队；忠诚勇敢、乐于冲锋陷阵的人作为一队；步速快、能越高墙的作为一队。这样分列，可以战无不胜。"对于战争中的安排，吴起指出：要使个子矮的人拿矛、戟，个子高的拿弓、弩，身体强壮的举旗帜，勇敢的擂鼓鸣金，体弱的负责杂役给养，有智谋的作谋士，这样每人都能发挥自己的才能。

此外，吴起在治军上一再强调"不从令者诛"，使"三军服威，士卒用命，则战无强敌，攻无坚阵"。《尉缭子·武仪第八》有记：魏秦两国开战，吴起还未下命令进攻，一个士兵就冲了过去，砍下两个秦兵的脑袋。回来后，吴起立即把他杀了。事后，掌军法的官吏对他说："这个士兵是块材料，杀掉太可惜了。"吴起坚决地说："没有我的命令，任意行动，这是违令行为，怎么能不斩首呢！"

在选将用人方面，吴起也总结了何为良将的理论。吴起说："勇敢只是将领的一个因素，作为大将，有五个方面要特别注意：一、理，治众多的军队像治理人少的军队一样；二、备，凡是出门就如同要遇到敌人，要做好准备。三、果，面对敌人果敢而不贪生怕死。四、戒，虽然已攻下敌城，仍要像刚开战时一样警惕。五、约，法令简明而不繁杂，接受命令而不推三阻四。破敌之后才回来，这是将领的礼仪。"而且，吴起特别强调将领在战斗中不得犹豫。他说，战场上兵戈相见，性命攸关，善于将兵的人，就像坐在漏船之中，身在着火的房屋之下，使智慧的人来不及仔细筹划，让勇敢的人来不及愤怒，就要面对敌人了。所以，一定不能犹豫。有了上面的这些还不够，作为一个将领必须文武双全，刚柔兼备。善于运用带兵四机：一、气机，鼓舞士兵的斗志；二、地机，善于运用有利地形；三、事机，运用有利形势，出谋划策；四、力机，及时完善军队装备，提高军队素质和战斗力。

在战术上，吴起继承了孙武的"知己知彼，百战不殆"的思想，这一点在"论将"篇中尤其突出。吴起认为，除了对自己的将领要求严格外，战争中很关键的一点是要摸清对方将领的情况。因人而异，采取相应的对策，那就不必劳烦许多而克敌制胜。敌方将领不太精明而容易轻信，可用计诱他上当；贪婪而忽视名节，可贿赂他；敌将不灵活、少计谋，可使他疲敝困守；敌方上下不和，可派出间谍离间他们；敌将进退疑虑重重，可威吓他们，使其不战而逃；士兵轻视他们的将领并且思归心切，可与他们相约，以夺取城池。

此外，吴起还认为，指导战争要根据当时特定的环境，审时度势，随时采取灵活多变的打法，出奇制胜。比如他总结出的谷战之法、水战之法就针对不同的环境提出相应的战术。吴起主张"见可而进，知难而退"，既不能贻误战机，又不可逞匹夫之勇。

吴起著传世兵法之外，在国家政事上也对魏武侯进行劝谏。《吴子兵法·图国》中记：武侯曾就某事与群臣商议，大臣中没有人能比得上武侯的，他退朝后有些沾沾自喜。吴起就进言："从前楚庄王谋划某事，群臣都比不上他。退朝后，楚庄公非常忧患。申公问及原因，庄王说：'我听说：世上不是没有圣贤，国家也不是缺少贤能。只有那些能让他们成为自己的老师的才能为王，能成为他们朋友的方可称霸。现在我才能有限，而群臣没有能超过的。圣贤、贤能不知在哪里，楚国岂不是要衰落了。'这是楚庄王忧虑的事情，但君主您却高兴。臣下我很担心。"武侯听了吴起这番话，感到很惭愧，从此对吴起更加器重。

吴起还参与了魏国的军事改革，推行"武卒制"。魏国的武卒是选拔而得，武卒中试者，则免除徭役，广其田宅。经济上的利益刺激了魏国武卒的热情，而这些武卒又是精选而得，剽悍强壮，所以魏国的军事力量也因此大大增强，成为战国初年最强盛的国家。

吴起镇守西河，又为国君出谋划策，很有名望。田文做魏国相国时，两人和谐相处，共同辅佐魏武侯治理国家。但田文病故后，公叔接替了相国的职务，娶魏公主为妻。公叔妒忌吴起的才能，担心吴起比自己强，相国之位坐不稳，就想除掉他。公叔的仆人便献计说："吴起是很容易除掉的。"公叔问他办法。仆人说："吴起这人讲究骨气，为人廉洁，喜欢名声。您可以找机会先对大王说：'吴起是一位贤人，大王的国土不大，又同强秦齐界，我私下担心他没有长期留在魏国的打算。不妨用下嫁公主的办法试探他。吴起如果有心留在魏国，就会同意娶公主；如果不愿意留下，那就一定会推辞了。'然后，您就请吴起一道回家，并故意让公主发脾气，当众蔑视您。吴起见公主这样轻贱您，一定不肯再娶公主了。"公叔依计而行，吴起见公主如此跋扈，果然向武侯辞婚。这样，武侯就生了疑虑，加上公叔等人经常散布流言，正是所谓的"众口铄金"，武侯渐渐不再相信吴起。吴起受到冷遇，只能离开魏国。他在公元前384年来到了地处长江中下游的楚国，先做了一年宛守。

### 三、变法强楚为令尹，威震四方老臣心

当时的楚国内忧外患：国内"封君太众"的积弊，国外三晋交逼，被动挨打，疆土日削。此时北方诸国大倡改革，扫除积弊，国力日盛，对楚采取了咄咄逼人的攻势。楚国政治上落后，经济上萎靡，军事上虚弱，陷入了一种十分困窘的境地。吴起的到来，使楚悼王感到了楚国的希望。他早就听说吴起是一个贤能之士，具有治国平天下的才干。为了改变楚国国贫兵弱的危机，楚悼王任用吴起为令尹，以治理楚国。此时的吴起已近花甲之年，坎坷的经历使他对所处的时代有了较清楚的认识。他能感觉到时代的脉搏需要注入改革的力量，为报楚悼王的知遇之恩，尽量施展自己的才能及平生的抱负，在楚国进行了变法。

吴起以谋略家敏锐的洞察力指出，楚国的"贫国弱兵"，是由于"大臣太重，封君太重"，这些大臣、封君"上逼主而下虐民"。因此，他主张改革从打击大贵族入手，"废其故而易其常"，进行变法，其要点是"损其有余而继其不足"。

（一）均平爵禄。楚国的爵禄是世袭的，而且受爵禄的人以亲以贵者居多，即先辈因功受爵禄，后代子孙虽无功，但仍然享有丰厚的爵禄。然而一些在战争中建立新功者，却功大而禄薄，甚至无禄。这当然是一个极不公平的现象，极大地限制了将士的积极性。吴起于是"均楚国之爵，而平其禄，损其有余，而继其不足"，以此鼓励将士。另外，吴起主张对封君的"子孙三世而收爵禄"，削减官吏的禄秩，以培养挑选来的士兵。这是战国时期的先进思想指导下的进步政策。

（二）废除无用、无能的官，裁汰"不急之官"，缩减无用的开支，革除世袭封君的特权，精简了国家机构，增强了地主政权的军事力量。

（三）春秋至战国时期，楚用武力灭掉了许多国家，得到了广大领土，但都未经开发。吴起就把旧贵族迁移到荒凉地区，既有力地打击了贵族的势力，又有利于开发荒凉地区。

（四）吴起为了整顿楚国官场的歪风，提出了几点主张：（1）不能因个人的"私"妨害国家的"公"，不能让坏人的"谗"掩盖忠臣的"忠"，要求大家能够为"公"而忘"私"，"行义"而不计毁誉，一心为国家效力；（2）"塞私门之请"，禁止私人之间的请托；（3）不准纵横家进行游说，选拔真正有才能的人。

（五）在经济上，吴起奖励"耕战之士"，使人们安心发展农业，促进了经济发展。

（六）在军事上，提出"厉甲兵，以时争于天下"，建立一支"魏武卒"那样的军队，改变了楚国军事力量不强的状况。

（七）吴起还改革了"郢人以两版垣（用夹板填上筑墙）"的简陋筑墙方法，开始建设楚国都城郢。

吴起变法，目的在于富国强兵，以称霸于诸侯。吴起以其非凡的才干和过人的谋略，使变法在楚国收到了显著的效果。

楚悼王十九年（前383），赵国侵犯魏的属国卫，魏国攻赵，节节取胜。赵国被迫向楚国借兵求援。楚国正值吴起变法之时，国力强盛，此时出兵，正好是向北方国家显示武威的好机会。而且自战国以来，魏、楚相邻，魏国恃其强，多次侵略楚国。楚国也想乘此机会报复魏国，于是楚军便救赵伐魏。楚在公元前381年与魏国"战于州西，出于梁门，军舍林中，马饮于大河"。赵国也想借楚力，取魏棘浦，拔黄城。楚自楚庄王以后，又一次打到黄河岸边，使中原国家刮目相看。

吴起北向以并陈、蔡，恢复了战国以来被三晋占领的陈、蔡故地。楚又西面伐秦，秦不能招架。"诸侯皆患楚之强"。新法行之一年，收到了"兵震天下，威服诸侯"的效果。

吴起又以战略家的眼光，向南扩展疆域，"吴起相悼王，南并蛮越，遂有洞庭、苍梧"。江南正式纳入楚国的版图。江南，指的是今洞庭湖一带，这里主要聚居着百越各族。战国时期，洞庭湖已被开发，丰富的自然资源和优越的地理环境成为楚人攻占的目标。吴起变法，楚国国力空前强盛，具有战略眼光的吴起把视线移到江南。江南的蛮越之族尚处在落后的部落社会阶段，自然不堪楚国一击。吴起南平百越，使楚国占据了江南最富庶的洞庭湖平原，势力直抵南岭。占领江南对楚国有重要的战略意义。首先是楚国开拓了几十万平方公里的疆域，其版图大大扩展了，这无疑为楚国开辟了新的经济资源。洞庭湖平原气候温和，土地肥沃，与江汉平原一样是楚国重要的粮食生产基地。楚国毫不费力地取得了一个后方粮仓，这对楚国与中原各国的斗争无疑具有重要意义。吴起变法，使楚国的势力伸入江南，促进了江南的开发。

## 四、惜乎谋军谋国相，未解遭忌殒命因

吴起变法是一次打击世袭贵族政治经济特权的运动，是一场新旧势力的斗争，遭到了大贵族的激烈反对。吴起变法主要是削弱贵族，而不是彻底削夺贵族，这样就使贵族能够利用其掌握的各种力量进行反扑。

楚国官员都是王室宗亲，决不允许异姓插足。吴起作为一个外诸侯国的异姓政治家，跻身于贵族之间，依靠楚悼王的信任，采取打击大贵族特权的

措施，执法严肃，刚直不阿，变法所遇阻力之大，反对之烈，相对其他诸侯国来说都是空前的。同时，他还遭到了当时流行楚国的道家的攻击，指责吴起富国强兵的主张是"阴谋逆德，好用凶器"，咒骂吴起是祸人，攻击楚悼王"逆天道"。但是吴起没有被反对者吓倒，还是坚决实行变法，取得了显著成效。然而，新法没有深入民心。因此没有得到广大中下层人民的理解、支持和拥护。吴起变法着力于官制、爵禄方面，而在政治、军事、经济等方面未能深入地结合进行，种下了失败的隐患。

新法实行到公元前 381 年，楚悼王死去。在悼王的灵堂上，楚国贵族发难，攻击吴起，并要杀死他。吴起仓促之间跑到楚悼王的尸体下躲藏。这些贵族不顾楚法关于"丽兵于王尸者，尽加重罪，逮三族"的法令，射杀了吴起，但也射中了王尸。于是，凡是射中王尸者，都被判死罪，因此而被处死的有七十余家。吴起对旧贵族的势力没有足够的估计，当他们反扑时，自己没有招架之力，他只是依靠自己的智慧，使射杀自己的人也被处死，也算死而有智。但是，变法也因楚悼王和吴起而夭折了，因为吴起死得早，变法的时间短，所取得的成效就和秦国商鞅变法不同。韩非就曾说："楚不用吴起而削乱，秦行商君而富强。"吴起变法虽然失败，但变法却在楚国的贵族政治中激起了强有力的波澜，变法所采取的各种措施在楚国的政治生活中留下了深刻的影响。吴起变法促进了楚国贵族政治向官僚政治的转化，为楚国以后的强盛打下了基础。

吴起，从一个平民先后做到鲁国、魏国的大将，楚国的令尹，随着他的辗转逃亡，所到之处，都显示了他过人的谋略。不论是率军征战，治国改革，吴起都为所在国做出了重大贡献。吴起可以为国家出谋划策，可以制定战略战术克敌制胜，并著成《吴子兵法》泽被后人，而对于他自身，却不能自保。他先逃离卫国，后遭谤先后离开鲁、魏，最后在楚国被乱箭射杀。这尽管与吴起本人的个性有关：功利心重，行为过激，由于胆识过人而被妒忌，遭暗算。但如司马迁所说：吴起以"刻暴少恩而之其躯"，只是问题的一个方面。每当一个变革的时代，新事物的出现必然遭到旧势力的反对。从吴起死于乱箭，商鞅死于车裂，到维新运动中慷慨就义的六君子，都使人想到恩格斯曾说过的，"历史可以说是所有女神中最残酷的一个，她不仅在战争中，而且在'和平'的经济发展时期中，都是在堆积如山的尸体上驰驱她的凯旋车"。

（于萌苗）

▼

本文主要资料来源：《史记》卷六五，《孙子吴起列传》；《史记》卷四〇，《楚世家》。

# 膑双膝而修兵法　助田齐终成霸业

## ——孙膑传

　　孙膑是我国历史上继孙武以后最著名的军事家、谋略家之一。他是战国中期齐国人，出生在阿（今山东阳谷东北）、鄄（今山东鄄城北）之间，其生卒年月已不可详考，大约与商鞅、孟轲同时代。原名不详，因受膑刑，故世人称之为孙膑。据《史记·孙子吴起列传》记载，孙膑是孙武的后代，孙武死后 100 多年而有孙膑。

## 一、变法大势

　　孙膑所生活的战国中期，是我国历史上一个极不寻常的时期，正经历着从奴隶制社会向封建制社会转变的巨大变革。奴隶制已全面崩溃，封建制蓬勃发展。各诸侯国纷纷变法革新，富国强兵。变革之风，风靡一时。

　　自春秋始，"周道凌迟，王纲解纽"，社会权势中心下移，以至"礼崩乐坏"，战乱频仍，社会秩序大破坏，天下陷于强凌弱、大并小的弱肉强食的混乱中。诸侯间以武力相征伐，"人欲独行相兼"，是春秋战国时期社会变革的突出特点。面对弱肉强食的社会现实，各国为了生存和发展，纷纷改弦更张，打破旧的传统政治结构，创造新的文化形态，积极寻求富国强兵之道。变法成为富国强兵的唯一有效途径。魏国是实行变法的先行者。公元前 446 年魏文侯即位，先后任用李悝、翟璜、吴起、乐羊、西门豹、卜子夏、段干木等一大批政治家、经济家、军事家进行一系列社会改革，废除了奴隶主贵族的特权，加强了新兴地主阶级的中央集权制，推行"食有劳而禄有功"和"尽地力"、"善平籴"等政策，迅速促进了政治、经济、军事实力的发展。之后，赵、楚、韩等国分别任用公仲连、吴起、申不害改革本国的政治、经济秩序，加强法制，选贤任能，先后实现了变法。公元前358年，齐威王以邹忌为相，接着又重用田忌、孙膑、田婴等人，革新政治，广开言路，整顿吏治，明定赏罚，严惩了劣迹昭著的阿大夫，重奖治理有方的即墨大夫，实现了"齐国大治"。秦国商鞅的变法，是各国变法中最彻底的一次变法。"行之十年，民大悦。道不拾遗，山无盗贼，家给人足，勇于公战，怯于私斗，乡邑大治。"燕、宋、郑等国这期间也实施了一定程度的改革，完成了由奴隶制向封建制的转变。

新兴的封建地主阶级充分运用"变法"这个法宝，摧垮了约束社会生产力发展的不合时宜的奴隶制经济，建立起新型的封建地主经济。新的经济体制的建立，大大解放了生产力，有力地促进了生产力的发展。由于铁器的广泛使用，牛耕技术的普及，耕地面积不断扩大，产量迅速提高。李悝估计，魏国百亩田，平常年景即能收粟150石，如遇大丰年，可增至300石至600石。变法是催化剂，促进了社会制度的转化和经济的发展。早变早强，晚变晚强，不变灭亡。富国强兵是关系各国生死存亡的头等大事。魏国第一个实现变法，首先强大起来，夺占了秦国的西河地区（今山西、陕西间黄河南段之西），攻破了齐国的长城（今山东汶水一带），多次打败楚军，灭掉了中山国，并企图吞并韩、赵，取得长期独霸中原的地位。在魏国的严重威胁下，韩、赵竭力自救，齐、秦两大国积极与魏抗衡，楚国则相机北进，燕国也在北方崭露头角，从而在战国中期形成七雄争立的局面。

各国有为的国君，为富国强兵，争相礼贤下士，一些官僚贵族也招贤养士，出现了布衣卿相之局，礼贤下士之风。学术思想流派日益增多，各家都抱着"以其学易天下"的宗旨，而且他们也确是"皆有所长，时有所用"。但各国统治者为了富国强兵这个政治目的，虽对各家"兼而礼之"，却特别依重于现实性和实用性强的兵家和法家。以仁义礼乐相标榜，提倡王化德治，面对春秋战国战乱危境，仍然坚持德礼精神的儒家各派，受到冷落。每个诸侯国都千方百计扩大自己的势力，企图以武力战胜其他竞争者，使自己成为天下的主宰。战争成为解决问题最有效的手段。人们的战争观念也发生了变化，迫切要求战争的胜利，来获取现实的功利，那种"不鼓不成列"的迂腐做法已成为笑柄，兵家声誉大震。各诸侯国都先后涌现出许多杰出的谋略家和著名的军事家，而孙膑尤为出类拔萃。

## 二、惨遭毒手

据传说，孙膑少年时代生活比较孤苦，放牛，种地，什么活儿都干过。但因是名门之后，受先祖"兵圣"孙武的影响，读过书，有文化，又聪明好学，毅力过人，因而有较广博的学识。孙膑少时，齐国尚未变法，国力不强，经常受魏、赵、韩等国的欺凌，一度处于"诸侯并伐，国人不治"的局面。孙膑的家乡曾多次遭受兵战之苦。公元前 370 年和前 366 年，赵国两次进攻齐国，都曾大战于阿、鄄一带。孙膑目睹到战争的胜负同国家的安危、人民的生活、个人的命运息息相关的现实，加之当时尚武之风颇盛，他下决心习武学兵，准备将来投身戎马，为国立功。

当时有一位自号鬼谷子的人，隐居深山，精通兵法。战国中期著名的军事家尉缭和著名的纵横家苏秦、张仪，都曾作过鬼谷子的学生。孙膑听说鬼谷子很有学问，便投在鬼谷子门下，向他学习兵法。鬼谷子把《孙子兵法》13 篇传授给他。据说他如饥似渴，废寝忘食，日夜苦读。三天之后，他把全书背诵如流，回答先生提问时，还能提出自己许多深刻独到的见解。鬼谷子惊奇地赞叹说："孙武子真是后继有人啊！"

庞涓是孙膑的同学，俩人一同师从鬼谷子学习兵法。但庞涓不同于孙膑，喜欢浮夸，且又自负，身在山中，心向仕途。那时，魏国国君惠王为扩大自己的力量，到处招揽人才，这给庞涓带来了飞黄腾达的机会。他辞别师友，拜谒魏惠王，不久便做了魏惠王的将军。庞涓帮助魏国训练军队，先后出兵打败卫国和宋国，并打退了齐国的入侵，颇受魏惠王的信任。然而，庞涓对齐国还是不放心，感到齐国是个难对付的顽强对手，更何况孙膑又是齐国人，一旦孙膑回到齐国，那齐国就如虎添翼了。庞涓自知"能不及孙膑"，便要弄心计，派人去把孙膑请到魏国，控制他不能回齐国。

孙膑满怀抱负，以为魏国地处中原，又是当时最强大的诸侯国，并有庞涓这个好友推荐，可以大有作为，便高高兴兴地来到魏国。孙膑在魏国很受重用，因而又遭到庞涓的嫉妒，唯恐孙膑"贤于己"，便对自己的老同学下毒手，在魏惠王耳边进谗言，诬陷孙膑私通齐国，借刀杀人。魏惠王听信谗言，对孙膑施以"膑刑"，在他脸上刺字，并挖出了两个膝盖骨，使孙膑成了终身残废。

当时，奴隶制的残余还大量存在，受过刑的人被看作是下贱的奴隶。统治阶级认为"刑人非人"，终身不许做官，走到路上没人理睬，有身份的人不得与他们接触、谈话。孙膑初出茅庐，遭此横祸，蒙受奇耻大辱，真是愤恨交加！但他毕竟是个意志非凡的人，不但没有屈服，反而身残志坚，更加发愤图强，钻研兵书，准备有朝一日逃离虎口，在战场上同庞涓较量一番。为骗过庞涓的耳目，孙膑佯狂自辱，哭笑无常，默默地等待时机。

有一天，齐国的使者来到魏都大梁，孙膑听到这个消息后，便躲开庞涓属下对他的监视，暗地里去会见齐使。孙膑满腹的才学和韬略，使齐使认识到他是当今难得的奇才，于是设计，躲过了魏国的检查，用车悄悄地把他带到了齐国。从此，孙膑逃脱了厄运，获得了大展才能的机会。

## 三、齐国献策

孙膑回到齐国时，正赶上齐威王变法革新，以图富国强兵，争霸中原。当时齐国已经强大起来，政治、经济、军事实力蒸蒸日上。齐使把孙膑带到齐国后，把他推荐给齐将田忌，很快得到田忌的赏识，待之以上宾之礼。

一开始，田忌想试试孙膑才能究竟如何，便向他提出了许多兵法问题。

田忌问："权力、威势、计谋、诡诈，这几项是用兵最紧要的吗？"

孙膑说："不是。行使权力，是为了调集部队，部署兵力。凭借威势，是为了使士卒英勇战斗。运用计谋，是为了使敌人无法防备。施展诡诈，是为了困惑敌人。这些都有助于取胜，但还不是用兵最紧要的事。"

田忌愤然不悦，说："这四个方面，都是善战者常用的，而你却说不是用兵最紧要的，那什么是用兵最紧要的因素呢？"

孙膑说："分析敌情，审查地形，必须考虑当前的形势和以后的发展，这是将帅所应遵循的原则。始终使自己处于攻势，避免处于守势，这才是用兵最紧要的。"

田忌问："陈兵而不战，有什么办法吗？"

孙膑说："有。凭险据守，增高壁垒，告诫士卒加强戒备，不要轻举妄动。"

田忌问："敌人多而凶猛，必欲战而胜之，有办法吗？"

孙膑说："有。增高壁垒，广设旗帜，严明法令，约束士卒。避敌之锐气而纵使其骄，引诱调动敌人而使疲惫。攻其无备，出其不意，同时必须做持久战的打算。"

田忌又问："锥形阵的作用是什么？雁形阵的作用是什么？挑选勇猛善战的士卒的作用是什么？善射的弩兵的作用是什么？飘风车的作用是什么？一般士卒的作用是什么？"

孙膑一一应答。通过这次谈话，田忌十分赞赏孙膑的才智，把他留在自己身边，准备伺机向齐威王推荐。

当时齐国贵族中盛行用赛马来进行赌博的游戏。田忌很喜欢这种游戏，常和齐威王及王公贵族们赛马，但输多赢少。田忌不服又苦于没有取胜的办法。比赛的规则是，把马分为上、中、下三等，共赛三局。孙膑暗中察看双方的马匹，悄悄对田忌说："你尽管下大赌注好了，我有办法使你得胜。"比赛开始了。孙膑对田忌说："请用您的下等马与威王的上等马赛，第二场用您的上等马与威王的中等马赛，第三场用您的中等马与威王的下等马赛。这样您就稳操胜券了。"田忌依计而行，结果一负两胜，赢得威王一千两银子。

田忌在赛马中获胜，齐威王大为惊奇，向田忌询问取胜的奥妙，田忌乘机把孙膑推荐给威王。威王十分高兴，立即召见孙膑，探讨用兵之道。

作为军事家的孙膑，其高人一筹之处在于，他不是孤立地看用兵，而是将用兵与经济、政治结合起来。他初见威王时就指出：要想在战争中制服天下，"（非）素佚而致利也"。他告诫威王不能"素佚"，除了忙于应付战争事务外，也要在经济、政治、军事上实行一系列改革，以增强国家的实力，保证用兵作战的顺利进行。

在经济上，孙膑提出改革的目标就是"富国"。当时的齐国是游说的文人学士荟萃之地，稷下学宫成为如何治国的百家争鸣的场所。齐威王渴望得到"强兵"之术，曾向各派学者征求改革的措施：有的学者教"以政教"，即实行仁政，对民教诲，这应该是儒家一派的主张；有的学者教"以散粮"，即把粮食散发给穷困的民众以示"兼爱"，这可能是墨家一派的主张；有的学者教"以静"，即不烦百姓，"无为而治"，这可能是道家一派的主张。而孙膑对于上述各派主张均表示异议，认为"皆非强兵之急也"。那么，什么是强兵之急呢？他的回答是"富国"。因为"富国"就可以有充分的财力、物力来供应战争的需要。他十分重视物资供应在战争中的作用，指出"城小而守固者，有委也"；"积弗如，勿与持久。"这里所谓"委"、"积"，都是指禾谷、柴草等军需物资的积累。委积充足，攻有威力，守能强固；反之，难以持久。孙膑对这个道理是很清楚的。他认为，作战结束将士要迅速归去，回乡从事生产；不能滥用民力，要让人民得到休养生息，物质才会丰盛，国家才会富强。

孙膑的前辈孙武及法家李悝治国的措施，对孙膑影响颇深。孙武曾赞扬晋国的赵氏制田宽，赋税轻，设官少，希望国君放宽政策，减少干扰，让人民努力生产，从而使民众富裕，国家巩固。孙武还叙述过黄帝在攻伐东南西北"四帝"时，都曾"休民"、"艺谷"的历史经验。魏文侯时，李悝"作尽地力之教"，认为"治国勤谨，则亩益三升；不勤，则损亦如之。地方百里之增减，辄为粟百人十万石矣"，是个富国的好办法。此后商鞅在秦国进行变法，制定了许多富国的措施，他奖励耕织，还主张精简官吏，减轻赋税和徭役，以提高农民的生产积极性。他们的措施和经验都为孙膑所接受，成为他提出"富国"主张的蓝本。

在政治上，孙膑改革的目标是要"得其民之心"。所谓"得民心"、"合民心"，也就是要"人和"。他说："间于天地之间，莫贵于人"；"天时、地利、人和三者不得，虽胜有殃。"孙膑强调要革除一切不合民心的官吏作风、经济政策、政治制度。当时各国的政治改革，都在健全法制，惩治贪官污吏。齐国在威王执政时期，曾对祸国殃民的阿大夫处以烹刑；在邹忌的主持下，又严修法律以监督奸吏。孙膑主张"敢去不善"，可以肯定他对当时整顿法纪和吏治的改革，必然抱着支持的态度。因为只有进行这样的改革才能"得民心"，达到"人和"的目的。

孙膑以兵法奇谲而著称，他在军事上还提出了一系列改革主张。首先，他认为带兵作战，必须赏罚分明。赏，可以激励士兵斗志，使之舍生忘死；罚，可以压制邪气。赏罚都有益于战争取胜。他一再强调：军队必须"明赏"，反对"赏高罚下"的腐败作风。其次，他认为将官和士兵，必须经过审慎选拔，选取将官要有一定的标准。再次，他认为军队一定要有严格的法制，包括军队的组织、纪律、训练、财用、后勤、作战等制度都要严明，这样的军队才能战无不胜。最后，他还主张对将官和士兵，都要"明爵禄"。有功者就升迁，有过者就下降。这对提高官兵的积极性无疑是有重要作用的。当时各国都在军事制度上进行改革，如赵国的荀欣，强调"选练举贤"。商鞅变法规定："有军功者，各以率受上爵"，还制定详细的爵级，共十二等。这些改革措施，与孙膑在军事上的改革主张互为呼应，代表了当时的历史趋势。

孙膑为富国强兵而提出的种种主张，大部分都得到了实行，并收到了很大的成效。在孙膑及其以后的一段时间里，齐国的国势蒸蒸日上，在对外战争中屡获大胜。

周显王十三年（前356），齐威王即位，他是田齐的第五代国君，是一个雄心勃勃并很有作为的君主。他即位后，招纳贤才，整顿吏治，改革内政，发展生产，使国力迅速强盛起来，成为魏国霸主地位的最有力的竞争者。齐威王认识到，要想击败魏国，只有强盛的国力还不够，还必须有一批真正懂得军事，富有谋略，善于领兵打仗的人才。为此，他十分注意研究军事和兵法，更注意广收军事人才。

齐威王除了广泛采纳孙膑经济、政治、军事上的改革措施之外，还经常召见孙膑，在兵法运用上进行深入探讨，向孙膑提出一系列问题。

威王问："两军实力相当，双方互相对峙，阵势都很坚固，谁也不敢先采取行动，该怎么办呢？"

孙膑回答："可以先派精锐士卒，由勇猛的将官带领，去引诱敌人，但务求败，不得求胜，与此同时，暗设伏兵，以攻击敌人的侧翼，这样就可以大获全胜。"

威王问："我强而敌弱，我众而敌寡，该怎样用兵？"

孙膑惊喜地起身向威王行再拜礼，说："只有明智的君主，才会提出这样的问题。军队多而强大，还问怎样用兵，这样做国家就能安定强盛了。在我众敌寡的情况下，应隐我之强，示敌以弱，诱敌来战，我便可聚而歼之了。"

威王问："如果敌众而我寡，敌强而我弱，又该怎样用兵呢？"

孙膑说："那就应当避敌之锐气，而隐蔽好我方部队，以便能够顺利撤退。这种战术叫做让威。撤退时，让持长兵器的部队在前，持短兵器的部队在后，配置机动的弩兵以便危急时救应，同时密切注视敌人的动态。采取这种让威的战术，保存我方实力，然后伺机再与敌较量，这是在敌强我弱的情况下用兵所应注意的首要原则。"

威王问："以一击十，有办法吗？"

孙膑说："有。攻其不备，出其不意。"

威王问："地势平坦，队伍整齐，与敌交锋却遭失败，是什么原因呢？"

孙膑说："是因为军队没有精锐的前锋。"

威王还就"攻打落败的敌军怎么办"、"和势均力敌的敌军作战怎么办"等一共九个具体问题提问，孙膑一一回答，讲得头头是道。齐威王非常满意，对孙膑的才智大为赞赏："好啊，你讲的用兵之道，真是奥妙无穷！"于是拜孙膑为军师，让他辅佐自己治国强兵，谋求霸业。孙膑也从此开始大显身手。

## 四、定胜庞涓

魏国依靠三晋联盟取得霸主地位以后，产生了并吞韩、赵，恢复晋国一统局面的野心，引起韩、赵的警惕和不安，于是三晋联盟破裂。周显王十三年，赵成侯和齐威王、宋桓公在平陆（今山东汶上县）相会，建立了联盟。这个联盟显然是为了对付魏国的。周显王十五年，赵国向卫国进攻，迫使卫国向赵屈服。卫国原是附属于魏国的，为了保护属国，魏惠王大举进攻赵国，派将军庞涓率兵8万包围了赵都邯郸（今河北邯郸西南），企图一举消灭赵国。魏军来势凶猛，赵国抵挡不住，便向齐国请求救援。

此时，齐威王正准备寻机削弱魏国，企图打败强敌，实现自己争霸中原的宿愿，但是魏国长期独霸中原，虎视四邻，秦、齐、楚等大国都受过它的欺凌。同魏交战非同小可，齐威王一时拿不定主意，便召集众大臣商议。齐相邹忌首先反对救赵，认为同魏国作战风险太大，不如专心致力于国内的治理。大臣段干朋则主张救赵，认为"不救则不义，则不利"，并建议先以一部兵力南攻魏国的襄陵（今河南睢县西），使魏军陷于两面作战的不利局面。等魏军已攻拔邯郸，赵国战败时，魏国力量也将被大大削弱，那时再大举进攻魏国。齐威王采纳了段干朋的主张。一方面答应出兵救赵，以坚定赵国抗魏决心；另一方面也积极开展外交活动，联合宋、卫两小国，并以部分兵力围攻襄陵。不久，楚国也派出部分兵力，乘魏军北击邯郸，后方空虚之际，向魏国的南部地区进攻。秦国也乘机东进，包围了魏国的西河重镇少梁（今陕西韩城西南）。魏国处于四面受敌的空前孤立地位。但是魏国灭赵的决心并不动摇，庞涓加紧对邯郸的围攻，企图在解决了赵国之后再掉转矛头对付齐、楚等国。赵国在齐、楚的支持下，抗敌的决心也很大，魏、赵两军在邯郸城下鏖战一年之久。

周显王十六年秋，邯郸已岌岌可危，魏军也已疲惫不堪。齐威王这时决定大举出兵，威王欲以孙膑为主将，孙膑辞谢说："刑余之人不可为主帅。"于是威王便任命田忌为主将，而让孙膑做军师，坐在辎车中，为田忌出谋划策。齐发兵 8 万，击魏救赵。

大军出发后，田忌想引兵直奔邯郸，进攻魏的主力，与赵军里应外合，同魏军决一死战，从而达到救赵的目的。这是最直接最简便的办法，也符合一般的思维习惯，但孙膑不赞成。他说，要想解开乱丝或乱麻一类的纠结，不可用蛮力硬扯；要想止住正在厮打殴斗的人，不可插手进去帮打，而应该避实击虚，造成一种能够牵制对方、对其不利的形势，这样矛盾纠纷自然就解开了。现在魏、赵两国相攻，魏国精锐的部队一定都调发出来了。而让一般的守备部队留守国内，并且肯定也已疲乏了。如果我们率领大军直奔魏国的都城大梁（今河南开封），占据交通要道，袭击它空虚的后方，魏军就必然被迫放弃邯郸，回师自救大梁。这样，我们就可一举两得，既解了邯郸之围，达到了救赵的目的；又能够乘魏军疲惫，将其消灭，实现削弱魏国的目标。这就是著名的"围魏救赵"的作战方针。

田忌很赞同孙膑的意见。为了实现"围魏救赵"的目的，孙膑又进一步建议佯攻平陵。平陵介于宋、卫两国之间，是魏国东部边境的一个军事重镇，人口比较多，兵力较强，很难攻取。齐军进攻平陵，必须途经魏国的军事要塞市丘，粮道很容易被截断。显然，进攻平陵弊多而利少。正因为如此，孙膑认为，可派少量兵力佯攻平陵，并在进攻中诈败，以此麻痹庞涓，给他造成齐军怯弱、指挥无能的印象，滋长他骄傲轻敌的思想，使他不致及时回师自救，进一步消耗其实力。田忌按照孙膑的谋划，特意派了齐城、高唐两个不了解作战意图的大夫，率领部分兵力分两路进攻平陵，结果兵败受挫，这招棋果然很灵，庞涓不但没有回师自救，反而加紧了对邯郸的围攻。

十月，庞涓费了九牛二虎之力攻下了邯郸。孙膑建议田忌，派一部分轻车锐卒，直捣大梁，对魏国都城发起猛烈的攻击，同时把齐军主力悄悄集结于桂陵（今河南长垣西北），隐蔽待机，准备伏击魏军。与此同时，齐、宋、卫三国联军仍然在围攻襄陵；楚国则乘魏国攻赵、后方空虚时，发兵进攻魏的南疆；秦国也发兵从西边攻魏，并夺取了魏的河西重镇少梁（今陕西韩城市南）。现在齐军主力又进攻大梁，大梁的得失直接关系到魏国的存亡，魏惠王严令庞涓回师自救。庞涓留下少数兵力留守邯郸。亲率主力，丢掉辎重，日夜兼程，回救大梁。当庞涓长途跋涉到达桂陵时，齐军早已等候多时了。由于魏军长期在外作战，兵力消耗较大，加上长途跋涉，士卒疲惫，而齐军却以逸待劳，士气高昂，因而魏军被打得大败。庞涓死里逃生，损失两万人马，这就是历史上有名的齐魏桂陵之战。

这次战役中，孙膑充分显示了出色的军事智谋和才干。孙膑所制定的围魏救赵的战略，成为中国古代战争史上的一个著名的战例。桂陵之战后，魏国被迫将邯郸归还赵国。赵国得以收回失地。长期以来所向无敌的魏军，遭受严重挫败，独霸中原的局面动摇了。相反，齐国的威望日益提高。

但是，魏国毕竟是久霸中原的强国，余威犹在，元气并未大伤，稍加休整后，又恢复了生机。战国初期以后的经验表明，只要魏、赵、韩三晋联合起来，对外战争就能取得胜利，如果三晋自相攻伐，对外战争必败无疑。桂陵之战后，魏惠王吸取了教训，加紧与韩国联合，同时借归还邯郸之机，与赵国和好。此后，又积极对外用兵，企图维持其独霸中原的地位。桂陵之战的第二年，魏国联合韩国打败了围困襄陵的齐、宋、卫联军。齐威王也看到，一时无力完全打败魏国，更难以对付魏、韩联军，不得不与魏国讲和。周显王十九年（前350），魏国又向西边的秦国发动反攻，不但收复了河东河西的大片失地，还围攻秦国的定阳（今陕西省宜川县西北），使得秦孝公食不甘味，寝不安席，被迫与魏讲和。这场魏、齐、赵、秦之间的战争，前后长达5年之久，魏国虽然吃了不少亏，但终于维持了自己的强国地位。周显王二十五年（前344），魏惠王召集了逢泽（今河南开封市东南）之会，参加会盟的共有12个诸侯国，会后还一同去朝见周天子。此时，魏惠王的霸业达到了顶峰。

在长达5年的战争中，本来韩国迫于魏国的威势，一直是站在魏国一边的，但这次逢泽之会，韩国却没有参加。根本原因是韩国怕魏国继续强大起来，吞掉自己。韩国居然敢背叛，这当然是魏国所不能容忍的。周显王二十七年（前342），魏惠王派庞涓大举进攻韩国，企图一举亡韩，在梁、赫（均在今河南汝州市西南）等地连败韩军。在魏军的强大攻势下，韩军抵抗不住，于是向齐国紧急求援。

齐威王早就在等待时机，以再次进攻魏国。所以接到韩国告急后，他认为是天赐良机，决定发兵击魏救韩。但是在发兵时间问题上，威王一时还犹豫不决，便召集群臣进行讨论：是早出兵救韩还是晚出兵救韩？群臣们议论纷纷，意见颇不一致。田忌主张尽早救韩，他说："如果不早救，韩国就将被魏国吞并了。到那时魏国更强，而韩国已不复存在了。魏国对齐国的威胁就更大。"以成侯邹忌为首的一派，深恐田忌、孙膑等再立战功，威胁到自己的国相地位，因而极力反对救韩。邹忌以齐国需要加强国内治理为借口，建议齐威王不要出兵攻魏。两种意见争执不下，孙膑则对两种意见都不同意，但是并没有参加争论，而是等齐威王问到他时，才侃侃而谈："韩魏相攻，魏强韩弱，如果不发兵救韩，韩国被魏国吞并，这对齐国非常不利。但现在魏国刚刚向韩国发兵进攻，两国兵力士气正盛，我们如果现在出兵，等于代替韩国去承受魏军的攻击，不仅没有取胜的把握，万一两败俱伤，到头来还得听从韩国的摆布。现在只有先向韩国表示全力相助，坚定其抗战的决心，从而让韩、魏激烈拼杀，等韩军失败，魏军受到消耗，然后齐国出兵，拯救危亡的韩国，既能取得救韩的美名，又能重创魏军。"

齐威王非常赞同孙膑的主张，当即采纳。他亲自接待韩国的使者，向他表示，一定出兵相救，共同对魏作战。韩国因为得到齐威王的许诺，抗战的决心更加坚定，全力抗击魏国的进攻。韩、魏两军相持很久，由于魏强韩弱，韩国接连5次战败，便再次向齐国告急。孙膑看魏、韩双方都已疲惫，出兵的时机已到，便劝齐威王大举出兵。齐威王任命田忌为主将，孙膑为军师，率领齐军攻魏救韩。

　　周显王二十八年（前341），当魏国与韩军正激战而处于胶着状态时，田忌、孙膑又一次采取"直走大梁"的作战方针。魏惠王鉴于桂陵之战的教训，不敢让魏军在韩国恋战，急忙把攻韩的魏军全部撤回。这时齐军已经越过魏境，向魏腹地挺进。庞涓回师企图从后边追击齐军，孙膑经过全面分析后，向田忌献策说："三晋的兵一向勇悍而轻视齐兵，齐兵被他们看作是怯战之卒。善于用兵的将领，就应该因势利导，将计就计。兵法上讲，一支军队如果急行百里去争利，其先头部队就会受挫；如果急行五十里去争利，就会有一半人马掉队；战斗力将大为减弱。现在魏军轻视我们，气势汹汹而来，急于求胜，我们可因势利导，纵其骄狂，佯装不敢交战。以后几天里，第一天造供10万人吃饭用的灶，第二天减为5万，第三天减为3万，以示齐军怯弱，使其冒险猛追，士兵更加疲惫。然后我们再选择有利战场，暗设伏兵以待，一定可以大获全胜。"田忌很赞同孙膑的战术，依计而行。为了使魏军疲于奔命，拖垮魏军，在孙膑的策划下，齐军故意避而不与魏军接触。当齐军快要抵达大梁时，装作逃避魏兵追击，不敢进攻大梁，而从大梁城的北边向东北方向撤去，使魏军误以为齐军想逃跑回国。

　　庞涓在得知齐军攻大梁时，急忙率魏军星夜从韩国赶回。当他快到大梁时，齐军已掉头向东北退去。庞涓紧追不舍。追赶中，庞涓通过细心观察，发现齐军的灶在一天天减少，果然大喜，说："我本来就知道齐军怯弱，不堪一击，仅仅进入我魏国三天，士卒就逃亡了大半！"于是，他丢掉大队人马，只带领轻装精锐之师，日夜兼程，追赶齐军。孙膑准确地计算着庞涓的行程，判定他将于日落以后进至马陵（今河南范县西南）。马陵地区山陵起伏，地势险要，树多林密，道路狭窄，是一个设伏歼敌的好战场。田忌、孙膑下令齐军停止撤退，全部埋伏在马陵附近，又精选1万多弓箭手埋伏在马陵道两侧。孙膑命人把路口的一棵大树剥下一块皮来，在露出的白色木质上书写八个大字："庞涓死于此树之下！"然后对弓箭手发出命令："天黑以后，只要看见火光，万箭齐发。"

果然如孙膑所料，庞涓在天黑之后追到马陵。这时他的部队已经人困马乏，极度疲劳，都想停下来歇歇脚。庞涓走到路口的大树下，隐约看到树干上有字，便命人点起火把来。庞涓就着火光看到八个大字，不禁大吃一惊，连说不好！一定中了孙膑的诡计！但为时已晚。齐军埋伏的弓箭手看见火把，万弩齐发，魏军乱作一团。齐军两旁埋伏的部队也漫山遍野，一齐杀出，擂鼓声，喊杀声惊天动地。庞涓忙令布阵，已经无济于事，疲惫不堪的魏军死伤无数。魏军败局已定，庞涓走投无路，便拔剑自杀了。他所率领的魏军全部被歼。齐军又乘胜追击，把魏军的后续部队也全部歼灭，还俘虏了魏军统帅太子申。这就是历史上有名的马陵之战。

马陵之战，是战国中期齐、魏争夺中原霸权具有决定意义的一战。魏国从此元气大伤，一蹶不振。自魏文侯以来的霸主地位从此完全丧失了。魏惠王不得不向齐国屈膝，到齐国去朝见齐威王。与此同时，三晋之君都到齐国去朝见，淮泗间的小诸侯国也都顺从了齐国。战国初期以来的形势彻底改变了，齐国一跃成为中原的霸主。齐威王会诸侯，朝天子，俯视群雄。孙膑的军事谋略为齐国称霸起了重要作用。孙膑一生的抱负，在马陵之战中得到了最大实现，从此名扬天下。

## 五、全身隐退

在马陵之战中，虽然孙膑为齐国立下汗马功劳，但他在政治上却不甚得意。马陵之战前后，齐国上层统治集团内部斗争激烈，素来不和的齐相邹忌和大将田忌之间的矛盾日益激化。桂陵之战和马陵之战，邹忌都反对出兵，怕田忌、孙膑获胜后影响自己的地位。战争结束后，他继续暗中策划，伺机铲除异己。孙膑深知其中的险恶，加之曾在魏国遭受庞涓陷害，早就看穿了邹忌的用心。在马陵大捷后，孙膑向田忌建议：拥兵入朝，驱除邹忌。但是田忌这次没有采纳孙膑的建议。不久，田忌果然遭到邹忌的陷害，在齐国无法容身，被迫逃亡到楚国。孙膑也从此在政治舞台上消失了。原来，孙膑见田忌没有采纳自己的意见，便对自己的后事作了安排。马陵之战后，齐威王要给他加官晋爵，都被他以刑余身残为借口谢绝了。孙膑还请求免除军师的职务，从而摆脱了政治纠纷，没有因田忌遭陷害而受到牵连。从此，他过起隐居生活，把晚年的全部精力都用在军事理论的研究上，写出了流传千古的《孙膑兵法》。

《史记·孙子吴起列传》中说，孙膑"名显天下，也传其兵法"；《汉书·艺文志》载，《齐孙子》89篇，《图》4卷。然而，自东汉末，这部完整的《孙膑兵法》失传了，以致后人围绕着孙武和孙膑，《孙子兵法》和《孙膑兵法》的相互关系问题，产生过各种各样的怀疑和猜测。日本斋滕拙堂和武内义雄甚至认为，孙武、孙膑是一人。直到1972年4月，在山东临沂银雀山的西汉前期墓葬中，同时发现《孙子兵法》和《孙膑兵法》的竹简，才结束了这场近千年的争论。

银雀山汉简整理出《孙膑兵法》30篇，11000余字。它虽然远远不是原书的全貌，但保存了孙膑的许多重要论述，在很多方面继承和发展了《孙子兵法》。在我国古代军事思想史中，它起到了承前启后的作用，为我国军事理论的发展作出了不可磨灭的贡献。

（杨秋雨）

▼

本文主要资料来源：《史记》卷六五，《孙子吴起列传》；《史记》卷一四，《魏世家》。

# 苦读书志在有为　倡合纵六国抗秦

## ——苏秦传

　　苏秦，字季子，河南洛阳人。他是周武王时的司寇苏忿生之后。苏忿生以治狱有功，被周武王封于苏（故址在今河南温县），遂以苏为姓。苏秦兄弟五人，都是所谓"游说之士"。苏秦最幼，这样的家庭环境对他的成长自然要产生很大的影响。

　　过去，人们将苏秦和张仪并称为"苏张"。苏秦倡"合纵"，联合六国共同抗秦，致使强秦15年间不敢东出函谷关一步。张仪为打破合纵，向秦王献"连横"之策。于是"合纵连横"在战国时的历史舞台上演出了波谲云诡的一幕。这些纵横家们纵横捭阖，充满智谋，以至成为历代人们津津乐道的话题。

## 一、初游碰壁，闭门苦读

　　苏秦在年轻时曾东游齐国，拜师求学。自春秋以来，在各诸侯国中以齐国的学风最盛，尤以稷下学派最为著名。正因如此，所以苏秦最初便去齐国游历，求师访友，颇有长进。后来，他又访到当时著名的术士鬼谷子，跟随他学习纵横游说之术。几年后，苏秦自恃学有所成，且有辩才，便离家出游，想成就一番功名。当时正值战国初期，各国在相互争战的同时，外交战亦很激烈和复杂。这为苏秦施展自己的才能提供了广阔的舞台。

　　苏秦周游列国，向各国国君兜售自己的治国之术，希求一用。但是，他却连连碰壁，不仅处处受冷落，有时还遭到某些人的嘲笑。在东方各国得不到重用，他便去秦国，把希望寄托在秦国国君秦惠王身上。他千里迢迢来到秦国的都城咸阳，求见秦王。秦惠王对苏秦也略有所闻，于是就接见了他。苏秦虽谈得激昂慷慨，但大都空洞而不实用。秦惠王对他的话只是听听而已，并不准备采用。此后他又数次进见秦惠王，但秦惠王对他的建议仍然反应冷淡，后来就不接见他了。

苏秦不得已，只得东归。他去秦国时本来满怀希望，结果却一事无成，甚至连吃饭的钱也没有了。因此，他对秦王特别痛恨，决心日后要严厉地报复秦国。当他垂头丧气地回到家时，家里的人知道他在外面一事无成，因此都对他很冷淡。妻子忙着织布，根本不搭理他，嫂子也不给他做饭吃，父母更是连一句话都不愿和他说。不仅如此，他们还嘲笑他说："按照西边人的习俗，要么治产业，安心务农，要么从事工商，以取大约十分之一的利润。他这个人却放弃本业，企图靠嘴皮子吃饭，遭困辱不是必然的事吗！"面对此情此景，苏秦真是羞愧难当。同时，他也感叹世态炎凉，人的情意冷淡到如此地步。但苏秦并没有因此而消沉。他经过一番深思，认为自己之所以不被重用，还是因为自己学识浅薄。他想，只要专心攻读，总有一天能够获得安邦治国之术，那也就不愁不被重用了。于是他闭门不出，把自己所有几十箱书都搬出来，信手翻弄。忽然他发现了太公吕尚所写的《阴符》一书。这本书主要讲的是一些阴秘之谋、捭阖之术。苏秦过去虽然涉猎过，但没有十分留意，现在一看，觉得很有用处，颇有茅塞顿开之感。于是他废寝忘食，谢绝一切交游，闭门苦读，边学习边揣摩。当读书欲睡时，他就用锥子扎自己的大腿，以刺激自己振作起精神。为避免困乏时伏案睡去，就把头发系在屋梁上。后世用"头悬梁，锥刺股"来形容发奋读书，这个典故就是因苏秦而来的。

在家居的一年中，苏秦主要研读《阴符》一书，并反复揣摩，深得其中精要。苏秦感叹道："士人以读书为本业，读了那么多书，却不能求尊荣，读书多又有什么用呢！"因而潜心于《阴符》所讲的纵横之术。功夫不负有心人，苏秦终于领会了《阴符》一书的要旨，并能融会贯通。他深信，靠新学到的这些知识一定可以求得功名。于是，他又第二次离家外出游说。

## 二、再次出游，助燕抗齐

他首先去游说周显王。当时，尽管周室衰微，但周显王在名义上仍是各诸侯国共同的宗主。苏秦向周显王讲了许多振兴周王室之道。但是，周显王身边的人都知道苏秦，认为他好为大言，所说都不切实用，因而对他很轻视，话语还带有嘲笑的味道。周显王对他的话也不相信，苏秦只好扫兴而去。但是苏秦并未灰心，他接着便去燕国游说。这一次他总结了以前失败的教训，先对当时列国的形势进行分析，认为在北边的燕国，自己最有可能受到重用。当时的燕国内忧外患，形势非常危急。公元前314年，燕王哙临死时，将君位禅让给了子之，遭到国内贵族的反对，结果发生内乱。齐宣王借此机会乘虚而入，向燕国大举进攻，几乎使燕国覆灭。周赧王四年（前311）苏秦受到燕昭王的召见。苏秦对燕王说："如果我像曾子那样孝顺，像尾生那样恪守信用，像伯夷那样廉洁，即使有人很讨厌我，我可以感到问心无愧，是吗！"燕王回答道："当然。"苏秦接着说："我以孝、信、廉三者来奉大王，可以吗？"燕王求之不得，赶忙说："可以。"不料苏秦突然把话锋一转，说："大王以此为满足，我就不打算侍奉您了。"燕王问"那为什么呢？"苏秦回答说："因为像曾参那样孝顺，就不会离开自己的亲人，当然也不会有益于国家；像伯夷那样廉洁，虽不会干偷窃的事，但白白饿死，自然对国家也不会有什么好处。我认为行为孝顺、守信用并不是每个人都能做到的，讲道义并不是每个君主都具备的。如果一个人把孝、信、廉三者作为资本，与不孝、不信、不廉的人交往，他必定要吃亏！治理国家也是如此。"

燕王觉得苏秦很有谋略，是个难得的人才，于是就任用他作为自己的谋臣。从此以后，苏秦得以跻身于战国的风云人物之列，活跃在列国纷争的舞台上。为了报答燕昭王的知遇之恩，他决心帮助燕昭王振兴国家，摆脱危难。他奔波游说，出谋划策，凭着他的战略眼光和能言善辩的三寸不烂之舌，成为战国时纵横家代表人物。

齐国对燕国觊觎已久，燕王哙禅让君位给子之所导致的燕国内乱，正好给强邻齐国造成可乘之机。公元前314年，齐国对燕国大举进攻。燕国是个小国，本来就不是强齐的对手，加上内部的混乱，所以齐国军队一路上势如破竹，仅仅 50 天时间就把燕国的国都（在北京市西南）攻占了。后来由于燕国军民的顽强反抗，迫使齐国把军队撤了回去，但是燕国兵力已几乎丧失殆尽。如果这种状况不能很快得到改变，燕国早晚会被齐国吞并。燕昭王即位后，为挽救危局，他广揽人才，改革政治，缓和国内矛盾，发展社会经济，以等待时机。苏秦正是在这种情况下来到燕国的。

有一天，议论完国事后，苏秦有意识地引出话题，对燕王说齐强燕弱，用武力与齐国一争高下，无异以卵击石，因此不能硬拼，只能智取。如果能使齐国"西劳于宋，南罢（疲）于楚"，就完全可以打败齐国，夺回被占的河间（今河北献县地区）一带。随后，苏秦又提出实现这一目标的做法。他认为要达到上述目的，最上之策莫过于诱使齐国自己上钩，也就是说，必须对齐国施行反间计。接着苏秦便自告奋勇，表示愿意亲自到齐国去完成这个任务。燕昭王听后，欣然同意，就派苏秦带上礼物到齐国去活动。当时，苏秦和燕国的一个后妃私通，他担心事情暴露后会遭杀身之祸，就对燕昭王说："臣在燕国不能使燕国很快强大，臣到齐国可以为燕国做更多的事。"燕昭王自认为和苏秦相知甚深，就同意苏秦这样做。因此，苏秦以后的岁月大都是在齐国度过的。

苏秦来到齐国，这时齐宣王已死，齐湣王继位，任用孟尝君为相。孟尝君不断挑起对楚的战争，还动用大量兵力攻打秦国、韩国和魏国。齐国的这种局面很有利于苏秦开展活动，实现预定的计谋。可惜的是，燕昭王报仇心切，当他听到齐国连年征战，四处树敌的消息后，便认为时机已到，在田伐等人的鼓动下，于周赧王十九年（前 296）对齐国发动了一次进攻。但由于时机尚不成熟，不仅燕国遭到了惨败，而且使苏秦在齐国的五年心血付诸东流。苏秦觉得这样下去，自己的计谋是无法实现的，唯有回燕国规劝燕昭王不能性急，配合自己的行动，才能达到目的，因此他便在当年回到了燕国。

战国的历史舞台风云变幻。正在这个时候，赵国由于改革而获得了迅猛发展。本来赵国东面有东胡，西边有林胡、楼烦，史称"三胡"。"三胡"都是我国北方的游牧民族，善于骑马射箭。赵国在与三胡的冲突中，由于笨重的战车无法迎击轻捷的骑兵，处处被动挨打。赵武灵王为了对付"三胡"，抛弃了传统的车战，实行"胡服骑射"，即鼓励穿胡服，练习骑马射箭，以建立强大的骑兵部队。赵国从此迅速强大起来，成为继秦、齐之后又一个强大的诸侯国。在这样的形势下，齐国要想攻打秦国，实现称霸的目的，就必须联合赵国。与此相应，燕国想要攻讨齐国，也必须破坏齐、赵的关系。孟尝君在齐为相期间，曾竭力笼络赵国。正在苏秦苦于无法破坏齐、赵联盟的时候，却出现了一个机会：孟尝君因指使一个叫田甲的贵族谋害齐湣王，结果阴谋败露，被迫逃离齐国。湣王亲自执政后，他因憎恨孟尝君而厌恶其对外政策，便背弃赵国，而改亲秦国。这时的秦国，商鞅已死多年，以穰侯魏冉为首的贵族集团执政。秦昭王的亲信韩聂于此时相齐。前288年，魏冉从秦国来到齐国之后，煽动齐湣王与秦同时称帝，秦为西帝，齐为东帝。苏秦觉得这正是再次施行反间计的大好时机。他便建议燕昭王装出谦卑的姿态，向得意忘形的齐湣王表示尊重和服从。为了进一步麻痹齐国，他还建议燕昭王派自己的弟弟襄安君到齐国去做"质子"。当时，各国为了向对方表示履行某一协定，往往派遣王子或他人作人质，称为"质子"。苏秦同时表示，愿意陪同襄安君到齐国，继续施行反间计。

苏秦在去齐之前，先给齐湣王写了一封信，信中除陈述自己愿意急赴齐国为齐王解决困难以外，还隐约透露三晋想联燕谋齐的消息，并表示自己能够劝阻燕王，使燕王靠拢齐国，甚至表示，即使为此得罪燕王也在所不惜。信的末尾还说，之所以马上给齐王写信，是唯恐齐国得到这个消息太晚，没有时间准备。苏秦的这一招，果然使齐湣王中计，他把苏秦当成了自己的心腹。特别是苏秦平时自比管仲，称赞齐湣王之贤过于齐桓公，更使昏庸的湣王忘乎所以，认为苏秦是忠于自己的。这样，苏秦一到齐国，就得到了齐湣王的信任。

苏秦想，要弱齐强燕，必须消耗齐国的实力，而最好的办法是煽动齐国发动对外战争。于是他就竭力怂恿齐湣王攻打宋国。因为宋国位于齐国南边，燕国地处齐国北面，如果齐攻打宋国，必定会把北边用来对付和防备燕国的军队调到南边，这样燕国就可以减轻防御负担。再说齐国与南面的楚国长期交战，只要齐国出兵攻宋，楚国必然不会坐视不问，而很可能会助宋抗齐。还有与宋为邻的魏国，如果齐国出兵，他不会坐视宋国的灭亡。因为宋国灭亡之后，下一步齐国势必会像对宋国一样对待自己。这样，只要齐国攻打宋国，就会引起连锁反应，楚国和魏国势必要和齐发生矛盾。地处西陲的秦国也不愿齐国过于强大，它会竭力保护齐国四周的小国不被齐国灭掉，以便让这些小国作为齐国对外扩张的缓冲地带。因此，齐国攻宋之日，也就是秦国卷入冲突之时。这样一来，无形中把齐国放到了一个四面树敌的孤立地位。尽管从秦国跑来担任齐国相的韩聂竭力反对齐国攻打宋国，但见小利而忘大义的齐湣王已经不能自制了，他把韩聂的相国职务也免掉了。齐国打算攻打宋国的消息一传开，秦国立即派御史前来劝阻，但头脑发昏的齐湣王不听。周赧王二十八年，齐国发动了灭亡宋国的战争。

齐湣王伐宋，迫使宋国割淮北之地与齐讲和。齐国虽然获得了一些土地，但齐、秦关系却因此恶化，从而迫使齐国把主要精力都集中到对付秦国上，暂时放松了对燕国的注意，这就为燕国创造了一个有利的环境。特别是苏秦一连串成功的计谋，左右了齐湣王，为日后燕国报仇雪耻准备了条件。

## 三、力倡合纵，共抗强秦

随着时间的推移，在战国七雄中秦国成为最强者。尤其是自商鞅变法后，鼓励农战，秦国的国力迅速增强。它首先向西扩展，"称霸西戎"，疆域越来越大。此后，秦国便把攻掠的矛头指向东方六国。在这种大背景下，苏秦极力倡言"合纵"，即六国联合起来共同抵抗秦国。苏秦看到齐、秦关系已经恶化，齐湣王的野心也越来越大，于是便火上加油，鼓动齐湣王联合燕与三晋共同伐秦，并自告奋勇以齐国使臣的身份出外活动。苏秦之所以在这时竭力造成合纵攻秦的局面，是由于秦国的日益强大严重地威胁着其他诸侯国的生存，齐国在东方六国中力量最强。这时的齐湣王正意骄志满，俨然以东方六国的首领自居，也有意与秦一争高下，以显示齐国的力量和在各诸侯国中的号召力。所以，苏秦的建议正中齐湣王的下怀，同时齐湣王还想趁机灭掉宋国。

为了组织伐秦联军，苏秦赴各国游说。出发之前，他怕齐王对燕不放心，便向齐王写了封措辞十分恳切的信，一再为燕国担保，然后便首先到了燕国。正当苏秦和燕昭王共商计谋，制定未来行动策略时，齐湣王采取了一个对燕国试探性的举动：把燕王派到齐国去的一个将军无缘无故地杀了。齐国的这种无礼的挑衅性行动，激起了燕昭王的怒火，打算兴师问罪。苏秦则认为燕、齐相安无事的关系来之不易，和齐国公开决裂的时机还不成熟，便劝阻昭王忍辱抑怒，甚至劝他反过来向齐王道歉，主动提出自己派往齐国的将军不称职。与此同时，苏秦又害怕燕昭王误以为自己投靠了齐国，于是又再三向燕王表白，自己这些年的所作所为都是为了"弱齐强燕"，报答燕王的知遇之恩。燕王终于认识到苏秦对燕国的一片忠心，对自己的一片忠诚。对齐王要组织六国联军攻秦的事，燕昭王也要表面上支持，答应届时出兵二万。在燕国的一切事情商量停当以后，苏秦便由燕国南下，游说三晋。

苏秦首先来到魏国。此时魏国的相国是从齐国逃出来的孟尝君。孟尝君一直怀恨湣王，想伺机报复，只是魏弱齐强，无可奈何。苏秦利用这种矛盾，鼓动魏昭王说："魏国地方千里，人口众多，并不比楚国弱，然而却一再向贪得无厌的秦国屈服，屡屡受到秦国的欺凌。像大王这样贤明的君主，早就不该事秦国了，我真为大王卑躬屈膝的行为感到羞愧！越王勾践在只有3000士兵的情况下，还打败了吴国，杀掉了夫差；周武王也只有3000人，却在牧野打败了商纣王。可见称雄天下并不一定需要众多的兵士，关键是有没有信心。目前魏国有武士20万，苍头20万，奋击之士20万，摇旗呐喊的10万，战车600辆，战马6000匹，士卒和军械之数大大超过了勾践和周武王。然而大王同勾践、周武王相比，看来是差远了！事秦国，必须不时割让土地才能满足其贪欲，长此下去，国家必亡，我真为大王担心！"听到这里，魏昭王早已羞愧万分，赶忙问苏秦下一步该怎么办。苏秦见自己的激将法已经奏效，于是向魏王建议，在秦国已经十分强大的情况下，只有与其他诸侯国联合起来共同抗秦，才是上策。魏王觉得苏秦的话很有道理，就满口应承。

在魏国取得成功之后，苏秦便马不停蹄地赶到了赵国。此时辅佐赵执政的是奉阳君李兑，其次是韩徐为。李兑向来奉行不得罪邻国的政策，而韩徐为早有取代李兑独揽大权的野心。针对李、韩二人的矛盾，苏秦到赵后先做韩徐为的工作。对李兑，苏秦则许以伐秦联军统帅，诱使其放弃原来的政策，赞同合纵抗秦。在疏通了这些外围关节之后，苏秦这才面见赵惠文王，分析形势，痛陈利弊。他说："我听说普天下的人都认为大王是贤明的君主，都愿意听从您的吩咐。而您主要是想求得国家太平无事，百姓安居乐业。要做到这点，关键在于处理好各种关系。从赵国的角度来说，齐国和秦国都是敌人。无论是联秦攻齐，还是联齐攻秦，老百姓都会不安。不过，眼下看来，大王若投靠秦国的话，秦国必定要削弱韩国和魏国，若投靠齐国，齐国也必定会削弱楚国和魏国。魏国削弱了，必定割让河外的土地；韩国削弱了，也会把宜阳送给秦国。河外（今河南黄河以南地区）、宜阳一送，上郡（今陕西绥德）也就跟着完了，赵国本来四通八达的交通就会阻塞。到那时，赵国想向楚国及其他邻国寻求援助也不可能了。这种局面，我不知大王想过没有？如果秦国从轵道（今陕西咸阳东北）出兵，南阳就危险了。南阳若被秦国占领，赵国就会与秦为邻，这等于置身虎口。再假如秦国占领了卫（今河南濮阳），攻取了卷（今河南原阳县西北），那么齐国只有俯首称臣了。秦国的欲望是一定要吞并东方各国的，赵国自然也在其中，只不过是早晚的问题。就目前的情况看，东面最强大的就数赵国了：地方千里，军队数十万，战车上千辆，战马近万匹，粮食也足够支持几年的。秦国所担忧的其实只有赵国。秦国之所以没有攻打赵国，只是害怕韩国和魏国到时会援助赵国罢了。可是，和赵国唇齿相依的韩国和魏国力量衰微，无险可据，正一天天被秦国蚕食，终有一天会被秦完全吞并的。韩、魏灭亡后，随之而遭亡国厄运的难道不是赵国吗？我听说尧、舜、禹、商汤、周武王夺取天下，所凭借的力量都很弱小，只是他们都能清醒地看到对手的强弱。估计到自己的实力。而今东方六国的土地要比秦国大五倍，士卒多十倍，若能联合起来，秦国敢轻举妄动吗？那些主张割地给秦国的人，只不过是想保住个人的高官厚禄，从中捞些好处罢了，根本不是从整个国家的利益出发。因此，当务之急是赵国与韩、魏、齐、楚、燕联合起来，共同对付秦国。可让各国互派质子，订立盟约。只要秦国侵略东方任何一国，其他各国就出兵支援。果能这样，秦国岂敢越出函谷关一步？"赵惠文王听完苏秦这番深入浅出的分析，连连点头称是，不仅满口答应联盟，而且还送给苏秦车子百辆，黄金千镒，白璧百双，锦绣千吨，请他去继续联络其他各国。

苏秦接着又到了韩国，对韩釐王说："韩国地形险要，地方九百余里，带甲之士数十万，天下的强弓劲弩都出自韩国。凭韩国军队的勇猛和大王的贤明，却西面事秦国，实在为天下人笑话！不知大王意识到没有？大王事奉强秦，而秦是虎狼之国，秦国肯定要求得到宜阳、成皋（今河南荥阳市西北）。今天满足了他的要求，明天他又会提出新的要求。恐怕一直要到韩国无地可割时才会罢休。常言道，宁为鸡首，不为牛后，恕我直言，大王恐怕与牛后没有什么差别了！"这席话激起了韩釐王对秦的愤恨，发誓再也不事秦国了，表示要与东方各国联合一起，共抗强秦。

苏秦又来到南边的楚国，向楚威王游说道："楚是天下的强国，王是天下的贤王。楚地域辽阔，有地五千余里，兵甲百万，车千乘，战马万匹，粮食可供十年之需。这实在是称霸天下的资本啊！以楚之强和王之贤，天下任何一个国家都不是敌手。可是大王却要西面事秦，那么，普天下的诸侯恐怕都要朝拜于章台（秦王宫名）之下了。"苏秦又进一步劝道："秦最怕的就是楚国，楚强则秦弱，秦强则楚弱，两国势不两立。为大王计，不如参加合纵以孤立秦国。大王如能采用我的计谋，其他各国能歌善舞的美女都会充实到您的后宫，北边的骆驼和良马都会养在您的外厩中。现在您放弃霸王之业，却有事人之名，臣以为不是上策。"经苏秦反复劝说，楚威王深以为是，认为合纵是楚国免于被秦攻灭的好办法。于是，楚威王慨然表示，赞成合纵，愿举国听从苏秦的安排。

在苏秦的游说下，齐国联合了韩、赵、魏、楚、燕五国，就形成了六国合纵抗秦的局面。因为苏秦在合纵过程中劳苦功高，被六国任命为合纵长，赵国还封他为武安君。同时，他"相六国"，即同时为六国的丞相。

六国合纵抗秦联盟虽然建立，但各国却是同床异梦，各打各的小算盘。加上秦国竭力对之分化瓦解，所以合纵攻秦只是一种声势而已。当以齐国为首的联军伐秦时，楚国就未出兵。五国联军也一直滞留在荥阳、成皋一带，并未对秦发起真正的进攻。尽管如此，秦国的扩张活动也不得不因此而有所收敛。秦昭王甚至还"废帝请服"，废掉王号，把以前蚕食的魏地归还给了魏国，把所夺占的赵地还给了赵国。此后15年间，秦国不敢出兵函谷关，从而使东方各国获得了一段安宁。

鉴于东方六国谁也无力单独抗御强秦，所以实行合纵自然是明智之举。但是，由于各种复杂的原因，六国并不能做到精诚团结，而是不断有破坏合纵的小动作。在秦国压力强大时，这种联盟还显得较为稳固。在这种压力暂时减弱时，六国间的积怨和各种各样的矛盾便又暴露出来。尤其是在张仪任秦相以后，行连横之策，极力挑拨六国间的关系，使六国间的矛盾更加激化。他首先瓦解了齐国和楚国的联盟，继而使合纵之盟土崩瓦解。

## 四、合纵瓦解，同室操戈

在苏秦内心，对燕国最为忠诚。在联络各国的过程中，他以齐臣的身份出现，这似乎扩大了齐国的影响，抬高了齐国的地位。但实际上，苏秦也借此机会为燕国联合了反齐力量。在苏秦看来，齐、燕疆域相连，齐是燕国最直接的威胁。当秦的威胁暂时消除之后，齐的威胁就突显了出来。特别是齐湣王参加联盟后，不积极抗秦，而顺道攻打宋国，这使三晋和燕国进一步看清了齐国的野心，并感到受到了齐国的摆布和玩弄，因而对齐更为不满。这时，魏国的孟尝君和赵国的韩徐为便通过苏秦与燕昭王暗中联系，要趁齐国攻宋之机，联合攻齐。不料燕昭王谋事不密，风声传到了齐王耳中，齐王便于周赧王二十八年（前287）下令从宋撤兵。苏秦为此着急万分，立即给燕昭王写了封密信，奉劝昭王一定要注意保密，并告他攻齐的时机尚不成熟，千万不可操之过急，鲁莽行事。

苏秦立即来做孟尝君和韩徐为的工作。因为当时联合抗秦的形式还存在，孟尝君认为应设法让齐国先背叛三晋，这样才能激怒赵国。苏秦感到孟尝君的看法很有道理，于是就故意使人告诉齐王，说魏、赵等国攻秦不成，将要背齐与秦讲和。齐湣王不知是计，十分恼火，决定抢先与秦和解，而且还把这个想法告诉了正在魏国的苏秦。苏秦得到这一消息后，立即密告燕昭王，请他进一步做好赵国和魏国的工作，暗中加紧反齐的准备。苏秦还特别提醒燕昭王，燕国不要充当反齐的急先锋，应设法让赵、魏首先向齐发难，燕国才好坐收渔人之利。

为了鼓动赵、魏首先向齐发难，苏秦从魏国来到了赵国。一到赵国，他便立即给齐王写了封信，除汇报伐秦联军目前的情况外，还故意指出赵国已怀疑齐国将与秦讲和，对齐深为不满，而燕国对齐一直是忠诚的，等等。齐王收到此信，也立即给苏秦写了封回信，仍把苏秦视为心腹。信中直言不讳地谈了准备与秦讲和的想法，并说这完全是因为魏国已暗中与秦通和，所以齐国才不得已这样做。正当苏秦为自己的目的即将实现而高兴的时候，赵国的奉阳君李兑对苏秦的图谋已有所觉察，因而断然扣留了苏秦，甚至还想派士兵把他看押起来。风云突变，苏秦赶忙托人捎信给燕昭王，请他务必设法帮他逃出赵国。燕昭王得信后，立即命使者赶赴赵国，提出抗议，调解此事，使得苏秦的处境有所改善。接着，燕昭王又亲自出面，向赵国施加压力，终于迫使赵国释放了苏秦，于是苏秦便从赵国又回到了齐国。

到齐国后，苏秦请齐湣王取消原先答应封给赵国奉阳君李兑的蒙邑（今山东蒙阴）。李兑自然对齐湣王的食言极为不满，齐、赵关系也因此而恶化起来。恰在这时，燕昭王对苏秦产生了怀疑，扬言要另外派人代替苏秦的职务。苏秦闻讯，感到十分委屈，立即给昭王写了封很长的信。信中说，齐国一直是燕国的仇敌，自己在齐国长期从事外交活动，招致非议和怀疑本不足怪。自己蒙大王知遇之恩，这些年呕心沥血，不避艰险，就是为了帮助燕国。若能继续仕宦于齐，至少可以使齐国不图谋燕国，并使齐国与赵、魏等国的关系恶化，为燕国创造有利之机。燕王不应轻信谗言，贻误大事。燕王收到此信之后，便不再怀疑苏秦了。这场风波平息了，苏秦便向齐王建议出兵灭宋。这是他策划的最终激怒三晋与秦国的关键步骤。齐湣王听从了他的建议，倾全国之兵把宋国灭掉了。这样一来，三晋与秦、楚等国反齐的浪潮也随之而起，齐国陷入了完全孤立的境地。这种形势为燕国攻齐提供了条件。

宋国虽小，但却是个中原古国。齐湣王灭宋以后，各国反齐情绪高涨。第二年，秦国首先派蒙骜率军越过韩、魏，向齐国的河东地区发动了猛烈进攻，吞并了齐国的九座城市。三晋的韩、赵、魏见秦国轻而易举地从齐国获利，也纷纷跃跃欲试，但又怕各自力量单薄，难以对付强齐。苏秦认为燕国报仇雪耻的时机已到，只要燕国出面，包括秦在内的各国都会联合起来攻齐。于是他便同燕国的上将军乐毅一起向燕昭王建议，抓住这个时机，联合秦、韩、赵、魏四国向齐进攻。燕昭王采纳了他的建议。于是苏秦便匆匆从齐国赶到赵国，拜见赵惠文王，制定了五国攻齐的策略。

一切准备就绪之后，苏秦本可逃离齐国，但他考虑到联合攻齐的战争还没有打响，齐湣王仍把自己视为心腹，自己继续留在齐国仍很安全。他抱定"士为知己者死"的决心，决定仍留在齐国。

周赧王三十一年（前284），燕国公开"绝交于齐"，派乐毅统率燕、秦、韩、赵、魏五国联军向齐大举进攻。齐国毫无准备，仓促应战，结果在济西遭到惨败。

苏秦在齐王面前如此受宠，许多齐国旧臣对苏秦十分嫉妒和痛恨。于是，有人便在一天夜里刺杀苏秦。但是，苏秦虽被刺为重伤，却并未立即死去。当齐湣王来看望他时，他对齐湣王说："我很快就要死了，您可将我车裂于市，就说我是燕国的奸细，一直做危害齐国的事，这样就可以抓到杀我的凶手了。"车裂是一种极为残酷的刑罚，是将双手、双腿和头颅裂为五处。苏秦死去，齐湣王果然按照苏秦的话去做，而刺杀苏秦的凶手自以为杀此人无罪，果然站了出来。于是，齐湣王立即又将此人处死。燕国的一些人便感叹道："苏先生是个有智谋的人啊！他临死还能让齐王为自己报仇。"

乐毅率领燕军长驱直入，直捣齐国的国都临淄（今山东淄博市）。齐湣王仓皇出逃，不久被杀。接着，乐毅在六个月之内攻占了齐国七十多城。泱泱大国的齐仅剩下莒和即墨两城。正当燕军攻齐全胜在即之时，燕昭王死了。继位的燕惠王听信谗言，把乐毅逼出燕国，而改用带兵无方的骑劫统兵，从而使齐国趁机收回了大片土地，缓和了岌岌可危的局势。但齐国从此元气大伤，一蹶不振。后来，苏秦暗中帮助燕国的事终于暴露，齐国君臣对苏秦十分痛恨，认为将他车裂是罪有应得。燕国为此事也很害怕，燕王便派遣一子到齐国为质子，两国的关系这才得到缓和。

战国时代风云变幻莫测，斗争激烈复杂，由于秦国和齐国最强，故对其他各国的威胁最大。苏秦凭借对大局的透彻了解和杰出的智谋，摇动三寸不烂之舌，相继说服东方六国，共抗强秦，从而暂时遏止了秦的扩张。此后，齐国的野心日益暴露，他又促成五国联合伐齐，从而在一个时期内恢复了力量均势。由于诸国之间的各种利害矛盾，这种联合并不巩固。再加上秦国按张仪之计推行连横，终于使合纵陷于瓦解。但是，苏秦在其间表现出来的智谋和辩才却是十分杰出的。

（陈瑞芳）

▼

本文主要资料来源：《史记》卷六九，《苏秦列传》；《战国策》。

# 倡连横纵横捭阖　破合纵六国称臣

## ——张仪传

　　战国时期，风云变幻，群雄逐鹿，逐渐形成秦、齐、楚、赵、魏、韩、燕七国争霸的局面。由于历史条件限制，七国之中，即便是国力最强盛的秦国或齐国，要想单凭本国力量吞并六国，也绝非易事。在这种情况下，著名谋士苏秦提出六国合纵抗秦的计划，并曾一度付诸实施。然而没过多久，苏秦的合纵方案即遭到秦国连横战略的毁灭性打击，很快便陷入土崩瓦解状态。那么，是谁为处于危难之际的秦国制定了这一兴邦强国方略呢？他就是历史上著名的谋略家张仪。

### 一、初游受挫，一怒投秦

　　张仪（？—前310）为魏国人，出身于一个没落贵族家庭。小时候，因家庭贫穷、地位低下，常受别人欺侮。艰苦的生活环境，并没有使张仪消沉，相反更激发他追求功名的野心。为实现出人头地的抱负，张仪在二十多岁时开始寻师访友，探究治国平天下之道。他千里迢迢来到号称文化之都的齐国求学，师从著名谋略大师鬼谷子，学习辩术、谋略和其他方面的技能。当时与张仪在一起攻读术业的，还有被后人称为"倾危"之士的大谋略家苏秦。不过，苏秦一直认为其学业、才能均无法与张仪相比。名师指点，高手云集，张仪如鱼得水。他日夜攻读，勤思好问，很快便成为一名出色的说客，深得鬼谷子器重。

术业学成之后，张仪经过一段时间准备，便踏上游说诸侯的征程。初游之始，由于经验不足，他四处碰壁。最令人难堪的要算他在楚国的遭遇了。一次，他应楚国宰相邀请赴宴喝酒。酒过三巡，楚相拿出一件稀世玉璧给客人观赏。没想到，晚宴刚毕，这块宝玉突然遭窃。宰相手下客卿看张仪衣衫破烂，怀疑是他窃走玉璧，于是便未加调查，就把张仪抓来严刑拷问。后因未找到张仪偷玉的确凿把柄，只好将他释放。张仪气急败坏地回到家中，妻子见他被人毒打，忍不住含泪责备道："当初你如果听我劝告，居家安分守己地过日子，何至于落到今天这步田地？"张仪不以为然地说："别说这些没用的，快来看看我的舌头没事吧？"妻子仔细看了一下他的舌头，笑道："舌头倒还完整无损。"张仪说："留得舌头在，不愁将来没有出头之日！"

不久，一个偶然的机会改变了张仪的命运，与他同出一门的学友苏秦游说大获成功，已成为燕赵宠臣，官运亨通。当时，苏秦正为其合纵抗秦方案奔波，他急需选派一名得力干将打入秦国，以制止秦国对合纵联盟的军事行动。于是他暗中派人找到张仪说："苏秦在赵国做了大官，声名显赫，你与他私交甚厚，若投靠他肯定有晋升的机遇。"张仪闻听大喜，立即动身赶赴赵国。然而当他来到苏秦府上时，苏秦却表现出出人意料的冷淡，不但让他吃粗劣饭菜，还当面责骂污辱他："你白读那么多年书，真没想到竟混得如此狼狈。本来我可以提拔你，共享荣华富贵，但看你现在这个样子，实在不值得我举荐。"这一顿斥责挖苦，令张仪羞愧难当，怒火中烧。他发誓要混出个人样来，以雪耻辱。回顾出道以来，遍走诸国，历尽艰辛，却屡遭失败，报国无门。看来东方诸国没有一个愿收留重用他，倒不如西投强秦。他当即决定，立刻起程投奔秦国。一路上，张仪得到一位富商照顾，车马住宿费用均替他偿付。到秦后，这位富商又用金钱开路，打通关节，张仪很快便飞黄腾达，渐为秦惠王重用，官至客卿。那位帮助他打入秦国上层社会的富商见张仪已功成名就，便前来辞行。张仪大惑不解："没有您鼎力相助，哪有我今日的显赫地位。恳请先生留在秦国，我要好好地报答您的知遇之恩。"那位富商神秘地一笑，道出事情原委："我不过是苏秦的门客，受苏先生指派，假扮富商暗中助您渡过难关，真正知遇帮助您的是苏秦先生。苏先生担心您念及一时利益而失去建功立业的时机，故用此计激您入秦担当重任，现在事已成功，我的任务已经完成，恕不久留。"张仪这才如梦方醒，慨然说道："错怪苏先生了，这些原本是我所学术业中的谋略内容，只因一时疏忽而未能识破。苏先生的才智确比我略胜一筹。请转告苏先生，谢谢他的厚意，我初登官位，哪敢无端对赵国动武。再者，只要苏先生居世，我张仪即便有攻赵的胆量，也没有这个能耐呀！"

事情发展的结果表明，张仪为报答苏秦的知遇之恩，他果然没有食言。在他执掌秦国军政大权期间，秦国迟迟未对赵国采取军事行动。但作为杰出政治谋士的张仪，对东方诸国一直怀有很强的仇视心理，这大概与他早年游说诸国受侮有关。一旦时机成熟，他便撕下情谊的面纱，对东方六国进行毁灭性的打击。这也算是身不由己、各为其主吧。数年之后，苏秦苦心经营多年的合纵抗秦联盟，竟断送在这位昔日同窗好友之手。

## 二、时来运转，官运亨通

公元前 329 至前 312 年，是张仪一生中最辉煌的阶段。在此期间，他仕途畅达，春风得意，连连晋升。几年工夫，张仪从一介穷酸书生登上秦国宰相的宝座，成为权倾一时的名相。

张仪到秦不久，即向惠王献连横之计谋，拆散六国联盟，使归顺秦国（连横向秦）。此计正中惠王下怀，可谓英雄所见略同。张仪以一位谋略大师的敏锐目光，首先选择秦国近邻魏国作为连横目标，他采取恩威并用策略，迫使魏国就范。为震慑诸侯，挫伤魏军锐气。秦惠王十年（前 328），张仪与公子华率秦军大举伐魏。秦军以迅雷不及掩耳之势相继攻陷魏国蒲阳等城，魏军措手不及，节节败退，黄河以西魏地大部被秦军占领。张仪见对魏行动的第一招棋已奏效，便下令秦军鸣金收兵，速派使者与魏国讲和。为表诚意，继续拉拢魏国加入连横和秦联盟。张仪又设计提出，把秦军所占蒲阳等城归还魏国，并力劝秦惠王忍痛割爱，将公子繇送到魏国做人质。这一招果然很灵，魏王大为感动，对张仪更是言从计听。张仪借机出使魏国，卖弄三寸不烂之舌，劝说魏王："秦国宽容大量，所占魏地完整归还，魏该有所表示吧！"魏王中计，将上郡、少梁献给惠王，以报答秦国厚爱。张仪大功告成，返秦后升官加爵，晋升宰相。

在宰相位置上，张仪政绩显著，一干就是 4 年。他迎合惠王改"公"称王的野心，力主惠王尊称为王。又策划攻取陕州，扩大秦地盘，筑上郡边塞，巩固边疆防务。其后二年，活跃于外交舞台的张仪与齐、楚之相聚会啮桑，欲拆散齐楚合纵联盟，但未如愿。当时，以苏秦为主谋，东方六国联盟抗秦，称为合纵。为打破合纵，张仪便为秦国制定了连横的策略。

正当张仪在秦青云直上之时，惠王却突然解除了他的宰相职位，其实这是张仪为秦国利益所玩弄的又一个花招。他假意得罪秦国，投奔魏国，骗取魏王信任，当上魏国宰相，暗地里与秦里应外合从事策反活动，力图拆毁合纵联盟，迫使魏臣服秦国，充当连横急先锋。

张仪利用相权，开始为连横加紧活动。他不断向魏王陈述连横的好处，陈说与东方合纵没有出路。魏王对此半信半疑，唯恐再次上当，对投靠秦国背弃合纵迟迟未置可否。张仪密报与秦，秦王恼羞成怒，发兵攻魏，吞并魏曲沃、平周。惠王对张仪赏赐有加，张仪感到受之有愧，因未能完成连横使命，故继续在魏留任宰相长达 4 年之久。待魏襄王病逝，哀王即位，张仪重新劝说哀王投靠秦国。哀王仍不听劝告，于是张仪暗中指使秦对魏动武，再度伐魏。魏秦交战，魏大败，次年齐国又乘机攻打魏国，于观津一带将魏军围困，魏一败涂地，秦军又抓住战机大举攻魏，首先击败魏韩合纵联军，斩首 8 万，诸侯震恐。张仪借机再次威胁魏王就范，指出："魏地方不到千里，兵力不过 30 万，地形平坦，交通道路畅达，缺少名山大川等天然屏障，四面皆需分兵防守，仅用于边境防守之军就不下 10 万。魏国地势极易成为邻国进攻的战场。周边关系处理稍有不当，齐赵魏楚等国即会从四面进攻，此可谓四分五裂之地。况且目前诸侯各国合纵抗秦，无非是想求得暂时安宁。当今合纵者欲天下联合一体，诸侯各国相约互称兄弟，虽订有盟约，但不过是一纸空文，根本无信誉可言。即使同胞兄弟，尚有争夺钱财之时，故苏秦所搞合纵肯定必败无疑。魏王若不臣服秦王，秦肯定会派军攻取河西诸地，再劫取阳晋，截断赵国南下和魏北上之路，两国联盟不攻自破，魏国想求得安宁是不可能的。此外，韩国惧怕秦威力，如秦韩结成联盟，魏亡国只须片刻。魏王的最好办法就是臣服秦王，这样楚韩惧怕秦国，必不敢对魏轻举妄动。楚韩之患消除，大王高枕而卧，还有何忧虑？"接着张仪又恐吓说："如现在魏不赶快臣服秦国，待秦军打上门来，即便想臣服秦，亦晚矣。"张仪还假装仁慈，愿冒杀头之罪去秦求和，为两国通好穿针引线。魏王本无头脑，又被张仪一番高论打动心弦，便撕毁与合纵国所订盟约，转而与秦通和。张仪连横第一步策略已见成效，复返回秦国，重挂相印。不久，魏王发觉中了张仪计策，便背秦重回合纵联盟，与秦抗衡。但由于合纵国各自心怀鬼胎，步调不一，以致延误战机，往往刚与秦交火，就被秦军的猛烈攻势打得溃不成军。秦军乘胜接连攻取魏曲沃等地。魏国慑于秦威力，不得已再次臣服秦国。

### 三、西定边陲，东伐韩赵

张仪刚刚制服魏国，不料后院起火，西部、西南部边疆战事吃紧。先是蛮夷（西部）义渠部族叛乱，继而西南巴蜀地区内乱又起。义渠地处秦西部边疆。原为秦附属国，该部族自恃兵强马壮，反叛之心常存。秦魏交战之际，秦无暇西顾，义渠趁机叛乱，一度攻入秦腹地，捕获人口牛马，严重影响秦国安全。故东部稍稳定，张仪便征调大军西征。义渠各部多为乌合之众，在秦军强大攻势下，义渠一触即溃，秦军很快便平定了叛乱。义渠慑于秦军威力，再次臣服秦国。

平定义渠后，张仪把目光转向西南方的巴蜀。当时，巴蜀均已独立，两国皆各立国王。但两国因事务纠纷，时常发生争端，后冲突扩大，双方军队展开激战，一时战火蔓延，形势十分紧张。

秦惠王欲发兵伐蜀，又恐道险难行，恰逢韩国又来攻秦，秦王对先用兵何方犹豫未决。秦国朝中大臣也为此争执不休。张仪力主先攻韩，理由是："秦先亲魏善楚，魏楚两国可断绝韩交通要道。秦军直攻韩国，然后挟周天子以令诸侯，天下谁敢不听！再说巴蜀两国偏僻，与这些蛮狄作战，劳民伤财，夺取两国也没很大用处。"秦将司马错则持相反意见，理由是："国富必先扩大地盘，兵强需先民富。巴蜀正值内讧，攻之既可扩充秦地盘，又可获取财物，富民强国，何乐而不为？而攻韩挟天子，则不义之名远扬。周天子若与韩齐联手，那么秦国就处于十分危险境地。"惠王权衡再三，最终决定派张仪、司马错率军先伐蜀国。当年十月，秦军即攻陷蜀国。不久，巴国也

张仪传

被秦军攻占。张仪将蜀王贬斥为侯，又委任陈庄为蜀相。至此，秦在巴蜀建立正式统治机构。巴蜀归属秦国，秦国疆土扩大，国家更加富裕强盛。

平定巴蜀后，张仪又对韩策划了一次大的军事行动。在此之前，韩国曾与赵魏两国组成联军合纵攻秦。但联军缺乏统一军事部署，各自为战，互不接应。韩军刚与秦军交战，即被秦军打得溃不成军，韩军死伤大半，损失惨重，韩将申差也成为秦军阶下囚。不久，韩国又与楚合纵军联合，再次出兵攻秦。军事行动伊始，楚却按兵不动，致韩国孤军深入，于岸门一带被秦军包围。韩军全军覆没，从此一蹶不振，被迫委曲求全，臣服秦国。

魏韩两国归顺秦国后，张仪把目光盯在赵国身上。早年他虽曾信誓旦旦声称决不用武力攻赵。但时过境迁，政治谋略家的野心使他早已把当年承诺丢在脑后，故当师兄苏秦刚离开赵国，张仪便迫不及待对赵国采取军事行动。秦军长驱直入，赵军仓促应战，很快就溃不成军。不得不接受秦国条件，背弃合纵，连横向秦。至此，魏韩赵三国均按照张仪设计的圈套，先后加入连横阵营。消息传来，张仪心里犹如一块石头落地，显得格外轻松。他的嘴角上流露出一丝得意的冷笑，脑海中又在酝酿一次更大行动。

## 四、两戏楚王，威震江南

韩、魏、赵三国附秦后，合纵国盟友减半，元气大伤。真正有实力能够与秦国争夺霸主的，只剩下齐、楚两个大国了。

齐国濒海，富渔盐之利，颇具经济军事实力，是个难啃的硬骨头。楚国实力比齐国稍次，但因与齐国合纵联盟，秦国一时还不好下手。张仪想出一条离间楚齐关系的计谋，报请惠王恩准，立即动身出使楚国。楚怀王久仰张仪才华，闻听张仪到来，当日亲赴他下榻宾馆拜访，谦称"楚国偏僻落后，敬请先生指点治国良策"。张仪接过楚怀王话茬，单刀直入地说："大王诚能听从我的劝告，不如关闭楚齐边境城门，撕毁合纵盟约，断绝与齐国的外交关系，改同秦国结成盟友。那么，秦国将把商於一带600里肥田沃地赠予楚王，并挑选年轻貌美的秦国姑娘送到楚王后宫，供大王享用。秦楚相互娶妇嫁女，两国连横，亲若兄弟，可望长期保持友好邻邦。如此，则北可削弱齐国，西则受益于秦。此乃楚国最好的治国富民方略啊！"张仪一席话说得神灵活现，愚蠢的楚王听得心花怒放。当即决定采纳他的建议。满朝文武大臣皆贺，唯独陈轸伤心叹息，强烈反对。他认为，秦赐赠楚600里土地可能是个骗局。因为楚齐结盟才引起秦国尊重，如果楚与齐断交，失去齐国这个强大盟友，则陷入孤立无援境地，秦必轻视楚国，根本不可能赐赠楚国土地，相反还会从秦国引来祸水。故应观望时日，再作决定。一贯独断专行的楚怀王，此刻头脑发热，哪听得进逆耳忠言。他大声呵斥陈轸："快闭嘴！再敢胡言者一律以犯上罪论处。众位爱卿，静候寡人得地。"随后，楚怀王以相印授张仪，并厚赏有加。接着，楚王便下令闭关掩城，与齐国断绝关系，撕毁盟约。同时楚怀王又委派一将军随张仪赴秦索取土地。张仪刚返秦，便谎称登车摔伤，从此装病不起，楚使三个月未见张仪踪影。楚怀王闻讯，大惑不解，猜测张仪避而不见楚使，可能是嫌楚与齐决裂还不够坚决。故派勇士至齐国大骂齐王。齐王大怒，一气之下，转而背楚向秦，与秦正式签订连横盟约。这时，张仪大模大样地粉墨登场了。当楚使向他索要600里秦地时，张仪诡辩说："您一定是搞错了，我要送给楚王的土地是奉邑6里，何来商於600里之说？"楚使大惊失色，赶快回国还报楚王。楚怀王闻听，气得浑身发抖，大骂张仪无赖流氓，言而无信！当即下令发兵攻秦。张仪早有准备，他暗中串通齐国，组织秦齐联军直攻楚国。秦齐大军一路势如破竹，所向披靡，楚军防不胜防，大败而归。此战楚国损兵8万，名将屈匄中箭身亡，秦军接连攻取丹阳、汉中诸地。楚王孤注一掷，再次增兵偷袭秦国。不料，楚军在蓝田一带中了秦军埋伏，几乎全军覆没。楚王迫于无奈，不得已而割让两城，与秦签订屈辱和约。

连战告捷，秦国野心更加膨胀。秦惠王看中楚国黔中一带的肥田沃地，欲据为己有，便同楚王提出要用武关外秦地与黔中楚地交换。否则将以武力夺取。糊涂的楚王为报私仇，竟荒谬提出，只要秦将张仪送到楚国，黔中将无偿奉献。秦惠王求地心切，恨不得马上把张仪送去换回楚地，但碍于情面，一直不好意思明说。这一切当然瞒不过张仪，他自告奋勇，请求出使楚国。秦惠王担忧地说："上次你负约戏弄楚王，他早就怀恨在心。现在去楚实在太危险了。"张仪哈哈一笑，镇定自若地说道："秦国强威扬，我作为秦国特使访楚，楚王一时还不敢把我怎么样。况且，我与楚王宠臣靳尚私交甚厚，靳尚深得楚王夫人郑袖喜爱，而楚王平时又最惧怕郑袖。有这样一层关系，到时候必会化险为夷。假如楚王真的动怒诛杀我，而换取黔中之地，臣死而无憾！"秦惠王大为感动，遂委派张仪再次出使楚国。刚到楚地，张仪就被楚王手下逮捕入狱，欲处极刑。这时，张仪预先用重金贿赂楚臣之举开始奏效。靳尚为营救张仪上蹿下跳，四处活动，他故作神秘地煽动楚王夫人郑袖说："听说楚王最近另有新欢，您将面临被抛弃的危险。"郑袖忙问："爱卿何出此言？"靳尚趁机进言："张仪为秦王宠臣，秦王绝不会看着他白白送死而坐视不救。今秦将以上庸之地六县贿楚，以美人聘楚，以宫中歌妓陪嫁楚王。楚王必喜欢秦国美女，而冷落夫人。如果事情真是那样的话，夫人迟早有一天要遭楚王抛弃了。现在唯一的办法，就是恢复张仪自由。只有这样，才能确保夫人免遭废黜，永享荣华富贵。"靳尚一番话击中郑袖要害，她顿时心烦意乱，对秦国美女又嫉又恨，生怕她们夺其王后位置。于是，郑袖便使出浑身招数，百般风流柔情，向楚王进言道："人臣各为其主，今楚地尚未献秦，秦王即派张仪出使楚国，可见秦王对此事之重视，大王若无礼而杀张仪，秦王必大怒而攻楚。请求大王恩准臣妾与皇子先迁居江南，以免为秦兵所害。"楚怀王本无主见，囚禁张仪仅为咽不下这口窝囊气。听夫人这么一说，吓得魂飞魄散，后悔不迭，忙下令放出张仪，并对他优礼有加，敬若贵宾。

张仪以其临危不惧的胆略和过人的智慧，再次化险为夷。他不辱使命，与楚怀王达成谅解。秦楚言归于好，扫除了秦连横活动中的一大障碍，从而构成了张仪政治外交生涯中最精彩的一个片断。

## 五、连齐协燕，摧垮合纵

就在张仪即将启程从楚国返秦之时，从东方齐国传来苏秦被车裂而死的消息。张仪马上决定改变行程，抓住这天赐良机，加快连横步伐，彻底摧垮合纵。于是，张仪调头重还楚国，鼓动楚王彻底脱离合纵，与秦结成更亲密的关系。张仪先用威胁口气力陈秦国强大，认为"秦地广大几占天下土地之半，雄兵百万可敌四方进攻。秦军一向以英勇善战著称，攻无不克，战无不胜。秦若攻楚，三个月可使楚陷入困境。而合纵各国要救楚国，至少要用半年以上。楚与秦争斗多次，结果是每战必败。合纵各国根本不是秦国对手，如果哪个国家胆敢与秦为敌，必亡无疑。苏秦为合纵奔波一生，到头来却落得身败名裂的下场，这足以说明合纵策略不切实际，是根本行不通的。"继而又拉拢楚王说："今楚秦边境接壤，两国情同手足。大王如能按我刚才说的去做，秦国愿放弃黔中。秦楚互换人质，两国结盟，世代友好相处，互不攻伐。这才是楚国生存下去的最好策略啊！"楚怀王惧怕秦国淫威，便不顾大夫屈原的强烈反对，答应了张仪的条件，彻底背离合纵联盟，完全臣服秦国，与秦结为亲近的连横盟友。

楚国与秦国重结盟约后，张仪马不停蹄直奔韩国。他采用同样手段，劝说韩王："韩国地险山多，资源短缺，民穷国弱，兵力不及秦国一半，根本无法与秦抗衡。若韩国不臣服秦国，秦军则直驱宜阳、上党，东取成皋、荥阳，断绝韩军退路，则韩国就不复存在了。故先臣服秦则安，不事秦国则危，不如臣服秦国。秦国最大愿望为弱楚强秦。而能弱楚者非韩莫属，此由地势所决定。今若韩国事秦国以攻楚，秦王必喜。攻楚而使韩国获其地，转祸而悦秦，这确实是拯救韩国的最好计策啊！"韩王被张仪的话击中要害，心甘情愿地接受了张仪的计策，脱离合纵，改归连横，韩国由此成为秦国连横组织的第三位成员。张仪返秦禀报秦王，秦惠王大喜过望，厚赏张仪肥地五邑，封号"武信君"。

张仪来不及喘息，又风尘仆仆，东赴齐国游说。他劝说齐湣王道："齐国目前虽貌似强大，实则潜伏着亡国的隐患。大王听从合纵者操纵，不明天下大事及古今通变之理，贪眼前小利而忽略国家长远大计。现在秦已与楚、韩、魏、赵结盟连横，若齐不臣服秦国，秦即驱韩魏攻齐之南部，指派赵国渡清河直指博关、临淄、即墨，齐国也就离覆亡不远了。那时，齐国想臣服秦国，恐悔之晚矣。"齐王思索片刻，觉得张仪的话不无道理，便采纳其策略。当即宣布停止合纵活动，改换门庭，与秦通好，正式结成连横盟友。昔日合纵中坚大国的齐国，仿佛做了场噩梦，一夜之间沦为秦国的盟国。一切来得这样突然，一切又似乎顺理成章。残酷的现实犹如一场毁灭性的大地震，摧垮了其他合纵小国的最后一道心理防线，使其不得不重新考虑自己的归宿。

张仪传

149

张仪乘胜进击，再到赵国。他换了一副面孔劝说赵王："大王多年来率天下合纵诸国与秦抗衡，给秦国带来很大麻烦，秦王一直耿耿于怀。现在楚、韩、魏、齐四国均已俯首称臣，易帜加盟连横。赵国失去合纵国援助，形单影孤。今秦若组织韩、魏、齐等国攻赵，灭赵易如反掌。赵亡国后将四分其地，因此奉劝大王尽快择日与秦王相约，最好在渑池晤面签约。双方承诺互不攻伐。这样才能帮助赵国消除亡国隐患，确保长治久安。"赵王听后吓出一身冷汗，忙拱手谢罪道："过去赵国与秦国作对，完全是先王所为。本王年幼无知，继位初始，对一些军国大计心存疑虑，感到合纵抗秦得不偿失，绝非长久之计。寡人正要动身向秦王割地赔罪，没想到在这里聆听先生明教。"于是，赵王诚惶诚恐地接受张仪所献计策，完全放弃合纵，对秦国割地请罪，永结连横联盟。

张仪又奔走燕国游说。他利用燕国与赵国矛盾，极力挑拨劝说燕王道："大王一贯亲近赵国，用联姻方式与赵国结盟，但事与愿违，两国一直明争暗斗，交战不止。燕国曾两度被赵国击败，忍受割地赔罪之辱。现在赵王已于渑池拜见秦王，正式对秦割地称臣，若大王不臣服秦国，则秦必助赵攻燕，贵国云中、九原、易水、长城一带，也就皆非燕土了。今赵国犹如秦国的一个郡县而已，没有秦王命令，绝不敢轻举妄动攻伐燕国。燕王若臣服秦国，秦王必喜，赵国必不敢对燕动武。燕国西有强秦做后盾，南无齐、赵进攻之扰，请大王仔细考虑何去何从吧！"燕王闻听此言，吓得说话声调都变样了："寡人久居深宫，孤陋寡闻。虽名为一国君主，处事却如同婴儿，多年来勉力支撑国度，一直苦无治国良策，今幸遇先生教诲。燕愿臣服秦国，敬献恒山五城，略表诚意。"这样，合纵联盟的最后一位盟友，也被张仪连唬带吓地拉入连横盟约中。

张仪游说连获成功，他以三寸不烂之舌，采取威胁恫吓、拉拢引诱及挑拨离间等手段，利用合纵各国内部矛盾，逐一击破，分化瓦解。最后终于摧垮了合纵联盟，形成诸侯各国连横向秦、秦国一揽天下的新格局。

## 六、大功告成，退隐魏国

张仪顺利实现了多年为之奋斗的连横梦想，他得意洋洋地踏上回秦路程。谁知刚至咸阳，就得到秦惠王去世、武王继位的消息。这消息如当头一棒，把张仪刚才的高兴劲打到九霄云外。这些年来，他扶摇青云，步步高升，全仗惠王恩宠重用。现在惠王一命呜呼，张仪失去靠山。新继位的武王一向厌恶他的油嘴滑舌，做太子时就曾当众给他难堪。大臣中与张仪政见不和者，也开始群起而攻之。纷纷指责张仪言而无信，有辱秦国威名。连横诸侯各国探得张仪与武王结怨甚深，均背弃连横，重操合纵旧业。秦武王元年（前311），秦国朝中群臣日夜诽谤张仪，妄图取而代之。张仪处境十分险恶，随时都有掉脑袋的危险。这时，他想起"狡兔死，良狗烹"的古训，决定马上设计逃离这是非之地。于是，张仪便向武王进言道："从秦国长远利益考虑，需搞乱东方诸国，使其大变，秦国可多得割地。今闻齐王甚痛恨我，我所在之地，齐必兴兵讨伐。因此，我请求赴魏国，齐国必兴师伐魏。魏齐交战，无暇他顾。大王可乘机兴兵伐韩，攻入三川。出兵函谷关，直取东周国，挟周天子以令诸侯，则霸业可成。"秦武王沉默片刻，感到此计甚妙。乃命备车30乘，护送张仪入魏。

果不出张仪所料，他刚到魏国，齐国即兴师伐魏。魏哀王惊恐万分，不知如何是好。张仪狡黠一笑，胸有成竹地说："大王不必惊慌，我愿为大王略施小计，智破齐军。"张仪乃使其舍人冯喜到楚，借楚国使者的名义使齐，对齐王说："我知道您对张仪恨之入骨，才发兵攻魏。但这样做适得其反，正好帮了他的忙。因张仪曾与秦武王设计搞乱东方，秦国乘虚而入。今张仪入魏，您果然中计伐魏。内耗国力，外失盟友，四面树敌，而使秦国坐享其成。这样做只能使秦王对张仪消除不满，深信无疑。"齐王恍然大悟，当即下令停止攻魏，齐军打道回齐。

魏王见状喜不自胜，对张仪佩服得五体投地。当即授其相印，委以宰相重任。正当张仪踌躇满志，准备在魏国大干一番事业的时候，一场疾病夺去了这位谋略家的生命。他带着对权力地位的眷恋和遗憾，匆匆地离开了人世。

张仪虽逝，但他创建的连横战略却最终拆散了合纵联盟，奠定了秦国在诸侯六国中的霸主地位，为秦扫平六国、一统天下铺平了道路。作为一代谋略大师，张仪雄辩的口才，足智多谋的方略，运筹帷幄的大将风度，临危不惧的胆略及矢志不移的奋斗精神，在波澜壮阔的历史画面上写下了光辉的一笔。他的某些战略思想和传奇故事，千百年来一直在我国民间广为流传。

（张照东　王榛华）

▼

本文主要资料来源：《史记》卷七十《张仪列传》；《战国策》。

# 固干削枝号令一统　远交近攻连灭强邻

## ——范雎传

在秦统一中国的历史过程中，有一位名相功不可没。他出身寒微，历经坎坷，后来官至秦相，权倾一时；他分析天下大势，为秦国制定了"远交近攻"的战略，打破了秦、齐对峙的局面；他帮助秦昭王清除内患，加强中央集权，使秦国的力量日益强大。他就是秦国赫赫有名的一代佐相——范雎。

### 一、出身寒微，历经磨难

范雎（？—前255），字叔，战国末期魏国人。年轻时家境贫寒，但他通过刻苦读书掌握了很多知识，包括历代帝王事迹和当时的百家学说。战国时期，世官世禄制已被官僚制所取代，做官不再讲究贵族身份，很多学识渊博或有一技之长的士人，通过游说诸侯取得国君的赏识和信任，成为名重一时的政治家、军事家或谋略家。受这种社会风气的影响，范雎很早就树立了成就一番事业的志向。为了谋求更高的政治地位，他先到魏国中大夫须贾的家中当了一名门客。

范雎苦苦等待了一年多，终于有了一次出使齐国的机会。在这之前，齐湣王昏庸无道，燕将乐毅联合了秦、韩、赵和魏五国之兵，攻下了齐国的70多座城池。齐襄王继位后，励精图治，发愤图强，齐国逐渐强大起来。魏王害怕齐国为报仇攻打魏国，就同相国魏齐商量，决定派须贾为使者，到齐国求和修好。须贾受命后，带着范雎同行。他们经过几天的奔波来到齐国。

齐襄王对魏国参加攻打齐国之事仍念念不忘,拒不接见魏国使者。须贾和范雎在齐国活动了几个月,毫无结果。齐襄王是一个爱才之人,听说须贾的助手范雎学识渊博,很有才华,就产生了把他留下来的想法。于是,他派人给范雎送去了许多礼物——黄金、牛肉和美酒。范雎怕惹出麻烦,坚决不肯接受,没想到这件事还是被须贾知道了。他认为范雎一定把魏国的机密告诉了齐王,否则,齐王为什么不赏赐他这位魏国使者却如此看重使者的属臣呢?他强令范雎收下牛肉和美酒,退回黄金。返回魏国后,须贾怒气未消,又把这件事向魏国相国魏齐作了汇报。魏齐听后,不辨真假,当即派人把范雎抓来,笞击一顿,打断了他的肋骨和牙齿。被打得血肉模糊的范雎急中生智,假装死去。魏齐让家臣用席子把他卷起来,扔到厕所里,随后便与众宾客饮酒作乐去了。为了惩罚泄露国家机密的行为,魏齐又让宾客轮流对着范雎的"尸体"小便,范雎只得默默忍受这种非人的折磨和污辱。趁着魏齐等人不再注意,范雎在席子里用微弱的声音央求看守者:"如能救我一命,我一定加倍报答你。"看守者同情范雎的遭遇,就问魏齐是否可以把席中死人扔掉。已经喝得醉醺醺的魏齐答应了。这样,范雎才得以逃脱魏齐的魔掌。为避人耳目,此后范雎化名"张禄",在民间过着一种东躲西藏的生活。

战国时期,诸侯国之间的互访非常频繁。秦昭王三十六年(前271),昭王派谒者王稽出使魏国。范雎的朋友郑安平化装成士卒,侍奉王稽。王稽问:"魏国有没有能去秦国建功立业的人才?"郑安平说:"我们村里有位张禄先生,正想与您谈天下大事。但他有仇人,不敢白天来见。"王稽此次出使魏国,本来就负有暗中搜罗人才的使命,他当然不愿放弃这种机会,于是约好夜里会见"张禄"。当天晚上,范雎来访王稽。经过简短的交谈,王稽就知道范雎不是平庸之辈,答应把他带到秦国。这是范雎政治生涯中一次重大转折,隐姓埋名的伏匿生活从此结束,蒸蒸日上的秦国将为这位饱经忧患的谋略家提供施展才华的广阔天地。

## 二、智投明主,毛遂自荐

王稽完成出使任务后,就携范雎西行入秦。他们刚刚进入秦国境内,就看到前方出现一队人马。范雎问来者为谁,王稽回答说:"那是相国穰侯来东部巡视县邑。"穰侯名叫魏冉，他是宣太后（秦惠王的夫人，秦昭王的生母）的同胞兄弟。魏冉依仗宣太后的支持，专擅朝政，飞扬跋扈，嫉贤妒能。范雎在魏国时已对魏冉的为人略有所闻，就对王稽说："我听说穰侯为了专权，最恨别国的贤才进入秦国。我若让他见到，恐要受辱，还是躲避一下为好。"于是，范雎就在车中藏匿起来。时间不长，穰侯的车队就来到了。穰侯问过了关东局势后，接着就问："王君这次出使返国是不是引进了别国的说客谋士？我看那样做是毫无益处的，只会把秦国搞乱。"王稽连称："不敢。"穰侯离去后，范雎对王稽说："我听说穰侯足智多疑，见他两眼盯着车厢，怀疑车厢内有人，只是没想搜查罢了。过一会儿他想起这事，肯定还要派人来搜查的。"为躲过穰侯的盘查，范雎下车徒步行走，走了十多里地，穰侯果然派骑兵回来搜查。骑兵们仔细看过车厢，发现里面无人，这才打马回去。向穰侯报告。经过这番波折后，范雎与王稽重新上车，直向秦都咸阳进发。范雎暗中与魏冉斗智并取得胜利，充分显示了他过人的预见力和洞察力。魏冉遇上这样一位厉害的对手，在后来的政治斗争中注定会惨遭失败。

王稽回到咸阳，向秦昭王报告了出使魏国的情况，并说请来了一个名叫张禄的贤士。这时的秦国正处于军事上迅猛发展的时期：秦国向南已经攻下楚国的国都郢，楚怀王被幽禁而死；秦国又向东攻打齐国，迫使齐王去掉帝号；派兵包围过韩、赵、魏，也取得了不同程度的胜利。王稽向昭王报告说："我带来的天下辩士张禄先生，声称秦国局势危如累卵，只有他才能使秦转危为安。"昭王认为这完全是危言耸听，大言欺人，所以他让左右的人把范雎简单地安排在客馆里，一年多没有召见。

其实，在秦国强盛的外表下的确隐藏着危机。当时秦国内政比较混乱，最大的问题是政出多门。除上面提到的穰侯外，还有华阳君、泾阳君、高陵君。穰侯、华昭君是昭王母亲宣太后的两个兄弟，泾阳君、高陵君是昭王的两个兄弟。他们都依仗宣太后为非作歹，抗命昭王，特别是穰侯更是飞扬跋扈，不把昭王放在眼里。他为了个人的私利，准备越过邻近的韩国、魏国去攻打齐国，来扩大自己的陶邑。这种舍近求远、违背军事原则的做法，对秦国极为不利。当范雎得知后，奋笔疾书，上书秦王，指出弊害，恳请秦昭王接见自己一次。秦昭王读了范雎的上书，颇受感动，当即命令差役去请"张禄"先生。

差役们很快去客馆把范雎请来。范雎下了车，佯装不知宫中规矩，直闯王廷。宫内宦官气愤地喊道："大王来了，还不回避！"范雎却大声说："秦哪有什么大王？我只听说秦国有太后、穰侯！"他想用这番激烈的言辞激怒昭王，引起昭王的注意。昭王见有人和宦官吵闹，询问后知道那正是自己要请的客人，于是就请范雎进来，又不断道歉说："寡人早该当面聆听先生的指教，只是因为最近忙着攻打义渠（少数民族国家），早晚都要就军务请示太后，无暇抽出身来。现在义渠方面的事情已经结束了，寡人总算找到机会会见先生。寡人不敏，愿以宾主大礼相待。"当范雎在宫中口出狂言并与宦官争吵的时候，宫内群臣都被范雎的大胆举动吓得变了脸色。他们猜想这个狂徒不被处死也要受刑，没想到昭王对他如此礼遇。从此，朝廷内外没有不知道"张禄"大名的，范雎在群臣面前威信陡增。范雎终于把握了有利时机，通过自荐打通了与秦王的联系，为他施展才能创造了条件。

## 三、纵论天下，远交近攻

范雎虽有机会见到秦王，但还要靠卓越的谋略和辩才方能得到昭王的赏识。范雎坐定后，昭王让范雎谈谈自己的看法。昭王连续请求了两次，他都没有开口，直到昭王第三次请求之后，他才缓缓地说："大王连问我两次而我不答，是因为我不知大王是否真有诚意。从前姜子牙在渭水垂钓时，文王对他不理解，派人召见他；后来了解了他，就亲自去见他，并用自己的车子把他带回；再到后来，文王对姜子牙的感情加深了，就拜他为太师，委以军国大事。如果文王对姜子牙了解不深，他就不会如此礼遇；而如果没有姜子牙，文王可能就失去做天子的福分，也就无法成就帝王之业。现在我是一个流浪之人，和您没有多少交往，而我所说的又是军国大事和您家族的事情，我又怎敢擅自妄加评论呢？这就是您三问我，而我不开口的原因。其实，我并不是害怕朝说夕死，身首异处。怕的是我的死无益于秦国。伍子胥跋山涉水，风餐露宿，置生死不顾而到达吴国，目的是使吴国复兴。箕子虽为小官，却关心国家大事，不被纣王理解而披发佯狂。假如我能像姜子牙等人那样对圣君有所帮助，这是我莫大的荣耀，我又有什么可怕的呢！我所担心的是，我因忠心耿耿而死，不被天下人理解，他们就不会来投靠您，不再向您进献忠言。大王，您上畏惧太后，下被奸臣迷惑，深宫简出，终日不离阿谀奉承之人，不辨黑白。轻者，您变成了真正的孤家寡人；严重时，则社稷倾覆，这才是我担忧的，至于生死荣辱之事，我并不害怕，我死，秦国能大治，我也心甘情愿。"秦王为其真情所感动，同时也被他尖刻的语言说得窘迫，他红着脸说："先生，您怎么这么说呢！秦国虽小，地处偏远，也到不了您说的那种程度啊！您能光临我处，这是上天的恩赐，寡人有了您，就如同文王有了子牙。事情不论大小，上至太后，下至大臣，您都可以指点。望您不吝赐教，请勿疑虑。"

范雎听了昭王的这番话后，知道昭王为其打动，就接着说："秦国虽小，但地势险要，四面坚固，北有甘泉、谷口，南有泾、渭二水，右有陇、蜀，左有关、阪，雄师百万，战车千乘，能守能攻，这是统一天下的风水宝地。这是地利。秦国自商君变法后，百姓能弃私为公，为国而战，这是您成就霸业的根本。这是人和。"秦王一听，心里美滋滋的，但范雎话锋一转说："然而您现在还没有成就霸业，原因是什么呢？是穰侯不忠于国，大王计策有所偏失！"秦王似乎被他的分析所打动，往范雎跟前靠近了一点，说："寡人愿闻失在何处？"

范雎正要讲下去，发现有人偷听，不再言语。秦王会意，让左右的人退下。范雎说："听说穰侯最近要派兵越过韩国、魏国去攻齐国，这犯了兵家大忌。秦国西处边陲，离齐国很远，秦国出兵少了，不足以对齐造成威胁；出兵多了，国内空虚，又须防备着韩、魏。即使打败了齐国，占领了一些土地，秦也无法统治。这样的例子不胜枚举。从前，齐湣王向南攻打楚国，破军杀敌，辟地千里，然而齐国没有得到一寸土地，这是什么原因呢？就是因为楚国离齐国太远，无法统治。诸侯国见齐国连年作战，国弱民贫，君臣不和，于是就联合起来，大举进攻齐国，结果把齐国打得一败涂地，齐国伐楚占领的土地又被韩、魏夺去，劳民伤财却没有得到一点好处，可谓'借贼兵而赍盗粮'。现在穰侯重蹈其辙，实乃下下之策。从前赵国进攻并占有了中山国，疆域扩大，势力大增。其他诸侯国虽不情愿，但也无可奈何，因为中山国紧靠赵国。所以，大王您不如和远处的国家修好，进攻近处的国家，这样得到一寸土地，就是您的一寸土地，得到一尺，就是您的一尺土地。近处的韩魏两国，经济较弱，又处在中原的战略要地。大王，您如果想称霸中原，一定要首先占领这两个国家。"秦王面带笑容，忙问："那么，怎样才能达到远交近攻的目的呢？"范雎接着说："楚国与赵国，可谓水火不相容，楚强则赵附，赵强则楚附，如果他们都和我们友好了，那么齐国就会卑辞重币和我们修好，这是'远交'。远处的国家与我们修好了，那么我们就可以集中大量兵力进攻韩、魏。韩、魏势弱又无援，只有束手待毙。"昭王说："寡人进攻魏国的想法已经很久了，只是苦于没有借口，如何是好？"范雎说："这很容易，我们先礼后兵，多送钱财给他们；如果不行的话，我们再割块土地给他，否则，我们就举兵进攻。"昭王听了非常高兴，当即就册封范雎为客卿，专门负责军事。不久，昭王就派五大夫绾攻打魏国，占领了一些地方。

范雎劝说昭王实行"远交近攻"的策略和进攻魏国之后，又把军事进攻的矛头指向了韩国。韩国原属于晋国，公元前 403 年韩、赵、魏三家分晋时，韩国独立出来，版图上与秦国相连。一次范雎对昭王说："韩国与秦国，地势相连，犬牙交错，秦之有韩，譬如木之有蠹，人之有心病，韩国早晚是秦国的对头，天下不乱则可，乱时对秦国威胁最大的就是韩国。不灭韩国，无以成就霸业。"昭王说："寡人早就想收拾韩国了，只是韩国不听从寡人的，我又有什么办法呢？"范雎说："怎么没有办法呢！您派一支军队攻打韩国的荥阳，截断巩地与成皋之间的道路；再派一支军队向北截断通往太行山的道路，那么上党的韩军就成了瓮中之鳖。您再进攻荥阳，那么韩国就会一分为三。韩国灭亡在即，哪里有不听话的道理！"昭王深以为是，不久就发兵攻韩。

由于军事上的连连胜利，范雎和昭王的关系更加密切。过了一段时间，范雎感到秦国政治弊端太多，王权不固，想使昭王加强中央集权。于是他找了一个机会对昭王说："大王，不瞒您说，我在魏国时，常常听说齐国田文的大名，而很少听到齐王的名字。常常听说太后、穰侯等人的大名，而很少听说秦王的名字。古人说有三种人物可以称得上为王：一是专政之人可以为王；二是能左右利害之人可以为王；三是掌握生杀大权之人可以为王。现在穰侯秉掌出使大权，出使之事不向大王复命；华阳、泾阳二人擅自用兵，危及国家。这些人不是王而胜似王。那么，您还有多少权力呢？王权不固而使国家稳定的事从来就没有听说过。善于治国的圣君要内固其威，外固其权。穰侯掌握出使大权，在诸侯的心目中处于极高的地位。他老奸巨猾，利用自己的势力，进攻齐国。如果胜利了，就独吞战果；如果失败了，就会结怨于天下百姓，祸及您的江山，历史上这样的例子很多。崔杼、淖齿专政齐国，最后杀死齐王，夺取王位；李兑等人专政赵国，最后饿死赵王。现在的太后、穰侯就是崔杼、李兑这样的人物，现在朝廷上下，里里外外，形成了他们的关系网，没有一个不是他们的人。我私下里为您担忧，几世之后，秦国是否还是您嬴姓的江山。"秦昭王听了范雎的话非常担心，决定废黜太后等人。

不久，昭王便找了一个借口，下令收回穰侯的相印，让他回封地去养老。穰侯虽不甘心，但也无可奈何。穰侯这些年来搜刮的金银财宝，装了许多大车，有许多贵重的东西，有些连国库都没有。接着昭王又剥夺华阳君、高陵君、泾阳君的大权，送他们到外地做官，国王不召见，不许进朝。随后就逼着太后退位养老，不让她再干预朝政。一年以后，宣太后薨。昭王拜范雎为相国，封为应侯。这是昭王四十一年（前266）的事，这时范雎已入秦6年，经过范雎的劝说，昭王采取了远交近攻的策略，加强了中央集权。范雎作为一介平民，也登上了权力顶峰。

## 四、巧除宿仇，知恩必报

范雎童年艰苦的生活养成了他的坚强性格，曲折复杂的经历造就了他成就一番大事业的信心。他对仇人耿耿于怀，念念不忘；同时对帮助过他的人施以恩德，报以涌泉。在范雎的人生观中形成了"一饮必偿，睚眦必报"的思想。范雎当上秦相后，采取了"远交近攻"的战略，把军事进攻的矛头指向了魏国。魏国非常害怕，君臣议定，决定派须贾出使秦国，目的是取悦秦相和昭王，让他们放弃进攻魏国的计划。

范雎听说须贾出使秦国，住在离相府不远的客馆中，就乔装打扮，衣衫褴褛，步行到须贾的住处。须贾开门，见是范雎，大吃一惊，说："范公子，你不是被打死了吗？"范雎说："可不是么！要不是我命大，岂能在这里见到您！"须贾又说："你现在干什么呢？"范雎说他只是为别人做事罢了，当时须贾非常同情他，留他吃饭并送给他一件大衣。须贾说："我听说'张相国'很得秦王器重，一些军国大事由他说了算，我这次来的目的，就是想找到他，请他疏通秦王，放弃进攻我国的计划。不知您能否助我一臂之力。"范雎说："这好办，我的主人和他关系很好，我可以帮助您。"须贾又说："连日奔波，我的马病了，车也坏了，您能不能为我借辆马车，比较体面地去见相国？"范雎说："没问题，我会解决的。"范雎又同他聊了一会儿，这才离开。

范雎回到相府后，第二天就带来了一辆豪华马车。须贾非常高兴，也没细问就跳上了大车。范雎赶着车子从大街上驶过，街上的人见是相国赶车，都很惊讶，恭恭敬敬地站在两边。须贾很高兴，以为人们是对他恭敬。他们很快就到了相府前，范雎跳下车对须贾说："先生，你在此略等片刻，待我为您通报一声。"言毕，便进入相府。须贾在府前等了很长一会儿，仍不见范雎出来，很是纳闷，就问看门人说："范雎怎么还不出来？"看门人很惊讶，说："谁是范雎？"须贾说："就是刚才进去的那人。"看门人说："那是我们的张相国。"须贾大惊失色，才知范雎已更名为张禄，"张相国"实际上就是范相国。自己不知深浅，冒犯了范雎。现在他只好负荆请罪，跪着进入相府，请求相国宽宥。范雎端坐正堂，说："你有三大罪行。我出身魏国，忠贞不贰，你却在魏齐面前诬告我投靠齐国，害得我流离失所，这是其一；魏齐让人辱我于厕中，你却不制止，这是其二；不仅如此，而且你还亲自朝我身上小便，这是其三。不过，你到秦国后，赠我旧袍，不失故人之谊，所以今日姑且饶你不死。"从此，人们知道相国并不叫张禄，他原来是曾被魏齐打得半死的范雎。

须贾办完事，准备回国，范雎在相府为他"宴行"。那天许多大臣都到了，堂上摆上了许多山珍海味，而须贾却被安排在堂下。他面前摆放的是马吃的草料，还有两个刑徒夹在左右逼着他像马那样进食。范雎又呵斥道："你告诉魏王，让他赶快献上魏齐的头颅，否则我要血洗大梁！"须贾回国后，把这次奇遇告知魏齐，魏齐非常害怕，连夜逃到赵国平原君赵胜的家中藏匿起来，不敢再回魏国。

深知范雎复仇情切的秦昭王修书一封，派人送给赵胜，信的大意是说，我秦昭王素闻您的大名，希望能和您结为金兰之好，愿某某日到我处共赴宴会。赵胜一是害怕秦国，二是没有理由拒绝秦王，就到秦国去了。秦昭王与赵胜同吃同玩，一连过了好几天。一天，他见赵胜高兴，就说："从前周文王因得姜子牙而建立周朝，齐桓公有了管仲，齐国复兴。现在我有了范君，秦国的事业蒸蒸日上。范君的仇人就在您的家中，希望您能把他交出来。"赵胜一听，才知上了昭王的当。但是赵胜是战国时四公子之一，素以忠于朋友出名。他正色地说："交友贵在真诚，我不会做出背信弃义的事；况且魏齐现在又不在我处。"秦昭王一看不能逼迫赵胜交出魏齐，又修书一封给赵国的国君赵孝成王。其大意是说，你弟弟赵胜已在我手里，如不抓紧献上魏齐的人头，你就见不上他了，而且我还要发兵攻打赵国。赵孝成王深知秦有虎狼之心，不敢因小小的魏齐而得罪秦王，他只好照做。他派兵包围了赵胜的家，准备捉拿魏齐。魏齐一看大事不妙，深更半夜越墙逃到赵相虞卿的家中。虞卿以前曾得到过魏齐的帮助。他听了魏齐的诉说后，也无计可施，只好弃官不做，与魏齐一起出逃。路上，想到别无他国可以抵挡秦国，只好回到魏国，投奔战国时期四公子之一的信陵君，信陵君听到魏齐前来投奔的消息后，面有难色。这时，一个家臣说："世道变化复杂，人固不易知，知人亦不易，您以养士而出名，还是见见为好，这样才不为天下士人所寒心。"信陵君只好派人驾车去迎接。魏齐得知信陵君当初不愿见他，只是在别人的劝说下才接纳他的，他感到非常羞惭，无地自容。于是说："我魏齐曾权倾一时，没想到被范雎逼到如此地步，我还有什么脸面活在世上。"说毕，拔剑自刎。赵孝成王听说后，派人取得魏齐的人头，献给昭王。昭王这才放出赵胜。这样，范雎报了深仇大恨。

　　范雎对有恩于自己的人则千方百计地予以报答。

　　范雎之所以大难不死，官至秦相，这与郑安平、王稽等人的帮助密不可分。在他当上秦相后，就想方设法提拔、重用他们。一次，君臣闲聊，范雎说："士为知己者死。没有大王您的赏识，我不会有今日的荣耀。当初，要是没有郑安平、王稽等人的帮助，我也不会投靠在您的门下。现在我身居相位，享尽荣华富贵，然而我的恩人却贱若平民，我心实在过意不去。"昭王

范雎传

161

深知范雎心意，不久就召见了王稽，让他当上了河东太守，三年不向王国纳贡；又任郑安平为将军。范雎干脆散尽家中钱财，救济天下百姓。后来司马迁评论他说："一饭之德必偿，睚眦之怒必报。"对范雎的概括可谓一针见血。

## 五、功成名就，物盛必衰

范雎相秦，为秦国提出了符合实际情况的"远交近攻"策略，加强了中央集权，从而在军事上打破了十多年来处处防守的格局，取得了一系列的胜利。在范雎的指导下，秦昭王四十一年，昭王派五大夫绾进攻魏国，攻下怀地，两年后，又攻下了邢丘。四十二年，向东攻下了韩国的少曲、高平等地。四十三年又攻下了韩国的汾陉等地。四十五年，昭王派兵包围了赵国，开始了战国时期最大的战役——长平之战。长平是赵国的军事重地，战略地位非常重要。赵国派军事经验丰富的廉颇坚守阵地。廉颇是赵国老将，他采取了坚守战术，拒不出击，秦军17个月没有攻下长平。范雎分析情况后，决定使用反间计。他派人带千金到赵国，买通对廉颇不满的大臣，并对他们说："秦国并不害怕廉颇，因为廉颇只善守而不善攻，秦国最怕的人是赵括。"赵王不知是计，加上他本来对廉颇不主动出击就有意见，便改变了主意，派只会"纸上谈兵"的赵括接替廉颇。赵括上任后，一反廉颇坚守不出的战略，主动出击，结果被武安君白起两面夹击，一举攻破。赵括战死，40余万将士被活埋，只留下240人回去报信。昭王四十七年九月，秦国取得了长平之战的胜利。

物极必反，物盛必衰，伴随事业上的成功，范雎的权势欲望和争权夺利的私心逐渐膨胀起来，特别是长平之战后，他与具体负责指挥的武安君白起产生了矛盾。昭王四十八年，秦昭王准备乘胜进攻赵国的首都邯郸，决定由白起负责。白起分析当时的形势，认为秦国还没有足够的力量灭掉赵国，坚决不肯出征。秦昭王非常生气，罢免了白起的"武安君"称号，把他赶出首都。范雎对秦昭王说："白起是天下有名的武将，现在不肯为秦国效劳，他走以后，恐怕对秦国不利。"这时，白起已经离开咸阳十多里地，秦昭王派人送剑给他，赐他一死。白起此时已是老人，在战场上拼杀了40多年，叱咤风云，战功卓著。他接过剑，仰天长啸："苍天！我有何罪？如果说我有罪的话，我不该打胜长平之战，不该坑杀如此多的赵兵。"

范雎威逼白起自杀的目的虽然达到了，但他也逐渐失去了昭王的信任。因为他权倾朝野，惹得众人不满。更重要的是，范雎权势欲望一旦满足，战国时期士人那种放荡不羁的性格便表现了出来，常常使昭王不满。一次，秦国失去了汝南，秦昭王心情很忧郁，问范雎："将来有一天，我亡国了，你会很忧伤吧！"范雎却面带微笑地说："我不会忧伤的。"当时昭王非常生气，拂袖而去。后来尽管范雎又作了许多解释，昭王仍无动于衷，对范雎怀有成见。从那以后，范雎每每说起对韩国的用兵，秦昭王往往不听。范雎不仅因言获罪，而且他的好友王稽因治兵不善，昭王也迁怒于他。仅以上这些，还不足以使范雎遭祸，更为重要的是范雎的另一个朋友郑安平带兵出了问题。

公元前258年，郑安平奉昭王之命，带兵进攻赵国首都邯郸。郑安平在赵军、魏军、楚军的夹击和围困下，带着两万人马投降了赵国，被封为武阳君。按照当时秦律，凡是推荐不善的人，应该和不善的人同罪。郑安平是由范雎推荐的，他投降赵国，范雎应该罪收三族。范雎多次请罪，昭王开恩，没有治他的罪。没想到，两年之后，范雎所荐的另一个人河东太守王稽与诸侯勾结，触犯秦律。昭王勃然大怒，想杀掉范雎。燕人蔡泽听到后，趁机游说范雎说："日中则移，月满则亏；物盛必衰，天地之常数；成功之下，不可久处。"劝范雎让出相位。范雎虽留恋权位，被迫无奈，也只好将相位让出。

对于范雎的死年，史书没有记载，两千多年来一直是个谜。1976年初，考古工作者在湖北省云梦县睡虎地发掘了大批秦代竹简。其中一条竹简上写道："五十二年，王稽、张禄死。""五十二年"是指秦昭王五十二年，即公元前255年，可见，在昭王处死王稽的那年，范雎也死了。范雎是病死的还是被处死的，不得而知，他和被处死的王稽并列，相信被处死的可能性大。

范雎自秦昭王三十六年入秦，四十一年拜相，五十二年卒，入秦16年，相秦11年。他所经历的是秦国历史上最长的昭王时期（前306—前251）。他为秦国制定了"远交近攻"的战略方针，间接地指挥了长平之战，打破了战国时期天下势力均衡的局面，实际上开始了秦的统一战争。他"一饭必偿，睚眦必报"的思想影响了一代士人。由逼死名将白起一事可以看出，范雎智谋有余，但心胸不够博大，这是他致祸的一个重要原因。但从总

范雎传

163

体上看，他不愧是中国历史上一个著名的政治家和谋略家。

（朱汉明）

▼

本文主要资料来源：《史记》卷五，《秦本纪》；《史记》卷七九，《范雎蔡泽列传》；《战国策》卷五，《秦三》；杨宽：《战国史》。

# 乘时立功　急流勇退

## ——乐毅传

陈寿《三国志》记载：蜀汉名相诸葛亮青年时代，"每自比于管仲、乐毅"。管仲和乐毅都是春秋战国时代的著名谋士。

乐毅，战国时代赵国灵寿（今河北灵寿县西北）人，生卒年月不详，是魏国军事家乐羊的后代。公元前408年，魏文侯（魏国第一个国君，前445—前396年在位）派乐羊率领军队去攻打中山国（今河北中部偏西，活动中心在今定县），战事持续了3年，终于灭掉了中山国。为了嘉奖乐羊的战功，魏文侯把乐羊封在灵寿，乐羊死后便葬在这里，乐羊的后代也定居在这里。由于魏国和中山国之间还有赵国，所以魏国难以长期控制中山国。约在公元前380年前后，中山国复国，并把国都设在灵寿，公元前300年，赵武灵王（前326—前299年在位）派军进攻中山国,5年后，中山国再次被灭掉。这样，乐毅便成了赵国人。乐毅有文武之才，深谙兵法。赵武灵王时被推举为官。公元前299年，赵国发生内乱，赵武灵王被围困在沙丘（今河北巨鹿东南）宫，活活饿死。乐毅乘机离开赵国，跑到了魏国的国都大梁（今河南开封）。

## 一、乐毅衔命使燕国

战国时代，齐、楚、燕、韩、赵、魏、秦，号称"战国七雄"。燕国原是其中比较弱小的一个，它的疆域在今河北北部、辽宁西南部以及山西东北部，南临大海，跟齐国接界，国都在蓟（今北京市西南）。当时，七国在互相争战的同时，都进行了不同程度的社会改革。燕国也发生了一场"禅让"君位的闹剧。

公元前 318 年，燕王哙把君位禅让给相国子之，并把 300 石俸禄以上的官吏们的大印全部收回，交给子之另行任命。当时，燕王哙年事已高，不再过问政事，一切都由子之一人决定。这件事引起了燕国贵族的不满，3 年以后，终于爆发了内乱。

公元前 315 年，燕太子平和将军市被暗中谋划攻打子之。消息传到齐国，齐国的谋士们劝齐宣王说："如果趁此机会进攻燕国，就一定能把它灭掉。"于是，齐王派人到燕国对太子平表示，齐愿帮助太子夺位。太子平便结党聚众，反对子之；将军市被也带兵包围了宫殿。子之率众反击，战斗持续了好几个月，死伤数万人。

齐国早就对燕国怀有野心，公元前 333 年，燕文公去世，齐国便趁燕国国丧之机攻占了燕国 10 座城池。此时，太子平和子之发生内争，为齐国的干涉提供了机会和借口，齐宣王派匡章统率齐兵，大举伐燕。燕国士兵无心抵抗，连城门都不关闭。齐军只用了 50 天时间，就攻下了燕国的国都蓟，并活捉了子之，把他剁成肉酱。接着燕王哙也在战乱中死去。齐军的残暴和烧杀抢掠，招致了燕国百姓的不满；同时，其他诸侯国也准备派兵救燕。于是，齐军被迫撤退。公元前 311 年，燕人拥立太子平即位，这就是燕昭王。

燕昭王即位时，燕国国内一片混乱，田地荒芜，房屋倒塌，到处是一片废墟。燕昭王决心振兴燕国，雪亡国之耻。他知道，治理国家千头万绪，最要紧的是要有人才。有了人才，才能雪耻兴邦。

燕昭王思考着如何招揽人才，食不甘味，寝不安席，为了这件事焦虑得面容憔悴。

有一天，燕昭王对他的谋士郭隗说："齐国趁我们发生内乱，一举攻破燕国，我们国小力单，无力报仇。如果能找到贤杰跟我共同治理国家，以洗雪国破家亡之耻，那才是我的心愿。你有没有发现这样的人才呢？"郭隗说："只要您诚心诚意，礼贤下士，尊重有才能的人，学习他们的人品和才干，那么天下的人才就会聚集到燕国。他们听说您礼贤下士，还亲自登门求教，自然会为您出谋划策。"昭王又问："我该向谁求教呢？"于是，郭隗绘声绘色地给他讲了一个"重金买马骨"的故事。

从前，有一个国君，想得到一匹千里马，就派一名亲信，带着黄金千两四处去买千里马。有一天，这个人走在半路上，看到许多人围着一匹死马啧啧称叹。他走上前去打听，得知这匹死马，原来是千里马。他忽然灵机一动，立刻拿出500两黄金，买下了这匹千里马的骨头。这个亲信把马骨带回去，恭恭敬敬地献给国君。国君看他带回来的是马骨，大怒说："你这个傻瓜，马骨有什么用呢？还花去这么多金子！"这个人胸有成竹地说："大王息怒，天下人知道您连千里马的骨头都肯出重金收买，便知您求千里马心切，千里马很快就会送上门来！"果然，不到一年的工夫，这位国君就得到了千里马。

昭王听完故事，说："你的意思我已经明白了，可是招贤人这件事，具体该怎么办呢？"

郭隗站起身，深深地向燕昭王施礼之后，说："臣下不才，请大王把我看作'死马骨'供奉起来，活的'千里马'一定会送上门来。"

燕昭王接受了郭隗的建议，拜郭隗为师，经常像学生一样去请教，并在国都武阳（昭王时迁都武阳，在今河北易县南）给郭隗修建了一座豪华的宫殿。为了争取民心，他悼念死者，慰问孤寒，跟百姓同甘共苦。为了广招人才，他在易水河畔筑起一座高台，在台上举行庄重的接见仪式，接待各地前来投奔的贤士；台上堆放着许多黄金，作为网罗贤能的经费，取名"黄金台"。只要有善于用兵的贤才，有志灭齐的勇士，以及对齐国险阻关塞、君臣内幕比较了解的人，昭王便不惜金钱，想方设法把他们聘请到燕国。

这件事不胫而走，很快传遍天下。各国有才能的人，络绎不绝地来到燕国。武将剧辛从赵国来，谋士邹衍从齐国来，屈庸从卫国来，苏代从洛阳来。一时间，四方豪杰之士云集燕国。

燕昭王真心实意礼遇贤能的消息很快传到魏国，在魏国做官的乐毅一直不受魏王的重用。早有离魏之心，只是苦于没有好的去处而迟迟未动。恰在这时，传来燕昭王高筑黄金台、礼贤下士的消息，便萌生了投奔燕王的念头。也就在这个时候，魏王命乐毅出使燕国，乐毅真是求之不得，便欣然前往。

　　燕昭王久闻乐毅大名，听说乐毅要来燕国，真是喜从天降。昭王以接待贵宾的礼节隆重接见了乐毅。昭王说："先生在赵国出生，在魏国做官，在燕国当为贵宾。"乐毅说："臣在魏做官，只不过是为躲避战乱。大王如果不嫌弃的话，请委任我为燕国大臣。"燕昭王十分高兴，封乐毅为亚卿（仅次于上卿的高官），"立之群臣之上"。这为乐毅施展才能提供了用武之地。

## 二、乐毅伐齐

　　到燕国之后，乐毅一方面帮助燕国训练军队，一方面积极进行政治改革。燕国经过20余年的休养生息，国家殷富，士兵乐战，为进攻齐国准备了条件。

　　当时，齐国正是齐湣王当政，号称东方强国。齐国土地肥沃，蓄积丰富，国势强盛，它南败宋楚，西摧三晋。又与韩、魏联合攻秦，兵进函谷关，迫使秦国求和。齐湣王的狂妄骄横，使韩、赵、魏、秦等国深感不安，于是各大国之间活动频繁，谋划合纵伐齐。同时，由于连年征战，齐国国力日益削弱，内部矛盾日益尖锐，特别是齐湣王把齐国名士孟尝君逐出国外，更引起了齐国百姓的不满。

　　燕昭王看到"雪先王之耻"的时机已经成熟，便跟乐毅商量攻打齐国的大计。昭王说："寡人已含恨28年了，常担心某一天会突然死去，而不能插利刃于齐王之腹，以雪国耻。现在齐湣王骄横残暴，目空一切，中外离心，这是天要亡齐。我准备动员全国军队，与齐国决一死战，先生有何高见？"乐毅答道："齐国地大人多，士兵善战，如果仅凭燕国的力量，单独攻齐，很难取胜，大王果真要讨伐齐国，必须与其他国家相联合，现今燕的邻国当中，赵国与燕关系最密切，大王应该首先与赵国联合，这样韩国必定会响应。而被齐王驱逐的孟尝君，正在魏国做相，痛恨齐国，肯定乐意出兵伐齐。这样，打败齐国，指日可待。"昭王听后，很是高兴，于是派乐毅到赵国游说。赵国名士平原君赵胜向赵惠文王陈述了伐齐的好处，赵王很痛快地答应了。恰好秦国的使者滞留在赵国，乐毅便趁机游说。秦使者回国向秦王报告了伐齐的事。秦王早就忌恨齐国的强盛，害怕诸侯各国背秦而事齐，于是赶忙派使者再到赵国，表示愿意共同讨伐齐国。与此同时，剧辛也衔燕昭王之命前往魏国，劝说魏王出兵。孟尝君听说后，表示大力支持。经过多次外交活动，燕、秦、赵、韩、魏五国约定共同伐齐。公元前284年，燕昭王动员全国兵力，拜乐毅为上将军，赵惠文王也把相国印绶给乐毅。于是，乐毅统帅五国大军，浩浩荡荡杀奔齐国。

## 三、攻齐国乐毅分兵，围即墨燕王中计

齐湣王听说五国大军前来进犯，便任命触子为将，亲自调集全国兵众，沿济水设置防线，进行抵抗。他唯恐齐国战败，对触子下命令说，只许打胜，不许打败；败了，就要掘你的祖坟，齐湣王这种昏聩残暴的做法，不但不能鼓舞军队斗志，反而涣散了军心。不久，双方大军在济水以西展开激战。

乐毅身先士卒，五国兵将无不奋勇杀敌，杀得齐兵尸横遍野，血流成河。诸军乘胜追击，齐湣王大败，逃回国都临淄（今山东淄博），一面组织城内军民坚守都城，一面连夜派人求救于楚国，许诺尽割淮北之地给楚国。

乐毅在打败了齐军的主力之后，便遣还了秦、韩两国的军队，让魏军去攻取宋国的故地（今江苏铜山、河南商丘、山东曲阜之间的地区），让赵军去攻占河间，自己准备统帅燕军，长驱直入，直捣齐都临淄。这时，剧辛对乐毅说，齐国是个大国，燕国是个小国，这次能打败齐国，主要靠其他国家的援助。从长远考虑，应该及时占领齐国边境的城池，不应该贸然深入。乐毅不同意剧辛的看法。认为齐湣王早已不得人心，如果燕军乘胜前进，就会使齐国离心离德，爆发内乱，燕军正好征服齐国；如果贻误战机，齐王就会重整队伍，卷土再来，那就很难征服齐国了。于是，乐毅率燕军继续追击，势如破竹，齐军守将都望风而逃，燕国大军直逼临淄。齐湣王十分恐惧，于是协同文武官员数十人，偷偷打开临淄北门，潜逃到外地。乐毅很快就攻破了临淄城，"尽取齐宝物祭器输之燕"。过去齐国从燕国掠去的宝鼎等物，又重新陈列在燕国的宫室之中。燕昭王大喜，亲自到前线慰劳军队。乐毅以其显赫战功，被封于昌国（今山东淄博市东南），号昌国君。

再说齐湣王从临淄逃出以后，先是跑到卫国的国都濮阳（今河南濮阳西南）。卫国是小国，卫君起初对齐湣王还很恭敬，但齐湣王仍以大国国君身

份自居，傲慢不逊，卫国君臣对他渐起反感。齐湣王看形势不妙，又先后奔到邹国、鲁国，两国都不接纳。最后，他东逃西奔，到处碰壁，只得回到齐国莒城。

却说楚国见齐国使者前来求救，就派大将淖齿率兵 20 万，以救齐为名，开赴齐国。行前，楚王对淖齿说："齐王遇难，向我们求救，你到齐国后可以相机行事，只要对楚国有利的事，你尽可以放手干。"淖齿遵命而行。

齐湣王走投无路之际，淖齿率楚军到达了莒城。齐湣王饥不择食，把淖齿当成了"救星"，并拜他为相国，一切大权都由他掌握。但淖齿看到燕国攻势凌厉，恐怕救齐难以成功，反而得罪燕齐两国，于是暗中派使者通告乐毅，准备杀掉齐湣王，与燕国共同瓜分齐国，并自立为王。乐毅感到这是一个机会。楚杀掉齐湣王，既起了削弱齐国的作用，又会使楚齐分裂，对燕军有利。于是，乐毅对来使说："将军诛杀无道的昏君以立功留名，与齐桓公、晋文公的功业相比，也毫不逊色。"淖齿听说后，十分高兴，便以请齐湣王阅兵为名，乘机杀掉了他。

再说乐毅攻克了临淄后，燕军威武雄壮，士气高昂，为了控制并占领齐国全境，乐毅兵分五路：左军东渡胶水，攻占胶东、东莱（今山东平度、莱阳、乳山一带）；右军沿黄河和济水，向西攻占阿城（今山东东阿）、鄄城（今山东鄄城北）跟魏军相接应；前军沿泰山东麓直至黄海，攻取琅琊（今山东沂南至日照一带）；后军沿着临淄东北的海岸，攻占千乘（今山东高青东北）；中军镇守齐都临淄。

当乐毅率兵攻到画邑（临淄附近）时，听说齐国名臣王烛家在画邑，便传令军队在画邑周围 30 里处驻扎下来，不许进犯。乐毅知道王烛是能臣，又有节操，便派使者带金币前往聘请王烛，准备推荐给燕王。王烛以年老多病为由，不肯来。使者说："上将军有令：'先生若肯去，就用作大将，给以万户的封邑；若不肯去，将率兵攻城！'"王烛仰天长叹，说："忠臣不事二君，烈女不更二夫。齐湣王不听我的忠谏，我才退而耕田。现在国破君亡，我已痛不欲生，今以兵劫持我，我与其不义而生，不如全义而死！"说完，自杀身亡。乐毅知道后，十分惋惜，传命厚葬了王烛，并在墓碑上写道："齐忠臣王烛之墓。"

由于乐毅注意约束将士，军纪严明，禁止抢掠，尊重当地习俗，并且废除了齐湣王的暴政，减轻了百姓的租赋负担，对当地名流也待之以礼，所以，进军十分顺利，在不到半年的时间里，就攻下了70余城。当时，除莒城（今山东莒县）、即墨没有攻占外，其他地方都被乐毅改设为郡县。乐毅还为齐桓公和管仲修建庙宇，进行祭祀，以收揽民心。他还在齐国封了20多个拥有燕国封邑的封君，把100多个燕国的爵位赏赐给齐国的名士，以便长期占领齐国。

正当乐毅进军神速、胜利在望的时候，齐国出了个谋士田单，他巧妙地利用了燕国形势的变化，扭转了战局。

田单是齐国国君的远房宗族，曾在国都临淄做市掾（管理市政的小吏）。那时他默默无闻，没有人赏识他的才能。他的出名是在齐国国都临淄陷落以后。当时齐湣王外逃，临淄一片混乱，田单也携家带口逃到安平（今山东淄博东）。路上，他见逃亡的人很多，车辆拥挤，常常互相碰撞；到安平以后，他估计燕军会随后杀来，便让同族的人把车轴两端露在车轮以外的部分锯短，再用铁皮包起来。不久，燕军攻占安平，齐人争相逃命，许多车辆争先恐后，夺路而行，以至于车轴撞断，无法行走，成了燕军的战利品，唯独田单一族的车辆经过改造，车轴既牢固又不容易碰坏，顺利地逃到即墨。

这时，齐国各地几乎被燕军占领，只有莒城、即墨两地尚未攻下，乐毅便把右军和前军调来，围攻莒城，把左军和后军调来围攻即墨。即墨大夫率众出战，不幸身亡；即墨守军群龙无首，形势十分危急。在此紧急关头，即墨人想到了改良车轴、安全撤退的田单，认为他足智多谋，必能维护即墨的安全，于是共同推举田单为将，坚守即墨，抗拒燕兵，以观时变。

一年过去了，莒城、即墨二城依然坚守如故。三年过去了，两座城池仍旧固若金汤，这时燕国国内却出现了变故。

骑劫是燕国大夫，勇武有力，喜好纸上谈兵，与燕太子乐资关系很好。他眼见乐毅立下战功，早就想谋取兵权，现在看到乐毅迟迟驻军不动，认为夺权的机会到了。他对燕太子说："齐湣王已被处死，齐国仅存莒城和即墨两城未被攻下。乐毅在半年时间里攻下70余座城池，难道三年时间里就攻不下区区两座小城吗？他之所以不肯即刻攻城，是因为齐人尚未心服。乐毅不过是想恩威并施，赢得齐国百姓的信赖。不久，就要自己作齐王了。"燕太子把骑劫的话转告给燕昭王，想让骑劫代替乐毅到前线指挥燕军。燕昭王听后大怒，说："我们先王的深仇，如果不是昌国君乐毅，恐怕到现在也不能报。即使乐毅真想自立为齐王，与他的赫赫战功相比较，不也是理所应当的吗？"于是，把太子鞭打一顿，并派使者到临淄前线，封乐毅为齐王。乐毅对此自然感激涕零，但他心里很清楚，其中也隐藏着很大的危险。自己功高震主，已引起了别人的猜忌。如真的当了齐王，那就恰好验证了政敌的猜忌是对的，自己的处境就更危险了。因此，他发誓死也不肯受命。昭王闻讯后说："我本来就知道乐毅的真心，绝不会背叛我的。"但从此以后，燕太子很是忌恨乐毅。

不幸的是，公元前279年，燕昭王突然去世，燕太子即位，这就是燕惠王。惠王即位后，对乐毅心怀疑惧。田单利用燕惠王的弱点，乘机进行离间，派间谍到燕国宣传说："乐毅早就想在齐国称王，只因秉受燕昭王的厚恩，才不忍心背弃他，因此，暂缓进攻两城以待时变。现在燕惠王刚刚即位，乐毅就要与即墨讲和。当今，齐国人最担心的是，燕国派别人来代替乐毅督战，那样的话，即墨城就指日可破了。"燕惠王早就忌恨乐毅，现在又听信流言，与骑劫的话不谋而合，便信以为真，立即派骑劫去代替乐毅。乐毅知道燕惠王用心不善，便从齐国逃到赵国。燕军听说乐毅被撤换，个个愤怒不平，军心日益涣散。

## 四、田单巧设火牛阵，乐毅智上燕王书

乐毅是战国时代的著名谋略家，不仅善于用兵，而且严于治军，实行了一些争取民心，稳定时局的政策。当他围困莒城和即墨一年以后，便命令燕军解围，后退到距城9里的地方修筑防线，并传令说，城内居民外出时，不许任意俘获；居民有困难的，还要设法赈济。骑劫则一反乐毅的政策，不注意约束部下，又求胜心切，一到齐国就拼命攻城。

田单足智多谋，不跟骑劫正面交战。他传令城中居民每次吃饭时，都要把供品摆在院子里祭祀祖先，结果引来许多飞鸟。古人把飞鸟群集看作吉祥的征兆，燕军见即墨上空飞鸟成群，便觉得奇怪。田单乘机散布谣言说："老

天爷给我派了一名'神师'，教我用兵。"有一个小卒明白了田单的用意，对田单说："我可以当'神师'吗？"田单果然给他换了衣帽，拜为"神师"，对他恭恭敬敬，每次下令，或操练，都要打出"神师"的旗号。田单正是利用当时的迷信心理，达到了欺骗燕军，约束齐军的目的，齐军人人对他唯命是从。

不久，田单又散布流言说："昌国君乐毅过于仁慈，抓到齐国人不忍心杀死。因此，城里人都不怕他。如果燕军割掉齐兵的鼻子，让他们冲在前面，即墨人就会因怕死而出降。"骑劫听说后，信以为真，果然照办。守城的齐军一看，被俘虏去的齐国士兵全部被割掉了鼻子，便义愤填膺，把城池防守得更加牢固，唯恐被燕军抓去。

几天以后，田单又传言说，我们的祖坟都在城外，如果被燕军掘掉，那真让人目不忍睹。骑劫听说后，即派士卒掘坟烧尸。城上的守军见城外火光冲天，臭气难闻，对燕军的暴行更加痛恨，许多人泣不成声，纷纷摩拳擦掌，要与燕军决一死战，为祖宗报仇雪耻。

田单见守城军民求战心切，士气高昂，便拿起工具，跟士兵们一起修筑工事，并把自己的妻妾编入队伍，把自己的家财散发给士卒。城防加固以后，田单又把齐军壮士撤到城里，埋伏起来，派老弱残兵和妇女、小孩登上城头，日夜巡逻守卫。同时，派遣使者，找到燕国将领，请求投降。消息传开以后，早已疲惫厌战的燕国士兵个个欢呼雀跃，高喊万岁。接着，田单又收集了一批黄金，让即墨富翁送给骑劫，并对骑劫说："我们就要投降了。你们进城以后，千万不要抢我们的家财！"骑劫眉开眼笑，连声许诺。这样，燕军的斗志更加懈怠，他们上上下下，只等着齐军出降，早把攻城的事抛到九霄云外了。

经过一系列的攻心战和舆论准备之后，田单又制定了奇袭燕军的作战方案，他找来了一千多头牛，制作了一批花花绿绿、奇形怪状的衣服，把每一头牛都打扮一番。牛角上绑上两把尖刀，牛尾绑上芦苇，上面灌上油脂。然后，又把城墙挖开几十个洞，同时，田单又从齐军中精选出5000名身强力壮的士卒，人人涂得青面獠牙，凶神恶煞一般。

一天夜里，天色漆黑，寂静异常。燕军刚刚进入梦乡。突然，即墨城上锣鼓喧天，声震天地，杀声、喊声、牛叫声夹杂在一起，震耳欲聋；城下硝烟滚滚，火光冲天。燕军晕头转向，立即乱作一团，只见一群凶猛的怪物，头上举着明晃晃的利刃，后面带着一团团火焰，风驰电掣般地冲来。5000 名士卒又随后掩杀过来。燕军逃的逃，伤的伤，死的死，很快溃不成军，主将骑劫也被乱军杀死。田单乘胜追击，一直打到现在的沧州、德州一带。齐军所向披靡，势如破竹。

即墨一战是齐燕战争的转折点。齐国各地的燕军听说即墨战败，主将阵亡，便纷纷败退。齐军在追击途中，越战越强，队伍不断壮大，先前失去的 70 余座城池，陆续收复。乐毅三年的苦心经营，被骑劫毁于一旦。

田单打败燕军，收复失地后，把齐湣王的儿子法章迎接到国都临淄，正式继位，他就是齐襄王。齐襄王封田单为安平君，并任命他为相国，以后又把掖邑（今山东莱州市）的一万户封赏给田单。

再说乐毅逃到赵国以后，受到热情款待。赵惠文王一向敬重乐毅，赏识他的军事才能。当时，秦国正想兼并赵国，赵国有名将廉颇和贤相蔺相如同心协力，辅佐赵王，秦国不敢贸然侵犯。现在乐毅归赵，又可以抬高赵国的身价，使齐、燕等国不敢小视。于是，赵惠文王把乐毅封在观津（今河北武邑东），号望诸君。

燕惠王轻信谗言，猜忌大将，结果误国误军，使胜利在望的伐齐战争功亏一篑。当乐毅逃到赵国的时候，他还暗自庆幸；当燕军一败涂地时，他才如梦初醒，顿足捶胸，后悔莫及。他既怨恨乐毅投奔赵国，又担忧赵国会派乐毅乘机攻燕。他思前想后，忐忑不安。在这种矛盾心理的支配下，燕惠王便差人送信去劝说乐毅，要他重返燕国，还羞羞答答地向乐毅承认自己的失误。另一方面又责以君臣大义，说乐毅不该背燕去赵。

乐毅读了燕惠王的信，感慨万端。为了表白自己的心迹，乐毅以幽愤、委婉的笔触，给燕惠王写了一封长长的回信，这就是著名的《报燕惠王书》。

乐毅的信打消了燕惠王的顾虑，遂封乐毅的儿子乐间为昌国君。乐毅从此也经常到燕国去。燕赵两国都以乐毅为客卿。但乐毅始终没有再返归燕国做官，最终老死于赵国，被葬在赵国的国都邯郸城西。

乐毅死后，燕王想攻打赵国。乐毅的儿子极力劝阻，认为赵国多次跟四方敌人作战，其民习兵，伐之不可。燕王不听，结果被廉颇打败。乐间的族人乐乘在这次战争中被俘，便留在赵国，被封为武襄君。乐间也到赵国居住。汉初，刘邦经过赵地时，还没有忘记乐毅，询问他有没有后代，并把乐毅的孙子乐叔封为华成君。唐代还把乐毅作为古代名将进行祭祀。可见乐毅在古人心目中的影响。

乐毅尽管没有像孙武那样给后世留下一部军事理论巨著，但他指挥五国大军，连克强齐70余城的非凡业绩，证明他不愧是智勇双全的统帅，是杰出的军事家和谋略家。在联赵抗齐的活动中，他纵论列国利害关系，头头是道。他身衔王命，游说他国，证明他有着敏锐的政治眼光。他乘时立功、急流勇退的才识，经常被后人所称颂；他与燕昭王在兴燕破齐事业中所建立的君臣情谊，更为封建社会的智谋之士所向往。

（岳宗福　张钦恭）

▼

本文主要资料来源：《史记》卷八〇，《乐毅列传》；《史记》卷三四，《燕召公世家》；《战国策·燕策》。

# 辅佐始皇天下一统　阿顺苟合身被五刑

## ——李斯传

　　李斯（？—前208）是秦朝重臣，两朝元老，几与秦王朝的兴亡相始终。他既是兴秦的元勋，也是亡秦的罪臣，这就形成了他独特的风貌。他一方面通过不遗余力的政治实践，辅佐秦始皇兼并六国，为建立和巩固统一的封建国家纵横捭阖，功勋盖世；另一方面，他毫不掩饰对功名利禄的追求，为维护荣华富贵而不惜向恶势力屈膝，终于身败名裂，又充分暴露了他丑陋和自私的一面。因此，他对秦王朝的短命负有不可推卸的责任。李斯是一个谋略出众且又复杂多变的人物。他的一生，既有积极进取的一面，也为后人昭示了身败名裂的深刻教训。

## 一、奋发进取求功名

　　战国时期，历史正处于一场社会大变革之际。自春秋以来，人民群众饱受分裂战乱之苦。随着社会经济的发展，他们要求尽快结束列国纷争的局面，实现国家统一。各国统治阶级出于对土地、人口、财宝无止境的追求，互相兼并，你争我夺。这种纷乱的时局，为那些欲建功业之士提供了活动舞台。就在七雄并争的战国末期，李斯出生于楚国上蔡（今河南上蔡县西南）的一个平民家庭。

　　李斯年轻时曾做过郡中小吏，即管理乡文书的办事员。小吏的地位低下，侍奉长官，唯恐有所闪失，满怀理想与抱负的李斯自然不甘久居其位。

有一天，他看到官舍厕所中的老鼠偷吃粪便，一旦人来狗咬，立刻惊恐万状，仓皇逃窜。他又来到官仓中，看到这里的老鼠很自在地吃着粮食，住着高大宽敞的库房，尽情享受，公然出入，根本不害怕人来，也不用担心有狗来咬。两相对照，给他留下了很深的印象。李斯由此及彼，发出了这样的感慨："老鼠处于不同环境，就有不同的遭遇！人有君子小人之别，就像老鼠一样，在于自己选择所处的环境和地位！"这就是说，一个人要想在社会上出人头地，就应该像在官仓里偷吃粮食的老鼠，这样才能为所欲为，尽情享受。可以看出，在战国时期人人争名逐利的情况下，李斯也不满于布衣或小吏的处境。他决心抛开贫贱，去干一番轰轰烈烈的事业。在李斯眼里，人生最大的荣耀莫过于取得高贵的身份，最大的快乐莫过于享受荣华富贵。在李斯的胸中，雄心与野心混合在一起，化为一团追求功名富贵的熊熊燃烧的欲望之火。

"学而优则仕"，李斯很懂得这句话的含义，当官的资本就是要通晓治理国家的帝王之术。李斯为了改变生活航向，也不得不走当时游学之士通常的道路，即先投师受教。因此，李斯辞去了郡小吏的职务，远离家乡，来到千里之外的齐国兰陵（今山东苍山县兰陵镇）求学，拜当时最著名的思想家、儒学大师荀况为师。荀况，史称荀卿或孙卿，人尊之为荀子。他是战国晚期新兴地主阶级的理论代言人，打着孔子的旗号讲学。荀况的学说虽然仍以孔子为宗，但又结合战国时期变化了的形势，对儒学进行了发挥和改造，因而很适应新兴地主阶级统一天下的形势需要。从荀子思想体系的核心来看，他把儒学的"礼治"思想和法家的"法治"思想结合在一起，即后人所说的"儒中有法"。李斯投师荀况门下，主要着眼于学习所谓"帝王之术"，即学习如何治理国家，如何满足君主的扩张欲望和急功近利的"法治"学说。当时与李斯同学的还有韩非。他们都抛弃了老师的儒家仁义道德，而吸收他那符合法家理论的"帝王之术"。后来，韩非终于成为法家理论的集大成者，而李斯则化理论为实践，成为真正实现法家理想的政治家。李斯学成之后，反复思考应该到哪个地方才能显露才干。他想效力于自己的国家楚国，又眼看着楚国江河日下，楚王已难有作为。其他东方各国也正在走下坡路，都不是能让人建功立业的理想之地。只有秦最强盛，显得朝气蓬勃，具备了统一中国的初步条件。于是，李斯决定西入秦国，一试身手。临行之前，荀卿曾问李斯为什么要到秦国去。李斯坦率地表露了自己的心态："我听人说，机不可失，时不再来。现在各国都在争雄，这正是游说之士立功成名的好机会。秦王羽翼丰满，雄心勃勃，想奋力一统天下，到那里可以大干一场。人生在世，卑贱是最大的耻辱，穷困是莫大的悲哀。一个人总处于卑贱穷困的地位，那是会令人讥笑的。处士横议而又说自己羞于富贵，如此'无为'，只是掩饰自己无能的表现，这是不合人之常情的，更不是读书人的想法。我将到秦王那里以取富贵。"李斯公然摈弃礼义，毫不虚伪，追求功利，这正是他的品性。这种强烈而褊狭的功利观伴其一生，成为催他奋进的动力。但又是这种赤裸裸的功利主义往往在关键时刻模糊了他的视野，使他不能冷静地思考和理智地选择，最终酿成不可挽回的个人悲剧。

秦庄襄王三年（前247）五月，李斯来到秦国时，正值庄襄王病死，13岁的嬴政（秦始皇）即位，相国吕不韦总揽朝政。因此，李斯就去投靠吕不韦，成为吕门"舍人"，也就是门下的食客。当时，诸侯贵族养士之风甚盛，吕不韦也承袭秦国传统的用人政策，广招宾客，从东方六国引进各种人才，门下食客多达3000人，在这3000人中，李斯很快显露出才华，成为其中的佼佼者，受到吕不韦的赏识。于是，吕不韦把他推荐到秦王宫廷里，担任郎官，郎官虽然品级低微，职责是守护宫门，侍卫人君，顾问建议及差遣出使等。但由于职务之便，李斯有了接近国王的机会。

在此期间，天下形势已发生重大变化，韩国入朝称臣，魏亦举国听命于秦。这一年，虽有魏国信陵君率五国联军偶败秦将蒙骜，实为回光返照，垂死挣扎而已。而秦国自从秦孝公任用商鞅实行变法以来，历经惠王、武王、昭王、文王、庄襄王六世，国力大增，兵强民富，实力远远超过了东方六国。秦统一宇内的形势已经基本形成。当时秦王嬴政虽然年轻，但志向远大，思想活跃，在丞相吕不韦的辅助下，正在为统一全国做准备。对此，李斯也和当时许多明智之士一样，看得非常清楚。但他的高明之处在于，能够认准时机，及时地提出谋略和方案，为秦王献计献策。

有一次，李斯得到了一个向秦王上书的机会，便立刻提出吞并六国、统一天下的战略建议。这封上书以简洁明晰的语言剖析了形势变化，以推动秦国加快统一六国的步伐。李斯综观时局，既指出了此时正是兼并六国的良机，又指出了倘坐失良机，有诸侯复强的危险，精辟而透彻。果然，这封奏书正合秦王嬴政的心意，也是众大臣日思夜想的主要问题，秦王不能不对这个年轻人刮目相看，于是"乃拜李斯为长史，听其计"。

李斯刚从东方来，对那里各国政权的腐败和君臣离心的状况了如指掌。他建议，暗中派遣能言善辩、巧于谋略的官员，各带金银财宝，去游说诸侯。各诸侯国的大臣权贵如果贪财，就行贿收买；如果不为金钱所动，就派刺客把他杀掉。总的谋略是远交近攻，并利用一切手段，在六国君臣之间挑拨离间，破坏其团结，使其内部越来越乱，然后等待机会，派出良将劲旅各个击破。秦王嬴政闻言大喜，更加信任李斯，不久便提升他为客卿。客卿是秦国专为从别国来的人才而设置的高级官位。李斯跻身于客卿之列，终于可以与国王和众大臣共谋国家大事了。

在以秦王嬴政为首的决策层中，李斯占有重要的一席。他虽未能像王翦等武将那样，率领大军，开赴前线，效命疆场，但作为秦王的谋士，他参与了整个统一战争的重大决策。东方诸国疆域广大，犬牙交错，强弱不一，情况复杂，统一战争应从何着手，必须有一个全面规划。正是李斯在深入分析的基础上，拟定出了攻灭六国的战略决策，即由近及远，避实就虚，选择弱点，正面突破，先灭掉韩，再扫两翼，最后消灭齐国。以后统一战争的进程表明，这个策略是非常正确的。

同时，在统一六国的过程中，战争固然是最重要的手段。但是，还必须采取相应的策略与之配合，如设法从内部瓦解，涣散敌国的军事力量，使其失去抵抗力等，从而使战争更加顺利地进行。这时候，李斯的策略就起了很大作用。例如赵国名将李牧，曾两次击退秦军的进攻，赵国将亡，他还率领赵军，坚持抵抗秦军达一年之久。于是，在李斯的建议下，秦国派人持金玉收买权臣郭开。郭开在赵王面前诬告李牧勾结秦国，阴谋反叛。赵王中计，杀死李牧，自毁长城，秦军乘乱进攻，不久就灭了赵国这个劲敌。又如在最后灭齐的过程中，由于秦已用金钱收买了齐的相国后胜，因此他一再向齐王保证，秦决不会来攻齐国。正是在这种麻痹松懈，毫无准备的情况下，秦国毫不费力地就把偌大一个齐国灭亡了。在这期间，秦国基本上是按照李斯的战略安排，逐步吞食六国的，从而大大加快了统一战争的进程。正是由于这一策略的成功，秦王嬴政才得以"奋六世之余烈，振长策而御宇内"。而李斯也赢得了秦王的信赖，官位不断升迁，逐渐成为秦国决策的主要人物。

## 二、上"谏逐客书"

就在李斯的仕途一帆风顺时，发生了一件大事，几乎断送了他的整个政治生涯。

秦国和关东诸国相比，一向重用外来人才。自商鞅变法后，秦国地位蒸蒸日上，更吸引了大批关东士人入秦。这对秦国的发展产生了重大作用，但同时也引起了秦国一些旧贵族的忌恨。秦王嬴政元年（前246），韩国因为抵抗不住秦国的进攻，就派"水工"（水利专家）郑国去"间秦"，怂恿秦王修筑一条沟通泾河与洛河的渠道，引泾水灌田，干渠长300多里，即历史上著名的"郑国渠"。韩国的本意是想使秦国耗费大量人力物力，疲劳不堪，腾不出手来再向东征伐，以便暂时减轻秦对韩的军事压力。此术之愚蠢，犹如以肉投虎，虽然耗费了秦国10年之功，却可灌溉田地4万余顷，从此"关中为沃野，无凶年"，秦国更加富强，为兼并战争做了充足的物质准备。正如郑国后来所说的：水渠修成，"为韩延数岁之命，为秦建万世之功"。渠将修成，郑国的间谍身份也暴露了，秦国上下一片哗然。接着，秦王嬴政九年（前238），长信侯嫪毐发动叛乱。次年，又查明相国吕不韦与嫪毐之乱有关，遂罢斥其相。郑国、吕不韦都不是秦国人，这就为一向守旧的宗室大臣提供了借口。他们本来就对秦"不用同姓"的政策不满，认为大量异国异姓的人充塞秦国上下，堵住了他们的仕途，因此乘机推波助澜，在秦王面前煽动："一切在秦做官的外来人都是间谍，是为其本国利益来破坏秦国的。请把他们一概驱逐出境，免贻后患。"秦王嬴政对此也不能不加怀疑，于是下了一道十分严厉的"逐客令"，"不问可否，不论曲直，非秦者去，为客者逐！"作为楚人的李斯，当然也在被逐之列。

当时的李斯已到中年，是个颇有影响的客卿，成为被驱逐的重点对象。眼看自己的前途将被断送，李斯自然是不甘心的，他很清楚，这种缺乏远见的偏激行为，不仅对他本人，而且对秦国统一天下的大业也相当不利，甚至有可能引起国内的动乱，削弱秦国实力。于是，在被逐的路上，李斯毅然向秦王上书，力请改变逐客的决定。这就是历史上著名的《谏逐客书》。

《谏逐客书》一文洋洋洒洒，多用排比句式和形象比喻，并巧于运用虚词助字作转折过渡，来增加文章气势和衬托作者的精神。文章思想犀利，逻辑性强，很有说服力。文章开宗明义："臣闻吏议逐客，窃以为过矣。"针锋相对，观点鲜明。接着，李斯用透彻、明快、雄辩、激切的言辞，连物比类，就秦国本身发展的历史事实，历述异国人的丰功伟绩和关键作用。春秋时代的秦穆公，是强秦的奠基之君，他从西戎迎来由余，从宛地（今河南南阳）得到百里奚，从宋国招来蹇叔，任用从晋国来的丕豹、公孙支。秦穆公任用这五人，兼并了20国，称霸西戎。秦孝公任用商鞅，实行新法，移风易俗，兵强国富，打败楚魏，扩地千里。秦惠王用张仪的计谋，拆散了六国的合纵同盟，迫使他们一个个西面事秦。秦昭王得到魏国人范雎，计除秦国王廷上专权的亲贵大臣魏冉，加强了王权，并吞食诸侯，奠定了秦国帝业的基础。上述四位国君，都是靠任用客卿而大大促进了秦国的发展。作者借助无可辩驳的事实有力地反问道："客何负于秦哉？"假如这四位君主也"却客不用"，那怎么会有今天强大的秦国呢？李斯又以秦王对来自异国的明珠美玉，骏马利剑、音乐、舞蹈、矿产、美女的喜爱为例，发问道，陛下并不因为这些所好不是秦国出产就舍弃不用，为什么独独对客卿要一概驱逐呢？"逐客"将破坏秦国威望，从此天下背秦，这实际是抛弃百姓去资助敌国，排除"客"籍人才而去成就各诸侯国的功业，这绝不是"跨海内制诸侯"的君主所应采取的态度，而是俗语所说的"借寇兵而赍盗粮"的做法。他由此得出结论，逐客之举是既损害了人民，又资助了敌国，"内自虚而外树怨"，破坏秦国统一天下的大好形势。这对秦国来说简直太危险了！李斯的上述议论表明，这篇文章不仅仅是如何对待外国异域人士的问题，而且涉及要不要广泛地争取人才，实现统一的大问题。很显然，"逐客"与秦王横扫宇内的既定方针完全是背道而驰的。

《谏逐客书》一气呵成，情辞恳切，确实反映了秦国历史和现在的实际情况，充分代表了当时有识之士的深刻见解。秦王嬴政读后，颇受感动，顿时醒悟，明白了利害得失，立刻废除逐客令，并派人把李斯追了回来。当时，李斯由于对秦王嬴政的了解与信心，所以一路慢慢地走。追回的命令下达时，他才走到离京师不远的骊邑（今陕西临潼市东北）。这也说明李斯性格的机敏及其政治预见性。

可以看出，如果没有李斯挺身而出，呈上《谏逐客书》，秦王是决不会轻易收回成命的。这一事件能否正确处理，保守贵族那闭塞的宗法统治能否被打破，对于秦王今后的事业能否成功，关系极大。正是由于秦王听取了李斯的正确意见，保持了这种政策的连续性，广泛地招揽外国异域贤士，使得当时各国的佼佼者都几乎西奔入秦，一大批第一流的政治家和军事家聚集在秦王周围。李斯、尉缭之类的"士"人自不必说，就是在歼灭六国中战功赫赫的王翦、王贲、王离、冯劫、李信、蒙武、蒙恬等武将，皆系异域之人。他们群集于秦国都城咸阳，呈现出"大略驾群才"的壮观局面。这期间虽然曾有一段荆轲刺秦王的插曲，秦王嬴政本人几乎丧命，但一直未动摇他对外国异域人士的信任和重用。若无这些来自异域的文臣武将的协助策划，秦王要迅速实现"六王毕，海内一"的目标是不可能的。李斯的《谏逐客书》，预示了秦国将要改变历史航向而一统天下的辉煌前景，具有深远的意义。

李斯的直言进谏既保住了客卿在秦国的地位，也为他在秦国的发展铺平了道路。秦王嬴政也因此更加器重李斯，并很快把他提升为廷尉。廷尉是主管全国刑狱的长官，又是朝廷的所谓九卿之一，对国家的基本决策有重要的发言权。

## 三、计杀韩非，首灭韩国

逐客风波平息后，秦国的政治、经济实力大大增强，平定六国已被提到秦王嬴政的日程上。李斯根据当时形势，认为地处天下之中、又正挡秦军东向之路的韩国实力最弱，应作为统一六国的突破口。以韩之弱小，头一炮打响，不仅可以振奋军威，而且敲山震虎，还能从心理上慑服其他五国。李斯的贡献是根据时势的发展，清醒地认识到统一大业将水到渠成，不失时机地转入逐步灭亡六国的轨道。

秦军向韩国边境大举进攻，韩王安十分恐慌。李斯在这关键时刻亲自出使韩国，威逼利诱，迫使韩王安向秦称臣。在这种危急形势下，韩王急忙找韩非商讨救亡图存之策。

　　韩非是韩国的王室贵族，早年曾与李斯一同跟随荀况学习，攻读刑名法术之学。韩非口吃，不善于演讲，但擅长思考和著述。李斯自以为才学不如韩非。可是，由于两人在人生道路上的选择不同，致使结局大不一样。李斯择地而处，择主而仕，效力于国力蒸蒸日上的秦国，依附于雄才大略的秦王，终能大展宏图，飞黄腾达。韩非则念念不忘故国，情牵于贵族世家，一直为江河日下的韩国效力，希图挽狂澜于既倒。眼看韩的国势日益削弱，韩非屡次上书韩王，要求运用法家理论励精图治，进行改革，但都不被采纳。对此，韩非感到痛心疾首，悲愤莫名。于是他发愤著书，先后写出了《孤愤》《五蠹》《说难》《内储》《外储》等数十篇千古流传的著名文章，约十余万言，后人编为《韩非子》一书，集先秦法家理论之大成。韩非的行文风格峻峭，笔锋犀利，切中要害。他的书传到秦国，由于讲的都是"尊主安国"的理论，秦王读后连连拍案叫绝，赞叹道："真是太精彩了！我要是能见到此人，和他交往，可以死而无憾了！"不久，秦国攻打韩国。韩王安考虑到韩非的学识和名望，便派他出使秦国，想通过外交努力使韩国苟延残喘。

　　韩非此时处于两难之地。作为一个深谙历史大势的思想家，他对形势的分析估计与李斯基本相同，即认为秦统一中国的条件已是水到渠成，不可逆转；但作为一个韩国贵族，他又不忍祖宗基业毁于一旦，自己还要为保存韩国做最大的努力。李斯也极力劝他前往秦国。韩非到秦国后，当即上书秦王："如今，秦地数千里，雄师百万，号令赏罚严明，天下不及。臣冒死求见大王，进献计谋。大王诚能听臣之说，必一举而破天下合纵，亡韩，克赵，降服楚魏，亲附齐燕，使秦成霸主之名，君临四境诸侯。否则，大王斩臣示众，以诚为王谋划而不尽忠之人。"这话说得斩钉截铁，使秦王越发敬重韩非。韩非趁秦王高兴，上了一篇表面上为秦着想，实则设法保韩的奏章。其主要内容是：一曰韩国三十余年忠谨事秦，不敢违拗，反而先被灭亡，这将使天下诸侯个个自危，被迫联合抗秦，从而对秦国的统一大业不利；二曰韩国虽弱小，但它守备坚固，秦如伐韩，短期内不能灭亡它，必使秦兵锋受挫，遭到削弱。而齐、赵等国反会强大起来，使秦永无统一天下之日；三曰不如拉拢韩国和魏国，专攻强赵和强齐，一旦赵、齐平定，韩国可不攻自亡。韩非这篇上书的实质,就是劝秦王缓攻韩国。

秦王把韩非的计划交给大臣们讨论。李斯立刻上书,反对韩非的"存韩"之论。

李斯说,韩国对秦来说,好比心腹之患。别看它现在顺服于秦,实际上是顺服强力。一旦秦保留韩国而东攻赵、齐,难保它不与赵、齐、楚合谋,从后方夹击秦国。故韩非的话绝不可信!接着,李斯指出:"韩非是韩国的公子。现在正是大王扫平诸侯、兼并天下的时代,韩非当然忠心于韩,而决不会真心为秦效力,这是人之常情。大王千万不能为其言语所惑,要明察其心。若要放他归国,那就等于放虎归山,他会伺机报仇,给秦国留下无穷的后患啊!所以不如借故把他杀掉!"最后,李斯建议,由自己前往韩国,诱使韩王入秦。秦就以韩王为人质,胁迫其大臣俯首归顺。然后秦再发兵威胁齐国,齐也必然效法韩国。这样一来,赵人破胆,楚人狐疑,魏国不敢轻举妄动,诸侯便可蚕食而尽。

此书一上,秦王嬴政马上下令把韩非逮捕入狱。不久,韩非在狱中服药自杀。与此同时,李斯出使韩国,失去主见的韩王眼见秦国大军压境,再也无计可施,只得交出传国玉玺,向秦国称臣。秦王嬴政十七年(前230),秦又借口韩国背叛,向其发动全面进攻。韩在六国中第一个被秦灭亡,李斯的战略首获成功。

在这期间还有一段小插曲。关于韩非之死,后人对李斯颇多非议。汉人王充在《论衡·祸虚篇》中说:"传书:李斯妒同才(门),幽杀韩非于秦。"后世论者多从此说,认为李斯与韩非共同师事荀子,而李斯因妒其能而杀之。其实这种说法实为偏颇之辞。李斯杀韩非的主要原因是,韩非入秦的动机旨在"弱秦","终为韩而不为秦"。因其政治立场与李斯针锋相对,致使李斯不得已而杀之。

从公元前230年灭韩起,至秦王嬴政二十六年(前221)止,短短十年间,秦先后吞灭赵、魏、楚、燕、齐等国,结束了春秋以来分裂割据的局面,实现了我国历史上第一次空前的大统一,建立起了我国第一个封建王朝——秦朝,中国的历史翻开了新的一页。统一大业之所以能如此顺利而迅速,除了当时所具备的客观历史条件——秦强大的经济、军事实力以及作为统帅的秦王本人的雄才大略之外，作为秦王最重要谋士的李斯具体制定的一整套战略，也发挥了重大作用。因此，李斯无疑是秦王朝的开国元勋。

## 四、力驳分封

公元前 221 年，在中国大地上首次出现了一个以咸阳为国都的大帝国，其疆域东至大海，西至甘青高原，北至河套、阴山、辽东，南至岭南。面对如此辽阔的疆域，众多的人口，复杂的形势，需要建立什么样的政权机构，采用什么样的统治方式才能把新帝国的政权巩固下来，秦王嬴政并非成竹在胸。他只好数次召集群臣"议政"。许多人主张，仍沿用古代的体制和称谓。在那关键时刻，又是李斯，再度扮演了极为显要的角色。新帝国确立的政治制度和其他方针政策，除立帝号一项是李斯与王绾等人合提而外，其他均出自李斯一人。中国历史上第一个封建专制的中央集权国家的建立，深深地打上了李斯的印记。

秦王嬴政志得意满，作为新帝国的最高统治者，他急不可待地要"更名号"。于是召集群臣"议帝号"。丞相王绾、御史大夫冯劫和廷尉李斯联合出面，盛赞秦王的功业是"上古以来未尝有，王帝所不及"，建议选用古代最尊贵的称号"泰皇"，天子自称为"朕"。秦王嬴政去"泰"著"皇"，采上古帝位号，称"皇帝"。嬴政为始皇帝，后世依次称为二世、三世……传之无穷。从此，中国历史就有了"皇帝"及其他专用的一套称谓，为以后历代封建王朝的最高统治者沿用下来。

战国时期，各国"言语异声，文字异形"，同一个字往往有几种不同的写法。文字的不统一，对于推行中央政府的政策法令和文化传播都是极大的障碍。于是，李斯以原秦国的文字为基础，整理出一种笔画较战国时期简便、写法一致的文字，这就是历史上所说的"书同文"。李斯自己动手，写成范本，称为小篆，颁行全国。这就废除了其他异形字，有助于统一的多民族国家的形成。"书同文"成为联结整个中华民族的一根无形纽带，李斯对此有开创之功。

李斯的历史功绩，莫过于他在分封制与郡县制论争中所起的作用了。公元前 221 年，当秦始皇召集群臣讨论政治制度时，廷尉李斯与以丞相王绾为首的多数大臣发生了尖锐的对立，分别规划了两个不同的蓝图。王绾等人提出："秦王朝国土广大，中央不宜都直接管理，应该在原燕、齐、楚等偏远地区实行分封制，立诸子为王。如果不实行这种办法，这些地区很难巩固。"秦始皇把王绾的建议交群臣集议，文武百官多以为意见正确。唯独李斯力排众议，他力陈分封制的弊端："周初分封子弟为诸侯，原来是想让他们保卫王室。但过了几代之后，他们彼此疏远，相互攻击诛戮，如同寇仇，连周天子也无法禁止。五百多年来，闹得天下沸沸扬扬，不得安宁，正是分封的那些诸侯葬送了周的天下。这个历史教训记忆犹新。"因此李斯建议："现在依赖陛下英明，好不容易天下统一，应在各地区设置郡县，由中央直接任命官员治理。至于公子王孙或有功之臣，国家可以用赋税收入多多赏赐，这样他们就容易被皇帝控制。实行郡县制，天子的意志可以直接贯彻到国家的每个角落，这才是安定社会的行之有效的策略。"这一席话符合历史发展的趋势，因此打动了秦始皇。这位新皇帝终于果断地下了结论："正因为过去诸侯割据，所以天下战乱不息，百姓受苦。现在天下初定，如果再行分封，那是重新授人以柄，等于又开动乱之源，天下将永无太平之日。廷尉李斯的意见是正确的。"于是，这种延续了两千多年的郡县制就从此奠定了下来。

在李斯的辅佐之下，秦王朝分天下为三十六郡（后增至四十余郡），派太守治理，都尉掌武备，御史行监督。这些郡县，是中央政府直接管辖下的地方行政单位，完全听命于中央和皇帝。至此，中国历史上第一次分封制与郡县制的大论战，也是秦王朝建立后第一次大的政治斗争，终以秦始皇、李斯为首的坚持郡县制论者的胜利而告结束，而以皇帝制、三公九卿制、郡县制为主要特征的一套完整的封建国体、政体终于在中国确立。这种国体、政体为以后各封建王朝相继沿袭。可见，李斯是中国封建国体、政体的主要规划者。从此以后，秦始皇对李斯宠幸有加，并擢至左丞相，成了一人之下、万人之上的权臣。

由于封建制度的本质，从总体上说，任亲的倾向压倒了任贤，致使分封制与郡县制的斗争几经反复。秦朝灭亡之后，刘邦在楚汉战争中就先后分封七个异姓诸侯王。结果，西汉创立初期，只得折中两端，郡县制与分封制并行。可是，七个诸侯王或离心离德，或公然举行叛乱，迫使刘邦在楚汉大战烽烟初息之际，又戎马倥偬地驰骋于平叛战场。削平七个异姓王之后，他错误地总结了秦二世亡国的教训，即所谓秦"孤立而亡"，又相继分封许多同姓王。满以为骨肉为援，可以江山永固了。不料，时隔不到五十年，竟然爆发了七个同姓诸侯王大规模的联兵叛乱，几乎危及西汉王国的生存。只是到汉武帝时才最终解决了这个问题。西晋时，晋武帝大封同姓为王，结果在短暂统一之后，又发生了"八王之乱"。同姓骨肉的仇杀，其残酷性、破坏性丝毫不亚于民族间、阶级间的战争。到了后世，时有分封倒行，因而也时有因此而引发的战乱。历史的每一次反复，都更充分地反映了分封制的落后。由此也可看出，李斯所规划的那套体制有着深远的历史意义。

为使"六合之内，无不臣服"，秦始皇派兵南开五岭（今广东、广西、湖南、江西等省区边境的五个山岭的统称），把越族居住的百越之地纳入版图，并在那里设置郡县。为解除战国以来北方匈奴族对中原的侵扰，他派蒙恬率大军 30 万征战朔方（当时泛指北方）。与此同时，秦始皇开渠修路，以转运军需；移民屯边，以垦荒戍守；还修筑万里长城，防御匈奴南侵。

所有这些，无不征发大量民力，虽有一定的历史合理性，但集中在短短几年时间内，推行得过快过急，繁重的兵役劳役已超出了社会的负荷量，使人民不堪忍受。随着时间的推移，秦始皇穷奢极欲的本性更加暴露无遗。他修宫殿，筑陵墓，大兴土木。当时秦朝全国人口只有两千万，而服役者竟不下二百万。秦始皇为了支撑战争和工程的耗费，又加倍征收赋税。农民实在无法生活，但稍有反抗，即遭到残酷刑法的处置。作为开创秦王朝基业的秦始皇根本不知道这样一个道理：在秦统一过程中，他的力量来源于民众对统一战争的支持；现在一旦失去这种支持，他就变成了孤家寡人。这一点，盲目崇信暴力和崇拜权力的李斯并未清楚地看到，因而未能进行有力的劝谏。李斯身为丞相，在这里充分表现了他的历史局限性。

## 五、"焚书坑儒"

秦朝统治者除用严酷的刑罚对广大人民进行统治外，还加强了对思想文化领域的专政。焚书坑儒即是最为有力的措施。而这一事件的主谋者就是李斯。

由于秦始皇是以法家理论为指导统一天下的，对这套理论的效用十分重视，因此引起了大批儒家学者的不满。他们往往采取借古讽今的形式，对秦始皇进行批评。

秦始皇三十四年（前213），秦皇置酒咸阳宫，大会群臣。博士仆射周青臣当面颂扬说："往时秦地不过千里，而今赖陛下英明神圣，平定海内，放逐蛮夷，日月所照，莫不宾服；以诸侯为郡县，人人自安乐，无战争之患。如此彬彬之盛，可传之万世，自上古不及陛下威德。"周的颂词虽有奉承之嫌，却也大体合于事实。而来自齐地的博士淳于越颇不知趣，指责周不忠，并借话头重新要求实行分封制。淳于越进谏说，殷、周之所以存在千年，是因为它把天下分封给子弟和功臣。现在天下如此之大，宗室子弟没有封地，和百姓一样，万一发生了"田常"、"六卿"之变，又有谁来相救呢？最后，他批评秦始皇说："凡事不效法古人，而想求得长治久安，我还从未听说过呢！"

淳于越的驳议，首先选错了历史根据，殷、周存在时间较长，绝非因为分封子弟功臣。在人类历史的初级阶段，社会发展速度较为缓慢，因而必然历时长久。以周代为例，合东、西周共八百余年，但名存实亡的时间过半，比先前的夏、商两朝要短。而且，"田常"、"六卿"之变，不是分封子弟就可以避免的，这恰恰是在分封时代产生的历史现象。基于此，他得出的"效法古人"的结论无疑就缺少根据了，这必然导致颂古非今，走回头路。淳于越是以儒家的立场来看待秦朝政治的，要求恢复已经过时的分封制，说明了他们历史观念的守旧和迂腐，也说明了先秦的旧儒学与新的大一统政治格局的格格不入。

秦始皇将淳于越之议下达朝廷，让他们评判周、淳的是非。丞相李斯对淳于越的复古倒退言论痛加驳斥。他向秦始皇阐述了自己的观点："古时五帝治理天下的办法互相都不重复，夏、商、周三代也是各以其方略治国，互不沿袭。原因就在于时代和环境不同，不能盲目仿古。今天陛下开创大业，建成万世之功，您的英明之处，当然不是那些愚儒所能理解的。淳于越一味颂扬三代之事，何足效法！"当时李斯明白皇帝心思，认为淳于越之议是陈词滥调，不能答应。坚持郡县制，反对分封制，也是无可厚非的。假如李斯的话到此为止，就仍不过是以前出现多次的政争的重演。李斯却进一步附和秦始皇的独裁心理，不仅要求一统行政，而且严格要求一统思想。于是他变本加厉，大加发挥，提出了"焚书"的建议。他说："以前政出多门，各种学派乘机招摇。现在天下统一，法令一统，百姓努力生产，游学之士也应专学法令，否则将会影响政局的稳定，有损于皇帝的权威。可当今儒生专门以古非今，扰乱人心。对皇帝的法令，总是以自家学说为标准来衡量取舍，议论诽谤，标新立异。长此下去，势必会破坏朝廷的威信。因此，必须严禁私家学派。"李斯为使舆论一律，所采取的措施不免太极端：凡历史书籍，除《秦记》以外，一律烧毁；《诗》《书》及诸子百家的著作，除博士官所收藏的以外，其余的一律烧毁；有敢谈论或讲诵禁书的，公开处死；以古非今者，举族连坐；除了医药、占卜和农林园艺这几类书不烧外，其他书一律在命令下达三十日以内焚毁清除；官吏知情不报者，与违禁者同罪；严禁私人办学；凡欲求学者，以吏为师，研习法令。很显然，这是极端的文化专制措施。

秦始皇批准李斯的建议，下达了焚书的诏令。这样，从商鞅提出"燔诗书而明法令"的理论以来，直到秦始皇时才化为具体行动。中国大地上迅即出现了一次文化史上的空前大浩劫，使先秦时的无数珍贵典籍化为乌有。焚书的暴行进一步强化了皇帝的专制独裁，引发了坑儒事件。

秦始皇三十五年（前212），为秦始皇炼长生不死药的方士侯生、卢生私议秦始皇"不德"，然后逃之夭夭。方士们的骗术自不可信，但他们所议始皇专横则是事实。秦始皇闻之大怒，认为他们是"为妖言以乱黔首"，于是使御史悉案问诸生，诸生转相告引，"乃自除犯禁者四百六十余人，皆坑之咸阳，使天下知之，以惩后。"史籍虽未明载此事与李斯有什么关系，但以其当时的政治地位和思想倾向看，他成为秦始皇的积极支持者当不会有什么问题。

这就是历史上著名的"焚书坑儒"事件。这次事件的原因，是由于讨论是否分封的问题而引起的，无论是主张分封还是反对分封的大臣，都是为了秦王朝的长治久安，他们并无根本利益上的对立。李斯借题发挥，终于酿成"焚书坑儒"的惨祸。另外，这也不是没有其他的缘由。秦国自商鞅变法以来，一直是以法家理论作为治国的指导思想。秦始皇一统天下之后，把主要精力放在建立中央专制政权方面，划定全国疆域，统一文字度量衡，修筑长城等，对文化思想方面很少注意。淳于越以儒家思想为秦始皇出谋划策，不利于秦的中央集权统治。而善于领会秦始皇意图的李斯，为了打击儒家势力，巩固统一政权，不失时机地提出了焚书的主张，并很快发展到坑儒的严重局面。

"焚书坑儒"事件，本来是一桩甚为简单的历史旧案。但古今人物对此却议论纷纷，赞扬者不乏其人，责骂者更大有人在，以致久无了断。其实，用历史唯物主义的观点来分析这一旧案，就不难得出结论。第一，这一事件的出发点在于实现思想统一。为了保证政治上和政策上的统一，这本是所有统治阶级巩固统治的自然要求。焚书之火又是两种历史观较量的结果，是郡县制与分封制斗争的激烈反映，更是针对当时社会局面混乱，舆论复杂，人心不定，关系到新建的统一帝国能否巩固而采取的极端措施。很显然，这是为了把人们的思想、舆论也统一到现行政治制度的轨道上来。在当时的形势下，李斯的主观动机或出发点无疑是对的。倡导"师今"，主张向前看，反对"师古"、"颂古"，有着积极的社会意义，尤其对于巩固刚刚缔造的多民族的统一国家有重要作用。第二，用诛杀知识分子，毁灭历史和文化的文化专制主义来达到统一思想的目的，却不能不说是政策上的重大失误。这对中国古代文化是一次严重的摧残，而且其危害远远超出意识形态领域斗争的范围。企图用高压手段强制人们只尊奉一种思想，显然是达不到目的的，甚至适得其反。这种愚民政策可以愚民于一时，不能愚民于长久。它必将激起人民群众更为激烈的反抗。"焚书坑儒"这种文化专制主义不但不能达到巩固封建专制政权的目的，反而成为加速秦王朝灭亡的一个重要原因。第三，"焚书坑儒"开启了中国古代帝王实行文化专制主义的先河。此例一开，遂为历代统治者所效法，造成了十分恶劣的后果。

## 六、矫诏废立

到秦始皇的晚年，李斯已位居丞相高位，他该志得意满了吧！事实并非如此。如果说，在做丞相之前，李斯的一切努力都是为着猎取富贵功名，那么，位极人臣之后，他的一切努力又都是围绕着保持这种权势和富贵了。此时的秦始皇，对于李斯一味的阿谀奉承并不感谢。相反，他对李斯也时刻提防，颇多疑忌。大概是怕人刺杀自己，始皇的行踪不定，鲜为人知。一次，他去梁山宫时，从山头上往下望，只见丞相的车马随从甚盛，心中很不高兴。有一侍从宦官把这事偷偷告诉李斯，李斯很害怕，马上将车马随从大大减少。秦始皇得知后大发雷霆，认为是内侍把他的话泄露了出去。于是严刑逼供，但无人招认，在毫无结果的情况下，秦始皇把身边的内侍统统杀掉。这时的李斯也是诚惶诚恐，日子自然也不好过。他非常清楚，秦始皇既可使他位极人臣，也可以使他血染黄泉。当时，李斯的长子李由为三川郡守，领兵在外，镇抚一方。其他的儿子都娶了秦公主为妻，女儿们则尽嫁皇族公子。一次李由告假回家，李斯在家设宴。满朝文武闻讯纷纷赶来"祝寿"，车水马龙，络绎不绝。此情此景，使李斯大发感慨："荀卿常说'物禁太盛'，任何事物发展到极点，就会向反面转化。我原是一介布衣，今天却做了丞相，可以说是富贵到了极点。天下事是盛极而衰，我今后的前途吉凶未卜啊！"统治阶级内部的勾心斗角，已在李斯身上逐渐露出悲剧气氛了。从此以后，李斯在秦始皇跟前更加谨慎从事。因此，李斯在秦始皇时代一直宠信未衰。秦始皇几度出巡全国，李斯总是不离左右。而且每到一地，无论是泰山封禅，或巡视陇右，据说所有刻石的书法文章，都出自李斯之手。这不仅是因为李斯的文采出众，更重要的是显示了他是秦始皇的宠臣。

秦始皇三十七年（前210），秦始皇最后一次到东方巡游。随从秦始皇身边的除丞相李斯外，还有中车府令赵高和秦始皇的少子胡亥。据说秦始皇有二十多个儿子，一直没立太子。大儿子扶苏因对父亲"焚书坑儒"等政策犯颜直谏，被派到北方边境上蒙恬的军营去做监军。其他儿子也都未能随行。

十月，巡视队伍从咸阳出发了。在南方巡游一大圈之后，又乘舟渡海到了琅琊（山名，在今山东胶南市境内），再折而西行。由于旅途劳顿，车驾在返回途中行至平原津（今山东平原县）时，秦始皇突然身染重疾。随行的大臣们眼见皇帝病情日渐加重，内心都为未定太子而惶惶不安。可是由于秦始皇平时最忌讳一个"死"字，所以大臣们都不敢提醒皇帝。次年七月，皇舆西还至沙丘（今河北广宗县西北），秦始皇病情恶化，生命垂危。这里离秦都咸阳尚有两千里之遥。此时，秦始皇才感到死神的逼近，自叹将要撒手人寰，只得尽力支撑着虚弱的病体，命赵高代诏，赐公子扶苏书。其大意是：将边事悉交蒙恬，速赴咸阳料理丧葬。实际上是让他回京主持丧礼，继承皇位。但书信在赵高手中尚未发出，秦始皇就突然死去了，终年50岁。

开国帝王的暴死，往往引起举国慌乱。何况秦始皇死在巡游途中，生前又未及确立太子。为防止意外事变，这一消息被严密封锁，只有李斯、赵高、胡亥和少数贴身侍从知道。李斯将秦始皇的尸体安置在一部帘幕低垂的辒辌车中，表面上一切如故。车内置一亲信宦官作替身，在百官奏事时代为应答。回京路上，因为天气酷热，尸体腐烂发臭。于是李斯命令同车载上一石鲍鱼，以腥乱臭，等回到京师咸阳，方才正式发丧。但就在回京路上，爆发了一场历史上罕见的宫廷政变。

当时的中车府令赵高出身低贱，秦始皇认为他博闻强记，机敏过人，通晓律令，就提拔了他，并使之辅佐少子胡亥，教他刑法知识。一次，赵高犯了大罪，交由蒙毅处置。蒙氏本是秦国的名将世家，其祖蒙骜、父蒙武、兄蒙恬均屡建战功。蒙氏兄弟又与始皇长子扶苏关系甚密。蒙毅依法判处赵高死罪。但始皇不仅赦免，而且命他官复原职。赵高从此与蒙氏家族结下仇怨。秦始皇一死，给了赵高以可乘之机。赵高与胡亥关系亲近，二人密谋夺取扶苏的皇位，因而扣下秦始皇的遗诏不发。老奸巨猾的赵高深感自己难以一手遮天。因此，他便把眼光投向能够左右局势的丞相李斯。

赵高郑重其事地对李斯说："先皇驾崩，子嗣未立，留给扶苏的遗诏和玉玺都在公子胡亥手中。确立谁继承皇位，全在于阁下与我审时定策了！怎么办？请丞相发表高见吧。"李斯听了大吃一惊："你怎么想出了这种犯上作乱的主意？由谁来即位，可不是身为人臣的你我所应议论的！"赵高显出忧心忡忡的样子，说道："丞相啊，您可以自己掂量一下。论才能，能与蒙恬相提并论吗？论谋略，能与蒙恬一比高低吗？论功绩，能高出蒙恬之上吗？论无怨于天下，能与蒙恬相比吗？论与扶苏之间的私下交情，又谁亲谁疏呢？"李斯略加思索，一本正经地说："这五点我自然都不及蒙恬。"赵高紧逼一步："先帝有二十多个儿子，他们的情况丞相也都清楚。就拿长子扶苏来说吧，他刚毅勇武，监军边陲，深孚众望。一旦扶苏即位，必用蒙恬为丞相，而您不过老归故里，了此一生。这是显而易见的事。丞相您还犹豫什么呢？"李斯立即反驳道："我只奉先帝遗命，顺从天意，从不考虑个人安危，请你不要再说。"赵高不紧不慢地说："圣人处事，总是审时度势，不拘守已过时的法则。聪明的人，总善于在机遇的转折关头作出明智的选择，丞相您总不是那种不知变通的人吧！"密谈至此，李斯也显得有些激动："我听说晋国将太子申生废置而立奚齐为太子，造成三代不安；齐桓公与公子纠争夺君位，弄得祸起萧墙；殷纣王拒谏，杀死了其叔父比干，最终招致国破家亡之祸！这一切都史有明鉴，我李斯怎么能违背先帝遗愿，参与这样的篡权密谋呢！"一席话似乎充满着堂堂正气。但赵高是个伪善狡诈、善于揣测别人内心隐私的人，他对李斯自然了如指掌。于是赵高便用保住功名富贵去拨动李斯的心弦，厉声说道："方今天下的大权，国家的命运，都操在胡亥的手中，我赵高倒不愁不得志啊。可是丞相您呢，就要当心了！采纳我的建议，您可世代封侯，富贵延及子孙；否则，到时落得满门抄斩，灾祸殃及子孙，该是多么令人寒心的事啊！"李斯呆呆地怔在那里，由于内心斗争激烈，脸上的肌肉也不时地抽搐着。片刻之后，他不禁涕泪交流，仰天长叹道："上苍啊！我为什么偏偏遭遇这乱世啊！我既然不能以死报答先帝，那我命运的归宿又该寄托在何处啊！"在这次非同寻常的密谈中，赵高对李斯以利相诱惑，以威相胁逼，软硬兼施，终于使这位堂堂左丞相的思想防线崩溃了。

于是，李斯便顺从了赵高，与之共同篡改了始皇遗诏，立胡亥为太子。另又伪造诏书，赐死公子扶苏和大将蒙恬。这两个人死后，李斯同赵高一样，也是一阵狂喜，以为除掉了自己的心腹大患。到咸阳后，立刻发丧，拥立胡亥为二世皇帝。接着，二世命赵高为郎中令，名为全面担负宫廷的警卫之职，实际上常居宫廷，参与军国大政的决策，实权远远超过了郎中令的职责范围。在赵高的有意唆使下，秦二世大开杀戒，处死自己兄弟姐妹二十多人，又诛杀了功高任重的大臣蒙毅等人。于是，秦统治集团开始分裂瓦解，人人自危。

拥立二世胡亥成为李斯一生的转折点。面对生死祸福的抉择，一切道德信条都化作缕缕青烟。李斯参与了胡亥、赵高的阴谋，为自己换得短暂的苟且偷生。其实，在当时的条件下，李斯作为百官之长的丞相，只要坚持原则，团结其他大臣，赵高与胡亥的阴谋并非不能挫败。但李斯首先考虑的是个人的权势利禄，生怕扶苏继位后自己会屈居蒙氏兄弟之下，因而也就不惜出卖原则和人格，成为二世胡亥和赵高的帮凶。如果说在此以前，李斯是作为一位著名的政治家而活跃于历史舞台的话，那么，自此以后，他的种种表演则既不高明，又不光彩。他和赵高、胡亥狼狈为奸，又勾心斗角，把整个政局搅得混乱不堪，以致不可收拾。其结果不但葬送了他协助创建的秦王朝，而且自己也落了个身败名裂、贻笑千古的下场。

## 七、阿顺苟合身败名裂

秦始皇作为中国历史上第一个统一全国的杰出人物，自有其伟大的功绩，但同时他又是历史上少有的暴君。秦二世当时虽已 21 岁，但较之他的父皇，少了事必躬亲的气魄和才干，却多了许多荒淫和残暴。秦二世曾有一段自白："夫人生居世间也，譬犹骋六骥过决隙也。吾既已临天下矣，欲悉耳目之所好，穷心志之所乐。"在秦二世看来，人生在世就是为了寻欢作乐。这种极端腐朽的人生观与皇权结合在一起，迅即给人民造成了无穷的灾难。"法令诛罚，日益深刻"，"赋敛愈重，戍徭无已"，农民的困苦达到极点，社会生产力的破坏达到极端严重的程度。贾谊《过秦论》说，秦二世即位不久，全国到处出现了"父不宁子，兄不安弟，政苛刑惨，民皆引领而望，倾耳而听，悲号仰天，叩心怨上，欲为乱者，十室而八"，本来在秦始皇统治晚年已激化的阶级矛盾，此时更加尖锐，终于触发一场埋葬秦王朝的农民大起义。

大规模的农民起义及六国贵族的义军迅速发展，如火如荼。二世胡亥却被蒙在鼓里，以为只是几个盗贼流窜，仍然一味纵情酒色，大权实际操纵在赵高手里。赵高恃宠专权，骄纵不法。他怕大臣入朝奏书，暴露其恶，便像教育一个小孩子似的对胡亥说："陛下要想显示自己尊贵，就应该深居简出，不必天天按时上朝。陛下还很年轻，万一在大臣面前讲错了话，那岂不被人小看？依我之见，陛下不如不上朝，凡国中之事由我和几位熟悉法令的大臣去办好了。假如遇到大事，再出来裁定，天下人便不敢轻视陛下。"胡亥受其诱骗，从此深埋皇宫，不理政事，大臣的奏报均由赵高代理。

丞相李斯比昏庸无能的胡亥当然高明得多。他看到了秦王朝的危机，为了保住秦王朝，更为了保存自己的既得利益，他心急如焚，几次进谏，但都受到二世的斥责。

随着秦将章邯暂时击溃了周文率领的农民起义军，秦二世更加恣意享乐。一次，胡亥责问李斯说："过去韩非曾经说过，古代的君王都十分辛勤劳苦，难道君王管理天下是为了受苦受累吗？这是因为他们无能。贤人有天下，就要让天下适应自己，如果连自己都不能满足，又如何使天下满足呢？我想随心所欲，而又要永远统治天下，你李斯有什么办法吗？"当东方烽烟遍地，秦王朝的末日就要到来时，胡亥想到的不是如何挽救危机，而是要李斯向他传授"长享天下而无害"的秘诀。这时的李斯，或者冒死犯颜直谏，规劝二世改弦更张；或者昧心地投二世之所好，使二世在残暴肆虐的泥潭中越陷越深。李斯听后，不由地犯了心病。当时他的长子李由为三川郡守，起义军过境而无力抵御。赵高、章邯等人正追究李由的责任，矛头实际是指向李斯。还有人讥讽他高居丞相之位，镇压不力，致使群盗横行。现在，他若选择前者，二世必然恼怒，说不定会重重治他的罪。为了保持官禄，李斯选择了后者。他揣摩二世心理，精心炮制了一篇大讲督责之术的上书。

所谓"督责"，就是君主时刻督察臣下的罪过而责之以刑罚。其主要内容是：第一，君主的尊贵表现在"以人徇己"，即要求天下的臣民都为君主个人的利益服务，纵使为君主一时的享乐而牺牲千百万人的生命亦在所不惜；第二，为了要全国臣民都为君主的利益乖乖地牺牲一切，必须厉行督责之术，使群臣百姓在刑罚下尽心竭力地服侍君上，使他们终日在惶惶不安中打发日子，自然也就不会造反了；第三，君主需要的是为所欲为，无耻至极地"荒肆之乐"、"流漫之志"，因此对于节俭仁义和谏说论理之臣一概予以摈斥。他认为最合格的臣民是在严刑峻法下百依百顺的奴才。李斯提倡的这套统治术，是脱掉一切伪装的刑罚暴力万能论，是一种公开以荒淫无耻为无上荣光的享乐论。它把新兴地主阶级代表人物的独裁专制和残忍无情不加掩饰地表达了出来。

昏庸的秦二世看了李斯的奏章十分高兴，于是便更加严于督责。当时，"刑者相伴于道，而死人日成积于市，杀人众者为忠臣"。二世得意地说："像这样，才能称得上善于督责了。"李斯的督责之术没能使他长保富贵，同时对秦王朝正趋恶化的各种矛盾不啻是火上浇油，因为他不但把秦二世的恣睢残暴推向了极端，也把秦王朝推向了绝路。

善于窥测方向的赵高看到李斯向二世上督责之术，深恐他夺己之宠。于是，赵高便和几个心腹密谋，必欲置李斯于死地。

一天，赵高愁容满面地对李斯说："近来关东强盗风起，而皇上却不以为意，仍然急征徭役，修阿房宫。我多次想劝劝皇上，但自感人微言轻，说了也无济于事。丞相为什么不去劝劝呢？"聪明绝顶的李斯听了这番话，竟也不知是计，很快陷入了赵高设下的圈套。后来赵高总是在二世欢宴正乐的时候，通知李斯进宫奏事，以致胡亥极不情愿地中断玩耍，驱散宫人。李斯一次次地进宫求见，使这位皇帝终于怒不可遏："我平日空闲，丞相不来；每次我玩得正开心，丞相就到。这分明是欺我年少，藐视寡人！"赵高乘机添油加醋地说："陛下，您可要当心呀！沙丘之事，丞相参与策划，事后未得赏官加爵，他必是一心想裂地称王！丞相的大儿子李由为三川郡守，陈胜、吴广一伙盗贼路过三川时，郡守也不出兵进剿。陈胜、吴广那一伙，都是丞相老家那一带的人，据说郡守还与这股叛军暗中有来往呢！况且，丞相位高权重，亲信遍布朝野。这是很危险的呀！"赵高的话，犹如利剑长枪，直刺李斯。胡亥听后似乎恍然大悟。李斯居然敢通敌谋反，他决意对李氏父子严加治罪。

李斯闻状，知无退路，只得立即给皇帝上书，揭发赵高，说他劫君亡国、无耻反复、贪欲无厌、求利不止，是个危险人物。但此时二世对赵高恩宠正深，认为赵高精明强干，忠心耿耿，无可怀疑。二世还把李斯的话告知赵高。于是赵高哭诉道："丞相所恨，唯独赵高。我一死，他就可以为所欲为，弑君造反了！"秦二世一听，顿时暴跳如雷，立即下令将李斯逮捕入狱，交赵高严加审讯。

李斯以为自己有功于二世，实无谋反的企图；又自负辩才，希望上书二世，以求恩赦，出狱重享富贵。他奋笔疾书，给二世写了一封长信："臣作为丞相，治理国家三十多年。原先秦地狭隘，先皇时秦地不过千里，兵数十万。臣尽薄才献谋略，谨奉法令，派遣谋士游说诸侯，又发展军队，整饬朝廷，赏功罚过，国力大盛，终于扫灭六国，一统天下，尊秦为天子，一罪也。开拓疆土，北伐匈奴，南征百越，以张秦强，二罪也。重赏功臣，让他们热爱国家，尽力为国效力，三罪也。立社稷，修宗庙，以示皇帝英明，四罪也。统一度量衡，公布天下，以明秦的建树，五罪也。治交通，巡游全国，以见我主之威德，六罪也。缓刑薄赋，收拾民心，拥戴君王，死而无忘，七罪也。像我这样，早够死罪了。先皇不弃，尽臣之力，所以还能活到今天。愿陛下明鉴。"这封上书正话反说，历叙自己入秦以来辅政治民的七大功绩，希望借此感动二世。

但这封上书却落到了赵高手中，他恶狠狠地说："囚徒安得上书！"赵高立即让人毁掉此书，同时选派心腹党羽，装扮成御史、谒者、侍中，假借圣旨，轮番刑讯李斯。李斯一说实话，立即报以无情鞭打。一次比一次更为严酷的刑罚，使李斯彻底绝望了，只得甘心诬服。后来秦二世真的派人来审讯李斯了，以核实口供。李斯这时已遍体鳞伤，再也没有勇气为自己辩白了。他害怕说了真话又像以往那样遭到毒打，于是只得承认"谋反"属实。供词一上去，二世大喜道："如果没有赵君，我险些被李斯出卖！"而三川郡守李由也已被项梁率领的楚军所杀，死无对证。赵高闻讯，赶紧暗约使臣密议，编造了一份假报告，说李由拥兵叛变，已经依法就地诛杀。于是经二世批准，把李斯"具五刑"、"夷三族"，腰斩咸阳。

秦二世二年（前208）七月，京师咸阳警戒森严，气氛异常。大牢门外，全副武装的士兵分列两行，刀枪林立，如临大敌。一会儿，狱卒从死牢里牵出了一批又一批犯人，男女老少，什么样的人都有，为首的钦点要犯正是前丞相李斯。此时的李斯感慨万端，他意识到自己的生命旅途已走到了尽头，一生追求建功立业，意欲永保富贵，却不料得而复失，落得如此悲惨的下场。临刑之际，李斯看着次子，老泪纵横地说："从前在家乡上蔡，我带着你同出东门，手牵黄犬，猎兔取乐。今生今世再也不可能有那种事了。"说完，父子抱头痛哭。一代名相李斯就这样退出了历史舞台。

次年，赵高杀掉秦二世，立子婴继位。不久，赵高又被子婴杀掉。子婴在位仅四十六日，刘邦便率军进逼咸阳，他只得出城投降，从而宣告了秦王朝的灭亡。

综观李斯的一生，作为一个杰出的新兴地主阶级政治家，他的身上充满着复杂的矛盾。在秦王朝建立之前，李斯积极拥护和支持秦王朝的统一大业，并为此做出了重大贡献。但秦王朝建立之后，李斯逐渐走向其反面。他身为丞相倡行督责之术，施政更加残暴，致使"天下苦秦"。秦始皇死后他又伙同赵高使秦二世继承皇位，变本加厉地推行暴政，终于使人民揭竿而起。其种种倒行逆施大违民心，严重破坏了社会生产力的发展。因此，尽管李斯的结局十分悲惨，但千百年来从未引起人们的同情与怜悯。他以自己的智谋帮助秦王朝统一了全国，但却未能使这种统一得到巩固。他个人事业的成败几乎与秦王朝的兴亡相始终。他智谋有余，但节操不足，终因阿附赵高而身被五刑。

（王振富）

▼

本文主要资料来源：《史记》卷八七，《李斯列传》；《史记》卷五，《秦始皇本纪》；《资治通鉴·秦纪》。

# 助项羽称霸天下　遭遗弃功败垂成

## ——范增传

秦末汉初之际，在风云变幻的政治舞台上有一位以老智星形象为人所熟知的谋士——范增（前277—前204）。他因参与导演历史话剧鸿门宴而闻名于世。然而又正是这位人情练达、世事洞明的谋臣，其最终的结局却是怀着满腔忧愤，栖栖惶惶地仆倒于黄尘古道，犹如晨星夕照，稍纵即逝，在史书上写下了黯淡的一页。由他辅佐而得以称霸天下的项羽后因不用其谋，错过良机，最后演出了"霸王别姬"的悲惨一幕。民间俗语"霸王不听范增语，十万江山一脚蹬"，一语道破了范增对于项羽的重要性。作为谋臣中的悲剧人物，范增的经历不能不给后人留下许多耐人寻味的思考。

## 一、老翁薛城初献策

秦扫灭六国，一统海内，却又因其暴政而导致天下大乱。秦二世元年（前209）七月，戍卒陈胜、吴广在大泽乡（今安徽宿州东南）揭竿起事，发动了中国历史上的第一次农民大起义。一夫作难，豪杰并起，天下风从。各地反抗秦王朝暴政的星星之火迅速形成燎原之势。同年九月，原楚国旧贵族项梁偕其侄项羽诛杀会稽（今江苏苏州市）郡守，召集该郡八千子弟兵，响应陈胜，举起反秦旗帜，迅速占领了吴中各县。之后，项氏叔侄率八千精锐兵马渡江北上，一路上收编了陈婴、黥布等多路起义军，队伍迅速扩展为六七万人的一支劲旅，屯兵于薛（今山东滕州市南之薛城），并在此地接受了刘邦的归附。

　　这时，陈胜张楚政权派出的三路攻秦大军皆已失败，秦王朝的军队大举反扑，首倡起义的陈胜不幸被车夫杀害。各路义军失去了核心，群龙无首，形势十分危急。

　　秦二世二年（前208）六月，项梁、项羽获悉陈胜遇害的确切消息后，在薛城召集了一次由各路起义军领袖参加的会议，共谋反秦大计。由于项梁、项羽一军力量强大，又取得了对秦军作战的一系列胜利，因而项梁、项羽就成了各路义军众望所归的领袖。在义军受挫的关键时刻，一位七旬老翁范增飘然而至，前来献策。他是居鄛（今安徽巢县）人，一向家居，熟知文韬武略。作为故楚遗民，他常常痛惜楚国之败亡，久怀复国之心，此时不惜以衰老之躯，赶赴薛地，为项梁、项羽筹划。

　　范增见了项梁、项羽，对他们说："陈胜失败理所当然，没有什么稀奇。秦国消灭六国，楚国最为无辜。自从怀王被骗入武关扣作人质，死而不能返故国，楚地人至今犹对他怀念不已。所以南公先生有言：'楚虽三户，亡秦必楚。'现在陈胜首先发难，不去找一位楚国王族后裔当王来号召天下，却立自己为王，所以气势不够深厚，不能长久。将军您起兵江东，楚地豪杰争相归附，是因为您家中几世都是楚国大将，最有资格复立楚国。"

　　范增提出再立楚王的建议虽掺有灰淡的复旧色彩，但在当时的环境下有其积极意义。因为自西周以来，贵族等级制根深蒂固，它虽在战国和秦王朝时期遭到严重破坏，但在观念上仍然深藏于人心。找一个旧国君的后代立为王，不但可以利用其传统的影响力号召民众，而且能使分散的起义军有所依附，形成新的力量中心。号令统一，有利于反秦事业的发展。旧亡灵的衣袍往往具有超现实的强大威力，这也是中国古代政治、军事斗争的一大特色。

　　项梁、项羽听了范增的一席分析，十分佩服他的见解，就采纳了他的建议，马上去寻访楚王后裔。结果从民间找到了一位名叫心的牧羊人，据说是楚怀王的孙子。项梁、项羽等便立他为王，仍称楚怀王，作为反秦势力的"共主"。这一举措对旧贵族果然有一定的凝聚力。楚怀王坐镇盱台（今江苏盱眙北），名义上是最高领袖，实际上项梁、项羽操纵了各路起义军的实权。薛城会议还决定，统一战略部署，全力反击秦军。这次会议增强了项氏叔侄在政治上的地位，在一定程度上协调了各路起义军的行动，大大提高了起义军的作战能力，使起义军开始从陈胜的失败中重新振作起来。范增在这次会议上起了关键的作用。

## 二、随军征战多立功

薛城会议后，反秦起义军声威复震，赵、燕、魏、韩、齐等各国旧贵族都在各自故国的土地上高树起反秦旗帜。项梁一军经过数日休整，士气极盛，数次与秦军交锋，屡破秦大将章邯，声势大震。可惜的是几次胜利使项梁不再把章邯放在眼里，他在亲自率军攻打定陶（今山东定陶县）时，由于骄兵轻敌，被章邯打了个措手不及，兵败身死。正分兵西线进攻陈留（今河南开封县）的项羽和刘邦闻讯，颇为震恐，急忙撤兵至彭城（今江苏徐州市），缩短战线，取自保之势。但章邯并未乘机追歼楚军，而是移师北上，攻打赵国。几次争战，攻陷赵国首都邯郸（今河北邯郸市），赵王歇被迫退守孤城巨鹿（今河北平乡县），急向楚怀王求援。

秦二世二年（前208）末，楚怀王召集军事会议，商讨战略部署。项羽要求与刘邦共同入函谷关灭秦。一些老将认为项羽剽悍残暴，不宜入关。他们共同规劝怀王不可答应他。最后怀王决定分两路伐秦：一路以宋义为上将军，号卿子冠军，项羽为次将。范增因跟随项羽在南征北战中屡出奇计，立下大功，很受器重，被任命为末将，随宋义、项羽率楚军主力渡河救赵；一路由刘邦收编陈胜等被打散的部下，向西挺进，直攻秦都城咸阳所在地关中。怀王与诸将约定，谁先攻入关中，将来就由谁做关中王。

项羽对这种部署十分不满。宋义本是项梁麾下的谋士，为人诡谲怯懦。定陶战前，他曾劝谏项梁应重视秦军，不可骄傲轻敌，表现了一定的军事才干。项梁死后，楚怀王在齐国高陵君的推荐下召见宋义，和他讨论军事，对他颇为欣赏，同时也不甘心受制于项氏，因此借机擢升宋义为上将军，位在项羽之上，意在削夺项羽的兵权。项羽自是十分窝火，决定伺机剪除宋义，夺取兵权。大军进发到安阳（今山东曹县东南，非今河南安阳），逗留了46天，不再往前。项羽催促宋义赶快率兵渡黄河救赵，但宋义却想坐山观虎斗，坐收渔翁之利。那时，天正寒冷，又遇大雨，士兵又冷又饿，军心不稳。作为这支部队末将的范增心里清楚，宋义不顾国家安危，不恤士卒之苦，专心营私，非社稷之臣。而项羽颇有英雄气概，也有一定谋略，不应受制于宋义。他向项羽建议乘机除掉宋义，二人一拍即合，商定了行动计划。十一月军营朝会，项羽趁拜谒宋义的时机，在虎帐中将他杀掉，把人头拿来示众。声势所及，诸将恐惧，无人敢表示异议，一致推举项羽代理上将军。楚怀王接到报告，对项羽擅杀主将十分不满，但木已成舟，只好正式任命他为上将军，全权指挥对秦的作战。

项羽、范增掌握了这支精锐武装的统帅权，立即挥师北上，救援巨鹿。当时秦军众多，士气正盛，楚军中不少人有胆怯心理。范增向项羽建议，要想取胜，就要表现出必胜的信心。章邯一军是秦军主力，此战对双方的生死存亡都十分关键。项羽听了范增的分析，深以为是，于是在率军渡过漳河后命令士兵们把渡河的船凿沉，将饭锅砸碎，只带三天干粮，以示拼死挺进的决心。正如范增所料，大军一到巨鹿，士卒们个个以一当十，表现得非常勇敢。结果九战九捷，招降了章邯率领的数十万秦军主力，迅速扭转了整个战局。巨鹿之战是导致秦王朝最终灭亡的关键之战，项羽和他统帅的这支起义军立下了巨大功勋，而范增在激励士气上所起的作用也是功不可没的。

巨鹿大捷使项羽威信大增，各国归附，军队均由他统率。项羽平定了黄河以北，率领各国军队40万，鼓行而西，直奔函谷关。

这一时期，范增不顾年老体弱，紧紧跟随项羽南征北战，参与了一系列重大军事策略的制定，为诛灭暴秦立了大功，深得项羽敬重。项羽平时都不直呼其名，而是尊称他为"亚父"。

## 三、鸿门苦心付流水

由于秦军主力被项羽的军队吸引并消灭在黄河以北，刘邦向咸阳进军的道路就减少了很多阻力。在项羽和范增率军转战南北、所向披靡的同时，刘邦的军队也频传捷报。秦二世三年（前207）九月，刘邦军攻克武关、蓝田，大破秦军。次月，秦王子婴出降，秦朝灭亡。刘邦便抢先占据了地势险固、富甲天下的八百里秦川。他接受谋士郦生的建议，派兵把守住函谷关（今河南灵宝市北），企图以武力阻止其他人入关，独占关中。

汉高祖元年（前206）十一月，项羽率军抵达函谷关，孰料关门紧闭，不准入内。项羽十分愤怒，一举攻陷函谷关，挥师进入关中，于十二月抵达戏水西岸。刘邦此时驻军霸上，他的部下左司马曹无伤被项羽的阵势吓破了胆，派人向项羽密告说："沛公想在关中称王，任用子婴为宰相。金银财宝全被沛公占有了。"项羽闻言更是大怒，下令第二天早晨犒劳士兵，准备向刘邦发动攻击。

反秦的各个集团和派别之间的矛盾实际上从一开始就存在。在秦王朝未灭亡时，他们之间尚还能维持松散的联盟，矛盾基本上没有爆发。可是等到秦王朝灭亡后，各集团都想争夺最高统治权，新的较量就势所难免了。由于项羽和刘邦是当时两个最大的军事集团，因而斗争便首先在他们之间展开了。

在新态势、新对手面前，范增作为项羽的主要谋臣，及时觉察到刘邦的远大志向，判断出对项羽构成最大威胁的就是刘邦。他劝项羽道："刘邦在山东（崤山以东）时，贪财好色，现在他进了函谷关，却一反常态，对财宝不再夺取，对美女也不再爱恋，看来他的志向不小。我曾经派人观看天象，在他营寨上空的云霞气流都呈龙虎形状，五彩分明，那是一种只有天子头上才有的气流。应赶快派兵攻击刘邦，把他打垮，可不要延误了时机！"

范增所论虽有迷信色彩，但还是颇有政治眼光的。如果此后项羽不再更改主意，恐怕这段历史就要重新改写。

这时，项羽拥兵 40 万，驻扎于新丰鸿门，刘邦只有 10 余万人，驻扎在霸上（今西北市东）。两地相距只有 20 公里。刘邦眼看就要面临灭顶之灾。就在此时，项羽的叔父项伯泄露了军事机密。他与韩国旧贵族张良有至深的交情。他知道张良正在刘邦营中，生怕两军一开战，张良有生命之忧，便连夜骑马奔驰到霸上，找到张良，要张良赶快随他离开这里。张良装出顾念情义的样子说："我奉韩王命令送沛公入武关（今陕西省商县），现在沛公有急难，我私自逃离是不义的行为，我不能不把这件事告诉他。"张良于是入内，把事情全部告诉了刘邦。刘邦听了，吓得魂飞魄散，不知该如何办好。张良劝他去见项伯，申明不敢背叛项羽之意。刘邦按着张良的授意来见项伯，显得十分亲热，又是奉酒祝福，又是约为儿女婚姻，然后又装出一副恳切的面孔发誓说："我自攻入武关之后，像毫毛那样细小的东西都不敢沾染，只知道把官吏和百姓都登记造册，把府库封存保管起来，专等项将军到来。我之所以派将士把守函谷关，是为了防备其他盗贼出入和发生意外。我日夜盼望项将军早日到来，哪里敢反叛呀！希望您千万跟项将军解释，我刘邦决不敢忘恩负义！"项伯被刘邦伪装的诚心感动，他答应在项羽那里为他解释疏通。临走时他叮嘱说："你明天早晨不可不早早地亲自来向将军认错道歉。"刘邦急忙答应。于是项伯又连夜回到军营，把刘邦的话转告给项羽，并趁机替刘邦说些好话。项羽此人在战场上有万夫不抵之勇，但是性躁心慈，经不住三句好话，便答应按项伯的意思办，在鸿门与刘邦会见。范增闻讯，觉得这倒是个好机会。擒贼先擒王，乘机将刘邦除掉，其军队失去首领，即可一举剿灭。他极力劝说项羽在会见时把刘邦杀掉，决不可留此心腹大患。项羽也觉得此计甚妙。

第二天一大早，刘邦带着张良、樊哙和百名骑士来到鸿门，拜见项羽。一见面，刘邦便做出十分恭顺的姿态，委屈地说："我和将军您合力攻打秦国，将军在河北作战，我在河南作战，根本没想到能够先一步进关。在这里得以重见将军，真是三生有幸。我一向对将军没二心，谁知现在有小人从中挑拨，使将军您和我有了隔阂！"项羽一听，疑虑稍释，顺口说："这还不是你的左司马曹无伤说的。不是他说，我怎么会这样做？"当即命令在军帐中大摆宴席，招待刘邦等人。

宴席上，范增频频给项羽丢眼色，并举起身上佩戴的玉玦向项羽再三示意，要他当机立断，赶快借此动手，杀掉刘邦。谁知项羽听了刘邦一番好话，又念及多年征战情谊，于心不忍，竟下不了手，对范增的暗示默然不应。范增见状，心急火燎，赶忙到外面找到项羽从弟项庄，对他说："大王为人心慈手软，你赶快进去敬酒祝福，祝福完后请求舞剑助兴，借机把刘邦砍杀在坐席上！否则，你们将来全要被他俘虏了！"

项庄领命，带剑入帐，为刘邦敬酒。敬酒之后，他说："大王和沛公饮酒，军中没有什么可以助兴的，请让我舞剑助兴吧。"项羽同意了。于是项庄拔剑而舞，边舞剑边向刘邦座前逼近，伺机刺杀刘邦。项伯看出了项庄意图，立即起来，拔剑与项庄对舞，护住刘邦，使项庄无从下手。席上气氛骤然紧张起来。

在席上陪坐的张良一看大事不妙，急忙到军营门外找到樊哙，要他赶快入内护卫刘邦。樊哙带剑拥盾，闯入营帐，当着众人的面义正辞严地谴责项羽。项羽理屈词穷，无话可答，就让樊哙随张良同坐。刘邦战战兢兢，如坐针毡。过了一会儿，他灵机一动，借口上厕所，趁机招呼樊哙一块儿溜了出来。不一会儿，项羽派都尉陈平唤刘邦入席。刘邦魂魄欲散，在樊哙劝说下不辞而别，带着几个护卫由山间小径迅速逃回军中，只留下张良应付场面。张良估计刘邦骑马将要回到军中了，这才重新入内，到项羽面前委婉地道谢，说："沛公不胜酒力，已经醉了，不能亲自向您辞行了。他特命我向您献上玉璧一双，向亚父献上玉斗一对。"项羽问："沛公现在哪里？"张良说："听说大王有意怪罪他，他已回军营去了。"

范增眼见计谋失败，又失望又恼恨，看看项羽无所反应，接过玉璧放在几案上，一腔怒火无处发泄，便把张良献上的玉斗摔在地上，拔出剑来把它砍得粉碎，恨恨地说："唉，这小子，不能和他共谋大事！将来夺取项王天下的一定是沛公，我们这些人将来都要当他的俘虏了！"这话明着骂的是项庄，实指项羽。项羽闻言，十分羞怒，强忍着未发作，但从此开始渐渐疏远范增。二人关系从此出现了裂痕。

鸿门宴上项羽杀刘邦本来易如反掌，然而恰恰在这关键时刻，项羽却优柔寡断，丧失良机，放虎归山，留下后患。范增空有良谋，却也只能无可奈何，一番苦心尽付流水，令人扼腕叹息。

### 四、协助项羽搞分封

鸿门宴后数日，项羽引兵进入咸阳，下令屠城，杀降王子婴，挖秦始皇冢，烧毁秦宫殿楼阁。凝聚着无数劳动人民血汗、闪烁着我国古代能工巧匠无穷智慧的阿房宫在浓烟烈火中化为灰烬。三月不灭的大火充分发泄了项羽对秦王朝的仇恨和报复心理。这是我国历史上的一次重大政治火灾，暴露了项羽集团的残暴性和破坏性，反映了项羽在政治上的短视，使他很快失去了民心。对于项羽的屠城，范增虽极力谏阻，但项羽图一时痛快，我行我素不肯听从，结果造成巨大的破坏，铸成大错。当初刘邦入关时约法三章，深得民心，秦百姓争相牵牛羊，担酒菜，前来劳军。现在刘项二人的举措截然相反，势必产生截然不同的后果。

　　项羽把咸阳毁坏得破烂不堪后决定率军东返。这时有一高人韩生（一说蔡生）前来献策。他说："关中地区拥有险要的山川形势，东有函谷关，南有武关，西有散关，北有萧关，土地肥沃，在此建都，可以称霸天下。"范增极力赞成这个建议，他劝项羽不可留恋江东故里，应在此建立基业。可惜这个颇具眼光的建议未被项羽采纳。项羽怀恋故土，一心贪求表面的荣耀，回答说："富贵不归故乡，好像穿着锦绣漂亮的衣裳在黑夜里走路，怎么能显示荣耀呢？"韩生看到这是一个没有大志的人物，说："人们都说楚国人肤浅暴躁，沐猴而冠（沐猴，也称猕猴，容易饲养驯服，可穿衣戴帽。但它毕竟还是猴，不能跟人相比），果然不错。"项羽闻言，暴跳如雷，立即要烹杀韩生。范增见状，急忙劝阻，但项羽不听，将韩生烹杀。这使项羽更加失去了士人的支持。

　　关中地势险峻，且是全国政治、经济重心，放弃关中是一个极大失策，表现了项羽政治上的短视。他不仅把正确的建议拒之门外，而且还把真心诚意的谏议者残酷杀害，更表明他只是一个缺少战略头脑的武夫。

　　项羽一入关中，立即派人向怀王报功请封。怀王却回答说，依照先前约定，"先入定关中者，王之。"怀王不计军事实绩，仍欲如约行封，偏见之心显而易见。他本是一块为反秦斗争需要而立起来的招牌，现在他既不愿充当项羽意志的工具，那他的地位和生命也就危险了。项羽大发雷霆说；"怀王是我们项家立的，没有什么功劳，还敢如此胡乱说话！"汉高祖元年（前206）正月，项羽毁约背盟，佯尊怀王为"义帝"，并以"古代称帝的人，都拥有土地千里，住在河川上游"为名，下令迁义帝于江南郴城（今湖南郴县）。不久又命人暗杀怀王于江中。范增虽极力抗争，不让项羽一意孤行，但项羽早就对怀王不满，又觉得怀王这块绊脚石是范增搬出来的，更是执意不听，我行我素。

　　留怀王不足成大害，挟义帝以令诸侯，为己所用，更是有诸多好处。可惜项羽意气用事，大失群臣之心，更为日后政敌的反叛留下话柄。项羽和范增自鸿门宴后，在许多重大问题决策上一再出现分歧，二人之间的裂痕越来越大，虽然尚未完全决裂，但已潜伏了极大的危机。

　　汉高祖元年二月，项羽仿效旧制，大行分封。他自称西楚霸王，建都彭城（今江苏徐州市），另封二十人为王、侯。其中七个侯王是已灭亡的战国六诸侯的子孙，余者也多系旧时将佐或权贵，还有项羽的亲信故交。至于刘邦，项羽和范增都对他颇为疑惧，不愿把有沃野千里和四塞之固的关中白白送给他，可是又不愿承担毁约的恶名。于是范增向项羽出主意说："巴蜀（今四川省）道路艰险，从前是秦朝放逐罪犯的地方，我们可以借巴蜀也是关中土地的理由，把刘邦封在那里。刘邦也不能说什么。然后把关中分为三国，任命秦国降将为国君，把刘邦牢牢堵死在巴蜀的荒凉之地。"这话颇合项羽心意。他采纳了范增建议，封刘邦为汉王，辖管今天四川省大部和陕西省南部的一些地方。另封章邯为雍王，辖秦故都咸阳以西土地；封司马欣为塞王，辖咸阳以东直到黄河的土地；封董翳为翟王，辖地包括上郡（今陕西绥德县）。

用裂地分封的办法作为对那些立下功劳的将领们的酬劳有其客观原因。在人们普遍怀旧的气氛里，项羽自觉不自觉地成为六国旧贵族的代表。他把春秋战国时期列国分立的政治形式理想化，把分封看成建立和平安定秩序的灵丹妙药。殊不知却从此播下了日后各国纷争的种子。四年后，当项羽自刎于乌江的时候，他才发现自己的愿望实在是一枕黄粱。

在分封问题上范增负有多大责任？应当看到，范增所献的分封办法是不乏聪明之处的。当然，他没有意识到大分封的危害而没有反对分封，终究是他一生谋算中的一次失误。但这是与主人公所处的历史时代有关的，是时代的局限，我们不能太苛求于前人。

## 五、忠心献策遭遗弃

汉高祖元年（前206）四月，诸侯各回封地。汉王刘邦接受萧何劝谏，暂时忍下一腔怒气，西入巴蜀汉中。项羽也率大军东归彭城。但是刚刚过了一个月，新的战鼓便又擂响了。

首先是手握重兵的齐贵族田荣起兵，占领了三齐。项羽率大军北上平叛。八月，远在西方的刘邦又乘虚而入，明修栈道，暗度陈仓（今陕西宝鸡市），回师关中，一举击溃章邯、司马欣、董翳。然后，又乘胜占领陇西、北地、上郡等地，把关、陇、巴、蜀、汉中的广大土地连成一片，取得同项羽抗衡的资本。三个月后，又出武关，挥师东进，沿途降魏王豹，虏殷王印，为义帝发丧，俨然以堂堂仁义之师讨伐项羽。楚汉之争正式拉开帷幕。

项羽闻知刘邦作乱，怒火中烧，但烽火四起，应顾不暇，他需要选择一个主攻目标，是西攻刘邦，还是北击叛齐？范增认为田荣不足为患，最大的威胁来自刘邦。他劝项羽先攻打刘邦。这是很有远见的。但刘邦耍了个花招，他派张良致书项羽说："汉王只是为了得到应有的关中，决不敢向东发展。"同时假意送上齐国串联反楚的书信，指出："齐国想要联合赵国攻灭楚国。"以此来转移项羽的注意力。

项羽果然中计，他没有把范增劝他注意大敌刘邦的话放在心上，而是集中兵力，北击田荣，再一次错过了打击刘邦的有利时机。

在这一时期，由于项羽不善用人，弄得自己众叛亲离。在他的队伍中，本来容纳着许多卓越人才，如韩信、陈平，均为中国古代屈指可数的奇才，可惜二人数次献策，不得重用，只好先后逃离楚军，投奔刘邦，成为项羽的劲敌，在楚汉战争中起了重大作用。在这些问题上，范增虽多有劝谏，但项羽已开始疏远他，对他的建议不冷不热，不置可否，更谈不上听从。刘邦乘机顺利地出函谷，定河南，联韩魏，并乘势东下，一气攻下了项羽的巢穴彭城。

项羽闻讯，如五雷轰顶。他这才大梦初醒，立即亲率精兵三万反击刘邦，一战将其击垮。刘邦西退，项羽率大军紧追不舍。双方在荥阳（今河南荥阳市）展开拉锯战，在这里对峙近一年。在此期间，原来已投靠刘邦的诸侯见汉军屡败，又纷纷叛汉投楚。项羽又截断了汉军的粮道，一时间形势对刘邦很不利。

汉高祖三年（前204）四月，因汉军久被围困，粮草匮乏，军心动摇，刘邦惶恐，提出以荥阳为界，以东归楚，以西为汉，双方休战。

项羽想接受刘邦的建议，范增极力反对。他进谏说："现在打败刘邦非常容易。如果您放过刘邦，不消灭他，那就是放虎归山，以后您后悔也来不及了！"

范增的建议自然是非常正确的。根据当时的形势和力量对比，假使项羽能抓住机会加其余勇，加紧围攻，可望夺取荥阳，把刘邦打垮。

在这危急时刻，原来曾是项羽部下的陈平为刘邦献上反间计。他了解项羽与范增之间的关系，认为可以从项羽身边除掉范增。他说："我观察项羽为人，恭敬有礼，爱惜人才，那些廉洁好礼之士多投他而去。但他又太吝惜爵禄封赏，即使有功也轻易不给，众多嗜利之徒就难为项羽所用，所以项羽手下最忠心、最耿直、从不阿谀的亲信重臣，不过亚父范增、钟离昧、龙且、周殷等几个人而已。大王您如果能抛出数万斤黄金，就可以挑拨离间他们君臣之间的感情，使他们上下猜忌。项羽这个人，天性多疑，容易相信谗言，他的心一被谣言所迷惑，必然疏远自己的部下。时机一到，项羽没了这帮谋划之臣，我们汉军乘那时候发动攻击，就一定能打败他。"刘邦听了大喜，依计而行，交给陈平四万斤黄金，任凭他随意使用，不问他用到什么地方。

陈平用重金雇用间谍，潜入项羽营中，发动谣言攻势，传播消息说："以钟离昧为首的一批高级将领，建立的功劳太多了，却一直不能封王，心中十分不满，听说要跟刘邦合作，推翻我们项王，瓜分项王的土地。"这话传到项羽耳朵里，他果然半信半疑起来。他虽没有杀掉钟离昧等人，却对他们不再像往常那么信任。项羽还派了使节到汉营中暗察虚实。

项羽的使节来到荥阳时，陈平先叫人抬进上等的佳肴美酒，以招待贵宾的礼节给以盛情款待。问了几句话后，却佯装吃惊，懊丧地说："我原以为是亚父派来的使者，谁知却是项王的人！"马上吩咐手下把酒席撤下去，更换上一桌粗茶淡饭，把使者草草给打发了。

此计本来平平，但因项羽实在昏庸，竟然产生了奇效。当使者回到军中，一五一十报告给项羽后，项羽果然对范增产生了怀疑。等到范增再催促对荥阳发动急攻的时候，项羽深恐其中有什么圈套，偏偏不肯急攻，跟范增对着干。

范增终于发现项羽对他产生了疑心，一腔热血全凉了。他也不想一洗不白之冤，一被疑忌，立即恼羞成怒。他找到项羽，愤怒地说："天下大事，成败已定，请大王您好自为之吧！我身心交瘁，已无力为您再做什么了。我请求讨还这把老骨头，退归乡里！"项羽巴不得早日排除这位整天唱反调的老头，于是并不挽留，爽快地答允了他的辞官请求。

就这样范增离项羽而去。他怀着满腔忧愤，从前线返回彭城。一路上郁闷成疾，背上疽疮复发，抑郁地死在途中。

项羽与范增是同命运的。随着唯一谋臣的离去，战局越发不可收拾，一步步走向穷途末路。而刘邦以谋取胜，越来越占上风。最后，项羽终被刘邦所败。汉高祖五年（前202）十二月，项羽被困垓下（今安徽灵璧县南），陷入四面楚歌的绝境，留下一曲霸王别姬的千古哀歌。最后他虽溃围而出，却因无颜再见江东父老，自刎于乌江（今安徽和县乌江镇）。

对于项羽的乌江自刎，历史上曾有很多人表示惋惜。唐诗人杜牧《题乌江亭》诗中写道："胜败兵家不可期，包羞忍耻是男儿。江东子弟多才俊，卷土重来未可知。"如果项羽不死，究竟有没有卷土重来挽回局势的可能？宋人胡仔在《苕溪渔隐丛话》中说得好："项氏以八千人渡江，败亡之余，无一还者，其失人心为甚，谁肯复附之？其不能卷土重来，决矣。"这种论断是颇有说服力的。

楚汉战争结束后，刘邦在一次酒宴上总结这场战争胜负的原因时曾说："萧何、韩信、张良，都是人中之杰，我能信用他们，这是我能取得天下的原因。项羽连一个忠心耿耿的范增都不信用，这就是他被我打败的原因。"项羽失败有多方面的原因，刘邦的总结虽不全面，但无疑是正确的。这也从侧面反映了项羽成败与范增的密切关系。

当然，就范增本身而言，也有不少缺陷。他虽能洞察形势，颇有见识，但自恃忠直，以老辈自居，忽略了项羽的心理特质和地位的变化，指责多于说理分析，甚至语无避讳，犯主逆鳞，引起项羽对他的不满，最终导致了二人关系的破裂。而他又不能选择明主，三择其主而仕。这不能不说是他自身悲剧的一个重要原因。范增空有一腔忠心，满腹文韬武略，却最终事败身死，成为项羽政权的殉葬品。后人每读史至此，总会再三嗟叹，惋惜不已。

（蒋海升）

▼

本文主要资料来源：《史记》卷十，《项羽本纪》；《汉书》卷三一，《项籍传》。

# "约法三章"定国策
# 慧眼识才终灭楚

## ——萧何传

萧何（？—前193）和张良、韩信一起，被称为汉初三杰，是中国历史上的一个著名谋士。

### 一、襄助刘邦，沛县起兵

汉高祖平定项羽，重新将分裂的国家统一起来，应当归功于他的几个得力助手，萧何便是其中重要的一位。

萧何是文臣，为汉高祖统一国家立下了丰功伟绩，所以他虽然一直居守关中，没有参与过攻城略地，却被封以食邑八千户，比一些出生入死的将军如樊哙等还要多。就这一点，刘邦手下诸将在分封之后愤愤不平，牢骚满腹："我等出入沙场，披坚执锐，多则百余战，少则数十战，可以说是九死一生，而萧何仅仅是一介书生，安居后方，舞文弄墨，未有汗马功劳，怎么功劳反倒在我们之上呢？"

刘邦对此发了一番既粗莽又发人深省的名言："诸位将军该知道打猎的事吧？行猎时，追杀野兽的是猎狗，而指示野兽隐藏踪迹的是人。现今各位将领的功劳是猎取野兽，功同狗等；而萧何是指示兽踪，功同人等。并且各位是只身跟随于我，最多也不过是随带二三人来，而萧何则举其家族数十人随我南征北战，此功不可没。"

刘邦的这番话驳得诸将面面相觑，无言以对。由此，萧何为刘邦统一中原所建立的功勋可见一斑。

萧何，出生于今江苏沛县。青壮年时代，他便以精通文墨，为人宽厚而闻名遐迩。当他担任秦沛令"主使掾"时，曾多次周济尚未发迹的刘邦。

刘邦年轻时由于落拓不羁，不拘小节，"好酒及色"，经常被人瞧不起，然而却常常受到萧何的器重。刘邦任亭长时，萧何便经常帮助他。有一次，沛县县令的好友吕公大请客，县中豪杰纷纷前去赴宴，而且都带着贺礼钱。萧何被邀为这次宴会的主管，负责收礼。规定凡送礼钱一千以下的人都坐堂下，送钱一千以上的才可以坐堂上。刘邦也去赴宴，谎称送礼钱一万，实际上他一个钱都没带。萧何一边对吕公说笑刘邦："刘季（刘邦排行三故名季）固多大言，少成事"，一边却不阻止他坐到堂上。刘邦因此大模大样地坐到上座，表现得落落大方。在这次宴会上，吕公相中了刘邦，把女儿许配给她为妻，这就是后来的吕后。

萧何还常常在经济上资助刘邦，因为亭长职务的关系，刘邦常常被征派到咸阳办事，县里其他小吏都送刘邦三百钱作资奉，而唯独萧何经常破例给他五百。

因此，萧何早期活动便与刘邦联系在一起，这就为他以后鼎助刘邦以成帝业奠定了基础。

因为萧何办事有魄力，在同人中表现出非凡的理事能力，因此被当时的秦政府所看重，升任他为泗水郡（郡治在今安徽濉溪西北）卒史。在泗水任职时又因为办事有方略，考核时名列第一等。因此被郡监察御史上报秦朝中央政府，准备再行提拔，但由于萧何自己不愿意，于是作罢。

秦二世元年（前209）秋，陈胜、吴广在大泽乡率众起义，愤怒的反秦风暴迅速席卷中原大地。东南诸郡县都纷纷杀秦官吏起兵响应。沛县县令害怕危及自己的身家性命，也表示要在沛县组织武装响应陈胜。此时刘邦早已聚集在芒砀山中（今河南永城北），受到沛县许多青壮年的拥护。因此，萧何和沛县的另一个有权势的县吏曹参，对将要起兵的沛县县令说："大人为秦朝官吏，现在想率领全县父老兄弟背秦'造反'，恐怕老百姓不一定信任吧！到时如果百姓不听你的号令，那可怎么办呢？不如把那些因抗秦犯法逃亡在外的豪杰之士召集回来，然后以此动员县里的人，这样才会成功。"之后，萧何、曹参自作主张，命令樊哙到芒砀山去迎接刘邦等数百人下山到沛县。刘邦很快来到沛县城外。不料当刘邦的队伍来到时，沛县县令却又反悔了，他命令部下把沛县城门关闭，阻止刘邦进城；另一方面又派人搜捕主谋萧何、曹参，准备把他俩杀掉。在这种危急的情况下，萧何、曹参毅然决定越墙逃出城去，站到刘邦的一边。在萧、曹的帮助下，刘邦借用了沛县人民的力量，杀了沛县县令，进入了沛县县城。又在萧、曹的合力支持下，刘邦被拥立为沛县起义武装的首领，号沛公。

在刘邦起兵过程中，萧何是主要策划者，而且也是这次起兵的主要组织者之一。当时丰、沛一带早已聚集着一批反秦势力，例如后来成为刘邦开国功臣的樊哙，原就是沛县"以屠狗为事"的下层反秦人士；后与刘邦成为莫逆之交的夏侯婴，原为"沛厩司御"，后"试补县吏"，是个下层小吏；后为刘邦封为广阿侯的任敖，出身则为"沛狱吏"。这些人与萧何都有较深的来往，而且都乐于受萧何的指挥。所以刘邦的帝业，从一开始就渗透了萧何的许多心血，没有萧何的鼎助，刘邦起兵是不可能获得成功的。

## 二、入主咸阳，约法三章

刘邦称沛公后，马上任命萧何为主丞，帮助料理日常政务、军务。不久，陈胜、吴广失败被杀，但是起义的烽火，已燃遍整个中国。当时项梁、项羽及刘邦等人，同是楚怀王的将领。项梁死后，项羽率楚军主力北上救赵，与章邯统率的秦军主力酣战中原。刘邦则率偏师西征，斗力斗智，很快过南阳，入武关，克峣关，直逼秦都咸阳。汉高祖元年（前206）十月，沛公大军进驻霸上，秦王子婴素车白马，颈系组绶，带着皇帝的玺印符节，在大路边跪拜求降。于是沛公军队首先入咸阳，宣告了秦王朝的灭亡。

入咸阳后，许多义军将领被秦都的繁华所震惊，纷纷攘攘，忙着抢占府库良马，瓜分金银美女，就连刘邦本人也被胜利冲昏了头脑，一头扎进秦皇宫中，贪恋着金玉、狗马、美人而舍不得离开。唯独萧何例外，对金银财宝、宫室美女毫不动心，却急如星火地赶往秦丞相御史府等衙门府第，收取律令、图书、文献档案，细心地保藏起来。

作为一位主丞，在反秦事业取得胜利，可以借机攫取财物以饱私囊之际，萧何竟能表现得如此廉洁，在许多人看来，是很难理解的。对于萧何这样的政治家来说，考虑的恐怕不只是眼前的一点点名利满足。萧何出身下层吏掾，又亲身经历过秦末的苛政，对于秦王朝修宫室、建阿房、筑皇陵，奢侈无度、劳民伤财的腐败政治，自然有着深刻的印象。而对反秦风暴中，被逼造反的百姓杀秦吏、烧宫室，最终使这个貌似强大的腐朽王朝一朝覆灭的历史教训，他自然不会视而不见，也不会不加以深思。所以他才会在进入咸阳之时，能清醒地收藏图书、档案。在随后爆发的楚汉战争及刘邦初创帝业的艰难时期，刘邦之所以能够对天下大势了如指掌，并迅速采取措施占领要塞、镇抚百姓，全赖萧何这一及时收藏图书、档案之功。

萧何认为取天下在于得民心，所以他劝沛公不要满足于眼前的胜利，应当安抚民心，才是长远之计。于是，同年十一月，刘邦召集各地父老、乡绅约法三章说："关中百姓长期被秦王朝的酷政苛法所苦。我曾与众诸侯在楚怀王面前约定，先进关中的就在关中称王，现在我先进关中，自然就是你们的王了。我和众位父老乡亲约法三章，'杀人者死，伤人及盗抵罪'。除此之外，严刑苛法统统废除。各地百姓照旧安居乐业。"刘邦的这个约法三章虽然只是战争时期的临时法律，但在安抚民心、稳定形势、取得人民的支持和拥护等方面起了巨大的作用。为此当时的秦民都箪食壶浆以劳义军。

但当项羽率领诸侯联军主力进驻关中，刘、项相会于鸿门宴后，形势发生了急剧的变化。项羽不甘心让刘邦独占关中要塞之地，便废弃楚怀王之约，自封为西楚霸王，把刘邦转封于偏居西南的巴蜀，称之为汉王；关中之地一分为三，让秦之降将章邯、司马欣、董翳在那里为王，借以阻止刘邦向东扩展。对此，刘邦非常恼怒，决心与项羽翻脸，手下大将樊哙、灌婴、周勃也纷纷劝他不要屈服，于是刘邦决心与项羽决一死战。在这关键时刻，萧何却头脑清醒，力劝刘邦接受汉王称号，他们之间曾有这样一段对话：

萧何说："你不在关中，而是到汉中称王，当然不是喜事，但是这比白白送死，不是要好些吗？"

刘邦不解，问道："怎么会是'白白送死'呢？"

萧何答道："现在您的实力远远不如项羽，倘若贸然进击，势必百战百败，这难道不是白白送死吗？《周书》中有这样的话：'天予不取，反受其咎。'古汉也称天河为'天汉'，而今上天把汉中这块土地交给你，封为'汉王'，正是以'汉'配'天'的美称啊！古代的圣贤如商汤、周武王，在形势不利时，能暂时屈服于暴君夏桀、殷纣之下，而最终都登上了万乘帝位。大王您还是先居汉中，好好安抚那里的百姓，搜罗贤才，利用巴蜀作为基地，在形势有利时，再回师三秦，与项王争夺天下。"

刘邦听完萧何的劝说，不禁如梦初醒，连连称善，于是拜萧何为丞相，率领军队进入汉中，开始了经营巴蜀以图发展的事业。就这样，在楚汉战争一触即发的危机中，萧何又一次挽救了刘邦的事业。后来的事实也证明，当时刘邦的决策是正确的。

### 三、扶汉灭楚，屡荐贤才

在楚汉战争期间，萧何更为刘邦立下了非同一般的功劳。西汉末年的思想家扬雄曾这样评论道："萧规曹随，留侯画策，陈平出奇，功若泰山。""萧规曹随"指萧何定规矩，曹参跟随不变；留侯指张良；陈平是继曹参之后的西汉宰相，他们都为西汉一朝的建立立下了巨大的功勋。那么，萧何都为刘邦建立的汉王朝定了哪些规矩呢？

第一，制定了一系列从民所欲的缓和的法律、赋税制度。萧何依据自己收集起来的秦朝遗存的法律、制度和图书，制定了新的律令和减轻剥削的措施。他在刘邦"约法三章"的基础上，重新整顿了秦朝的旧法条文，另立汉律九章。据历史记载，新律起到了很好的效果。

第二，把关中地区建成楚汉战争中刘邦一方的稳固的后方和人力、物力的供应基地。楚汉战争刚开始时，刘邦的处境十分艰难，项羽的兵力是他的4倍，而且周围还有前秦降将的监视，所以汉高祖二年（前205）四月的彭城（今江苏徐州市）之战，刘邦军队前后死伤达20多万人，"睢水为之不流"，项羽把刘邦的军队重重围了三层，最后刘邦只剩下数十骑逃遁出围，家属却被项羽所俘虏。但是后来刘邦最终战胜项羽，这全靠萧何在关中后方的大力支援。

楚汉战争一开始，刘邦就命令萧何留守关中，让他"收巴蜀，镇抚谕告，使给军食"，即留萧何在巴蜀地区负责收敛赋税，镇守安定百姓，颁布法令，供给军粮。萧何身居关中，心系天下，把治理关中看做是辅佐汉家创建帝业的大事，倾注了自己的全部心血。

他特别重视基本建设，曾在巴蜀汉中地区兴建了一些城市，《水经注》称，最古的沔阳（今陕西勉县）城，就是萧何留镇汉中时修建的。这对于发展巴蜀经济做出了重要贡献。到关中后，他又在长安的未央宫立武库以藏兵器，造太仓以藏军粮，这些都是建设稳固后方所必需的。

萧何在关中和巴蜀还几次颁布有利于经济生产的法令，从而减轻剥削，发展生产。刘邦也给予萧何在关中最大的权力。萧何在关中主管法令、宗庙、社稷、宫室、县邑等一切杂务，凡有所奏，刘邦都批准执行，一时来不及上报的，刘邦也允许萧何作主"便宜施行"，等刘邦从前线回来再加奏闻。这样，萧何在关中施政，便能发挥最大的能力，从而使得满目疮痍的关中，很快变为人丁兴旺的富庶之地，可以源源不断地为前方输送去充足的粮饷和壮丁。

汉高祖二年（前205）四月，刘邦于彭城战败。第二个月，萧何就把关中所有能发动的兵力，包括老弱者全部送到荥阳，补充刘邦的军队，使汉军"军复大振"，取得了荥阳（今河南荥阳北）、成皋（今河南巩义市东北）之战的胜利。

公元前203年，楚汉战争已历时四年之久，实力雄厚的项羽，此时也陷入"压罢食绝"的困境；刘邦的军队，却由于萧何"转漕关中，给食不乏"而"兵盛食多"。刘邦越战越强，逼得项羽兵败东城，自刎而死。对于萧何在兵员物资方面的支援，刘邦是深知的。所以在楚汉战争胜利后，刘邦即位论功行赏时，将萧何列在首位。刘邦手下的一位大臣鄂千秋，在评论萧何与大将曹参的功劳高低时，曾公正地指出："楚汉相据五年，汉王失军亡众，只身逃遁数次，都是靠萧何从关中遣军补其亡失，数万兵众召之即来。汉与楚在荥阳对峙多年，军中无粮，也是萧何及时转漕关中，补其不足。这样，才能使汉军立于不败之地，这是万世不朽的功劳。"

萧何在楚汉战争中的又一功劳，是给刘邦推荐了名将韩信。"萧何月下追韩信"的故事，已成为千古美谈。韩信是一位胸怀奇略的将才。他先后投奔项梁、项羽，但一直不被重用。刘邦入蜀，韩信便弃楚归汉。经过汉将夏侯婴的推荐，刘邦任命韩信为治粟都尉（管理粮饷的军官），韩信眼看刘邦不肯重用他，在军至南郑（今陕西汉中市）时，便不辞而别，逃离了汉营。

萧何曾与韩信见过数次，言谈之间，发现韩信是当世奇才。一听说韩信逃走了，慌急之中来不及向刘邦报告，就独身飞骑追赶韩信而去。刘邦手下的人不知内情，便冒冒失失地禀告刘邦说：丞相萧何逃跑了。刘邦听了又惊又怒，如同失去了左右手，不知如何是好。过了一两天，萧何突然又出现在汉王刘邦的面前。

刘邦又喜又怒，大骂萧何："别人逃跑还可理解，你我知己已久，怎么也要逃走，这究竟是为什么？"

萧何笑着说："我不敢逃走，我是去追逃跑的人啊！"

刘邦急着问："你追的是谁？"

回答说："韩信！"

刘邦一听，火又上来了："逃跑的将领有数十人，你一个也不去追赶，却要去追个小小的韩信，这不是骗人的鬼话又是什么？"

萧何坦然地反驳说："想要得到诸将，容易得很，但是韩信，却是国中无双的奇士呀！大王您倘若只想在汉中为王，自然用不到韩信，但如果想争天下，除了韩信外，那就找不到可以商议大计的将才了。何去何从，您瞧着办吧！"

刘邦默然，说："我当然要挥师东进，一争天下，哪能安于久困此地呢？"

萧何说："您想争天下，只有重用韩信，他才能留下为你所用；倘不能重用，他终究还会逃走的。"

刘邦无可奈何："好吧，看在你的面子上，我就任命韩信做个将官吧！"

萧何却说："即使任命他为一般将领，他也决不会留下。"

刘邦让步说："那就干脆任命他为大将，统率诸将，你看怎么样？"

于是刘邦就要下令召见韩信，拜为大将。这时萧何又说话了："大王您平时待人傲慢无礼，现在拜韩信为将，简直就像叫唤小孩子一样随便，这正是韩信逃离的原因啊！您一定要拜他为将，那就必须选择良辰吉日，斋戒设坛，用隆重的礼节待他才行。"

刘邦果然依从了萧何。全军将士一听说要封拜大将军，都很高兴，人们纷纷猜测获这殊荣的人是谁，但是到了登坛拜将的那天，才知道竟然是个毫无声望的小人物韩信！全军将士大为惊奇。拜礼完毕后，刘邦把韩信召到跟前，征询平定天下的方针时，才发现自己的确找到了一个不可多得的将才。

韩信和刘邦纵谈天下形势，提出养巴蜀之力以定汉中，然后并关中之力以东向争天下的战略设计，并具体说明了项羽虽强不足畏，三秦兵分易破的事实，这就大大发展了萧何力劝刘邦入汉称王的战略思想，并在行动上作出了详尽的计划安排。于是，刘邦按韩信的策略具体部署军事行动，最终完全击败了项羽。

## 四、宦海沉浮，九死一生

楚汉战争在汉高祖五年（前202）结束，又过了9年，汉惠帝二年（前193），萧何病死。在萧何政治生涯的最后几年中，主要致力于巩固新建的汉王朝事业。汉初许多其他功臣像韩信（淮阴侯）、黥布（英布）都以谋反罪被诛。唯独萧何、曹参能保其禄位，直至善终，以至名扬后世，成为万代称道的名臣，这的确是不简单的。由此说明萧何不仅能顺应潮流，不断跟随时代前进，而且善于处理取得天下以后的君臣关系。但是在处理这种非同一般的君臣关系时，萧何又有许多违心之举，其中设计斩杀韩信便是突出的一例。

在消灭项羽，扫平群雄的统一战争中，韩信功劳最大，刘邦曾称之为"人杰"。以韩信之才之力，如果有野心的话，早已听从谋士蒯通之说，割土自立，那么天下即非刘邦所有了。但是韩信并没有这样做。在天下统一后，刘邦对功臣的猜忌与日俱增，动辄诛谬。他曾将韩信贬为淮阴侯，软禁在京师。韩信当然颇有牢骚。汉高祖十一年（前196），陈豨反于赵，刘邦征邯郸。这时，吕后与萧何留守京师，她怕韩信在京师作陈豨的内应，很想把他除掉。正巧韩家有位门客得罪了韩信，韩信便把他囚禁起来准备杀掉，这位门客的弟弟便上书诬告韩信谋反。于是吕后决心采取行动，但又怕韩信谋略过人，党羽众多，万一召而不至，反受其害。这时她想到了萧丞相。萧何是韩信的恩人，如果由萧何出面相邀，韩信一定不会生疑。

于是吕后便把萧何请到宫中秘密商议。萧何早年曾力荐韩信，对韩信当然了解，他知道韩信有牢骚而无野心，说他"谋反"确实冤枉。但在君权与相权的矛盾中，他无法一碗水端平，而只能违背良心行事。因为只有维护君权，才能保住自己的身家性命。从内心来讲，韩信毕竟是萧何发现的，但现在在完成了历史使命后，却要由自己来给他送葬，萧何的心里并不平静。但事已如此，无可奈何。况且韩信是诸臣中最有本事的一位，吕后要杀他，以便杀一儆百，制止叛乱战火的蔓延，这对国家统一安定，或许能起到一定作用。

韩信视萧丞相为自己的恩人，对他很敬重。这时萧何骗韩信说，皇帝派使者送来陈豨已死的消息，现在满朝文武正准备进宫庆贺。韩信推说有病，无法入宫。但萧何晓以利害，说："虽说有病，还是勉强去吧。以免日后皇上生疑。"有了萧何的劝说，韩信便放松了警惕，放胆入宫庆贺。谁知进宫后，吕后早已埋伏武士，立即逮捕韩信，并且迫不及待地就在长乐宫行刑。

使用五刑除去韩信后，功高压主的萧何自己，便成了刘邦疑忌的对象。刘邦在征讨陈豨的同时，一面派人传令拜萧何为相国，加封萧何5000户食邑；一面又派出500士卒，充当萧何的护卫。实际上是监视萧何的活动。

萧何忠心为国，胸中本无异心，当然也猜想不到刘邦的用意。这时，朝廷官吏前来相府致贺，唯独布衣召平以吊丧之礼进见。召平，原是秦朝的东陵侯，秦亡后隐居长安城东，以种瓜为生。他的瓜特别甜美，也称"东陵瓜"。他对萧何说："相国您大难临头了！现在皇上作战在外，你安守于内，没有什么大的功劳与危难，反而加官晋爵，备有卫队，以我之见，这是因为韩信事件又进一步怀疑到你头上了。置兵设卫，并非恩宠于你，而是暗中监视。希望您让封不受，并尽量把家产私财捐献出来，以助军用。"一席话说得萧何如梦初醒。他坚决辞让了5000户封邑，还拿出自己的全部财产，捐作军费所需。刘邦非常高兴，萧何终于又渡过了一个难关。

一波未平，一波又起。当年秋天，淮南王黥布反汉，刘邦亲自率军征讨。他身在前方，却多次派人探回"萧何在长安干什么"。萧何如实报告说："我还是像皇上征讨陈豨谋反时那样，勉励百姓，尽其所有，支援军需。"

这时，有人便来警告萧何："相国您就要有灭族之祸了！您位居相国，功称第一。入关以来，深得民心，百姓依附。威信很高已有十余年了，皇上之所以一再对您表示关怀慰问，主要还是怕您倾动关中啊！您为什么不多买点田地，用贱价强赊，在百姓中留些坏名声，让皇上安心呢？"

萧何治家素以节俭闻名，平时置田宅，只挑些穷僻之处，从不占民良田。就是盖房，也不修高大的屋墙。他常对家人说："我的后人倘若贤仁，就让他们效法我的节俭吧；倘若不贤，豪门势家也不会看上这穷田陋房以施欺夺。"而今，劝他贱价强赊民田，这实在有违他廉洁持家的本心。但是名声越高，刘邦就越会猜忌他有野心，招致杀身之祸。这样，萧何只能采纳这种"自污"之计了。

刘邦在前方听说萧何强赊民田，不得民心，心中大喜。当他胜利回京时，许多百姓纷纷拦道上书，控告相国欺负百姓，强行贱买民产。后来，萧何进见刘邦，刘邦便把一叠控告信交给萧何，对他说："你身为相国，却去与民争利，现在你自己向百姓谢罪吧！"这样，萧何又闯过了一场危机。

但君权与相权的矛盾并没有根本解决，刘邦的猜忌仍然存在。有一次，萧何看到长安一带耕地狭小，百姓缺衣少食；而皇宫的上林苑中，却弃置了大片空地供养禽兽，于是他劝刘邦说："请您让百姓随意到上林苑中垦种吧；不要再征收禾稿充当兽食了。"

刘邦一听，勃然大怒："你自己多受贾人财物，却为百姓算计我的上林苑！"当即命令廷尉给萧何戴上刑具，关押起来。

几天后，刘邦手下有位卫尉听说萧何被关押，便问刘邦："萧相国犯什么大罪而银铛入狱呢？"

刘邦悻悻地答道："我听说当年李斯做秦皇丞相时，好事都归主上，坏事由自己承担。现在萧相国正相反，他收取贿赂，为民求取我的苑囿，这是收买民心，所以我要逮捕他治罪。"

卫尉说："办事忠于职守，只要对百姓有利，就舍身为之请命，这是宰相该做的事啊！陛下怎么能疑心相国接受贿赂呢？想想您与项王相争数十年，后来陈豨、黥布谋反，陛下出征在外，萧相国留守关中，关中稍有变故，这函谷关以西就不是您的天下了。萧相国对这样的大利尚且不图，难道还会去贪图人家的一点点贿赂吗？秦始皇正是因为听不到臣下批评自己的过失，一意孤行，才亡了天下。李斯就是能为主上分过，又何足效法！"

刘邦听了虽然不是滋味，但心中想来，卫尉的话毕竟有道理，于是，当天就叫人把萧何放了。

萧何当时已是60余岁的老人，既经赦罪，还恭恭敬敬，赤着脚前来向刘邦谢恩。刘邦只好说："相国快去休息吧！相国为民请苑，我不允许，说明我不过是夏桀、商纣那样的暴君罢了。而你却是贤宰相，我之所以要关押相国，就是要让百姓知道我的过失啊！"刘邦的这番辩解，虽然言不由衷，但对萧何的廉政为民，终于还是默认了。

刘邦的猜忌多疑，至死都没有消除。萧何凭借着自己的智慧和非凡的业绩，躲过了一次次灾难。公元前195年，汉高祖刘邦病死。萧何辅佐太子刘盈登上帝位，继续为汉王朝效力。

汉惠帝二年（前193），年迈的相国萧何，由于长期为汉王朝操劳，终于卧病不起。病危之际，惠帝亲临病榻探视萧何，并问他："相国百年之后，谁可代替你呢？"

萧何谨慎地说："知臣莫如君，陛下自己决定吧！"

惠帝又问："曹参怎么样？"

萧何听后竟挣扎起病体，向惠帝顿首说："皇上得以曹参为相，我萧何虽死，也无遗憾了！"

这番不寻常的话表明，萧何对于曹参的代己为相，抱有多么诚挚的赞许和期望。萧何与曹参曾同为沛公吏掾，有过很深的交情；又共同在沛县协助刘邦起兵，都是刘邦的开国元勋。但到后来，两人关系却相处得不太和谐。据《史记·曹相国世家》记载，曹参攻城野战之功甚多，而封赏却每居萧何之下，因此与萧何"有隙"。但萧何不计较这个，因为他知道曹参贤能，所以于病体垂危之际，还举荐这位与己"有隙"的同僚为相，甚至为此向惠帝顿首，称之为"死无遗恨"，表现了一代名相宽容大度，一切以大局为重的气度。

曹参为相以后，"举事无所变更，一遵萧何约束"。汉初百姓在"清静无为"的治理秩序中休养生息，西汉国力日益强盛，经济蒸蒸日上。三年后，曹参病逝，百姓作歌称颂道："萧何为法，讲若画一，曹参代之，守而勿失。载其清净，民以宁一。"意思是萧何制定政策法令，整齐划一，执法公平。

曹参代替了他，坚守不改，大家太太平平清清静静，人民得以安居乐业。百姓颂扬曹参之功，犹不忘追思萧何之德，正表达了人们对这位汉初名相的长久敬仰和怀念之情。

（林　红）

▼

本文主要资料来源：《史记》卷五三，《萧相国世家》；《汉书》卷三九，《萧何传》；《史记》卷八，《汉高祖本纪》。

# 运筹帷幄之中　决胜千里之外

## ——张良传

汉高祖五年（前202）二月，刘邦在汉初三杰的辅佐下，在汜水之阳（今山东定陶境内）即位，西汉王朝建立，并定都于关中（今陕西西安西北）。刘邦之所以能成帝业，这不仅要归功于汉高祖的恢宏大度和知人善任，在极大程度上还要靠他部下的三位良辅：守有贤相萧何，战有大将韩信，谋有能臣张良。其中，张良作为刘邦的智囊，其思虑深沉的思想，积极务实的态度，更令后人推崇备至。王安石曾有诗云："汉业存亡俯仰中，留侯于此每从容。"形象地道出了大谋士张良对汉业存亡的作用及其智谋和气度。高祖刘邦对自己的功臣张良更是一言以蔽之："运筹帷幄之中，决胜千里之外，吾不如子房（子房，张良字）。"后来萧何饱尝牢狱之苦，韩信更是被诛灭三族，独张良无恙。由此可见张良的足智与多谋。

### 一、巧遇老翁，明投英主

张良（？—前189），字子房，出生于战国末期韩国的城父（今安徽亳县东南）。他出身贵族，祖父两代均为韩国国相。他从小就接受了非常正规传统的诗书礼教。公元前230年，即秦王政（始皇）十七年，韩国被秦所灭。当时，张良的父亲张平已死，他像其他贵族一样，失去了以往那种优越的生活条件。虽然家中仍有童仆300余人，但已是今非昔比。张良既为家道的破落而感到羞愧，更为韩国的灭亡而痛心疾首。他一心想为韩国复仇，胸中有一股难以压抑的复仇怒火。公元前218年，耗尽了万贯家产，收买了一个刺客，准备刺杀秦始皇。当秦始皇出巡至阳武博浪沙（今河南原阳东南）时，这位刺客手拿120斤重的大铁锤，阻击秦始皇。结果击中的却是秦始皇的随从。秦始皇愤怒异常，下令在全国缉拿元凶。张良不得不改名换姓，流浪到下邳（今江苏省睢宁县古邳镇）。从此，张良便从一个初出茅庐的贵族少年，变成了十足的流浪儿。但是，他在下邳流浪的那段经历却使他受益匪浅，使他增长了许多见识，后来在辅佐汉高祖的过程中起了极大的作用。

下邳北部有一座山，陡峭异常，景色宜人。一天，张良散步到山下一桥头，偶然看见一个白发老翁。这个老翁故意把鞋脱掉扔下桥头，却向张良喊道："小孩，下去把鞋给我取上来！"张良一惊，这个老头真可恶，这岂不是故意侮辱自己吗？张良很想挥拳教训他一顿。由于落魄到此地，人生地不熟，经历十分坎坷，他耐住性子没有发作。继而转念一想，毕竟是个老翁，为他拾起来又有何妨？更何况他是故意将鞋扔下桥头，说不定有什么别的用意。张良于是便跑到桥下，不仅把鞋子拾起，并且态度和蔼地给老人穿上，然后微笑着与老人告别。老人显得很满意，笑着走了。走了一段路之后，这个老翁又折回来，对张良说："孺子可教矣！"并约张良五天后在这里相会。到了第五天，张良按时于凌晨到桥头时，老翁却先在那里等候了好大一阵，因而便训斥张良道："与老人约，为何误期？五日后再来！"张良这次没有任何收获，但对老翁仍显得很恭敬。又到了第五天，张良天未亮就去了，但又见老翁已先到，又遭老翁一番训斥，并约五天后再见。又过了五天，张良索性于午夜去桥头等候。过了一会儿，老翁才到。这次老翁显得很高兴，称赞张良说："年轻人就应该有广阔的胸襟，这才能成大事。"老翁送给张良一本书，名《太公兵法》，乃无价之宝。原来，这老翁就是隐身山林的高士黄石公，也称"圯上老人"。从此以后，张良便细心研读此书，大有获益，为以后帮刘邦出谋划策奠定了坚实的基础。在流浪的10年中，他凭着自己聪敏的天资及勤奋好学，深入到社会各个阶层，洞察人民的疾苦，更增加了他对秦王朝的痛恨，坚定了他推翻秦王朝的决心。

公元前209年，以陈胜、吴广为首的农民起义军揭竿而起，向秦王朝的腐败统治发起了猛烈进攻。当时秦二世胡亥趁始皇驾崩之际，窃得皇位。各种政治风暴夹杂在一起，使当时政局更加混乱，秦王朝处于风雨飘摇之中。张良当时亦怀着满腔的仇恨，召集起一百来人，扯旗起义，投入到秦末农民大起义的洪流中来。由于势单力薄，他看自己难以独立发展，便投奔在留地（今沛县东南）称王的景驹。走到半路，遇到在下邳一带招兵买马的刘邦。张良便停下来，数次向刘邦讲解用兵之道，将《太公兵法》称为夺天下治天下的指路明灯。刘邦亦每每能虚心接受，并采用了他建议的一些谋略。张良看到刘邦悟性很高，能成大事，于是就断然放弃投奔景驹的打算，决定帮助刘邦打天下。正是这次特殊的际遇，使深通韬略的张良找到了用武之地。在刘邦的带领下，他屡出良策，不失时机地进谏，而刘邦又从谏如流，故使他的才能可得到充分发挥，如鱼得水。张良不负刘邦的器重和信赖，运筹帷幄之中，尽心辅佐，使刘邦的势力一天天壮大起来。

## 二、智取宛峣，先入关中

经过张良机智运筹，刘邦在不到一年的时间里降了宛城，取下峣城，比项羽早一步进入关中，开辟了一个比较好的军事局面，从而在军事上占据了主动。

秦二世二年（前208）六月，项羽拥立原楚怀王的孙子熊心为楚王，仍名怀王。同年九月项梁在薛（山东滕州市）召集了天下各义军首领议事，张良陪同刘邦前往。尽管韩国已亡，但张良仍是念念不忘。他想趁天下混乱之机，恢复韩国故地，于是便向项梁提议，说韩国的公子韩成十分有才，"可立为王，借以多树党"，有利于瓦解秦王朝的统治。项梁依议寻得韩成，立他为韩王，张良则被委任为韩王的司徒（相当于丞相）。张良和韩王依项梁之意，率千余兵马向西进军，收复韩国旧地。但秦军在此地的军马较强，他们时而攻取数城，又时而被秦兵夺回。韩王、张良便在颍川（今河南禹州市）一带同秦兵周旋。

秦二世二年末，楚怀王命项羽、刘邦分兵两路进军秦都咸阳，并与诸将领约定，"谁先攻入关中，谁就做关中王。"由于张良、韩王已在颍川一带开创了一些局面，刘邦便拟取道颍川、南阳，再从武关攻入关中。秦二世二年七月，刘邦率军攻占颍川，便和张良、韩王合兵一处，接连攻取数十城。

刘邦请韩王留守故都阳翟（韩故都，今河南禹州市），另与张良合军率师南下。九月，刘邦率军与秦军大战于南阳，逼使南阳太守退守宛城（今河南南阳市）。宛城易守难攻，刘邦灭秦心切，企图绕过宛城继续西进，直取武关。刘邦便问张良是否可行。张良与之分析道，第一，"今不下宛，宛从后击，强秦在前，此道危也。"若是绕过宛城，直扑秦都，则会处于腹背受敌的困境，不妥；第二，当时刘邦兵少将寡，不足以与秦兵一决雌雄；第三，宛城乃秦一战略要地，现在拔掉它，唾手可得；若留下，则贻害匪浅，此用兵之大忌。便建议刘邦，以出奇制胜的办法攻取宛城。刘邦很虚心地采纳了他的意见，立即撤旗换帜，悄悄返回，在黎明前已重重包围了宛城。南阳郡守一看形势不妙，便欲出城迎击。这时刘邦的使者到达，正是来招抚的南阳太守，来安顿吏民。郡守一看有了活路，同时也感到秦王朝大势已去，便马上向刘邦投降。于是，刘邦就轻而易举地取下宛城，解除了后顾之忧。刘邦夺得宛城之后，在郡守的帮助下，在宛城招募兵马，充实粮草，壮大自己。宛城是个人口密集且富饶的地方，刘邦的军队很快便扩大到了两万多人，粮草也非常充足。这为刘邦以后的发展奠定了一个良好的基础。刘邦更加感到张良是个难得的人才，对他言听计从。

刘邦率领大路兵马，继续西进，所向披靡，在很短的时间内便攻下秦城十余座。刘邦这路反秦义军正春风得意时，北路的项羽正与秦大将章邯在巨鹿激战。章邯终于战败，他本人也投降了项羽。秦军由于受到两路夹击，军事支柱已被摧垮，其政权更是摇摇欲坠。这给刘邦向关中顺利进军提供了极好的契机。在张良的建议下，刘邦申严军纪，每过之处均"禁掳掠，安生灵"，使秦守将纷纷投降。时至同年十一月，刘邦已率军攻破武关，直扑秦朝腹地咸阳。同年十二月，抵达峣关（今陕西蓝田县东南）。

峣关依峣山天险，是通往咸阳的咽喉要塞。因为它是保卫咸阳的最后一道关隘，秦军在此驻有重兵，以防不测。由于越过此关不易，张良劝刘邦不可强攻，而为刘邦策划了一个智取的计划。峣关守将是一个屠夫的儿子，胸无大志，唯利是图。张良劝刘邦暂且在壁垒中按兵不动，让一部人先行，增修五万人的炉灶和用具，在山上多树旗帜，虚张声势，作为疑兵，并令郦食其持重金去收买秦将。刘邦大喜，依其计而行之。秦将看到满山是兵，一时不明虚实，先已畏惧起来，且又贪恋财物，情愿倒戈，许与刘邦合兵掩袭咸阳。

刘邦得知秦将中计，以其政治家的果断，立即投袂而起，欲与秦兵联合进关。张良却以谋略家的深沉，劝刘邦趁机攻打秦兵。刘邦欣然从谏，引兵绕过峣关，穿越蒉山，大破秦兵于蓝田。并一直推进至灞上（今陕西西安市东），直逼秦都咸阳。

汉高祖元年十月，秦王子婴战守无方，只得乘着白马、素车，携带印玺符书，开城出降。偌大的秦王朝从此灭亡。

### 三、谏主安民，鸿门侍宴

推翻秦王朝，只是刘邦夺取胜利的第一步。尽管如此，胜利也难免冲昏庸夫俗子的头脑，连刘邦这样杰出的政治家也难以避免。他初入秦宫，便声色犬马，贪图享受。许多人对此心急如焚，便屡次相谏，然而刘邦却避而不见。

张良想，要使刘邦放弃犬马声色，必须设法使之"心动"。于是，他巧妙地劝道："以前秦王无道，沛公才得以走到今天这个地步。假若要想为天下除残去暴，理应布衣素食。现刚刚进入秦地，便贪图享受，岂不是'助纣为虐'！常言道：'忠言逆耳利于行，良药苦口利于病。'愿沛公能听从众人的话。"张良面似心平气和，实则刺疼了刘邦的内心。刘邦本是开明之人，加上张良等人的口舌之劳，他终于封存了秦朝宫室、府库、财物，还军于霸上，以待项羽等路起义军。

在此期间，刘邦集团还实施了一系列极有远见的政治措施。他召集各县父老，与之约法三章："杀人者死，伤人及盗抵罪。"另外，又派人与秦吏一起巡行乡土，让百姓晓谕此意。这些安民措施，为沛公争得天下、争得民心奠定了良好的政治基础。

秦亡之后，几支反秦势力如何分配天下权力和利益？围绕这一问题，必然引起新的争夺。其实，最有实力者要首推项羽，其次是刘邦。因此，正确处理同项羽的关系，就成为刘邦的当务之急了。

当项羽和刘邦进军咸阳时，楚怀王曾立约："先入关中者，王之。"怀王令刘邦取道南路，项羽取道北路。刘邦避开秦军主力，很轻松地抵达咸阳，而项羽取道北路，与章邯所率领的秦主力展开一连串大战。尽管他大败秦军，却最后未能先刘邦一步入关，故心中十分怨恨，但也不便公开发作。

公元前206年二月，项羽率领诸侯兵抵达函谷关（今河南灵宝市北）。有人向刘邦建议："关西之富，胜过天下十倍，而且地形险要。如今章邯投降项羽，项羽封之为雍王，令他称王于关中。章邯来，沛公恐不得占有此地。现应抓紧时机，派兵驻守函谷关，勿放入诸侯军。然后征集关中兵士壮大自己队伍，以与项羽抗衡。"在张良不知情的情况下，刘邦误用此下策，令守军紧闭关门，扼守入关要塞。项羽得知刘邦先期入关，并闭门守关，不由勃然大怒，命令部下大将黥布率兵破关而入，屯守在鸿门（今陕西临潼东北）一带。稍息几日，便欲与刘邦决一雌雄。

张良与项羽的叔父项伯有旧交情。在项羽准备进攻刘邦的前一晚上，项伯悄悄地来告诉张良，让张良一同与他离开。张良说："沛公今有危难，私逃不义。"随即把当前形势一一告诉了刘邦。刘邦闻言大惊失色，心中想，自己与项羽实力悬殊甚大，无法抵敌。若硬与之争，岂不正像以卵击石？他问张良应如何应付。张良审时度势，给刘邦出了个釜底抽薪的主意，让刘邦告诉项伯，说自己不敢背叛项王，并要像兄长一样对待他。张良出去，力邀项伯入帐见刘邦。项伯进帐后，刘邦一再进酒，口称兄长，并结为儿女亲家，然后委婉陈词："我入关后，秋毫不敢私取，籍吏民，封府库，以待项羽将军。所以遣将守关，意在防止乱兵出入，以备不测。我日夜盼望将军，岂敢怀有二心。愿兄长代为表白心迹。"项伯本无主见，又经刘邦和张良一番委婉解释，便信以为真。他交代刘邦："明日不可不早来谢项王。"他回到鸿门后，当真面陈项羽，说刘邦先攻入关中，乃立大功一件，为你入关铺平了道路，若再攻之，实属不义。项伯这样一疏通，使原已剑拔弩张的局势顿有好转。

若挽救危局，鸿门之行可以说极为重要。刘邦、张良等人深知项羽为人残暴、好杀，然项羽做事却并不十分果断，而是优柔寡断。此行之安危，实在无法预料。经过张良的精心策划，决定深入虎穴，与项羽周旋。第二天，刘邦带着文武众臣百余人亲赴鸿门。他一见项羽，便主动地说："我与将军合力攻秦，将军战河北，我战河南。不料我侥幸先入关破秦，得以在此复见将军。今有小人进谗，致使将军与我结怨。”这番话果然奏效，使气氛缓和下来，很快便取得了项羽的信任。项羽随后设宴款待刘邦。席间，项羽的谋士范增屡次示意项羽，要他下令杀掉刘邦。可项羽犹豫不决。范增便离开宴席，召来武士项庄，让他以舞剑助兴之名，伺机刺杀刘邦。项伯看出了范增的用意，便与项庄对舞，意在保护刘邦。张良一看情势不妙，急召樊哙前来护驾，并告诉樊哙：“项庄舞剑，意在沛公。”樊哙听后大急，忙手拿剑盾直奔帐下，怒目注视项羽，头发都竖了起来。项羽骇然，慌忙以酒相敬。樊哙一饮而尽。项羽问能否再饮，樊哙说：“臣死且不避，酒何足辞！当年秦有虎狼之心，肆意刑杀吏民，致使天下皆叛。怀王与诸将立约：‘先破秦入咸阳者为王。’如今沛公先入咸阳，毫毛不敢有所取，封闭宫室，还军霸上，以待大王。所以遣将守关，只是戒备不测。劳苦功高如此，未有封侯之赏，反信流言，欲诛有功之人。这是步秦的后尘，我大不以为然！”项羽一时被他慷慨激昂的言辞所震慑，无言以对，只好连连向樊哙让座，樊哙顺势坐在张良的身边。刘邦见自己又稍占了上风，想溜之大吉。他借口“如厕”，即到厕所方便一下，由樊哙等人护驾，抄近路，从轻骑，赶回了自己的大本营。此时只剩张良一人在虎口与项羽等人周旋，张良估计刘邦已回军中，才入席代刘邦辞别：“沛公不胜杯杓，醉不能辞。谨使张良奉上白璧一双，敬献大王足下；另备玉斗一双，敬献范将军足下。”项羽无可奈何，只好接受玉璧，放在座上。范增则拔剑砍碎玉斗，愤恨地说：“唉！竖子不足与谋！夺项王天下者，必为沛公，我辈必将成为他的阶下囚虏！”但为时已晚，项羽也不便对张良泄愤，遂放张良返回。正是张良的足智多谋才为这次鸿门宴画上一个圆满的句号。

## 四、明烧栈道，声东击西

鸿门之行，刘邦虎口脱险，却未能解除项羽对他的怀疑。汉元年正月，项羽恃强专断，定都彭城（今江苏徐州市），自封为西楚霸王，同时分封天下，共立了 18 位诸侯。依照楚怀王原来的约定，谁先攻入关中，谁就做关中主，刘邦理应做关中王。但项羽却把关中之地一分为三，封给了秦的三个降将，而把刘邦封为汉王，统辖巴、蜀两地。刘邦对此自然愤愤不平，想起

张良传

兵攻打项羽。文武众将再三劝解，才暂时平息了一场风波。

由于张良功绩卓著，刘邦送他许多珠宝。张良把这些全部转赠给了项伯，托他为刘邦向项羽请求加封汉中地区。经过项伯一再劝说，项羽同意了张良的这个请求。这样，刘邦驻南郑（今陕西郑县东北），占据了秦岭以南巴、蜀和汉中之地。这里土质肥沃，物产丰富，然而由于自然条件的限制，交通十分闭塞，进出多有不便。这里易守难攻，正是他积聚力量的好地方。

四月，张良送刘邦至褒谷（今陕西褒城）。沿途皆险山，到处皆悬崖，无路通，只有栈道凌空高架。这里是自古以来的兵家必争之地。张良深知此途重要，建议刘邦待汉军过后，烧掉栈道，一则可以防备他人袭击，二则消除项羽的怀疑，表示自己无东顾之意。这就是历史上被传为美谈的"火烧栈道"之妙计。

经过一段时间休整，刘邦不久便暗度陈仓，平定三秦，其势足以与项羽争锋。此时项羽听说刘邦已吞并关中地区，大怒，马上发兵进攻刘邦。张良连忙给项羽写信道："汉王失职，欲得关中；如约既止，不敢复东。"又把齐王谋叛之事告诉项羽，说齐欲与赵联合起来灭楚。项羽居然相信了张良的话，以为真的无西顾之忧了，便把兵力集中到东部齐地了。这又一次为刘邦解除了一大危机。当时张良虽在韩王成身边，但仍时刻为刘邦卖力。时隔不久，项羽感到韩王成不忠于自己，便杀掉了他。张良只好从彭城逃奔到刘邦那里，被封为成信侯。

## 五、下邑奇谋，借箸划策

汉高祖二年（前205）春，刘邦已收服了常山王张耳等五个诸侯，得兵56万，力量大增。同年四月，刘邦率师伐楚，直捣楚都彭城。刘邦攻占彭城后，有点飘飘然起来，不像以前那样勤于政事了。不料项羽回师猛攻，汉军大败而逃，几乎全军覆没。刘邦仅带几十名骑兵侥幸逃出。至此，诸侯们便望风转舵，纷纷背汉向楚，形势顿时逆转。

刘邦彭城惨败后十分沮丧，狼狈逃窜至下邑，但并未泯灭与项羽一争天下的雄心。张良这时也极力鼓励他，不应以一次战役就葬送了大志。刘邦对群臣说，将放弃函谷关以东的土地，让给能与他共举反楚大业的人。此时又是张良独运匠心，想出一个利用矛盾，联兵破楚的策略。他说："九江王黥布是楚的猛将，但他与项羽有私仇，彭越和齐王田荣在梁地造反，这两人可以利用来解救当前的危急形势。您这边的将领中，只有韩信可以委以大任，独当一面。你要想放弃关东的地方，就放弃给这三个人。如果能得到这三个人的全力合作，就可以打败项羽了。"这就是著名的"下邑之谋"。

刘邦依计而行，立即派使者去游说黥布、彭越；同时又委托韩信北击燕、代、赵、齐等地，以便发展壮大汉军力量，迂回包围楚军。不久，一个共同打击项羽的军事联盟便形成了。这对扭转楚汉战争局势起了重大作用。

汉高祖二年五月，刘邦退至荥阳，召集余部；萧何也从关中补送来大批兵员和物资，汉军复振。汉高祖三年初，项羽率兵包围刘邦于荥阳，屡次侵夺汉军粮食和援军通道。汉军粮食日益匮乏，渐渐难撑危局。这时郦食其献计说："从前商汤伐夏桀，封夏的后代于杞；武王伐殷纣，封殷人的后代于宋。而今秦人灭掉各国，消灭了六国的后代，使他们无立锥之地。大王如能恢复六国后代的王位，授给他们印玺，他们的君臣百姓一定都会感戴大王的恩德，仰慕大王的义行而归附大王。这样，你就可以面南称霸，楚也一定会来朝拜您了。"刘邦深以为是。在郦食其未动身之前，张良知道了此事，赶忙劝阻，并随手拿起一根筷子说："往年商汤伐夏桀，之所以把桀的后人封在杞，是因为考虑到制桀于死命；现在大王你能制项羽于死命吗？武王伐纣，封纣的后人于宋，是因为考虑到一定能取得纣的首级；现在您一定能得到项羽的首级吗？武王进入殷都，命人表彰殷的贤人，把被囚禁的箕子释放出来，又命人整修比干的坟墓；现在您能去整修圣人的坟墓，表彰贤者的里门，并到智者的门前致敬吗？武王代纣以后，把纣封存在巨桥粮仓的粮食，储积在鹿台的钱财，都拿出来赐给贫穷的百姓，现在您能把您仓库里的粮食和钱财都拿出来施舍给穷人吗？伐殷的战事结束后，武王把战车改为普通车辆，把兵器都倒过来存入库里，以向天下人表示以后不再打仗，转而从文，现在您能做到吗？武王放牛到桃林塞北边，向天下人表示不再运输粮草了，您也能做到吗？"刘邦一听，连忙摇头，表示做不到，并开始意识到自己与商汤和周武王时的历史条件大不相同。接着张良又简单地分析了一下六国所造成的危害。刘邦一听茅塞顿开，并大骂了郦食其一通，下令将刚刻好的印玺全部销毁掉，从而避免了一次重大的战略失误。

## 六、抚韩灭楚，劝都关中

自汉高祖二年五月起，汉王被楚王围困于荥阳。韩信在北路却节节胜利，势如破竹。

汉高祖四年，楚军用伏弩射中刘邦胸膛。刘邦在阵中"伤胸扪足"，即伤了胸膛却去捂脚，大声嚷道："敌兵射中我的脚趾。"刘邦的机警骗过了楚军，但胸部所伤，一时难以痊愈。此时韩信又尽取齐之地，遣使面陈汉王，请求自立为假齐王。刘邦闻之怒火中烧："我被久困于此，你不但不来助我，却要我立你为王！"张良连忙踩了一下刘邦的脚，对刘邦说："我们正处于危急之中，不如使其自守，以防节外生枝。"刘邦的确诡谲多变，立即感到前言有失，于是改口怒道："男子汉大丈夫，要做王就做真王，做什么假王！"立即派人拿印绶去齐地，立韩信为齐王，并征调韩信的军队击楚。

这是个两全之计，一方面稳住了韩信，另一方面又为日后围击项羽做了准备。

稳定韩信后，韩信、彭越在外围袭击楚军。刘邦在张良的谋划下，又收服了项羽的大将英布，使楚军内患不断，时间一久，"汉兵盛粮多，楚兵疲粮绝。"项羽恐惧不安，终于在汉高祖四年八月与刘邦讲和，画鸿沟为界，鸿沟以西归汉，以东归楚。

和约已定，刘邦想率师西归。对刘邦争霸天下的事业来说，这又是一个重要的转折点。张良不愧为杰出的谋略家，他献计说："现汉已收复天下一多半土地，诸侯也大都归附于汉；项羽之所以愿立和约，是因为楚兵已极疲弱，不如趁机灭楚。若放弃此机会，即所谓，'养虎自遗患'。"刘邦恍然大悟，遂放弃了西归的念头，并约韩信、彭越合围楚军。韩信、彭越虽受封为王，却未确定边界，故不愿在此时帮助刘邦攻击项羽。张良深知其中奥妙，便向刘邦说明利害。汉王一心想摆脱自己的孤立处境，便把陈地从东至沿海的地盘划封齐王韩信；把睢阳以北至谷城的地盘划归梁王彭越。不久，韩信、彭越果然率兵来援。此时项羽四面受击，率兵退到垓下（今安徽灵璧县南），被汉军重重包围。走投无路的西楚霸王项羽，也就在四面楚歌中战败，继而于乌江自刎。这场历时近五年的楚汉之争，终以刘邦的胜利而告终。

汉高祖五年二月，刘邦正式称帝。但定都何地，却一度未决。刘邦想定都洛阳，不少大臣也主此议。而娄敬却劝刘邦建都关中，并陈述关中地势之险要。定都于何地是关系到国家安危的大事，张良也同意娄敬的主张，对刘邦说："洛阳虽有些天然的险要，但它的腹地太少，方围不过几百里；况容易四面受敌，不利于防守。关中则左有郩函，右有陇蜀，南有富饶农产，北有大草原。此乃金城千里，千府之国啊！还是娄敬的主张正确。"听了张良的分析，刘邦遂改变主意，定都关中。汉高祖五年八月，刘邦正式迁都于长安。

汉高祖六年正月，刘邦大举分封功臣，张良被封为留侯。总共受封的约二十来人。其余的人则没有受封，便在一起窃窃私语。刘邦回宫时见到他们三五成群在一起，问张良他们谈什么。张良吓唬他说："他们正策划谋反！"刘邦大惊失色。张良解释道："你起自平民，是这些人帮您打下了江山，而怕您不封他们，最后又怕被杀，因此聚在一起造反！"刘邦忙问该怎么办。张良反问："您平时最憎恨的人是谁？"刘邦说："那就是雍齿了。"张良说："那么您赶紧先封雍齿。群臣见您连最憎恨的人都封了，他们也就放心了。"于是刘邦摆设酒席，欢宴群臣，当场封雍齿为什方侯，并催促卿相御史们赶快定功行封。这使众人皆大欢喜，从而避免了一场可能发生的动乱。

## 七、功成身退，再划良策

张良辅佐刘邦入都关中后，群臣也按功受封，天下已大体安定。这时张良却托辞多病，在家关门不出，修身养性。但作为刘邦的智囊，张良依然对国家的大事时刻挂在心上。汉初因战火连绵，经济凋敝，民不聊生。为巩固新生的西汉王朝，张良劝刘邦安心治国，为经济的复苏和发展提供了较好的条件。而在汉初消灭异姓王的残酷斗争中，张良却极少参与。在汉室的明争暗斗中，张良也恪守着"疏不间亲"的遗训。

汉高祖十年，刘邦想废掉吕后之子，即太子刘盈，改立爱妃戚夫人的儿子赵王如意做太子。这引起了汉王朝一场新的政治危机。各大臣均出面劝说，张良却不予置问。吕后万分着急，便派吕泽去找张良："你是皇上的谋臣，皇上对你言听计从，现在要更换太子，怎么能不管呢？"张良回答道："从前，皇上听从了我的计谋而安定了天下。现在皇上要更换太子，这是亲骨肉之间的事，纵然有一百个大臣劝他，又有什么用呢？"吕泽无奈，只得再三威逼，张良便想出了"商山四皓"的办法。即把四个刘邦一向仰慕的却求之不得的隐士，作为太子刘盈的羽翼。吕泽向吕后报告了张良的主意。于是吕后依其计而行之，请来了四位隐士。刘邦见此情形，知刘盈羽翼已成，只好无奈地同意了吕后，答应不再更换太子，从而避免了汉王朝的一场政治危机。

汉高祖十一年七月，淮南王英布谋反。刘邦亲自前去镇压，由刘盈代理朝政，并命张良辅之。张良却极少出来议事。此乃张良处世哲学的一个重要方面：功成名就之后，要急流勇退，及早抽身。在汉初，许多开国功臣相继被诛杀，独张良得以善终。他装着沉迷仙道，不食人间烟火，显得与世无争，谁也不把他看成是汉王朝的威胁。直至汉惠帝六年，张良才病逝，成为中国历史上少有的名节无损的谋臣。

（朱廷柏）

▼

本文主要资料来源：《史记》卷五五，《留侯世家》；《汉书》卷四〇，《张良传》；《史记》卷八，《汉高祖本纪》。

# 六出奇计　匡扶汉室

## ——陈平传

陈平是我们中国历史上一位著名的谋士。他虽然没有被后人列入汉初三杰，但他却屡以奇计辅佐刘邦定天下，辅佐汉文帝治理乱世。他的谋略思想，完全可以与汉初三杰之一的张良相媲美。他不如张良沉稳，但却比张良多急智。张良、陈平二人都喜好黄老道家的学说，但他们在思想上却又有很大的差异：张良晚年恪守"无为"之教，而陈平则终生锐意进取，颇具纵横家的色彩。在蜿蜒起伏的人生旅途上，他巧妙地运用自己的智慧，奋力驾驭命运之舟，遇难而不困，有险而无危，终于建立了不可多得的丰功伟业。

### 一、违俗择婚

陈平（？—前178），是河南省阳武县户牖乡（在今河南兰考东北）人。小时候父母早逝，家境贫困，仅有薄田30亩，和哥哥陈伯在一起生活。陈平小时候就很喜欢读书，他专心研究黄老学说，探求治国之术。其兄陈伯为人宽厚仁慈，见他常常手不释卷，知他是陈氏之大幸，总是自己埋头耕耘，供养陈平无牵无挂地在外求学。

几年之后，陈平已学有所成。但按照当时秦朝的法律和习俗，家庭贫困者很难被推举为吏。因此，陈平长年碌碌，也没有寻到如意的差事。陈平虽然家境贫困，但却长相魁梧，是当地的一个美男子。嫂嫂见小叔子游手度日，天长日久，难免心生嫉恨。有一天，陈伯在田间耕作，陈平在家与嫂嫂一起吃饭。有个邻居前来闲谈，见陈平面色丰腴，身材高大，便戏语道："陈平生在贫穷人家，整日都吃什么东西，长得这般魁梧、白嫩？"陈平听了红着脸低头不语。嫂嫂在一旁听了，便冷言冷语地挖苦道："他能吃什么，只不过是装了一肚子秕糠罢了！有这样一位只吃饭不做事的小叔子，倒还不如没有的好。"陈平听了此话，更是羞得无地自容。不料这件事后来却被哥哥陈伯听说了，一气之下，竟把妻子赶回了娘家。

光阴荏苒，陈平已到了婚娶年龄。当地有钱人家都不肯把女儿嫁给他这样一位穷困潦倒的书生。而贫穷人家的女子陈平却又看不上眼。所以，迟迟没有定亲，落得个高不成，低不就，始终未寻到合适的姻缘。

当时，户牖乡有一个富户，名叫张负，他有个孙女曾经五次出嫁，而五次都死了丈夫。人们都纷纷说她克丈夫，再也没有人敢前去求婚。陈平一心只想找个贤内助，去干一番大的事业。所以，他竟破除封建忌讳，把阴阳生克等等妄说置之不顾，暗打主意决计要娶张负的孙女为妻。

不久，地方上遇有丧事。陈平探知是张负主持其事，自己就去殷勤地帮忙。和别的人不一样，他的帮忙方式是最先到却最后离开。张负见陈平体貌奇伟，谈吐十分得体，做事精明，从此便和他有了交往，有时候还到陈平的家中去走走。陈平的家住在靠城的一条偏僻的穷巷里，背靠邑中围墙搭起一座斗室，徒有屋壁三面，而且是有门无窗；门口悬挂着一领破苇席，用来做门，遮风挡寒。这是一个很普通很贫穷人家的情形。张负并不在乎这些。他是一个有心人，偏在不起眼的地方，看出了不平常的迹象：陈平家门外，有很多显贵尊长的车轨痕迹。由此，张负认为陈平绝不是一个寻常之人。

张负回家之后，经过再三考虑，便对儿子张仲说："我想把孙女许配给陈平。"张仲愕然地望着父亲，问道："陈平那样贫穷，一向又不耕田、管家，从事生计，全县人都耻笑他的所作所为，您为什么偏要把您的孙女许配给他呢？"张负说："哪里有像陈平有才貌而又永远贫贱的人呢？"张仲仍不太愿意，便去问其女。其女俯首无语，但看她的表情似乎很愿意。最后还是由张负做主、把孙女嫁给了陈平。因陈平家贫，就给他许多钱米，又送给他很多酒肉。孙女临出嫁的时候，张负叮嘱她说："你不要因为他家里穷而待他不恭，失掉妇道；待他的兄嫂要像对待父母一样。"其实，不用祖父的谆谆教诲，他的孙女早已变得十分温存、贤惠。大凡青年女子遭遇丧偶之祸，柔软的心灵便刻下深深的疤痕。一旦再续嫁，会把男人看得更加珍重，担心他冷热失调，更怕他多病多灾。更何况这女子五次丧夫，难得像陈平这样体格魁梧、相貌俊美的男子。从此，陈平外得富翁舅资助，内有贤妻体贴，使他有了充足的费用，谋事的道路也越走越宽。

每个人都有自己的家庭，坏家庭摧毁过不少人才，好家庭却是许多英雄建功立业的基本后盾。陈平正是看到了人生的这一重要环节，才决计要娶个富家孤孀，这正是他的机智之所在。

凡伟大杰出的人物，既需要有志向、有胆识，又需要脚踏实地地向前迈进。在陈平的人生步履中，人们既可以听到他那不同凡响的声音，又可看到他那坚实的足迹。

陈平自娶张女，用度既裕，交游自广，就是乡亲，早已对他另眼相看。有一次，在户牖乡中的社庙，陈平做了主持分肉的人。他分配肉食非常恰当公平。为此，地方上的父老都纷纷赞扬他说："好极了！陈儒生主持分肉，干得真不错。"陈平本有大志，听了这话，却叹息道："假若我陈平能有机会来治理天下，定能像宰割分配这些肉食一样称职！"

我们可以看出，年纪轻轻的陈平，已看到了人世间的不均、不公平，并且立志要为天下的公平而努力。

## 二、出仕寻明主

秦二世元年（前209）末，爆发了中国历史上第一次大规模的农民起义——陈胜、吴广起义，并建立了"张楚"政权。陈胜命部将周市率军夺取魏地（今河南）。周市立魏公子咎为魏王，自立为魏相。

秦二世二年（前208）六月，魏王咎与秦将章邯会战于临济（今河南封丘东）。在此天下大乱之时，陈平告辞了兄长陈伯，约了几个年轻人，前往临济投奔魏王咎。魏王任命陈平为太仆，为他执掌乘舆和马政。随着战争形势的变化，陈平曾多次献计于魏王，以天下大计劝说之，但魏王都未予采纳。而且有人向魏王进谗言，使陈平受到猜忌。他认为魏王咎如此好坏不分，难成大事，便毅然离开咎，另谋明主。

不久，章邯率军猛攻，魏王全军覆没。周市为秦军所杀，而魏王咎自焚而死。

时间很快便到了秦二世三年（前207）冬，另一支农民起义军的首领项羽来到了黄河边上，准备北渡黄河，反击秦军，解赵王歇巨鹿之围。陈平久闻项羽大名，就慕名而来，投到项羽帐下，参加了著名的巨鹿之战，并随项羽破秦入关。但项羽只是一介武夫，有勇而无谋，缺乏知人之明。他授陈平位卿爵，手中并没有实权，只是徒有虚名而已，这使陈平难有重大建树。

公元前206年正月，项羽自恃力量强大，就自立为西楚霸王，占九郡，定都于彭城（今江苏徐州）。封另一支农民起义的领袖刘邦为汉王，居巴蜀汉中，定封于南郑（今陕西南郑市东北）。他同时还分封其他一些王。同年四月，刘、项各分头回到封国。

由于项羽分封不公，引起了一些人的不满和反对。其中拥有重兵的田荣首先起兵反抗。项羽发兵攻打田荣。汉王刘邦听从谋士张良计策，拜韩信为大将，于同年八月暗度陈仓，自汉中攻入关中，还定三秦。项羽率军入关，拉开了楚汉战争的序幕。

公元前205年春，殷王司马卬背叛项羽而投降刘邦。项羽闻此大怒，封陈平为信武君。陈平率军打败收降司马卬，胜利而归。项羽官拜陈平为都尉，并且赏赐黄金二十镒。三月，刘邦率军再取殷王领地。司马卬迎战不利，只得向项王告急。项羽发兵增援，司马卬却已被汉大将樊哙活捉，解交汉王。汉王刘邦亲自为司马卬解绑。殷王甚是感激，复又归降汉王。项羽恼恨司马卬反复无常，以致迁怒陈平，要尽斩昔日平定殷王的将士。陈平一则怕被诛，二则料知项羽乏能无道，不能辅佐他成就大业。于是将项羽所赐的黄金和官印封好，派人送还项羽，自己仗持一把剑抄小路而逃，再次去寻求施展其才能和远大抱负的新途径。

陈平再次出逃，这又是他的智谋之所在。如果拿他和同一时代的另一个著名谋士范增相比，就能显示出他的高明之处。范增明知项羽不可成大器，却疏于变通，结果落得身死的下场。而陈平则不同，见可仕则仕，不可仕则另谋出路，最终能立身扬名。

陈平只身逃至黄河边，恰遇一叶小舟，急忙登舟求渡。船夫见陈平仪表非凡，是一个只身独行的魁梧男子，怀疑他是一个私自出逃的军官，腰间必定藏有金玉之物，顿生图财害命之念头。船至中流，陈平察觉船夫神色异常，料他居心叵测，很可能要做黑道上的买卖。虽说陈平身上有剑，但他并不是武将。微微一丝惊恐过后，陈平立即想出一条应急之策：说船夫摇船太慢，恐怕耽误行程，把衣服脱下，然后往船板上用力一甩，赤裸着上身帮船夫撑船。船夫见他腰间并无宝物，衣服甩到船板上也没有硬物碰撞之声，知他身上并无金银，就打消了图财害命的念头。天大的凶险被陈平轻而易举地给化解了。

　　汉王刘邦厉兵秣马，志在东进。陈平久闻汉王能知人善任，便来到河南修武投奔刘邦。一天，汉军部将的魏无知正在帐中议事，忽有人报，说有一个美男子，自称是魏将军的故人前来拜谒。无知出帐见是陈平，行礼后说道："听说您已事项王，今又何故来此？"陈平回礼答道："项王怪我迟误军情，欲加罪于我，闻汉王知人善任，故前来投奔。"魏无知道："汉王豁达大度，知人善任。今你弃暗投明，我当代为举荐。"陈平答谢后，无知设宴为陈平接风。席间陈平将途中之事说给他听，魏无知听后，连声说："足下奇智过人，令人钦佩。"

　　借汉将魏无知的关系，陈平于当天就见到了汉王刘邦。两人纵论天下大事，言语投机，颇有相见恨晚之概。当谈到对楚用兵时，陈平说："目前项王正率兵伐齐，楚地空虚，我军应迅速东下，直捣彭城巢穴，截断楚军归路，军心必散，项王虽勇，又有何为？"一席话说得汉王眉飞色舞，便询问陈平在楚营居何职。陈平一一作答。汉王道："我也封你为都尉，兼掌护军。"陈平拜谢而出。

　　汉军诸将闻之哗然，纷纷向刘邦说："大王刚刚得到楚国的一个逃亡军士，不了解他的品行，不知道他才能的高低，怎么能与他同车同载，又让他监护军中资历较深的将军，这不是过分地抬举他吗？"刘邦不仅不为闲言所动，反而又将陈平擢升为副将。汉军大将绛侯周勃和灌婴等心中不满，就放出许多流言说："陈平虽是一位魁伟的美男子，但却像帽子上的玉石，只是装饰品罢了，并不一定有真正的才能。听说他在家时，曾经与嫂子私通。投奔魏王不能容身，又逃楚国。后又不如意，才来投奔大王。如今大王封他高官，让他监护众将。凡送给他金子多的人，便能分到好差使；否则，就会给安排坏差使。"

这就是后人所谓的陈平"盗嫂"、"昧金"的劣行。

其实，盗嫂、昧金等事纯属无稽之谈。陈平早年就胸怀大志，三次择主而仕，封金挂印，显然不是贪财之辈。至于"盗嫂"，乃攻击他的人制造的传闻，并无实据。

汉王刘邦经不住众人的再三诋毁，也开始怀疑起陈平来。于是就召见魏无知，严词责问："汝荐陈平可用，我如今才知道他盗嫂、昧金之劣行，你为什么推荐这个无行之人？"

魏无知知道，刘邦是个特殊的对象：豁达大度，不拘小节。当时的天下形势也很特殊，正是求贤若渴、争夺人才的重要时期。于是，他作了一个特殊的富有哲理的回答："臣所言者，能也；陛下所问者，行也。今有尾生、孝已之行，而无益于胜负之数，陛下何暇用之乎？楚汉相拒，臣进奇谋之士，顾其计诚足以利国家耳。且盗嫂受金又何足疑乎？"意思是说，我魏无知所介绍的是他的才能，大王问的是陈平的品行。假使一个人具有尾生和孝已那样的品行，对战争胜负的谋略却毫无用处，用他又有什么用呢？楚汉相争，推荐奇谋之士，主要看他的计谋是否真正有利于国家。至于和嫂子私通、接受贿赂之事又何必去怀疑呢？

从魏无知的言语可以看出，无知实为"有知"。他既有知人之明，能够发现荐引陈平这样的智谋人才，又有审势之智，强调乱世用才重于用德。魏无知从关键处进行辩解，所以能够打动刘邦。

于是，刘邦又一次召见陈平，问他："先生事魏不终，又事楚而去，今又与我共事，难道不令人怀疑你的信义吗？"陈平听罢，侃侃而论，借机对刘邦、项羽的用人路线作了一番深刻的分析："臣事魏王，魏王不能用臣之说，故去事项王。项王不信人，其所重用的人，非项氏家族，便是妻子的兄弟，虽有奇士不能用。臣居楚时，闻汉王能用人，故归大王。我只身前来，不受大王所赐之金，无以为资。倘若臣计划可采，愿大王用之；假使无可用者，大王所赐金俱在，请封还府库，请允许我自行辞归。"汉王刘邦听罢，微笑着说："你能助我以成大业，我亦必令你衣锦荣归。"

陈平的短短几句话，就道破了刘邦和项羽双方的用人优劣。这不仅是一篇绝妙的政论文字，还是一个消除嫌疑的妙招。

刘邦又赏赐陈平金银许多，并提升他为护军中尉，监护所有的将领。此后，汉军将士再也没有人敢说陈平的长短了。

## 三、巧施反间计

汉高祖三年（前204）四月，楚汉战争到了最关键最激烈的时刻。楚军断绝了汉军的外援和粮草通道，困刘邦于荥阳城达一年之久。刘邦内心十分忧虑，准备割让荥阳以西的土地求和。可是项羽痛恨刘邦出尔反尔，想在荥阳城置刘邦于死地，怎么能和刘邦媾和呢！面对这危机的形势，刘邦内心十分焦虑，就问陈平说："现天下纷乱，何时才能得到安宁呢？"

陈平知道，他施展自己奇才的时候到了，便从从容容地答道："项王为人，恭敬有礼而仁爱，廉洁而有节操且谦恭好礼之士，大多归顺他。每当赏赐功臣，却又吝啬爵位和封邑。因此，士人又不愿归顺他。现在大王虽能慷慨地赏赐功臣，但士人中的亡命之徒、贪利之辈都来归顺汉王，汉王都用之。"刘邦听到陈平说出这些尖刻的字眼，不免面红耳热。

陈平话锋一转，接着又说："假使都能除去其缺点，集合两人的优点，天下可在屈指挥臂之间顷刻而定。"稍一停顿又说："但大王傲慢，怎么能得到廉洁有才之士呢？"刘邦听了这话，心里一冷，面露失望之色。陈平却又热心地说道："我想现在有几个可以乱楚的人，他们就是项羽的老臣，像亚父范增，还有钟离昧、龙且、周殷等。大王如果能舍得几万两黄金，可施反间计，离间他们君臣之间的关系，使他们之间相互起猜疑之心；项王为人多猜忌，易相信谗言。这样一来，他们内部一定会自相残杀。那时我军再乘胜进攻追击，势必会大破楚军。"

陈平这番话，无疑是煞费心机地揣摩出来的。它直接道破了楚汉双方的得失：一、从领导集团来看，楚军中多有重名节的社会上层势力，因此难免有守旧和腐朽气息。而汉军中大部分则是中下层人士，是一批富有进取精神的人物。二、从战略思想上分析，项羽想独揽天下，却又吝啬爵位和封地；而刘邦却可以用爵位和封地换得广大将士舍命相报。这正是能够取得天下的有效方法。

如此逆耳之言，只有思想敏锐且有斗胆的陈平才能说出来，也只有具备远见卓识且又宽容大度的刘邦才能够听得进去。汉王刘邦立即慷慨地交给陈平黄金四万两，让他自己随机运用处理，而从不过问花销的细节。

陈平就用重金收买楚军中的将士，广布谣言："范增、钟离昧等人劳功卓著，可是却不能裂土封王，因此欲与汉军联合，同灭项氏，分其地而称王。"

项王一向耳软，听此流言，果然内心顿起猜疑，于是便派遣使者到汉王刘邦那里去探察真伪。陈平派侍从抬着丰盛的食品进来，一见到楚使，却佯装很惊奇地说："原以为是亚父范增的使者，却原来是项王的使者。"于是命侍从匆忙把丰盛的食品撤掉，又送上来一碗菜汤和几个馒头。

楚使受此羞辱，不胜其忿，赶紧返回楚军大营，把受辱经过一一向楚王作了汇报。

这计策不算高明，且漏洞百出。但楚使十分低能，竟被蒙住了眼睛。他们回去后又添枝加叶一番，竟又哄住了有勇无谋的项王。从此以后，项王更加怀疑范增，对钟离昧也愈加不信任。当时的战争形势本来对项王极为有利，范增提议乘胜速取荥阳城，项羽却根本置之不理。范增见主子起了疑心，一半灰心、一半恼怒地对项羽说："天下的大事成败已定，请大王好自为之吧！希望大王能准许我带着这把老骨头归还故里！"原以为项羽能极力挽留，谁知他却十分薄情，竟然准其所请。

范增心灰意冷地解甲归田，一路上忧恨交加。他行至彭城时，因背上痈疽发作而死。

至此，项羽手下唯一的一个著名谋士竟然被陈平略施小计除掉了。随后，楚大将周殷也在英布诱引下叛楚归顺刘邦；大将钟离昧久遭猜疑也得不到重用。这就是陈平"六出奇计"的第一计。

## 四、乔装诱敌

汉高祖三年（前204）五月，项羽中了陈平的反间计，逐退谋士范增，轻怠大将钟离昧。陈平见计策得逞，又向汉王刘邦献计，准备从荥阳突围而出。

当时，楚军久围荥阳城，已经懈怠。陈平先使人放出空话，说汉军粮尽援绝，准备开城投降楚王。然后，又让汉大将纪信冒充汉王准备诈降，又挑选2000女子，披盔带甲、手执仪仗待命出发。一切准备就绪后，便乘夜色打开城东门，放出纪信和2000女兵。

汉王投降，一时成为天大的新闻；另又有许多巾帼女子身着戎装，忸忸怩怩，更是见所未见。楚军一时都为好奇心所驱使，竟然都争先恐后地蜂拥至东门，前去围观。

项羽亲自出营，见不是汉王，便问："你是何人，敢前来诈降？"纪信答道："我乃汉王手下大将纪信，我主岂肯降你？"项羽气得暴跳如雷，命人纵火焚车，将纪信活活烧死。

因楚军大都去了东门，故西门楚军大减。刘邦和陈平便乘虚而出，逃往关中，从而解脱了荥阳之围。此计乃陈平"六出奇计"之第二计。

## 五、临事多急智

汉高祖四年（前203）十一月，汉王手下大将韩信平定了齐地，便遣使向汉王告捷，并请求封他为假齐王（代理齐王）。

此时，刘邦刚从成皋养伤回到广武，楚汉两军相互对峙。使者到后，将书信呈交刘邦。刘邦阅之未终，勃然大怒，脱口大骂："我久困于此地，天天盼你前来相助。你非但不来，还要自立为假齐王！"刚骂到这儿，忽然觉得几案下被人踢了一脚，便连忙住口。原来，张良、陈平二人正坐在汉王身边。二人都深知大将军韩信文武全才，又手握重兵，且又远在三齐。倘若此事处理不当，韩信兵反，独立于齐，便与楚汉成三足鼎立之势，汉军将身陷危境，天下大事就难以预料了。张良、陈平都想到这一点，竟不约而同地踢了刘邦一下。刘邦当然也很机智，马上改口说："韩将军既然已定齐地，要做就做个真齐王，何必要做假齐王呢！"于是趁机顺水推舟，封韩信为齐王，安抚了这支十分重要的军事力量，避免了汉军的分裂。此计乃陈平"六出奇计"之第三计。

楚、汉在荥阳、广武一带展开的旷日持久的拉锯战，迟迟未决胜负。楚君臣猜疑，兵疲粮少。而萧何不断运粮草至汉军前线，汉将韩信、彭越则分别在齐、梁等地袭击楚军，断其粮草接济。后来，刘邦又派人劝说英布公然叛楚归汉。天长日久，双方强弱之势开始相互转变。

汉高祖四年（前203）八月，刘邦为换取被项羽掳掠的父亲和妻子，请求双方罢战议和。项羽腹背受敌，当然乐于议和。双方约定：以鸿沟为界，中分天下，鸿沟以西归汉王，以东归项王。这就是"楚河汉界"的由来。

此后，双方罢兵，项羽率军东归，刘邦也欲引兵西返。但张良和陈平却以其谋略家敏锐的洞察力，不谋而合地看到项羽已到了捉襟见肘的地步。因此，同谏刘邦道："汉王已占据天下大半，其他诸侯也都诚心归附。楚军已粮食缺乏，士兵已疲惫不堪。此时正是灭楚的极好机会，要乘胜追击。倘不及时出兵，即'养虎自遗患'。"意思是说，不乘胜追击，无疑是放虎归山，后患无穷。此计乃陈平"六出奇计"之第四计。

刘邦见张良、陈平两位谋士均持此议，立即发兵猛追项羽。到汉高祖五年（前202）十二月，刘邦、韩信、彭越等各路大军将楚军合围在垓下（今安徽灵璧东南）。后用韩信"十面埋伏"计，将楚军全部歼灭。项羽逃到乌江（今安徽和县东北）陷入绝境。前有大江，后有追兵，被迫在乌江边"霸王别姬"，拔出雪亮的宝剑，以自刎结束了他那叱咤风云的一生。

至此，刘邦、项羽之间为争夺皇位而进行的长达四年之久的楚汉战争才画上了句号。刘邦于汉高祖五年（前202）建立了西汉王朝。

## 六、巧擒韩信

刘邦在和项羽争战的过程中，一直密切注意内部异己势力的发展，尤其对大将军韩信，他时刻警惕着其离心倾向。

刘邦灭楚之后，即着手策划消灭异己诸侯王。他选择的第一个目标便是最疏远、最有实力的齐王韩信。垓下之战后不久，刘邦便改封韩信为楚王，将他调离齐地。

刘邦称帝后没几个月，便有人上书，告发楚王韩信要谋反。高祖刘邦问一些亲信将领应该怎么办。一些有勇无谋的将领说："赶快发兵活埋这小子。"刘邦知此非良策，默默不语。此时张良已借病功成身退，刘邦最重要的谋臣当首推陈平了，于是便向陈平请教。

陈平作为一个著名的谋略家，对内部斗争一直尽力回避。他起先是退而不答，经刘邦再三追问，才反问道："有人上书告韩信谋反，外面有人知道吗？"刘邦摇了摇头。陈平沉思片刻又问刘邦："陛下的精兵能超过楚兵吗？"刘邦答道："难以超过。"陈平又问："陛下的将领带兵作战有超过韩信的吗？"刘邦答道："无人能比。"陈平说道："现在陛下的兵士不如楚兵精锐，而且将领用兵却又都不如韩信，反要举兵攻打，逼他造反。倘挑起战端，我很为陛下感到不安啊！"

刘邦急于消灭韩信，再三问询万全之策。陈平道："古时，天子时常巡行天下，会见各地诸侯。南方有一云梦泽，陛下何不装作出游云梦泽，在陈州会见各地诸侯。陈州是楚地的西界。韩信听说天子出游，必迎驾于此，那时陛下欲擒韩信，只需一个大力士就足以成功。"

刘邦依陈平之计，南游云梦泽。楚王韩信果然郊迎于道中。高祖事先安排了一个大力士，果然一举擒获韩信，随即将他贬为淮阴侯。此举消除了国家再度分裂的祸根，使西汉王朝避免了一场兵乱，维护了新的封建王朝的统一和安定。此计乃陈平"六出奇计"之第五计。

刘邦回到洛阳后，论功行赏众功臣，封陈平为户牖侯。陈平婉言谢绝道："这不是臣一个人的功劳，不敢擅得爵禄。"高祖不解其意，又问道："我用你的谋略，能够克敌制胜，这难道不是你的功劳吗？"陈平答道："臣当初若不是魏无知的荐引，又怎能立功呢？"刘邦听罢称赞陈平道："像你这样的人，可以说是不忘本的了。"于是传命重赏魏无知。

陈平一句话，既报答了魏无知的"荐引"之恩，使高祖封赏无遗，自己又落了个"不忘本"的美名，真可谓一举两得。

## 七、巧解白登之围

秦、汉之交，在辽阔的蒙古草原上，随着社会经济的发展，匈奴中出现了一位杰出的民族首领——冒顿（？—前174）单于（匈奴对首领的称呼）。他乘楚汉相争之机，建立了一个强大的奴隶制政权。他带领军队东攻西讨，控制的疆域不断扩大，并经常骚扰西汉北部边境。

汉高祖六年（前201）秋，冒顿单于发兵围攻驻守马邑（今山西朔县）

陈平传

245

的韩王信，韩王信投降。随之韩王信和冒顿单于合兵一处，于汉高祖七年（前200）又攻略晋阳（今山西太原市）。

汉高祖刘邦闻讯，于汉七年冬亲率30万大军征讨匈奴。冒顿单于匿其精锐，故意示以羸弱，将汉军诱至平城，然后突然以40万精兵将刘邦紧紧包围在平城白登山（今山西大同市东南），使之与主力隔绝。刘邦一直被围七日，时值"冬，大雨雪，卒堕指者十二三"。加上援尽粮绝，汉兵困饿不堪，士卒唱道："平城之下祸甚苦，七日不食，不能弯弓弩。"汉军失去战斗能力，陷入随时可能被歼灭的困境。在局势万分危急的情况下，陈平忽生一计：备一幅绝色女子图画，还有许多金银珠宝，派一名胆识兼备且又能言善辩的使臣，暗中下山，买通番兵，秘见匈奴阏氏（匈奴单于的正妻，相当于王后）。这汉使见了阏氏之后，先将金银珠宝献上，然后说道："现汉皇帝被围十分危急，想与单于议和。知阏氏对单于很能尽言。若单于不肯，现有一幅图画在此，上面是大汉第一美女，将奉献给单于。"

那阏氏打开图画一看，顿时大吃一惊。图画所画美女，果然是天姿国色，花容月貌。和自己相比真是天壤之别。她想：如汉使把这美女送给单于，恐怕日后会专宠后宫。阏氏顿生嫉妒之意，忙对汉使说："你回去禀报汉帝，我一定会让单于退兵的。"

于是阏氏马上见到单于，对他说："汉匈两朝不应逼迫太甚，即使夺取了汉人的土地，也很难得到长久安宁。况且，汉皇帝又有神灵保护，请大王留心！"冒顿单于思前想后，终于网开一面，撤开包围，放汉军人马南归。

当天夜晚，天降大雾，对面敌我难分。陈平命汉军将士环形而立，各执强弓，上搭利箭，如遇险情，立即万箭齐发。这样，汉军一队队地从开围处安全撤出。此计乃陈平"六出奇计"之第六计。

因为此计有失汉朝威严，所以《史记》记载的也比较简单。因此，世人大多不知此计的详情。陈平自投奔汉王，六出奇计，增封六次。另还有一些奇计，世人也就无法详考了。

白登之围后，刘邦班师回朝，行至曲逆（今河北保定市西南），登城看到城中房屋建筑高大，赞叹道："好壮丽的县城呀！我行遍天下，只有洛阳和这个地方的景色最好！"遂问御史："曲逆的户口有多少？"御史答道："现有五千户。"汉高祖深念陈平功劳甚大，便加封他为曲逆侯，享用曲逆封邑内的全部赋税。在西汉王朝的开国功臣中，尽食一县赋税者，唯有陈平一人。

## 八、违旨救樊哙

汉高祖刘邦晚年，西汉中央政权内潜藏着一股暗流，外戚吕氏依靠皇后吕雉，想进一步控制西汉军政大权。当时最难对付的一个人便是泼辣精明的皇后吕雉。她内靠颇有心计的宠臣审食其参与策划政务，外则与名将樊哙结成裙带关系，将其妹吕媭嫁给他。同时，她又把吕氏子弟安插到中央各要害部门。在这种局势下，有谋略的人首先要考虑如何在复杂的关系网中生存下来，然后才能依靠自己的政治影响和智谋，力挽危局。

汉高祖十二年（前195），燕王卢绾造反。此时，西汉政权真可谓内忧外患交加在一起。刘邦命大将樊哙为相国，率军前去讨伐卢绾。时间不长，便有人在高祖面前说樊哙的坏话。时刘邦病重，听罢勃然大怒，说道："樊哙知我身患重病，竟还想盼我速死！"遂打算临阵换将，可又担心樊哙手握重兵，如果弄不好的话，可能会出现不测。最后，还是采用了陈平的计策：命陈平前去樊哙营中传诏封赏，在车中暗藏大将周勃，等到达樊哙营中，立斩樊哙，让周勃代行职权。

车至中途，陈平和周勃商议：樊哙是开国功臣，和皇上存在裙带关系。现高祖一时愤怒，要杀樊哙，但恐怕日后会反悔。如怪罪下来，还是你我二人之罪过。不如捉住樊哙，押解回京，听凭皇上发落。周勃遂依陈平计而行。

车至樊哙军前，陈平命人筑起一高台，作为传旨之所在。又派人至樊哙营中，说有圣旨到。樊哙知是陈平一个前来，并无多虑，就前来领旨。却不料从高台后走出大将周勃，当即拿下樊哙，打入囚车，宣旨由周勃代将。然后由陈平押解樊哙回京。

陈平行至中途，突闻刘邦病故。他料朝中必由吕后主持政事，局势会变得更加险恶。他害怕吕媭进谗，必须赶在治丧之前赶回长安，将自己剖白干净。

陈平独自快马加鞭，还未至长安，使者传诏，命陈平和灌婴一起去屯戍荥阳。陈平心想，此事还未说明，这却如何是好！猛然计上心头，跌跌撞撞地奔进宫来，跪在高祖灵柩前放声大哭，边哭边诉："先帝命我决斩樊哙，我未敢轻处大臣，现已将樊哙押解回京，准备请先帝亲自发落，却不料先帝已先走一步。"这些话明明是说给吕后听的，以此来表明自己的功劳。吕后、吕媭得知樊哙未死，遂放下心来。又见陈平痛哭流涕，顿生哀怜之心，对陈平道："卿且节哀，到外地就职去吧！"陈平乃一介文臣，身在外地还能有何作为？于是他再三请求留在京师。吕后念他未杀樊哙，就答应了他的请求，命他辅佐教导惠帝。

樊哙解至长安，吕后立即下令赦免，并官复原职。

陈平身在惠帝左右，消息灵通，又时常接近吕后，因此，吕媭屡进谗言，却不能实现。这时，汉朝的开国功臣已被剪除殆尽，只有陈平等少数几个人生存了下来。

## 九、匡扶汉室

汉高祖刘邦病危之时，吕雉曾问道："陛下百岁后，萧相国死，谁能担此重任？"刘邦道："曹参可担此重任。"吕雉又问曹参以后由谁担任，刘邦答道王陵可以担任。但王陵憨厚而正直，须得陈平辅助。然陈平也难以独任，可让周勃为太尉，周勃重厚少文，安定刘氏天下的人必为周勃。

萧何死后，吕后按高祖遗旨，让曹参代为丞相。

汉惠帝五年（前190）八月，曹参又死。吕雉细思高祖遗嘱，无非是说陈平鬼点子多，不能独当此任，需一忠厚老臣从旁节制。吕雉领会高祖深意，于汉惠帝六年（前189）十月，封安国侯王陵为右丞相，曲逆侯陈平为左丞相，绛侯周勃为太尉。汉初以右为尊，陈平便屈居副丞相之位。

公元前188年，汉惠帝病死，时年仅24岁。此后，吕后便正式"临朝称制"。

公元前187年冬，吕后欲立吕氏子弟为王，便征询右丞相王陵的意见。王陵回答说："不可以，这样做有违先帝遗旨。当初先帝曾说，非刘氏而王者，天下共击之。"吕后听了，内心十分生气。遂又去问陈平，陈平答道："昔日高祖定天下，以刘氏子弟为王；而现今是太后称制，欲立吕氏子弟为王，无所不可。"吕后听罢大喜。

后来，王陵责问陈平等一些人道："当初与高祖歃血立盟，诸君岂不在场吗？现今高祖驾崩，太后欲立吕氏为王，诸君却又阿谀逢迎，背盟违约，日后有何面目见高祖于地下？"陈平坦然答道："今日面折廷争，我不如君；然日后保全社稷，定刘氏之后，君却不如我。"王陵听罢恨恨无言。

吕太后因恼恨王陵，就明升暗降，改任他为皇帝太傅，夺回了他的相权。王陵没有"宰相肚里能撑船"的胸怀，遂谢病不出，十年后死去。

免去王陵右丞相职位后，吕太后就擢升陈平为右丞相，封辟阳侯审食其为左丞相。陈平见主弱臣强，吕太后又机智狠毒，稍不注意会招来杀身之祸，遂装作胸中无志，整日在家放荡饮酒。后来，吕嬃屡在吕太后面前进谗说："陈平担任右丞相要职，但不理朝政，天天在家中饮美酒，玩弄美女。"陈平知道后，暗自庆幸计谋得逞，遂更加放纵。每天纵情于酒色之中，在朝中更是随声附和。吕太后看到陈平的所作所为，心中不免窃喜。有一次曾公然当着吕嬃的面对陈平说："俗话说，小孩子和女人的口舌，万万不可听信。你和我的关系如此深厚，日后不要再畏惧别人的谗言。"陈平表面上若无其事，但心里却暗自高兴。

于是陈平与吕氏相安无事。吕太后大封诸吕，他也不闻不问，千方百计地留住相位，为日后举大事做准备。

公元前 181 年，吕氏集团的势力日益庞大。陈平忧虑局面长此以往，必将祸及国家安危，害及自身。他时常幽居深院，苦苦思索对策。一日，他正独坐静思，陆贾来到身边也毫无觉察。陆贾就座后问道："丞相的思虑何其深远？"陈平闻言骤然一惊，见是陆贾，连忙问道："请先生猜猜，我正在想什么？"陆贾微微一笑道："丞相富贵已极，没有其他的贪欲。现在忧虑，想来是顾忌诸吕罢了。"陈平一听，深感知音难得，连忙请教："先生所言极是，但不知应该如何对付吕氏？"陆贾略一思索道："天下安，注意相；天下危，注意将。将相协调，则民心附。今社稷安危，系于你和周勃两人身上。"意思是说，要陈平和周勃两人紧密联系才能够力挽狂澜。此话正中陈平下怀，遂两人促膝长谈，密商天下大事。

正巧，太尉周勃庆祝寿辰。陈平用陆贾之计，带五百两黄金去为周勃祝寿。周勃是有心人，后也依例回报。两人你来我往，关系十分密切，使吕氏阴谋在无形之中受到阻抑。

公元前 180 年 7 月，吕太后病死。外戚吕氏和刘氏宗室及汉室官僚之间的矛盾已达到不可调和的地步。各方剑拔弩张，一触即发。

纵观这场斗争，其实质是统治阶级内部争权夺利的斗争。在这场斗争中，汉室官僚与刘氏宗室结成联盟，共同对付诸吕。

8 月，斗争已到紧急关头。周勃便和陈平密商，制订了一条计策。决定先从赵王吕禄着手。吕禄当时是上将军，主持北军，驻守在皇宫，掌握汉中央的精锐部队。但此人有勇无谋，只是一介武夫。

当时，曲周侯郦商病老还家，但他的儿子郦寄却与吕禄交往甚厚，于是陈平和周勃就派得力之人劝说郦寄，让他去劝说吕禄，认清时势，让他将掌握的兵权交给周勃，然后到自己的封地去上任。

郦寄来到吕禄家中，规劝他交出兵权。吕禄看到，刘氏宗室和一些大将等也欲发兵讨伐诸吕，内心也有点惧怕，便轻信了郦寄，把上将军大印交给周勃。这样，周勃轻而易举地便控制了北军。陈平、周勃行令军中：为吕氏者，右袒；为刘氏者，左袒。全军将士皆左袒。控制北军是剪灭诸吕的关键一步。

当时，另一支骨干力量是南军，由吕产把持。这时吕产还不知北军有变，准备和吕禄共同发难，捕杀刘氏和朝中大臣，夺取刘氏政权。陈平得知吕产这一阴谋后，立即召来反吕最坚决的朱虚侯刘章，让他协助周勃监守北军军门；另外，告诉卫尉，设法阻止吕产进宫。刘章见吕产在皇宫门前来回徘徊，便乘机拔剑袭杀之。随后，陈平、周勃又派人逮捕斩杀吕禄等人，将外戚吕氏诛杀殆尽。

遂后，朝中大臣拥立刘邦中子刘恒即位，即历史上著名的汉文帝。西汉逐步进入强盛时期。

文帝即位后，深感陈平之功大，仍任陈平为右丞相。但陈平却托病引退。文帝很奇怪，就问他原因。陈平答道："在高祖时，周勃的功劳不如我；但诛杀诸吕，我的功劳却不如周勃，愿把右丞相之位让给周勃。"文帝见陈平如此谦让，便封周勃为右丞相，陈平则迁调为左丞相，并赐给陈平黄金千斤，加封食邑三千户。

不久，汉文帝已渐渐熟悉国家事务。在一次朝会时问右丞相周勃道："天下一年的讼案有多少件？”周勃谢罪说：“不知。”文帝又问：“天下一年金钱和谷物的收支各有多少？”周勃紧张得汗流浃背，不知如何回答。

文帝深感不乐，就转问左丞相陈平。陈平不假思索地答道：“这些事都有主管的官吏。”文帝又问：“主管的官吏是谁？”陈平道：“陛下如问决狱之事，就责问廷尉；如问钱谷之事，就责问治粟内史。”皇上一听，面带怒容地问道：“假如各事都有主管的官吏，那你所主管的是何事？”陈平俯首谢过，答道：“陛下不知我才智平庸，任命我为丞相。丞相对上辅佐天子，顺理阴阳；对下妥善地化育万物；对外则镇服安抚天下诸侯和夷狄；对内则使百姓归附，使卿士大夫各能胜任其职责。”文帝听了连声叫好。

退朝之后，周勃感到很羞愧，埋怨陈平说：“你为何不早教我回答？”陈平笑道：“你处这个职位，不知你的职责吗？如果皇上问长安城中盗贼的数目，你也要答出个准确的数目来吗？”周勃听后才知道自己的才能远远不及陈平。

不久，周勃托病，请免去右丞相之职。陈平独任丞相，在位一年，身患重病。文帝二年（前178）十月，陈平病逝。文帝赐谥号为“献侯”，由他的儿子陈买承袭侯爵。

当初，陈平曾说：“我多用诡秘之计谋，为道家所禁忌。我的后代被废也就完了，如果我的后代终不能再被起用，也是因为我多用诡谋而造成的后果。”

陈平此话颇有因果报应的情调，但他仍不愧是中国封建社会的贤相，少有的智士。著名史学家司马迁对陈平的历史功绩作了高度评价：平常出奇特计谋，解救纷乱之难题，拯救国家的安危。至吕太后时，国家多事故，而陈平竟能够使自己安身其中，并能安定社稷，被称为贤相，岂不是一个能善始善终的人吗？假使不是常用智谋，谁能做到这一点呢？

（晃　兴）

▼

本文主要资料来源：《史记》卷五六，《陈丞相世家》；《汉书》卷四〇，《陈平传》；《史记》卷八，《汉高祖本纪》。

# 老当益壮意为国　马革裹尸慰平生

## ——马援传

凡是读过几年书的人，大都知道马援或伏波将军，即使说不出他多少事迹，也知道老当益壮、马革裹尸、聚米为山等成语。这些成语就是由马援的事迹衍化而来的。马援叱咤风云的一生为后人津津乐道，就是因为他不仅是东汉时著名的军事家，而且是中国历史上杰出的谋略家。

## 一、不做守财奴

马援（公元前14—公元49）字文渊，扶风茂陵（今陕西兴平东北）人。战国时赵国名将赵奢是他的远祖。赵奢因功被赵惠文王封为马服君，其子孙便改姓为马。马援的祖籍原是河北邯郸，汉武帝时将一些世家大姓迁往扶风茂陵，所以史书上就称马援为扶风茂陵人。马援的曾祖父名马通，在汉武帝时官至重合侯。马通的哥哥马何罗因有反迹，被汉武帝杀掉，马通也因此而湮没无闻。马援的祖父名马宾，在汉宣帝时以郎官为持节使，号称使君。马援的父亲名马仲，官至玄武司马。马援有三个哥哥：马况、马余、马员，都颇有才能，在王莽时都曾担任二千石的高官。马况曾被封为穷虏侯，马余曾被封为致符子，马员曾被封为中水侯，真可谓满门簪缨。但是，这三个哥哥对马援格外器重，认为他才是马家最能成就大事业的人。

马援12岁时就死去了父亲，但"少有大志"。当时，马家特请当时著名的学者蒲昌做他的老师。但胸怀大志的马援不能守章句之学，慨然有舍学而从事畜牧的打算，希望到边郡垦田牧马，以补家用。长兄马况看他意志坚决，便答应了他，并对他说："你是大才，当晚成。好雕工是不把最好的玉轻易示人的。"马援明白长兄的意思，即择主而仕，把自己的才能献给值得献出的英明之君。可是马况不久病死，马援的这个打算还未付诸实施。按兄弟之丧，马援服期一年，对寡嫂奉侍唯谨，一遵旧礼。由此看出，马援性行诚笃，而且深受儒家思想的影响。

兄丧期满以后，马援被推荐为郡督邮，其职责是监察。有一次，他送一个有重罪的囚犯去司命府问罪，在路上被这个囚犯的哀求所感动，竟将他释放，自己也逃往北部的边郡，过起了流亡生活。这时他真的实现了自己的愿望，过上了垦荒放牧的生活。后来他虽然被赦免，但并未回去，而是仍留在边郡垦荒放牧。

马援垦牧的成绩颇佳，在当地极有声望，有数百家自愿归附，听从他的指挥。当时他有牛、马、羊各数千头，积谷数万斛。照一般人的眼光来看，马援创业已相当成功，应该满意了，但素有大志的马援并不以此为满足，曾激昂慷慨地对宾客说："大丈夫为志，穷当益坚，老当益壮！"于是，"穷当益坚"、"老当益壮"就成了常挂在中国人口头的成语。当人们都羡慕他的财富越来越多的时候，他却对宾客慨然说："人积有财产，贵在施舍，使财尽其用，否则的话，也就是一个守财奴罢了！"于是，他将自己积聚的财产都散发给了乡亲故旧，而他自己却仍穿着羊皮衣裤，十分朴素。此举使马援名声大噪，也显示出马援志不在小。

王莽末年，各地的农民起义此起彼伏，天下大乱。王莽的堂弟王林也在四处物色贤才，发现马援能成大器，遂将马援推荐给王莽。王莽立授马援为新城（汉中）大尹①。当时天下大乱，光武帝刘秀也起兵讨伐王莽。不久王莽失败被杀，光武帝刘秀建立了东汉政权。马援和其兄马员都放弃了王莽授的官职，避居凉州。天下大体安定后，光武帝命马员仍任上郡太守，而马援一度仍留居凉州。陇西割据势力首领隗嚣对马援颇为器重，遂将马援召至自己幕下，并授马援为绥德将军。于是，马援便在隗嚣那里做起了一名武官。

马
援
传

───────────────
① 王莽对官名、地名纷纷更改，例如将汉中改为新城，将太守改为大尹。新城大尹即汉中太守。

## 二、择主酬志

隗嚣曾师从大儒刘歆，但也是个王莽式的伪君子。他割据陇西一带，口头上表示要兴复汉室，实际上却不愿接受光武帝刘秀的统治，而是想自己割地称雄。他以厚礼聘请马援，就是为了提高自己的号召力。马援之所以曾一度为之效力，主要是看他反对王莽。再加上隗嚣表现出一副礼贤下士的样子，马援觉得说不定会成就一番事业。

当马援到天水会见隗嚣的时候，光武帝刘秀已经称帝，定都洛阳。与此大体同时，公孙述也于成都称帝，割据一方。在刘秀、隗嚣和公孙述三大政治势力中，在名义上以刘秀为最顺，论力量也以刘秀为最强，而隗嚣的地盘和力量甚至还不如公孙述。隗嚣本来可以名正言顺地归降刘秀，但他却不愿这样做，自己总想割据称王。于是，隗嚣利用马援和公孙述的朋友关系，要马援去成都见公孙述，想和公孙述建立起同盟，共抗刘秀。马援对隗嚣的心理十分清楚，但他想趁此机会了解一下公孙述的情况，这对判断天下大势的走向有很大好处。于是，马援欣然受命，前往成都。

公孙述和马援本来是相知颇深的旧交，但公孙述在见马援的时候却大摆架子。他盛陈卫队，延见马援后略事酬酢，即令马援去馆舍安歇。公孙述派人给马援送一身衣服，然后会百官于宗庙，俨然一副天子气象。公孙述要封马援为侯，授以大将军之职。随马援前去的人都很高兴，独马援未露出任何喜色。马援对身边的人说："天下大局未定，鹿死谁手尚未可知。公孙述不是推诚任用贤士，以共图成败，而是大摆架子，讲排场，这怎么能长久地留住贤士呢？"因此，马援没接受公孙述的官职，而是告辞回天水。隗嚣问马援对公孙述的印象，马援说："公孙述不过是井底之蛙罢了，不足以成大事，且妄自尊大，不如专事东方。"这里的"东方"是指定都洛阳的刘秀集团。马援的意思是，不必太注意公孙述，而应和刘秀搞好关系。由马援对公孙述的评价可以看出，马援志不在小，而以后的事实也证明，他对公孙述的评价是完全正确的。

建武四年（28），隗嚣命马援奉书去洛阳。当时，刘秀虽已于洛阳称帝，但东方还有不少大大小小的敌对势力，形势并不怎么安定。马援的到来令刘秀十分高兴，他正需要了解西边的情况。据记载，刘秀接见马援的礼仪十分简略，只是由一个小宦官将马援引入，在宣德殿相见，仪卫很少，令马援颇为惊异。相见之后，刘秀对马援先到天水、成都，而后才来洛阳颇感失望："卿遨游二帝间，今见卿，使人大惭！"那意思是，你马援认为我还不如隗嚣和公孙述，实在令人遗憾。马援顿首谢过，颇为坦诚地对刘秀说："当今之世，不但君择臣，臣亦择君矣！"这话不仅坦诚，而且巧妙，因为马援并未选择隗嚣、公孙述，而是选择了刘秀，你刘秀难道不应该感到高兴吗？随后，马援将公孙述见他时那种戒备森严的情况说了一遍，接着说："我这次来，你如此简易，怎么能知道我不是刺客呢？"刘秀微微一笑，然后风趣地说："你不是刺客，只是一个说客罢了！"两人谈得十分投机。马援认为，刘秀恢弘大度，颇类汉高祖刘邦，确有天子气象。但他并没有马上请求在刘秀处任职，反而使刘秀对他更加器重。刘秀派人陪马援到东海边等地巡游一通，然后派人护送马援回天水。在这段时间里，刘秀和马援已相知甚深，刘秀对马援极为信任，希望通过马援促成和隗嚣的合作。

　　马援到天水后，向隗嚣极陈刘秀的过人之处："前些时我去洛阳，皇上单独召见我数十次。每次谈话都从傍晚到天明，无话不谈。皇上的才能和勇略不是一般人所可比的。皇上心胸坦荡，无所隐蔽，大体和汉高祖相类。博览多闻，处理政事和文才上，前世也无人可比。"隗嚣反问道："你说他哪些地方像汉高祖呢？"马援答道："有的地方不如汉高祖。汉高祖无可无不可，今皇上好管吏事，大小事都要详加过问，而且又不喜欢饮酒。"隗嚣露出不高兴的样子说："照你说来，反过来那就超过汉高祖了？"因隗嚣对马援格外信任，所以还是决定采纳马援的建议，将长子隗恂送往洛阳做人质，与刘秀修好。当马援送隗恂去洛阳时，将自己的家眷和宾客都带到洛阳去了。马援促成了刘秀和隗嚣的合作，自己也总算找到了一个可以为之献力的英明君主了。

　　马援这次到洛阳后，似乎引起了刘秀的某些疑虑，所以一直没给他安排什么官职，只是在洛阳闲居。马援的宾客很多，食用浩繁，他便向刘秀请求，自己愿屯垦于三辅的上林苑中。光武帝刘秀答应了马援的请求，使马援又过起了安静的屯垦生活。马援实际上时刻都在关心着天下大事，准备有机会时一展自己的才能。

隗嚣不甘久居人下，时间一久，其野心便有所暴露，其间自然会有一些人逢迎其意志。一个叫王元的人似乎也颇有谋略，极力怂恿隗嚣与刘秀断绝关系，而自成局面。王元认为，隗嚣"牵儒生之说，弃千乘之基"，是一种战略失误。这话显然是针对马援说的。马援要隗嚣"专事东方"，并将自己的儿子送往洛阳做人质，隗嚣也正心怀不满，怀疑马援出卖了自己。王元进一步劝道："图王不成，其弊犹足以霸。"意思是说，即使不能成为全国的王，也可以称霸一方，而不必向刘秀俯首称臣。这话颇合隗嚣的心意，于是便处处表现出自立的样子。

光武帝刘秀对隗嚣的首鼠两端已有所知。建武五年，刘秀要出兵伐蜀，要隗嚣出兵相助，担任一路兵马的指挥。这实际上是对隗嚣的试探。隗嚣则表示，自己力量单弱，不宜伐蜀，对刘秀的意思表示了不尊重。于是，刘秀和隗嚣的关系开始迅速恶化。

当马援得知隗嚣要绝刘自立后，便数次致书隗嚣，责其负义。隗嚣不仅不听从马援的劝告，反而对马援更加不满。建武六年，刘秀决定对隗嚣用兵，马援上书刘秀，请面陈方略。马援在上书中说，隗嚣并未将真心告诉他，如果早知他要割据称王的话，马援早就与他绝交了。今隗嚣既然已背汉，那么讨伐他就是天经地义的了。但马援灭隗嚣的详细策略到底是什么，史书中语焉不详。从以后的行动中可以看出，马援的方略是首先瓦解隗嚣的抵抗力量。刘秀本来就器重马援，今见马援有这样的建议，心里很高兴，马上交给他5000骑兵，前往游说隗嚣的主要将领。马援在陇西数年，交游甚广，大家对他的为人都颇为敬重。在马援的游说下，隗嚣的几个重要将领转而归顺刘秀，有的虽未明确背隗向汉，但却将自己的部众解散，不参与征战；有的将领虽仍是隗嚣的部下，但对马援也甚表同情。于是，隗嚣集团离散日甚，日益孤立，力量大为削弱。

建武八年，刘秀命来歙率兵2000余，从间道出奇兵讨伐隗嚣，一举占领了略阳（在今陕西南部）。隗嚣大惊，出兵数万人，将略阳团团包围。来歙连连派人向刘秀求援，刘秀亲自率领大军前往。大军到漆地后，诸将领都以为王师至重，不宜深入险地。刘秀犹豫不决，便将马援召来，询问他应如何办。马援在半夜里赶到，刘秀很高兴，便将诸将领的意思告诉了马援。马援对隗嚣的处境进行了详细分析，认为隗嚣已处于土崩瓦解之势，如乘势进兵，必能大胜。马援担心刘秀对双方的形势了解不透，就找来一些米，堆成山谷之状，指陈形势，向刘秀指出进军之路，分析透辟，形势显明。在马援的指示下，刘秀对形势一清二楚，信心顿增，下令马上进军。果如马援所料，隗嚣很快就陷入土崩瓦解之中，天水也被汉军攻破。在消灭隗嚣这支割据势力的过程中，马援发挥了关键作用。在攻占天水后，刘秀又命马援和来歙一起平定了陇西诸郡县，使这大片区域纳入了刘秀的版图。

### 三、镇守陇西，平定羌患

马援以平定陇西有功，被刘秀授以太中大夫。当时陇西羌患日益严重，当地居民饱受其祸。来歙认为，要平定羌患非马援不可。刘秀接受了来歙的建议，于建武十一年拜马援为陇西太守。

古代的羌即今天的藏族，以游牧为生，不时内扰陇西一带，给当地人民的生产和生活造成很大的危害。马援平定羌患的方略是，先切断其来路，阻塞临洮，来路既断，再集中力量对付已来的诸羌。他发马步兵 3000 人，于临洮大败诸散羌，斩首数百，获牛、马、羊万余头，塞上投降的羌人达八千余。另一支羌人有数万之众，以浩门隘为据点，四出劫掠，为害甚烈。马援为正本清源，和扬武将军马成一起督军奋击。诸羌见汉兵势盛，就将妻孥送到允吾谷躲避。允吾谷在今兰州北约 300 里处，处于向青海撤退的通道上。马援从中窥知，羌人准备退走，足见其势已疲。于是，马援便出轻骑兵掩击。羌人没想到马援忽然赶到，十分惊慌，遂又西撤至唐翼谷中。很明显，这表明羌人打算要往西宁方向撤退了。马援继续督军进击，紧追不舍。羌人遂引兵于北山，顽固坚守。马援陈兵山前，摆出一副要大举进攻的样子，而另派一支数百人的骑兵，绕至山后，乘夜放火，并以鼓声助威。羌人惊慌失措，遂大溃而逃。马援乘胜追击，斩首千余，大获全胜。经此一战，羌人破胆，不敢再入陇西劫掠。在这场激战中，马援也被流矢击伤，贯穿股胫。光武帝刘秀闻知后，特致玺书慰劳，并赐羊 2000 头，牛 300 头，以作为马援休养之需。但是，马援却将刘秀的所赐之物尽数赠予将士宾客，自己一无所取。因此，马援的声望越来越高。

如何治理陇西，朝中大臣的意见分歧很大。不少人认为，陇西连年荒乱，道路遥远，抚驭有诸多困难，不如弃而不理。马援闻知后，马上上疏力争，认为放弃陇西将造成国防上的大失误。这里土地肥沃，且有灌溉之利，一定不能让羌人再入谒中，否则后患将不堪设想。刘秀对马援的意见深表赞成，遂命武威太守返还金城，避难凉州的老百姓悉数遣返，得三千余口人。马援又奏请设置长吏，修缮城郭，兴办水利，劝以农耕，民得安居乐业，陇西遂安。但是，马援担心羌人会再次卷土重来。为防患于未然，他派归降的羌人头目杨封出塞，向羌人诸部游说，使汉羌彼此友好相处，不再扰边。马援在这一点上做得很成功，使汉羌之间数年没有战争。

武都是陇南大邑，居民多氐人。这里原是公孙述的势力范围，因公孙述对当地人民横征暴敛，而陇西却呈现了一副太平景象，所以当地人民相率归附陇西。马援接受了他们的归降，并代为奏请光武帝刘秀，恢复对他们酋长的封号，赐予印绶。刘秀接受了马援的奏请，氐人亦安。

建武十三年，诸羌氐联合为乱，人数达数十万之众，声势颇大。陇西一带的官民一时人心惶惶。但是，马援却表现得格外镇静，不慌不忙。其他人见马援如此胸有成竹，也就安定下来了。马援只率领四千余骑兵，对羌人突然邀击。羌人依山为险，与马援军相抗。马援并不急于挥军与战，而是先夺占了水草之地。羌人以游牧为生，人和牲畜不得食，人心自乱，遂仓皇而逃，有万余人到马援营中请降。自此以后，陇西清静，多年未发生过羌患。

有一天，一个县的老百姓因报仇发生殴斗，一些人遂谣传发生了羌患。老百姓被羌患吓破了胆，谈虎色变，一听说发生了羌患，纷纷入城避难。狄道长闻知后马上报告马援，请闭门发兵。当时马援正与宾客宴饮，闻报大笑道："羌虏何敢内犯？"他要狄道长回去，"好好把家看好，如果害怕的话，就睡在床底下。"马援这种幽默的话逗得宾客大笑。

马援任陇西太守6年之久。最初两年，他几乎是马不停蹄地在对付羌患。后几年地方清静，马援也显得悠闲得多了。他为政总其大要，不注重琐细小事，认为那些小事应由下官去管，自己不侵下属之权。他自己经常和宾客宴饮，而地方安静，政无不举。这应该看作是马援为政的一个突出特点。

马援从陇西太守任上被征还京后，拜官虎贲中郎将。他不喜欢过寂寞的生活，如经常和宾客宴饮，又担心京师眼多，说不定会引起猜疑。于是，他找到了另一种寻乐的方法，那就是常给人讲故事和前世的历史。马援身材高大，和蔼可亲，眉清目秀，一望即令人敬服。再加上他的地位和传奇般的经历，所以来听他讲故事的人很多。上至太子，下至闾阎百姓，都聚精会神地听他讲述，津津有味。这既是马援寻找生活乐趣的一种方式，也是他避免猜忌的一种谋略。

当马援初回京时，光武帝刘秀曾亲自接见他，说道："我深恨以前杀牧守太多了。"言外之意是，悔恨任用马援太晚了，以致冤枉死了许多牧守。马援的回答也很策略："死得其罪，何多之有？但死者既往，不可复生。"意思是说，这些牧守不善于治边，死是他们应得之罪，以后任用善于守边的人就是了。这话既顺了刘秀的意思，无责备之意，又不失谏诤的作用，十分得体。光武帝刘秀听了后哈哈大笑，十分高兴。由此可以看出，马援不仅善于用谋打仗，而且善于辞令。

马援回京后，将往日奏疏重新检出。他前曾建议，重铸五铢钱以供流通。三府官认为不可，此议未行。马援看到三府官所列的13条理由，经一一解释后，再次上奏，认为重铸五铢钱是"富田之本"。这次刘秀批准了他的奏请，重铸的五铢钱在全国流通，天下称便。由此可以看出，马援还颇通理财之道。

当时有个叫维汜的神棍，妄称得神授，妖言惑众，有弟子数百人。即将暴乱时，维汜被官府逮系处死。他的弟子李广秉承其余绪，谓维汜未死，已化为神，并聚党作乱，攻占了皖城，自称南岳大师。刘秀命张宗带兵数千人前去镇压，反为所败。于是，刘秀便命马援前往。马援很快即将叛军击溃，擒杀李广。马援认为，对这些乱党应斩草除根。他打了一个比喻，就像小孩头上生了虱子，"剃之荡荡，蛆虱无所复依。"没想到刘秀也是个很幽默的人，他以宦官头上有虱子为名，命宦官将头发都剃去。马援的一个比喻居然被皇帝变成了实际行动。由这件小事可以看出，马援得到刘秀何等的信任。

## 四、南征交阯

交阯在历史上又称安南，大体相当于现在的越南北部。秦始皇曾在当地设象郡，治理如同内地。直到北宋以前，交阯与中国中原王朝的关系有时松一点，有时紧一点，但一直是中国属地。直到北宋时，安南才脱离中国，成为一个独立的国家，但也仍和中国保持着宗藩关系。

建武十三年，光武帝刘秀派苏定镇守交阯。苏定不知恤民，对当地人民横征暴敛，激起当地人民的激烈反抗，这就是历史上著名的"二征起义"，即征侧、征贰姐妹领导的反汉起义。征侧姐妹的起义得到群众的广泛同情，力量发展很快，连续攻占65城，征侧称王。二征的势力很快蔓延至两广，连距离广州不远的合浦也被二征攻占，岭南震动。建武十七年，刘秀拜马援为伏波将军，率水陆军南下。

马援知道，南方湿热多雨，时有疫疾流行，北方人难以适应。因此，马援的部队临时发自长沙、桂阳、零陵、苍梧四郡，仅万余人。马援首先集兵于合浦，然后沿海岸南下，以精锐击二征于浪泊上，初战告捷，斩首数千，降者万余。二征的部队连续向南撤退。建武十八年春天，马援在交阯境内又连败二征，二征的部队实际上已处于瓦解状态。第二年，马援终将二征擒获杀掉，传首洛阳，乱事大体平定。马援在进入交阯后，四处张贴告示，宣布废除苏定的各种暴政，从而安定了民心，减轻了当地人民的敌视心理。这是马援得以顺利进军的重要原因。

马援擒杀二征后，整顿水陆大军，大小战船二千余艘，士卒二万余人，继续征剿九真的余党，斩获五千余人，南土完全平定。马援南巡至日南，立铜柱为界，留兵驻守。这支部队的后裔即长期在当地生活下来，历史上称之为"马流人"。建武二十年秋天，马援整师回京。在这次远征中，士卒因瘟疫而死去的近半数。倘若是北方来的士卒，因瘟疫而死去的人肯定会更多。

马援在交阯4年，除平定叛乱外，还实行了许多人所称道的措施。例如，分县治理。他分设封溪、望海二县，以便治理。其二，修建城郭，有毁坏者，则予修复，以便防守。其三，兴修水利，凡可用于灌溉的河道，都修渠引水，以灌溉农田。此举利民甚多，也是安定当地人民生活的一条重要措施。其四，使法律整齐划一。马援将当地的习惯法与汉律有违背处列出，有十多条，奏请朝廷划一，以利遵守。一旦确定，则与百姓申明约束，共同遵守。当地百姓皆称便，称之为奉行马将军故事。其五，迁九真等地的豪右大姓三百余户于零陵等郡，以接受汉文化的教化，安定当地秩序。由这些措施可以看出，马援还是一个颇为出色的政治家。

正因马援在当地采取了许多利民措施，所以他深受当地人民的爱戴。据有关记载，直到 20 世纪 50 年代初河内还保留着马将军庙，香火一直很盛。庙中奉祀着白盔、白甲、白发如银的白马将军，他就是马援。

马援看到，交阯的薏仁米比中原的大，且有驱除瘴气的功效。于是，马援在回京时就带了一车薏仁米，以作为粮种。为此，马援后来遭到人的诬告，说他在交阯劫掠，带回一车珠宝。这就是历史上的薏米明珠案，马援因此而受到严厉的处罚。

## 五、驰骋疆场，马革裹尸

马援从交阯回京后，又有两次大规模的出征：一是北征乌桓，一是南征诸苗。

马援回京后得知，乌桓正在北边为患，寇扶风，三辅告急，皇家在陕西的陵寝受到威胁。马援回京后只一个多月即自请出征，一是这位老将报国心切，二是他威望高，遭到一些人的嫉妒，对他在交阯的一些做法进行攻击。马援为了表明效力国家的忠心，避开是非之地，便不顾自身的劳累，毅然请命出征。当时他对自己的朋友孟冀说了一段激动人心的话："今皇上和京师臣民这样隆重地迎劳我，使我很不安。功劳小而赏赐厚，怎么能长久呢？你有什么办法吗？"孟冀说："愚不及。"马援说："方今匈奴、乌桓尚扰北边，欲自请击之。男儿要当死于边野，以马革裹尸还葬耳，何能卧床上在儿女子手中邪？"孟冀对马援的豪言壮语极表钦佩。

光武帝刘秀答应了马援的请求。建武二十年冬天，马援率军北征乌桓。乌桓本来骚扰陕西一带，但马援并未率兵直扑陕西，而是进军至襄国（今河北邢台）。在一般人看来，似乎不可理解，实际上这是一种很高明的策略。这是因为，乌桓虽在陕西劫掠，但根据地是今河北的北部。马援不直接去陕西，而且疾趋河北，是一种攻其根本的战略。马援所率领的只有三千骑兵，迅速向北挺进，意在截断乌桓退路。这一招果然很灵，乌桓打探到马援出兵的动向，担心归路被切断，遂仓皇撤去，在陕西的祸患不战自解。马援这次出征，未动一刀一枪，而将陕西的祸患解除，满朝文武对此都十分惊奇，对他的谋略都极表叹服。

建武二十四年，马援进行了他最后的一次出征，这时他已62岁高龄。这次征讨的对象是"五溪蛮"。所谓五溪，指雄溪、横溪、西溪、沅溪和辰溪，都是湘西的沅江支流。当时这里聚居着苗族，被称为五溪蛮。他们在上年即据险反叛。刘秀曾命武威将军刘尚率军往讨。刘尚也是刘秀的宿将，以勇武著称，在平蜀中立有大功。他屡经大敌，对五溪蛮这跳梁小丑不以为意，认为一举可平，产生了轻敌情绪。他溯沅江而上，深入险地。五溪蛮探知刘尚深入，粮饷不继，便据险固守，不与刘尚交战。刘尚粮尽，只好引兵退回。蛮兵则一路追袭，刘尚大败。刘秀为此颇为吃惊，便又命大将李嵩、马成率军往攻，亦不能胜，且损失惨重。正当刘秀和满朝文武为此而忧心的时候，马援再次请求出征。光武帝刘秀念其年事已高，初不许，但马援连连坚请，自称尚能披甲上马。刘秀让他当场试一试。马援翻身上马，按辔徐行，左右顾盼，精神抖擞。刘秀赞叹道："这个老翁真精神啊！"遂命马武、耿舒随征，发四万余人随行，尽听马援指挥。

不知出于什么原因，马援似乎预感到此行不祥，所以他对送行的亲友说："我受国家厚恩，年事已高，余日无多，常恐不得死国事，今获所愿，甘心瞑目。只是怕一些贵胄子弟，有的在皇上身边，有的随我左右，特别难以共事，只是害怕这事罢了！"这话是有所指的。在刘秀身边和自己身边都有这样的贵胄子弟，他们对马援时加攻击。由马援"常恐不得死国事"这句话可知，马援担心受到陷害，宁肯为国死于疆场，也不愿无故被陷害致死。这也正是马援不顾年老而自请出征的重要原因。马援个性强梗，对那些爵位虽高但并没有什么真本事的人很鄙视，而对那些奇才异士则极力提携，虽贫贱也待如上宾。这使他得罪了不少人。例如梁松，当时是光武帝刘秀的驸马，"贵重朝廷"。有一次到马援家中探病，马援不予答礼。当家人责备他这样做失礼时，他说梁松是自己老友的儿子，自己是叔父辈，按照《礼记》，不必答礼。实际上，还是因马援看不起梁松的为人。这使梁松耿耿于怀，一有时机便会对马援加以陷害。像这类事还有许多，马援心里自然也清楚。因此，与其被这帮贵胄子弟陷害死于狱中，还不如为国事死于疆场。

建武二十五年，马援率大军进至临乡。当时蛮兵正进攻县城，马援挥师迎击，大败蛮兵，斩二千余人。蛮兵败走，退入竹林中。在下一步如何进军的问题上，马援和耿舒产生了不同的意见。有两条路线可以进兵，一条经壶头，在今沅陵县东。这条路线较近，但水势险恶。另一条取道于充，在武陵郡。这条路线较远，但道路较平坦。耿舒主张走后一条路线，马援则坚持走前一条路线。马援认为，这条路虽比较艰险，但可以扼其咽喉；如取后条路线，则需要的粮食和时间都比较多，于军不利。二人争执不下，只好命人奏闻光武帝刘秀。刘秀批准了马援的建议，于是便由壶头进军。马援一军于三月由壶头山前进，蛮兵且战且退。他们在一狭口处据高坚守，擂鼓呐喊以壮声威，故意惊扰汉军。由于水流湍急，船不易逆流而上，而天气却很快热了起来，汉军士卒患病的很多。马援本人也中了暑，只好凿石为室，以避暑气。每当蛮兵鼓噪时，马援即抬足观望，一股从容不迫之豪气洋溢于眉宇间，令左右叹服。汉军虽不得进，但蛮兵久不得食，军心动摇，于是便向马援乞降。这时马援已死于军中，由宗均受降。这场叛乱平息，汉军班师回朝。马援虽然未能亲自受降，也没能亲眼看到胜利，但胜利的基础还是马援奠定的。

耿舒致书其兄耿弇，对马援大加攻击。耿弇在帮刘秀打天下的过程中多有战功，由建威大将军升至好畤侯，极受刘秀信用。耿弇将耿舒的信交给刘秀。刘秀很生气，立命梁松驰至马援军中，责问马援，代领其军。梁松本来就对马援有一肚子怨气，这时总算找到了发泄的机会。但是，当梁松赶到军中时，马援已死，蛮兵已降。这使梁松失去了发威风的机会。梁松仍不肯罢休，与马武、耿舒等一起诬陷马援。回京后，光武帝刘秀命追回马援的新息侯印绶。宾客故人连吊丧都不敢去，家人只是草草地将马援葬于洛阳西。

家人并不知道马援到底犯了什么罪。丧事结束后，马援的妻子和侄子马严腰结草绳，一起到刘秀面前请罪。刘秀遂将梁松的上书拿了出来。马援家人顿时明白，梁松以伪造的马援家书作证据，对马援大加诬陷。事情败露

马援传

后，刘秀将梁松召来责问，梁松叩头谢罪，以致额头上流出血来。奇怪的是，刘秀却赦免了梁松，并未对梁松治罪。这时，马武等人又上书弹劾马援，说他从交阯回京时，带回一大车珠宝。一些官员因没有得到马援的馈赠，对马援不满，也趁机对马援进行攻击。此事本属虚枉，家人连上六疏诉冤，词意哀切。光武帝刘秀为之心动，遂命对马援正式安葬。刘秀从马援的家书中看到，马援对龙伯高颇推崇，于是便将龙伯高提升为零陵太守；马援在家书中对杜季良颇为卑视，刘秀遂将杜季良免职。从刘秀的这些举措上来看，他对马援的话还是颇为相信的。但是，终光武帝刘秀一朝，并没有为马援平反昭雪。只是到章帝时，才追谥马援为忠成侯，其冤始得昭雪。

马援一生志在社稷，有勇有谋，历经无数次战阵，所向克捷，为安定祖国边疆做出了巨大的贡献。至于他死后所遭受的不公平对待，是一些势利小人陷害的结果。这类政治倾轧历朝都有，马援也是这种政治倾轧的牺牲品。正如清人王先谦在《后汉书集解》中所说："马革裹尸，恰慰生平。"历史是公正的，马援的历史功绩是不可磨灭的。

（尹翼婷　任庆山）

▼

本文主要资料来源：《后汉书》卷二四，《马援传》；卷八六，《南蛮传》；卷九〇，《乌桓传》。

# "吾之子房"识高远　助曹争雄奇谋多

## ——荀彧传

　　曹操经过连年征战，最终统一了北方。这一方面归于他个人的才智，另一方面也与得力谋士的筹划密不可分。其中，荀彧就是他主要的谋士之一，被曹操称为"吾之子房（张良）"，极受器重。曹操正是得力于荀彧的奇谋妙策，才得以雄踞兖、豫，并于官渡摧垮了袁绍势力，然后东征西讨，最终完成了统一北方的大业。

　　荀彧生活在东汉末年。随着黄巾大起义的爆发，东汉王朝名存实亡。大大小小的军阀都极力扩充自己的势力，扩大地盘，展开了无休止的征战，致使东汉末年成为战乱不已、多灾多难的时代。真所谓"乱世出英雄"，当时不仅产生了曹操、刘备、孙权等割据一方的军阀，还涌现出了大批像荀彧、荀攸、郭嘉、诸葛亮这样的谋士。正是在这些谋士的帮助下，这些军阀才成就了一番可观的事业。荀彧就是这个乱世涌现出来的杰出的谋士之一。

## 一、择主而仕

　　荀彧（162—212），字文若，颍川颍阴（今河南许昌市）人。祖父荀淑，为东汉顺帝至桓帝时期的知名人物，"有高才，王畅、李膺皆以为师，为朗陵侯相，号称神君"。官至朗陵（今河南朗山县）县令。父亲荀绲，兄弟八人，个个机智聪睿，号称八龙。县令苑康遂将他们所住的西豪里改为高阳里，以示赞誉。荀彧的父亲排行第二，官至济南国（今山东章丘）相。叔父荀爽，字慈明，"幼好学，年十二，通《春秋》、《论语》，耽思经典、不应征命，积十数年。董卓秉政，复征爽，爽欲遁去，吏持之急。诏下郡，即拜平原相。行至苑陵，又追拜光禄勋。视事三日，策拜司空。爽起自布衣，九十五日而至三公"。在八兄弟中才学政绩最为显赫。另一叔父荀靖，亦是才智超群，"隐居终身"，乃当时一位声名赫赫的隐士。

出生于这样一个名门世家，荀彧自幼就受到了良好的文化熏陶。荀彧少年时期就显示出了他的卓绝不群和贤圣之资。南阳（今属河南）何颙诧异于他的经天纬地之才，称他"王佐才也"。

中平六年（189），荀彧被本郡察举为孝廉，拜守宫令。时值汉灵帝病死，董卓擅政，荀彧目睹了洛阳的混乱世态，认为朝中不可久留，请求外出补吏。被授予亢父（今山东兖州市南）县令后，荀彧看出天下即将大乱，遂弃官返回故乡颍阴高阳里。这一时期，是荀彧政治生涯的开端，并使他有机会接触到社会的各个方面，对时势看得更加分明，思想也更为敏锐。

荀彧分析当时的政治形势，料到董卓必会残虐百姓，颍川距洛阳不远，可能会祸及乡里。荀彧担心乡邻们的安全，劝他们说："颍川，四战之地也，天下有变，常为兵冲。……宜亟避之。"但乡邻留恋故土，难舍家园，并对荀彧的劝告将信将疑，最终没有接受他的建议。任冀州（今河北临漳县）牧的同郡人韩馥，派车骑来接乡亲们到冀州去，荀彧再三痛陈利害，劝父老乡亲前往，但仍未果。他悲痛之余，只好领本宗族的人逃往冀州。

果不出荀彧所料，董卓不久便派部将李傕等出兵关东。所到之处，大肆烧杀抢掠，留在颍川的父老乡亲，多被杀戮，室庐荡然，行旅断绝。劫后余生的乡亲这才后悔没有听从荀彧的忠告。

荀彧到了冀州，深得韩馥信赖，予以重任。初平二年（191）秋，韩馥被袁绍削去冀州牧之职。袁绍久闻荀彧的大名，知他才智超群，待之以上宾之礼。荀彧的弟弟荀谌，同郡人辛评、郭图等，也都被袁绍委以重任。

袁绍出身豪门，汝南人，"四世居三公位，由是势顺天下"。荀彧亦久闻袁绍大名，原想协助他成就一番大事业。但是，荀彧和他交往不久，便发现，他表面不可一世，内里却是少谋寡断，终难辅之共建大业。于是，他便打算另觅明主，以期实现自己的远大抱负。他静观世变，决心待时而行。

其时，奋武将军曹操率兵进入东郡（今河南濮阳市），大败黑山农民起义军白绕部，被袁绍上表朝廷，拜为东郡太守。在当时的割据者中，曹操对东汉的黑暗统治和农民起义的威力有较深的认识，是地主阶级的一个较有远见的人物。当时曹操的影响和势力远逊于袁绍，但荀彧看出此人有雄才大略，能成大事。因此，荀彧毅然离开袁绍，往东郡投靠曹操。荀彧择主而仕，是其大智使然，亦是他的高明之处。曹操见荀彧来投，谈话极为投机，喜不自胜，当众赞许荀彧说："吾之子房也！"即将他比为刘邦的大谋士张良，并拜他为司马，参决帷幄。是年荀彧仅29岁。

## 二、智守三城

初平三年（192），曹操领兖州牧，不久升为镇东将军。荀彧常以司马之职伴其左右，为之出谋划策。兴平元年（194），曹操再次东征，讨伐徐州牧陶谦，委托荀彧、程昱留守鄄城、范县、东阿三县。曹操率主力攻入徐州，连拔王城，一直打到东海郡（今山东郯城县）。正在这时，兖州城内发生了哗变，曹操被迫撤兵。

打出叛曹大旗的为张邈和陈宫两人。张邈，字孟卓，任陈留（今河南开封市）太守。他本与曹操关系甚密，曾一同起兵讨伐董卓。后因讥讽袁绍骄矜，遭其嫉恨，命曹操杀掉他，被曹操婉拒。这使张邈感恩不已。初平四年（193），曹操东征陶谦，嘱家人"我若不还，往依孟卓"。足见彼此友情深厚。

及至曹操出任兖州牧，位在张邈之上，张邈便心怀不满；同时曹操在兖州采取了一系列严厉措施，处死了兖州名士边让，也使张邈心怀疑惧，担心有朝一日遭曹操暗算。恰好其弟张超引陈宫来见，陈宫说张邈道："今天下分崩，英雄并起；君以千里之外，而反受制于人，不亦鄙乎！今曹操东征，兖州空虚；吕布乃当今英雄，若与之共谋兖州，霸业可成矣！"张邈大喜，遂用陈宫之言。迎吕布于濮阳，并推其为兖州牧。张邈、陈宫驻兖州已十多年之久，势力雄厚，在他们的号召下，各郡县纷起叛曹而应吕布。兖州所属郡县只有鄄城、范县、东阿三城仍为荀彧坚守，受曹操节制。

荀彧坐守危城，当机立断，将驻扎东郡的夏侯惇的军队调回鄄城，同时火速派人将张邈叛乱事告知曹操。在夏侯惇到达的当晚，荀彧与之密商，下令将城内数十名谋叛者处死，稳定了军心，充分显示了一个谋略家的临危不乱、果敢刚毅。这为曹操保住了一个稳定的后方。

这时豫州刺史郭贡率军数万来到鄄城城下，求见荀彧。城中人纷传郭贡与吕布同谋，当时城中留守兵力很少，人心惶惶。夏侯惇阻荀彧，说此次前去，如入虎穴，凶多吉少，况君肩负镇守兖州重任，若遭不幸，军心必定涣散。荀彧说："郭贡张邈交往并不密切，此次前来，定无明确计划，我趁时去劝说，希望争取他的帮助，即使不能，也可以劝其中立。如果我们拒绝他，只会促使他与张邈联合。"荀彧出城前往郭贡营中，随身只带了名随从。果不出荀彧所料，郭贡与他交谈时，看他谈笑自若，对答如流，认定鄄城有备，不易攻取，遂引兵而退。在当时的混乱形势下，尤其在面临危局、士气萎靡之际，荀彧以自己的智慧，高瞻远瞩，放眼大局，不顾个人安危，终于使鄄城化险为夷，实是难能可贵。

鄄城之危刚解除，东阿、范县又面临危境。陈宫扬言要亲自率兵攻取东阿，同时命汜嶷进攻范县。荀彧派程昱前往二城探视。程昱，字仲德，东阿人，亦为荀彧荐于曹操的一名谋臣。临行前，荀彧对他说："非深结民心，三城必动，"强调了赢得人心的重要性。程昱先到了范县，对县令勒允说："陈宫、吕布此次叛乱，兵多而无谋，终必无成。君固守范，我守东阿，此功必将名垂青史。望君三思！"勒允闻此，自是感激涕零，表示："不敢有二心！"乃全力守城。程早又命人扼守仓亭津，使陈宫无法渡河。他接着又连夜赶往东阿。此时东阿令枣祗已部署停当，坚守城池。

曹操闻变，急忙引军回师，在濮阳与吕布相持三个多月。这年"蝗虫忽起，食尽稻谷，人民相食"，因粮草匮乏，遂各自收兵。曹操虽失兖州、濮阳两城，却由于荀彧的智守，保全了鄄城、东阿、范县三处，使张邈的叛乱未对曹操造成太大的破坏。

## 三、谏迎汉献帝

同年陶谦病死，刘备领徐州牧。在鄄城的曹操得知这个消息后，立即传令起兵，打算先进攻徐州，再灭吕布。荀彧认为此计为下策，便进谏说："先前汉高祖守关中，光武帝拒河内，都是以深固根本而制天下。兖州为将军创业之地，且位于黄河、济水之间，乃昔日的关中、河内。今若取徐州，兖州将不保；若徐州不得，将军将无安身之地。今日刘备守徐州，深得当地民心，如我去攻，徐州人民必助刘备死守城郭。倒不如向东先攻陈地，然后攻汝南、颍川，那里多粮食玉帛，为黄巾余党所据，破而取其粮食，才是顺天意之举。"曹操闻言，遂放弃了原先的起兵计划，依荀彧之计而行。兴平二年（195），曹操大败吕布，复得兖州，接着进兵濮阳。吕布败走，引兵夺定陶而去，曹操又得濮阳。至此，山东一境，尽为曹操所得。由此可见，荀彧早已对眼下局势了如指掌，兼之其智虑深远，老成持重，因此，常被曹操委以重任，指挥危难战事。

曹操平定了山东，上奏朝廷，被封为建德将军费亭侯。当时，董卓余党李傕自为大司马，郭汜自为大将军，二人相互残杀，长安城大乱。建安元年（196），汉献帝离开长安，由军士护驾东归洛阳。自经董卓之乱，洛阳已破败不堪。还都之后，朝廷百官连歇身之处都没有，粮食匮乏，而各州郡的牧守，皆拥兵自重，对皇帝的困境不屑一顾。曹操闻听，即召部下商议。许多人反对迎汉献帝，荀彧进言说："先前晋文公纳周襄王而诸侯服从，汉高祖为义帝而天下归心。现在天子遭难，将军趁此机会起兵奉驾，乃为顺应民心。如不早行动被其他人迎去，到时后悔也来不及了。"这虽系一言之谏，却极为重要。因为当时欲夺汉献帝的大有人在。因为汉献帝在名义上仍是天下公认的君主，仍有很大的号召力。谁控制了汉献帝，谁就可以在政治上取得优势。袁绍的谋士沮授曾力劝迎帝，未被袁绍接受。官渡之战前期，许攸仍试图劝说袁绍："公无与操相攻也。急分诸军持之，而径从他道迎天子，则事立济矣。"又遭其拒绝。待到曹操将汉献帝迎往许昌时，袁绍才后悔不迭，然而为时已晚。江东的孙策也有此意，建安五年（200），曹操与袁绍相拒于官渡，孙策欲偷袭许昌，迎汉献帝。他还未起兵，即被刺客杀害，此事就胎死腹中。

曹操依荀彧所言，亲自领大队人马往洛阳，劝献帝迁往许都。帝不敢不从，曹操遂引军护行，群臣皆随同前往。从此，曹操"挟天子以令诸侯"，牢牢控制了东汉政府，在政治上占了很大的优势。他在许都和其他地方设立屯田，积蓄军资，巩固了军事势力。他相继消灭了黄河以南许多割据势力，接着便与河北的袁绍展开了争战。

## 四、官渡大捷

经过黄巾起义的打击，东汉的中央集权力量大大削弱，统治阶级的内部矛盾日益激化。各地的州郡牧守为了争权夺地，纷纷起兵。经过五六年复杂的分化组合，到建安四年（199），全国大的割据势力便剩下孙策（据江东），刘表（占荆州），刘璋（据益州），韩遂、马腾（占有凉州），公孙度（盘踞辽东）等六七股，最大的割据势力是中原地区的袁绍和曹操。

袁绍出身世家大族，在讨伐董卓时被推为盟主。他首先从韩馥手中夺取冀州，接着又把势力伸到幽、青、并三州，是北方最强大的割据力量。当时他并不把曹操放在眼里。

对曹操来说，当时北有袁绍，南有张绣，东有吕布，西有韩遂、马腾。曹操四面受敌，形势颇为严峻。

曹操在宛（今河南南阳）被张绣战败后，袁绍更是狂傲。他致曹操一封信，言称要借粮借兵，出击公孙瓒，词意十分骄慢。曹操见信，颇为害怕，寝不安席。他问荀彧：“欲讨伐不义之人，只恨力量不足，希望听一下您的意见。”当时袁绍拥有大军10万，战马万匹。曹操用来抗袁的军队，只有一二万人。无论从军队、物质的数量，还是后方力量的强弱，曹操都远远逊于袁绍。双方兵力如此悬殊，因而曹操踌躇不决，认为力量不敌袁绍。主帅尚且如此，其余诸将的畏敌情绪也就不为怪了。正是在这样的关键时刻，才得见谋略家的非凡气概。荀彧力排众议，向曹操分析形势说：“兵家成败，贵在人的才智，而非一时力量的强弱。刘邦项羽，一存一亡，即是明证。今袁绍虽强，却不足为惧。在用人上，袁绍任人唯亲，而将军唯才是举；在策略上，袁绍多谋少决，而将军能当机立断；在治军上，袁绍法令不严，士气萎靡，将军则赏罚严明，上下齐心；在德性上，袁绍好大喜功，吸收了一批好名之徒，而将军以仁待人，行为严谨。从以上四方面而言，将军定能克敌制胜。”曹操听后，精神为之一振，坚定了战胜袁绍的决心。

事实也确如荀彧所言。袁绍虽据四州，但在冀州“使豪强擅恣，亲戚兼并，下民贫弱，代出租赋”，使不少老百姓倾家荡产，其子袁谭在青州抓丁，"放兵捕索，如猎鸟兽"，更是残暴无比。而曹操由于荀彧等人辅佐，苦心焦思，励精图治，势力已大为增强。建安二年（197），曹操大败袁术于蕲县（安徽宿县）。建安三年（198），曹操攻取徐州，杀吕布。同年，又大败张绣和刘表的联军。次年，张绣投降曹操。建安五年（200），曹操击溃在徐州下邳（江苏邳州市）刘备的势力，并先后派人打着汉献帝的名义到关中笼络势力。曹操自初平三年（192）冬收编青州兵以来，历时八年，先后击败袁术、陶谦、张绣、刘表、吕布、刘备等人，取得中原逐鹿的初步胜利，为统一北方奠定了基础。

在袁、曹两军相持的时候，孔融来见荀彧说："袁绍地广民强，筹划有田丰、许攸等智士，处事有审配、逢纪等忠臣，率兵有颜良、文丑等勇将，将军怕难以胜他吧？"荀彧笑着回答道："袁绍兵多而军纪不严，内部尔虞我诈。田丰虽刚却好犯上，许攸贪婪不听约束，审配专横少谋，逢纪果断却刚愎自用；这些人彼此不相容，必生内变。此时审配、逢纪二人留守邺城，一旦许攸的家人犯法，他们二人一定会查究，这样许攸必生二心，挑起事端。颜良、文丑，乃匹夫之勇，一战可擒。"荀彧曾经客居冀州，又是位颇具心计的谋士，对袁绍内部情况早已了如指掌。在官渡之战中，审配以许攸家不法，逮系其妻子，许攸怒而背叛袁绍，颜良、文丑临阵被关羽所杀，田丰以力谏而被诛。这种结局，一如荀彧所料。

在连连取胜，军力强大起来的情况下，荀彧不失时机地提出了先除吕布的建议。他分析说："不先除掉吕布，河北的袁绍更不易攻取。"作为一个深沉、练达的谋略家，荀彧的计划是大胆、高明而稳妥的。他事事多思多虑，做到有备无患。曹操也赞同他的建议，却又担心袁绍会趁这个机会而内犯。荀彧分析说："关中的将帅中，唯韩遂、马超最为强大，在关东群雄相争之机，他们二人必会各自拥兵自保。如派使者去说之联合，虽不能长久安定关中，但在将军平定关东之前，不可能出现大的事故。将军可派钟繇安抚关中，那么此次东征就无后顾之忧了。"曹操依计而行，派钟繇抚定关中，然后亲率大军东征吕布，平定徐州。至此，曹操基本上统一了黄河以南的中原地区，开始全力对付黄河以北的袁绍。

双方相持一段时间后，曹操兵少粮绝，在强弱不敌的形势下，许多将领心生动摇，有的还私自写信给袁绍以谋生路。在这种危急形势下，曹操亦欲放弃官渡，退保许昌。为慎重起见，曹操写信给驻守许昌的荀彧征询意见。荀彧以谋略家的深沉，向曹操进谏道："而今兵粮虽少，却不比楚、汉相持之际程度严重。因为深知先退者势屈的道理，刘邦和项羽都不言退兵。将军以一万兵力阻扼袁绍十万大军已达半年之久，使他不能前进一步。袁绍的兵力已快用尽，形势必会发生变化，正是出奇制胜时刻，将军切不可丧失良机。"荀彧认为，此乃成败关键之时，不可功亏一篑，此时退兵，后患无穷。荀彧很有见地，因为战争中的有利形势和主动权的获得，往往存在于再坚持一下的努力中。曹操欣然从谏，又出奇兵焚烧袁军粮草，袭乌巢，杀淳于琼。荀彧又征集了一批粮草到官渡。乌巢粮草被烧和淳于琼战死的消息传到官渡，袁军军心大为动摇，斗志迅速瓦解，不战自乱。曹操乘势发动全面进攻，袁绍仓皇中只带儿子袁谭和八百多亲兵逃回河北，余下的七万多军士被曹操坑杀。官渡一战中，曹操消灭了袁绍的主力，为统一北方扫除了最大的障碍。

官渡之战，是中国古代战争史上以弱胜强的著名战例。曹操在这一战役中取得最终胜利，主要应归功于荀彧的奇谋妙略。由于荀彧的辅佐策划，曹操面对袁军的优势进攻，采取了以逸待劳、后发制人的方针，以官渡作为退却终点，是完全正确的。在长期的防御战中，曹操又听取荀彧的意见，放弃了从官渡退兵的错误主张，坚守官渡，终于收到奇袭乌巢的反攻战机，取得了反攻的决定性胜利。

曹操后来为荀彧上表请功，对荀彧力阻退兵，坐以待机，最终击溃袁军的战术给予极高的评价。

官渡之战后，曹操军队缺粮严重，能否乘胜进军河北袁绍，曹操又心存疑虑，便欲南下讨伐刘表。荀彧认为此计不可取。他分析形势说："袁绍已败，军心不稳，应乘机北征，平定河北；若率军远征江汉地区，袁绍就会卷土而来，乘虚袭我后方，则我大事不成。"曹操依荀彧所言，引军驻扎在黄河南岸。不久，袁绍忧愤而死。其子袁谭、袁尚争位，发生内讧。曹操乘机引兵北渡黄河，斩袁谭，袁熙与袁尚投奔塞外的乌桓部族。曹操攻下邺城，相继占领青、冀、幽、并四州，统一北方的事业基本完成。

建安十二年（207），曹操率大军出卢龙塞（河北喜峰口），大破蹋顿和袁氏的联军。这对于巩固中原统一，保障人民安居生产，起了积极的作用。

曹操再次上表为荀彧请功，提到了此次坚持北征的谋略，并荐许说："彧之二策，以亡为存，以祸致福。谋殊功异，臣所不及也。"

曹操统一北方后，想乘胜统一全国。建安十三年（208），他企图夺取刘表割据的荆州（今湖北襄阳），和依附于刘表的刘备，然后再进占江东。曹操征求荀彧意见时，荀彧为其出谋："现在北方已经统一，南方已有危机感。将军可令大军出击叶县宛城，同时命精锐骑兵抄小路行进，出其不意，攻其不备。"曹操于是依计而行。

曹操的军队还未到荆州，刘表病死，少子刘琮代立，向曹操投降。曹操不费一兵一卒，攻占了荆州，接着又率兵至长坂（今湖北当阳境）击溃了刘备的军队。

## 五、举贤使能

荀彧勇敢机智，多谋善断，为曹操立下了汗马功劳，但他却从不争功。

早在建安八年，曹操鉴于荀彧的功劳，特上表朝廷，请封荀彧为万岁亭侯，并称"天下所以平定，荀彧的功劳不可埋没。"荀彧极力推辞，未把表文上奏。曹操又写信劝说，荀彧才勉强同意。

建安十二年，曹操为表彰荀彧在官渡之战和北征袁绍的功劳，又上表为荀彧请功，经曹操再三劝说，荀彧方接受增邑 2000 户。

曹操上表献帝，欲拜荀彧为三公之职，荀彧坚辞不受。

钟繇以荀彧比颜渊，自叹望尘莫及，连司马懿也赞叹"吾自耳目所从闻见，逮百数十年间，贤才未有及荀令君者也"，认为荀彧的谦恭为人没有几位贤人能比。

荀彧自投身曹操，时时随侍左右，清廉自持，受上下共仰，群僚拥戴。曹操主动将女儿嫁与荀彧长子，结为秦晋之好。

曹操由弱变强，一举统一北方，和他的智囊团关系密切。这些智囊团中的贤相能将大多是荀彧荐举的。如荀攸、程昱、郭嘉、华歆等人，均系荀彧引荐，多成为一代名臣，有的位至卿相。

其他如辛毗、仲长统、司马懿等人，皆才智超群。司马懿父子为曹魏政权的建立与巩固立了大功。最终取而代之，亦是一代杰出之士。

荀彧荐举的人才，连曹操亦为之叹赏有加，"以彧为知人，诸所进达者皆称职"。这些被推荐的人才，不仅为曹操统一北方立下了汗马功劳，甚而在魏国建立后，仍在起着至关重要的作用。

荀彧对曹操无疑是忠贞无二的。司马光在评论荀彧时说："荀彧佐魏武而兴亡，举贤用能，训卒厉兵，决计发策，征伐四方，遂能以弱为强，化乱为治，十分天下而有其八，其功岂在管仲之后乎！"他以卓异的见识，呕心沥血地为曹操运筹谋划，为曹操事业的扩大立下了汗马功劳。但曹操的目的是创曹魏家业，这与荀彧重整汉室的初衷背道而驰。建安十七年（212），董昭与其他诸将商议，为表彰曹操功勋，欲将其晋爵为国公，加九锡，以此意问之于荀彧。荀彧表示反对，认为将军应匡扶朝廷、兴盛汉室。曹操得知荀彧的态度后，便怀恨在心。

这年十月，曹操南征孙权，上表请荀彧到谯（今安徽亳州）慰劳将士。荀彧搞师礼毕，曹操将其留在军中，参决军事。曹操进军到濡须（今安徽无为县），荀彧有病留在寿春（今安徽寿县）。曹操送给荀彧一盒食物，打开竟无一物。荀彧愤郁积心，自知不为曹操所容，遂服毒身亡，终年 50 岁。

（晃　霞）

---

本文主要资料来源：《三国志》卷一〇，《荀彧传》；《三国志》卷一，《魏武帝本纪》；《后汉书》卷七〇，《荀彧传》。

# 大智若愚 功高不矜

## ——荀攸传

　　荀攸是东汉末年大政治家、大军事家曹操的主要谋士之一。曹操征伐四方，他常常随侍左右，深谋远虑，奇计迭出，为曹操集团的发展和壮大起了重要作用。

## 一、聪明少年

　　曹操曾说："汝、颍地区多奇士。"这主要就是指荀攸、荀彧等说的。荀攸（157—214），字公达，就出生在人杰地灵的颍川颍阴（今河南省许昌市）。荀家是当地的名门望族。荀攸的祖父荀昙，字元智，在东汉时为广陵（治所在今江苏省扬州市西北）太守。荀昙之兄荀昱，字伯修，为当时的名士，与李膺、王畅、杜密等八人被太学生们称为"八俊"，官至沛国（治今安徽省濉溪县西北）相。史称荀昱、荀昙兄弟二人"并杰俊有殊才"，成为当时人们的楷模和表率。荀攸的父亲荀彝，与曹操的另一位主谋士荀彧为从祖兄弟，曾任州从事之职。

　　荀攸自幼聪颖，又喜爱博览群书，因此常常表现得与众不同。他七八岁时，有一次叔父荀衢喝醉了酒，无意中误伤了他的耳朵。他怕叔父酒醒后看见自己的耳朵受伤而心中难受自责，出入和游戏时总是小心翼翼地将受伤的耳朵遮掩起来，不让叔父看到。后来荀衢和家里人知道了这件事，了解到他的苦心之后，对他的聪明早慧和善解人意大为惊异。

荀攸幼年丧父，又聪明可爱，祖父和叔父都对他分外疼爱，呵护有加，对他的学业也特别关心。学问渊博，造诣极深的祖父荀昙对他耐心教诲，悉心传授，这对荀攸的成长起了重要作用。不幸的是，荀攸13岁时，祖父因病去世了，荀攸悲痛万分。正当一家人忙于料理后事之时，祖父的一个名叫张权的故吏从外地匆匆赶来吊丧。他在灵前掩面长号，如丧考妣。还一再诉说太守生前待他不薄，为报答太守的大恩大德，他要为太守长期守墓。荀家人正处于极度悲伤中，这时都被这位故吏的仁孝感动了，准备答应他的这个请求。只有少年荀攸觉得此事有点蹊跷。他想，祖父生前并未曾说起与此人有何深交，对此人也并无什么大恩。此人既非自己的尊亲至爱，又无深交和恩惠，却极力要求来守墓，这是不符合人之常情的。于是他仔细观察张权的神色，发现他言辞闪烁，似有所隐；面带惊忧，似有所惧。于是赶忙悄悄地对叔父荀衢说："我看此人神色紧张，所求反常，大概是干了什么坏事吧？"叔父经荀攸这么一提醒，马上将张权叫过来仔细询问。张权做贼心虚，以为什么地方露了马脚，被抓住了把柄，只好供认自己杀了人，畏罪逃亡在外，企图以守墓为名在墓地藏匿，以此来躲避官府的追捕。事情真相大白以后，人们为荀攸超人的聪明才智惊叹不已，叔父对他也更加器重，认为他将来一定可以成为栋梁之材。

随着时间的流逝，年轻的荀攸已成为满腹经纶，学贯古今的名士。他名声越来越大，连当时的京师洛阳也无人不知。中平六年（189）四月，汉灵帝病死，少帝即位，外戚大将军何进执掌朝政，征召天下名士20余人进京，荀攸也名列其中。州郡长吏以礼发遣，送到洛阳，朝廷授荀攸以黄门侍郎之职。

## 二、初露锋芒

汉灵帝死后，何太后临朝听政。何进与袁绍谋诛宦官，太后不允。于是何进"引狼入室"，召盘踞在河东（今山西省南部）以观时变的军阀董卓拥兵入京，妄图以此来威胁何太后。野心勃勃的董卓闻讯后大喜，立即提兵进入洛阳。这时，何进已被宦官杀死，袁绍带兵入宫，杀死宦官2000余人，基本上肃清了宦官势力。董卓入京后，立即废少帝刘辩为弘农王，立陈留王刘协为傀儡皇帝，是为汉献帝。董卓肆无忌惮地残杀朝臣，废杀何太后，并纵兵抢掠杀戮，淫掠妇女，史称"董卓之乱"。董卓的暴虐激起人民的深切痛恨和有志之士的极为不满。

初平元年（190）春正月，后将军袁术、冀州牧韩馥、豫州刺史孔伷、兖州刺史刘岱、河内太守王匡、勃海太守袁绍等关东地区州郡长吏纷纷起兵，讨伐董卓。众人推袁绍为盟主，从东、北、南三面对洛阳形成包围之势。二月，董卓见形势不妙，忙胁迫汉献帝刘协迁都长安（今陕西省西安市）。荀攸也与朝臣一起随献帝入关，到达长安。

袁绍等畏惧董卓兵强，均不敢首先出兵，只有曹操大胆西进，却一战大败。初出茅庐、血气方刚的荀攸见董卓暴戾恣睢，胡作非为，义军则如一盘散沙，畏敌不前，担心汉朝社稷易主，生灵涂炭，决心诛杀董卓，匡扶朝廷，拯民于水火。他约同道好友议郎郑泰、何颙，侍中种辑，越骑校尉伍琼等到家中密谋此事。他慷慨激昂地说："董卓的凶残无道，比夏桀、商纣有过之而无不及，天下民众无不切齿痛恨。他虽然执掌朝政，又手握重兵，貌似不可一世，实际上外强中干，不过是一个独夫民贼。现在我们诛杀他以告慰天下百姓，然后据守崤山、函谷之险，辅佐献帝来号令四方，这就是春秋时期齐桓公和晋文公那样的救亡图存的壮举啊！"郑泰等人听了荀攸的话，热血沸腾，纷纷点头表示赞同。他们一起谋划了暗杀董卓的具体行动步骤，并开始分头准备。他们都明白，这是九死一生的危险之举，但对于身在朝廷心忧天下的荀攸等仁人志士来说，这又是必须采取的行动。然而，老奸巨猾、异常乖觉的董卓周围护卫森严，爪牙遍布。就在事将垂成之时，被董卓同党发觉。董卓大怒，把荀攸、何颙作为主谋逮捕入狱，并欲以此为突破口，一网打尽其同党。何颙虽然名气很大，曾和名臣太傅陈蕃、司农李膺等人交往深厚，但秉性怯懦。此时银铛入狱，竟心如死灰，寝食皆废，于狱中自杀身亡。而年轻的荀攸早已抱定必死的决心，对身陷囹圄毫不在意，在狱中饮食自若，言语激昂，凛然不可侵犯，连狱吏都赞叹不已。初平三年（192）四月，董卓被其部将吕布杀死。消息传开，人心大快，荀攸也得以无罪释放。刺杀董卓，虽由吕布实现，而非荀攸亲手完成，但荀攸的除奸报国之志，视死如归之勇，却是值得赞许的。这种大智大勇成为他日后谋士生涯的重要特点。

## 三、辅助曹操

荀攸出狱后，辞去在朝廷的官职，返回家乡颍川，以躲避关中的战乱。时过不久，他又被公府辟召，举为任城（治今山东省微山县西北）国相。他认为任城土地平阔，交通方便，战乱迟早会波及，不愿前往就职。他经过周密考虑，认为巴蜀汉中地区偏远，又依山阻水，形势险固，内地军队不易到达，而且人口众多，殷实富足，素有"天府之国"美称，可以安身立命而有所作为。于是就请求担任蜀郡太守，并得到了朝廷的批准。他择日启程，取道南阳、襄阳赴任。等他到达襄阳时，由于战乱，西去的道路已隔绝不通，只得在襄阳暂住，以观时变。

建安元年（196），曹操奉迎汉献帝从洛阳迁都许昌，"挟天子以令诸侯"，取得政治上的主动。他的主要谋士荀彧被留在许都处理朝廷庶务。曹操急于网罗人才，大展宏图，便问荀彧："谁能替代你为我出谋划策？"荀彧回答："荀攸、钟繇二人可以。"曹操闻听大喜，派人专程前往襄阳，送亲笔书信给荀攸，请他出山相助。信中说："如今天下大乱，正是智士劳心、建功立业的大好时机。先生却以蜀汉郡守之职独处一隅，静观天下之变，时间不是太长了吗？现在该是先生出山施展才能的时候了。"曹操并以朝廷名义，征拜荀攸为汝南（治今河南省平舆县北）太守。荀攸欣然应命，随即入朝。曹操久闻荀攸大名，如今来到身边，即刻请来相见。两人促膝交谈，纵论天下大势，非常投机。曹操见到荀彧和钟繇，高兴地说："荀公达不是寻常之人，胸怀非常之才。有他与我共谋大事，统一天下又有何难？"于是，立即任命荀攸为军师，交给他谋划军机的重任。荀攸也为自己被曹操知遇而高兴。从此，荀攸随从曹操南征北战，屡献奇策。

建安三年（198），曹操提点兵马，征讨南阳张绣。荀攸分析了南阳形势，向曹操建议说："如今张绣与荆州牧刘表结好，互为依靠，逞强一方。但是张绣所部是一支没有任何根基的游军，粮草军需都依仗刘表供应。如果刘表担负不起这个沉重的供应任务，张绣势必与之分裂。将军与其大兵压境，损耗兵马，不如缓兵以待其变生。变生便可为我所用，可以乘机引诱张绣，使其归附。如果现在急攻张绣，刘表害怕势孤，必定发兵救援。两军相合，将军就不易得手了。"在这里，荀攸并不是孤立地看待张绣，而是高瞻远瞩，以战略家的眼光，对有关的各方政治军事势力及其相互联系，作了全局性的分析。特别是对刘表和张绣基于利害关系的行动，其预见是十分准确和精辟的。可惜的是，曹操认为大军既出，不能不战而还，没有听取荀攸的缓兵之计。三月，曹操引军至穰城（今河南省邓州市），向张绣发动了进攻。张绣危急，忙向刘表求救。刘表深知"唇亡齿寒"的道理，遂于五月出兵援救张绣。刘表的军队直插曹军后方，曹操被迫撤围退军。张绣乘胜来追，直至安众（今河南省南阳市北）。曹军前后受敌，进退两难，曹操后悔不已。他对荀攸说："唉！都是我没有听从先生之言，才一至如此。"荀攸劝道："胜败乃兵家常事，将军不必忧虑。我们仍可以智取胜。"在这十分危急的情势下，荀攸以回春妙手，力挽败局。他与曹操巧设奇计：夜间悄悄在险要地带挖凿地道，先把辎重军需全部运过去，又埋伏下一支奇兵。天亮之后，张绣以为曹操逃走了，率全部军队来追。埋伏的曹军步骑夹攻，张绣措手不及，大败而逃。荀攸在这里表现出非凡的谋略才干，曹操对他的谋划从此深信不疑。

## 四、智除吕布

建安三年（198）秋，吕布与袁术联合，派大将高顺进攻刘备。刘备应战不利，向曹操求援。曹操派夏侯惇援救，却连战失利，大丢颜面。曹操大怒，准备亲自东征吕布。许多谋士认为，刘表、张绣尚在身后虎视眈眈，此时出师远征吕布，如果刘表、张绣乘机袭击许都，形势就十分危险了。而荀攸却力排众议，说："刘表、张绣的军队刚被我军打败，必然不敢轻举妄动。吕布骁勇善战，又依仗袁术的力量作为后盾，对我们有很大威胁。如果任其纵横于淮河、泗水之间，当地豪杰必然会响应归附于他。如今乘吕布刚刚叛离、众心尚未统一之时，立即前去攻击，必定可以一鼓作气打败他。"曹操对荀攸的分析极为赞同，连声称好。

九月，曹操率军东征吕布。等到曹军到达徐淮地区时，吕布已将刘备打败。曹操急忙进军下邳（今江苏省睢宁县西北）。吕布亲率骑兵迎战。曹军攻势迅猛，吕布大败，退守城中。曹操领兵将下郑城围得水泄不通，并一再猛攻。吕布在谋士陈宫等人的辅佐下，拼死守城。曹操久攻不下，时间一长，士卒疲惫不堪，怨声载道。曹操无奈之下准备班师回朝。荀攸见下邳城坚难攻，心中同样也很焦急。但他对最终大败吕布还是充满信心的，然而想不到在攻城的关键时刻，身为主帅的曹操却要退兵，不禁大为焦急。荀攸忙与另一位重要谋士郭嘉一同进谏，劝阻曹操说："吕布虽然勇猛，却没有谋略。他与将军先后三次交锋，均遭败绩，锐气早已衰竭。三军士卒虽多，却以将帅为主。主将锐气衰，则军队无斗志。吕布的主要谋士陈宫虽有智谋，但预事迟缓。现在乘吕布气衰尚未恢复，陈宫计谋尚未策划之时，我军一鼓作气，发起猛攻，则下邳可破，吕布可擒。如果此时退兵，那就会遗患无穷。"曹操听他二人言之有理，便放弃了班师的打算，率军继续围城猛攻。荀攸、郭嘉见城墙坚固，守军顽强，一时难以攻破，决定另想他途，以智谋取胜。他们仔细察看了附近地形，顿生一计：挖决泗水、沂水，淹灌下邳城。古代军事家对在战争中用水攻都极为重视。《孙子》中就曾说："无迎水流，"以防备敌人水攻；又说："以水佐攻者强。"荀攸、郭嘉饱读兵书，自然深谙此理。曹操得到此计，大喜过望，立即命人将流经下邳城北面、西面的泗水、沂水的堤岸决开。沂、泗河水如脱缰野马，汹涌着冲向下邳城。所经之处一片汪洋，下邳城顿时淹泡在数尺深的大水中。吕布见势大惊，陈宫亦无计可施，部卒人心惶惶。又坚持守城月余，吕布的大将侯成、宋宪、魏续等为求活命，不得已发动兵变，逮捕陈宫，打开城门，率众投降了曹操。吕布只身一人逃到白门楼上，最终被曹操活捉缢杀。吕布势力的被消灭，使曹操减少了一个不可忽视的劲敌。在这次军事行动中，荀攸的智谋起了极其关键的作用。

## 五、攻灭袁绍

建安五年（200），拥有黄河以北青、冀、幽、并四州的袁绍旌旄南挥，欲图消灭以兖、豫二州为根据地的曹操势力。二月，袁绍亲自率军开进黄河边上的黎阳（今河南省浚县东北），派大将颜良率军渡过黄河，围攻东郡太守刘延于白马（今河南省滑县东北）。刘延不敌，忙向曹操求救。四月，曹操北上官渡（今河南省中牟东北），集结军队援救刘延。当时在官渡的曹军不过三四万人，要同袁军硬拼无异于以卵击石。荀攸分析了敌我形势，向曹操献计说："现在敌众我寡，正面交锋恐怕很难得手。应该设法分散袁绍的兵力，然后各个击破。曹公不可暴露救援白马的意图，可以率领部分兵马直指延津（今河南省延津县北，黄河古渡口之一），沿途大张旗鼓，做出要强渡黄河攻击袁绍后方根据地的架势。袁绍担心河北老家有虞，必然会分兵西援，阻止我军渡河。此时，我军却调头向东，用轻兵突袭白马，出其不意，攻其不备，则颜良可擒，白马之围可解。"

荀攸这个分散敌兵、声东击西的策略，深得曹操赞同，于是照计而行。他亲自带领兵马向延津进发，一路上大造声势。袁绍闻报，果然以为曹军将渡黄河抄袭河北老巢，忙分兵至延津堵截。曹操见袁绍中计，立即拨马东向，率精锐骑兵以迅雷不及掩耳之势直扑白马。离白马只有十余里时，势孤而无备的颜良方才得知，慌忙仓促应战。曹操派张辽、关羽出战颜良，关羽一刀将其斩于阵前。主将一死，袁军士卒大乱，溃不成军。白马之围遂解，刘延所部得救。曹操见白马难以固守，便率师他去。曹军沿黄河南岸西行，运输白马辎重的车辆缓缓后行。袁绍发现中计，气急败坏，引军渡过黄河，气势汹汹地追杀至延津以南。曹操兵马少，诸将见势十分惶恐，纷纷劝说曹操迅速回军，还保营寨。唯有荀攸力排众议，大声说道："如今正是擒贼破敌之时，为什么要离去！"然后进献了破敌方略。曹操听了之后大喜，与荀攸相视而笑。这时，袁绍的大将文丑赶到，曹操以辎重车辆为诱饵，引诱袁军。袁军果然中计，一哄而上争抢曹军丢弃的辎重物资，阵势大乱。曹操率步卒、骑兵合击，冲入乱作一团的敌阵，大败袁军，并于阵前斩大将文丑。

曹操在白马、延津两地小胜袁绍，斩颜良、文丑两员大将，令袁军上下颇为震恐。曹操主动引军退保官渡，袁绍也领兵逼近官渡，势在决一死战。两军各自做着战前的准备，要在这里一决雌雄。双方相持一个多月，未分高下。曹操的兵马少，且军粮将尽，但袁绍的补给粮草却源源不断地从黄河以北运来。战事旷日持久下去，显然对曹军不利。曹操向荀攸询问对策。荀攸认为，破坏袁军的运粮通道，烧毁其军粮，是夺取胜利的关键所在。他派人侦察了袁军的动向，获取可靠情报后，对曹操建议说："袁军的运粮车队一两天内就要到来，督运粮草的将领虽然勇猛，却自傲轻敌。如果派兵突袭，必可破其军。"曹操问："谁可担当此重任？"荀攸胸有成竹地推荐："徐晃可当此任。"于是，曹操派徐晃和史涣二将，提点一支精兵，截击督运粮草的袁军。袁军对此毫无思想准备，无法抵抗，大败而去。徐晃将其丢弃的数千车粮草全部烧毁。

十月，袁绍的一位谋士许攸前来归降曹操，说袁绍又派淳于琼等率军万余押运大批军粮，将于近日到达乌巢（官渡东北约40里外，今河南省原阳县东北）。负责押运的将领骄横，士卒怠惰，乘机前往偷袭，定可大获成功。斩断袁军粮草运输，便如同釜底抽薪，使其军心大乱，不战而溃。但是曹操身边的人都怀疑许攸的话是否真实可信，担心上当受骗，反遭算计。只有荀攸和贾诩二人认为许攸的话属实，力劝曹操采纳他的建议。曹操同意，遂留荀攸和曹洪守卫官渡大营。自己亲自率领五千精骑，连夜扑向乌巢。曹军犹如天降，淳于琼尚未明白过来怎么回事，便被斩于阵前。大批粮草被曹军悉数烧毁。袁绍得知曹操亲自领兵攻打乌巢的消息，却不派重兵增援，反而派张郃、高览等人领兵进攻曹军官渡大营。张郃劝袁绍应该派足够兵力救援淳于琼，说如果乌巢有失，曹营又攻不下，我军处境就异常险恶了。袁绍刚愎自用，根本不听张郃的忠告。张郃、高览二将只好领兵攻打官渡曹营。荀攸、曹洪对此早有准备，张郃、高览猛攻不克。二将怕无功而返会被袁绍怪罪，性命难保，遂向曹军投降。曹洪疑其有诈，不敢接受。荀攸对曹洪说："张郃实在是因为被袁绍猜忌，计谋不被采用，一怒之下前来投诚，将军还怀疑什么？"原来，荀攸早已把袁绍主要将领、谋臣的情况了解得清清楚楚，对袁氏集团的内部矛盾了如指掌，知己知彼，故而能准确判断张、高二将投降是真。曹洪听了荀攸的分析，这才放心受降。袁绍见大势已去，遂弃营逃回河北，从此一蹶不振，实力大衰。袁绍羞恨交加，忧愤成疾，于建安七年（202）五月死去。官渡之战是中国历史上以少胜多的著名战役。曹操之所以在这次战役中大获全胜，荀攸的奇谋妙计起了决定性的作用。

袁绍死后，其幼子袁尚承继父位。而其长子袁谭，自号车骑将军，屯兵黎阳（今河南省浚县）。二人各立门户，互争高低，势力大衰。建安七年（202）九月，荀攸跟随曹操征讨袁谭、袁尚。曹军连连取胜，两袁则节节败退。

　　建安八年（203）三月，曹军猛攻黎阳城，两袁被迫出战，被打得大败，只好连夜弃城逃走。四月，曹操率军追击两袁至邺城（今河北省临漳县西南）下。因城坚难攻，遂于五月还军，留大将贾信屯守黎阳。八月，曹操以"欲擒故纵"的缓兵之计，暂时放弃了对北线两袁的进攻，而做出南征荆州牧刘表的姿态，引兵驻军西平（今属河南省）。袁氏两兄弟在曹操大军压境的危机之时，尚能暂消旧怨，合力抗曹。一旦曹军离邺城南下，二人马上为争夺冀州而发生内讧，以至兵戎相见。袁谭势穷力弱，在袁尚的不断猛攻之下，危在旦夕，只得派遣辛毗向曹操乞降，请求曹操出兵相助。曹操拿不定主意，召集部属商议此事。众人都认为刘表势力强大，应该及早平定；袁谭、袁尚是败军之将，不值得忧虑。独有荀攸持异议。他说："天下战事连年不断，正是英雄豪杰大显才能之时。刘表却长期坐保长江、汉水之间，无所作为，可见他并没有经略四方、争霸天下的宏图大志。袁氏据有四州之地，拥有兵马十余万，袁绍苦心经营多年，平素以宽厚得人心。假若他的两个儿子能够和睦相处，共守父亲旧业，那么就能雄视一方，天下的战乱就难以平息。如今兄弟两人却交恶内争，如果等一方吞并另一方，袁氏力量合而为一，专力对外，就更难以平定了。现在乘其内乱而迅速平定二袁，则天下可定。机不可失，时不再来，望将军三思。"利用敌人的内乱以取胜，是历代军事谋略家十分重视的谋略思想。孙子就曾说过："乱而取之。"荀攸根据对各派军事势力集团的历史和现状的分析，认为平定两袁应先于平定刘表，同时又提出了把握时机，利用其内乱的战术思想，精辟深刻，入木三分，表现出一个谋略家的远见卓识。曹操听了他的分析，连连称"善"，并说刘表是"自守之贼也，宜为后图。谭、尚狡猾，当乘其乱，"于是曹操马上答应了袁谭的请求，立即从西平出兵北征，向袁尚发动攻击。曹操为了笼络袁谭，还与他结为儿女亲家。袁尚得知曹军北来，慌忙放弃对袁谭的包围，撤军返还邺城。建安九年（204）八月，曹军攻破邺城。袁尚远逃，后于建安十二年（207）在辽东被杀。袁谭脱离危险后，乘机攻略地盘，背叛曹操。曹操责其负约，与之绝婚，并率军攻打。建安十年（205）正月，袁谭在南皮（今天津市南皮县）被俘斩首，冀州平定。

## 六、功高不矜

荀攸长期跟随曹操征战疆场，深得曹操信任和倚重。曹操自柳城还军时，路过荀攸的故里。他念及荀攸鞍前马后筹划军机，屡建奇功，感慨地说："现在天下形势大致已定，我愿与众位爱将谋臣一同分享太平之福。昔日汉高祖让张良自择封邑3万户，现在我也希望你自己选择封赏啊！"不久，曹操上表朝廷，请求封荀攸为列侯，表文说："军师荀攸，从开始佐助微臣至今，没有哪一次征战不跟随左右。前后数次战斗，所以能克敌制胜，都是因为采用了荀攸的计策。"表文对荀攸的谋策之功给予了很高评价，于是朝廷封荀攸为陵树亭侯。建安十二年（207），朝廷下令对有功之臣论功行赏。曹操说："忠正密谋，抚宁内外，荀文若（彧）为首，荀公达（攸）为其次。"认为荀攸的功绩在谋臣中仅次于荀彧，可见曹操对他如何器重！朝廷遂下令增加荀攸的封邑400户，加上原来的共有700户，进官为中军师。曹魏建国后不久，又被任命为尚书令。

历史上有许多谋士只会谋国，不会谋身，例如大名鼎鼎的谋臣伍子胥、李斯、范曾等皆属此类。荀攸则不然，他不仅胸存绝世谋国之策，而且又有审时度势的保身之谋。这使他在那种极其残酷的政治倾轧中稳如泰山，立于不败，最后得以善终。荀攸长期伴随在曹操左右，对其为人和性格极为了解，深知曹操虽以爱才著称，但他对稍有离心倾向的人却从不手软。曹操的头号谋臣荀彧，就是因为不支持曹操当魏公而被逼自杀的。荀攸平时显得大智若愚。他虽劳苦功高，但绝不锋芒毕露，居功自傲。他的表弟辛韬曾向他询问曹操攻取冀州的情况。尽管荀攸在这场战争中功绩卓著，但他却轻描淡写地说："我只是辅佐一下，替袁谭乞降，王师前往平定，我除此之外，什么都不知晓。"从此辛韬和内外人等再也不敢向他询问军国大事。据说荀攸前后曾为曹操出过十二条奇策，但是他本人却守口如瓶，讳莫如深。他所谋划的奇策只有钟繇一个人知道。钟繇著书未完而死，因而荀攸的奇计后人难以尽知。荀攸与钟繇二人为知心好友，来往密切。钟繇曾称赞荀攸说："我每有所行动，思虑再三，自以为不可改易，与公达商议，他常有出人意外考虑。这就是他的过人之处。"

荀攸的为人处世深得曹操赞赏。他称赞说："公达外愚内智，外怯内勇，外弱内强。不伐善，无施劳。其智可及，其愚不可及。就是颜渊、宁武这样的古代圣贤，也不能超过他。"曹丕被立为世子以后，曹操对他说："荀公达是人之师表，你应该尊敬他，待之以礼。"荀攸患病，曹丕曾亲自前往探视，拜于床下。

建安十九年（214），曹操南征孙权。荀攸仍随军谋划方略，不料因病死于途中，时年 58 岁。曹操对他的辞世极为哀痛和惋惜，每提到荀攸，就要伤心落泪。他说："与荀公达相处 20 余年，竟无丝毫可非议之处，真是一位完美的贤人。"后来，荀攸被追谥为"敬侯"。

（姚　建　张景霞）

▼

本文主要资料来源：《三国志》卷一〇，《荀攸传》；卷一，《魏武帝本纪》。

# 论天下事鞭辟入里　定战前谋料事如神

## ——郭嘉传

东汉建安十三年（208），周瑜在赤壁一把火把曹操的83万大军烧得丢盔卸甲，溃不成军。曹操本人只带了数百人仓皇败走华容道。在此生命攸关的时候，曹操却全无惧怯，反而在笑诸葛亮、周瑜少智寡谋。一笑笑出了赵子龙，被截杀一阵，却还能再笑；二笑笑出了张翼德，又损兵折将；他还敢三笑，虽然又笑出个关云长，但也足见曹操临阵不惊的大将风度。然而，当镇守南郡的曹仁接应曹操入了南郡，饥寒劳顿的人马得以安歇之后，曹操却突然失声痛哭起来。是哭83万大军的覆灭？是哭统一大业的受挫？还是哭自己的恐怖经历？众人不得其解。有人便问道："丞相在危难之时毫无惧色，反而神态自若，大笑如常。现在脱离了困境，应高兴才是，却为何反哭了起来？"谁知曹操的回答却出人意料："我哭的是郭奉孝啊！要是奉孝在我身边，我决不会受此大挫。"说到伤心处，更是捶胸顿足，号啕失声，大叫："哀哉，奉孝！痛哉，奉孝！惜哉，奉孝！"一席话说得身边的众谋士一个个满面羞惭，一句话也说不出来。这位使曹操为之涕泪交流的人物，就是著名谋士郭嘉。

在曹操的身边，谋士不谓不多。郭嘉在这些人中，论年龄，可以说是小字辈；论资历也远不及二荀及老程之辈；论为曹氏效力的时间也只有短短的11年。然而，在整个一部《三国志》中，曹操真心为之动情大哭的除乃父之外，大概只有郭嘉和典韦二人了。曹操哭典韦是因为失去了一位赤胆忠心、勇猛无敌的卫士，哭郭嘉则是因为失去了一位足智多谋、运筹帷幄的军师。

## 一、勤学多才，善择英主

郭嘉（170—207），字奉孝，颍川阳翟人（今河南禹县）。关于他的家族出身以及师从何人，史书上不见记载。在《三国志》中，裴松之引用傅玄的话，对少年时代的郭嘉作了一个简略的介绍。

小时候的郭嘉十分聪明，而且勤奋好学，小小年纪就满腹经纶，很有见识，很想在乱世中干一番轰轰烈烈的事业。青年时期的郭嘉，清俊高雅，他所结交的朋友，都是些有思想有才华的饱学之士，而对那些平庸的凡夫俗子却不屑一顾。因此，当时知道他的人很少，而了解他的人更是寥寥无几。只有那些伯乐式的贤达，才能看出这个年轻人是个旷世奇才。

灵帝末年，张角领导的黄巾大起义已被各怀鬼胎的军阀们镇压了下去。各个军阀在镇压黄巾军的过程中扩充了自己的势力。郭嘉知道东汉王朝大势已去，这些称雄一方的军阀必将会相互厮杀，最终成为东汉王朝的掘墓者。他想选择一个有可能取得最后成功的主子。

当时，称雄一方的军阀主要有占据河北的袁绍、占据淮南的袁术、占据江东的孙坚、占据西凉的马腾、占据荆州的刘表、占据山西的张扬、占据徐州的陶谦以及羽翼还未丰满的曹操等。经过对上述各派势力的认真分析，郭嘉觉得，袁绍这个人值得自己为之效命。于是便动身前往冀州，投奔了袁绍。

汉献帝初平二年（191），年仅21岁的郭嘉到了冀州，袁绍很快就召见了他。郭嘉十分兴奋地谈起了自己的理想和抱负。袁绍见他不过是个毛头小伙子，心中很不以为然。然而为了保持礼贤下士的好名声，只好强打精神，做出一副很有兴致的样子，听着郭嘉那滔滔不绝的高论。这次见面之后，袁绍给了郭嘉一个文官闲职，在军中养了起来。郭嘉见袁绍初次见面便如此厚待，心中也很感激，希望有朝一日再见袁绍，进一步表达自己关于消灭各路诸侯的计划。不想，袁绍虽然经常召集文臣们谋划大事，诸谋士也都各抒己见，郭嘉也多次进言，可袁绍每次都是听后作罢，并不见有进一步的行动。时间一久，郭嘉的一腔热血便冷了下来。他渐渐地看透了袁绍的为人，因而对他的前程失去了信心。郭嘉怀着失望的心情，每日里只是借酒消愁，郁郁寡欢。

一天，他和辛平、郭图在一起饮酒解闷。酒至半酣，郭嘉向他二位吐露出了肺腑之言："二位仁兄，小弟以为有见识的人，善择明主而从之。只有跟随了明主，他的聪明才智才能得以充分的发挥，他的谋略才能被采纳并付诸实施，他的功名也才能因此而得以实现。袁绍这个人，倒是想要学着周公的样子，礼贤下士，以招来天下英雄，但不具备周公那样的才能。虽然也招来了一些能臣，但却并不知道如何去发挥他们的作用。像你我之辈，只不过成了袁公门下的清谈客，根本无法施展自己的才能。况且袁绍在处理军政大事方面，分不出轻重缓急，虽然经常召集我们议论时务，但总是优柔寡断，议而不行。我们出了那么多主意，却没有一样被他采纳。依我看，要想辅佐这样的人扫平群雄，恐怕是不可能的。"郭、辛二人听后，也都默默无语。

过了不久，郭嘉找了个机会，悄悄地离开了冀州。

此时，中原诸雄又发生了不少变化。尤其是曹操，已经通过一系列的政治军事行动，向世人展示出了他的雄才大略。

曹操，字孟德，小名阿瞒，沛国谯县人。他广揽天下豪杰，发矫诏，会集各路诸侯讨伐董卓。曹操也为十八路诸侯之一。后来董卓西逃，联盟破裂，曹操来到兖州，以此为根据地发展自己的势力。这期间，他曾经大破盘踞青州的黄巾军残部，收得士卒数万，号称"青州兵"，颇有战斗力。建安元年（196），他率兵击败了董卓余党，将汉献帝迎入洛阳城。因洛阳久经战乱，残破不堪，曹操又与董昭等人一起将汉献帝迎往许昌。从此，汉室大政归他一人掌握，形成了挟天子以令诸侯的局面。

在这期间，许多有识之士都投奔了曹操，成为曹操智囊团中的骨干。像荀彧、荀攸、程昱等人，都为曹操立下过大功。

荀彧早就知道郭嘉的大名，后来听说投奔了袁绍，因此无法向曹操推荐。现在得知郭嘉已离开了冀州，于是便把他举荐给了曹操。就这样，郭嘉来到了许昌。

## 二、逐鹿中原，屡立奇功

曹操闻听荀彧推荐的郭嘉已到许昌，心中十分高兴。曹操一见郭嘉，便被他那潇洒幽雅的风度吸引住，心中暗暗称奇。但曹操是个精明之人，绝不会以貌取人。他表面上同郭嘉寒暄着，心中却在暗想："此人仪表堂堂，但不知是否有真才实学，该不会像有些人那样金玉其外败絮其中吧？我倒要试探他一下。"想到这里，曹操拱了拱手，开口道："久闻先生大名，如雷贯耳，今日得见，真是幸会，幸会！"郭嘉也欠身说道："曹公威名远播，海内仰望，今日一见果然名不虚传。"接着曹操话锋一转，便切入了正题："现在天下大乱，群雄并起，汉世江山已岌岌可危。我很想扫平天下一统中原，无奈势单力薄，正不知如何是好，先生此来可有良策教我？"郭嘉说："愿为曹公效力，但不知曹公认为诸侯当中为患最大者是谁？"曹操说："诸侯之中最使我头痛的要数袁绍了。他现在占据着冀州，青州与并州也都是他的势力范围。他手下雄兵数十万，谋士众多，猛将如云，而且粮草充足，对我的威胁最大。此人依仗他的军事实力，对朝廷不恭不敬，我早有出兵讨伐之意，只可惜兵微将寡，粮草不济，心有余而力不足。依先生看来，这件事应怎么办呢？"郭嘉听后微微一笑，不慌不忙地问曹操说："想当年汉王刘邦和楚霸王项羽相比，谁强谁弱呢？"曹操说："当然项羽比刘邦强得多。""可是项羽最终却败在了刘邦的手下，这又是为什么呢？这说明表面上的强大是不可怕的，克敌制胜的关键，除了军事实力之外，更重要的还是要运用智谋。刘邦之所以能够以弱胜强，就是因为他采用了萧何、陈平、张良等人的策略。"曹操听了频频点头。郭嘉又接着说："据我个人分析，袁绍和曹公您相比，明显有十大弱点，而在这十个方面，您是占有优势的。只要您正确地认识并运用这些优势，袁绍纵然再强几倍，也不是您的对手。"曹操一听此话，顿时来了精神，急不可耐地说："请先生详细地为我分析一下。"郭嘉数着手指从容地说道："第一，袁绍注重繁文缛节，遇事啰里啰嗦，讲究排场。您遇事不拘礼节，处理问题干净利落，在处事方法上胜过袁绍。第二，袁绍身处冀州，与您对抗，实际上就是与汉王朝对抗，属于大逆不道，难得民心。而您身为汉相，平定群雄属于剿灭贼寇，挟天子以令天下，名正言顺。从名分上讲，您胜过了袁绍。第三，汉朝末年政治上疏于过宽，因此内乱。袁绍仍然想用一种宽厚的方法来治理天下，只能是越治越乱。而您法律严明，政令统一，官吏和百姓无不敬畏。在统治方法上，袁绍也远不及您。第四，袁绍表面上宽厚仁慈，骨子里却并不容人，他对所用的人心存疑虑，不敢放手使用，有识之士很难施展才能。在重要职务的任免上，他一贯认人唯亲。而您广招天下英才，以诚相待，疑人不用，用人不疑，每个人的聪明才智都能得到施展的机会，在人才的任用上，不分亲疏，任人唯贤，唯才是举。论起知人善任，您比袁绍强得多。第五，袁绍这个人很善于谋划，谋士们也都各尽所能，提出各种各样的建议。但是，面对各种议论，袁绍却不能从中选出上策加以实施，优柔寡断。即使是定下来的方略，实行起来又往往不能随机应变。而您既善于听取众人的意见，也能当机立断做出正确的决策，遇事不惊，沉着应变，常能化险为夷。在谋略方面您也高出袁绍一筹。第六，袁绍出身于名门，他的声望有一半是家族带给他的。他所结交的人，也多数属于这一类，彼此之间，虚伪狡诈毫无诚意可言。因此，依附他的人都是嘴上说得好听，只会做表面文章。而您诚心待人，与人交往能推心置腹，也不去追求排场礼节。对于那些有功之人，不论其出身高贵还是低贱，一律予以重赏。因此，那些忠勇正直、具有远见卓识的人才都愿意投奔您。这是您在个人品德方面的明显优势。第七，袁绍见到饥寒交迫的贫苦之人，总是表面上做出体贴关怀的样子，问寒问暖，而对于那些他见不着的就想不到了。他所给人的只是小恩小惠、小仁小义，他认为这样能得到民心。其实，这只不过是妇人之见。而您所关心的并不是眼前的小事，也不只是施恩于一民一卒，您所考虑的都是天下大事。别人想不到的，您都能想得到。您所要拯救的是万民百姓，您所做的都是大仁大义之举，是袁绍所不及的。第八，袁绍手下的大臣，心中各怀鬼胎，暗中拉帮结伙，互相拆台，互相陷害。而您对部下管理有方，属下各司其职，忠心为主，奸佞小人没有施展诡计的市场。您的明智与袁绍的昏庸形成了鲜明的对比。第九，袁绍做事，从无是非标准，他已认定的，便一意孤行，不管后果如何。而您做事有理有据，对国家和事业有利者，就尽力而为，不利者坚决禁止。第十，袁绍喜欢虚张声势，表面看十分吓人，实际却不堪一击。对于用兵之道，他只会纸上谈兵。而您熟读兵书，深通孙吴之道，常能以少胜多，以弱胜强。部下军纪严整，唯命是从，敌人听了您的大名，不战自畏。从以上十个方面来看，您的文韬武略，袁绍根本不能同日而语。"听着郭嘉这一番高谈阔论，曹操早已喜上眉梢，不禁哈哈大笑说："先生过奖，曹操愧不敢当。现在袁绍正在与北方的公孙瓒相持不下，我趁此机会发兵击之，能否大获全胜？"郭嘉回答说："不可。袁绍虽然北击公孙瓒，但对我必有防备，如果我们攻的太急，他将与公孙瓒握手罢战，全力对付我军。徐州的吕布早有攻我之心，见我全力北上，必定乘虚来取许昌。到那时，我们腹背受敌，处境可就危险了！依我愚见，不如趁袁绍北上，无意南顾，我军东进攻击吕布，扫除后患，这才是上策。"曹操听完，对郭嘉的精辟分析佩服得五体投地。他怎么也没想到，这个年仅27岁的青年，不但满腹经纶，而且胸藏甲兵，禁不住高兴地逢人便说："帮我成就大事的，必是此人。"随即授郭嘉以司空军祭酒之职，随侍左右，参与军务。从此，郭嘉便成了曹操的主要军事顾问。

建安三年（198），曹操采纳了郭嘉的建议，开始了消灭袁绍的准备工作。他的矛头第一个指向盘踞下邳城的吕布。

曹军虽然数次获胜，无奈下邳城十分坚固，城中粮草很多，加上吕布骁勇善战，围攻了好几个月，却总是不能拿下城池。此时，曹操也有些犹豫，想要罢战回兵许昌。有的谋士也认为，曹吕两军相持已久，吕布以逸待劳，曹军补给线过长，再这样围攻下去，后勤保障恐怕难以维持，不如暂且回兵。

正在曹操举棋不定的时候，卫兵来报说，郭嘉有事求见。曹操知道，郭嘉求见一定是为了应否撤兵的问题，急忙请入。郭嘉进帐后开门见山地说道："听说丞相有收兵之意？"曹操回答说："是的。"便把自己的想法一五一十地告诉了郭嘉。郭嘉严肃地说："现在收兵绝非上策，吕布在我军强大的攻势面前，屡战屡败，他的部下早已军心涣散。况且下邳是个孤城，吕布孤立无援，已成瓮中之鳖。我军如果这时撤走，几个月来的努力就全付诸东流了。等到吕布养成了气候，或一旦与袁术结盟，我们再想破他可就难了。所以我认为，丞相现在应该继续催兵攻打，尽快结束战斗，绝不能半途而废。"曹操忧心忡忡地说："我何尝不想如此，但是下邳城池坚固，吕布英勇无敌，他城中又不缺粮草，像现在这样坚守不战，我又如之奈何？"郭嘉

郭嘉传

说："吕布这个人刚愎自用，对部下凶暴残忍，城中愿意真心为他卖命的人已经很少了。如果我军继续猛攻，城中必然发生内乱。"曹操说："我天天派兵攻城，可总也不奏效，愿先生教我良策。"郭嘉胸有成竹地说："攻城之策我已经想好，最近几天我绕城仔细地进行了勘查，见沂河、泗河均从城外流过，若在两河下游处拦河筑坝，使水位升高灌入下邳，可抵20万大军。我军再乘势攻城，下邳城可一鼓而破。"曹操听了此言，觉得很有道理，便按照郭嘉的计策，倒沂、泗两河之水灌下邳。城中军民人心惶惶，吕布也有些心惊胆寒。此时曹兵又趁机攻城，吕布不得不亲自披挂上城组织防守。他的部将侯成，曾因遭吕布无故殴打，心怀不满，便与同伙宋宪、魏续商议擒吕投曹之事。由侯成先偷了吕布的赤兔马，魏续、宋宪乘吕布在城上休息之机，擒获了吕布，打开城门迎接曹操大军进城。就这样，曹操在郭嘉的策划下，消灭了一大后患。

不久，刘备也依附了曹操。曹操的许多谋士都认为，刘备是个有雄才大略的人。郭嘉向曹操进言说："刘备这个人胸怀大志，很有韬略，尤其会笼络民心。当今之世，几乎人人都夸赞他。丞相应该及早下手，铲除后患。"曹操说："我现在基业初创，正是用人之时。如果我把他杀了，岂不让天下人取笑？"郭嘉又劝道："丞相虽然考虑得有道理，但刘备这个人太危险了，现在不除掉他，今后必然会成为您的大患。到那时，后悔也来不及了。"虽然郭嘉苦苦相劝，但曹操固执己见。郭嘉见此情形，只得对曹操说："如果丞相不想杀刘备，那也必须牢牢地把他控制在京城，不能让他擅自离开，更不能让他带兵出城。"曹操点头应允。

时过不久，袁绍在北方大破公孙瓒。他的族弟袁术此时众叛亲离，想北上与袁绍会合。曹操深知二袁合力后就更难以对付了，因此，想派人在徐州截杀袁术。刘备觉得这是一个脱身的好机会，便向曹操请命，愿带兵担当此任。曹操居然不加思索满口答应，并拨给刘备五万兵马。刘备不敢怠慢，第二天便带兵急忙奔徐州而去。

此时，郭嘉外出考察军需粮草的准备情况刚回许昌，一听说这个消息，顾不上回自己的家，便跑到丞相府面见曹操，一进门劈头便问："听说丞相让刘备带兵去截杀袁术，此事当真？"曹操不以为然地说："是真。"郭嘉问：

"刘备现在出城了吗？"曹操说："已经走了。"郭嘉顿足说道："丞相您忘了我以前对您说过的话了吗？现在他带兵离开了，不啻放虎归山，再想控制他可就难了。"曹操闻听此言，恍然大悟，连忙派许褚带兵追赶，但为时已晚，刘备后来果然成了曹操的劲敌。

东汉建安四年（199），占据徐州一带的刘备想和袁绍联合，共同进攻曹操。此时，袁绍的大军已屯兵黎阳，对许昌构成了极大的威胁。刘备也虎视眈眈，伺机而动。曹操深知对袁刘二人必须各个击破，不然将会陷入腹背受敌的境地。在曹操看来，刘备势力较小，容易被击破，因此想先扫除刘备。对于此事，谋士们议论纷纷，都害怕袁绍会趁曹军东征刘备之机奔袭许昌，使曹军首尾不能相顾。听到这些议论，曹操左右为难了。这时，郭嘉从外边走了进来。曹操一见，如同得了救星，便把刚才的谈话对郭嘉叙述了一遍，然后对郭嘉说："你来的太好了，我正想听听你的高见。"郭嘉冷静地分析道："袁军屯兵黎阳，的确对我们威胁很大。然而袁绍这个人一向优柔寡断，小心多疑，听说我军东取刘备，必定与手下谋士们商量。他手下的谋士虽多，但都各执己见，意见很难统一，此事必定是议而不决。刘备的基业刚刚创立，军心未服，战斗力不强，虽有关、张之勇，但缺乏运筹帷幄的谋臣。丞相东征必然一战而胜，只要我们速战速决，不等袁绍拿定主意，我们早已经班师回兵了。"曹操一听，大喜过望，说道："奉孝分析的完全正确，和我想的不约而同。"于是，点起大军20万，直下徐州。果然，刘备大败，关羽被擒，张飞不知去向，刘备只身投奔袁绍去了。

## 三、智破袁绍，遗计定辽东

到了东汉建安四年（199），中原一带的割据势力，像吕布、袁术、刘备等人相继被扫平，曹操的后方基本上得到了巩固。曹操要集中兵力解决北方的问题了。

在曹操东取刘备的时候，袁绍的大军已经屯集在黎阳一带。曹军则在官渡一带筑成防线，两军对峙。次年，袁绍欲与曹操决战，遂派大将颜良率军进攻白马。曹操亲统精兵15万前往拒敌，在白马一战，曹操得关羽之力，斩了袁绍大将颜良、文丑，解了白马之围。

袁绍折了两员大将，十分恼怒，征集冀、青、幽、并四州军士，共计70万向官渡压来。曹兵虽少，但因用了许攸之计，断了袁军的乌巢粮道，因而以少胜多，大破袁军于官渡，从此，袁绍一蹶不振。此后，曹军又在仓亭与袁军决战，结果还是以袁绍的惨败而告终。经过连连的打击之后，袁绍忧病交加，终于在建安七年（202）吐血而死。

袁绍死后，其幼子袁尚继承父亲的官爵，成为冀州之主。他的大哥袁谭对此很不服气。

刚刚获胜的曹军士气正旺，谋士们纷纷建议乘胜追击，一举拿下冀州。武将们更是摩拳擦掌，跃跃欲试。曹操请郭嘉前来商议。对于是否应该乘胜追击袁氏二子，郭嘉早已考虑成熟，见曹操问他，便把自己的想法和盘端了出来。他说："袁绍虽然已经死了，但袁家的势力仍然不可小视。袁绍生前比较喜欢小儿袁尚，因此而废长立幼，埋下了儿子之间争斗的祸根。如果我军急于进攻，则袁谭、袁尚必将协力与我军抗衡。如果这样的话，我们一时难以取胜，而且损失也将会十分惨重。不如现在调头向南，做出一副要进攻刘表的样子。袁氏二子见我大军已去，必然会发生内讧。那时我们再回师北上，各个击破，一定会一举而平定冀州。"曹操听了郭嘉的话，不住地点头称是。于是，曹军收拾行装，拔营向南去了。

曹军一走，二袁果然发生了内讧。袁谭率兵进攻冀州，想夺回本应属于自己的爵位。无奈力不从心，被袁尚击败，仓皇逃至平原。谁知袁尚不肯罢休，大兵相加，必欲置其兄于死地。袁谭无奈，便派辛毗前往曹操处求救。此时曹军正屯兵西平，得袁谭求救书信，曹操高兴地说："奉孝说的果然不差。"于是回兵攻击袁尚，在邺城一战，大败袁尚，随即又在南皮一战诛杀了袁谭。袁尚与他的二哥袁熙，只带领少数人马投奔乌桓去了。

由于郭嘉在征袁的战斗中屡出奇谋，使曹军得以节节胜利，因此，曹操特封郭嘉为渭阳亭侯。

平定了河北之后，郭嘉又向曹操建议说："河北是个重要地方，地广人多，物产丰富，而且人才也不少。现在我们占了此地，需要委派官吏在此治理。丞相应从当地选拔能人，担任各级地方官。这样一来，我们便可以收买人心。如果我们从外地委任官吏来治理，必然会造成与当地人的矛盾。袁氏父子在此苦心经营了多年，残余势力还很多，一旦发生矛盾，很可能会引起激变，到那时恐怕就难以收拾了。"曹操采纳郭嘉的建议，在冀州一带出榜安民，委任当地贤士为吏，果然冀州一带的老百姓都安居乐业，社会稳定。

　　建安十二年（207），曹操欲彻底消灭袁氏势力。部将曹洪说道："袁熙、袁尚经此大败，已经势单力薄，成不了什么大气候，所以才逃往乌桓。我们没有必要再去冒险追剿他们。况且刘备最近依附了刘表，使刘表的实力大大增强。刘备见我军远出，必定会劝谏刘表，尽起荆襄之兵，借机奔袭许昌。到那时，许昌兵力空虚，恐怕难以抵挡。所以依我看，还是不征乌桓的好。"众人也大都同意曹洪的看法。曹操不动声色地听着大家的谈论，见郭嘉没有说话，便用征询的目光看了郭嘉一眼。郭嘉明白，曹操是想听听自己的看法，于是便开口说道："丞相大破袁绍，收复冀州，威名远扬。但远在大漠的胡人，依仗着路远山高水险，不会有什么准备。我们正好可以乘着他毫无准备的时候出奇兵奔袭，定会大获全胜。袁熙、袁尚在河北一带还有影响，如果他们在乌桓与蹋顿单于勾结起来，起兵南下攻取冀州，冀州一带袁氏残余势力与他们里应外合，后果不堪设想。因此，我军应该乘胜追击，彻底消灭袁熙、袁尚。至于荆州的刘表，丞相大可不必担心。此人不过是个崇尚空谈的书生而已，没有什么军事头脑。刘备依仗着自己的才能，并不把刘表放在眼里。而刘表也深知刘备之才远远胜过自己，因此也时时提防。所以他们两人的联合，成不了什么大气候。虽然我军主力远征漠北，后方空虚，丞相也不必担忧。"曹操听了郭嘉的一番话，脸上也露出了微笑，远征乌桓的事情就这样决定下来了。

　　曹操亲统大军挥师北上，但由于辎重过多，部队行动不便，因而行军速度十分缓慢。这一天，大军到了易州。因水土不服而重病在身的郭嘉，抱病来见曹操。曹操怜惜地说："奉孝重病在身，应该好好休养，有什么事派人来说即可。"郭嘉说："此事关系重大，我必须亲自向丞相说明。兵书上说得好，'兵贵神速'，我军辎重太多，行动迟缓，这样下去何时才能到达漠北？况且时间一久，敌人便会得到我军偷袭的情报，预先做好防御的准备。这样我们就很难在短期内消灭他们。我建议辎重全部留在易州，丞相您亲率精兵猛将轻装前进，日夜兼程，出其不意，攻其不备，以迅雷不及掩耳之势，一举消灭袁氏二子及蹋顿的军队。"曹操说："我也正为部队行动迟缓而忧虑，你的意见正合我心意。"于是，曹操把辎重全部留在了易州，率精兵远程奔袭。郭嘉因有病在身不能随行，也留在了易州。

曹操在袁绍降将田畴的引领下，很快来到了蹋顿单于的老窝柳城，一举将其击溃，蹋顿本人也死于张辽的刀下。袁熙、袁尚兄弟二人却又漏网逃脱，直奔辽东投靠公孙康去了。

战斗结束以后，曹操率军经过千辛万苦又回到了易州，此时已经是建安十三年（208）。一到易州，曹操就听到了一个噩耗，郭嘉因病医治无效，已经去世多日了，他的灵柩还停放在军营中。曹操闻听此讯，顾不得休息，径直奔向郭嘉灵柩停放的军帐，扶棺大哭，悲痛欲绝。曹操问守灵的军士："奉孝临终之前可有什么遗言留下吗？"军士捧出一封书信递给曹操说："郭先生临终前写下这封信，反复叮嘱我们，等丞相回来，务必要将信呈上。"曹操仔细观看，原来郭嘉已经知道袁熙、袁尚逃往辽东，此信就是为如何处理这件事而写。信的大致内容是："听说二袁已投奔辽东太守公孙康，丞相千万不可追击。因为如果我军逼得太急，二袁和公孙康连手共同抵抗我军，纵然我军能够取胜，也必是伤亡惨重。如果我们不去追赶，公孙康因惧怕袁氏的势力侵入辽东，必然会将二袁杀死。所以丞相不如在易州坐以待变，等二袁首级到了，即可回军许昌。"曹操看了，一方面佩服郭嘉的见识，一方面感叹郭嘉的忠诚。

曹军的大将们见曹操在易州一待就是几天，并没有东征公孙康的意思，很是纳闷。于是，夏侯惇等人都劝曹操乘胜进军，直取辽东，彻底消灭袁氏的残余势力。曹操却微笑着说："这些事不需烦劳你们这些虎将了，过几天公孙康自然会把二袁的脑袋送来。"诸将听了，嘴上不说，心里却都不相信。过了些日子，不见辽东有什么动静，夏侯惇便与张辽一起又来劝曹操说："如果我们不去攻打辽东，那就赶快回许昌吧。再不回去，恐怕刘表会去攻打许昌的。"曹操说："好，等二袁脑袋一到，我们立即回兵。"诸将听了都暗自发笑。正在此时，门哨前来报告说："公孙康派人把二袁的头送来了。"众人听了都十分诧异。曹操却捋着胡子笑道："果然不出郭嘉之所料。"文臣武将们听了都大惑不解，只见曹操拿出一封信。大家看了方才恍然大悟，对郭嘉的神机妙算佩服得五体投地。

曹操引兵回到冀州，派人先护送郭嘉的灵柩到了许昌，以隆重的礼节下葬，并亲自上表给汉献帝，历数郭嘉11年来的功勋，追赠郭嘉食邑800户，并赠谥号"贞侯"，由他的儿子承袭爵位。

纵观郭嘉的一生，虽然英年早逝，但他建立的功业却十分显赫。罗贯中在《三国演义》中称赞郭嘉道："腹内藏经史，胸中隐甲兵，运谋如范蠡，决策似陈平。"这种评价并非过誉。

（徐明兆）

▼

本文主要资料来源：《三国志》卷一四，《郭嘉传》；卷一，《魏武帝纪》；卷六，《袁绍传》。

# 多谋善断　攻守自如

## ——司马懿传

司马懿（179—251），字仲达，河南温县孝敬里人。汉灵帝光和二年（179），出生于一个世家望族中，魏嘉平三年（251）六月去世。他是一位政治家，又是一位著名的军事家和谋略家，他曾用各种谋略手段，击败所有的政敌，打下了晋帝国百年社稷的基础。

## 一、审时度势，奠定基业

据孝敬里司马氏族谱记载，他们的先祖是祝融，出自轩辕黄帝的长子重黎。以后历唐、虞、夏、商数代，世世充任夏官。周代改夏官为司马，到周宣王时，因家族功勋显赫被恩准以司马官名为姓氏。楚汉相争时，司马卬被封为殷王，建都于河内（今河南武陟西南），于是河内便成了司马氏后来的祖籍。从司马卬下传八代，生征西将军司马钧，司马钧之后又连出了几个太守，最后又传到京兆尹司马防。司马防有八个儿子，个个聪慧异常，因为名字中都有一个"达"字，人称司马氏"八达"。司马懿排行第二，也是八兄弟中最有谋略的一个。

司马懿的青少年时代，正是汉末天下大乱的时代。军阀割据一方，不断进行兼并战争，战乱使得北方出现"白骨纵横万里"的惨象，司马懿以整治天下为己任，埋头读书，特别是苦攻儒学，在地方上产生了一定声望。南阳太守杨俊，颇有知人之明，他见到司马懿时，司马懿还尚未成人。杨俊在仔细观察了他的行为、举止、学识、涵养后，就断然下结论说："这个孩子将来有出息。"司马懿的哥哥司马朗与尚书崔琰是好朋友，有一天，崔琰在与司马朗的闲谈中大发感慨："你的弟弟司马懿极为聪明，遇事刚勇果断，有胆有识，远远不是你我所能比得上的啊！"

汉建安六年（201），年仅 23 岁的司马懿在河内做了郡太守手下的一名上计掾（会计官）。当时曹操在朝中为司空，听说司马懿很有才干，就派人前去聘请，谁知司马懿说自己有风痹病，躺在床上不起来，一口便回绝了。原来司马懿很谨慎，投机性很强，他看到汉王室朝运已经衰落，现在天下群雄割据，鹿死谁手尚未可知，因而想再观望一下。曹操性急，就秘密派人以假装行刺进行试探，刺客乘夜色闯入司马懿内房，向床上虚刺一刀，司马懿识破曹操诡计，竟躺在床上分毫不动，刺客只好如实回报。曹操是个绝顶狡猾的人，司马懿真病、假病岂能瞒得过他。这一来，曹操更认为司马懿极不平常。

建安十三年（208），曹操废除三公：即太尉、司徒、司空，恢复了丞相和御史大夫制，自任丞相。他担任丞相后，四处物色贤士，网罗人才，想辟请司马懿为文学掾，他对前去的使者说："如果司马懿再推三阻四，就把他抓起来。"可见，曹操对他的所谓风痹病仍有怀疑。善于审时度势的司马懿判定，如果再拒绝，恐怕难逃杀身之祸，只得就职。再者曹氏独揽大权，早已成为定局，逐鹿中原已稳操胜券，于是便在这一年被曹操任命为文学掾。曹操见他为人精细谨慎，就安排他留在身边处理杂务，历任黄门侍郎、议郎、丞相东曹属，又升任为丞相主簿。

曹操性格乖戾，是个很不容易侍候的主子，况且幕下谋臣如云，自然不把初出茅庐的司马懿放在眼里。有一年，曹操讨伐张鲁，司马懿向他献计说："刘备用诈术夺取了刘璋的益州，又在益州民心未归附的情况下远征江陵，这给了我们一个夺取益州的机会。如果我们取得张鲁的汉中，益州必然震动，再以大军压境，势必土崩瓦解，一举征服两州，良机万万不能错过。"这本是个有远见的良谋，但人微言轻，加之曹操又有自己的主意，所以最终并没有采纳他的建议。

又有一次，司马懿跟从曹操讨伐孙权，取得大胜。孙权上书称臣，并说了些"天命归魏"之类的话。曹操说:"这个小子想把我放在火炉上烤呀!"司马懿却很认真地说:"不能这样想,主上十分天下得其九,仍然屈事汉室。现在孙权向您称臣,表现了天、人之望,历史上虞、夏、商、周欣然禅让帝位,正是服从天命啊!"曹操听后不以为然。

曹操是个玩弄权谋的老手,尽管司马懿诚惶诚恐,但仍不能讨其欢心。曹操对司马懿屡怀戒心。据说,有一天晚上,曹操梦见三匹马共食一槽,便产生了"马"吃"曹"的联想,心里十分不快。第二天便对他的儿子曹丕说:"司马懿不是良善之辈,一定会干预你们兄弟的家事。"曹操曾听人说,司马懿有"狼顾之相",就是说通常人们往后看,不仅头要转过去,身子也要随之侧过去;但司马懿不同,他往后看时,身子可以不动。其实这只是说明他内心平衡,举止稳重,但这也引起了曹操的猜疑。

公元219年,司马懿提出的独到建议却让曹操逐渐淡化了对他的敌视态度。建安二十四年(219),关羽向襄樊(今湖北襄阳市)发动进攻,目的是直下宛(今河南南阳)、洛(今河南洛阳),占领曹操的统治区,统一中原,实现诸葛亮在"隆中对"中提出的战略计划。蜀军进展顺利,水淹七军,生擒于禁,杀死庞德。曹操听到这些消息,十分恐慌,打算迁都,当时正任太子中庶子的司马懿提出不同的意见,他对曹操说:"于禁率领的军队,虽然被大水淹没,战败了,但对战争的全局并没有什么影响,如果现在就考虑迁都,一定会引起朝野内外的不安。刘备与孙权是外表上的联合,内心里互相猜忌,关羽得胜孙权是不会高兴的。我们可以派遣一位使者去联络孙权,让他去抄关羽的后路,事成之后,可以把江南的土地封给孙权,樊城之围自然就解除了。"曹操认为司马懿的建议很对,立即打发使者东联孙权。后来,孙权派吕蒙偷袭了荆州,关羽被杀,曹操坐收渔翁之利。

建安二十五年(220),曹操猝然死去,朝野震动,人心惶惶。司马懿受太子委托,具体办理丧事,他充分发挥了办事的才能,将丧事处理得井井有条。

就在这一年,曹丕废掉汉献帝,登上皇帝的宝座,史称魏文帝。司马懿早在曹操当政时期便和曹丕关系很好,他的奇谋妙计,经常被曹丕采纳,很受曹丕的器重。当时他和陈群、吴质、朱铄一起被称作曹丕的"四友"。

曹丕即位后，司马懿的官运才亨通起来。初始时任丞相长史，后升任抚军将军，当时司马懿受宠若惊，在封任时，只是推辞。曹丕说："我对于政务，日夜操劳，没有片刻安宁，这不是给你的荣誉，而是让你为我分忧。"司马懿听了这番话，哽咽不已，流泪拜受。

魏文帝在位期间，司马懿恪尽职守，百事操劳，深得曹丕的赞许，地位也日趋重要。黄初六年（220），曹丕率师征吴，命司马懿留守许昌。临行时，他亲握司马懿的手说："汉初曹参战功卓著，然而刘邦却以萧何为重，我现在也将后方的事托付给你，让我无后顾之忧。"司马懿也确实做到了"内镇百姓，外供军资"，使魏文帝无后顾之忧。

魏文帝第二次东征前，又下诏书说："我将东伐孙权，但惦记后方，把镇守后方的重任委托给司马懿。我率军东征，抚军（司马懿任抚军将军）总领西边防务；我率军西征，抚军总领东边防务。"君臣相得如此，曹丕的信任，司马懿的处事谨慎，这一切都为他打下了坚实的政治基础。

黄初七年（226）五月，曹丕病重，紧急召见曹真、陈群、司马懿三人辅佐朝政，并对太子曹睿说："今后对此三公，要信之任之，不要疑虑。"曹丕死时，司马懿在朝中的地位已十分稳固。

## 二、统兵领将，屡立功勋

魏明帝曹睿坐享太平，荒淫无度，精明练达远远比不上他的先人。即位后，他任命司马懿为骠骑将军，总督荆豫两州的军事，驻军宛城，全面负责对东线孙权的战事。在明帝时期，司马懿直接带兵，转战多年，不断壮大了自己的军事实力。

原来从西蜀投降曹魏的孟达，于魏明帝太和元年（227），在上庸（今湖北竹山县）发动叛乱，弃魏投蜀。孟达认为宛城距离上庸1200里，地势险要，司马懿一时无法赶到上庸。可是当孟达刚起事八天，司马懿就亲率大军赶到上庸，兵临城下。司马懿为什么能来得这么快呢？原因是孟达平素与魏兴太守申仪不和，申仪风闻孟达与西蜀又有来往，立即报告了魏明帝，魏明帝命令司马懿监视孟达的行动。为了充分做好消灭孟达的准备工作，并尽量推迟孟达的起事时间，司马懿从两方面下手，一是从军事上做好征讨的准备工作；二是设法麻痹迷惑孟达，使他犹豫不决，延缓起事的时间。为此，他给孟达写了一封信，大意是：昔日将军（指孟达）抛弃刘备而归顺朝廷，朝廷委你重任，让你策划攻取西蜀。刘备政权对你恨之入骨，诸葛亮日夜思谋击败你，但是毫无办法。今郭横（诸葛亮派其诈降曹魏）说你要叛魏归蜀，这事关系重大，诸葛亮怎能轻易泄露，显然这不是真事。孟达看后心中大喜，认为司马懿没有怀疑他要背魏归蜀，因此，在发兵起事时，就举棋不定，迟疑不决。这样一来，司马懿就争得了时间，积极部署攻打上庸。

当孟达刚一发动起事，司马懿立即出兵征讨。他命令全军偃旗息鼓，日夜兼程，沿途严密封锁消息，只用了八天的时间就围困了上庸。孟达感到突然，万分惊讶，急忙向西蜀和东吴求救。诸葛亮与孙权分别派兵救援。司马懿分出两支人马，阻击东西两线的援兵，蜀、吴两军无法接近新城郡（包括房陵、上庸、西域）。孟达利用上庸三面临水的特点，在水中埋设木栅，拦阻魏军接近城池。司马懿把全军分为八队，昼夜不停，轮番攻城，士兵泅水破栅，直抵城下。魏军攻势猛烈。孟达军心动摇。孟达的外甥邓贤和部将李辅开门投降，孟达本人被杀。司马懿在这一战役中成功地运用了政治上麻痹敌人，军事上速战速决的策略，堪称军事指挥史上的杰作。

诸葛亮为了实现他东联孙吴，北伐曹魏，统一中原的夙愿，日夜奔劳。但由于东吴偷袭荆州和章武二年（222）的彝陵之战，使双方关系十分紧张。虽然在刘备死前双方派遣了使者，但孙权仍靠近曹魏，对西蜀依然采取敌对的态度。蜀与吴的这种关系，对诸葛亮北伐曹魏不利。他为了打破僵局，主动派遣邓芝出使东吴，邓芝对孙权详细分析了恢复同盟关系的好处，孙权权衡利弊，同意与西蜀恢复联盟，断绝与曹魏的臣属关系，这样，吴、蜀又结成同盟，共同对抗曹魏政权。诸葛亮与东吴和好以后，集中全力经营南中地区（今四川南部，云南东北部和贵州西北部一带），他采用"南抚夷越"的方针，通过七擒七纵孟获而制服了南中地区，使西蜀有了稳定的后方。

诸葛亮利用魏文帝曹丕刚死的机会，于后主建兴六年（228）的春天开始了北伐曹魏的战争，历史上也称"五出祁山"。到建兴七年（229）春，诸葛亮共进行了三次北伐战争，蜀军取得了一些胜利，曹军不断损兵折将，处于被动挨打的局面。

建兴九年（231）春，诸葛亮又开始了第四次北伐曹魏的战争。他率领10万大军，包围了祁山（今甘肃西和西北），魏军的形势十分危急。魏明帝急调足智多谋的司马懿担任魏军的统帅，迎击蜀军。司马懿采取了"敛军依险，只守不攻"的战略方针，这是十分阴险的一着。蜀汉10万大军，一切供给和粮米都得从剑南运到前线，千里运粮，时有不济，粮食供应困难，便急于求战，而司马懿拒不出战，使诸葛亮无法进行决战。蜀军由于缺乏军粮，被迫撤兵，司马懿的持久战的作战方针，又取得了成功。

经过三年的充分准备后，诸葛亮于建兴十二年（234）又发动了第五次北伐战争。他亲率大军出斜谷口（今陕西眉县南），进入郿城（今陕西眉县北），在渭水南岸的五丈原（今陕西眉县西南）驻扎下来，准备向魏军发动进攻。魏明帝仍命司马懿统领魏军，也在渭水南岸构筑营寨，与蜀军对垒。魏军将士有人向司马懿建议，我军应在渭水北岸扎营，隔河相对，以阻止蜀军的前进。司马懿不同意这样做，他说："渭水南岸人口众多，粮食充足，是兵家必争之地，不能让给敌人。"

司马懿深知蜀军缺粮，不宜久战，他仍然采用拖延的战术，坚守不战。而诸葛亮年已垂暮，希望在有生之年解决北伐问题。于是屡屡向魏挑战，司马懿就是不理，急得诸葛亮寝食不安。后来诸葛亮就在渭水前线屯田养兵，准备长期进行战争。双方相持了几个月，诸葛亮一直在寻找决战的机会，但司马懿据守要塞，始终不出战。一天，诸葛亮派人送给司马懿一只大盒，打开一看，里面有一套妇人衣服。左右都忍不住嚷起来，而司马懿却微微一笑，说："孔明把我当成贪生怕死的妇人了。"他坦然接受了衣物，并厚待来使，又向来使询问诸葛亮的饮食起居情况，使者说："诸葛公早起晚睡，事无巨细，都得亲自操劳，每日饭量很少。"司马懿断定诸葛亮寿命不长了。便于当日对各营严加命令，"只准守，不准战，违令者斩"。

司马懿当时看得清清楚楚，蜀军运粮困难，屯田粮又不足用，势必退兵，所以他决定等到那时再抓住战机，与蜀军进行决战。诸葛亮实在无法引诱司马懿出兵，而粮食又日益缺乏，心中烦闷，不久，便病死于五丈原。蜀军主帅死去，只好退兵。就这样，司马懿审时度势，坐观待变，以一"忍"

字，不损一兵一卒，取得对蜀作战的胜利。班师回京后，司马懿升任太尉，取得了首屈一指的军事地位。

景初元年（237），辽东太守公孙渊起兵造反，对抗曹魏政权，自称燕王。魏明帝命司马懿带兵四万进军辽东，临行前，魏明帝问司马懿：“公孙渊将会采取什么谋略来对付我们呢？”司马懿回答说：“公孙渊弃城逃走是上策；据守辽东抗拒我军是中策；死守襄平（今辽宁省辽阳市）是下策，一定会被我们擒获。”接着他又说：“我估计公孙渊考虑我军长途跋涉，粮草困难，不会持久，必然将采取先据守辽水，然后死守襄平的策略。”

魏军逼近辽水时，公孙渊果然派大将军卑衍和杨祚领兵数万，依据辽水的天堑，修建六七十里长的营寨，企图阻止魏军前进。司马懿衡量了敌我双方的实力，并仔细观察了地形，决定采取声东击西、诱敌出击的战略，打败敌人。他命令将士们大张旗鼓，向敌军的南翼进攻。卑衍和杨祚看到魏军来势凶猛，便命令精锐部队迎击。实际上司马懿对南线的进攻，只是虚张声势，而主力却北渡辽水，甩开卑衍的大军，越过敌军的营寨，直奔公孙渊的老家襄平。魏军的这一行动，立即吸引了敌军。卑衍命令回师救援，跟踪追击魏军。司马懿见敌军已经移动，撤离了坚固的营寨，战机成熟，便立即命令魏军回师猛击敌军，连续发动了三次大规模的进攻。公孙渊溃不成军，逃回了襄平，魏军取得了全胜。

司马懿率领魏军长驱直入，把襄平围了个水泄不通。这时襄平地区连日大雨，水深数尺，行动十分困难，有人提出要移营避水，司马懿却认为移营撤围等于前功尽弃。他下令如有人再谈移营便立斩不赦，有一个都督令史叫张静的，违反了这条军令，立即被斩首。全军震骇，再也无人敢谈移营的事，这样便稳住了军心。

公孙渊借发水的机会，派人出城放牧、打柴，以供军需。魏军将领主张乘机俘虏敌军，断绝敌人的供应，司马懿不同意这样做。有一位军司马叫陈珪，他对司马懿的这种做法提出了疑问：“过去攻打孟达的上庸时，我军八队兵马，昼夜进军，仅用半个月的时间就攻下了坚城。可是，今天我军远道而来，反而不加紧攻打敌人，这是为什么呢？”司马懿回答说：“那时孟达军队人数少，但给养充足，可支持一年之久。当时我军比孟达军多四倍，但粮食却吃不到一个月，以一个月和一年相比，怎能不采取速战速决的作战方针呢？以四击一，正可以消灭敌人，因此不计死伤，都是因为粮食不够的原因啊！今天敌众我寡，敌饥我饱，又逢大雨，不必仓促出击。我们担心的不是敌人进攻我们，而是怕敌人逃跑。如果掠夺他们的牛马，阻击他们樵采，这就等于驱赶他们逃跑，用兵者要顺应形势采取对策。"将士们听完后，无不佩服称道。

不久，雨停了，水也退下了，魏军完成了对襄平的包围。司马懿下令全面攻城，造土山，掘地道，使用楼车、钩梯，运用各种方法攻打。公孙渊粮尽无援，派使者请求投降，要求魏军先撤出包围，然后他自缚谢罪。但司马懿拒绝了这种投降条件，杀掉来使。公孙渊见形势危急，率军从南面突围，被魏军抓获，随即被斩。

景初二年（238）冬，司马懿踏上了凯旋之途。对蜀国、辽东这几次重大战役的胜利，使司马懿在魏国朝野上下建立了极高的威望，其实力地位和影响力始终没有被削弱过。

### 三、行韬晦三计，谋深远大略

当司马懿在辽东苦战时，洛阳的政局正在发生变化。曹睿过度迷恋酒色，因而重病缠身，平时就命中书监刘放、中书令孙资掌管国家机要，处理日常事务。不久，曹睿病势沉重，想任命燕王曹宇为大将军。曹宇是曹操的庶子，与曹睿素来友善，所以曹睿想召他入朝，托付后事。这时刘放、孙资正想揽权，不愿燕王入辅，所以设法从中阻挠，而燕王又为人忠厚，对曹睿的任命推辞不受。刘放、孙资便极力推举曹爽为大将军，辅佐朝政。据说明帝曾当面问曹爽："你当大将军行吗？"曹爽支支吾吾回答不上来，急得出了一身冷汗。刘放在身边踢了踢曹爽的脚跟，低声告诉他，你就说臣以死奉社稷。曹爽照样向明帝学说了一遍，由刘放把着明帝的手写了任命曹爽和司马懿的辅政诏书，曹爽就是这样当上了托孤大臣的。

曹睿病势危急，司马懿闻讯后，日夜兼程赶回洛阳。曹睿尚存一息，望着司马懿说："我能见到你，就无所遗憾了。后事就托付给你，今后你与曹爽一同辅政吧。"说完，令太子齐王曹芳走上前来，8岁的曹芳抱着司马懿的后颈，司马懿泪流满面，欷歔不已。第二天，曹睿便死去了。所以史称司马懿是"受遗二主，佐命三朝"的元勋。

太子曹芳即位后，曹爽被任命为大将军，司马懿仍官居太尉，两人各领兵三千人，轮流进宫宿卫，权势相当。曹爽年轻，对司马懿以长辈相待，每事必问，不敢专行；司马懿也假作谦虚，一度两人关系融洽，相安无事。但时间一长，就产生了矛盾。曹爽极力培植私党，排挤司马懿。他手下有五个心腹，即何晏、邓飏、丁谧、李胜和毕轨，这五个人在当时号称名士，魏明帝认为他们浮夸无能，一律不用。但曹爽却提拔何晏、邓飏、丁谧为尚书，李胜任河南尹，毕轨当了司隶校尉。除这五人外，大司农桓范也是曹爽的亲信。曹爽的私党为他出谋划策，极力削弱司马懿的实权，任用私人，控制京城内外，朝野上下。有一次，何晏为曹爽出谋划策说："国家重权，不可委于外姓，要慎防大权旁落。"曹爽明白所指何意。第二天，他便奏明皇上说，司马懿德高望重，理应位至极品，因而应晋封为太傅（皇帝的老师，品位尊贵，但无实权）。这种架空式的做法，实际上暗夺了司马懿的兵权。接着朝中人事又发生了大变动，曹爽的三个弟弟，曹羲为中领军，曹训为武卫将军，曹彦为散骑常侍，他的心腹何晏、邓飏、丁谧、毕轨、李胜等，都安排朝中要职，真是"附会者升迁，违忤者罢退"。

司马懿对曹爽的所作所为十分不满，但一时又无力制服。他深知曹爽是宗室，而他是外姓，是曹氏朝廷的防范对象，所以他不便于明火执仗地进行争夺，但他要曹爽充分表演，将倒行逆施发挥到极点，弄得天怒人怒，才出面收拾残局。于是，司马懿又拿出行之有效的旧法宝，忍字为先，以守为攻，不动声色，静观形势的变化。此后，很长一段时间，司马懿都推说有病，不问政事。

时间长了，握权久了，大将军曹爽的警惕也就逐渐放松了，自以为朝中无人敢管，愈加骄奢无度，他的饮食、衣饰都依照天子的规格，宫中的珍玩宝物也敢据为己有。正始二年（241），曹爽与何晏等人正在狂欢作乐时，突然接到警报，东吴分兵两路进攻边境，一路由卫将军全琮率领进攻淮南，另一路由威北将军诸葛恪率领进攻六安（今安徽六安），请朝廷速派大军救援。曹爽接到报告后，惊慌失措，不知如何是好。何晏出主意，让他速召朝廷大臣商议。正在商议的时候，又来了急报，说东吴的另外两支人马又来攻打，一路由车骑将军朱然率领攻打樊城（今湖北襄樊市樊城），另一路由大将军诸葛瑾率领进攻柤中（今湖北沮水上游），形势危急。曹爽什么主意也拿不出来，只好请求皇帝让司马懿来朝议事，但请太傅的人回来说，太傅在病中无法来议事。曹爽本人又无作战本领，亲信中又无能征惯战的大将。时间不断拖延下去，而前线的警报又频频传来。正在这时，司马懿到朝堂议事来了，说樊城和柤中是边防要地，问曹爽为何不派兵救援，曹爽无言以对。司马懿决定亲自带兵出征，满朝文武隆重送出洛阳的津阳门。

司马懿到了樊城前线后，立即出兵向东吴挑战，朱然听说司马懿亲率大军迎战，不敢出战。司马懿抓紧短暂的休战机会，挑选精锐，组织突击队，申明军令，决心要打败吴军。朱然见势不妙，连夜撤军。司马懿率军追击，杀伤敌人万余，缴获大量战船和军用物资，大获全胜。另几路吴军，也因战事不得手，陆续退了回去。司马懿仅一个月就胜利回朝了。从此，司马懿的声望日隆，而曹爽的名声则大降。

曹爽急欲找个机会挽回威信。正始五年（244），尚书邓飏和长史李胜鼓动曹爽出兵伐蜀，曹爽也跃跃欲试，决定出兵。司马懿极力劝阻曹爽不要出兵，但曹爽一意孤行。这年三月，曹爽征调10万人马，又联合征西将军夏侯玄统率雍州和凉州的军队，从骆口（今陕西成固县）浩浩荡荡杀向汉中。当时蜀军驻守汉中的是镇北大将军王平，他决定坚守要隘，阻击敌人，命令护军刘敏率领一万人马据兴势山（今兴道县西北）依险坚守，王平则亲率一支军队坚守黄金谷（在兴道县境内）。

曹爽率10万大军向兴势急进，但到兴势一看，蜀军已全部占领关隘要道，旌旗遍野，连绵数百里。魏军无法前进，只好停了下来，两军对峙了一个多月，曹军粮食消耗殆尽。这时，又接到司马懿给夏侯玄的信，劝他们赶快退兵，不然要遭到失败。司马懿在信中说："昔日武皇帝（指曹操）率兵进攻汉中，几乎大败。这次兴势险要已被敌人占据，我军已无法前进，如不赶快退兵，恐遭更大的失败，责任重大，望速退兵。"曹爽接到信后正在犹豫不定，忽然又听到蜀大将军费祎率大军从成都赶来增援的消息，急忙下令退兵。曹军走到三岭，遭到蜀军的伏击，曹爽好歹冲出重围，10万军马损失大半，狼狈逃回洛阳。

曹爽战败回来后，不仅没有收敛，反而变本加厉，广树私党，控制朝政，他与司马懿的矛盾日趋尖锐。司马懿告病在家后，曹爽更加肆无忌惮，为所欲为。曹爽经常带领人马出城游猎，他的谋士桓范规劝说："你总理万机，率领禁军，不应当全体出游，如果有人关闭城门，就无法回来了"。曹爽却不以为然，认为没人敢那样做。曹爽还勾结太监张当密谋推翻曹魏政权，觊觎皇帝的宝座。但他们对司马懿还有所顾忌，不断派人探查。

有一天，原河南尹李胜转任荆州刺史，荆州是他的家乡，上任之前来向司马懿辞行。李胜是曹爽的心腹，便想借机观察动静，司马懿知道李胜的来意，便佯装病重。当李胜进到屋内时，看见司马懿拥着被褥躺坐在椅子上，旁边有两个婢女服侍。似乎想穿衣服，手抖抖地，衣服滑落到地上。指着口意思是渴了，婢女便端进粥来，一勺勺喂入口中，但稀粥却从嘴角流出来，弄得胸前全湿了。李胜对司马懿说："听说明公旧病复发，不想病情这样严重。我蒙皇上恩典，被任命为本州刺史。"司马懿装出语言错乱的模样，打岔说："我年老多病，死在旦夕。君去并州，并州靠近胡人，要做好准备，恐怕我们今后不能相见了，我儿师、昭请多加照顾。"李胜说："我是回本州，不是并州。"司马懿又说："君不是到并州去吗？"李胜又重复说："我是回荆州。"司马懿装作恍然大悟的样子说："我年老糊涂，没有听懂您说的话，今调回荆州任职，正是建功立业的好机会！"李胜回去后，便把司马懿的一言一行，一举一动，都当作真事告诉了曹爽，并说："司马公仅仅是一具没有断气的尸体，形神已经离散，我们对他不必有任何顾虑了。"曹爽听后心中非常高兴，从此不再防备司马懿了。但司马懿却暗中抓紧时机，积蓄力量，他一方面让已经当了中护军的儿子司马师掌握一部分禁军，另一方面积极招募、蓄养心腹武士3000余人，并争取一些元老重臣的支持，如太尉蒋济、司徒高柔、太仆王观等人，只待时机一到，他就立即发动政变。

魏嘉平元年（249）正月，丧失警惕、思想麻痹的曹爽和兄弟曹羲、曹训、曹彦及心腹何晏、邓飏、丁谧、毕轨、李胜等，带领御林军，陪同小皇帝曹芳拜谒高平陵，轻易离开了京城。司马懿闻讯后大喜，立刻带领两个儿子司马师、司马昭和三千武士，假传皇太后的旨意，关闭四面城门，占据武器库，派兵占领南洛水上的浮桥，并且封锁了曹爽等人回京的要道。同时派人占据中央各要害部门，命司徒高柔行大将军事，占领曹爽的军营，命王观行中领军事，控制军权。然后迅速率众进宫，紧急参见太后。郭太后哪里见过这等场面，吓得都说不出话来。司马懿只是宣称，曹爽奸邪乱国，应该免官。郭太后本来与曹爽有宿怨，现在又听说仅仅是免官，于是表示同意。接着，由司马懿领头，蒋济签字，上书曹芳，历数曹爽等人罪行，要求惩处他们。奏章中指责曹爽违背先帝遗命，败坏国法，专权误国，任用私党，控制禁军，骄纵日甚，"有无君之心"，最后要求罢免曹爽兄弟的职权，保留爵位，如若不然就军法从事。这道奏章由专人送往高平陵，曹爽首先看到了奏章，兄弟四人慌了手脚，不知如何是好，就压下奏章，然后把皇帝车驾留在伊水（洛阳城南，洛水支流），征发屯田兵几千人筑寨守卫。

司马懿派侍中许允和尚书陈泰去见曹爽，传达司马懿和皇太后的命令，让他们及早认罪，可从轻发落。司马懿又派曹爽所信任的殿中校尉尹大目到伊水劝说曹爽投降，说司马公指着洛水发誓，只要大将军交出兵权，最多是免除官职，绝对不会治罪的。

这时曹爽的谋士桓范已经出城到伊水。在他逃出洛阳时，司马懿担心他会给曹爽出主意对己不利。于是便急忙召见太尉蒋济说："智囊走了，怎么办？"蒋济说："桓范是有智谋，但驽马恋栈豆（曹爽贪恋家室），必不能信任他。"结果正是如此。桓范一见到曹爽兄弟就说："赶快保护皇帝到许昌去，下诏征集全国的勤王军，以镇压司马懿的叛乱。"曹爽却栖栖惶惶地说："如果照你所说的去做，我的家属都在城中，一定会遭到屠杀的。"桓范见曹爽不能决断，又转而对曹羲说："事情已经很明白、很紧急了。匹夫匹妇大难临头，还想求生，而如今天子跟随你们，号令天下谁敢不应？如果不这样做，即使你们想当个贫贱的老百姓也做不到，到那时只有被杀头！"曹爽兄弟都默然不语，桓范又接着说："从这儿到许昌，只有一宿的路程，如果担心粮草的供给，我随身带着大司农印章，可以随地征发。"话还没说完，侍中许允、尚书陈泰赶到，传达司马懿的命令，请曹爽迅速回府，可保身家性命。

当晚，曹爽在帐中按剑徘徊，从初更一直拖到天亮，最后下了决心，把刀往地下一扔说:"免官就免官,革职就革职,反正我还能当个富家翁!"桓范一听,失声痛哭,说:"曹子丹(曹真字子丹)啊,你是个大英雄,怎么会生出这样的儿子,连猪狗都不如,我今天也受你们牵连,要遭灭门之祸了!"

天明,曹爽奏请少帝,自愿免官,并将大将军印绶交给许允、陈泰。当时主簿杨综还对他说:"交了印绶,等于走向死地,今后要后悔莫及的。"没想到曹爽却充满自信地说:"太傅(司马懿)是老前辈,面慈心软,我向来以父事之,他决不会自食其言。"当日,曹爽一伙回到洛阳,向司马懿请罪,后回各自府第。晚上,司马懿便派兵将曹府团团围住,并在四面角上分别筑起简易高楼,严密监视曹氏兄弟的一举一动。不久,曹爽兄弟以及何晏、邓飏、丁谧、毕轨、李胜、桓范等人,以大逆不道、企图谋反的罪名,全部被处死,并株连及于三族。家产财物,尽抄入库。

司马懿在这场政治大斗争中,深谋远虑,部署有方,取得了完全的胜利,掌握了朝廷的大权。

## 四、尽除朝野后患,创司马氏天下

曹爽大案结束后,司马懿威震朝野。二月,魏帝进封司马懿为丞相。十二月,又加九锡之礼,享受朝令不拜的荣宠。这时,司马懿已经71岁了,他自知来日不多,便下决心要在生前清除后患,给司马氏子孙留下一笔政治遗产。当时朝中曹爽的余党已经被整肃,忧虑只是在边塞。右将军夏侯霸,以前为曹爽所器重,充任讨蜀护军,屯兵于陇西,统属于征西将军。征西将军夏侯玄,是夏侯霸的堂侄,曹爽的外弟,两人手中都握有兵权。司马懿夺权之后,就命曹芳诏令两人来朝,夏侯玄接诏进京后受到监视,后来被司马师所杀。夏侯霸见状心怀恐惧,接诏后认为大祸必至,赶紧逃奔蜀汉。这样,司马懿在边塞的忧虑便解除了。

司马懿在朝中专权的局面,引起了不少忠于曹氏的大臣的忧虑。太尉王凌与外甥兖州刺史令狐愚便谋划政变,准备拥立楚王曹彪与司马氏对抗。消息不慎被泄露出来了。嘉平三年(251)四月,司马懿亲自率领大军讨伐王凌。出师时,为了稳住王凌,司马懿先让朝廷下诏,赦免王凌等人的叛逆罪,在进军途中,司马懿又亲自修书一封,温言软语劝告,使王凌渐有悔意。当王凌正彷徨无计时，司马懿大军乘舟顺流而下，9天就到达甘城，真是神兵自天而降。王凌自知不是对手，只好自缚双手，乘单船迎接司马懿，缴送印绶、节钺。司马懿坐在楼船上，远远望见王凌窘态，脸上没有任何表情，只是命令主簿前去替王凌解开绑索。王凌以为自己已经被朝廷赦罪，司马懿来信又很慈善友好，现在主簿松了他的绑，也就解除了疑虑。于是就叫军士划动小船靠近司马懿的楼船，以便向丞相面陈痛悔之意，没想到司马懿当即下令止住。王凌顿时感到茫然，于是远远望着司马懿说："丞相只要一纸相召，我就会去洛阳，怎能劳驾您亲率大军到此地呢？"司马懿却说："你不是一封书信就能请得动的客呀！"王凌听后内心冰凉，说："你背信弃义，有负于我！"司马懿也毫不客气地说："我宁愿负你，也不愿负国家。"

于是，司马懿便派600步兵，从陆路押送王凌去京师。临行时，王凌还想试探是否有活命的希望，便向押送官索要棺材钉。当时有一习俗，给棺材钉，表示必死。司马懿下令将棺材钉给他。王凌颇感求生无望，在路经贾逵时，他大呼："贾逵，你有神灵，当知我是大魏忠臣。"不久，便寻了个机会服药自尽了。

司马懿率军进入寿春城（今安徽寿县），王凌部属张式等人纷纷自首。对参与谋乱大逆的，司马懿穷治其罪，凡是与王凌有牵连的，不论主从，一个也不赦免，一律灭三族，寿春城顿时血流成河。而且还命令发掘王凌、令狐愚、张式等人祖坟，暴尸于市三日。

就这样，司马懿用各种手段，将内外政敌剿杀得一干二净。

这年六月，司马懿患重病，神志恍惚，经常梦见曹爽、王凌等人血淋淋地立在床前向他索命，叱之不去。八月，73岁的司马懿病死于洛阳。追赠相国、郡公。

司马懿死后，他的儿子司马师、司马昭继续清除政治势力，嘉平六年（254），司马师杀张皇后及其父光禄大夫张缉，随即又废魏帝曹芳，立高贵乡公曹髦。甘露三年（257）司马昭又杀征东大将军诸葛诞，两年之后，又杀魏帝曹髦，立曹奂。经过十五六年的残酷斗争，一轮又一轮的屠杀，满朝文武，内外公卿已经全部归附了司马氏集团，曹氏一族被彻底打垮了。

景元五年（264），司马昭称晋王，立其子司马炎为王太子。不久，司马

司
马
懿
传

昭死，司马炎继任晋王，废掉魏帝曹奂，正式当上了皇帝，称晋武帝，建立了晋朝。司马懿一生所追求的事业终于在他的手中完成了。

（林　红）

本文主要资料来源：《晋书》卷一，《宣帝本纪》；《魏志》卷九，《曹爽传》。

# 三顾茅庐天下计　鞠躬尽瘁老臣心

## ——诸葛亮传

> 丞相祠堂何处寻？锦官城外柏森森。
>
> 映阶碧草自春色，隔叶黄鹂空好音。
>
> 三顾频烦天下计，两朝开济老臣心。
>
> 出师未捷身先死，长使英雄泪满襟。

这是唐代大诗人杜甫所作的千古绝唱《蜀相》。这里的蜀相，便是我国历史上妇孺皆知的著名谋略家诸葛亮。

### 一、南阳高卧

诸葛亮（181—234），字孔明，东汉灵帝光和四年生于琅邪阳都（今山东省沂南县）。他是西汉隶校尉诸葛丰的后代。其父诸葛珪，字君贡，汉末任泰山郡丞，生有三子：诸葛瑾、诸葛亮、诸葛均，另外还有两个女儿。诸葛亮8岁时父母便去世，他们兄弟姐妹五人一直由叔父诸葛玄抚养。

诸葛亮所生的年代，正是中国历史上最混乱的时期之一。东汉末，宦官、外戚专权，党祸频繁，吏治腐败。上层勾心斗角，下层怨气冲天。公元184年，即汉灵帝中平元年，黄巾起义爆发，东汉统治摇摇欲坠。这次起义经过九个月，后被镇压下去，但由此引发了各军事集团割据的局面。汉灵帝死后，宦官、外戚两大集团内讧，两败俱伤，董卓乘机夺取政权。他进军洛阳后，废除少帝，立献帝。后将献帝挟持到长安，都城洛阳被烧，成为一片废墟。

在诸葛亮10岁那年，关东诸侯起兵讨伐董卓。董卓死后，军阀逐鹿中原。在兵荒马乱的日子里，诸葛亮一家随叔父诸葛玄四处躲藏。诸葛玄先是投靠袁术，袁术任其为豫章太守。后来袁术病死，汉政府派人到豫章代替诸葛玄。诸葛玄平素同荆州牧刘表关系非常好，便带领诸葛亮及其弟诸葛均投靠刘表，诸葛瑾则投奔了东吴孙权。诸葛玄到达荆州后两年便病死，17岁的诸葛亮带领弟弟和姐姐，在襄阳城西20里的隆中山盖了几间草屋，一边耕田，一边隐居读书。

此时的诸葛亮，虽然身在垄亩，但并没有放弃对时政的关注。他阅读了大量先秦著作和兵书，以历史对比当世，寻求天下统一、改造时弊的道路。随着学识的积累，他的才华渐渐显露出来。当地很多名流经常和他交游，一起研讨学问，谈论古今。后来，两位姐姐分别嫁给中庐县的名门望族蒯祺和庞德公之子庞山民为妻，他也娶了沔南名士黄承彦之女为妻。黄氏虽然貌丑无比，但才识渊博，诸葛亮不因其貌丑而嫌弃她，敬重她非凡的才智，两人一生互敬互爱，留下了一段千古佳话。由于和黄氏、庞氏、蒯氏这样的名门结亲，再加上又结识了颍州的司马徽，汝南名师酆文和孟公威，颍川石广元、徐庶，博陵崔州平等人，诸葛亮跻身于荆州社会的上流。此时，他已是一位身高八尺的伟男子，谈吐洒脱，举止风雅，才气逼人，令人仰慕不已。当时的名士庞德公称其为"卧龙"，与其侄庞统"凤雏"齐名。

由于长期潜居荆州，再加上荆州在军事上的特殊地位，诸葛亮的一套以"荆州"为中心的统一天下的战略思想开始成熟起来。然而，要实现这一抱负，只寄托于案前的高谈阔论并不能实现，还需要一位实权人物的重用。诸葛亮在隆中常常自比管仲、乐毅，他不仅把自己比作这些能定国安邦的将相，更希望寻到能使用这些将相的明君。然而，世人却并不认为他有此才能，只有少数好友，如崔州平、徐庶才认为此话不虚。社会腐败混乱，又不愿明珠暗投，诸葛亮的内心常常升起一股悲愤的情绪。那简陋的草房里，不时传出《梁父吟》的琴声，如泣如诉，却又透露出操琴者坚定的信念。

## 二、隆中对策

在那纷乱的年代，也有许多仁人志士在苦苦求索治世良策。在诸葛亮隐居的后期，国家整个政治、军事局势出现了新局面，一些大的军阀势力兼并了小的军阀，逐渐形成了几个政权的对立形势。

其中曹操挟天子以令诸侯，先后打败了袁绍和乌桓，雄踞北方；孙权继承父兄遗志，盘踞江东。另外，刘表占据荆州，刘璋掌握益州，但此两人都为平庸之辈，犹如守户之犬。他们相互争战不休，老百姓苦难深重。

就在这几大割据政权中间，有一位小小的将军四处漂泊，又四处碰壁。刘备，这位中山靖王刘胜的后代，奔波半生，先后投奔过公孙瓒、陶谦、曹操、袁绍，曹操在官渡之战大败袁绍后，他又投奔刘表。此时的刘备已经47岁了，大丈夫三十而立，但自己已年近半百，仍一事无成，无立锥之地。虽有鸿鹄之志，却无青云之势。经过几十年的求索，他深刻地体会到，缺乏有远见卓识的谋臣，是他连连失败的一个主要原因。他正急切地寻求一位能为他出谋划策、定国安邦的人才。他到达荆州后，拜见了司马徽，司马徽向他推荐了诸葛亮，称其为经纶济世之才，得到他的辅助，可安天下。后来，徐庶投奔刘备，也向他推荐诸葛亮："此人乃绝代奇才。"刘备请徐庶邀请诸葛亮同来见他，徐庶说："这个人只可以到他那里见他，不能随随便便地招来。将军最好去拜访他。"

于是，刘备三顾茅庐，才见到诸葛亮。一见到他，刘备便屏退随从，向诸葛亮征求定国之策："汉朝的江山已经崩溃了，现在奸臣当道，民不聊生。我不自量力，想为天下人伸张正义，但我智谋短浅，一败再败。然而我的志向和决心没有改变。先生您认为怎么办呢？"

诸葛亮为刘备的诚意所感动，他毫无保留地提出了自己对政局的见解，提出统一天下的两个步骤：

首先，夺取荆、益二州，建立自己的根据地，和曹操、孙权形成三足鼎立之势。

诸葛亮说："曹操拥有百万大军，挟天子以令诸侯，无法与其争强斗胜。孙权占据江东，已历三代，德才兼备的人被重用，吏治清明，人心归顺，只可以争取他作后援，不可打他的主意。荆州北面依据汉水、沔水，南面沿海物产丰富，东面与江浙一带相连，西面和四川相通，这是用兵的好地方。然而刘表无德无能，没法守住，这是上天拿来资助将军的。益州形势险要，幅员辽阔，土地肥沃，人口众多，物产丰饶，以往汉高祖刘邦凭借它建立了帝业。但刘璋昏庸无能，不懂得体恤民情，再加上张鲁在北面为患，既有内忧，亦有外患。有才有识的人都盼望有一个贤明的君主前来统治。这是一个能定国的好地方。"

随后，诸葛亮向刘备展示出了统一天下的第二步：创造条件，等待有利时机，统一天下。

他进一步向刘备说："您如果占据了荆州和益州，把守住险要关口，向西和各部落民族和好，南面安抚夷越各族，对外和孙权结成联盟，将内地政事搞好，等到天下形势发生变化，就派一员大将，率领荆州军队向宛、洛一带进军，您亲自率领益州军队向秦川出兵。到那时，百姓们便会箪食壶浆来迎接将军。如果真能如此，那么您称霸天下的大业就可以成功了，汉王室就可能复兴了。"

一番精辟的分析，令戎马半生却始终理不清头绪的刘备顿开茅塞。面对这位只有二十几岁的年轻人，一股敬重之情油然而生。

这就是历史上著名的"隆中对"。

刘备恳请诸葛亮出山，与他一起实现统一大业。通过一段时间的考察，诸葛亮也敬佩刘备的为人，又见他三顾茅庐，不耻下问，便欣然允诺。于是，27岁的诸葛亮结束了隐居生活，离开隆中，开始了他"鞠躬尽瘁，死而后已"的政治生涯。

刘备和诸葛亮回到军营后，日夜畅谈天下大事，刘备更发现诸葛亮是一位旷世奇才。加上两人志同道合，互相敬重，情谊日深。后来刘备呼诸葛亮为"先生"，其手下大将关羽、张飞不服，刘备就对他们说："我得到孔明，如鱼得水，你们不要不服气啊！"

诸葛亮在隆中对政局混乱的汉末形势的分析，深刻而有条理。既高瞻远瞩，又切实可行。此后，刘备和诸葛亮将这次对策的内容作为行动的纲领。事实也证明，离开了这个总策略，在政治和军事上便会碰壁，甚至失败。

## 三、夺取荆益

当时，占据荆州的刘表有两个儿子，长子刘琦性情忠厚慈孝，少子刘琮为刘表后妻蔡氏所生，深受刘表宠爱。而蔡氏为了巩固自己的地位，常常劝说刘表疏远刘琦，立刘琮为嗣。刘琦为此整日忧愁不安。后来，诸葛亮来到荆州，刘琦多次和他接触，对他非常仰慕。他几次向诸葛亮问询解决自己在荆州地位的办法，但诸葛亮却屡次拒绝，不愿为他出谋划策。刘琦有一次邀请诸葛亮在后花园游览，共上高楼饮酒，然后暗中让仆人将楼梯撤除。他诚恳地对诸葛亮说："现在上不着天，下不着地，只有我们两个人。你说的话，只有我听得见，先生可以教我自救的办法了吧？"诸葛亮只好淡淡地回答了一句："公子难道没有听说过春秋时晋国的申生在内而被杀，重耳在外地脱险的故事吗？"春秋时期，晋献公宠爱骊姬，骊姬为让自己的儿子奚齐当上太子，散布谣言，诬陷晋献公的长子申生图谋不轨，申生被迫自杀。重耳也是晋献公的儿子，骊姬害死申生后，又加害其他公子，重耳被迫流亡在国外19年，后来回国，即后来的晋文公，成为春秋五霸之一。刘琦听了诸葛亮的话，顿开茅塞。这时恰逢江夏太守被孙权所杀，他奏请出任江夏太守。这样，诸葛亮顺水推舟，既帮助刘备分散了荆州的兵力，又笼络了刘琦，为将来占领荆州打下了一个好的基础。

刘备到达荆州后，刘表并不重用他，让他屯兵新野。开始他只有1000兵马，后来刘表又拨给他2000人马，也只有3000人。诸葛亮便献计给他，采用清查游户的办法，登记户口，从闲散人员中选拔丁壮，扩大兵源。结果，短短数月，刘备的军队人数增加到数万人，实力大增。这支军队后来成为刘备夺取荆、益二州的重要力量。

当时，刘表内部斗争激烈，正是刘备夺取荆州的好时机。谁料风云突起，曹操于建安十三年（208）七月，率领大军，号称百万，南下进攻荆州。刘表闻听受惊而死，刘琮乘机自立为荆州牧。这时，曹操大军前锋到达新野，刘琮懦弱昏庸，开城门投降。他怕刘备知道后阻挠，一再隐瞒真相，直到曹军至宛，才通知退守樊城的刘备。刘备仓皇之中南撤到襄阳。诸葛亮劝刘备乘机攻击刘琮，夺取荆州，然后再议破曹大计。但刘备不忍心加害刘琮，他们只好向江陵方向撤退。由于很多百姓要随刘备共生死，一同撤退，结果撤退速度缓慢。当军队、百姓到达当阳东北的长坂坡时，被曹操大军赶上，一时间血流成河，生灵涂炭，刘备的军队被冲散。他只好改道汉津，与关羽的水师会合。刘琦闻听荆州兵变，也带 1 万人马来接应，共同退至夏口。

这时曹操已占领江陵，直逼刘备，形势非常危急。诸葛亮向刘备提出求救于孙权。他联系东吴谋臣鲁肃，到达柴桑（今江西九江西），见到孙权。

此时，孙权集团内部主和派和主战派针锋相对，斗争激烈。一时间孙权也犹豫不决，对曹刘之战欲作壁上观。如何改变孙权的态度，就成了这次柴桑之行的关键。

诸葛亮见到孙权后说："天下大乱，将军您起兵占据江东。刘豫州在江南聚兵，与曹操并争天下。现在曹操平定了北方，于是破荆州，威震四海。刘将军被迫逃到夏口。面对这种险峻的形势，将军请量力而行：如能以吴越之众与曹兵抗衡，不如早早和他绝交；如果不能抵挡，为何不按兵束甲，投降曹操？现在将军外表服从，而内怀犹豫，事急而不决断。大祸已不远了。"孙权听后，很是不服，反问道："如果像你所言，为何刘备不投降曹操呢？"诸葛亮面色郑重地答道："田横是齐国的壮士，尚且坚守道义不甘受辱，何况刘豫州是王室的后代，英才盖世，众士仰慕，就如流水归入大海；如果大事不成，这是上天的安排，怎么能屈从于曹操呢？"

孙权被诸葛亮的一番话所激，神情也变得肃穆起来，他坚定地说："我不能将吴国的广阔土地，10 万将士，拱手让于曹操，受制于人。我已经下了决心，坚决和曹操对抗到底。"但孙权心中尚有疑虑："刘豫州刚刚败在曹操手下，他有能力抵抗曹操吗？"

诸葛亮见孙权抗曹之心已定，便将自己的抗曹计策和盘推出："刘将军虽然败于长坂，但实力得到保存，现在归还的将士和关羽的水军合并有 1 万人，刘琦在江夏的将士也不下万人。曹操的军队长途奔波，必定疲劳，听说为了追赶刘豫州，轻骑一天一夜行军 300 多里。这就好比强弩之末，力量连非常轻薄的鲁缟也穿不破。兵法上最忌讳这样做，认为即便是善于谋略的主帅也会遭到挫败。况且曹军为北方人，不习水战；荆州那些士兵投降曹操，是被形势所迫，并非真心服于他。如果将军能派几名猛将，率精兵几万，与刘豫州同心协力，必能打败曹操！曹操兵败，必定撤回北方，孙刘两家的势力大增，三足鼎立的局面就形成了。成败的机会，就在此时，请将军三思。"

诸葛亮的透彻分析，使孙权眼前一亮，更加强了他破曹的信心和决心。随即，他召开会议，驳斥了主降派的错误观点，用剑劈桌案，发誓与曹操势不两立。随即派周瑜、程普、鲁肃这些主战派率领 3 万水军，与诸葛亮一起西上，与刘备会合。经过周密的安排，联军在赤壁火烧曹军战船，获得胜利。同时，刘备又采纳诸葛亮的意见，趁周瑜等人向北追赶曹操军队之际，反其道向南推进，一举攻占了武陵、长沙、桂阳、零陵四郡，一时间实力大增。孙权见刘备实力已非昔日可比，只好作出让步，把荆州的南郡让给刘备，并推荐刘备出任荆州牧。

赤壁之战的胜利，在用兵上主要是吴国的功劳，但在出谋划策上，诸葛亮率先提出了孙刘联盟，以三国鼎立的美好预言，坚定了吴国的抗敌决心，从而打下了胜利的基础。他的才华，在这次大战中表现无遗，从而成为三国政治中举足轻重的人物。此后，刘备进军公安，拜诸葛亮为军师中郎将，掌管军政事务。诸葛亮帮刘备稳定社会秩序，发展生产，征收赋税，以充实军政费用。

荆州已成囊中之物，诸葛亮在"隆中对"中提出的统一天下的第一步"夺取荆益"已完成了一半，下一步，便是如何谋取益州，进军西川。但是，如何寻找突破口呢？

就在刘备占荆州后不久，益州的别驾张松来到了荆州。当时益州的政治形势就如诸葛亮所料定的那样，非常混乱。统治者刘焉、刘璋父子昏庸无能，内部矛盾重重。当时国内的仁人志士都希望有一位英明、能干的领袖人物来重新整顿益州事务。在会见刘备和诸葛亮之前，张松曾拜见曹操，想和他共谋夺取益州的大计，但曹操对他傲慢无礼。张松认为刘备仁义之名远播，便来到荆州。诸葛亮认为这是获得益州人士好感的机会，便建议刘备对张松热情招待。两人对张松的一片赤诚之心，令张松非常感动。张松在离开荆州之前，献出了自己绘制的益州地图，上面益州的地理行程、远近阔狭、山川险要，非常具体明了，为以后刘备进军益州提供了详细的第一手资料。

　　建安十六年（211），曹操要派兵攻打汉中。刘璋闻知，非常恐惧。张松趁机进言，说刘备和他都是帝胄后裔，原是一家，不如趁机请刘备入川，共破曹操，并力消灭汉中的张鲁。刘璋认为此计可行，便派法正到荆州来见刘备。

　　经过深思熟虑，刘备和诸葛亮答应了刘璋的请求。他们兵分两路，诸葛亮和大将关羽、张飞、赵云留守荆州，刘备和庞统、黄忠、魏延前往西川。刘备进入益州，刘璋发书给沿途州郡，要他们供给钱粮，使刘备一心一意去攻打张鲁。因此，刘备不费吹灰之力便进驻益州腹地。刘备一行来到葭萌关，整顿军纪，广施恩惠，以收买民心。第二年，张松因与刘备共谋西川的书信被刘璋发现，被杀。刘璋随即通报各处关隘，添兵把守，严禁荆州军队出入。刘备乘机袭击涪水关，杀了守将杨怀、高沛。刘璋闻听大怒，派大军与刘备交战。两军在雒城对垒时，庞统轻率出击，被流箭射死。刘备缺乏谋士，只好向荆州告急。建安十九年（214）夏，诸葛亮、张飞、赵云率军逆江而上，与刘备在成都会合。刘备围成都数月，久攻不下。诸葛亮便建议刘备派一人进城劝降，刘备派从事中郎简雍入城，告知刘璋并无相害之意。刘璋权衡利弊，和简雍同车出城投降。这样，刘备没费多少周折，便将益州据为己有。此后，刘备感到诸葛亮谋略过人，任命他为军师将军、益州太守，管理左将军事宜。

　　此后，刘备又从曹操手中夺取汉中、房陵、上庸三郡，令曹操不敢轻易进犯，从而稳固了北方的防线。这样，从建安十四年起，到建安二十四年，仅仅十年的时间，刘备就在诸葛亮的辅助下，从开始无有立身之地，到拥有荆益这些军事重地，从而巩固了自己的实力，兵分三家而据一，完成了第一步战略目标。

　　建安二十五年（220），曹操病死，其子曹丕废掉献帝，自立为皇帝，正式建立了魏国。第二年四月，诸葛亮劝刘备即位皇帝，以承继大统，安定人心，走光武中兴的道路，以统一中国。刘备便在成都即位，为汉皇帝（即汉昭烈帝），建元章武，以诸葛亮为丞相。蜀政权正式建立。

## 四、吴蜀会盟

自隆中对以来，诸葛亮一直非常重视孙刘联盟。他既是这一联盟的倡导者、建立者，又始终致力于维护这个基本策略。孙刘两国政权为了共同抵抗曹操，在原则上始终保持比较亲密的联系。但是，荆州的存在，又成为吴蜀两国发生摩擦的焦点。

刘备占有益州后，荆州成了蜀国的门户，北上可攻中原，沿江东下可以袭击东吴。这一直是孙权的一块心病。

起初，刘备没有立身之地，孙权答应将荆州暂时借与刘备存身。建安十九年，刘备刚刚夺取益州，孙权便派人索取荆州，刘备以立足未稳婉言拒绝。孙权发兵攻占了荆州的长沙、零陵、桂阳三郡。后来，双方签订了协约，以湘水为界，长沙、江夏、桂阳以东归孙权，南郡、零陵、武陵以西归刘备。双方瓜分了荆州，吴蜀的矛盾暂时得到缓和。

诸葛亮在进军益州的时候，命关羽留守荆州，并嘱咐关羽，荆州的地理位置非常重要，既不能大意丢失，保持警惕，又要慎重处理吴蜀两国的关系。但是关羽自恃勇武，藐视孙权，恶言拒绝其联姻请求，激怒了孙权，恶化了两国关系，使边境矛盾四起，不时有小范围的军事对抗。建安二十三年（218），刘备夺取汉中，关羽也尽领荆州兵士北伐曹操。孙权乘荆州空虚，派吕蒙偷袭荆州，关羽腹背受敌，兵败被杀，荆州也落在孙权手中。刘备闻听噩耗，不听诸葛亮等大臣的劝阻，亲率大军攻吴，结果兵败争彝陵，全军覆没，退守白帝城，因愤恨交加，染上痢疾。章武三年（223）二月，刘备病情恶化，他自知已不久于人世，便把诸葛亮召来，嘱托后事。他对诸葛亮说："你的才能十倍于曹丕，必定能安邦定国，完成统一的事业。嗣子刘禅软弱无力，如果能辅佐成才，则辅佐，如其不能成器，你可以代替他。"诸葛亮闻言痛哭流涕："臣一定竭尽所能，忠心不二，死而后已。"刘备又召刘禅进见，对他说："你跟着丞相，要对待他如父亲。"四月，刘备病死，终年63岁。五月，刘禅被立为皇帝，改元建兴。诸葛亮肩负起了统一国家的重任，掌管国家的大小事务。

彝陵之战后，吴蜀联盟破裂。但是，由于双方拥有一个共同的敌人——

曹魏，所以又有重新联合的可能。诸葛亮在刘禅即位以后，便准备和孙权重新缔结盟约。正在这时，邓芝拜见诸葛亮，向他进言："现在皇上初即帝位，应该派遣大臣出使东吴，重修旧好。"诸葛亮正在物色出使吴国的人选，他见邓芝见识不凡，口才出众，高兴地说："我很早就考虑这个问题了，但是一直找不到合适的人，没想到今天终于找到了。"邓芝问："是哪一个？"诸葛亮答道："就是你啊。"

此时的孙权已向曹魏称臣，被封为"吴王"，但是经常遭到魏国的政治和军事上的打击，时有背叛之意。邓芝到达吴国后，孙权怕得罪曹魏，没有立即接见邓芝。邓芝于是上表孙权："我这次来吴，不仅是为了蜀国的利益，还为吴国的将来着想。"孙权想听听他的见解，于是召见了他，说："我也早想和蜀国结好，但你们新主刚即位，国力微弱，如果魏国发兵攻打，我怕你们抵抗不住，我自身也难保。"邓芝针对这一情况，向孙权进言："蜀国地势险要，吴国有长江天堑，如果两国的长处合在一起，结为盟好，进可以夺取天下，退可以三国鼎立。如果大王和魏国保持臣属关系，曹丕必然要求你入朝，要太子去作人质。如果你不从命，魏就可以反叛的名义讨伐你。到那时，蜀军趁势而下，江南这块地方，大王恐怕就保不住了。"孙权沉思良久，认为吴蜀联盟对两国确有益处，且不甘心久居人下，终于决心和魏国断绝关系，派张温出使蜀国求和。这样，两国的关系得到了恢复。第二年，诸葛亮又派邓芝出使吴国，进一步巩固了吴蜀联盟。

建兴七年（229），孙权在建康（今南京）称帝，他派使臣到达成都，要求和刘禅互尊帝位。蜀汉众多大臣认为这种举动有失大统，要求予以反对。诸葛亮从大局出发，认为两国拥有共同的敌人曹魏，巩固孙刘联盟的利益，要高于所谓的刘氏正统地位。便派陈震到东吴去祝贺孙权，双方再订盟约，表示"戮力一心，同讨魏贼"。约定灭魏以后，瓜分其地。

吴、蜀联盟的巩固为诸葛亮的南征和北伐创造了有利条件，避免了腹背受敌的局面。

## 五、出征南中

南中，是蜀国南部地区的益州郡、永昌郡、牂柯郡、越巂郡四郡的总称。那里是少数民族聚集的地方，对蜀国的离心力很大。刘备统治晚期，吴、蜀联盟破裂。孙权派人到南中策动暴乱。汉嘉太守黄元叛变，后被扑灭。刘禅即位后，新主登基不久，人心涣散，益州豪强和夷帅孟获杀死益州太守，首先发动叛乱。牂柯太守朱褒也举众响应，除永昌郡外，其他三郡皆掀起叛乱。

诸葛亮因蜀汉新遭大丧，士气低落，兼刚败于吴国，兵力不足，只好对南中的少数民族实行安抚政策。一方面致力于休养生息，发展生产，来聚集实力，一方面又和东吴结好，切断了他们对南中叛乱势力的支持。经过数年的准备，诸葛亮于建兴三年（225）三月，亲率大军南征。出征前，参军马谡向他提出了"攻心为上，攻城为下；心战为上，兵战为下"的破敌方针，和诸葛亮的"南抚夷越"的少数民族政策不谋而合。诸葛亮采纳了马谡的意见，把用兵的重点放在"和"、"抚"上。

诸葛亮指挥军队，节节胜利，杀死雍闿、朱褒、高定等人。五月，大军渡过泸水。这时，孟获收拾残兵，重整旗鼓，成为叛军首领。诸葛亮认为孟获在当地汉族和少数民族中威信颇高，较有影响力，决定攻心为上，不欲加害，以争取通过他来取信于百姓，下令对孟获只许生擒，不许伤害。蜀军捉住孟获后，诸葛亮让他观看军队营阵。孟获观罢，不服气地说："我原本不知你的虚实，才被你打败。现在看了你的营阵，不过如此。如果再交战，我一定不会输。"诸葛亮大笑，下令放了孟获，共邀再战。这样七擒七纵，孟获终于心服口服，由衷地说："我们南人再不反叛了。"九月，叛乱的三郡全部被平定。诸葛亮对少数民族的友好态度，感动了孟获，也因此争取了南中广大群众。

平定南中后，诸葛亮将益州改为建宁郡，把南中郡分为六郡，增加了县数，以分散权力，加强中央集权。同时，他任用少数民族地区的首领管辖领地，不再由中央委派官吏治理，以减少中央和地方的摩擦。同时，夷人自治，政府不用留兵、运粮，节省了开支，积蓄了力量。他又选拔提升了许多少数民族豪强，到朝廷任职，如将孟获调到中央任御史中丞。他又对平叛中出现的忠勇之士加以奖励，永昌人吕凯在叛乱中忠于政府，被命为云南郡太守，建宁人李恢在南征中表现甚佳，被任为都督，兼任建宁太守。诸葛亮还将一些势力大但心怀不满的豪强和部曲迁到内地加以限制、管束，同时又从他们中间选拔精壮男子编成"飞军"，用人不疑。后来这支军队成为诸葛亮北伐中的精锐部队。

诸葛亮还派了很多技术人员帮助南中的少数民族发展生产，教他们改牧为农，兴修水利，发展手工业、矿业，促进了民族融合，进一步稳定了南中地区的人心，开发了南中，增强了国力。这使得蜀汉政权有了一个巩固的后方。

## 六、出师北伐

南中叛乱的平定，解除了蜀国的后顾之忧。诸葛亮的目标开始移向北方的曹魏政权，以完成统一大业。

建兴五年春，诸葛亮认为时机已成熟，决定举行北伐。他在向后主刘禅所奏《出师表》中写道："先帝了解我为人谨慎，所以临死时把国家大事托付给我。我接受使命以来，日夜忧思，担心先帝托付给我的大事没有成效，以致损伤先帝知人之明，所以五月里渡过泸水，深入到草木不生的荒凉之地。现在南方叛乱已定，兵甲准备充足，应当犒赏三军，北定中原，铲除奸贼，兴复汉室，还都洛阳。"同时，针对刘禅宠信宦官黄皓，诸葛亮劝谏他要亲贤远佞，以防宦官专权："皇宫内外，是一个整体，提升、处罚、表扬、批评，不应该有所不同。如果有作奸犯法的人，以及为国尽忠做好事的人，应该交给主管部门的官员论定对他们的处罚和奖励，以显示陛下公平而英明的法治，不应该有偏见和私心，使宫中、府中有不同的法规啊。"诸葛亮还进一步说：

"亲近贤臣，疏远小人，这是西汉兴隆的原因啊；亲近小人，疏远贤臣，这是东汉倾败的原因啊。先帝在世的时候，每次跟我谈论这件事，没有不对桓帝、灵帝感到惋惜痛心的。"为了安定后方，他向刘禅推荐了郭攸之、费祎、董允、向宠、蒋琬等一批文武大臣，以免出师有后顾之忧："侍中郭攸之、费祎，侍郎董允等，这些人都善良诚实，思想忠诚专一，所以先帝选拔出来留给陛下。我认为宫廷中的事情，无论大小，都应先问他们，然后再实行，一定能够补救缺陷和疏忽之处，获得更大的收益。将军向宠，和善公正，通晓军事，往日试用过他，先帝称赞他能干，所以大家推举他做都督。我认为军营中的事情，都先问他，一定能够使军队内部协调一致，将士才能的大小和军队的强弱得到合理的调配使用。……侍中、尚书、长史、参军，这些人都是坚贞诚实、能为节义而死的臣子，希望陛下亲近他们，信任他们，那么汉王室的兴隆，就指日可待。"回首往事，诸葛亮不禁感慨万千："我本是一介平民，在南中种田为生，在动乱的年代只想苟且偷生，并不求在诸侯中显达扬名。先帝不因为我身份低贱而轻视于我，降低身份，委屈自己，三次到茅屋之中来看望我，把当代的大事来和我商讨。我因此被感动了，就答应先帝，愿意为他奔走效劳。后来遭到失败，我接受任务在战败之际，承受使命在危难的时刻，从那时以来已经二十一年了。……希望陛下把讨伐奸贼、兴复汉室的任务委托给我，如果没有成效就给我定罪，以告先帝的在天之灵……我现在就要远离陛下，面临出师表不禁泪流满面，不知道自己该说些什么好。"

此后，自建兴六年至建兴十二年，前后七年，诸葛亮六出祁山，五次北伐。他在这些战争中表现的奇才大略和百折不挠的精神，历来为后人称道。

建兴六年（228）春，诸葛亮第一次北伐。大将魏延请求领兵 5000 从汉中出发，沿秦岭往东，经子午谷，称不出十天，可袭取长安，与诸葛亮于斜谷会师。诸葛亮认为蜀国的力量太弱，这个主张过于冒险，没有采纳。他采取声东击西的计策，扬言从斜谷道进攻眉县，命令赵云、邓芝进驻箕谷为疑军，自己则率领主力队伍，出祁山，以取陇右。由于两国很久没有交战，魏国事先毫无准备，等诸葛亮大军到达祁山，才知中计。一时间军心惶惶，南安、天水、安定三郡也叛降蜀国。诸葛亮又在翼城收降魏将姜维，魏国举国震动。魏明帝曹睿被迫亲自督军，并派大将张郃率军西进，抵抗蜀军。

诸葛亮闻听魏军西进，派马谡为先锋守军事重地街亭（今甘肃泰安县东北）。谁料马谡不听诸葛亮事前要他依山傍水、坚守要道的嘱托，自恃高明，大意轻敌，舍水上山，再加上内部不和，结果被张郃打败，痛失街亭，打乱了整个军事部署。魏军又乘势打败赵云。诸葛亮为了保全主力，只得收兵，撤回汉中。

这次街亭失守，使蜀国实力大减，在军事上也失去了主动。诸葛亮认为自己用人不当，致使街亭失守。他依法将马谡斩首，并上疏刘禅，要求自贬三级，以处罚自己的过失。刘禅无奈，只好将他降为右将军。

此后，诸葛亮总结教训，发表了《劝将士勤攻己缺》的谈话，减兵省将，严明赏罚，改变策略，以图再战，并要将士们经常批评他的缺点。他又对立功的部下进行奖励，抚恤阵亡将士，加紧训练军队，准备再次北伐。

这年冬天，东吴和魏国发生战争，东吴大都督陆逊在石亭大败魏军，诸葛亮认为形势对蜀国北伐非常有利，提出再次出师伐魏。但由于上次北伐不利，国内一些人对他的领兵才能产生怀疑和非议。为此，诸葛亮再次上表刘禅，分析了敌我双方的形势，列举了应该及时北伐的六点理由，表示了自己北伐的决心和对蜀汉的忠贞之情。其中"鞠躬尽瘁，死而后已"的名句，可谓诸葛亮一生的概括。此篇被后人称为《后出师表》。在表中，诸葛亮提出与敌人长久相持，对蜀国不利，不如及早攻打敌人。他趁魏军大批东下对付吴军，发动了第二次北伐，复出散关，围陈仓。因军粮不济，围困二十多天后，便自动撤退。魏将王双率军追赶，被斩于途中。

建兴七年（229），诸葛亮第三次出兵伐魏。这次北伐在局部取得了一些胜利，攻占了武都、阳平。回师汉中后，诸葛亮恢复了丞相职务。

第二年七月，魏军分三路进攻汉中，诸葛亮出祁山，至城固、赤阪抵抗魏军。魏军因途中遇大雨，道路泥泞，行军艰难，后自动撤退。

建兴九年（231），诸葛亮再出祁山，开始了第四次北伐。为了解决粮食运输的问题，他发明了称作"木牛"的独轮车。并委派大臣李平督办军粮。北伐大军包围祁山，魏明帝派大将司马懿率部抵御。司马懿派兵守上邽，然后自率大军救祁山。诸葛亮亲率大军攻上邽，将魏军打败，并抢收麦子以补充军粮。随后假装退兵引诱魏军。司马懿害怕中计，坚持尾随，却始终不敢进击，后来由于将士们请战心切，才只好与张部分两路出战。诸葛亮派魏延等人迎战，大败魏军。司马懿逃回大营，双方相持月余。正当诸葛亮准备和魏军主力决一雌雄时，却传来后主命令退兵的旨意。诸葛亮只好回撤后方，才知道李平督军不济，假传后主旨意，使这次本来希望很大的北伐落空。

这次北伐后，诸葛亮鉴于几次北伐的失误之处，对国内事务进行了治理整顿。他在汉中实行屯田，以解决北伐中军粮不足的困难，又设计了称作

"流马"的四轮车,运输粮草。据说他还改进了连弩,并推演兵法,自创一套行军、宿营的"八阵图",进一步提高了蜀军作战的能力。同时,他又联结东吴,约定两面夹击魏国。

经过三年的充分准备,诸葛亮于建兴十二年(234)二月,六出祁山,发动了第五次北伐。

大军出斜谷,到达郿县,在五丈原(今陕西眉县西南)扎营。魏帅司马懿率魏军渡过湄水,与蜀军相持。诸葛亮为了解决军粮运输不济的老问题,便分兵屯田。士兵与当地百姓混居,却秋毫无犯。此时,蜀军上下一心,号令严明,士气高涨。诸葛亮也决定在此一击,统一中原。但司马懿老谋深算,坚守阵地,拒不出兵。两军相持百余日,诸葛亮一直没有寻找到消灭魏军主力的机会。为了激怒对方出兵,他派人送去一套妇女的服饰羞辱司马懿。司马懿依旧不出兵迎战。而诸葛亮由于操劳过度,积劳成疾,八月,病逝于军中,终年54岁。

诸葛亮死后,姜维、杨仪按他的遗嘱,封锁他的死讯,然后组织军队有序地撤退。等司马懿知道诸葛亮的死讯后,马上派大兵追赶。蜀军早知他有此一着,突然倒转旗帜,擂鼓呐喊,向魏军杀来。司马懿以为诸葛亮诈死,怕有伏兵,慌忙撤退。蜀军从容撤出斜谷。当地百姓传言"死诸葛吓走生司马"。司马懿也自嘲地说:"我能猜测到活人的计谋,却无法猜测到死人的想法啊!"当司马懿得到诸葛亮确系仙逝,再追已来不及了。他带兵到五丈原巡视蜀军驻扎的营地,对诸葛亮的布阵扎营的能力佩服不已,赞叹道:"真是天下奇才啊!"

从政治、经济、军事各方面力量对比来看,魏国都要远远强于蜀国。诸葛亮的失败并非偶然。但是,诸葛亮五伐中原,皆占尽主动,可见其运筹帷幄的才能确实高出世人一筹。

但是,由于诸葛亮在选拔后备人才上的失误,其身后蜀国将帅缺乏,甚至出现"蜀中无大将,廖化打先锋"的尴尬局面。再加上刘禅昏庸无能,不久魏军进攻汉中,刘禅听信宠臣谯周的主张,投降了魏国。对此,唐代大诗人温庭筠在《过五丈原》一诗中吟道:

下国卧龙空寤主，中原得鹿不由人。

象床宝帐无言语，从此谯周是老臣。

景耀六年（263）秋，魏国镇西将军钟会征蜀，至汉川祭典诸葛亮的庙宇，并下令士兵不得在其墓地旁牧樵。诸葛亮为国尽忠尽职的高风亮节和杰出的治国之才，连当时的对手都非常仰慕。

随着历史的变迁，诸葛亮"鞠躬尽瘁，死而后已"的献身精神，更受到后人的尊敬。再经过后人对他的事迹的演化，尤其是罗贯中在《三国演义》中对他的神化，他渐渐成为中国人心目中智慧的化身，甚至国际上也有很多人在研究他的用兵、立国之术。

（董文欣）

本文主要资料来源：《三国志》卷三六，《诸葛亮传》；卷三二，《先主传》；卷三三，《后主刘禅传》。

# 中国历代谋士传（下）

晁中辰　主编

辽宁人民出版社

# 重战略大局　不玩弄小智

## ——鲁肃传

三国时期人才辈出，其中有一个远见卓识的政治家和谋略家，他就是鲁肃。在《三国演义》及其他一些戏剧舞台上，他被塑造成一位忠厚有余的仁慈长者，似乎算不上什么谋略家。其实，他的生活原型与艺术形象有很大的不同。就战略眼光看，他几乎可以与声名赫赫的诸葛亮相媲美。他提出了天下三分的《榻上对策》，和诸葛亮的《隆中对策》有异曲同工之妙，且早提出七年。他尽力为孙权出谋划策，思虑弘远，重战略全局，为人不玩弄小智，对于促成三国鼎立的局面起了关键的作用。

## 一、轻财好施，择主而仕

鲁肃（172—217），字子敬，临淮东城（今安徽定远县）人，东汉灵帝时出生于一个富豪家中。由于父亲早逝，他便由祖母抚养成人。未及成年便已长得身材健壮，体貌魁伟。他自幼聪颖，且心怀壮志，性好施与。他曾标价出卖土地，大散家财，扶危济困，结交豪杰，因而深得人心，在家乡颇有声望。至东汉末年，鲁肃召集一批年轻人，在一起习文练武，博得众人的喜爱。东汉末已进入乱世，这实际上也是他的自保之术。

建安三年（198），已在淮南寿春（今安徽寿县）称帝的袁术招募人才，想招鲁肃为将。他看袁术不是成大事之人，便拒绝前往。他见孙策较有政治头脑，和好友周瑜一起投靠了孙策。有一次，周瑜去拜访鲁肃，请他资助军粮。鲁肃很痛快地把仅有的两仓大米拨一仓给周瑜。周瑜十分感动，于是两人便成了志同道合的知己。

袁术得知鲁肃仗义疏财的事以后，便让他出任东城长。经过交谈，鲁肃认为袁术不成大器，便辞不受命。他带领属下三百余人南下，去江东投奔周瑜，不料州兵追至。于是鲁肃让老弱先行，精壮在后，持盾引弓，严阵以待。鲁肃对州兵说："当今天下大乱，有功不赏，有罪不罚，为何苦苦相逼？"州兵见鲁肃阵容严整，不一定能占到便宜，就停止了追击。鲁肃到达居巢不久，便和周瑜一起渡江投奔了孙策。鲁肃将家属安置在曲阿，正要与周瑜共同干一番事业时，不幸祖母在曲阿病故。鲁肃只得料理完祖母丧事后前往。

## 二、榻上献策，定鼎江东

建安五年，孙氏集团发生重大事变，年仅 26 岁的孙策在丹徒被刺身死，18 岁的孙权因此任事，孙氏政权面临严重危机。正当天下纷争之时，鲁肃办完祖母丧事回到曲阿，正徘徊于是否投奔年轻的孙权时，周瑜及时相劝，说孙权礼贤下士，招纳四方豪杰，定成大业。于是鲁肃欣然同意与周瑜一起去拜见孙权。

经周瑜对鲁肃的一番夸奖，孙权很高兴地接见了鲁肃。当时孙权控制的地盘很小，仅会稽、丹阳数郡。此后他们在相互交谈中，孙权发现鲁肃才思敏捷，能言善辩，对他十分欣赏。当宾客散去后，孙权单独留下鲁肃密谈。孙权在和鲁肃合榻对饮中，对鲁肃说："如今汉室倾危，四方豪杰云起，自己承继父兄之基业，欲建齐桓、晋文之功，希望予以帮助。"鲁肃见孙权态度诚恳，对自己十分器重，将自己思虑已久的策略献了出来："当今汉室已名存实亡，不可能再复兴了；曹操挟天子以令诸侯，势力较大，也不可能马上把他除掉；将军你现在怎么能做齐桓公、晋文公呢？为今之计，将军您只有鼎立江东，以观天下形势的变化。曹操虽然在官渡（今河南牟县东北）打败袁绍，要想统一北方，还有许多事等着他去做。将军应趁他在北方军务繁忙之机，沿江西上，剿除黄祖，进伐刘表，占领长江流域，然后称帝建号，待时机成熟时北伐中原，以图天下，方可成就帝王之业。"年仅 28 岁的鲁肃能提出天下初露三分的"榻上对策"，使孙权茅塞顿开，对鲁肃的高瞻远瞩、深谋远虑钦佩不已，大加赞赏，只恨相见太晚。后来孙权把这次与鲁肃纵论帝业的谈话，作为他一生中最快乐的大事之一。可是，以张昭为首的东吴旧臣却认为鲁肃年轻粗疏，不可大用，对他百般诋毁。但孙权对鲁肃十分倚重，对鲁肃的母亲给予了无微不至的关怀。

按照鲁肃的"榻上对策"，孙权延揽俊秀，整顿内部，然后分兵遣将，先后粉碎了各地的叛乱，平定了江东的豪强武装，镇抚了越（秦汉时期的百越）的反抗。经过数年的努力，稳定了江东的统治，初步实现了鲁肃提出了"鼎足江东"的目的。

## 三、联刘抗曹，鼎足而立

建安十三年春，孙权在江东稳住大局之后，亲率大军西征黄祖。经过连续作战，孙吴军击杀黄祖，夺取了江夏。在孙权未来及征伐刘表、夺取荆州的时候，曹操已率 30 万大军南下，要抢先夺荆州了。

八月，刘表得知曹操来伐，竟惊吓而死。此时鲁肃不失时机地提出了联合刘备共抗曹操的战略方针。他向孙权献计说："荆州外有长江、汉水环绕，内有山陵作为屏障，地势险要，沃野千里，人民殷富，如果占有荆州，便可成为建立帝业的资本。但荆州内部矛盾重重，刘表一死，他的两个儿子一向不和，军中诸将分为两派，各自拥护一方。刘备有一定的力量，与曹操势不两立，现寄居在荆州，又不被刘表集团所重用。假若刘备能和荆州方面同心协力，上下一致，就应该支持他，与他结为盟友；如果刘备不能和荆州同心协力，就应该相机行事，另想办法。请将军让我出使荆州，以吊丧为名，慰劳军中诸将，劝说刘备安抚刘表旧部，同心协力，共同对付曹操，刘备必然听命。如不速往，恐怕会被曹操抢在前面。"对鲁肃的一席谈话，孙权极为赞赏，便采纳了鲁肃的建议，立即派鲁肃前往荆州。

鲁肃刚到夏口（今湖北武汉市），就听说曹操已南下荆州。于是他日夜兼程，等赶到南郡（今湖北江陵）时，形势发生了急剧变化：刘表的次子刘琮已投降了曹操，刘备也从樊城南逃，准备渡江了。在这千钧一发之际，鲁肃不顾个人安危和旅途疲劳，毅然决定亲赴前线，在当阳长坂（今属湖北）与刘备相遇。此时刘备正处于败军之际，遇到鲁肃之后，鲁肃问刘备准备归附何方，刘备说准备投苍梧太守吴巨。鲁肃便劝刘备说："孙将军聪明仁惠，敬贤礼士，江东英雄都归附了他，并且兵多将广，你不如与之结为盟好，联合抗曹。吴巨远不如孙权，他地处偏远，目光短浅，怎么能归附他呢？"刘备正左右为难之际，听了鲁肃之言便欣然应允。鲁肃在此第一次见到了诸葛亮，两人一见如故，谈得非常投机。随后，鲁肃、诸葛亮二人相互出使，从而建立了共同抗曹的孙刘联盟。

孙刘联盟刚一建立，事态陡然生变。曹操占领荆州后，准备亲率80万大军，欲在江东与孙权决一雌雄。对此，以张昭为首的江东群臣，认为曹操打着天子的旗号，兵强马壮，又有荆州水兵相助，锐不可当，力主投降求和。年轻的孙权被一伙主降派弄得六神无主，不知所措。正是鲁肃在这关系到孙权集团生死存亡的关键时刻，力排众议，从孙权集团利害关系的角度出发，劝孙权早定抗曹大计。他对孙权说："我看众人的议论，都是为了保住自己的官位，不惜贻害将军，不足以和他们商量大事。如今我投降曹操，曹操可以把我送还家乡，还可以给我个官当。而你就不同了，你没想过会有什么结果吗？"当时周瑜在鄱阳、柴桑行营，只有鲁肃一人力主抗曹。鲁肃的坚决态度极大地坚定了孙权的抗曹决心。于是孙刘联合，在赤壁大战中大败曹军，从而奠定了三国鼎足而立的格局。

从缔结联盟和战略决策上来看，首要功臣应推鲁肃。如果没有孙刘联盟，曹操就会将刘备和孙权各个击破。赤壁大战结束后，鲁肃首先回到柴桑，孙权亲率诸将列队迎接。鲁肃进入客厅，孙权对鲁肃说："子敬，我亲率诸将持鞍下马来欢迎你，你应感到光荣才是。"他本想鲁肃会受宠若惊，不料鲁肃回答道："我不感到光荣，只有等到将军统一天下，完成帝业之时，那时将军用软轮小车召见我，我也会感到光荣哩！"孙权听后抚掌大笑，这才明白，鲁肃是用激将法，要树立统一全国的大志。在当时的江东诸臣中，能够提出统一全国目标的只有鲁肃一人。这充分表现了鲁肃具有远大的政治抱负。后来孙权在回忆和鲁肃的交往中，把鲁肃联刘抗曹，取得赤壁之战的胜利，作为他一生中第二件快事。

## 四、呕心沥血，维护联盟大局

赤壁大战之后，刘备的处境明显好转，占领了长江两岸的大部分地区。

但他仍不满足，因东有孙权，北有曹操，自己的势力范围难以扩大，便在建安十四年冬，亲赴镇江，面见孙权，商借荆州南郡问题。孙权与众人商讨，周瑜和吕范等都反对把南郡借给刘备。周瑜还建议，趁机把刘备扣留起来，大筑宫室，给其美女玩好，以消磨刘备的斗志。在鲁肃的劝说下，孙权不但没有采纳这个破坏孙刘联盟的建议，还把自己的妹妹嫁给了刘备。鲁肃从东吴的长远利益出发，为进一步巩固孙刘联盟，以共同抗拒曹操，建议孙权把南郡借给刘备。如果孙、刘分裂，虽然刘备会首当其中被曹操消灭，但接下来就会吞并东吴。让刘备在南郡等地立足，实际上是牵制曹操的重要力量。孙权权衡利弊得失后，同意了鲁肃的意见，便将南郡借给刘备。曹操得知这个消息后，吓出一身冷汗。这使他很长时间没敢贸然对东吴用兵。

借荆州，是鲁肃向孙权献策所采取的一项极其重要的战略措施。赤壁战后，三足鼎立之势已形成，但孙、刘两家无论哪一方，实力都比曹操小得多，都不足以单独对抗曹操。只有联合起来，才能不被各个击破，免于灭亡。但是，如果在荆州归属问题上解决不好，就可能随时导致孙刘联盟的破裂。既要维护孙刘联盟，又不违背既定的战略决策而失去荆州，鲁肃为了解决这一难题，才建议将南郡借给刘备，以共同抗拒曹操。如仍由东吴占据江北二郡，直接与曹操对峙，把刘备隔在江南，一旦南北战争再次爆发，那就只能是孙曹鹬蚌相争了。现在把南郡借给刘备，既可以缩短东吴与曹操的战线，又把刘备推到了前线，同时又进一步巩固了孙刘共同抗曹的统一战线。这正是鲁肃从大局出发的策略运用。

建安十五年，周瑜向孙权建议，趁曹操赤壁大败、兵退北方之机，让他和奋威将军孙瑜一起率兵攻打西川（即益州）的刘璋。孙权同意后，将这一消息告诉刘备。刘备想独吞益州，于是诡称："宗室被攻，而我不能自救，还有何面目立于天下！"实际上就是反对孙权染指益州。当孙权派周瑜统兵西进时，刘备派关羽、张飞等将领加以阻拦。孙刘联盟有遭到再次破裂的危险。但是周瑜却箭伤复发，死在半道，事态才没有扩大。周瑜临死前向孙权上疏，说鲁肃智勇兼备，应委以重任。他死之后，请求让鲁肃接替他的职务。孙权果然命鲁肃为奋战校尉，代替周瑜领兵。鲁肃率周瑜留下的四千兵马，屯驻陆口。他治军有方，令行禁止，纪律严明，深受士兵爱戴，部队很快就达 1 万多人。于是，孙权又提升鲁肃任武昌太守，为偏将军。鲁肃成为继周瑜之后的最高军事统帅。

当时鲁肃的防区与关羽相邻。他的任务主要是防备关羽进攻，这个任务直接关系到联盟，既有军事也有外交的性质。刘备在借荆州时曾经答应过，等他取得益州后再交还所借的荆州。这不过是口头承诺，刘备根本不想兑现。从建安十六年到建安十九年间，关羽经常对鲁肃不友好。而鲁肃则始终以孙刘联盟为重，竭力克制自己，没有兵戎相见。对于关羽的每次挑衅，鲁肃都婉言相劝，"以欢好抚之"，才避免了发生武装冲突。鲁肃在处理与关羽的关系方面，始终是比较明智的。

建安二十年，刘备取益州后，孙权令诸葛瑾去索回所借的荆州南郡。刘备一再推辞不还。孙权对此大发雷霆，立即令吕蒙率兵进攻长沙、零陵、桂阳三郡，使三郡很快投降了东吴。刘备得知三郡失守，亲自从成都赶到公安，命关羽夺回三郡。孙权也进驻陆口，派鲁肃屯兵益阳（今属湖南），去抵挡关羽。当时关羽有三万人马，颇为强悍。他挑精兵五千，准备在上游乘夜渡水进攻。鲁肃的部将甘宁当时只率三百人，他听到关羽进攻的消息后，建议鲁肃再给他增加五百人，并保证，只要关羽听到他的咳嗽声，便不敢涉水进攻。结果鲁肃拨给他一千人。关羽果然未敢来偷袭。

当时双方大有一触即发之势。为了不使势态扩大，导致孙刘联盟彻底破裂，鲁肃作了最后努力，打算和关羽当面商谈荆州问题。鲁肃的部下担心会发生意外，纷纷劝阻鲁肃。鲁肃对部下说："今日之事，应当开导劝说。是刘备对不起我们，是非还没弄清之前，量他关羽也不敢乱来。"于是鲁肃邀请关羽相见，各自把部队留在百步之外。随后二人相见，发生了激烈的争执。因为刘备是自食其言，所以关羽理亏。但关羽却狡辩说："赤壁之战，刘将军身在营阵，寝不安席，努力破曹，岂能徒劳，连一块土地都没有？如果不是刘将军奋力破敌，你们怎敢来收取荆州！"鲁肃义正词严，责备刘备背信弃义。他质问关羽说："事情不像你所说的那样。当初刘豫州败于当阳长坂时，没有立足之地，那时你们对荆州连想也不敢想。孙将军念你们连立锥之地也没有，才将荆州借给你们。而刘豫州却以怨报德，今天你们已取得益州，既无奉还荆州之意，连三郡也不让，这是什么道理？"关羽却回答说："乌林之役，刘将军亲临前线，睡觉也不脱战袍，戮力破魏，怎能徒劳无益而得不到一块土地来报偿呢？你这次来是想收回这块土地吧？"鲁肃立即反驳道："你们背信弃义，必将带来祸害。你身负重任，不能阐明道理，适当处理，用信义辅佐你主，而是恃武力来强行夺取，这样做的结果，恐怕会被天下人所耻笑吧！"关羽理亏，无话可说。这时座位中一人突然嚷道："谁能得民心，谁就可以拥有这块土地，为什么一定要归你们所有！"鲁肃声色俱厉地斥责道："你是什么人！"关羽握着钢刀站起来，说："这是国家大事，你这个人知道什么！"便使个眼色，让他下去。鲁肃在单刀会上，不辱使命，有理有据，驳得对方理屈词穷。既使对方未敢以兵相加，又不使孙刘联盟遭到破坏，充分体现了鲁肃的大智大勇和外交才能。后来刘备听说曹操要进攻汉中，怕危及益州安全，腹背受敌，便派人前来讲和。双方以湘水为界，平分荆州：长沙、桂阳、江夏以东归孙权；零陵、武陵、南郡以西归刘备。于是双方矛盾得以缓和。鲁肃争得三郡后，还经常告诫吕蒙，不要进攻关羽，要与之和睦相处。然而在鲁肃死后，孙权还是派吕蒙进攻关羽，夺得了全部荆州，致使联盟破坏，从而使孙刘政权终于被曹魏陆续消灭。

建安二十二年（217），鲁肃病逝，时年 46 岁。孙权为了悼念这位对东吴的巩固和发展做出了重大贡献的重臣，十分隆重地为他举哀，还亲自将他的灵柩护送到葬地。诸葛亮闻讯后，素服三日，发去唁文，为之哀悼。鲁肃虽然英年早逝，没有充分施展他的才能，但他短短的一生却影响了一个时代。首先，鲁肃第一个向孙权明确提出了立足江东、建立帝王事业的战略规划。其次，他在赤壁之战中起到了关键作用，挽救了东吴和刘备失败的命运。再其次，他在维护和处理孙刘联盟的关系上，表现了过人的远见和胆略。以上这些都足以说明，鲁肃是东吴少有的文武兼备的将领，也是三国时期卓有建树的政治家、军事家和谋略家。

（朱廷松）

本文主要资料来源：《三国志》卷五四，《鲁肃传》；卷四七，《吴主（孙）权传》。

# 博学多识"杜武库" 奇计迭出灭孙吴

## ——杜预传

杜预（222—284），字元凯，京兆杜陵（今陕西省西安市南）人。魏文帝黄初三年（222）出生于一个世代为官的家庭，晋太康五年（284）去世。他是西晋著名的政治家、军事家以及史学家，曾对西晋的巩固和发展做出了重要的贡献。

## 一、出身名门，少有大志

杜预所在的家族，自西汉以来便是全国少有的名门望族。祖父杜畿，是汉魏之际的名臣，魏文帝时官至尚书仆射，曾为曹操出谋划策，整饬吏治，恢复农业生产，立下了汗马功劳。父亲杜恕，更是曹魏时期著名的谋臣，曾多次上疏陈述时弊，论议亢直，多所裨益，人称直臣。魏明帝时官至幽州（治今北京市西南）刺史。

杜预自幼受家风的影响，颇有大志，又"博学多通，明于兴废之道"，对政治、经济、军事、历法、律令、算术、工程均有研究和造诣。他常拿古人所说的三个不朽之业来勉励自己，说"德不可以企及，立功立言可庶及也"。意即自己不敢企望创立德业，而只是期望能够建树功绩，著书立说。但他在 30 岁以前，却仕途艰难，颇不得意，其主要原因是受父亲的牵连。杜恕是一位比较正直的官员。魏齐王芳时（240—254），司马氏势力显赫，垄断朝政，杜恕不仅不党附司马氏，而且在上书言天下选举得失时抨击选官趋炎附势，不同意征辟司马懿轻薄无行的第五弟司马通为官，因而得罪了司马懿。他出任幽州刺史时，又因小事得罪了司马懿的党羽程喜，被逮捕下狱，后又被发配到章武郡（治今河北黄骅市北）充军，四年后便病死在那里。父亲的这种不幸遭遇，使杜预颇受牵连，"久不得调"。

然而，杜预毕竟是一个非同一般的人。他的家族又是一个不容忽视的家族，所以司马懿司马师父子死后，司马昭当政时，不仅重新启用了他，还让他袭封了祖父杜畿的丰乐亭爵位，又把自己的妹妹高陆公主许配给杜预，让他在府上当了一名参军。

## 二、撰修《晋律》，功不可比

景元四年（263），司马昭派钟会、邓艾等将领率军伐蜀，把杜预作为心腹派到钟会手下当了一名长史。司马昭这样的安排看似对杜预极为有利，但怎知天有不测风云，钟会灭蜀后举兵叛乱，先杀手中将官。杜预险些丧了命，幸赖他的计谋而脱险。

杜预从军平蜀后回到京师洛阳，成为有功之臣，被增封邑1150户。这时司马昭正加紧准备代魏建晋事宜，他一面逼魏元帝曹奂封自己为晋王，另一面又让人为他准备改朝换代的礼仪、官制、法律等典章制度。杜预作为朝中学识渊博的官员，也被编入修订法律工作的人员之中，与贾充等人共订律令。

杜预参与撰修《晋律》的工作，开始于魏元帝咸熙元年（264）。为了配合司马氏即将代魏，需要安定和收买人心，缓和各种矛盾，在撰修《晋律》时，杜预便向司马昭提出清除过去法律"繁杂"的内容，以"宽简"的原则来制定《晋律》，以达到减轻刑罚，收买人心，代魏建晋的目的。这个原则得到了司马昭的同意，4年后，晋武帝泰始三年（267），《晋律》的撰修宣告完成。

《晋律》以汉《九章律》为蓝本，参考了《魏律》。在撰修《晋律》的过程中，杜预等人本着"宽简"的精神，对以往的旧律进行了大刀阔斧的删革，它虽然比《魏律》多两篇，共21篇，但条文却只有620条，27657字，比汉魏律令大大减省了2000条。与此同时，对法律的文句也作了大量的修改，比汉魏旧律更加通俗简明。《晋律》大量减少了重罚的条文，如对妇女免除了连坐法，省去了汉末的禁锢之法等。这样就有利于防止和减少犯罪，使统治集团中的人能支持司马氏，从各方面来稳固其统治，加强地主阶级专政。

杜预在撰修《晋律》的过程中，又对《晋律》逐条进行了注释。完稿后向晋武帝上疏说："法律是判断人们是否遵守法度的准则，而不是穷究事物的道理，所以法律文字应当简要，条例明确。断罪条例从省，禁令也就简化，律例简明，人们也就容易知晓，就不易触犯法令。而如果法律条文烦杂，文字艰深，就不会有此效果。古代的刑书所以要铸造在钟鼎和金石之上，正是为了杜绝异端淫巧，使天下尽人皆知的缘故。臣今日为《晋律》作注，正是要达到这个目的。"杜预的上疏正符合晋武帝统治的需要，于是司马炎下诏，让它和《晋律》一起颁行天下。

杜预在撰修和解释《晋律》中所起的作用是别人所不能比拟的，正因为这个缘故，当时就有人把《晋律》称为《杜律》。此后《隋书·刑法志》和《新唐书·艺文志》也都把《晋律》称作《杜预律》。

修订《晋律》的工作完成后，杜预出任河南尹（治今河南洛阳市东），又接受了晋武帝要他制订王公百官进行考课的黜陟之法。这种对在职官吏的监督考评办法，自西周以来各朝都有制订，但都没有认真执行过。杜预认为"上古时期，人们顺应自然，虚心接受意见，以至诚之心待人，百姓便顺服顺从，心领神会，这样就能治理好天下。到了中世，这种淳朴的民风渐渐消失，人事开始有了善恶美丑之分，这就必须设立官吏，颁行各种典章制度，才能治理天下。另外还要依靠贤哲作辅，使名位和功绩相称，赏罚要得当。要广泛征求意见，并采纳臣下的建议。到了国政衰乱之世时，不能建立长治久安之制，就不得不求助于严刻苛细之法，不相信自己而相信别人，不相信别人而相信书简。书简越多，虚假便愈多；法令越多，乖巧便愈盛。过去汉代的刺史每年年终要向朝廷汇报当年的任职情况，官吏的勤惰清浊也由此而定。曹魏用京房的考课法，其制度不能说不严密周全，但由于太烦杂，有违考课本意，所以汉魏两代都行不通。如果重申唐尧时考核官吏的办法，力求简明，则比较容易执行。尽量宣示万物本性中所包含的'天理'，用精神领会、把握。这在于官吏本人，如果离开人而单单依靠法令，恐怕不会取得多好的效果。现在要想知道在职官员的优劣，最好的办法是委任达官，各自考察自己所统属的官员，每年选出优劣者各一人作为典型，以优者为楷模，以劣者为鉴戒。如此连续实行六年，然后再由主持者加以总结，将屡优者升官晋职，屡劣者革职查办，优多劣少者续用，劣多优少者降级。而现在的考课办法却不然，它难易不均，对优者要求过高，对劣者又过于宽大，不足以体现奖优惩劣的原则。如果一年一考课，积优以升陟，累劣而取黜，则是考察官吏的最好办法。"他将自己的这一想法写成奏章，上奏朝廷。因为这种考课黜陟之法简便易行，并且赏罚分明，用人适度。晋武帝看后，觉得可行，于是下诏颁行天下。杜预的学识才智又一次得到发挥，并受到肯定。

### 三、出任度支尚书，造福黎民百姓

泰始六年（270），鲜卑族在陇右的势力迅速强大起来。六月，秃发（拓跋）部首领树机能进攻陇右地区（今甘肃六盘山以西，黄河以东一带）。这时晋武帝派遣司隶校尉石鉴为安西将军，都督陇右诸军事，以杜预为安西军司，给兵 300 人，骑百匹，以讨伐树机能。杜预到长安后，又被任命为秦州刺史，领东羌校尉。杜预刚到秦州，石鉴便让他出击树机能。杜预考虑到当时正是鲜卑人的气焰嚣张之时，便向石鉴献计说："现在正是秋高草肥季节，鲜卑人兵强马壮，又屡战屡胜，士气高昂；而官军则是远道而来，供应不继，如果贸然出击，必定劳而无功。不如先全力储运粮草，等到来年春天，鲜卑马困人乏之时，再出击，定能一举成功。"而且还上书石鉴，提出"五不可，四不须"等，坚决反对立即出兵。杜预的这一谋略颇有眼光，切实可行，但却遭到石鉴的反对，加上二人本来就有矛盾，于是石鉴诬告杜预迁延时日，不听调遣，擅自盗用军资修建城门官舍。朝廷对此未经核实，便轻易地将杜预逮捕下狱。后来因为杜预是晋武帝的姑父，在皇亲国戚的"八议"之列，才没有被处死，而是以削除侯爵赎罪。

石鉴不听杜预的建议，一意孤行，贸然对树机能发动了攻击，结果被树机能战败，而他却虚报战功，最后落了个被免职的下场。陇右军事形势的发展，正如当初杜预所预料的，"陇右之事卒如预策"。

陇右军事形势的发展，使朝廷深知杜预善于筹划。第二年正月，秦陇战事未了，北部边境又告吃紧，匈奴右贤王刘猛在并州（今山西太原市南）、河东（今山西夏县东北）、平阳（今山西临汾县西南）等地起兵反晋。于是朝廷再次起用杜预，让他在朝中以散侯的身份出谋划策。不久，朝廷因四方战事频繁，国家财政困难，又让杜预出任负责全国财政工作的度支尚书一职。

杜预出任度支尚书后，开始对全国的农业、手工业和财政收支进行治理。他首先从发展农业入手，向朝廷建议请立籍田。他认为国家的大事在于祭祀和农业，所以古代圣王无不躬耕于田亩，将收获的农作物献给宗庙祭祀，以此训导天下，起表率作用。但近世以来，皇帝亲耕变成了一种仪式，空有效法古人之名，而没有供祀训农之实。况且每行此典，百官车马相从，造成不少浪费。所以他建议把籍田的面积扩大，把典礼变为实际行动，让皇帝和百官都参加耕作，亲自体验耕作的艰难。这样，农业生产便会搞上去，粮食生产和国库收入相应也会增加。他的建议提出后，被晋武帝很快采纳，并下令在洛阳城东建立籍田，面积千亩，晋武帝和王公大臣定期下田中耕作，从此，农业生产得到了应有的重视。

国家对农业生产的重视，再加上制定租调等一些刺激农民积极性措施的推行，农业生产得到了恢复和发展，粮食产量不断增加，出现了连年的大丰收。但由于与之相应的手工业发展相对缓慢，再加上货币不足，就出现了谷贱布贵的问题，十分不利于农业生产的继续发展。杜预除提高谷价外，还建议朝廷效法古代的做法，在主要农产区设立常平仓。即封建政府为稳定粮价，备荒赈济而设置的粮仓。由政府委派官吏经营，谷贱时籴进，贵时卖出，以达到平抑物价的目的。杜预还提出各种"内以利国外以救边者五十余条"，如在水陆冲要地设关卡向贩运食盐的商人征税；政府向农家成年男女必须耕作的亩数以及他们征收户口税，等等。这些建议都被晋武帝采纳，对于促进生产发展产生了极大的作用。

杜预在任度支尚书期间，还对与农业生产有密切关系的历法进行改革。他认为"天象星体运行不息，日月星辰都是按照一定的规律运动的物体。天长日久，难免就会出现一些差错，这是很自然的道理。春秋时太阳有时月月都蚀，有时多年不蚀一次，正是因为历法不准确的缘故。历法刚推行时，可能有小小的不准确，不易使人觉察，但年深日久，积少成多，差错就会越来越大，不能不加以纠正"。他从这一观点出发，深感现行历法与天文现象不合，于是便和当时的天文学家李修、卜显一起，重新推算历法，编成《二元乾度历》上奏朝廷。它与旧历法相比，其优点多达四十余处，因此很快被推广实行，对农业生产起着积极的指导作用。

杜预在任度支尚书期间，还奏请朝廷在黄河上架桥，以方便官民往来。他认为黄河孟津渡口水流湍急，每有国家应急大事需要在此渡河时，险象环生，常有翻船的危险，造成生命财产不应有的损失，不如在这里建造一座跨河大桥，对官员都有方便。但是这一合理的建议，却遭到官员的反对。他们认为，洛阳是殷周以来的大都会，历代圣贤都没有在河上架过桥，必然有他们不架桥的道理。现在应该效法古人，不可贸然行事。针对这种墨守成规的观点，杜预反驳道："殷周圣贤没有在河上架桥的说法是毫无根据的。《诗经》中有'造舟为梁'的诗句，就是制造船只，将其连环固定在河面上，架木成浮桥，以渡渭水。这就说明殷周圣贤曾在黄河上架过桥。"他的建议后来得到晋武帝的默许。杜预亲自负责在孟津建造一座跨河大桥，桥成之日，晋武帝与王公百官同去视察，并为他举行了庆功宴会。宴会上，晋武帝举杯祝贺说："要是没有您，也就没有今天的桥。"杜预则谦虚地说："没有陛下的神武圣明，我也没有显露这些雕虫小技的机会。"一句话，说得晋武帝非常高兴。

杜预任度支尚书期间，还曾有过不少创造发明。他曾根据古书记载，制作了不少仿商周的文物制品。其中就有许多是失落于汉魏之际但曾被秦汉诸帝视为主室的祭祀的仿制品，个个精美异常，巧夺天工，达到了以假乱真的地步，他把这些仿制品献给晋武帝后，"帝甚嘉叹焉"。另外，杜预还发明了连机水碓，就是利用水力带动好几个碓同时舂米，从而节省了人力，增加了工作效率。

杜预在任度支尚书的八年（271—278）中，多次献计建安边之策，论处军国之要，校盐运、制课调，献计献策达 50 余条，并且都被采纳实施，取得了显著的效果。由于他奇谋不断，妙计不绝，对当时的各项工作起到了补偏救弊、损益万机的作用，朝野无不称美，人称"杜武库"，意思就是杜预的谋略就像贮藏器物的仓库一样，无所不有。

## 四、奇计迭出，终成灭吴大计

随着西晋政权的日益强盛，灭吴战争便提上议事日程。其实，早在灭蜀之前，司马氏便有灭吴的打算。魏元帝景元三年（262），司马昭便提出了先平定巴蜀，三年之后顺流而下，水陆并进，实现灭吴的战略设想。尔后，伴随着司马氏政权的巩固，晋政权便加紧筹划灭吴。杜预典掌财政收支，深知其意，也竭力赞成灭吴。在当时的大臣中，与杜预持相同观点的还有羊祜、张华。其中羊祜资历最深，又有军事才能，晋武帝曾采纳羊祜的建议，在边境地区实行分化瓦解吴军的政策，还极力整饬军备，屯田兴治，训练了一支"舟楫之盛，自古未有"的水军队伍。后来，羊祜病重，便推荐力主伐吴的杜预继任他的工作。咸宁四年（278）羊祜病故，晋武帝任命杜预为镇南大将军，都督荆州诸军事，镇守襄阳。此时，他杰出的军事才能得到了充分的发挥。

杜预受命上任后，驻军于襄阳。一上任便修治铠甲兵器，振奋士兵士气，选拔精锐部队，以迅雷不及掩耳之势，出其不意地偷袭西陵（今湖北宜昌市），一举成功，杜预因功增封邑 365 户。西陵都督张政是孙吴名将，在毫无准备，猝不及防的情况下，被杜预打得大败，一大批将士被俘，张政害怕吴主孙皓会严加责罪，损害自己的声誉，所以不敢把败绩如实上报，竭力封锁消息，把失败的真相隐瞒起来。杜预得知这一消息后，便施行反间计，特意派人把所俘获的孙吴将士及其兵甲全部押送到吴国首都建邺（今江苏省南京市），归给孙皓，让吴国朝野上下都知道张政被打败的消息。孙皓果然对张政隐瞒军情一事大发雷霆，很快把张政从西陵调回内地，革职查办，另派武昌监刘宪前去镇守西陵。这时离西晋大举灭吴的日期已经很近，孙吴调换边将，不仅中了杜预的离间之计，而且违犯了兵法上所说的临战易将的大忌，吴国出现了倾摇动荡的局面。

杜预在轻而易举地搬掉了灭吴道路上的拦路石后，认为灭吴的时机已经成熟，于是上疏朝廷，请求出兵伐吴。这时，晋武帝虽然雄心勃勃，早有灭吴之心，但是他的灭吴计划却受到以太尉贾充等为首的保守派官员的反对和阻挠，所以对于杜预的上疏伐吴，仍是"待明年方欲大举"。

杜预便在上疏中鼓励晋武帝说："自今年闰七月以来，吴国多次下令戒严，说是要加强西部防守，只是增加了夏口（今湖北武汉市）以东的防御力量，而没有从国都抽调更多的兵力去加强上游的防务，由此推断，孙皓已计穷力竭，长江下游和上游不能两相保全。吴军在战略上必然只保下游，以苟延残喘，而无法抽调兵力充实上游，这样会使国都空虚。陛下想在完全有把握的情况下再出兵，这种考虑是不必要的。我们不妨现在就出兵，如果胜了，则天下统一；败了，也不过是锻炼一下国力，为什么不能试一试呢？如果现在失去了这个机会，说不定以后就很难了。陛下现在应让我们这些大臣各守边界，然后齐头并进，东西同举，这是万全之策，完全不必有任何顾虑。"

奏章上报十余日，不见动静，他于是第二次上书说："羊祜生前只是把灭吴的想法说与陛下一个人知道，而没有向朝中百官言明，所以今天大臣多持异议。就利害相比而言，现在出兵灭吴，有利因素占十之八九，所剩的十之一二也未必是不利因素，只不过不是那么明显罢了。现在朝中不少官员反对灭吴，不过是因为灭吴之计不是他们提出的，一旦灭了吴国，他们得不到任何好处，还要落个没有先见之明的埋怨，所以他们反对出兵灭吴。近来朝中无论大事小事总要争论不休，不过是那些自认为受陛下信任的人妄生异端罢了。自今年秋季以来，本朝出兵灭吴的迹象不断显露，如果不乘机而动，孙皓害怕灭亡而想出别的办法来，或者把国都迁到武昌（今湖北鄂城），然后再严加防务，修固城池，坚壁清野，疏散百姓，到那时我们攻城不下，又无给养可以补充，困难会比现在大得多。"

杜预的这封奏本送到宫中时，恰好晋武帝与张华在下棋。晋武帝看完杜预的上疏已心有所动。这时张华推开棋盘，对晋武帝说："陛下圣明神武，朝野清晏，国富民强，号令如一，吴主荒淫骄奢，诛杀贤能，当今讨之，可不劳而定。"就这样，经过杜预和张华的说服，晋武帝终于下定了灭吴的决心。

晋武帝咸宁五年（279）十一月，司马炎采取羊祜生前的主张以及杜预上疏中提出的"随界分进"的战略计划，发兵20万，兵分六路向东吴发动了全面进攻。一路自下邳（今江苏邳州市西南）指向涂中（今安徽滁河流域）；一路自扬州（今安徽寿县）指向江西（今安徽和县一带）；一路自豫州（今河南许昌东南）指向武昌；一路自荆州指向夏口；一路自巴、蜀（今四川旧蜀国地）顺江直取建业；杜预则亲自率领一路自襄阳（今湖北襄樊市）南下江陵（今湖北江陵），尔后顺江南下，全面展开了灭吴的统一战争。

杜预针对吴国边将已经出现的各自为守，无心恋战的形势，大胆地采取了攻敌要害的方针。太康元年（280）正月出兵江陵。江陵，是东吴荆州治所，位于长江北岸，是吴国沟通上游建平郡与下游江夏郡相互往来的必经之地。它与长江南岸的乐乡（今湖北江陵西南）一水相隔，同为控制长江水面的重镇。乐乡、江陵有失，就断绝了上游宜都、西陵、秭归、建平吴军的退路，以及江夏守军西进之路，造成对吴军整个西部防线的威胁。当时，江陵由伍延驻守，乐乡由孙歆驻守。

杜预兵围江陵的行动，牵动了整个上游的吴军，杜预命参军樊显、襄阳太守周奇等人率众沿江西上，一路上以破竹之势，克西陵，阵斩吴都督刘宪；破荆门（西陵门）、夷道（今湖北宜都），诛杀吴夷道监军陆晏等等，剪除了江陵以西的沿江据点。但是江陵对岸的乐乡仍为孙歆所据，乐乡位于江陵的上游，拔江陵不足以制乐乡，而拔乐乡则彻底孤立了江陵。所以，杜预在攻取上游诸城以后，便把兵锋指向了乐乡。然而，乐乡面长江，背巴蜀，吴军防守较为严密，北岸又有江陵吴军隔水呼应，因此，攻打乐乡只能计取，而不能强攻。

杜预采取了奇袭战法，他派管定、周旨、伍巢等人率奇兵800，利用夜色掩护，偷渡长江。在乐乡一带的沿江各要地，到处张旗树帜，又派兵一支迂回乐乡侧后的巴山一带遍燃烽火，造成大军已经渡过长江的声势。吴军守将孙歆果然中计，闻之丧胆，在给江陵守将伍延的报告中说："北军诸军，怕不是飞过长江的吧！"吴军仓促迎战晋军，被杜预打得一败涂地，一万多人投降晋军。这时候，上游王浚所部水军也已进抵乐乡。孙歆不得不出城与王浚交战，周旨、伍巢等则趁机埋伏在乐乡城外。孙歆出战不利，大败而归。周旨、伍巢等则随其溃军进入乐乡城内，入城后，他们趁敌混乱之势，直入孙歆军营，孙歆还未弄清是怎么回事时，已经作了晋军的俘虏。杜预未伤一兵一卒，便攻下了乐乡。因为杜预足智多谋，出奇制胜，军中将士无不叹服，纷纷称赞他说："以计代战一当万。"

上游沿江城镇的平定，乐乡的拔取，使地处江北的江陵吴军陷入进退失据的孤立境地。二月十七日，杜预命令南北各军会攻江陵城。坚守江陵的吴军都督伍延假意投降，而把精兵埋伏在城楼上的矮墙内，企图等晋军入城时再袭杀晋军。杜预不为所骗，也不揭穿他的阴谋，指挥军队继续攻城，不久城破，伍延被杀。晋军占领了长江上游最重要的城市江陵，杜预军威大振，长江以南的荆、湘、交、广诸州的守兵望风而降，纷纷送来印绶，杜预均派人加以安抚。这次战役，共俘斩吴军都督、监军以上的军官14人，牙门、郡守一级的官员120余人，其他人员不可胜计。从此，晋军完全控制了长江上游。

长江上游平定以后，杜预便与各路统帅共商灭吴大计。这时，有人认为东吴"百年之寇，未可尽克，现在暑期将近，大雨将降，疾疫必起，应当偃旗息鼓，班师回朝，等到来年冬天再战。"这种反对进军的意见如果占了上风，灭吴统一的战争必定会半途而废，功亏一篑。所以杜预针锋相对，立即上书朝廷说："过去乐毅在济水西部一战中大败强齐，今天晋军雄威已振，势如破竹，数节之后，其余各节都迎刃而解了。愿陛下审时度势，一鼓作气，消灭东吴。"晋武帝认为杜预的话很有道理，就下令继续进军。

据史书记载，杜预在此之后，并没有直接参加进攻建邺的军事行动，而是遵照二月二十八日司马炎调整的战略部署，继续率队南下，镇抚零陵（郡治在今湖南零陵）、杜阳（郡治在今湖南郴县）、衡阳（郡治在今湖南湘潭西）等诸郡。这样，进军建邺的任务便落到王浚头上了，但杜预作为足智多谋、料敌制胜的统帅，仍为王浚出谋划策。当王浚拥舟东下，直指建邺途中时，晋武帝又命王浚听从安东将军王浑的节度。王浑坐镇江北，也不准备渡江去消灭东吴军队。如果王浚听从王浑的指挥，只能延误军事，坐失灭吴良机。于是杜预便写信向他献计说："将军已经攻破东吴的西部边防，便应当顺流而下直取建邺，去征伐几代的叛道，拯救吴人脱离水火。"就是要王浚乘势迅速东下，直取建邺。杜预要王浚东下，正是抓住了一个良好的进攻时机，当时吴主孙皓已指令吴军主力3万，由建邺渡江逆战，忙于北面陆路应付，放松了水上防御。吴军一意顾北，建邺一带守卫已成空虚，所以杜预的这一主张，实为是弥补王浑被动局面，乘虚轻取建邺的正确方案。

王浚接到杜预的书札，认为言之有理，即挥师东下。杜预还分兵1万人给王浚，以增强其进攻的力量。晋武帝太康元年（280）三月十四日，王浚水陆两军进抵牛渚（今安徽当涂西北），"兵甲满江，旌旗烛天，威势甚盛"。这一行动痛指吴军防御薄弱之处。吴军没想到晋军会突然进攻，措手不及，孙皓派游击将军张象率舟师万人，西向抵御，但士兵都望旗而降，后来虽然勉强拼凑2万来人，但未及出发就逃散了。王浚指挥水师舰船，迅速东下，次日，便浩浩荡荡进至建邺。吴主孙皓见战局无望，被迫到王浚军门请降。孙吴至此灭亡，西晋实现了全国的统一。

由于杜预多谋善断，在整个伐吴过程中的关键时刻，他都发挥了举足轻重的作用，使战争得以顺利进行。他的军事才能使朝野上下无不叹服，也使吴人闻之丧胆。相传他进攻江陵时，孙吴将士惧怕他足智多谋，听说他脖子上长了一个肉瘤，便在狗脖子上系一个葫芦，故意气他。凡是长有疙瘩的树，都刮去树皮，在树疙瘩上写着"杜预颈"三个大字，可见吴人是多么怕他，恨他。平吴之后，晋武帝论功行赏，杜预被封为当阳县侯，食邑9600户，赐绢8000匹，另外还封他的儿子杜耽为亭侯，食邑千户。

## 五、治理荆州，功垂后世

在灭吴过程中，杜预不仅表现了出色的军事指挥才能，而且还表现出惊人的治理州郡的本领。晋武帝便决意让他继续驻留荆州，并把治理这里的重任交给了他。这样的安排，对杜预来说，并不理想，他曾多次上书陈述自己家中世代都是文职官员，请求回京师担任一名普通的文官；但都没有被批准。因此，他只好安心留下来，试着做一些地方官员的工作，没想到他做得很出色。

西晋灭吴之后，将荆州的管辖范围扩大到长江以南的广大地区，孙吴时期的宜都、武陵、长沙、衡阳、湘东、零陵、桂阳、武昌等郡，现在都归属了荆州。所以如何治理荆州，尤其是新归属的那些郡县，便成了当务之急。杜预居安思危，他认为大敌虽平，仍会有不少军事行动，不能存在任何侥幸心理，以免遭受不应有的损失。他除了继续练兵讲武，保证社会安定外，还在从州到郡县的各级地区层层设立学校，用儒家正统思想和王化政策，去感化教育他们，使他们循规蹈矩，驯服地听从西晋的统治。

荆州是著名的水乡，境内既有长江、汉水等名川大河，又有洞庭湖等重要湖泊，江河湖泽，星罗棋布。但自东汉后期以来，由于长年的动荡和战乱，这里的水利设施大都遭到破坏，每遇大雨，水患成灾，极大地威胁着当地居民的生命和财产的安全。针对这一突出的问题，杜预在安定社会秩序的同时，又开展了兴修水利的工作。在当时的南阳郡（今河南南阳市）一带，有淯、淯二水流经这里，汇入汉水。西汉名臣邵信臣在这里任太守时，曾大兴水利，灌溉农田万余顷；东汉南阳太守杜诗，又在这里修沼陂塘，制造水排，发展冶铁生产，铸造农具，使这里的人民殷实富裕。当时人们曾称他们二人是"邵父"、"杜母"。杜预来到这里后，重新考察邵信臣和杜诗兴修水利的遗迹，开挖沟渠，疏通淤积的河道，修复邵、杜水利工程的遗迹，引淯、淯等水灌溉农田万余顷。为了防止民间水利纠纷，他又认真勘定地界，树立界石，作为永久性的标志，很快使南阳地区的农业生产得到了发展，丰收后的乡民十分感激杜预的恩德，把他称为"杜父"。

荆州境内水源丰富，水上交通十分发达，荆州首府襄阳又是重要的商埠，南来北往的船只络绎不绝。但在杜预治理之前，只有从襄阳到江陵之间的一段水域可以通航。襄阳以北的水路已经淤塞，南面的洞庭湖又积水过多，水流不畅，杜预让当地人民把汉水和扬水的汇合处扬口控宽加大，同时对夏水河道加以疏浚，使这里到巴陵的千余里水道都可通航。这样既能泻长江之水，又消除了洞庭湖积水过多的弊端，使襄阳到零陵郡、桂阳郡的漕运畅通无阻，收到了一举多得的功效。当时南土乡民歌颂他道："后世无叛由杜翁，孰识智名与勇功。"意思是说南土人民世世代代再也不背叛朝廷了，这都是杜预的智慧和勇功啊。

杜预不仅是一位出色的地方父母官，而且他还为后人留下了许多宝贵的书籍。他博学多才，专心研究儒家的经典著作，尤其是对《左传》的研究非常精辟透彻，达到了人所不及的境界。在当时的大臣中，王济懂得相马，又善解马性；和峤喜欢聚敛，家资丰厚，但又十分吝啬。杜预讥讽他们一个有马癖，一个有钱癖。晋武帝听说后，问杜预有什么嗜好，他回答道："臣有《左传》癖。"毫不讳言，他把研究《左传》当成一个癖好。正因为他对《左传》有深入研究，直到今天，他的《春秋左氏经传集解》仍然是《左传》

注释本中最好的一种。难怪西晋人挚虞说："当年左丘明作《左传》，本是为《春秋》作注的，但因为此书能自成一家，后来便单独成书。杜公的《春秋左氏经传集解》是因《左传》而作，但所解释的又岂止是《左传》本身，超出的东西实在是太多太多，将来也一定能与《左传》齐名。"除此之外，杜预还作《盟会图》、《春秋长历》，"备成一家之学，比老乃成"。

太康五年（284），晋武帝终于满足了杜预回京任一文官的愿望，调他回京担任司隶校尉一职。可是当他从襄阳启程，渡过汉水，刚行至邓县（今河南邓州市）时便力不能支，与世长辞了，时年63岁。消息传到京师后，晋武帝和文武百官无不为他悲痛惋惜。晋武帝下诏追赠他为征南大将军，开府仪同三司，赐谥为"成"，寄托对他的哀思。

杜预在临死前，用他渊博的学识和智谋为子孙们留下长篇遗言，安排自己的后事。他在遗言中写道："上古时不实行合葬，意思是表明死生的道理，因为人不能同生同死，所以不必埋在一起。西周初年周公提倡合葬，大概是要借合葬之机来垂示、宣教夫妇应始终如一的道理。从此以后，分葬、合葬都在流行。人世间的事尚且不能尽知，哪里还能懂得神鬼之事呢？所以人们都可根据自己的意愿选择一种安葬方式。我过去担任尚书郎的时候，曾因公事路过密县邢山（今河南新郑西南），看到山上有古墓一座，就向当地人打听，知道是郑国大夫子产的冢墓，于是就带着同行的人前去拜祭。这座墓建在山顶之上，由此向四周望去，视野极为开阔。墓地呈南北稍偏东北走向，指向新郑城中，似乎在表示死后不忘国家之意。墓道后半部坚实，前半部敞开，好像向人们说明墓中没有什么珍宝，不必盗墓取材，此山出产美玉，但墓的主人修墓时仅用山下洧水边的河卵石，用意显然不想劳民伤财。后世的正人君子到此来凭吊他以寄托哀思，贪利的小人到此也无利可图，所以此墓虽历千载，岁月沧桑，却依然完好无损。这正是墓主人当年崇尚节俭，深谋远虑的结果。我去年入朝京师时，因夫人去世，根据大臣之家死后要陪陵的制度，已上表在洛阳城东北首阳山南选了一片墓地。所选的墓地是一座小山，高度虽不能与邢山相比，但它东与帝陵相近，西可瞻望洛阳宫阙，南有伊、洛两水，北可望见伯夷、叔齐墓地，是埋葬我理想的地方。在那里略加营建，使之粗具规模即可。到我死后，建墓就用洛水边的普通卵石，开墓道向西南，墓葬形式以郑大夫子产墓为标准。至于棺椁之类的事情，也要与墓相适应，一切以节俭为原则。"

杜预的灵柩运往洛阳后，子孙们按照他的遗言行事，把他安葬在事先选定的首阳山南墓地中。由于当地人知道墓中没有珍宝，所以一直无人盗墓。

（林　红）

▼

本文主要资料来源：《晋书》卷三四，《杜预传》；《晋书》卷三六，《张华传》。

# 绥抚新旧　清静为政

## ——王导传

今山东临沂在魏晋之际属琅琊国。当时这地方出了一家王姓的大门阀世族，人称琅琊王氏。这一家族自魏晋时期开始兴起，东晋时达到鼎盛，绵延至南朝，一直维持了几百年而门户不倒。其家族成员见诸《晋书》、南朝宋齐梁陈四史以及《世说新语》等书的不下百余人，可谓盛极一时。王导，这位为东晋的建立与巩固出谋划策、功勋卓著的一代名相，就是其中最为杰出的代表。王氏家族也正因王导才达到其权势的顶峰。

## 一、拥立东晋

王导（276—339）字茂弘。王导的祖父王览，官至光禄大夫；父亲王裁，任镇军司马。王览的哥哥王祥是历史上有名的大孝子。二十四孝中王祥卧冰的故事几乎家喻户晓，妇孺皆知。这个王祥就是王导的叔祖父。曹魏文帝时，年近 60 岁的王祥才出来做官。他官运亨通，魏末已官拜司空、太尉，封侯，西晋初年再拜太保，晋爵为公。泰始四年（268）死去，活了 89 岁。王祥族孙王衍累任至司空、司徒、太尉，是西晋王朝中数一数二的重臣。但实际上王衍并没有什么建树，不过是乱世一废物耳。王览虽然没有哥哥王祥那样显赫，但是后来振兴王氏门户的却是王览这一支。这一支最著名的人物就是王导。他出生在这样一个世家大族中，并最终将这个家族的声望推到了顶峰。

王导在少年时代就很有胆识。陈留高士张公曾对王导的从兄王敦（王览次子王基之子）说："这个小孩子容貌气质不凡，有将相的才器。"王导生性比较厚道。当时晋朝朝廷腐败，群臣生活竞相豪侈。石崇、王恺斗富的故事成为历史上奢侈的典型。有一次，石崇请客，让美人劝酒，客人不饮，便杀劝酒美人。劝酒劝到王导，王导本不能饮，但是担心美人被杀，就勉强痛饮，几至于醉。劝到王敦，王敦就故意不饮，有意看石崇杀人玩。王导劝他不要这样做，王敦却不以为然，说："石崇杀他自家的婢女，与我们有何相干！"由此可以看出二人性格上的差别。西晋末年，王导为司空刘实所知，被任为东阁祭酒，继为秘书郎、太子舍人。

琅邪国原是司马懿的曾孙司马睿的封国，与司马越的东海国相邻。王导平素与琅邪王司马睿关系友善，常相接纳。司马睿的祖父司马伷、父亲司马觐都不曾建立大的功业，且又是远支旁属，因而在皇室中的地位并不显要。司马越选择了司马睿做自己的帮手，先用为辅国将军，又擢为平东将军、监徐州诸军事，留守下邳（今江苏省睢宁县西北），为他看管后方。司马睿受命后，请王导为司马，委以重任。西晋"八王之乱"时，最后掌握实权的东海王司马越看到北方局势恶化，便策划在江南留下退路，以图维持残破局面。在这种形势下，永嘉元年（307）七月，司马越通过晋怀帝任命司马睿为安东将军、督江南诸军事，进驻建邺（今江苏省南京市）。王导随之南渡，任安东司马，成为司马睿最亲近的谋士，军谋密策，无不参与。这是司马睿、王导同镇下邳两年以后的事。不久，又署司马睿督扬、江、湘、交、广五州诸军事，成为江南地区最高统治者。

西晋建兴四年（316），长安陷落，维持了52年的西晋王朝灭亡。第二年，王导等人联合南北士族，拥立司马睿称帝，是为晋元帝，建立东晋政权，定都建邺。西晋最后一个皇帝愍帝名邺，为避讳，把建邺改成了建康。因建康在洛阳以东，故称东晋。王导以拥立之功，官居宰辅，总揽元帝、明帝、成帝三朝国政，权倾朝野，东晋初期的大政方针皆出其手。王导的从兄王敦都督江、扬、荆、湘、交、广六州军事，拥兵重镇，控制长江上游；王氏家族子弟大都在朝廷上居官。当时社会上流传着一句话，说是"王与马，共天下"。马即司马氏的简称，一个"共"字说明了王氏家族的显赫。

王
导
传

## 二、绥抚新旧

东晋王朝初建，既面临着"天下丧乱，九州分裂"的外部形势，又处于"天下凋敝，国用不足"、南北门阀世族权力分配等矛盾之中。内外矛盾使东晋王朝的命运有两种前途：一是领导集团像西晋时那样继续腐败下去，无法缓和内部矛盾，使政局混乱，失去对外的抵御能力，导致政权倾覆，战火延及长江流域和南方地区，经济文化遭破坏，人民被涂炭；二是统治集团特别是主要执政者，能总结历史经验，制定稳定政局的政策，缓和内部矛盾，抵抗外部的进攻，保卫南方经济文化。王导以远见卓识和非凡才略，选择了后者。王导既是北方大族首领，又是东晋首辅，他从顾及东晋政权的整体利益，维护东晋政权统治出发，灵活地制定统治政策，以适应东晋多虞的政局。他在政治上的主要措施，首先是"绥抚新旧"，也就是注意协调新来的北方士族与旧居的南方士族之间的矛盾。

东晋建国之前，北方发生了八王混战，匈奴等族起兵反西晋，黄河流域陷入一片混乱。北方大族与流民纷纷渡江南下，躲避战乱，史称"洛京倾覆，中州士女避乱江左者十六七"。对于这些北方流亡士族，王导劝晋元帝司马睿选其优者予以重用。晋元帝接受了这个建议，选取北方名士百余人为掾属，称为"百六掾"，使南渡贵族在政治上很快有了立身之地。当时著名的有：前颍川太守刁协为军咨祭酒，前东海太守王承、广陵相卞壶为从事中郎、前江宁令诸葛恢、历阳参军陈颛为行参军，前太守庾亮为西曹掾等。由于东晋朝廷初建，既少兵又乏粮，势单力弱，因而不少名士在开始的时候，对东晋的前途很是怀疑和悲观。例如，桓彝初过江时，见朝廷微弱，十分担心，便对周颛说："我因为中原多战乱，才想到江南寻找一个安身立命之地，不料朝廷如此微弱，这可怎么办才好呢？"于是整日闷闷不乐。后来他见到王导，王导与他纵论国事，他的态度有了很大变化。从王导那儿回来后便又对周颛说："我见到了'管仲'，不再忧虑了！"在这里，他将王导与辅助齐桓公成霸业的管仲相比，足见王导自有过人之处。过江的名士，每有闲暇便相邀到长江边一个亭子上饮宴。有一次，周颛触景生情，叹气说："风景同样美丽，可是举目只看见长江，却看不见黄河了！"在座的诸名士听了都痛哭起来。王导正色劝道："大家正应该出力辅助王室，恢复中原，何至于像'楚囚'一样相对而泣！"诸名士都认为言之有理，停止了哭泣，并表示要为恢复中原尽力。王导的措施与方略，给这些流亡士族吃了"定心丸"，使他们有了信心和活力，并使政局逐渐趋于稳定。

早在孙吴时期，江南大族势力就很强大，时人称之为"僮仆成军，闭门为市"。西晋灭吴以后，南方士族遭到排挤，仕进困难，因而意见很大。江南大族看不起北方迁来的人，轻蔑地称他们为"伧夫"，意即粗鄙的人。王导曾向南方士族陆玩请婚，以图缓和南北士族之间的矛盾。陆玩却推辞说："小山丘上长不了大树，香草臭草不能放在一起，我不能开乱伦的先例。"在当时那种情形下，王导想在原吴国境内建立起以北方士族为骨干的东晋王朝，那么联络南方士族，取得他们的支持便极为关键。司马睿初到建邺时，南方的世家大族根本没有把他放在眼中。过了很长时间，南方大族中的头面人物竟没有一个人来拜见。王导意识到这个问题的严重性，就对王敦说："琅琊王仁德虽厚，但名望尚轻。你的威风已振，应该对他有所匡助。"王导谋划了一计。按当地民俗，每年三月初三上巳日是传统的禊节，官民都要到水滨河畔去洗浴，据说这样可以洗去身心宿垢，求福除灾。于是这年三月初三这天，在王导的精心安排下，司马睿乘坐着华丽的轿子，摆出威武庄严的仪仗，亲自去水滨观禊。簇拥恭从在轿子后面的队伍，为首的便是北方世家名士王导和王敦。威严庞大的队伍，立即惊动了很多人。纪瞻、顾荣等江南大族的代表人物，都暗暗在道旁窥看。他们看见王敦、王导都这样恭谨，大为吃惊，感到司马睿一定是北方大族拥戴出来的江东之主，不得不刮目相看。于是他们相率拜于道旁。王导这一招，使司马睿的威望大大提高。他趁此机会对司马睿劝谏说："古来想要成就霸业的圣明之君，没有不礼敬故老，虚心求教，以招纳俊贤的。何况当今天下纷乱，大业草创，更加需要人才！顾荣、贺循是南方士族中有名望的人，如果把这两个人招纳来了，其他的人自然都会跟着来报效。"司马睿认为很有道理，就派王导亲自登门拜访顾荣、贺循二人，请他们出来做官。江南大族在西晋灭亡后，北方有胡人政权的强大压力，南方有流民暴动，他们感到要稳定江南的统治，必须与北方大族联合，建立起一个能代表南北士族共同利益的新政权，因而顾荣、贺循及江南大族也就靠拢了司马睿，应命出仕。顾、贺二人被分别任命为军司马和吴国内史。有一次司马睿对顾荣伤感地说："寄人国土，时常怀惭。"顾荣跪对道："王者以天下为家，殷商从耿迁亳，东周由镐及洛，古来皆如此，愿陛下勿以迁都为念。"从君臣二人的这一问答中可以知道，双方已经具备了某些合作的默契。从此，南方士族归附，成为东晋政权的重要统治基础。东晋政权有了南方士族的支持，也就在江南站稳了脚跟。

但是，南北士族之间由于积怨已深，他们的矛盾也并非一朝一夕便可解决。北方的士族虽是流亡之辈，但多居显位；而南方士族，如贺循后任太常，纪瞻官居侍中，只是徒具虚名，并无实权，这难免使他们产生怨言。王导为了笼络南方士族，便常常学说吴语。以说洛阳话为正统的北方士族，曾讥讽他没有什么特长，只会说些吴语罢了。岂不知，王导作为北方士族首领，他这样做是出于策略考虑，这有利于消除与南方士族的隔阂。在江南望族中，一种为文化上的士族，另一种为手握武力的强宗。前者较易笼络，后者则不易驯服。义兴郡（今江苏省宜兴县）周玘就是江南最大的武力强宗之一。他因为受到北方名士的侮辱，准备起兵杀诸执政者，以南士代替北士。但阴谋败露，忧愤而死。死前他嘱咐其子周勰说："我是被那些伧夫气死的，你要为我报仇，才是我的儿子！"周勰秉承父志，谋划发兵杀死王导等人。他先是假称奉其叔父从事中郎周札之命，聚众数千人。但周札闻知后，坚决不同意周勰这样做。周勰于是忧惧不敢发难。但周勰族兄周续聚众响应。司马睿准备发兵征讨，王导分析了形势献计说："发兵太少则不足以平定乱寇，发兵太多则朝廷空虚。周续的族弟周莚，有忠有义有勇有谋，足可以除掉周续。"周莚被派去后，果然如王导所料用计杀掉了周续。事情平定之后，朝廷又听从王导建议，任命周札为吴兴太守，周莚为太子右卫率，对周勰则因周氏豪盛强大，未敢穷追，抚之如旧。这就是说，王导为了争取化解南北士族之间的矛盾，争取他们之间的相对平衡，基本上采取了宽容和忍让的态度，并取得了一定的成功。

王导调解南北士族的矛盾，争取相对平衡的关键，还在于有效地调解他们在经济利益方面的矛盾。南方各级士族，自然就是各级地主，其中强宗大族，如吴郡顾氏、义兴郡周氏等，都是拥有大批部曲的大地主。王导不允许北方士族侵犯他们的利益。与此同时，为了管理大量流入南方的流民，保护北方士族的利益，王导又实行了"侨寄法"，即在南方士族势力较弱的地区，设立侨州、侨郡、侨县。例如，侨置州有司、豫、兖、徐、青、并等六州，侨郡、侨县的数目就更多了。这种侨州、郡、县大都在丹阳、晋陵、广陵等县境内，形势上有利于保卫建康。在名义上是安置北方逃来的士族和民众，实际上则是让北方士族在侨居地内继续剥削和奴役逃亡民众，逼迫他们当奴隶或佃客，为自己创立新产业。"侨人"不入当地户籍，享有免除一定赋役的优待。并且侨州、郡、县有大量的各级文武官吏，这就当然成为北方流亡士族的政治出路。侨寄法虽然在一定程度上加重了人民的负担，但对于东晋政权来说，却从政治、经济方面都照顾了北方士族的利益，成为缓和南北士族矛盾的重要措施。同时，对于一些地广人稀、贫瘠荒凉的地区，也起了一定的开垦荒地、发展经济的作用。

## 三、清静为政

王导在政治上的另一项重要措施是清静为政。东晋是以北方大族为主体、南北大族联合的政权，内部矛盾十分复杂，皇权与大族的矛盾，南北大族之间的矛盾，普通士人与大族之间的矛盾错综复杂，彼此由于各自的利害关系，展开了明争暗斗。面对这种复杂的情况，作为执政者只有尽力维持各种力量之间的均势，调和矛盾，缓和矛盾，维护政局的稳定，此即王导所说的"镇之以静，群情自安"。这在当时是唯一可行的做法，既需智慧，也需谋略。

"镇之以静"，最主要的表现就是"维系伦纪，义固君臣"，也就是坚决维护司马氏为首的现政权。这首先就是调解以王氏为首的士族势力与皇权势力的矛盾。

由于王导在东晋政权建立过程中所起的奠定基石的重要作用，司马睿称王导为"仲父"，并把他比作汉朝的"萧何"，极为倚重。大兴元年（318），晋元帝司马睿登基称帝接受百官朝贺时，再三请王导同坐御床接受朝拜。作为一个开国皇帝，要请一个大臣同坐受贺，这是史无前例的。王导坚辞，说："如果太阳与天下万物相同，那么老百姓怎么能得到阳光的照耀呢？"在这里王导以"太阳"和"天下万物"来比喻司马睿与自己的关系，由此可见王导认定自己与司马氏的君臣名分是不可更改的。王导这样做，进一步赢得了司马睿的信任，也显示了王导的自知之明。

晋元帝初到江南时，对王导兄弟言听计从，事事推诚倚用。等到做了皇帝，地位渐渐稳固，就开始惧怕王氏权重，担心成为自己的威胁，于是便想削弱王氏权力。他引用北方二流大族刘隗、刁协等人为心腹，授刘隗为御史中丞兼侍中，刁协为尚书令，以牵制王导。王导虽被冷落，但他仍能保持常态，淡然处之，不予计较。这说明他胸有城府，不失政治家的风度。但王敦是一介武夫，野心很大，自以为拥兵上游，受不了这口气。他一再上疏指责司马睿，为王导鸣不平。但晋元帝总是不听，反而更加信任刘隗、刁协。他采纳刘隗的建议，于太兴四年（321），以南方士族戴渊为征西将军，都督司、兖、豫、并、冀、雍六州诸军事；以刘隗为镇北将军，都督青、徐、幽、平四州诸军事。从名义上看，这是为了北讨胡寇石勒，但明眼人一看便知，这是为了对付王敦。王敦心里自然更清楚，这是在削弱自己的兵权。他终于先下手为强，以诛刘隗、刁协，替王导鸣冤为借口，于永昌元年（322）正月从武昌起兵，顺流而下，攻入都城建康。戴渊、周颉、刁协被杀，刘隗逃走投降了石勒。王导认为佞臣小人扰乱朝纲，并不反对王敦来"清君侧"，但当这些小人被杀逐，王敦要进一步篡夺皇位时，王导便表示坚决反对，并出面维护皇室。原先早在东都洛阳覆没、四方劝进的时候，王敦便欲乘机专断国政，但恐怕晋元帝年长难制，便想更议所立。因王导不从，只得作罢。等到此时王敦攻入建康，对王导说："早时不听我言，几乎导致全族被灭。"但王导始终不为所动，坚持维护晋室，劝他返回。王敦无奈，只好很快退回武昌。王导从大局出发，再次维护了东晋王朝的统治，从而避免了一场更大规模的战乱。

太宁元年（323），晋元帝病死，晋明帝司马绍继位，王导辅政，任司徒。第二年，明帝下令讨伐移镇姑苏（今安徽当涂）的王敦，致使王敦再次叛乱。王导站在维护皇权的立场上再次坚决反对。这时王敦病重，不能亲自率领军队。其兄王含乃为元帅，以水陆军五万陈兵江宁南岸。王导写信给王含说："你今天这番举动，恰似王敦当年所为。但如今形势已完全不同：那年是因为有佞臣乱朝，人心不定，就是我自己也想外离以求自保；可是今天，先帝虽然去世，但还有遗爱在民。当今圣主天纵聪明，并无失德之处。如果你们竟妄萌逆念，反叛朝廷，作为人臣，谁不愤慨？"并坚决表示"宁为忠臣而死，不为无赖而生"。与此同时，王导积极部署兵力进行抵抗。王导经过分析认为，王敦久握兵权，兵精将广，硬拼肯定不是其对手，只有用计谋取胜。他听说王敦病重，便心生一计：亲率王氏子弟为王敦发丧，将士们以为王敦真的死了，士气大振。一个月黑星淡的夜晚，王导命将军段秀、中军司马曹浑率甲兵千余渡江偷袭，王含毫无准备，被杀得大败。王敦闻报以后，气急败坏地大骂王含："这个老匹，坏了我的大事！"不久便病死军中。王敦无子，以王含之子王应为嗣。后军败，王含父子西奔荆州，被王含从弟荆州刺史王舒沉杀于长江。王敦本有大功于东晋，却因谋反而死。王敦的失败，在于打破了东晋的权力结构，改变了门阀世族间力量的相对平衡。东晋王朝是靠维持这种权力结构和各个大族间力量相对平衡来求得安宁的。谁破坏了这种结构和平衡，谁就会成为众矢之的。王敦不懂得这个道理，所以他失败了；王导深知平衡之术，以"镇之以静"来维持稳定局势，所以被誉为"一代名相"。王敦之乱平定后，王导以保卫皇权有功，进封始兴郡公，进位太保，司徒如故，并可剑履上殿，入朝不趋，赞拜不名，极受优礼。王导的从弟王彬为度支尚书，王彬之子王彪官至尚书令，久任不衰。琅琊王氏仍然是当时最大的名门望族。

太宁三年（325），晋明帝病死，幼主司马衍继位，是为晋成帝。王导与外戚庾亮共同辅政。后历阳（今安徽和县）内史苏峻又自淮南举兵攻入都城，被荆州刺史陶侃和江州刺史温峤联军消灭，收复建康。王导自始至终都坚定地支持维护司马氏政权。

在处理东晋统治集团与广大民众之间的矛盾方面，王导的清静为政思想也取得了很大的成功。应当指出的是，这种做法实际上是牺牲老百姓的利益，满足大族的利益要求，以求得统治局面的稳定。东晋不但继续实行"九品中正制"，而且进一步确立了王导提出的"选贤不出士族，用法不及权贵"的政治准则，公开宣布大族可以不受法律的约束。例如，东晋初年，豪强大族抢劫仓米一万斛，朝廷不去追究，却只以处死管粮仓的小吏来塞责。王导任扬州刺史时，派出属官到本州各郡考察。考察官回来都纷纷向王导报告郡太守的得失，只有顾荣的族子顾和一句话也不说。王导问他听到了些什么事？顾和回答说："你是国家首辅，应该让吞舟的大鱼也能漏出网去，又何必计较地方官的好坏？"王导闻后连声称赞他说得对，其他人都自悔失言。统治阶级的政策，有宽严之分、弛张之别。史家称宽、弛为"网漏"、"网疏"；严、张则为"网密"，意在视民为渊中之鱼。根据秦亡汉兴的历史经验，王导实行了较缓和的"网漏"政策。王导的这种宽政作风，当时就毁誉互有。如陈頵就曾致信王导说："西晋之所以倾覆的原因，在于用人不当，重虚名不重实用，看门第不看真才，政事败坏，不可救药。现在应该改变旧习，严明赏罚，选拔贤能，共谋中兴。"可是王导并不听从他的劝告，只是听任参佐避事自逸，清谈不辍，而且把屡发正论的陈頵贬出去当郡太守。晋明帝死后，王导和庾亮同受遗诏，共辅幼主。当时庾亮因望重而出镇于外。有人曾向王导进谗，说庾亮可能会举兵内向，劝他密为之防。王导说："他若来了，我就'角中还第'，有什么可以害怕的呢？"表现出他的恬淡无为，忍让宽容。但实际上庾亮的排挤让王导生了不少闷气，对庾亮心中也很不服气，曾骂庾亮是"尘污人"。王导本人对人们批评他为治过宽也很不同意。他晚年曾说："人家都说我糊涂，将来一定会有人想念我这糊涂的。"的确，东晋就是靠这种糊涂来求安宁的。王导死后，庾冰代相，变动了政策，史称"网密刑峻"、"颇任威刑"。结果是王导得众，而庾冰失众，受人唾骂。政策的好坏，要结合当时的形势进行评价。国学大师陈寅恪先生曾对王导作出评价说："王导自言'后人当思此愦愦'实有深意。江左之所以能立国历五朝之久，内安外攘者，即由于此。"这是很有见地的。实际上王导并不昏聩，他只是装作糊涂罢了，不计较小事。这是他的一种策略，借以来维持东晋的安定。历史事实表明，他的这种做法获得了相当的成功。

总之，王导这位老练的政治家，以其"绥抚新旧"、"清静为政"的措施调和了东晋初年各种矛盾，但也助长了士族门阀制度的兴盛。应当看到，这些措施的施行是以黄老"无为而治"思想为理论基础的。魏晋之际，玄学之风大盛，成为当时的主要哲学思潮。所谓玄学，本出自《老子》一书的"玄之又玄，众妙之门"一语。当时一些士人面对严酷的社会现实，在儒学独尊地位动摇的情况下，开始摆脱传统儒家学说，转而弘扬老庄之学。这种思潮对王导的影响是很大的。因此，他的为政措施中也深深体现出这种影响。东晋政权是中国历史上在江南出现的第一个正统的政权。它的建立，有利于抵御北方少数民族政权的南侵；有利于组织和发展南方经济；有利于汉族文化的保存和发展。解放后在广州河南敦和乡客村曾发现一晋墓，其砖铭上有一首民谣赞道：

> 永嘉世，天下灾。但江南，皆康平。
>
> 永嘉世，九州空。余吴土，盛且丰。
>
> 永嘉世，九州荒。余广州，平且康。

这说明自东晋至陈亡的三百余年间，南方经济上升，社会稳定，文化的发展更是远远超过了北方。因此，东晋王朝的建立在历史上是有积极作用的。对此，帮助创立并巩固东晋政权的王导功不可没。

王导不仅是东晋的开国元勋，而且是著名的书法家。他善草、隶，"润色前范，遗芳后世"，为中国书法艺术的普及和发展也做出了很大贡献。

（姚　建）

▼

本文主要资料来源：《晋书》卷六五，《王导传》；卷九八，《王敦传》。

# 多智谋恋情山水　弈棋间破敌百万

## ——谢安传

> 朱雀桥边野草花，乌衣巷口夕阳斜。
>
> 旧时王谢堂前燕，飞入寻常百姓家。

唐代大诗人刘禹锡这首脍炙人口的《乌衣巷》，将人们的思绪带回了一千五百多年前的东晋古都建康（今南京市）。乌衣巷在南京秦淮河南岸，当时王氏和以谢安为代表的谢氏家族同居此地，繁华兴盛一时。据文献记载，当年秦淮河上朱雀桥头那座安置着铜雀的桥楼，便为谢安所建。谢安一生隐逸和出仕大致各有 20 年的光景。隐时是风流名士，仕时是辅国重臣。他既纵情于山水之间，又在国家危难之际运筹帷幄。淝水一战，名扬天下。李白曾赋诗称赞他："但用东山谢安石，为君谈笑靖胡沙。"那么，就让我们来看一下谢安这位东晋"赖之以晏安"的社稷之臣，演绎了怎样一段智慧的故事吧！

## 一、东山养望

谢安（320—385），字安石，出身当时有名的陈郡阳夏（今河南省太康）士族名门。谢氏一族于西晋末年南迁，和临沂王氏并称"王谢"，同列大族之首。谢安家族中很多人在东晋朝廷中做高官，其父谢裒任太常卿，流寓江南；从兄谢尚，官至尚书仆射、镇西将军、豫州刺史；兄谢奕、弟谢万都官至显位。

谢安自幼聪颖而且有胆识。他4岁时，谯郡（今安徽西北亳县、蒙城一带）的桓彝看见他，赞叹道："这个孩子风度神情秀逸明彻，将来一定不亚于王东海。"王东海即王承，字安期，曾为东海太守，在东晋初年声誉很高，史称"渡江名臣王导、卫玠、周颛、庾亮之徒皆出其下，为中兴第一"。拿幼时的谢安与王承相比，是极高的赞誉。谢安多才多艺，写一手好字，弹一手好琴，还喜欢唱歌和舞蹈。魏晋士族崇尚清谈，善清谈者方得为真名士。过江名士更是以玄言相扇，形成清谈的又一个高潮。少年时期的谢安，神情深沉，思路敏捷，风度翩翩，气宇轩昂，颇负这方面的声望。他20岁时，有一次到当时的清谈领袖之一王濛那里拜访，两人高谈阔论了一夜。王濛是晋哀帝王皇后之父，清望极高。谢安走后，王濛的儿子王修说："刚才那个客人比父亲大人您怎么样？"王濛说："这个客人勤勉不倦，将来一定会赶上我的。"东晋开国元勋王导也非常器重他。因此，谢安渐渐享有了重名，成为在江东成长起来的新一代名士领袖，仰慕他的人甚多。有一次，他的一个被罢了县令官职的同乡人来拜访他。谢安问他还乡还有没有路费和安家的费用。他回答说："除了5万把蒲葵扇以外别无积蓄。"于是，谢安从中随意选了一把中等的扇子，经常拿在手中。这样一来，京城里的士人们都跟着争相购买，价格一下子上涨了几倍。这位落魄士子不仅解了燃眉之急，而且乘机发了一笔小财，心里自然十分感激谢安。谢安鼻子有点小毛病，加上说话带有浓重的北方乡音，因而读书时音调混浊。这本是缺点，但名士们很喜爱他的这种吟咏，并且给这种声音起了一个雅称：洛下书生咏。只是人们发不出他那样的声音，只好用手捏住鼻子来模仿。由此可以看出，谢安在士林中的声望是何等之高。

谢安虽然出身于名门望族，但是并没有凭借自己的门第去猎取高官厚禄。最初的时候，他曾被征召进司徒府，并授予佐著作郎的职务。他以自己体弱多病为理由推辞掉了。从此，谢安便隐居在会稽郡（今浙江钱塘江以东地区）的东山，和王羲之、高阳的许询以及和尚支遁等人交游相处，出门则钓鱼射鸟，纵情山水；在家则清谈作诗，撰写文章，以清高自许，无意于官场。他曾经到临安（今浙江富春江以北，天目山脉东南地区）的山里去，坐在石室中，面对着深幽的山谷，想起远古轻辞王位的隐者伯夷，悠然长吟道："此情此境，与伯夷相比能相差几何呢！"东晋穆帝永和九年（353）农历三月三日，谢安、谢万、孙绰等名士共41人，会于会稽山阴之兰亭，曲水流觞，宴游雅会。众人成诗一卷，王羲之于卷首挥毫作序，此即流传千古的《兰亭集序》，成为中国书法之瑰宝。谢安曾经和孙绰等人扬帆出海游玩，兴致正高时，突然风暴来临。波涛汹涌，小船颠簸得很厉害，随时都可能倾覆。大家都十分惊慌，吓得脸色都变了。唯有谢安却仍然高声长吟，显得十分沉着自然。船夫看到谢安如此若无其事，自己似乎也马上有了信心，其他人也镇静下来，于是就继续向前航行。风越来越急，船颠得也越来越厉害，谢安这才缓缓地说："这样咱们将回哪里去呢？"船夫听到他的话，马上就调转了船头。大家都十分佩服他宽广豁达的气度。谢安热心于清谈玄学，对当时流行的"清谈误国"论很不以为然，公然为清谈回护开脱，认为西晋的灭亡，其罪不在清谈。有一次，谢安和王羲之一同登上建康的冶城城楼，举目四望，见天水苍茫，不禁悠然思古，大有远离尘世之意。王羲之虽然也是风流名士，但很务实，旁敲侧击地对谢安说："夏禹尽力于王事，手和脚都长了老茧；周文王日理万机，总是很晚才吃饭，每天都没有空闲。现在国家正是多事之秋，我们就应当多考虑怎样为国家效力。若是尽搞些不切实际的清谈，写些浮华的诗句，不仅于事无补，而且恐怕也与当前形势不合。"谢安回答说："秦朝任用商鞅，可是到秦二世就亡国了，这难道也是清谈导致的祸患吗？"

谢安越是不肯出山，他在士林中的名声也就越高。而当时东晋仍然和西晋那样，喜欢用名声高的人做官。因此，朝廷仍然三番五次地敦请他出山。扬州刺史庾冰因为谢安名声很大，一心要把他招致到自己门下，屡次命人敦促谢安上路。因为庾冰是皇帝的亲戚，谢安不得已只好前往。他只在扬州住了一个多月，就找了个借口回家了。随后，朝廷又授他为尚书郎，他也一概谢绝。后来，吏部尚书范汪推荐谢安为吏部郎。吏部是主管人才选拔和官员升迁的部门，吏部郎是吏部尚书手下最有实权的官职，是个肥缺。然而谢安仍不为所动，写了一封回信，陈述自己不能胜任和隐遁不仕的决心。谢安一而再，再而三地不服从征召，无视朝廷权贵们的旨意，引起了很多人的不满。御史中丞周闵为此上奏皇帝说："谢安被征召，但是一再不应。应该按抗命罪禁锢终身，永远不再录用。"因为谢安在士林中声望高，所以朝廷未治他的罪。

谢安虽然把自己的感情都寄托于高山大川，但是每次出外游玩，都一定要有歌妓跟随。他虽多次被征召而不应召，但当时的在朝宰相司马昱（即以后的简文帝）却说："谢安石既然能与别人共同享乐，必然能与别人共担忧虑。如果诚心召他，他一定会出山的。"当时谢安的弟弟谢万是西中郎将，身居掌握藩郡重任的显要位置。谢安虽然隐居，但名望却比谢万高。在当时士大夫中流传着一句话："谢安不出山，叫天下百姓怎么办！"这是因为许多人了解他的器具和才能，所以就流传开这么一句期望他出山的话。谢安不出山，一方面是因为他过着恬静、舒心的生活，另一方面则是因为他对政局有着清醒的认识：谢家许多人在朝廷上高居显位，谢氏门户还没有衰败的迹象，少了他一个谢安也没什么。谢安的妻子是当时大名士刘惔的妹妹，她看见谢家许多人都在为国效力，而谢安却独自隐退静居，就对谢安说："大丈夫不应该像你这样无所事事。"谢安听了，掩着鼻子说："做官恐怕是免不了的罢。"这说明，谢安在屡辞征辟的同时，已在观察政局，并随时准备出山。

就这样，谢安在东山盘桓了近20年，直到他40多岁时，形势发生了变化，他才不得不步入了仕途。这20年是他养望的过程。养望就是要使自己的名声、威望越来越高。这20年的养望，为他造就了巨大的声望，客观上为出仕创造了条件。这也许不是谢安东山隐遁的本意吧。

## 二、智斗桓温

东晋政权偏安江左，内外矛盾不断加剧。在内部，司马氏皇权经常受到长江中上游荆州、江州一带军阀割据势力的觊觎。当时，桓氏家族的军政势力遍布长江中上游，权臣桓温有意篡权，东晋政权面临极大危机。在外部，苻坚统治的前秦在逐个消灭北方各割据势力的同时，不断把矛头指向东晋。这种局势的变化将谢氏集团推向了历史的前台。此时谢氏家族的遭遇也已不再允许谢安留恋山水：其兄谢奕、从兄谢尚先后去世；其弟谢万奉命北伐，打了败仗，被废为庶人；谢氏家道面临中落的危险。谢氏家族需要有一个新的人物来支撑局面。谢安终于出仕了。因为他长期隐居在会稽东山，人们称之为"东山再起"。以后这便成了一个人们常用的成语。

东晋哀帝升平四年（360），征西大将军桓温请谢安做军中司马。这对谢安不能不说是一种牺牲，一种妥协。桓温长年带兵在外，战功卓著，而且很有野心，一心想做皇帝。谢安不敢与之发生直接冲突，只能小心翼翼地运用谋略，与之周旋。谢安从会稽出发，过建康，准备沿江上溯到桓温驻地江陵。朝中大臣都前来相送，一直送到新亭（今南京市南）。中丞高崧跟他开玩笑说："你多次违背朝廷的旨意，隐居在东山。人们都说'安石不肯出，将如苍生何'。现在你出山了，老百姓将会怎么看你呢！"谢安听了露出十分惭愧的样子，但很快装作无所谓，一笑置之。桓温见到谢安后非常高兴，与他交谈了很长时间。谢安告辞出去，桓温望着他的背影，问左右的人说："你们看见我有过这样优秀的客人吗？"后来有一次桓温到谢安那里去，正好碰上谢安正在梳理头发。谢安是个慢性子，过了很长时间才把头发梳理完。侍从见此情景，忙想通知谢安，要他快出来。桓温却劝阻说："等司马戴好头巾和帽子再说吧。"连对立集团的首领桓温也对他如此器重，可见谢安在江南士大夫中的确有极高的声望。

升平五年（361），谢万因病去世了。谢安趁机从桓温幕府中辞官回家，为其弟理丧。就这样，谢安巧妙地摆脱了桓温的控制。不久，朝廷任命谢安为吴兴太守。东晋简文帝咸安元年（371），谢安被调回京师，征拜为侍中，直接为东晋小朝廷服务。从这一年谢安真正登上政治舞台，一直到太元十年（385）共15年中，谢安迅速升到了辅政的地位，即由侍中、吏部尚书、总中书，直升到司徒、太保、太傅并都督十五州诸军事，谢氏家族也由此达到其权势的顶峰。谢安的活动，关系着东晋王朝的安危和门阀统治的兴衰。谢安成为继王导之后又一位为东晋谋安宁的社稷之臣。

咸安元年是东晋王朝关键的一年。权臣桓温本欲借北伐立功，以提高威信，然后篡位。但结果枋头一战，大败而归，威信反而下降。桓温自感已到花甲之年，故听从心腹谋士、参军郗超的劝说，于这一年把在位的司马奕废为海西公，另立司马昱为帝，是为简文帝，并大肆诛杀异己。这一活动使不稳定的政局发展到了极为严重的程度。不仅百官震栗，而且简文帝也怕自己被废，常咏庾阐的诗句："志士痛朝危，忠臣哀主辱。"桓温从此奠定了自己在朝廷牢固的权威地位，形成了"政由桓氏，祭则寡人"的权力格局。在这种情况下，谢安采取了避开桓氏锋芒而韬晦自处的策略。有一次谢安遇到桓温赶忙下跪，桓温故作惊讶地问道："安石何故如此？"谢安答道："连皇帝都得下拜，我一个臣子敢不拜吗？"谢安曾与王坦之共谒桓温的心腹郗超，未得即晤，王坦之欲去，谢安说："不能为了保全性命而忍耐一会儿吗？"谢安对桓氏隐忍不发的态度，使他在彼强己弱的不利局势下得以保全谢氏门户，并得以在简文帝死后的关键时刻，与其他士族一起遏制了桓温的野心，扭转了朝局。

桓温知道谢安等对他专权跋扈心怀不满，便仍回驻地姑孰（今安徽当涂）了。第二年，简文帝病危，将要继位的太子司马曜（即孝武帝）年仅10岁。桓温派人胁迫简文帝立下遗诏，请他入朝居摄政事，做顾命大臣。简文帝无奈，只得照办，却被谢安及王坦之阻挡，悄悄地将"摄政"改为"辅政"。一字之差，含义迥异。桓温知道后十分恼火，对谢、王二人更是怀恨在心。简文帝病逝后，桓温以奔丧为名，带兵从姑孰入京，陈兵新亭，欲篡权代晋。最高统治集团内部抢夺权力之争有一触即发之势。当时朝臣中最孚众望者要数谢安、王坦之，谢安为吏部尚书，王坦之任侍中。京师人士于是纷纷猜测，桓温入朝，不是来废幼主，就是来诛王、谢。这时，桓温招谢安和王坦之赴新亭迎接，准备在座席之间把他们除掉。桓温欲诛王、谢并代晋的图谋如果得逞，东晋政权就可能会在内耗中消亡。社会生产、人民生命亦将招致涂炭。能否制止桓温的阴谋活动，对谢安来说是胆识和才略的一个极大考验，也是关系到历史前进或局部后退的抉择。面对桓温摆下的这场"鸿门宴"，王坦之惊惧万分，问计于谢安。谢安神色不变，从容地对王坦之说："晋朝的存亡，就在此一行了。"于是二人便赴新亭入见桓温。随从官员怕得罪桓温，都向其遥拜；王坦之更是汗流沾衣，吓得把手版都拿倒了。谢安则不慌不忙，从容就座。他目光如炬，沉着坦然地对桓温说："我听说如果诸侯有道，就会替天子防守四方的疆界。你何必如临大敌似的在隔板墙后安置武士呢？"桓温见阴谋败露，只好尴尬地笑着说："怕有猝变，不得不这样办罢了。"随即命令撤去帐后武士。谢安与桓温谈笑了很长时间。谢安请他还兵军镇，一场危机终得化解。以前谢安与王坦之齐名，此时二人的胆识就明显分出高下了。桓温曾经把谢安所作的简文帝谥议给在座的幕僚看，并感慨地说："这是谢安石的'碎金'①啊！"

孝武帝年幼，自己不能控制朝政，桓温威震朝廷内外。后来，桓温病重，遂向朝廷暗示要求赐给他"九锡"。"九锡"是古代帝王赐给元老重臣的九件宝物，如车马、衣服、乐器等，这是一种最高荣誉，往往是"禅让"的前奏。吏部郎袁宏负责起草赏赐的公文，谢安见了便拿去修改，故意一遍又一遍地改来改去，拖延了好长时间也没定稿。一直到了桓温于孝武帝宁康元年（373）死去，这件事终于不了了之，使桓温的非分之想落空。谢安对桓温的一系列斗争，对东晋具有安邦定国的意义，同时也表现出了谢安的绝世谋略。

### 三、稳定大局

桓温死后，兵权都归于其弟桓冲之手。桓冲被封为中军将军，都督扬、江、豫三州军事。桓氏是世代经营扬州几十年而发展起来的世族军阀集团，其势力不会因桓温之死而消灭，因而仍然雄踞长江下游。扬州是朝廷重地，位置重要。在这种情况下，谢安并未趁机剪除桓氏集团，而是正确处理了可能激化的矛盾，采取了稳定政局的措施。同时，桓冲为人较为谦虚平和，一改乃兄专断独行的习气，每每以国事为重。桓冲的亲信看出谢安有执掌朝廷大权之势，劝说桓冲早日除掉谢安等人，独揽朝政，被桓冲严词拒绝。宁康二年（374）初，太后临朝听政，任命谢安为尚书仆射兼中书令，总管中书事务，辅佐幼主。桓冲自知德望不及谢安，便让谢安为内相，而以镇守四方为己任。太元元年（376）正月，孝武帝司马曜已14岁，举行了冠礼，太后宣布归政。谢安晋升为中书监、录尚书事，总揽朝政。至此，谢安便一步步攀登上权力的峰巅。谢安之所以能够排除险阻，终于执掌朝政，原因有三：一是他出山虽晚但很成熟，对形势有着深刻的理解。二是依靠他那清醒睿智的头脑和从容镇定的个性，在群僚中威望素著。三是客观的历史机缘。桓温生前已将军政大权牢牢地抓在手中，没有能够与之抗衡的力量。桓温死后，

---

① 我国古代，常用"碎金"来比喻写得非常漂亮的短文章。

桓冲谦和退让，深明大义。

孝武帝年少，一切都听从谢安处置。谢安的施政方针一如王导。王导的方针是"镇之以静，群情自安"，"务存大纲，不拘细目"，这是老子"我清静而民自化"的具体化。政简刑省，宽松大度，不生事端，以稳定人心，稳定时局。谢安的为政总方针是"镇以和靖，御以长算"，"不存小察，弘以大纲"。"镇以和靖，御以长算"是对北方强敌的策略，不急躁，沉住气，后发制人。"不存小察，弘以大纲"是对内政策，即着眼于大处，宁可失之于宽松疏略，也不能失之于苛细刻薄。在这种总方针的指导下，谢安进行了必要和可能的内政改革。

首先，建立"北府兵"，作为维护集权，统御内外的支柱。西晋灭亡的原因之一，是皇族地主与军阀合一，形成皇族军镇势力。东晋初年，这种状况并未随之改变，仍是军阀割据，没有宁日。谢安知道，只有牢牢地稳住军队，才可能对内加强中央集权，对外加强防务。西晋时期的兵制是世兵制，就是兵家子弟世代当兵；兵户另立户籍，由封建政府各级军府管理。这时兵士地位很低，与奴婢地位相仿，并往往成为官僚的私属。由于地位低，兵士们常常逃亡，军队的战斗力也极差。为了改进和加强军队的战斗力，必须用招募方式建立新军队。谢安以谋略家的战略眼光，命侄儿谢玄以建武将军领兖州刺史，出镇广陵（今扬州市），招募一支新军。后来这支队伍因常驻京口（今江苏镇江），而京口当时又称"北府"，故号称"北府兵"。西晋永嘉之乱时，北方流民纷纷南下，大多居住在离建康不远的京口、广陵、晋陵一带，东晋在这里建立了南徐州和南兖州。这些北来侨民有些是寒门庶族，大多是一般的劳动人民。当谢玄招募北府兵时，这些侨民纷纷应征入伍。由于这些人受过北方胡人的蹂躏，迫使他们背井离乡，有收复失地的强烈愿望；又由于北方流民经过重重险阻辗转来到南方，长期的颠沛流离生活，养成了剽悍勇敢的性格，因此这支军队战斗力很强。其中一些将领如刘牢之、刘裕、刘穆之、何无忌、檀道济等，都出身于寒门庶族。再加上北府兵招募时挑选严格，纪律严明，又经过严格的训练，因而成为一支能征善战的劲旅，是当时东晋王朝最精锐的武装力量，在后来的淝水之战中发挥了关键作用。

其次，为改革门阀制度的弊端，谢安实行以才德取人的方针。王国宝是谢安的乘龙快婿，其父王坦之与谢安同是简文帝的顾命大臣，同辅幼主孝武帝。但他是一个没有名士操守的纨绔子弟，贪纵聚敛，仅妾和使女即达数百人。谢安对他抑而不用，表现了刷新政治的改革精神。同时，谢安也不因族人有才有德而避嫌不用。在苻坚强敌屡扰边境，朝廷渴求良将御敌之际，谢安因其侄儿谢玄有经国之略而命其监江北诸军事，并组建"北府兵"。人们对此不免议论纷纷。然而谢安不为所动，断然任命了谢玄。这一举动，得到了他的对立派人物，然而又是有识之士的中书郎郗的赞同。郗超曾是桓温的谋士，与谢玄曾同在桓温府上共事，因而对谢玄比较了解。他虽然与谢氏家族的关系不好，但听到谢安重用谢玄的消息后，还是怀着赞叹的心情对人们说："谢安这样推荐人才，固然违背大家的想法，但他这样举才违众不避亲，是顾全大局的做法；谢玄也必然不会辜负他的推举，因为谢玄确实很有才能。"有些人还是不大相信，郗超又说："我曾与谢玄同在桓公（指桓温）府上共事多年，见他用人得当，即使是做很细小的事，他也能注意发挥人家的才干，所以我知道他必不负所举。"另外，谢安还在苻坚大举南侵的紧要关头，因其子谢琰有军事才能，任命为辅国将军，和谢玄共同御敌。二人在淝水之战这场决定东晋王朝命运的战役中，互相配合，终于战胜强敌，功勋卓著。这充分证明了谢安是善于用人的，既不拘门阀世族，用人不唯亲，又不因亲族有才德而避嫌不用。这在门阀政治发展到顶峰的东晋时代，对于一个门阀大族的人物来说，是极其难能可贵的。

其三，经济上"除度田收租之制"。谢安废除度田收租制度，对于稳定农业经济，减少游食人口，促进经济的发展，都有着积极的意义。

这样，谢安从咸安元年（371）为侍中入阁，两年后辅佐孝武帝司马曜，至太元八年（383）爆发淝水之战，共13年的时间内，实行了一些改革，缓和了社会矛盾，使东晋王朝出现了一百余年中最稳定的局面。他的威望日高，人们对他的敬仰也与日俱增。时人都把谢安比作王导，而且认为他比王导更加文雅。

## 四、决战淝水

前秦苻坚统一北方后，就想乘其累盛之威一举灭掉东晋，统一中国。尽管有些反对的意见，但苻坚还是听不进去，一意孤行。关于长江天堑，他认为把秦军的马鞭子扔到江里就可以阻断流水；关于东晋君臣和睦，有谢安等人物，苻坚则以秦灭六国，六国之君也不都是暴虐昏君相批驳，仍决心大举南征。

太元八年（383）八月，苻坚下令大举伐晋。以其弟阳平公苻融率步骑25万为前锋，又命羌族姚苌为龙骧将军，领蜀汉之军东下。苻坚亲自由长安出发，率步兵60余万，骑兵27万，前后旗鼓相望，大有翻手间踏平江南之势。九月，苻坚到达项城（今河南项城），凉州之兵始达咸阳（今陕西咸阳一带），蜀汉之军方顺流而下，河北幽冀之众则刚至彭城（今江苏徐州）。东西万里，水陆齐进，运船万艘，从黄河入石门（河南荥阳石门），达于汝、颍。其声势之大，在历史上是罕见的。

面对着强敌压境，东晋朝廷人心惶惶。当时东晋可以调动的军队总共不过8万人，与前秦军相比，简直少得可怜。谢安尽管也很忧虑，但表面上却仍然镇定自若。朝臣看到谢安那么镇静，紧张的心情也就缓和了下来。谢安精心策划，作了全面部署安排：任命其弟谢石为征虏将军，具体负责前线指挥军事；其侄谢玄为前锋都督；还有其子谢琰等人共率8万兵卒开赴前线。桓冲这时正任荆州刺史，镇守江陵。他担心京城建康有虞，便从自己的军队中分出3000精兵，开赴京都以增强防务。谢安却坚决不接受，说3000兵马有之不多，无之不少，叫桓冲留以自卫。并说荆州是长江上游重镇，应加强防守力量，桓冲见谢安故作镇定，所用将领又都是谢氏家族中的"少壮派"，不禁大为忧虑，叹息道："谢安是朝廷的宰相之才，却在军事上一窍不通。大敌临境，还清谈不辍。前线诸位将领又都是一些没有任何军事经验的青年，加上众寡悬殊，后果不堪设想。我辈恐怕就要成为亡国奴了。"

谢安却还是说说笑笑，跟平常一样，丝毫没有紧张的表情。大军即将出发，谢玄有点沉不住气了，询问谢安有何指示，如何布兵打仗。谢安神情淡然地说："朝廷自有安排。"谢玄虽不敢再问，心里却很不踏实，便吩咐别人再来请示。谢安仍不作答，只是命人备好车马，载着亲朋好友，前往土山别墅游玩。来到一座亭阁之中，谢安拉着谢玄下围棋，并以土山别墅为赌注。谢玄不好推辞，只得应命。他的棋艺本比叔父谢安高出一等，但是现在因为

谢安传

局势危急，心神不安，连连失手。谢安笑道："你真是心不在焉，一心认为有鸿鹄将至了！"谢安引用《孟子》的典故，谢玄是明白的，他忽然有所悟：叔父这不是暗示我要冷静从容，心不二用吗？到了夜晚，谢安才尽兴而归，一一做了详细部署。谢安的镇定自若，增强了谢玄抗敌取胜的决心。

初冬十月，天气已有些寒冷。谢石、谢玄等人率领 8 万军队向淮、淝一带进发。在这以前，前秦先锋苻融进攻寿阳（今安徽寿县）。东晋龙骧将军胡彬率领 5000 精兵前往救援，走到半路，便已得知寿阳陷落，守将徐元喜等被俘。胡彬只好退守寿阳以北八公山中的硖石城（分安徽凤台县西南）。苻融派梁成率众 5 万驻扎洛涧（古水名，又名洛水，即今安徽淮南市东淮河支流洛河），并沿河设栅，以阻挡晋军沿淮救援胡彬。谢石、谢玄不敢贸然进军，只得在离洛涧 25 里处（即现在的马头城一带）停驻。

胡彬退保硖石，顶不住前秦军的日夜攻打，已经粮尽草绝，不得不修书一封，派人给谢石送去告急求援。不料信使被前秦军截获，押见苻融。苻融从他身上搜出求援书信，大意为：硖石危急，倘有不测，恐我此生不能复见诸公了。苻融大喜，连夜派人奔赴项城向苻坚报告："晋军甚少，容易擒获；但恐逃脱，应速进攻。"苻坚闻讯更是喜出望外，便将大军留在项城，只率 8000 轻骑兼程赶到寿阳苻融那里。他见谢石、谢玄等人驻军马头城一带瞻望不前，便派四年前被俘的东晋襄阳守将朱序前去劝降。朱序被俘后虽然受到苻坚重用，但他只不过是暂且栖身而已，无时不想寻机返回江南。他见到谢石、谢玄，非但不劝投降，反劝速战，说："如果苻坚百万大军都到了，确实难与之为敌。现在应该乘其大军没有全部抵达以前，赶快打败他的前锋，先声夺人，挫其锐气，那么我们就可以取得胜利。"

谢石本来的策略是以逸待劳，坚守不战，待敌军疲惫后再发起进攻。但当时情况已变，原先的策略显然不妥。谢玄赞成朱序的意见，极力主张速战。谢石仍犹豫不决，谢琰急了，大声说："还犹豫什么？失掉这个机会，等于坐以待毙！"谢石这才下定决心，并请朱序回去从内策应。

十一月初，谢玄派参军刘牢之率北府兵精锐 5000 人直攻洛涧，秦将梁成则率军列阵准备厮杀。刘牢之率北府兵勇往直前，强渡洛涧，砍断栅栏，杀死了梁成和几个敌将。谢玄、谢琰跟上接应，前秦军无法招架。刘牢之又截断桥梁，使敌军无法后退，只得纷纷跳入水中，活活淹死者无数。洛涧一战，前秦军死伤15000多人，晋军大获全胜，从而拉开了淝水大决战的序幕。

洛涧大捷，晋军以少胜多，士气大振，信心倍增。谢石、谢玄一面命令刘牢之继续救援硖石胡彬，一面亲自指挥主力推进到淝水东岸，在八公山安营扎寨。山上遍插旌旗，与淝水西岸驻扎在寿阳的苻坚大军隔河相望。曾经不可一世的苻坚，眼见洛涧惨败，就像是挨了一记闷棍，不再那么踌躇志满了。他与苻融登上寿阳城头，举目东望，只见八公山中晋军布阵整齐，战旗飘扬，不禁有些胆寒；又见山上草木森森，朔风吹来，微微晃动，恍若都是晋兵，便对苻融说："这是劲兵强敌啊，怎么能说他们力量寡弱呢？"苻坚一下子从骄傲轻敌变成了自卑惧敌。这就是历史上"草木皆兵"典故的由来。

不久，淝水决战开始了。这天清晨，谢石佯作渡水攻城，以吸引敌军精锐部队。谢玄、谢琰等率精兵8000，来到淝水岸边准备渡河。前秦军营靠近水边，没有一块空地可以作为决战场所。谢玄筹划一计，派使者前往前秦军营，对苻融说："你们孤军深入，利在速战，现在却布阵水边，这是持久战的阵势。如果稍稍后退一点，让我军渡河后再决胜负，不是一件好事吗？"当下苻坚聚集部下共议此事，诸将都不同意让晋军渡水作战，主张仍应阻遏淝水。苻坚却说："暂且让他们渡水，等他们渡到一半时我们突然回击，一定能大胜晋军。"苻融也赞成这个主张。

于是前秦军队开始后退。谁料这一退，却如同潮水般不可遏止。那些背井离乡被强迫来打仗的士卒不愿为前秦政权卖命，纷纷向后奔跑。晋军乘势摇船急进，登岸后引弓齐发。苻融想稳住阵脚，骑着马阻止退兵，混乱中马被挤倒，为晋军所杀。此时，朱序在前秦军阵后连声大喊："我军败了，我军败了。"这一喊更如水上浇油，秦军更加混乱，兵败如大河决堤。谢玄、谢琰率精兵左冲右突，一直追杀到寿阳西北30里的青冈城。前秦军队在混乱中自相残杀死者不计其数，蔽塞川野。侥幸未死者听到风声鹤唳，都以为是追兵追至，于是昼夜不停地逃跑，一路上饥寒交加，又死了十之七八。苻坚本人也中了流箭，回到洛阳后，收集残兵，90万大军只剩下10余万人了。淝水一战，东晋取得了辉煌的胜利。

当前线鏖战方酣之时，后方谢安也正"鏖战"方酣：他正与一位客人下棋。此时捷报送来，他看了一眼，没有任何表示，漫不经心地扔在一边，继续跟客人下棋。直到一局终了，客人问方才是什么消息，他才淡然答曰："小儿辈已经破贼了。"他依然表现出超然的样子。其实，他内心何尝不是欣喜若狂呢？他是如此激动，以至于客人刚走，他为了赶快向朝廷报捷，跨出门槛的时候，把木屐底下的齿儿折断了都未发觉。

天下兴亡两盘棋。谢安的两盘棋有胆有识，创造了中国历史上著名的以少胜多的战例。其指挥若定的大将风范和决胜于千里之外的谋略为后人所称道。东晋政权因淝水之战的大捷而得以延续下去，作为战役的全局指挥者，谢安功不可没。

## 五、魂归东山

在淝水大捷后，谢氏家族的荣誉到达顶峰时，谢安心中也开始郁积着戒惧和不祥。"功高震主"，这在封建社会是不祥的前兆。这时，孝武帝任命自己的弟弟司马道子为录尚书事，总管朝廷各部门的政务，以牵制负责对外作战的谢安。谢安深谙"飞鸟尽，良弓藏；敌国灭，谋臣亡"的古训，他唯有主动退避朝廷，回到以前的纵情山水中去。但这时国家未统一，淝水战后，统一的北方很快分裂为众多小国，各部族纷纷起来造反。谢安见北方已乱，便上疏请求亲自挂帅北伐，一方面试图完成统一大业，另一方面也可暂时摆脱朝廷的纷扰。孝武帝准奏，任命谢安都督扬州、江州等十五州的军事。谢安即以谢玄为前锋都督，率刘牢之等人向北推进，很快攻克了现在山东、河南的一些城池。随着谢安北伐的节节胜利，孝武帝和司马道子对他的猜忌也愈来愈深，害怕谢安利用北伐来扩大权势，威慑朝廷。谢安明白自己的险恶处境，进退两难，既不能像王敦那样举兵叛乱，也不愿像王导那样表白自己。他面前只有一条出路：躲避。

恰巧此时谢玄派人来向谢安请示：前秦邺城守将苻丕被燕军包围，请求谢玄出兵救援，事成后将把邺城献给晋军，此事不知可应否？谢安正寻借口离开朝廷外出督军，便命谢玄出兵援救并接受邺城。接着他又上书请出广陵，以图谋中原。孝武帝当即批准，并亲率文武百官为其送行。

这一年是太元十年（385），谢安已 66 岁。自从他 41 岁出仕离开东山，倏忽已过去了 25 个春秋。如今他日夜思念东山，准备这次北伐胜利后就回东山度过晚年。但天违人愿，他到广陵后不久就病倒了，硬撑了几个月，病情不见好转。不得已，只好请求回京治疗。临行前他依然念念不忘国事，对谢玄作了周密部署。于是谢安一行人向京城进发。当谢安坐的车子进入石头城西州门时，他心中忽然一动，恍恍惚惚忆起一件往事：当年与桓温周旋时，他经常担心自己性命不保。有一夜，做了一个奇怪的梦，梦见自己乘着桓温的车子走了几十里路。桓温病故以后，自己代之执政到如今也正好十几年了。莫非应了这个梦谶，自己的生命之车已驶到了尽头？这年八月，谢安安详地病逝于建康（今南京）。谢氏家族虽遭到一定程度的猜忌和排斥，但始终未受大的迫害。之后，司马道子代谢安都督中外诸军事，王国宝之流专权祸国，东晋王朝迅速走向衰败。

（刘家峰　姚　建）

▼

本文主要资料来源：《晋书》卷七九，《谢安传》；《晋书》卷九，《晋孝武帝本纪》。

# 扪虱高谈天下事　威德并举建奇功

## ——王猛传

　　王猛，字景略，东晋明帝太宁三年（325）生于青州北海郡剧县（今山东寿光东南），前秦建元十一年（375）七月去世。他是一位著名的乱世宰相，曾辅佐前秦皇帝苻坚实现了整个北方的统一，使其疆域东及沧海，北尽沙漠，西包龟兹，南抵江汉。历史学家范文澜曾说："苻坚在皇帝群中是个优秀的皇帝，他最亲信的辅佐王猛，在将相群中，也是第一流的将相。"

## 一、扪虱高谈天下事

　　王猛出生之时，羯人石勒建立的后赵政权席卷中原，兴兵南下，与东晋夹淮水对峙。继石勒之后称帝的石虎，是一个穷兵黩武、嗜杀成性的暴君，后赵国无宁日，民不聊生。年幼的王猛便随家人颠沛流离，辗转来到魏郡（今河南北部与河北南部）住下。

　　王猛家贫如洗，为了糊口，他小小年纪便以贩卖畚箕为业。相传，有一次王猛在洛阳闹市上设摊叫卖，有一个人走过来，表示愿意出大价钱买他的畚箕，但又说身上没带钱，让王猛跟他到家里去取。王猛贪恋他出的好价钱，又听说那人离此处不远，便挑起畚箕跟着走了。走着走着，并不觉得走了多少路，突然来到一座深山里。只见一位白发银须的老人威严地坐在一架躺椅上，左右分立着十来个人。其中一个引着王猛前去拜见，那老人却抬抬手说："王公，您怎好拜我呀！"还让人拿出十倍的钱买下他所有的畚箕，然后又派人送他下山。王猛走出山来，回头一看，原来是距洛阳足有上百里的嵩山。嵩山为五岳中的中岳，在这里曾产生过许多神奇的故事。传说中的那位老人，当然是神仙之类的人物；而他用"公"这样的尊称来称呼王猛这个卖畚箕的穷少年，当然是预示王猛将来有不可限量的前途。神仙之事本属子虚乌有，这传说自然是王猛发迹后才编造出来的。不过，王猛这位卖畚箕出身而才华过人、功名盖世的宰相，在当时人看来，大概确实是充满了传奇色彩。

后来，王猛就不再卖他的畚箕了，开始读起书来。他生于乱世，长于乱世，当然不会像太平时代的书生那样，苦苦啃嚼几部古老的经典，借此在上层社会谋一官半职。他也无意做一个学者，度过枯燥的一生。史书上说王猛"博学好兵书"，可见他涉猎很广泛，尤其喜好军事学，喜欢揣摩用兵之道。再从王猛后来的活动来看，他熟悉历史，尤其注意现实社会中各个政治集团之间的关系。这些都说明，王猛读书原是一种有意识的准备，以便在变幻不定的时代风云中捕捉恰当的时机，去干一番轰轰烈烈的事业。社会的动荡，使普通人感到危险不安，所以会有"宁为太平犬，不作乱世人"的民谚；但是不甘沉没的豪杰之士，尤其是那些出身下层社会，无所凭依的人物，却往往从中看到了机会。因为在权力结构稳定的时代，他们总是受到压抑；而在动乱的时代，他们的才能却有可能得到施展，王猛便是其中的一位。

经过若干年的磨炼，王猛成长为一位英俊魁伟、雄姿勃勃的青年，他为人严谨庄重，深沉刚毅，气度恢宏，处世通达，但绝不轻率和粗疏。他与鸡毛蒜皮的琐细之事绝缘，更不屑于同尘垢秕糠打交道。为了增长阅历，扩大交游，他曾到过许多地方，对于那些庸庸碌碌的世俗之辈，他从来都不屑一顾，一般人看得很重的东西，他也不放在眼里，为此，许多浅薄浮华的贵族人士经常耻笑他，认为他自命不凡，空疏可笑。而王猛却悠然自得，我行我素。有一次，他出游后赵国都邺城（今河北临漳县西），达官贵人们没有谁瞧得起他，唯独一个"有知人之鉴"的徐统"见而奇之"。徐统在后赵官至侍中，他召请王猛为功曹，即郡守或县令的总务长官，负责人事并参与政务。就常情而言，这也不失为走上政治舞台的一个台阶，然而王猛却随即拂袖而去，到华阴山（今华山）隐居起来，静候风云之变而后动。

此后数年间，北方战乱愈演愈烈，政局也瞬息万变。穆帝永和五年（349），暴君石虎终于死了，而他的后代却立即展开了凶狠的厮杀，直杀得"横尸相枕，流血成渠"。一年之中，三易帝位。大将冉闵乘机攻入邺城，屠戮羯人20余万，于穆帝永和六年（350）灭赵建魏，遂"与羌胡相攻，无月不战"，立国后不到两年的时间，又被从东北扑入华北的鲜卑慕容氏的前燕政权灭掉。邺城落入燕帝慕容俊之手，而关中等地各族豪强纷纷割据，北方称王称帝比比皆是，在这个过程中，氐族首领苻洪崭露头角了。

氐族属于西戎族，原居于今甘肃东南端，东汉末年内迁关中地带，与汉人杂居，逐渐"汉化"。苻氏世为氐族酋长，石虎强徙苻洪及其部众10万到邺城以南。冉闵称帝后不久，苻洪自称秦王，但不久就被降将所杀。其子苻健继位，率众西归，于穆帝永和七年（351）占领关中，建都长安，国号秦，史称前秦。他薄赋敛，卑宫室，重政事，优礼耆老，修尚儒学，国家很有起色。次年称帝，势力日强。穆帝永和十年（354），东晋荆州镇将军桓温率4万步骑，号称10万，攻击前秦。从武关进军关中，经蓝田大战，进屯灞上（今西安市东），关中父老争以牛酒迎劳，男女夹路聚观。

王猛听到这个消息，身穿麻布短衣，径自来到桓温大营求见。桓温请王猛谈谈对时局的看法，王猛在大庭广众之下，一面满不在乎地摸出身上的虱子，随手掐死，一面与桓温纵谈天下大事，滔滔不绝，旁若无人。这就是历史上传为佳话的"扪虱而谈"。桓温是一代豪杰，豪爽而有计谋，他与王猛一席对话，心里深为敬重，感叹道："江东没有一个人能比得上您的才干！"席间桓温又问王猛："我奉天子之命，统率10万精兵仗义讨伐逆贼，为百姓除害，而关中豪杰却无人到我这里效劳，这是什么缘故呢？"王猛直言不讳地回答说："将军不远千里深入敌境，如今长安近在咫尺，而您却不渡过灞水去把它拿下，大家摸不透您的心思，所以不来。"一语击中了桓温的隐秘，使他顿时说不出话来。原来桓温之所以不急于攻下长安，虽然也有某些军事方面的原因，但更重要的是出于个人的考虑。他当时控制着长江中游的荆州一带，这是南方政权至关重要的军事重镇，同时又掌握着东晋最精锐的部队，因而颇有取代晋室自立的野心。所以这次北伐的目的，也只是为了树立个人的声威，作为篡晋的一笔政治资本。恢复关中，只能得个虚名，而地盘却要落于朝廷；与其消耗实力，失去与朝廷较量的优势，为他人作嫁衣裳，不如留敌自重。不过，桓温毕竟是英雄之士，对王猛的气度和才智仍然十分赏识。他后来决定还师南下时，特意赠送车马给王猛，并拜王猛为高官都督，请他和自己一起到南方去。王猛心想在士族盘踞的东晋朝廷里，自己将很难有所作为，但追随桓温则等于助其篡晋，势必玷污清名。于是他便回到华山向老师请教，老师也表示反对南下，并说："你和桓温岂能并肩而立！在北方自有富贵可取，何必远赴江南！"于是，王猛便留在了北方，并继续隐居读书。

## 二、出山辅英主

桓温退走的第二年，永和十一年（355）苻健去世，其子苻生继位。苻生为人褊躁多疑，暴虐好杀，视杀人为儿戏。弄得贵族和大臣们人人惶惶不安，当时便有"群臣得保一日，如度十年"的说法，所以他们中的一些人便希望苻坚来取而代之。

苻坚，字永固，苻健之侄，是十六国时期杰出的政治家。他倾慕汉族的先进文化，年少时便拜汉人学者为师，潜心研读经史典籍，很快就成了氐族贵族中的佼佼者。他博学强记，文武双全，而且立下了经世济民，统一天下的大志。他懂得"明政无大小，以得人为本"的道理，广招贤才，网络英豪。苻坚当然不甘心受制于无能的苻生，所以他向尚书吕婆楼请教除去苻生之计，吕婆楼也向他力荐王猛，于是苻坚便派吕恳请王猛出山。

苻坚与王猛一见如故，谈到古往今来的人物，天下兴亡的道理，目前各国的形势，句句投机。苻坚觉得自己就像刘备当年遇到诸葛亮似的。至此，王猛终于找到了他所期望的有雄心有识度的君主，苻坚也找到了一个有力的助手。晋升平元年（357），苻坚一举诛灭苻生及其帮凶，自立为大秦天王，改元永兴，任命王猛为中书侍郎，职掌军国机密。

当时前秦面临的国内外形势是非常严峻的。前秦的主要根据地在关中，这里地势险峻，易守难攻，自古称为"四塞之国"。但地势之利并不是能完全靠得住的，东面有鲜卑族慕容氏的前燕，北面有鲜卑族拓跋氏的代国，西面有汉族张氏的前凉，南面有公认为华夏正统所在的东晋。任何一方随时都可能对它带来威胁，并且在几年之前，桓温的军队就曾直逼长安城下。国内更是矛盾重重，危机四伏。氏族在北方各少数民族中，受汉文化的影响较深，其文明程度也较其他各族为高。但它毕竟是一个带有浓厚的奴隶制残余的部落，氏族的部落贵族，其实就是奴隶主贵族，掌握着极大的权力。也就是说前秦当时还没有真正进入封建社会，王权对部落贵族的控制，是相当软弱和松散的。所以苻坚不仅要巩固对内的统治，而且还要对付境外的威胁，并图谋进一步的发展。

王猛帮助苻坚所做的第一件事情，就是抑制豪强，削弱氏族贵族的势力，强化王权。他用汉族先进的封建政治制度去改造氏族的部落制残余。最初王猛担任中书侍郎，后来不久就调为始平令。始平县（今陕西咸阳市西北）是京师的西北门户，地位极为重要。但长期以来那里豪强横行，劫盗充斥，百姓叫苦连天。王猛一到始平，便申明法令，查清不法豪门，以严厉的手段加以限制。有个树大根深的奸吏，作恶多端，王猛将他当众鞭死。这样一来，地方豪强岂肯干休，随即联名上书控告王猛，朝廷中自然也有人与他们相呼应。就这样，王猛没当几天的县令就被逮捕，用槛车送到长安。

苻坚闻讯，亲自审问王猛，责备他说："治理国家，应当以倡导德行、感化民众为先，你怎能一到任就杀掉那么多人，多么残酷啊！"王猛平静地回答说："我听说过这样的道理，治理安定之国可以用礼，但治理乱国，必须用法。陛下不以臣无能，让臣担任难治之地的长官，臣一心一意要为明君铲除凶暴奸猾之徒。我才杀掉一个奸徒，而该杀的还有上万之数呢。如果陛下因为我不能除尽残暴，肃清枉法者而要惩罚我，我甘愿受死；但是陛下指责我'为政残酷'，我是决不接受的。"苻坚听了这番话，大为赞赏，把王猛比为管仲、子产（春秋时两个以重视法治著称的政治家），并立即将他释放，升任为尚书左丞、咸阳内史、京兆尹。

王猛治绩卓著，执法不阿，精明强干，在36岁那年，接连升了五次官，一直做到尚书左仆射、辅国将军、司隶校尉等，"权倾内外"。王猛的备受信任，引起了皇亲国舅和元老旧臣们的忌恨。氏族豪帅出身的姑臧侯樊世，依仗自己帮助苻健打天下的汗马功劳，最先跳出来，当众责问王猛："我们曾与先帝共兴大业，却不得参与机密，你无汗马功劳，凭什么专管大事，难道我们种下的庄稼，让你来坐享其成吗？"王猛冷笑道："不光是你们种我来收，还要让你们做好饭端给我吃呢！"樊世肺都要气炸了，跺着脚咆哮道："姓王的，总有一天要把你的头挂在长安城的门楼上，否则，我不活在人世上了！"王猛把这件事告诉了苻坚，苻坚果断地说："必须杀了这老头，群臣才能整肃。"

不久，樊世入宫奏事，苻坚当着他的面对王猛说："我想让杨璧做我的女婿，你看这个人怎么样？"樊世在一旁顿时火冒三丈，大声地说："杨璧和我的女儿定婚已久，陛下怎么可以将他选配公主呢？"王猛在旁趁机给他定下罪名，"四海之内，皆为陛下所有，你竟敢和陛下争婚，岂不成了两个天子，还有上下之分吗？"王猛火上浇油，樊世哪里按捺得住，冲上去就要殴打王猛，被左右拉住，他又破口大骂，秽言不堪入耳，苻坚大怒，立即命令将其斩首。之后，反对派对王猛由公开攻击转为暗中谗害了。

尚书仇腾、丞相长史席宝利用职务之便，屡屡毁谤王猛。苻坚听说后大怒，黜仇腾为甘松护军，席宝为白衣领长史，对于飞长流短的氐族大小官员，苻坚甚至当堂鞭打脚踢。这样，再也没有人胡说八道了。

甘露元年（359），王猛由咸阳内史调任侍中、中书令、京兆尹。京城是王公贵族聚居之处，比小小的始平县要难于治理得多。当时朝廷内外有一批氐族显贵，仗恃与皇室同族或"有功于本朝"等，身居要职，恣意妄为，无法无天，王猛的矛头便首先对准了他们。苻健的妻弟强德，自恃后戚，横行不法，酗酒行凶，抢男霸女，成为百姓的祸害。王猛立即收捕强德，上奏的文书还没等得及批复，便将他处死。等到苻坚因太后之故派人持赦书飞马赶到时，强德早已"陈尸于市"了。紧接着，王猛又与御史中丞邓羌通力合作，全面查处害民乱政的公卿大夫，一鼓作气，无所顾忌，数十天内，权豪贵戚被处死、受刑、罢免者达二十余人。"于是，百僚震肃，豪右屏气，路不拾遗，风化大行"。苻坚感叹道："直至今日我才知道天下是有法的，天子是尊贵的！"王猛又让苻坚下令挑选得力官员巡察四方及戎夷地区，查处地方长官刑罚失当和虐害百姓等劣行，整顿地方各级统治机构。

就王猛而言，能被苻坚如此重用，除了他本人的才能、治国方针对苻坚有利外，还因为王猛是个汉人。苻坚手下的大臣，原来都是部落的首领，各人都有自己的势力。所以过于依靠任何人，都有可能带来弊害。而王猛在这个由氐族统治的王朝中，实际上是毫无基础的。他唯一的靠山就是苻坚，除了苻坚他就一无可为，所以他打击的氐族权贵，也都是与上一代君主苻健关系密切，而在苻坚时代并不怎么受信任的人物，如樊世、强德。而对于那些受到苻坚信任以及同样支持中央集权的人，如尚书仆射梁平老、司隶校尉吕婆楼等，王猛也很注意和他们处理好关系，争取他们的支持，从而获得在朝廷中稳固的地位。

## 三、整饬内政

王猛为相后，与苻坚的弟弟苻融成为前秦最高统治集团中的核心人物，一切有关内政外交的大事，苻坚都和他们俩商量而定，而实际的政治事务，则主要由王猛负责。王猛便在苻坚的支持下，继续以抑制豪强为基本方针，同时采取各种有力措施，改善国内情况，壮大前秦的力量。

首先，他从整顿吏治入手，严明赏罚，裁汰冗劣，耀拔贤能。王猛在着力打击氐族贵族，做到"有罪必罚"同时，还力求做到"有才必任"。他在接受司隶校尉等职之前，曾力荐在职官僚苻融、任群和朱彤等人，使他们各得要职。灭燕后，他又很快推荐房默、房旷、韩胤、田勰等一批关东名士担任朝官或郡县官长。"木秀于林，风必摧之"，"行高于人，众必非之"。王猛从自己的亲身经历中，对贤才遭嫉有着深刻的体会，所以，他也像苻坚一样保护贤才，用人不疑。苻融为人聪辩明慧，文武出众，善断疑狱，见识远大，他曾因小过失而时常局促不安，王猛也赦而不问，信用如初。反之，对于那些居官不称职者，王猛则弃之如腐鼠。

王猛不仅做到"伯乐相千里马"，而且还帮助苻坚创立了荐举赏罚制度和官吏考核新标准。其主要内容是：地方官长分科荐举名为孝悌、廉直、文学、政事的人才，上报中央；朝廷对被荐者一一加以考核，合格者分授官职，凡所荐人才名实相符者，则荐举人受赏，否则受罚。凡年禄百石谷米以上的各级官吏，必须"学通一经，才成一艺"，对于那些不通一经一艺者统统罢官为民。荐举赏罚制度和选官新标准的规定，沉重地打击了早已成为士族垄断政权工具的九品中正制，也否定了十六国以来许多胡族军阀统治者迷信武士，蔑视文化知识的落后观念，有效地提高了前秦各级官僚的智能素质。"才尽其用，官称其职"的局面日益形成，社会风气和社会治安也为之一变，贿赂请托、恣意妄举的腐败现象逐渐消除，养廉知耻、劝业竞学之风日盛。

其次，注重用先进的汉族文化来培养氐族人才。在他的赞导下，前秦恢复了太学和地方各级学校，广修学宫，聘任学者执教，并强制公卿以下子孙入学。苻坚每日亲临太学一次，考问诸生经义，品评优劣，并与博士讲论学问。灭燕后，苻坚又亲率太子，王侯公卿大夫之长子祭祀孔子，宣扬儒教。这样，先进的汉族传统文化在北方很快得到复苏和振兴。

再次，王猛注重兴修水利，通过奖励农桑，努力发展社会生产。公元376年，前秦政府征调豪富僮仆3万人开泾水上游，凿山起堤，疏通沟渠，使关中许多易遭旱灾的土地得到灌溉。王猛还通过召还流民、徙民入关等途径增加农业劳动力，并注意节约开支，降低官僚俸禄，减免部分租税，以减轻人民负担。前秦政府还经常派员巡察地方，推广先进的生产技术，奖励努力种田的农民，这样，荒芜多年的田地重长五谷，空废多年的仓库又满帛粟，物质基础大大增强了。

最后，注意调整民族关系，促进民族融合。前秦是氐族建立的国家，氐族又是少数民族中较小的一个。前秦国内不仅存在着氐汉之间的矛盾，而且还存在着氐族与其他少数民族的矛盾。作为汉人，王猛能尽忠于前秦政权，与苻坚名为君臣，形同兄弟，为氐汉两族的团结做出了很好的榜样。前秦废除了胡汉分治之法，确立了"黎元（百姓）应抚，夷狄应和"的基本国策，诸族杂居，互相融合。当时曾有人别有用心地建议苻坚把西北氐族各部尽迁入京城，而将关中各族大户驱逐到边地，王猛便劝苻坚将这人处死。边将贾雍所部攻掠匈奴，立即被罢官。于是，匈奴、鲜卑、乌桓、羌、羯诸族纷纷归服，有才干的都被委以要职，确有"四夷宾服，凑集关中，四方种人，皆奇貌异色"。

王猛的施政方针，促使苻坚吸收先进的汉族文化，仿效汉族的封建政治制度，改造氐族的奴隶制残余，从而使前秦王朝得以巩固、发展，同时也加速了氐族汉化的过程，给前秦的政治情况带来了极明显的改变。据史书记载，当时前秦境内和平安定，政治清明，生产发展，百姓丰足。自长安到各州的大路旁，都种植了槐树和柳树，二十里一亭，四十里一驿，外出者在途中都可以得到食宿和供应，从事手工业和商业的人在大道上来来往往，百姓都歌唱道："长安大街，杨槐葱茏；下驰华车，上栖鸾凤；英才云集，诲我百姓。""兵强国富，垂及升平，（王）猛之力也。"

王猛执政号称"公平"。他处事果断，办事讲究效率，从不拖泥带水。有一次广平人麻思因母丧向王猛请假回故里葬母，王猛对他说："你要走就赶快走，今晚我已发令命潼关禁止出入了。"潼关距长安二百多里，为京都门户。麻思匆忙上道，刚走出潼关，就发现地方官员已接到通知，并锁关了。由此可见，其令行之速。

## 四、巧施谋略，勇于争雄

在王猛治理下，前秦成为诸国中最有生气的国家，因而有实力与群雄角逐，而且愈战愈强，10年之间（366—376）便统一了北方。在这个过程中，王猛经常统兵征讨，攻必克，战必胜，表现出卓越的军事才干和大将风范。他的大胆和机变更让别人无法比拟。据史书记载，在前秦的西部，是占据着河西走廊及新疆南部的前凉。当时前凉大将李俨镇守枹罕（今甘肃临夏），领有数郡之地，与前秦接壤，但不久李俨背叛前凉，割地称雄。公元366年，前凉统治者张天锡亲率3万大军攻李俨，李俨向苻坚求救，苻坚命王猛领军前往。王猛在櫓枹罕东大败张天锡，张氏被迫引军而归。这时李俨对王猛也怀有戒心，紧闭城门不出，王猛于是身穿白袍，一副悠闲的神态，只带了数十个随从来到城下，要李俨开门相见，李俨这才放心，于是开城门让王猛进来，没有想到要作任何防备。谁知王猛入城后，一支秦军突然随后抢入城门，俘虏了李俨，占领了李俨所割据的大片土地。王猛身为一国之相，三军之帅，而竟敢轻入险地，以自身为诱饵，足见他为人的大胆和机变。

前面提到前秦建朝伊始，国内外面临的形势是很严峻的，可谓"四面受敌"，但当时苻坚和王猛都没有苟安于关中或偏霸一隅的想法。王猛的愿望是统一北方，为将来统一全国打下基础；苻坚则更是雄心勃勃，志在"混一六合，以济苍生"。他们拟定的策略是：先稳定西北以无后顾之忧，再向东南进攻，以图大业。

稳定西北的计划进展顺利，通过政治、军事手段，到建元三年（366）五月，匈奴刘氏部、乌桓独狐部、鲜卑没奕干部和拓跋部的代国等都先后归服了前秦。同年七月，王猛又率军进攻东晋荆州北部五郡，初战告捷；掠取一万余户北还。第二年二月，王猛讨平羌族叛乱头目敛歧；四月，大破前凉国主张天锡军，斩首17000余级；继而又不费一兵一卒，智擒原张氏部将李俨，夺取重镇枹罕。

这年十月，前秦内部爆发了"四公叛乱"。晋公苻柳据军事要冲蒲坂（今山西永济西蒲州）起兵反叛，赵公双、魏公瘐、燕公武也同时各据要冲叛乱。其实在这以前，王猛曾劝苻坚除去苻柳等。但是苻坚不听。这时他们同时并起，气势汹汹，并且扬言要一举攻下长安。第二年春，王猛便奉命率诸将前往讨伐。魏公苻瘐闻讯后，竟然以陕城（今河南陕县）降燕，请兵接兵来伐秦。

当时晋公苻柳首先出城挑战，但王猛却闭垒不应，苻柳以为王猛怯阵了，于是便留下世子苻良守城，自己亲率两万大军偷袭长安城。王猛假装不知，暗中却派大将邓羌率精兵七千袭击苻柳军队。苻柳大败而还，在归途中又遭到了王猛的伏击，两万人只有苻柳及其随从数百骑逃入蒲坂，其余全部当了俘虏。不久，王猛又攻破蒲坂，苻柳身首异处。其余三公也都被俘或被杀。这样，"四公叛乱"的平定，便为前秦扫清了通往中原通路上的障碍。

国内叛乱平定后，前秦便把目标对准了东部强邻前燕。前燕慕容氏，是鲜卑族的一支，原来活动在辽宁一带，西晋覆灭后，其势力在动乱中日渐发展壮大。公元349年，中原地区的后赵被汉人冉闵所灭，冉氏建立魏国，史称冉魏。慕容鲜卑的首领慕容俊趁冉魏在战争中实力耗损而立足未稳之际，于公元352年集中大军攻入中原，击灭冉魏，自称燕皇帝，先定都蓟城（今北京市），后定都于邺，史称前燕。前燕与前秦同时并峙，是北方最强大的两支力量，但比较起来，前燕不但国土几乎是前秦的两倍，而且占据的地区是原来北部中国人口最稠密、经济最发达的地区。所以就人力物力而言，前秦远远比不上前燕。然而前燕的政治情况却比前秦差得多。其内部鲜卑贵族擅权横行的问题始终未能得到解决，并且自从慕容俊于公元360年病死，其子慕容暐继位后，统治集团日益贪图享受，生活腐化。为了满足自己的欲望，他们对民众进行残酷的剥削，社会矛盾也十分激烈。

建元五年（369）四月，东晋桓温伐燕，七月，桓温军到达枋头（今河南浚县西），邺都震动。燕王慕容暐派人向前秦求救，并且答应割虎牢（今河南荥阳氾水镇）以西之地给秦。当时前秦群臣反对救燕，王猛却暗地向苻坚献策，是为"先救后取"之计，即先出兵与燕共退晋军，然后乘燕衰颓之时再取之，否则让桓温攻占了中原，则秦"大事去矣"。王猛的计策得到了苻坚的赞同，九月，燕、秦联军大败晋兵，杀敌 4 万余人，桓温狼狈逃归。事后，前燕毁约不割地给秦，再加上当时大败桓温的北伐首领昊王慕容垂受到太后可足浑氏和辅政大臣慕容评的忌害，被迫逃亡到前秦，这样，就给苻坚伐燕找到了借口。

建元六年（370）六月，苻坚以王猛为统帅，率领六万军队进攻前燕。出征时，苻坚亲自送王猛到灞上，王猛胸有成竹地对苻坚说："荡平残胡，如风扫叶，不劳陛下受风尘之苦，但请陛下速命臣下做好布置，安排鲜卑俘虏。"苻坚听后大喜。王猛统领杨安等十将，战士 6 万人，与前燕执政慕容评率领的 30 万精兵展开决战，面对五倍于己的劲敌，王猛毫无惧色，取南路一举攻下壶关（今山西长治东南），活捉燕南安王慕容越，所过郡县无不望风而降。北路由杨安率领进攻晋阳（今山西太原市南），但因寡不敌众，两个月过去了，还没能攻下。王猛立即率军驰赴晋阳助杨安一臂之力。到了晋阳，王猛马不停蹄，绕城察看，迅速弄清了症结所在，并想出了克敌妙策。他命令士卒连夜挖通地道，后又派壮士数百人潜入城中，大呼而出，杀尽守门燕兵，打开城门，秦军蜂拥而入，转瞬间夺取了晋阳，并活捉了前燕东海王慕容庄。

王猛连攻两城后，十月，挥师南下，直趋潞川，与前燕大军对峙。前燕大将慕容评认为王猛孤军深入，粮草不济，便想用"持久战"来拖垮秦军。谁知尚未开战，王猛便派五千骑兵乘夜从小道绕至燕军后方，放火焚烧了燕军辎重，使前燕失去给养，无法持久。当时燕军辎重被烧，火光冲天，一连数尸，连慕容暐在邺城中都看到了，他急得发怒，立即派人到军中，斥责慕容评贪生怕死，并促令出战。慕容评无法，只好派人到王猛军中，相约决一死战，于是，秦燕之间的一场大战开始了。

战前，王猛列阵誓师，他慷慨激昂地说："我王景略受国家的厚恩，兼任内外之职，今日与诸君一起深入贼地，大家都要奋力向前，有进无退，愿各位同心并力，共立大功，以报答国家。在这次战斗中，如能克敌制胜，在朝廷中接受明主的封赏，回家与父母举杯欢庆，那该是多么荣耀，多么值得自豪啊！"阵前呼声如雷，群情激奋，士兵们义无反顾，打碎了铁锅，抛下军粮，如狂潮般一齐向燕军扑去。秦兵虽然数量少，但纪律严明，斗志高昂，锐不可挡；燕兵虽然在数量上占优势，但军心涣散，并且士兵长久以来受到恶劣的待遇，饱受饥寒之苦，谁肯卖命？两军相交，从清早厮杀到中午，燕军被杀被俘的达 5 万余人，大军渐渐溃散。秦军乘胜追击，燕军投降的又有 10 万余众，主帅慕容评单骑逃走。就这样，燕国 40 万主力军队被王猛的 6 万秦军彻底消灭了。

在与前燕的这场潞川决战中，王猛表现出过人的度量，通权达变和善于驭下等方面的高水平，曾被北魏史学家崔鸿赞不绝口。当时被派往侦察敌营的秦将徐成归来误期，王猛要以军法从事，大将邓羌替徐求情，未被允准，邓便回营整队要反攻王猛。一向执法如山的王猛出人意料地"枉法"赦徐，并赞扬邓羌说："将军对同郡部将尚且如此仗义，何况对国家呢？我不再忧虑敌人了！"开战之后，王猛命令邓羌冲闯敌军密集处，不料邓羌又讨价还价地说："如果答应给我一顶司隶校尉的乌纱帽，那么你就放心吧！"王猛感到很为难，邓羌便跑回营帐蒙头大睡。于是，王猛驰马经入邓营，答应了他的条件。邓羌乐得折身跳起，捧起酒坛子"咕嘟咕嘟"大喝了一顿，然后跃马横枪，与猛将徐成、张蚝等直扑敌阵，往来冲杀，如入无人之境，最终取得了战斗的胜利。邓羌徇私求情，扰乱军法；欲攻主帅，目无上级；临战求位，等于要挟国君，三者有其一，便该砍头，何况王猛一向从执法如山闻名于世。但是王猛容忍了邓羌之短，而调动了邓羌之长，结果大获全胜。

潞川大捷后，王猛乘胜挥师东下，马不停蹄，包围了燕都邺城。邺城附近原先劫盗公行，这时变成了远近清静。王猛号令严明，官兵无人敢犯百姓，法简政宽，燕民无不额手相庆，奔走相告。同年十一月，苻坚亲率 10 万大军赶往邺城会师。将到邺城，他把军队驻扎在安阳（今河南安阳，位于邺城之西），停留了两天。王猛闻讯，悄悄赶到安阳，亲自迎接。苻坚责备地说："过去周亚夫驻军细柳，汉文帝亲往劳军，亚夫不出营门，世人称为名将。如今大敌当前，你怎么可以丢下军队来见我？"王猛回答道："周亚夫那样对待君主，我向来不大赞成。如今的形势，由于陛下的神机妙算，敌人已经垂于死亡，是不必多虑的。但是陛下亲临阵前，万一有什么不虞之事，国家将如何是好？所以我不可不来接驾。"

就王猛而言，苻坚对自己虽然十分信任，但毕竟是君臣关系，这种颇为微妙的关系使得苻坚对王猛在信任之余也绝非没有戒心。王猛对苻坚表示出极其恭谨的态度，绝无丝毫居功自傲之意，也就消除了苻坚的顾虑，从这里可以看出王猛极为谨慎、善于自处的一面。秦军会师后，很快攻破邺城。燕王慕容暐仅率数十骑逃走，又被秦兵追及，当了俘虏，从此，前燕灭亡了，前秦统一了整个黄河流域。

灭燕之后，苻坚给王猛加官晋爵，封他为清河郡侯，又任为冀州牧，留镇邺城，苻坚把关中六州，即原来燕国的中南部，都交给他治理。六州范围内的一切事务均由他决定，并可自行选择人才，委派各州郡的长官，只要事后把结果报告朝廷，取得正式任命即可。这对王猛表示了充分的信任。王猛上书谦让，苻坚不准，这才接受下来。

王猛镇守邺城期间，采取了各种办法，安定民心，发展生产，巩固前秦对这片疆土的统治，其中最重要的一条措施就是把大量鲜卑贵族和其他豪强富室统统迁往关中安置，其主要目的是迫使前燕王朝的上层脱离自己的根据地，无法东山再起。同时也减轻了当地人民所受的种种压迫和剥削，这对恢复生产是非常有益的。

安定了关中六州后，王猛又被召回长安。苻坚委任他为丞相，中书监，尚书令，太子太傅，司隶校尉，不久，又加任都督中外诸军事，苻坚几乎把所有的权力都交给了王猛一个人，当然最后的决定权仍在苻坚手里，王猛只是为他具体管理国家。此后，前秦军事、内政、外交诸方面的一切事务，无论巨细，都要经过王猛处理。有一次苻坚对王猛说："我得到你，就好像周文王得到姜太公一样。"从中可见他对王猛的信任和器重。

王猛回到长安后，又帮助苻坚解决了残存于西北等地的割据势力。当初王猛大败张天锡时，曾俘获其将阴据及甲士5000人，这时他派人送他们回去，并捎去给张天锡亲笔信一封。王猛在信中引古论今，透辟地分析了天下大势和凉国的危险处境，劝张幡然悔过。张天锡见信后大为恐惧，寝食不宁，终于向前秦谢罪称藩。接着，陇西鲜卑乞伏部、甘青之间的吐谷浑也都臣服于秦。公元373—374年，秦又定巴蜀及其以南的地区，基本统一了北方，十分天下，秦居其七。

## 五、劳瘁而死，遗计安邦

王猛积劳成疾，终于在建元十一年（375）六月病倒了。苻坚亲自为他祈祷，并派侍臣遍祷于名山大川，碰巧王猛病情好转，苻坚便欣喜异常，下令天下大赦。王猛感激不尽。曾上疏道："想不到陛下因贱臣微命而亏损天地之德。自开天辟地以来绝无此事，这真使臣既感激又不安。臣听说报答恩德最好的办法是尽言直谏，请让我谨以垂危生命，敬献遗诚。陛下威烈震慑八方荒远之地，声望德化光照六合之内，九州百郡，十居其七；平燕定蜀，如拾草芥。然而善作者未必善成，善始者未必善终，所以，古来明君圣王深知创业守成之不易，无不战战兢兢，如临深渊。恳请陛下以他们为榜样，则天下幸甚。"

七月，王猛病危，苻坚向他询问关于未来的决策。王猛对苻坚说："晋朝虽然僻处江南，但为华夏正统，而且上下安和。臣死之后，陛下千万不可图灭晋朝。鲜卑、西羌降伏贵族贼心不死，是我国的仇敌，迟早要成为祸害，应逐渐铲除他们，以利于国家。"说完便停止了呼吸。苻坚三次临棺祭奠恸哭，对太子苻宏说："老天爷是不想让我统一天下呀，怎么这么快就夺去了我的景略啊！"于是，按照汉朝安葬大司马大将军霍光那样的最高规格，隆重地安葬了王猛，并追谥王猛为"武侯"。

王猛死后，苻坚恪遵王猛遗教，兢兢业业处理国事，着重抓了扩大儒学教育和关心民间疾苦两件大事，并且都大有成效。其后，苻坚又迅速灭掉前凉和代国，完全实现了北方的统一。遗憾的是，苻坚没有听从王猛的临终遗言，在灭西凉、代国之后，便自恃兵力超过东晋，轻率地于公元383年率80余万大军进攻东晋，结果在淝水之战中一败涂地。而王猛叮嘱再三地要苻坚除掉鲜卑、羌族上层阴谋分子，如慕容垂、慕容冲、姚苌之流，因为未能除掉，这时便乘机造反，纷纷割据自立。建元二十一年（385），苻坚被姚苌杀害，年仅48岁。9年之后，前秦便灭亡了。

十六国时期，北部中国战乱不已。王猛辅佐苻坚，一度实现了北方的统一，并采取了进步的措施，在一定程度上恢复了生产，使人民的生活比较安定，虽为时不久，但功绩不可抹杀。王猛作为前秦的执政者，在促进氐族及其他少数民族吸收汉文化，从而促进中原各民族大融合方面，也是起了一定作用的。王猛的临终遗言，寥寥数语，却都关系到前秦国家的兴衰存亡，可谓一言九鼎，胜过千言万语。他死后的历史结局完全证实了他非凡的远见。

（林　红）

本文主要资料来源：《晋书》卷一一四，《王猛传》；《南史》卷二四，《王猛传》。

# 敢"献纳忠谠"　致"贞观之治"

## ——魏徵传

　　唐太宗贞观年间（627—649），政治修明，社会安定，经济繁荣，人口增加，出现了中国封建社会前所未有的太平盛世，史家称誉为"贞观之治"。提起贞观之治，人们便会想到那位不断献纳忠谠，被唐太宗称为一面"镜子"的著名人物——魏徵。

　　魏徵是隋末唐初杰出的政治家，唐太宗统治集团的主要谋士。他殚精竭虑辅佐唐太宗17年，不断提醒唐太宗以亡隋为鉴戒，偃武修文，励精图治。他多次犯颜直谏，面折廷争，纠正或阻止了唐太宗许多错误行为和主张，为贞观之治的形成做出了杰出的贡献。他的言论和事迹被载入史册，他与唐太宗的关系也被后世奉为君臣遇合的楷模，传为美谈。

## 一、出身孤贫，大器晚成

　　魏徵（580—643），字玄成，钜鹿下曲阳（今河北晋州市）人。于北周静帝大象二年（580）出生在一个日趋没落的封建官僚家庭。他的曾祖父、祖父都是读书人出身，做过太守、刺史一类的官。他的父亲魏长贤，学识渊博，品德清正，北齐时曾任著作郎（掌编纂国史）。由于对当时的腐朽政治不满，曾上书批评朝政，得罪于权贵，为当道所不容，被贬为屯留县令。后愤而告病辞官，闲居终老，刚毅的性格潜移默化地遗传给了儿子魏徵。

　　由于父亲去世较早，且生前久已辞官，断绝了经济来源，所以魏徵的童年时代是比较贫寒的。但他自幼志向远大，胸襟开阔，不以家贫为念，酷爱读书学习。由于家学渊源，魏徵在青年时期就已博涉经史。为了进一步开阔眼界，切磋学问，他还到过河汾间（今山西省西南部地区），向当时著名的鸿儒王通求教。

当魏徵学业有成，准备踏上社会干一番事业的时候，却正值隋王朝政治昏暗、社会危机四伏的严峻时期。隋炀帝骄奢淫逸，侈靡无度，大兴土木，四处巡游，搞得民不聊生，怨声载道。魏徵眼见炀帝失道，民心尽丧，刚刚建立二十几年的隋王朝虽然表面上还团花簇锦，但实际上却如将倾之大厦，已从根基上发生了动摇。他不愿助纣为虐，更不愿成为隋王朝的殉葬品。因此，他不得不暂时放弃了求仕从政的打算，而选择了另外一条道路——出家当了道士。

魏徵的出家，并不是所谓识破红尘，从此甘做方外之人。他内心那种出将入相、治国平天下的宏远之志从来就没有消沉过。他之所以出家当道士，只不过是在当时特殊的历史环境下，采取的一种全身远害的权宜之计罢了。他凭借丰厚的学识修养和灵敏的政治嗅觉，预感到隋炀帝倒行逆施的残暴统治不会久长，一场政治上的暴风雨即将来临。但是，这场暴风雨究竟在什么时候，以什么方式来临，又会向什么方向发展，他还不能预测。他不想在形势还不明朗的情况下过早地、盲目地卷入这场风暴。他需要找一个暂时躲避政治风雨的安静环境，以便在这里养精蓄锐，静观待变，于是他选择了道观。

魏徵在道观里度过了十几年出家人的生活。这期间，他采取了一种以守为攻的积极的人生战略。他一方面继续认真读书，以史为鉴，探究治乱之本，为将来建功立业积蓄力量。另一方面，则密切注视着社会形势的变化，审慎地思考着自己下一步的行动。鉴于时局已处于天下大乱的前夜，他还特别注意研究了"纵横之术"。

在魏徵出家后的这段时间里，隋王朝的政治形势更进一步恶化。隋炀帝在对国内人民横征暴敛的同时，为了炫耀武力，从大业八年（612）开始，连续发动了大举进攻高丽（今朝鲜）的不义之战。繁重的兵役、徭役逼得人民实在无法生活下去了，终于爆发了全国性的农民大起义。与此同时，各地的豪强和地方官吏，眼看隋王朝大势已去，朝不保夕，也纷纷乘机而起，拥兵自重，割据一方，企图趁乱夺取天下。有的则献地纳粮，投靠农民起义军。天下大乱的局面已经形成，反隋斗争的烈火在全国范围内燃烧起来了。

社会形势的急剧变化，激荡着魏徵那颗本来就很不平静的心，长期埋藏在心中的那种建功立业的强烈愿望，促使他迈出了政治生涯中重要的一步。大业十三年（617）九月，魏州武阳郡（今河北大名县东）郡丞元宝藏起兵响应李密领导的瓦岗军，召魏徵担任书记（掌起草公文）。于是，魏徵便同元宝藏一起，加入了农民起义军的行列。这一年，他38岁。

## 二、相时而动，初试锋芒

魏徵在元宝藏军中积极参与谋划，并代元宝藏向李密上书，建议他率领部队西取魏郡（今河北临漳），然后会同南面的瓦岗军其他将领，攻占黎阳仓（故址在今河南浚县西南）。李密接书大喜，即命元宝藏为魏州总管，并封他为上柱国、武阳郡公，魏徵又代元宝藏写了谢启。李密每接到元宝藏的文书，无不称赞其精辟的见解和精妙的文辞，当得知这些文书都是出自魏徵的手笔时，马上就召见他，让他做了行军元帅府文学参军、掌记室（负责起草公文）。

瓦岗军很快就攻下了黎阳仓，连同这之前攻占的兴洛仓、回洛仓，共掌握了隋王朝的三大粮仓，不但解决了自身的军粮问题，并且使隋军陷入了缺粮的困境。同时，瓦岗军又开仓济贫，打开一口口的粮窖，让穷苦农民任意取拿。老百姓十分感激，纷纷投奔瓦岗军，起义军队伍迅速壮大，很快发展到几十万人。在战斗中又缴获了隋军大量的马匹、武器，可谓兵精粮足，因而成为当时实力最强、影响最大的一支队伍。魏徵怀着满腔热情，向李密进献了《十策》，全面分析了当时全国的形势，对瓦岗军今后应采取的战略提出了建议。他认为，应该分清敌友，分清主次，联合友军协同作战，分化敌军各个击破，并提出了具体的行动方案。李密看后连称是奇谋，但却并未采纳。这李密志大才疏，缺乏深谋远虑，在取得了一些胜利之后，便沾沾自喜，渐渐骄傲起来，俨然以天下盟主自居。

这时全国的政治形势发生了很大变化，隋王朝禁军首领宇文化及在江都发动兵变，缢杀隋炀帝，率军北上，声言欲还长安。此时已占领长安的李渊闻讯后，则先下手为强，废掉了原先拥立的傀儡隋恭帝杨侑，自立为帝，改国号为唐，建元武德，是为唐高祖。隋东都守将王世充见隋朝无主，也在觊觎帝位，妄图先扫清河南境内的农民起义军，再向全国发展，于是疯狂地出兵镇压瓦岗军。

瓦岗军奋力迎战王世充，一举击退了他的进攻，杀伤数万人，迫使王世充退回东都，坚壁不出。但时隔不久，宇文化及又率10万大军赶到，来战瓦岗军。这宇文化及是隋朝名将，他所率领的御林军装备精良，作战经验丰富，瓦岗军浴血奋战，虽然打败了宇文化及，但自己的伤亡很大，损失惨重，李密也中箭负伤。而在这时，狡猾的王世充见瓦岗军虚弱疲惫，又乘机反扑过来。

李密召集军事会议商讨对策，大多数将领见瓦岗军连续两次挫败官军，滋长了盲目轻敌的情绪，主张给予王世充以迎头痛击。魏徵则主张采取以守为攻的战略，深沟壁垒，暂避其锐气，然后伺机反攻。但人微言轻，根本未引起重视。李密采纳了大多数将领的意见，立即布置迎敌。

魏徵从瓦岗军的前途考虑，心中非常着急，会后又谒见军中长史（行军元帅府的辅佐，主管军事）郑颋，向他分析了当时的形势："我军虽然取得了两大战役的胜利，但将士伤亡很大，且连续作战，部队没来得及休整，战后又未及时论功行赏，所以士气不高。今东都缺粮，世充计穷，故其来势凶猛，意在速战，可谓'穷寇难与争锋。我军宜深沟壁垒，拖延时日，待敌人粮尽，必不战自退，我军再追而击之，可大获全胜。"在当时的情况下，魏徵的建议无疑是十分正确的。然而郑颋非但未能接受，反而讥讽说："此老生之常谈耳！"魏徵争辩说："这正是深谋远虑的制胜奇策，怎能说是老生常谈呢？"气得拂袖而去。

由于李密、郑颋没有采纳魏徵的正确意见，犯了轻敌的错误，不设壁垒，全面出击，结果瓦岗军一战即溃。兵败如山倒，慌乱之中，李密来不及检点军马，带着残兵败将西入关中，投奔了唐高祖李渊。魏徵也随李密一起，来到唐政权的京都长安。

魏徵来到长安后的所见所闻，使他耳目一新。李唐政权不但政府机构完备，而且府库充足，文臣武将，人才济济，军纪严明，训练有素，与瓦岗军的组织涣散简直不可同日而语。特别是李渊的老谋深算，他几个儿子的骁勇善战、雄才大略，都使魏徵产生了一种似曾相识、意气相投的信任感。以他儒家的正统观点看来，这才是帝王之相。因此，这时魏徵已打定主意，将自己今后的政治前途寄托在李渊父子身上了。但自己初来乍到，寸功未立，且地位卑微，又无人引荐，纵有经天纬地之才也无由施展。魏徵认为，要想取得李唐政权的信任，提高自己的政治地位，必须积极寻找立功机会。这时，他得知不久前在与王世充的激烈战斗中，瓦岗军虽然受到重创，但并未全军覆没，有些瓦岗旧将仍在山东一带活动，抗击着隋军。于是魏徵向李渊提出，自请出使山东（唐人称山东，泛指崤山、函谷关以东广大地区，包括今河南、河北、山东一带），说服瓦岗旧部归唐。李渊对他的建议十分重视，即命他为秘书丞（唐中央机构秘书省的官员），派他出使山东。

魏徵对李渊的信任与破格提拔非常感激，离开长安奔赴山东黎阳。此时瓦岗军的大将徐世勣还在忠实地为李密守卫着地方，魏徵便以老朋友兼唐政权使者的身份，给徐世勣写了一封信。信中发挥他纵横家的辩才，陈说利害得失，晓之以理，动之以情，劝世勣审时度势，及早归唐。其大意是：当初魏公李密拥数十万之众，威震大半个中国，只因一时失策，竟被手下败将王世充所击溃，终于归唐，此所谓天命不可违也。今天下大乱，人心难测，且将军正处于兵家必争之地，孤立无援之势，北有窦建德几十万大军虎视眈眈，西有王世充乘胜之师跃跃欲试。因此必须迅速抉择，当机立断。如果将军现在归唐，当不失拜将封侯、封妻荫子；若再迟疑，一旦有变，则前功尽弃，悔之晚矣！世勣接信后经过认真思考，认为魏徵对形势的分析很有道理，决定率所部20万人马归唐。于是派遣使者将各郡县的户口名册送给李密，请他自呈给李渊，并开仓运粮，供应李渊的堂弟、淮安王李神通的部队。接着，魏徵又说服魏州旧友元宝藏，也率部下归降了唐政权。

正当魏徵顺利地完成了说降任务，怀着喜悦的心情准备返回长安时，唐武德二年（619）十月，河北农民起义军领袖窦建德突然率军攻陷黎阳，魏徵尚未来得及离开，遂被俘获。此时窦建德已建立了夏国，自称夏王。建德素闻魏徵之名，任命他为夏国的起居舍人（负责侍从皇帝，记录其言行），魏徵身不由己，不得已暂时做了唐政权的叛臣。直到武德四年（621）五月，李世民率唐军大败窦建德，魏徵才得以趁乱逃回长安。太子李建成为了扩大自己的政治势力，召魏徵为洗马（东宫属官，主管经籍图书工作）。

在统一全国的大业取得基本胜利之后，唐政权内部的矛盾也逐渐暴露出来。以太子李建成为首的东宫集团，和以秦王李世民为首的秦王府集团，围绕皇位继承权问题，展开了激烈的明争暗斗。按照封建礼教的规定，只有皇帝的嫡妻所生的儿子才可继承皇位。李渊的嫡妻窦皇后共生四子，依次是建成、世民、元霸、元吉。其中元霸早亡，剩下的三个儿子中，就数李世民战功最为卓著。当初谋划太原起兵，世民起了重要作用，而建成、元吉其时正留守河东，并未直接参与其事。后来入关时，虽是由建成、世民分领左、右军大都督，但无论是谋划指挥，还是冲锋陷阵，建成总是比世民略逊一筹。李渊称帝后，建成因为是嫡长子，被立为太子。太子是一国之"储君"，需要经常留在皇帝身边习理朝政，所以领兵征战之事多由世民担任，这就在客观上为世民建立功勋创造了条件。由于世民屡建奇功，且又手握兵权，身兼丞相之职，其政治地位和社会威望都在逐渐提高，这就不能不对建成的政治地位造成威胁。为了与世民相对抗，建成先是与其四弟齐王元吉结为死党，共同对付世民。他又拉拢了李渊最宠信的宰相裴寂、中书令封德彝等权臣，并利用其长期留居长安宫中的条件，收买、笼络了李渊的大部分嫔妃。再加上建成是太子，是皇位的合法继承人，所以，在朝廷的上层集团内部，建成实际上处于优势地位。为了以后宫廷斗争的需要，双方各自加紧网罗人才，培植势力。魏徵就是在这种情况下被拉入东宫集团的。

魏徵清醒地意识到，建成与世民的夺权斗争是不可调和的。而且，随着时间的推移，手握重兵的李世民，对太子建成的政治威胁会越来越大，为了维护建成的皇位继承权，也为了自己今后的政治前途，魏徵多次劝建成及早除掉世民，以绝后患。同时，鉴于李世民"功盖天下，中外归心"，魏徵劝建成积极寻找机会建立功勋，以扩大政治影响。所以，当刘黑闼重新起兵时，魏徵极力劝建成亲自率兵镇压。

这刘黑闼原是窦建德的部将，李世民于武德四年（621）五月大败窦建德并将其杀害后，对其余部采取了残酷镇压的政策，迫使建德旧部铤而走险，推黑闼为首领，重新聚众起事，与唐廷相对抗。黑闼勇猛善战，很快便尽复建德地盘，给唐王朝的统一大业造成很大威胁。这时建成接受魏徵的劝告，向李渊请命，亲自率兵征讨，魏徵随行。由于魏徵曾在窦建德军中生活过一个时期，了解农民的疾苦和要求。他认为这支武装之所以东山再起，其原因在于唐王朝政策的失误。因此他对建成说："当初破建德军后，对其部将皆悬榜搜捕，并将其亲属投入监狱，故其部众散而复聚，拼死顽抗。此次出征，不必大动干戈，只需将囚俘释放，并加以宽慰，则黑闼军可不战自溃。"建成采纳了魏徵的建议，改用安抚政策，将俘虏全部放回，并宣布只要以后不再和朝廷对抗，即可不予追究。这样一来果然奏效，农民在经历了十几年战乱之后，都希望过安定的生活，因此黑闼部下大多叛逃，回乡务农，剩下的被唐军打得大败，黑闼仅带数百人逃奔突厥。途中，其部下发动兵变，将黑闼绑了送给建成军，建成斩黑闼于洺州。至此，唐王朝在山东一带的统治才稳定下来。建成又乘机在山东结纳豪杰，培植亲信，为日后夺权斗争作准备。

此后不久，唐王朝得以集中兵力，击败了长江以南的农民起义军和各地割据势力，于武德七年（624）取得了统一全国战争的胜利。随着唐王朝统一战争的结束，建成与世民之间争夺皇位继承权的斗争日趋激烈。建成、元吉串通后宫嫔妃，不断制造谣言，在李渊面前诋毁、陷害世民，挑拨李渊与世民的关系。与此同时，还采取多种手段，拉拢、收买以及斥逐、调离秦王府的得力部将，企图削弱李世民的势力。更有甚者，他们还三番五次地下毒手谋杀李世民。这时，不但李世民的人身安全受到严重威胁，就连唐王朝的命运也吉凶未卜。在这生死存亡的紧要关头，武德九年（626）六月四日，李世民在玄武门突然发难，格杀建成、元吉，这就是历史上著名的"玄武门之变"。李世民发动这次事变，对他个人来说是必要的自卫，对国家来说是有利于大局的行动，使唐王朝避免了一次大分裂、大内战。

事变发生后，唐高祖李渊见事已至此，也无可奈何，只得立李世民为皇太子。并下诏书说：今后凡军国之事，事无大小，均委太子裁决，然后奏闻。事实上，李渊已把全部权力移交给了李世民。

李世民立即着手处理玄武门之变的善后事宜。由于魏徵曾多次劝建成除掉世民，所以李世民首先把魏徵召来，一见面就十分严肃地责问道："你为何离间我们兄弟？"当时在场的大臣们以为李世民宿怨未解，要趁机杀掉魏徵，都暗暗为之担心。想不到魏徵却举止自若、不亢不卑地从容答道："先太子如果早听了我的话，必不致有今日之祸，我不过是忠于职守，又有什么错呢？"李世民一向器重魏徵的才干，今见他临危不惧、镇定自若，不禁为他的过人胆识和刚直性格所折服，更增加了几分敬意。因此他非但没有生气，反而改变了态度，和颜悦色地说："事情已经过去了，以后大家都不要再提了！"并任命魏徵为詹事主簿（主管太子府文书簿记、掌印鉴）兼谏议大夫（属门下省，掌侍从规谏）。

由于长期宫廷斗争的结果，原东宫集团与秦王府的下属之间积怨甚深，怀有强烈的对抗情绪。玄武门事变发生后，原东宫集团的余党四散溃逃，潜伏在长安周围，形成一种社会不安定因素。秦王府有些将领，主张乘胜将东宫集团的余党一网打尽，并抄没其家产。李世民认为，那样做必然会激化矛盾，影响政局的稳定，因而决定采取明智的安抚政策，以消除敌对情绪。在魏徵的启发下，李世民认识到：原东宫集团的成员帮助建成、元吉做事，那不过是各为其主、忠于职守的表现，是无可非议的。现在建成、元吉已除，这些人正处在"皮之不存，毛将焉附"的境地，只要使用得当，他们是可以转而为新政权效力的。他们既为新政权所用，则对抗情绪自然消除。因此，李世民一方面以李渊的名义发布诏书，说："叛逆之罪，只在建成、元吉二人。今凶逆已除，其余一概不予追究。"一方面在原东宫、齐王府部属中，选拔有才有德之士，加以任用。这样一来，迅速稳定了长安附近的局势。但建成、元吉在山东一带的党羽，听说二人被诛，又不知详情，纷纷惊惧不安，有的人甚至蠢蠢欲动，思谋叛乱。这时，魏徵对李世民说："看来如果不以公心昭示天下，恐不能彻底消除祸患。"李世民对魏徵的建议深为赞同，即派魏徵为特使，赴山东宣布诏书，进行安抚，并特许他遇到事情可自行灵活处理。

魏徵等人行至途中，恰遇地方官吏押送原东宫旧将李志安、齐王府旧将李思行去京城长安。魏徵认为这不符合诏书精神，因而命令他们立即释放。魏徵这样做，确实是冒了一定风险的。因为他的任务只是去山东宣布诏书，至于这两个人如何处置，按说不在他的职权范围之内，应等押送至长安后，由李世民亲自决定。何况，魏徵本人毕竟是一个降臣，他的做法会不会引起李世民的怀疑呢？魏徵看到，不但押送的官吏迟迟不愿执行命令，连他的随行人员也都面面相觑，犹豫不决。因此对副使李桐客说："我们受命出京之时，原东宫、齐王府的官员均已被赦免。今若再押送此二人进京，谁还能相信朝廷的政令？众人既然不信，我们去山东宣布诏书还有什么作用？此正所谓差之毫厘，失之千里。我们既为特使，不可只顾避个人的嫌疑，而不为国家考虑。况且，此次出使，曾特许我相机行事，太子既然这样信任我，我又怎能不倾心相报呢？"于是，他仍坚持把两个人释放了。此事传开之后，原东宫、齐王府的余党奔走相告，人心大定。魏徵一路宣布赦免诏书，山东一带的形势随之安定下来。魏徵圆满完成任务回到长安，将此事向李世民作了汇报，世民非常赞许。由此以后，李世民对魏徵更加信赖，并不断委以重任；魏徵则竭忠尽虑，知无不为，从而开始了他政治生涯中最为辉煌的时期。

### 三、君臣相得，宏图大展

武德九年（626）八月，唐高祖李渊退为太上皇，正式传位于太子李世民，是为唐太宗。

唐太宗即位之初，全国经历了自隋末以来十几年的战争动乱，经济遭受严重破坏，各地水旱灾害频仍，社会矛盾尚未缓和，民心也还不十分安定。如何医治战争创伤，成为当时迫切需要解决的问题。

有一次上朝时，唐太宗问群臣："今承大乱之后，恐怕百姓不容易教化吧！"魏徵启奏道："其实不然。国家久安，则百姓骄奢安逸，贪图安逸就难于教育；饱经战乱，则百姓愁苦忧虑，心怀愁苦就易于感化。这就好比给饿得很厉害的人饭吃，给渴得很厉害的人水喝，他们是很容易接受的。"宰相封德彝不同意魏徵的看法，说："三代以后，世风日下，人心渐渐变得刻薄伪诈。所以秦朝注重刑罚，汉代则杂用霸道，他们非不欲实行教化，实在是欲实行教化而不能。魏徵所言，乃书生之见，若信他那一套虚论，必败国家！"魏徵针锋相对地驳斥道："五帝、三王实行教化，也并没有更换百姓，黄帝战胜蚩尤，颛顼除掉九黎，商汤驱逐夏桀，周武王讨伐殷纣王，都能使天下太平，这些不都是承大乱之后吗？如果说古人淳朴，后来人心渐渐变得刻薄伪诈，那么时至今日，人们必当都化为鬼魅了，皇上还怎么能统治呢？"

这场争论的实质，是究竟实行"王道"，还是实行"霸道"来统治人民的问题。封德彝主张采用高压统治，实行严酷刑罚和严厉镇压的办法，即所谓霸道。魏徵则主张宽刑简法，实行儒家以诚信仁义治天下的办法，即所谓王道。在当时，魏徵的主张显然符合人心思定的实际情况，有利于缓和社会矛盾及恢复和发展生产。唐太宗权衡了当时的形势，采纳了魏徵的意见。

此后，唐太宗又多次将魏徵召入内宫，谈今说古，讨论为政之道，探究治国之策。魏徵则知无不言，言无不尽，从内政、军事、刑法、礼义等各个方面陈述得失，先后向唐太宗进献了 200 多条建议，均为唐太宗欣然采纳，对贞观年间的政治颇多裨益。在魏徵的帮助下，唐太宗坚定了信心，确立了偃武修文、以诚信仁义治天下的施政总方针。

唐太宗即位后不久，又任命魏徵为尚书右丞（唐代最高执行机关尚书省的官员），参与尚书省政务，并仍兼谏议大夫。魏徵在短短几个月之内不断升迁，遂至显位，这使他感到振奋。回想自己命运坎坷，蹭蹬半生，如今年近半百，才喜逢知己之主，自己的政治抱负和杰出才能有了得以充分施展的机会，因此他对唐太宗十分感激，决心忠于职守，殚精竭虑，辅佐他成就帝王之业，以报知遇之恩。

魏徵认为，民心的向背，是决定政权存亡的关键，一个政权要想巩固，首先必须得到百姓的信任和拥护。因此，他在这一时期对唐太宗的规谏，多从取信于民的角度出发。武德九年（626）十二月，唐太宗决定在全国征兵。唐代法律规定：男子 16 至 18 岁为"中男"，18 岁以上成丁，始可征召入伍。当时国家初定，人口稀少，征兵比较困难。宰相封德彝建议说："中男虽未满 18 岁，但身高体壮者，也可征召入伍。"为了扩大兵源，唐太宗同意了，并且签署了诏令。这显然违背了兵役法，势必会引起百姓的不满，因此魏徵坚决反对，不肯在决定上署名。唐太宗接连派人送来四次，均被魏徵驳回。原来唐太宗曾经规定：为了避免和减少失误，凡属军国大事、重要政令，必须由有关方面的六位大臣各自申述意见，并且署名后方能生效，称为

"五花判事"。现在魏徵拒不署名，这个决定便不能生效。唐太宗非常生气，把魏徵召来，很不高兴地责备道："那些身高体壮的中男，并非真的不满18岁，而是有些人隐瞒年龄以逃避兵役。征召他们入伍又有何妨？你为什么这样固执呢？"魏徵回答说："陛下带兵多年，当深知用兵之道，兵不在多，而在精。陛下征健壮之士，只要训练有方，足以无敌于天下，又何必多征一些不够岁数的弱小之人，以增加虚数呢？况且，陛下常说：'我以诚信治天下，要使官吏和百姓都不欺诈。'可是陛下即位才几个月的时间，已经有好几次失信于民了。"唐太宗很愕然，问道："我什么地方失信了？"魏徵说："陛下即位之初，曾下诏书说：'凡拖欠官物的，一律免除。'但有关部门认为拖欠秦王府的租税，不属于官物，所以照样征收。陛下以秦王升为天子，秦王府的租税，不属官物又是什么？诏书还说：'关中免二年租税，关外免除徭役一年。'百姓蒙恩，无不欢悦。但时隔不久，又有命令说：'已经交纳租税和已经服役的，从来年开始。'结果不少地方退还给百姓之后，又重新征收，百姓当然不能不感到奇怪。现在既征收了租税，又要征兵，怎么叫作'从来年开始'呢？再说，应征者的年龄，地方官吏都很清楚，他们总不会与百姓通同作弊，欺骗国家吧！陛下治理天下，主要依靠各级官吏，平时各种政务，都委派他们办理。现在临到征兵，却怀疑他们有诈，这难道是以诚信治天下吗？"唐太宗听了，虽然觉得刺耳，但却都是实情，因此高兴地说："原来我以为你太固执，怀疑你不懂政事。今听到你议论国家大事，确实精辟之至，句句说到要害之处。如果政令不一，前后矛盾，百姓就无所适从，又怎么能治理好国家呢？现在我才知道，我的过失是多么严重啊！"于是下令停止征18岁以下的男丁为兵。

贞观元年（627），诸州纷纷奏称岭南（五岭以南，今广东、广西一带）酋长冯盎谋反。唐太宗大怒，下令发数十州之兵前往征讨。魏徵认为国家初定，不便轻易用兵，且冯盎谋反证据不足，更不宜兴师动众，大加讨伐。唐太宗说："今告者不绝于路，已有数年，怎说是证据不足？况且冯盎已多年未来朝见，非反而何？"魏徵分析说："冯盎若是谋反，必然分兵据险，攻州掠县。今告者已有数年，而其兵不出境，正可说明其未反。诸州既疑其反，陛下又不遣使安抚，冯盎畏惧获罪，故不敢入朝。现在如果发兵征讨，正是促使其反叛朝廷。陛下若遣使臣前往抚慰，示以至诚，他见朝廷信任，必然乐于归服，可化干戈为玉帛。"唐太宗将信将疑，采纳了魏徵的意见，派遣使臣前往岭南。果如魏徵所言，冯盎对朝廷的信任非常感激，恭恭敬敬地接待了使者，并派其子智戴随使臣一同返回长安，以示永不反叛之意。唐太宗十分满意地对群臣说："魏徵劝我派遣一介使臣，而岭南遂安，真可胜过10万大军！"

　　贞观二年（628），原隋朝通事舍人郑仁基的女儿十六七岁，姿容绝代，才貌双全。长孙皇后听说后，请求将郑女选入后宫，充当嫔妃。唐太宗很高兴，于是聘此女为充华（女官名，九嫔之一）。就在诏书已下、尚未行聘之际，魏徵听说郑女早已许嫁陆爽，于是马上谒见唐太宗，阻止此事。魏徵说："陛下既然以诚信仁义治天下，就要体恤民情，以仁爱之心对待百姓。陛下姬妾成群，也应使百姓有室家之乐。今此女久已许人，陛下未经调查，即欲纳入后宫，这与夺人妻女有何不同？此事如果传扬出去，恐有损圣德，所以臣不敢不奏。"唐太宗听后大惊，深深自责，遂下令停止行聘。但房玄龄、温彦博等大臣，为了逢迎唐太宗和长孙皇后的心意，一齐上奏说："郑女许嫁陆爽，只是传闻而已，并无真凭实据。今诏书已下，非同儿戏，大礼既行，不可中止。"陆爽也多次上表分辩说："先父在世之日，与郑家过从甚密，但并无婚姻之约。外人不知，妄有此说。"这使唐太宗颇为疑惑，问魏徵道："大臣们这样说，或许是为了承顺我的旨意。但陆爽本人也频频上表，反复推脱，却是为何？"魏徵回答说："依臣看来，这并不难理解。当初太上皇（李渊）刚进长安时，曾宠幸（实际是霸占）太子舍人辛处俭的妻子，恐处俭不满，就把他逐出东宫，贬到万年县去了，致使处俭终日心怀恐惧，害怕被杀头。现在陆爽的心情也是这样，害怕陛下虽然暂时宽容，以后会暗中加罪于他。所以他反复自陈，推脱说并无婚约，其用意就在这里。"唐太宗笑着说："你分析得很有道理，外面的人或许也是这么看的。看来我只是口头上说停止行聘，人们还未必相信。"于是再次下了诏书，郑重宣布停聘充华之事，并且诚恳地作了自我批评，检讨了调查未详的错误。这件事在当时广为传播，人们纷纷称颂唐太宗的仁德。

　　魏徵不断进献忠言，参议朝政得失，深得唐太宗赏识，在朝廷中的威望越来越高。但因此也引起了一些人的妒忌，于是有人制造谣言，诬告魏徵包庇亲戚，结党营私。唐太宗派御史大夫温彦博调查处理，结果并无其事。但温彦博对唐太宗说："魏徵平日举止疏慢，不注意礼貌规矩，不能远避嫌疑，以致遭到别人的诽谤。虽然他并无私心，但也有可责备之处。"经他一说，唐太宗也觉得，魏徵的所作所为，似乎有沽名钓誉之嫌。于是便让彦博去责备魏徵，并说："告诉他以后要注意礼貌规矩。"

魏徵无辜受到批评，敏感地意识到问题的严重性。他知道所谓"不注意礼貌规矩"，指的就是自己经常犯颜直谏，纠正唐太宗的过失。这说明唐太宗并未认识到虚心纳谏的重要性，如果发展下去，便会走上自满拒谏的道路。

过了几天，魏徵谒见唐太宗，说："臣听说君臣上下，义同一体，自应同心同德，相互待以至诚。如果上下互相猜忌，置国家大事于不顾，只去计较礼貌规矩，便无人敢于谏诤。那么国家的兴衰也就很难说了，所以臣不敢遵旨。"唐太宗一惊，赶忙说："对于那天的事，我已经很后悔了。"魏徵继续说："臣能够奉事陛下，实乃三生有幸。但愿陛下让臣做一个良臣，不要使臣成为忠臣。"唐太宗感到很奇怪，问道："忠臣、良臣有什么不同吗？"魏徵说："所谓良臣，就是像尧、舜时代的稷、契、皋陶那样，与君主同心协力治理国家，因而身获美名，君受显号，君臣同享荣华富贵。所谓忠臣，就像夏代的关龙逢、商代的比干那样，对君主忠心耿耿，面折廷争，但却受到猜忌，因而身遭杀戮，君陷大恶，家国并丧，空有其名。"这番推心置腹的话，使唐太宗颇为感动。他诚恳地对魏徵说："那天我让彦博责备你的话，确实很不对。以后我一定不忘国家大计，你也要继续直言相谏，不要因为这件事而有所避讳。"

这件事促使唐太宗反复自省，经常思考魏徵关于"忠臣、良臣"的论述。有一次，唐太宗问魏徵："作为一代君主，怎样才能英明，怎样就会昏庸？"魏徵回答说："兼听则明，偏信则暗。"并征引大量史实指出："尧、舜善于了解下情，兼听各方面的意见，所以能成为圣明之君。秦二世偏信赵高，梁武帝偏信朱异，隋炀帝偏信虞世基，结果被封锁蒙蔽。及至天下大乱，兵临城下，他们死到临头竟不得知，终于国破身亡。因此，君主应该虚心听取各方面的意见，广泛采纳好的建议，才能使下情上达，不致为权臣所蒙蔽。"

还有一次，唐太宗对侍臣们说："最近我读了《隋炀帝集》。我看隋炀帝这个人，学问也很渊博，也知道赞扬尧、舜，批评桀、纣，可是为什么做起事来就相反了呢？"魏徵接口道："作为君主，单靠自己天资聪明、学问渊博不行，还必须虚心听取臣下的意见，这样智者才能献其谋，勇者也愿尽其力。炀帝自恃才高，刚愎自用，对臣下好猜忌，听不得不同意见，口里说的是尧、舜的话，干的却是桀、纣的事，所以直到最后灭亡，也没有弄清亡国的原因。"唐太宗感叹道："前事不远，我们都应该引以为戒啊！"由于魏徵不断的劝谏启发，唐太宗明确了纳谏与治国的关系。这之后，他不但能虚心纳谏，而且还"恐人不谏，导之使言"。在他的倡导与鼓励下，谏诤蔚然成风，大大改善了贞观初的政治局面。

经过几年来的相处，魏徵非常了解唐太宗：他不但有励精图治的愿望，而且有见贤思齐的要求，希望成为尧、舜般的圣明之君，留名青史。他最怕亡国，也许因为他是唐二世皇帝的缘故，他特别注意总结秦、隋二世而亡的教训。他与群臣定有"论隋日"，专门讨论隋朝的政治情况，分析其灭亡的原因。魏徵正是由于熟悉并掌握了唐太宗的这些心理特点，所以常常根据具体情况，广征博引，以古证今。一方面以尧、舜等古代圣君的美德，为唐太宗树立榜样，规范他的行为；一方面则以历史上的暴君庸主，尤其是隋炀帝荒淫误国的事例，提醒唐太宗引为鉴戒，纠正他的过失。因此每每能够收到良好的效果。当时人评论魏徵的长处在于"耻君不及尧舜，以谏诤为己任"。其实，这正是魏徵的谏诤艺术。

魏徵既有辩才，又有胆识，每每敢于犯颜直谏。即使遇到唐太宗盛怒，他也神色不移，据理力争，终于使唐太宗收敛了威风。因此，唐太宗对他既爱又怕，产生了一种敬畏情绪。唐太宗自幼习武，天生好动，如今做了皇帝，仍喜欢打猎和游玩。魏徵便经常劝他要注意帝王之尊，勤政爱民，不要玩物丧志。唐太宗辩不过魏徵，只好口头上答应，但有时心烦技痒，又难免故态复萌。有一次，魏徵谒见唐太宗，启奏完毕之后，魏徵问道："刚才臣进来时，见外面车马盈门，整装待发，听说陛下要到南山游玩，为何没有去呀？"唐太宗笑着说；"实不相瞒，原来确有此意，恐怕你说，所以临时决定不去了。"

有人进献了一只很好的猎鹰，唐太宗非常喜欢，经常架在胳膊上玩耍。有一次，正玩得开心，远远看见魏徵走来，急忙将猎鹰藏进怀里。其实魏徵早已看见，但却装作不知道的样子，来到唐太宗跟前，行过礼后开始启奏。奏完一件，又是一件，故意拖延时间。唐太宗心里虽然着急，但魏徵奏的都是国家大事，又不好阻止他，只好耐心地听着，等到魏徵启奏完毕出宫走了，唐太宗掏出一看，那只心爱的猎鹰早已闷死了。

贞观三年（629），魏徵升任秘书监（秘书省长官，主管图书典籍），参与朝政。这使他的经国之才有了更为广阔的用武之地，他事无巨细，深谋远虑，于朝政多有弘益。

魏徵不断以"民为邦本，本固邦宁"、"水能载舟，亦能覆舟"的道理规谏唐太宗。同时，也鉴于贞观初年经济困难的严峻形势，唐太宗实行了一系列去奢省费、轻徭薄赋、以农为本、与民休息的政策，偃武修文的治国方针得到初步贯彻。为了节省国家开支，减轻百姓的负担，唐太宗对朝廷中的冗员进行了大刀阔斧的裁减，由武德年间的数千人，精简为六七百人；并下诏放还宫女 3000 人，令其自嫁；还将御园内所有的鹰犬都放掉，下令禁止各地向宫中进贡珍宝异玩。为了不夺农时，政府推行了"以庸代役"的制度，农民交纳一定数量的绢，即可免去应服的徭役，这就保证了农民可以有相对集中的时间从事农业生产。遇到荒年，除免征受灾地区的赋税外，政府还组织灾区百姓到未受灾的州县就食，共渡难关。这些都对缓和社会矛盾、安定民心起了良好的作用。所以，尽管贞观初年水、旱、蝗等自然灾害不断发生，但百姓对朝廷毫无怨言，仍努力发展生产，民风淳朴，政局相当稳定。

贞观四年（630），全国农业取得了大丰收，流散外地的人都回到家乡，米价贱到每斗只卖三四个铜钱。东至大海，南到五岭，到处呈现出马牛遍地、商旅野宿、路不拾遗、夜不闭户的太平景象。行人外出千里不用带口粮，沿途皆有供给。社会秩序稳定，全国一年内判处死刑的才有 29 人。唐太宗高兴地对大臣们说："贞观之初，众人上书都说：对外应炫耀武力，征讨四方；对内当独断专行，不可将权力委之臣下。唯魏徵劝我偃武修文，实行仁义，说：'国内既安，四方自服。'我采纳了他的意见。如今国泰民安，海内康宁。周边小国见我大唐强盛，纷纷要求臣服，他们的酋长都以当我的宫廷警卫为荣耀，他们的人民也以穿戴我大唐的衣冠为时尚。这些都是魏徵的功劳啊！可恨封德彝已经死了，要不然真该让他亲眼看看今天的盛况！"

但是，作为一代帝王，唐太宗追求奢侈的欲望是不可能真正得到抑制的。随着唐王朝经济形势的不断好转，唐太宗滋长了爱好虚荣的铺张作风。这年十二月，高昌（古国名，故址在今新疆吐鲁番地区）王麴文泰来京朝见，西域诸小国也欲派遣使节，随文泰一道前来进贡。唐太宗大喜，为了显示大唐声威，准备隆重接待，并派出特使到边境迎接。魏徵劝谏道："以前仅文泰来朝，备办接待尚且花费甚大，今更加上西域十国之使节，其庞大队伍不下千人。现在国家初定，边境地区还比较贫困，必将给百姓造成不堪承受的负担。不如让他们作为客商往来，与边境百姓互相贸易，这样边民可以得到实际利益，国家又可节省大批接待费用。"唐太宗觉得魏徵的话很有道理，于是下令停止远迎，派人追回了使节。

贞观五年（631），由于唐王朝征服了突厥，解除了北部边境长达数十年的边患，同时，国内也连年获得丰收，国力愈来愈加强大。有些大臣为了讨好唐太宗，纷纷上表请求举行封禅大典，唐太宗没有答应。所谓封禅，就是古代帝王亲自到泰山祭拜天地。在泰山顶上筑坛祭天，报天之功，称为封；在泰山脚下辟场祭地，报地之德，称为禅。自秦始皇以来，只少数几个帝王搞过这种名堂，实际上是借机炫耀他们的文治武功。第二年，有些大臣又串通文武百官，集体上表请求封禅。开始，唐太宗头脑还比较清醒，仍未答应，并说："你们皆以封禅为帝王盛事，我却不以为然。若天下安定，家家户户丰衣足食，虽不封禅又有何妨？以前秦始皇封禅，而汉文帝不封禅，后世难道以为文帝之贤不如始皇吗？况且，祭告天地，在平地亦可，又何必登泰山之巅，封数尺之坛，难道只有这样才能显示其诚敬吗？"但群臣仍请求不已，并说："自古帝王，没有谁像陛下这样功盖天下、泽被四方，国家也从来没有像现在这样强盛过，若不行封禅大典，恐会招来天怒神怨。"在众人吹捧之下，唐太宗有些飘飘然起来，便欲答允。但魏徵却坚决反对，这下可伤了唐太宗强烈的自尊心，他怒气冲冲地一连提了六个问题质问魏徵："你不同意我封禅，是因为我的功还不高吗？"魏徵回答说："很高了。""我的德还不厚吗？""够厚了。""国内还未安定吗？""相当安定了。""周边小国还未臣服吗？""已经服了。""粮食还未丰收吗？""大丰收了。""预兆国家祥瑞的迹象还未出现吗？""也已出现了。"唐太宗说："既然如此，为何不能封禅？"魏徵说："陛下虽有这六条，但国家承大乱之后，户口还远未恢复，仓库也还不够充实，今陛下御驾东巡，文武百官，仪仗侍卫，随从千乘万骑，必然要花费大量的人力财力，恐怕沿途百姓难以承受如此繁重的负担。"说到这里，魏徵打了一个虽然非常通俗，但却十分生动的比喻。"比如一个人，大病了十年，如今刚刚治好，远未恢复原来的体力，但他就想挑一百斤米，日行百里，这显然是做不到的。隋末之乱非止十年，对国家来说，简直是一场浩劫。陛下是一个好医生，几年来医治战争创伤，已大见成效。天下虽然太平了，但元气尚未恢复；陛下功德虽高，但百姓受到的恩惠并不多。如果自以为大功告成，以此成绩祭告天地，臣怀疑这是否合适。况且，若举行封禅大典，周边小国的酋长、使节必然前来观光。如今河南以东广大地区人烟尚稀，鸡犬不闻，道路萧条，这岂不是引外人入于腹心之地，示人以虚弱吗？若要掩饰虚弱，粉饰太平，必然又要耗费更多的财力物力。这样，即使连年免除赋税徭役，也难以补偿百姓的巨大损失。这分明是图虚名而受实害的事情，以陛下之英明睿智，为何要这样做呢？"听了魏徵的分析，唐太宗怒气全消，其时又适逢河南、河北有好几个州发生水灾，唐太宗便取消了封禅的打算，此后，终其一生，唐太宗未行封禅大典。

随着唐王朝统治的不断巩固，唐太宗经常思考的问题是，如何使政权世世代代延续下去，永远掌握在李氏宗嗣手中。于是，他想到了封建。所谓封建，即封邦建国的意思。古代帝王把爵位、土地分赐给亲戚或功臣，使之在该区域内建立邦国，作为中央政权的屏障，捍卫皇室。相传这种办法始于黄帝，至周代其制度日趋完备。秦统一六国后，为了消除封建割据的祸根，废除了分封制，实行中央集权下的郡县制。汉代刘邦又实行了郡县、分封相结合的制度，想借互相牵制的办法，利用分封的王侯来维护中央政权。但时隔不久，就发生了吴、楚等七诸侯国叛乱的事件。汉景帝在平定七国之乱后，逐渐削弱各诸侯国的势力，政权归于中央，此后虽仍有封侯建国之事，但已非古代封建诸侯之制。后来随着历史的发展，经过历代各朝不断改革，分封制已名存实亡。到了隋唐之际，废分封、行郡县几乎成为人们的政治常识。但唐太宗总结历史经验，却错误地认为：周代实行分封制，所以统治了800多年；秦朝废分封行郡县，结果二世而亡；西汉时吕后篡权，最终还是依靠宗室亲王，才将权力收归刘姓，从而延续了400多年。此后历代王朝迭相更替，均未久长，特别是盛极一时的隋王朝，竟然众叛亲离、顷刻瓦解。他认为这都是未行分封制的结果。因此，他觉得似乎只有实行分封制，才是子孙相承、万世相继的久远之道。

贞观五年（631），唐太宗令群臣讨论封建之事。魏徵认为这种裂土分封的制度，不利于巩固中央集权的统治，因而首先表示反对。他指出："如果封建诸侯，则要增加许多王国的官员卿大夫，要解决他们的俸禄，必然导致加重赋税，厚敛百姓。况且，京城附近能够收到的赋税本来不多，国家财政收入主要依靠外地，若把外地州县都用以分封国邑，朝廷的经费必然大减。此外，北方的燕、秦、赵、代等地，都是多民族杂居，情况复杂，一旦发生战事，从内地调兵极不方便，难以及时奔赴前线，因而不利于巩固边防。"礼部侍郎李百药也认为：三代时行分封，是根据当时的历史条件而定。现在若再实行这种制度，则是以过时之旧法，来治理现实之国政，无异于刻舟求剑，胶柱鼓瑟。但唐太宗成见已深，听不进魏徵等人的这些正确意见，仍坚持搞了一个所谓世袭刺史制，封宗室子弟21人，功臣14人为刺史，并令子孙世袭。不料诏书一下，引起更多大臣的反对，就连被封为世袭刺史的房玄龄、长孙无忌等人，也联名上书，陈说利害，认为分封制非长治久安之道。由于多数大臣坚决反对，唐太宗只好收回成命，下诏停罢世袭刺史制。

这一时期，由于大臣们与唐太宗的意见时常产生矛盾，所以唐太宗对大臣们疑心颇重，他表面上对大臣们委以重任，表现得十分亲近，背后却又听信谗言，轻易地怀疑大臣。治书侍御史权万纪、侍御史李仁发，都是当时有名的酷吏，却以诬陷毁谤别人深得唐太宗信任。贞观三年（629），尚书右仆射房玄龄、侍中王珪主持内外官考核，权万纪奏称他们办事不公，唐太宗即欲追究房、王二人的责任。魏徵劝谏说："玄龄、王珪皆为朝廷重臣，一向以忠诚正直得到陛下的信任。今所考官吏既多，其间也许会有一二人不够妥当，但从情理上分析，并非出于私心。万纪一直身在考堂，当场并未提出任何异议，现在因为没有得到好的评语，却到陛下面前来告状，这显然是怀有个人目的，不是忠心为国的表现。"唐太宗认为魏徵说得有理，便没有追究房、王二人的责任，但也未处罚权万纪。此后，权万纪、李仁发更加肆无忌惮，任意罗织罪名，诽谤攻击他人，致使许多大臣被谴责。大理丞张蕴古，就是因为他们的谗言而遭杀身之祸。结果搞得朝廷内外人人自危，但无一人敢于谏诤。

魏徵认为，这种专门抓住一些细枝末节，诽谤诬陷好人的奸邪之辈，几乎每个朝代都有。其实这些人并不可怕，可怕的是帝王听信谗言，这样就会受到蒙蔽，贻害无穷。贞观五年（631），有一次上朝时，魏徵郑重启奏道："权万纪、李仁发俱是小人，不识大体，以毁谤大臣为直，以诬陷别人为忠，凡被他们指责的人，皆非有罪。臣揣测陛下之本意，也并非认为他们深谋远虑，堪当大任，只不过想利用他们的无所避忌，来警惕鞭策群臣罢了。而万纪等却仗恃陛下支持，逞其奸计，欺下瞒上，多行无礼。就连房玄龄、张亮这样的枢要大臣，尚且被他们诬陷，而不能申其冤枉，其余谁能幸免？他们的所作所为，使臣下离心离德，人人自危。请陛下静心回顾，自宠信二人以来，倘有一事对朝政有所弘益，臣即甘心承当不忠之罪，愿受刑戮。陛下纵使不能提倡善行以弘扬美德，又何必亲近小人以自损圣明呢？"唐太宗听了魏徵的慷慨陈词，自知理亏，默然无语。过了不久，找个借口把权万纪、李仁发贬斥到外地去了，朝廷百官无不拍手称快。

其实，对于唐太宗日渐滋长的骄奢作风，大臣们都看得很清楚。不过，为了保住高官厚禄，他们或委曲求全，保持沉默，或吞吞吐吐，不敢直言。而魏徵则是只要认为该说的话，即如鲠在喉，不吐不快。贞观六年（632），有一天唐太宗与侍臣们讨论安危之本，中书令温彦博说："但愿陛下常如贞观之初，国家即可长治久安了。"唐太宗非常敏感，马上反问道："难道我近来为政怠惰了吗？"这一问，吓得彦博汗流浃背、张口结舌，不知从何说起。魏徵接口道："贞观之初，陛下力戒骄奢，志在节俭，励精图治，求谏不倦。近年来营造宫室渐渐多了，对进谏者也颇有厌烦情绪，这就是与贞观初的不同。"唐太宗想了想，笑着说："确实如此。"温彦博这才如释重负地吐了一口气。

魏徵就是这样，凡是正确的意见，不但一定要提，而且要坚持到底，因此受到唐太宗的赏识和称赞。有一天，唐太宗在丹霄殿宴请近臣，酒酣，长孙无忌愤愤不平地说："魏徵过去为建成出谋划策，多次要除掉陛下，臣等皆视若寇仇，不料今天竟一同参加宴会！"这无忌是长孙皇后的胞兄，又是策划和参与玄武门之变的功臣，在朝中的地位非比寻常，所以，宴会上的气氛顿时紧张起来。唐太宗见长孙无忌借题发挥，破坏了宴会上的欢乐气氛，心中不悦。但看在皇亲国戚的面上，也不好当面训斥他。于是，半是解释、半是批评地对他说："魏徵过去确实是我的仇人，但他忠于职守，每每犯颜切谏，不许我为非，所以我敬重他。"接着，唐太宗话题一转，问魏徵道："有时候你劝谏我，我不接受，再和你说话时，你往往就不答应了，这是为何呀？"魏徵答道："臣以为那件事不妥当，所以才谏诤。若陛下不接受，而臣又答应了，恐怕那件事就要按陛下的意思实行了，所以臣不敢答应。"唐太宗说："你暂且答应了，以后再谏，又有何妨？"魏徵道："以前舜帝曾告诫群臣：'你们不要当面顺从我，以后又再提意见。'如果臣心里明知那件事不对，而口里却答应陛下，那就是舜所说的'当面顺从'了，这难道是正直之臣应该做的吗？"唐太宗听了鼓掌大笑，说："别人都说魏徵举止疏慢，在我看来，却更觉得他妩媚可爱，其原因就在这里。"唐太宗诙谐的话语，引得大家都笑了起来，唯独长孙无忌惭愧地低下了头。魏徵离开座位，拜谢道："陛下鼓励臣直言，臣才得以稍尽愚忠；若陛下拒而不受，臣又怎敢屡次冒犯天威呢？"

魏徵的刚直性格和耿耿忠心，也得到了长孙皇后的敬佩与支持。唐太宗的女儿长乐公主，系长孙皇后所生，唐太宗对其特别钟爱。贞观六年（632），长乐公主出嫁，唐太宗命令有关部门准备嫁妆，要比自己妹妹永嘉长公主多出一倍，魏徵劝谏道："以前汉明帝封自己的儿子为王时，说：'我的儿子岂敢和先帝的儿子相比？'因此封的地盘只有自己弟弟的一半，被后世传为美谈。天子之女为公主，天子姊妹为长公主，即加'长'字，自应有所尊崇。今陛下却令公主的嫁妆超过长公主，这不是与汉明帝的做法背道而驰吗？嫁妆之事虽小，但陛下开此先例，以后若上行下效，推而广之，国家的法度又怎样执行？请陛下三思。"唐太宗虽然觉得魏徵说得对，但因为这件事涉及后宫，所以当时没有表态，退朝后将此事告诉了长孙皇后，皇后感叹道："以前经常听到陛下称赞魏徵之贤，不知是什么原因。今见他竟能遵照礼仪法度，抑制陛下的私情，才知他真乃栋梁之臣！我与陛下结发为夫妇，几十年来，陛下对我情深义重，但我每当要说些什么，还得先察看陛下的脸色，不敢轻易冒犯。魏徵作为臣子，与陛下的关系比我要疏远得多，竟能如此大胆地反驳陛下，其忠心实在难得。陛下不可不听从他的意见。"并派人送钱400缗，绢400匹到魏徵家，对他说："以前只是听说你忠正刚直，今天才亲眼见到，所以奖励你，希望你经常保持这种品质。"

有一天，唐太宗退朝回到后宫，满面怒容，口中恨恨地说："我迟早要杀掉这个乡巴佬！"长孙皇后大吃一惊，连忙问道："陛下要杀谁呀？为了何事？"唐太宗余怒未消地说："还不是那个魏徵！他每每当众批评我，丝毫不留情面，实在让我难以忍受。"长孙皇后没说什么，退回内室，换了一身上朝时才穿的礼服出来，对着唐太宗便欲行礼。唐太宗急忙扶住，大惑不解地问："你这是为何？"长孙皇后说："我听说君明臣直。现在魏徵这样忠直，正是因为陛下英明的缘故啊！我怎能不拜贺呢？"皇后巧妙的启发，使唐太宗恍然大悟，顿时转怒为喜，要杀魏徵的想法也就烟消云散了。

由于唐太宗与长孙皇后的信任和支持，魏徵在朝廷中威望不断提高。贞观七年（633），魏徵迁任侍中（门下省长官）。当时尚书省积压了许多诉讼案件，唐太宗命魏徵代为评判。魏徵评判案件，但求大体合理，处处从情理上判断，很快便处理完了积压的案件，结果人人心悦诚服。

有一次，唐太宗问魏徵："群臣上书进言，都写得有条有理，有些意见可以采纳。但等到把他们召来详细询问，有些人就显得语无伦次，这是为何呀？"魏徵分析说："据臣平日观察，各有关部门奏事时，虽然说的都是他们的本职工作，而且是经过了多日的准备，周密的思考，才提出来的。可是到了陛下面前，由于害怕您的威严，尚且三分不能说出一分来。何况上书之人被突然召来，又不了解陛下的想法，内心顾虑重重，怕触犯忌讳，陛下若不格外和蔼，并予以开导和安慰，他们怎敢尽情地说出自己的意见呢？"此后唐太宗在接待群臣时，态度愈加温和，不仅对上书之人是这样，即使平日上朝时，唐太宗自己也往往较少说话，而是鼓励群臣多发表意见。并说："隋炀帝好猜忌，每当临朝，常常是板着面孔，群臣也大多不敢发言。我却不是那样，我与群臣亲如一体，你们可以畅所欲言。"

不过，当面接受臣下的意见，也就意味着承认自己的缺点和过失，对于一位封建帝王来说，也不是很容易做到的。特别是有些人不讲究策略，言辞过于激烈，唐太宗也会大发雷霆。贞观八年（634），中牟县（今属河南）丞皇甫德参上书批评朝政，说："修洛阳宫是劳民伤财；征收地租是横征暴敛；民间女子喜欢梳高髻，是因为受宫中的影响。"唐太宗勃然大怒，说："德参是想让国家不役使一个人，不收一斗租，宫中女子都不留头发，他才感到满意吗？"认为这是诋毁朝政，要治德参讪谤之罪。魏徵在旁劝谏道："汉文帝时，贾谊上书中有这样的话：'使我为之痛哭的事有一件，使我为之流涕的事有两件。'言辞可谓激烈。自古上书皆有言过其实之处，因为言辞不激切，便不能打动君主之心，而言辞激切，又会近于讪谤。所以古人说：'狂夫之言，圣人择焉。'陛下主要应考虑其意见有无可取之处，而不要过多计较其言辞。"唐太宗道："你说得对。我如果治了他的罪，以后谁还敢再提意见？"于是，不仅未给德参治罪，还赏给他绢 20 匹。

在魏徵任侍中的这段时间里，恐怕是他与唐太宗相处得最为融洽的时期了。唐太宗对魏徵不仅言听计从，而且，简直觉得一刻也离不开他。贞观八年（634），唐太宗要选派一批大臣为特使，代他到全国各地巡视，考察官吏政绩，了解民间疾苦。并下诏书说："使者所至，如朕亲睹。"由于使命重大，唐太宗令大臣们推荐人选，有人推荐了魏徵。但唐太宗不同意，说："魏徵随时规谏纠正我的过失，不可一日离我左右。"

贞观九年（635）十一月，唐太宗再次起用光禄大夫萧瑀，令其重新参与朝政，对他说："你的忠直，即使古人也不能超过；然而你嫉恶如仇，善恶过于分明，所以有时也会出错，以后应该多加注意。"魏徵在一旁说："萧瑀违众孤立，唯陛下知道他的忠正刚直，如果不是遇到圣明之君，恐怕很难免祸啊！"

魏徵的这番话，既是对萧瑀的评价，也是他个人的自我鉴定，其中充满了内心的悲凉。一个时期以来，一种功成身退的念头，在魏徵思想上逐渐形成。他想到自己对唐王朝的建立既无创业之功，对唐太宗的登基也无任何帮助，而且，还曾一度是唐太宗的政敌建成的属下。只不过靠了一张嘴巴，以犯颜直谏得到唐太宗的信任，得以参与朝廷决策。现在竟然声名显赫、誉满朝野。但因此也就招来了许多人的妒忌与陷害，自己在朝廷中的地位也是"违众孤立"的。而且，即使是唐太宗，也曾说过"我迟早要杀掉这个乡巴佬"的话。虽然那不过是一时的激愤之语，但言为心声，如果唐太宗绝无此类想法，是不会说出这种话的。魏徵熟悉历史，深知水满则溢、盛极必衰的道理。历史上有许许多多身份、地位与他相同或类似的人，就是因为没能功成身退而身败名裂，不得善终。想到这些，魏徵感到不寒而栗。因此，他要趁自己声誉日隆之际，急流勇退，为自己的从政生涯画上一个圆满的句号。

贞观十年（636），魏徵以眼睛有病为由，要求辞去侍中职务。唐太宗不许，他十分动情地对魏徵说："我从政敌的营垒中将你提拔出来，委以枢要之职；你也以德报德，见到我的过失，没有一次不指出来。难道你单单不明白这个道理：金子混杂在矿石之中，有什么可贵的？但经过良工巧匠的冶炼，并锻造成器物，就为人们所宝贵了。我现在正是把自己比作金子，而以你为良工巧匠，正需要你的冶锻和磨砺。你虽然有病，但并未衰老，怎么能在这个时候离我而去呢？"唐太宗的话，使魏徵颇为感动，但并未解除他心中的顾虑，此后又多次恳请辞职。这年六月，唐太宗任命魏徵为特进（唐代散官名，无实际职务），仍知门下省事。在以后的岁月里，魏徵虽不再担任具体职务，但仍以谏诤为己任，呕心沥血，继续为国事操劳，直到他生命的最后一刻。

## 四、鞠躬尽瘁，死而后已

贞观中期以后，唐王朝经济更加繁荣，疆土不断扩大，边防日益巩固。唐太宗取得如此卓著的成绩之后，在群臣的一片颂扬声中，变得骄矜自负起来，励精求治的愿望渐渐淡漠，生活上更加追求享乐。魏徵则始终保持清醒的头脑，不断向唐太宗提出忠告。仅在贞观十一年（637），魏徵便接连四次上疏评论朝政。

　　这年正月，唐太宗在洛阳建造飞山宫。魏徵立即上疏，十分尖锐地指出：隋炀帝恃其富强，不虑后患，穷奢极欲，使百姓穷困，以至身死人手，家破国亡，被我大唐取而代之。陛下拨乱反正，应认真思考隋之所以失、我之所以得的道理，反其道而行之。若在他的基础上大加扩建，重行整饬，岂不是以一种暴政代替另一种暴政，重蹈亡隋覆辙吗？江山难得易失，陛下不可不慎。

　　为了引起唐太宗足够的重视，魏徵又分别于四月、五月接连两次上疏，指出唐太宗近年来，励精求治的愿望不如以前强烈了，闻过必改的精神也比以前减弱了，对臣下的责罚日渐增多，施威发怒越来越严厉。劝谏唐太宗吸取隋朝灭亡的教训，居安思危，慎终如始，继续保持贞观初崇尚节俭、谦虚谨慎的作风。并提出十个问题，请唐太宗经常思考，即：见到喜爱的事物则思知足，将要兴建宫室则思停止，身居尊位则思谨慎，志骄意满则思谦虚，贪图安逸则思后患，追求享乐则思节制，防止蒙蔽则思纳谏，杜绝谗言则思正己，行奖赏则思防止因高兴而过分，用刑罚则思防止因发怒而滥施。这就是著名的《十思疏》。

　　这年七月，河南大雨，谷、洛二水泛滥，洛阳的宫殿、官署、民舍大部冲毁，淹死 6000 多人。古人迷信，认为某些自然灾害是"上天示戒"，是预示人间政治事件的迹象。于是，魏徵趁机再次上疏，指出唐太宗对小人轻信而亲近，待君子恭敬而疏远，致使下情不能上达。并警告说："陛下诚能慎选君子，并信而用之，天下何忧不治！如若不然，则危亡之期，未可保也！"

　　唐太宗连续批阅魏徵的奏章，颇受触动，亲自写了诏书褒奖魏徵，承认自己的过失，并表示要把奏章放在案头，以便随时翻阅，引以为戒。在魏徵的启发下，唐太宗下诏，拆毁明德宫和飞山宫的玄圃院，把材料分给遭受水灾的百姓，并令百官各自上封事，①尽情指出他的过失。

　　当时，上封事提意见的人很多，有些人说得不近事实，唐太宗非常生气，欲加责罚。魏徵劝谏道："古代先王唯恐不知道自己的过失，所以设立谤木。②现在的上封事，就是古代谤木的遗风。陛下若要知道自己的过失，就

---

① 封事：密封的奏章。

② 谤木：相传尧、舜时，于交通要道上竖立木柱，让人们在上面写谏言，称为谤木。谤：指责。

应该让人们畅所欲言，尽情陈述。如果意见有可取之处，固然对国家有利；即使无可取之处，也无损于陛下。"由于魏徵的及时提醒，唐太宗对上封事的人，总是表扬和鼓励一番。

有一次，唐太宗带了大批随员外出视察，住在显仁宫（在河南寿安县）。负责接待的官吏没想到会来这么多人，未能准备足够丰盛的食品。唐太宗大发脾气，对官吏多所谴责。魏徵对唐太宗说："陛下因为伙食不好而责备官吏，臣恐此事传扬出去，以后陛下不论到哪里，官吏们接受这次的教训，都要把食品准备得丰盛、充裕。长此以往，必然会搞得民不聊生，这恐怕不是陛下出来视察的本意吧！以前隋炀帝四处巡游，所到之处，都要责成郡县官吏献食，并视其丰盛与否作为赏罚的标准，所以众叛亲离，以至亡国。这是陛下亲眼所见，现在怎么倒想效法他呢？"魏徵的话，使唐太宗猛然醒悟，惭愧地说："若非您在这里，我是不会听到这些话的。"

贞观十二年（638）三月，唐太宗有了第一个孙子，在东宫宴请五品以上的官员。席间，唐太宗极为高兴，对群臣说："贞观以前，随我平定天下，披荆斩棘，出谋划策，房玄龄之功无人可比。贞观之后，尽心于我，献纳忠谠，安国利人，成我今日功业，为天下所称者，惟魏徵而已！"于是，亲自解下身上的两把佩刀，分赐给玄龄、魏徵每人一把。接着，唐太宗问群臣道："依你们看，魏徵与诸葛亮谁的能力大呀？"中书侍郎岑文本说："诸葛亮才兼将相，文武双全，当然比魏徵强多了。"唐太宗说："不然。魏徵躬行仁义，一心辅佐我成为尧舜般的圣君，即使是诸葛亮，也无法与魏徵相比。"提起他的功业，唐太宗更为兴奋，他不无自得地问魏徵道："我的政绩比往年如何？"魏徵看到唐太宗近年来为政怠惰，久欲劝谏，于是趁机答道："以前陛下总担心国家治理不好，因而兢兢业业，所以政绩与日俱新；现在则以为国家已经治理好了，因而心安理得，所以政绩不如往年。"唐太宗说："现在所做的与往年一样，有何不同？"魏徵道："贞观之初，陛下恐人不谏，常导之使言。几年之后，有人进谏，尚能愉快地接受。近年来则不然，有时虽然勉强接受，但心里很不舒服。所以说不同。"唐太宗不服气，说："能说出事实来吗？"魏徵道："贞观初，陛下欲杀元律师，孙伏伽谏诤说，按照法律不应当判死刑，陛下赐给他一座价值百万的花园。有人说赏赐太厚，陛下说：'自我即位以来，尚未有人谏诤过，所以应该重赏。'这说明陛下导之使言。后来，柳雄伪造资历，骗取高官，陛下要杀他。戴胄谏诤说，按照法律只可判徒刑，不当死。争执了四五次，最后陛下同意了戴胄的意见，并勉励他说：'如果都像你这样执法，就不必担心滥用刑罚了。'这说明陛下能愉快地接受意见。前不久，皇甫德参上书批评修洛阳宫，陛下大怒，竟要给他治罪。后来虽然接受了我的意见，没有给他治罪，但很不情愿。这说明陛下难以接受意见了。"听罢魏徵的话，唐太宗深有感触地说："若非你指出来，我是没想到这些的。真是人难有自知之明啊！"

魏徵经过长期的思考，针对唐太宗对自己约束日渐放松，骄奢之情日渐滋长的倾向，于贞观十三年（639）五月再次上疏，将唐太宗近年来的施政情况与贞观初作了比较，指出唐太宗奢侈纵欲、轻用民力、自满拒谏、荒疏政事、亲近小人、疏远君子等种种表现。具体地从十个方面，总结了唐太宗"渐不克终"，即不能善始善终的问题。这就是著名的《十渐不克终疏》，是魏徵所有奏疏中论述最为精彩的一篇。唐太宗反复研读，"深觉词强理直"，不禁为魏徵忠心为国的负责精神所感动，十分诚恳地对魏徵说："我现在知道自己错了，愿意改正，做到善始善终。若违背此言，还有什么颜面再与你相见啊！我已经将你的奏疏挂在屏风上，以便朝夕观览，还要抄录给史官，载入国史。"

然而，与以前的几次上疏一样，魏徵这些深谋远虑的肺腑之言，不久便被群臣歌功颂德的声浪所淹没。唐太宗在口头上表示改正错误之后，行动上却依然我行我素。即使一些正直的大臣，见到唐太宗已不再有求谏若渴之意，闻过必改之心，也渐渐变得沉默不语。所以，朝廷中直言谏诤者越来越少，承旨顺情者越来越多。这种情况，唐太宗本人也有所觉察。贞观十五年（641），唐太宗问魏徵："近来群臣为何都不提意见了？"魏徵回答说："陛下若虚心采纳，自然有提意见的。但各人的情况，有所不同。性格懦弱的人，心怀忠直而提不出意见；被疏远的人，因陛下不信任而得不到机会提意见；身居高位的人，害怕对自己不利而不敢提意见。所以大家都保持沉默，看陛下的脸色行事。"唐太宗道："你说得很对。我常常这样想：作为臣子，每欲谏诤，往往提心吊胆，畏惧获罪，与赴汤蹈火有何不同？所以群臣非不欲竭尽忠诚，而是竭尽忠诚确实太难了！我今后一定虚心纳谏，你们不用害怕，只管大胆提意见。"

但是，随着年龄的增长，唐太宗脾气越来越暴躁，经常无故谴责大臣。这就使得大臣们更不敢讲话。有一次，唐太宗背着大臣们，在皇宫北门的生活区修筑宫殿。左仆射房玄龄和高士廉上朝经过这里，正遇见少府少监（掌管宫内修建的官员）窦德素，便问道："北门近来有何营造？"窦德素只好照直说了。不想窦德素将此事报告了唐太宗，唐太宗大怒，等房玄龄、高士廉二人来到朝堂，唐太宗劈头训斥道："你们只需知道朝廷中的事就行了，我在北门稍有营造，与你们何干？"房、高二人吓得连忙叩头谢罪。魏徵在一旁启奏道："臣有二事不明，请陛下指点。玄龄等既为朝廷大臣，就是陛下的耳目和左膀右臂。朝廷内外之事，岂有他们不该知道的？假若北门的营建是对的，他们理应协助陛下尽快完成，如果是不对的，他们也应奏请陛下停止。他们向主管官员打听，是理所当然的事，不知陛下为何责备他们？他们既然做了应该做的事，不知他们又为何谢罪？"一席话说得唐太宗十分惭愧，只得承认了错误。

由于长期为国操劳，魏徵心力交瘁，竟于贞观十六年（642）七月一病不起。唐太宗非常关心，写了诏书表示慰问，说："数日不见，我就出了很多过失。本想亲自去看望你，又怕会增加你的劳累，反为不美。你有什么想法或要求，可写成奏章送给我。"当听说魏徵家里连客厅都没有时，唐太宗立即下令，停止皇宫内一座小殿的修建，用这些材料为魏徵建了一座客厅。并按照魏徵崇尚简朴的习惯，赐给素色的屏风、桌椅、被褥、手杖等。唐太宗又写了诏书说："我之所以这样待你，完全是为了国家和百姓，岂止是为了你一个人？又何必致谢！"

魏徵的病情一天天加重了。贞观十七年（643）正月，魏徵病危。唐太宗不断派人探视，赐药赐食，并派中郎将李安俨住在魏徵家，有什么情况即刻向唐太宗报告。在魏徵弥留之际，唐太宗带着承乾太子、衡山公主，一起到魏徵家中探望。魏徵挣扎着穿上朝服拜见，唐太宗看到魏徵步履蹒跚的样子，心里非常难过，流着眼泪扶起魏徵，屏退左右，与魏徵交谈了很久。最后，唐太宗问魏徵还有什么要求。魏徵十分艰难地只说了一句话："嫠不恤纬，而忧宗周之亡！"这句话出自《左传》，意思是说：寡妇不愁自己织布的纬线少，而担心国家的衰亡。魏徵的话使唐太宗更加悲恸，为了表示对魏徵的最后一点安慰，唐太宗当场决定，将女儿衡山公主许给魏徵的长子叔玉为妻。唐太宗哽咽着对魏徵说："请你勉强睁开眼睛，看看你的新儿媳吧！"但此时的魏徵，已无力作谢恩的表示了。第二天清晨，魏徵与世长辞，终年64岁。

魏徵去世之后，唐太宗亲临其家吊唁，失声痛哭，并特许魏徵陪葬昭陵。昭陵是唐太宗的墓地，陪葬昭陵在当时是一种极高的荣誉。唐太宗停止上朝五日，亲自为魏徵拟制了碑文，并亲笔书写在碑石上。出殡的那天，唐太宗令在京的九品以上官员都来参加送葬，按一品官葬礼治丧。魏徵的夫人裴氏辞谢说："魏徵一生崇尚节俭，今按一品葬礼治丧，非亡者之志！"唐太宗遵从魏徵遗志，改用素车、白布幰帷。唐太宗登上御苑中的西楼，望着魏徵的灵车缓缓驱动，默默地流泪。在无比哀痛之中，吟成了一首五言诗《望送魏徵葬》，结尾四句是："望望情何极，浪浪泪空泫。无复昔时人，芳春谁共遣？"其大意为：望着望着我不禁极度悲伤，眼泪像泉水一样不停地流淌。再也没有这样忠直的人了，谁来陪伴我度过今后的时光？

后来，唐太宗对魏徵仍思念不已，对群臣说："以铜作为镜子，可以端正衣冠；以历史作为镜子，可以知道国家的兴亡；以人作为镜子，可以知道自己的过失。现在魏徵去世了，我失去了一面很好的镜子啊！"

唐太宗对魏徵的无限怀念，又引起了一些人的妒忌，于是他们百般诋毁魏徵。魏徵曾推荐过侯君集、杜正伦二人有宰相之才，希望唐太宗予以重用。后来杜正伦因罪被贬黜，侯君集因帮助太子承乾谋反而被处死，有人因此诬告魏徵结党营私。又有人告发说：魏徵曾把历次谏诤的言辞都记录下来，并且给史官褚遂良看过，目的是想载入国史，这是显君之过，而扬己之名。唐太宗不禁大怒，一气之下，下诏停止了衡山公主和叔玉的婚事，派人推倒了魏徵墓前的石碑，并磨去了上面的碑文，以绝昔日君臣之义。后来直到贞观十九年（645），唐太宗征高丽（今朝鲜）劳而无功，深悔此行，这才又想起魏徵，颇为惆怅地感叹道："如果魏徵还在的话，我还会有这次辽东之行吗？"于是派人以少牢之礼祭祀魏徵墓，并重新又立了一块墓碑。

## 五、一代良臣，名垂青史

魏徵在辅佐唐太宗的十几年中，除了监察朝政、规谏得失之外，还曾主持并参与了编纂《隋书》《周书》《梁书》《陈书》《齐书》的工作。其中《隋书》的序论，《梁》《陈》《齐》各书的总论，都出自魏徵的手笔。以上诸书的编纂，一般都比较注意总结历史经验，反映史实也较为客观，在当时被人们誉为"良史"。这与魏徵一贯主张以史为鉴的指导思想是分不开的。此外，魏徵还奉命辑录了经史百家中有关帝王兴衰的记载，编为《群书治要》50卷。上自三皇五帝，下迄晋末，既有明主贤相的治国经验，也有庸主佞臣的误国教训，还有诸子百家的治世名言，内容十分丰富。

由于魏徵功绩卓著，他的事迹不仅记载在《旧唐书》《新唐书》《贞观政要》《资治通鉴》等所谓正史之中，也广泛地散见于诸如《隋唐嘉话》《大唐新语》《唐摭言》《唐语林》《太平广记》等所谓野史杂说中。特别是《贞观政要》一书，虽然其编辑目的在于歌颂唐太宗的德政与治术，但其中不可避免地收入了魏徵的大量谏言。魏徵的主要政见和事迹，在这本书中都有所反映。

作为封建时代的大臣，魏徵为巩固唐王朝的统治贡献了毕生的精力，他那种"上不负时主，下不阿权幸，中不侈亲族，外不为朋党，不以逢时改节，不以图位卖忠"的精神，不但在1300多年前的封建社会中是难能可贵的，时至今日，也还有值得学习和借鉴的地方。魏徵是封建社会中一位杰出的政治家，他的丰功伟绩载诸史册，将永不泯灭。

（杨广才）

▼

本文主要资料来源：《旧唐书》卷七一，《魏徵传》；《新唐书》卷九七，《魏徵传》；（唐）吴兢：《贞观政要》。

# 身居高位一身清廉　为民除害臻于太平

## ——姚崇传

　　姚崇是中国盛唐时期的著名宰相，是地主阶级杰出的政治家。他历事武则天、唐中宗、睿宗、玄宗诸朝，敢言直谏，知人善任，治事明敏，办了不少有利于社会发展的好事。尤其是辅佐玄宗皇帝实现中兴大业，革除了许多弊政，开创了"开元盛世"，促使唐王朝进入了鼎盛时期，其突出贡献一直为后人所称道。

## 一、崭露头角，初登相位

　　姚崇（650—721），本名元崇，字元之。武则天时，因与一反叛的突厥人同名，故只称其字。开元元年（713），因避年号"元"字之讳，又改"崇"。他是陕州硖石（今河南省三门峡市南陕县）人，出身于封建官僚家庭。在少年时期，他聪明好学，才思敏捷；成年之后，他为人豪放，重视气节，而且才干出众。进入仕途后，一帆风顺，青云直上。起初，姚崇授濮州（今山东鄄城北旧城）司仓，掌管地方上的仓储出纳，后逐渐得到重用，被调到中央历任兵部要职。武则天当政期间，姚崇任夏官（即兵部）郎中。这时东北的契丹族不断内犯，攻陷唐朝河北数州。武则天一再派大兵抵御，因此兵部的事务自然十分繁忙。姚崇的才干在这时得到了充分发挥。那纷繁复杂的事务，到了他的手里，处理得干净利落，井井有条。武则天很爱才，对姚崇十分赏识，并立即"超迁"（越级提拔）为夏官侍郎（即兵部首长之副），协助兵部首长掌管全国的军政。

姚崇做了侍郎，就可以直接参与朝政了。武则天称制时，曾重用酷吏，滥施刑威。酷吏周兴、来俊臣等人凶狠残暴，告密罗织，大兴冤狱，许多朝臣和李氏宗室被无辜杀死。因此，朝臣人人自危。甚至每次上朝前，都要与家人诀别，担心人命朝不保夕。姚崇和一些正直大臣将酷吏的恶迹委婉地告知武则天，使武则天果断地将周兴、来俊臣等人处死，大快人心。一天，武则天对朝臣们说："前些时候，周兴、来俊臣审理案件，多牵连到朝廷大臣，说他们反叛；国家法律摆在这里，谋反者必须处死，我怎么能够违背呢？其中有的我也怀疑是冤枉的，是滥用刑罚造成的。我派近臣到狱中去审问，得到他们亲手写的供状，都承认自己有罪，我因此就不加怀疑了，自从周兴、来俊臣死后，再也听不到谋反的事了，在以前被杀的人中，是不是有冤枉的呢？"姚崇对这方面的情况比较熟悉，他对武则天也比较了解，知道她重用过一些坏人，滥杀无辜，然而尚未完全被坏人控制。她也任用一些贤吏良臣主管刑法，并在这个问题上能够听得进不同的意见。他针对武则天提的问题，直率而又诚恳地陈述了自己的看法："自垂拱（685—688）以来，被告得家破人亡的，都属冤枉，都是自诬。告密的人因此而立功，天下都在罗织罪名，这种情况比汉朝的党锢之祸还要厉害。陛下派近臣到监狱中查问，被派去的人自身也难于保全，怎么敢去动摇原案呢？被问的人若要翻案，又惧怕遭到那些主审人的毒手，将军张虔勖、李安静等都属这种情况。全靠老天保佑，皇上您醒悟过来，诛杀了坏人，朝廷才安定下来。从今以后，我以自身及全家百余口人的性命担保，现在内外官员中再也没有谋反的人。恳请陛下，今后如果再得到告状，只是把它收存起来，不要再去追问就是了。假若以后发现了证据，真的有人谋反，我甘愿承受知而不告之罪。"姚崇当着武则天的面，一方面勇敢地揭露了酷吏之害，朝廷内外大开告密之门，放纵了无赖官吏罗织罪名，陷害无辜，造成大量冤狱；另一方面，他机智地赞扬了则天女皇头脑清醒、及时矫枉的优点，使其不至于因为尖锐的批评而发火儿。姚崇用自己及全家人的性命做赌注，更使武则天看到了他的诚恳。因此她听后很高兴，说道："以前大臣们顺着既成的事实，害得我成了个滥施刑罚的君主。听了你的一席话，很是符合我的心意。"武则天对姚崇这种敢言直谏、反对滥施刑威的精神，给予了赞赏，并赐给他白银千两。公元702年，针对来俊臣等酷吏造成的冤假错案，朝廷为受害的官员"伸其枉滥"，因此得以昭雪的人甚多。

公元698年，姚崇被升任为同凤阁鸾台平章事（相当于中书门下平章事，实即宰相）。在此期间，他往往兼任兵部尚书，所以对兵部的职掌非常熟悉。凡是边防哨卡，军营分布，士兵情况，兵器储备，他都熟记在心，在姚崇的执掌下，兵部这台机器按部就班地运转着，军队的战斗力也空前提高。契丹族自此不敢小觑中原，很长时间没敢南侵。

不久，姚崇得罪了武则天的宠男张易之，被调出京城，去做灵武道大总管。临行前，武则天要他推荐一位宰相，他就推荐了张柬之。以前，狄仁杰曾两次向武则天推荐张柬之。张每被推荐一次，就升一次官，但始终未登上宰相的官职。这一次姚崇再次推荐，张柬之很快就当上了宰相，时年已八十。此后不久，张柬之联合朝中大臣，迫使武则天将皇位让与其子李显，粉碎了武氏集团继位的阴谋。可以说，姚崇推荐张柬之的意义十分重大。如果皇权落入武承嗣等人之手，那将不可避免地引发一场全国性动乱，对全国上下都将是一场大灾难。

## 二、量才适用，反对特权

景云元年（710），睿宗即位，姚崇任宰相。

当时官僚机构臃肿，百官泛滥，铨官制度十分紊乱。特别是公主、后妃们，依势干政，大搞"斜封官"。所谓斜封官，就是皇帝受公主、后妃等的请谒，任意颁下敕书任命官员，用斜封交付中书省。她们的这种"无涯之请"、"以公器为私用"，目的是卖官利己，鬻法徇私，进而搞裙带关系，各树朋党，扰乱吏治，致使"政出多门"。掌管官员升降的机构形同虚设。庸碌之徒花钱就可以买到官。这些人占据官位后，遇到政事不知如何处理，而且恃仗权势公开犯法，"无益时政"。更具有讽刺意味的是，由于官职设得太多，宰相、御史及员外官办公时连座位都没有，被戏称为"三无坐处"。政府机构的工作难以正常开展，混乱状况亟待整治。姚崇对此痛心不已，他联合宋璟等人上言："先朝斜封官悉宜停废。"睿宗采纳了他们的建议，立即罢免了斜封官数千人。同时，睿宗又以姚崇为兵部尚书，与宋璟两人负责铨选文武官吏。他们不畏强权，对"选举混淆，无复纲纪"的混乱状况大力整治，杜绝向皇帝请谒讨官的各种途径，使吏治大有改善，出现了"赏罚尽公，请托不行，纲纪修举"的清新局面。

当时，太平公主干预朝政，而且颇有势力。太平公主是睿宗的妹妹，即武则天的亲生女儿，长得也特别像武则天，一贯深受武则天的宠爱。她也想走武则天的老路，要当女皇帝。她与诸王结为朋党，危害政局。时宋王李成器为闲厩使，歧王李范、薛王李业皆掌禁兵兵权，与太平公主互通声气，外议以为不便。为了防患于未然，姚崇与宋璟联名上奏睿宗，建议将太平公主搬到洛阳去住，并将李成器等几个掌握兵权的王派到地方上去当刺史，以安人心。在当时的情况下，为了巩固唐王朝的中央集权，姚崇的计策不失为明智之举。而睿宗昏庸无能，竟如实地将这些话转告给了太平公主。太平公主听后大怒，指控姚崇挑拨皇上与兄妹之间的关系。于是，姚崇被贬为地方刺史。

太平公主的势力越来越膨胀，活动也越来越肆无忌惮。太子李隆基再也按捺不住了，乃瞒着睿宗，一举将太平公主及其党羽清除掉。不久，李隆基执政，是为玄宗，他要召姚崇为宰相。姚崇闻知后，并未马上应召，而是提出了许多条件，看玄宗是否能够应允。姚崇在朝中为官多年，深知伴君如伴虎的险恶，故不愿再卷入矛盾的旋涡中。正因如此，他提出的条件就显得特别尖锐。他自己虽然不贪图高位，但唐玄宗深知其能，故全部答应了他的要求。姚崇深感唐玄宗锐意求治，遂再次入京，出任宰相。唐玄宗感到他不是贪图禄位之人，对他反而格外倚信。姚崇为玄宗辅政，大力整肃吏治，任人唯贤，量材授职。他严格铨选制度，继续罢免以前的斜封官。对于用请托等不正当手段谋取官职的人，无论是谁，姚崇都坚决予以制止。

开元二年（714）二月，申王李成义向玄宗请托，要求把他府中的阎楚珪由录事破格提拔为参军，玄宗答应照顾。按唐制，亲王府录事的官阶是从九品上的流外官，参军则是正七品上。姚崇坚决反对这种任人唯亲、违反官吏提拔程序的做法。他与另一位宰相卢怀慎一起上书，指出量材授官的权力应归属官吏任命部门，反对因亲故之恩就得以升官晋爵，覆前朝冗官泛滥之辙，扰乱国家法纪。因此，申王成义擅自提升亲信的企图未能得逞。以后，唐玄宗又采纳姚崇的建议，制定了"量材授官"的升降官员制度。自此，向皇帝请谒讨官的恶习大为收敛。

同一年的正月间，薛王李业的舅父王仙童，恃仗李业是皇戚，侵暴百姓，强夺民田。御史弹奏了王仙童的罪行。薛王为舅父极力开脱罪责，向玄宗说情。玄宗也想宽释王仙童。姚崇据理力争，与卢怀慎等奏道："仙童罪状明白，御史所言无所枉，不可纵舍。"唐玄宗接受姚崇等人的正确意见，使王仙童依法得到应有的惩治。

在任人唯贤方面，姚崇和唐玄宗都能说到做到，身体力行。姚崇在唐玄宗开元初期当宰相数年之后，推荐广州都督宋璟代替自己担任宰相职务。宋璟也精于吏治，执法不阿，成为唐玄宗治国的一位得力助手。正如北宋历史学家司马光所说："姚、宋相继为相，崇善应变成务，璟善守法持正；二人志操不同，然协心辅佐，使赋役宽平，刑罚清省，百姓富庶。唐世贤相，前称房（玄龄）、杜（如晦），后称姚、宋，他人莫得比焉。"开元初期，由于唐玄宗采纳了姚崇等人的建议，废弃了任意赏赐官爵的"任人唯亲"的陈规陋俗，能够"任人唯贤""量材授官"，信用姚崇、宋璟等比较正直、比较有作为的大臣，善于听取他们的正确意见，因此能够进行一些改革，促进了当时封建政治、经济和思想文化的发展，使唐朝进入极盛时期。

## 三、革除弊政，上"十事"建议

公元713年，刚刚即位的玄宗皇帝到新丰（今陕西临潼东北）讲武（类似现代的军事检阅）。按照传统，皇帝出巡，方圆300里内的州郡长官都要去朝见。姚崇因得罪睿宗和太平公主，被贬到同州（今陕西大荔县）任刺史。姚崇去朝见的时候，玄宗正在打猎。玄宗问他会不会此道，他说从小就会，到20岁时，常以呼鹰逐兽为乐，虽然老了还能行，于是姚崇就参加了玄宗的打猎行列。他在猎场上追逐自如，很得玄宗的喜欢。罢猎之后，玄宗征求他对国家大事的意见，姚崇侃侃而谈，不知疲倦。玄宗听了，说道："你应该做我的宰相。"姚崇想试探一下唐玄宗的真实想法，没有行礼谢恩，也就是没有马上答应。玄宗感到很奇怪。姚崇说："我有十点意见要奏明皇上。

陛下如果做不到，那我就不能做这个宰相。"玄宗要他说说看。

姚崇不紧不慢地说："自垂拱以来，朝廷以严刑峻法治理天下；我恳请圣上，改成以仁义先行，可以吗？"玄宗说："我衷心希望这样做。"姚崇接着说："朝廷自从在青海被吐蕃战败以来，从来没有后悔之意；我请求数十年内不求边功，可以吗？"玄宗答应照办。"第三，自从则天太后临朝称制以来，往往由宦官代表朝廷发言；我请求今后不要让宦官参预公事，可以吗？"玄宗说："这个问题我考虑很久了。""第四，自从武氏诸亲窃据显要官职，继之以韦庶人（中宗的皇后，被清除后去掉皇后称号）、安乐公主（中宗、韦庶人的女儿，与韦庶人一起被铲除）、太平公主用事，官场秩序很混乱；我请求以后不准皇亲国戚在朝廷要害部门做官，以前凡是有斜封、待阙、员外等巧立名目任命的官吏一律撤销罢免，可以吗？"玄宗说："我早就想这样做了。""第五，近来，亲近佞幸之徒，触犯法律的，都因为是宠臣而免于惩处；我请求以后依法办事，可以吗？"玄宗说："我对此早已切齿痛恨了。"姚崇说："第六，近年以来，那些豪门贵族，不断地向上送礼行贿，以至公卿、方镇也这么干；我请求除租、庸、调等赋税之外，其他一切摊派都要杜绝，可以吗？"玄宗说："我愿意这么做。""第七，太后造福先寺，中宗造圣善寺，上皇（指睿宗）造金仙、玉真观，皆耗费百万巨资，百姓受苦；我恳请陛下禁止建造寺观宫殿，可以吗？"玄宗说："我每次看到这些现象，心里就感到不安，又怎么敢再这样做呢？""第八，前朝皇帝玩弄大臣，有损君臣之间互相尊敬的常礼；我希望陛下对朝臣们以礼相待，可以吗？"玄宗说："事情就应该这么做，有什么不可以的呢？""第九，以前大臣们直言进谏者，有的丢了性命，从而忠臣都感到灰心沮丧；我请求陛下，凡是做臣子的，都可以犯颜直谏，无所忌讳，可以吗？"玄宗说："我不但能够容忍大臣这样对待我，而且还可以按照他们的忠言去做。""第十，吕氏家族几乎危及西汉的生存，马、窦、阎、梁也使东汉大乱，外戚乱政，后世感到寒心，而我们当今的外戚专政，则更加厉害；我请求陛下将我朝的这种事情写在史册上，永远作为前车之鉴，成为万世不能重犯之法，可以吗？"玄宗听了，心情久久不能平静，良久才说道："这真是刻骨铭心的一点啊！"

这就是著名的"十事"建议，也称十项治国建议。此中可以发现姚崇的机智和过人的谋略。他看准时机，在玄宗要任命他做宰相之时，没有马上答应，而是提出了一系列积极建议，使玄宗对他更加佩服。结果，他的建议逐条被采纳，而且官复原职，姚崇靠他的智慧取得了胜利。从唐玄宗、姚崇君臣二人围绕"十事"建议一问一答来看，他们都具有比较清醒的政治头脑，成了"千载一遇"、情投意合的圣君、贤相。被唐玄宗采纳的这"十事"建议，都是极有价值的治国之道。针对历史上遗留下来的种种弊政，将十项治国建议综合起来，其中最重要的就是：国家既要行仁政，又要以法治国，而行法必自身边违法者开始。这十项建议包括了缓和剥削、用人唯贤、刑罚得当、反对宗教迷信等方面的内容。它成了玄宗开元时期的重要施政纲领。

玄宗正式任命姚崇为宰相后，"以天下事委姚崇"，使其独当重任。在君臣的共同努力下，国家政简刑清、赋税宽平、百姓富庶，出现了历史上著名的"开元盛世"。

北宋司马光在主持编写《资治通鉴》时，对姚崇提出"十事"建议持半信半疑的态度，所以只是极为概括地写了几句，这未免有点儿拘谨。姚崇在武则天时期，曾做过相王（即后来的睿宗）府长史，早就认识相王的儿子李隆基；被贬到遥远的异地他乡后，再次见到已即帝位的李隆基，他将自己多年的亲身感受，当面向皇上陈述，是完全有可能的。而且，对于韦皇后、安乐公主、太平公主及她们党羽的胡作非为，他更是深恶痛绝。姚崇是唐王朝的一个能臣，也是一个头脑清醒、注重实际、怀有理想的封建政治家。在他看来，唐朝要振兴，就必须清除掉那些多年积存下来的流弊，这样国家才能真正强盛起来。

## 四、反对佛教，破除迷信

自武则天以后，佛教盛行。上自皇帝、皇后、达官贵人，下至豪绅富户，无不利用宗教捞取好处。公主、外戚争相出钱建造寺院，大量度人为僧尼，许多劳动人手流入寺院，破坏了农业生产的发展，加剧了社会矛盾。对此，姚崇深知其弊，便极力加以抑制。

中宗时，信佛之风更为流行，一些富户纷纷出家。因为按当时制度，凡出家人，即可免除赋役。姚崇在做了玄宗的宰相之后，就提出要改变这种状况。他上书玄宗，指陈崇佛之弊，并劝谏玄宗禁止妄度。他提出的理由是：对佛教的信仰，主要是在内心的虔诚，而不在于外表的形式；以往一些信仰佛教的帝王权贵，都没有得到好的结果；只要心怀慈悲，做的事有利于人民，使人民得到安乐，就是符合佛教的要旨，何必妄度坏人为僧尼，反而破坏了佛法呢？玄宗听取了姚崇的意见，下令暗中进行调查，将12000多冒充的和滥度的僧尼还俗为农。后又规定，今后禁止创建佛寺，禁止文武百官与僧人、尼姑、道士来往，禁止民间铸佛、写经。对于宗教流弊，姚崇直到死的时候，也还是持反对态度。他在遗嘱里猛烈地抨击了佛教，用正反对比的方法，戳穿了佛教僧徒所宣扬的一些预言；他坚持佛即是觉的观点，信仰在乎内心，只要行善不行恶，就可以了；他无情地揭露了那种将佛教的宣传当作事实的无知行径，以及那种抄经写像、破业倾家、施舍自身、为死人造像追福等愚昧风俗。他指出，这都是"损众生之不足，厚豪僧之有余"；他嘲笑了那些所谓通才达识之士，也不免于流俗，成了上述种种怪现象的俘虏；他认为佛教的宗教活动，乃是有害于苍生的弊端。他要他的子侄们警惕，不要上当，在办他的丧事时，即使不能完全摆脱佛教陈规陋习的束缚，在斋祭、布施方面，也只可略事敷衍，不必铺张浪费。这种着眼于实际的求实精神，对宗教所持的否定态度，离无神论已不太远了。

开元五年（717）正月，玄宗决定到东都洛阳去。这不完全是为了巡幸，而是因为关中收成不好。皇帝去东都，可以减轻其粮运负担。不巧，就在这时，太庙的四个房屋倒塌了，这在当时成为一件了不得的大事，许多人认为是不祥之兆，应停止去洛阳。玄宗召见宰相宋璟等人，问他们这是什么缘故。他们解释说，太上皇去世还不到一年，三年的丧期未满，不应该行幸；大凡灾异的发生，皆为上天的告诫，陛下应当遵守礼制，以答复上天，还是不要去东都了吧！玄宗听后犹豫不决，又问已经引退的姚崇："太庙无故崩塌，这是不是神灵告诫我不要去东都呢？"姚崇不以为然地说道，山上的石头年久腐朽了，尚不免要崩塌下来，更何况房屋的木材。太庙殿本是前秦苻坚时建造，隋文帝创建新都，将北周宇文氏殿移到这里，建造此庙，唐朝又利用了隋朝的旧殿，积年累月，朽木难支，故而倒塌，太庙塌坏的时间与陛下的行期相合，没有必然联系。姚崇将太庙的建造历史讲与玄宗，他的解释正合乎玄宗的心意。玄宗信服，终于促成此行，从而为百姓减少了许多运粮之苦。

开元九年（721），姚崇以72岁的高龄死去。当时，国家经济状况比较好，社会上厚葬成风。三朝宰相姚崇却不随波逐流。去世前，他告诫子孙不准崇佛敬道，不准为他厚葬。他要求子孙在自己死后，只穿平常的衣服，不要抄经写像。对于所谓为亡人造像是为其追福的说法，姚崇认为那都是虚妄之谈。他最后嘱咐子孙："吾亡后不得为此弊法。"更值得指出的是，他不但自己反对宗教迷信，也要求子孙后代走这一条路，其用心可谓深远。姚崇这么勤俭地安排自己及子孙后代的丧事，虽属于个人及家庭私事，但针对的却是当时的社会风气，无疑起到了破除迷信、移风易俗的作用。

## 五、灭蝗抗灾，造福人民

开元三年（715），山东（泛指崤山以东，大致包括今河南、河北、山东等地）发生蝗灾，灾情十分严重。当时老百姓受迷信思想束缚，认为蝗虫是神虫，不敢捕杀，而是在田旁烧香祈祷，眼看着蝗虫漫天横飞，吃掉一片片庄稼。在这种危急的形势下，姚崇立即上奏玄宗，引《诗经》及汉光武诏书，证明蝗虫是可以捕杀的；历朝历代以来，有时候所以捕杀不尽，那是由于人不努力。只要齐心协力，就可除尽蝗虫。玄宗听后，面露难色，说道："蝗是天灾，是由于德政不修所致，你要捕杀，能行吗？"姚崇委婉而有力地劝道："捕杀蝗虫，古人行之于前，陛下行之于后，除害安农，这是国家的大事，请陛下认真考虑。"玄宗终于被说服了。当时朝廷内外议论纷纷，皆以驱蝗为不便，或以为蝗虫众多，不能除尽。玄宗说："我已同宰相讨论过此事，决定驱蝗，今后谁再反对，即行处死。"反对捕蝗的议论暂时平息下来。

接着，如何有效地消灭蝗虫，成为姚崇日夜苦思冥想的问题。他不止一次地率员奔赴山东受灾地区。经过细致的观察，姚崇基本上了解了蝗虫的生活习性。不久，他上书玄宗："蝗虫怕人，容易驱逐；禾苗和庄稼都有主人在，所以保护的人必定会很卖力；蝗虫能飞，夜间见火，必定飞往；捕杀时，只要在田旁设置火堆，在火边挖掘大坑，蝗虫定会自投罗网，那时边焚边埋，一定可以除尽蝗虫。"玄宗采纳了姚崇的建议，派遣御史分道督促，发动蝗区民众一致行动起来，齐心协力地推行焚瘗之法——即用火烧土埋的办法灭蝗，还规定他们把各州县捕蝗勤惰情况上报。实践证明，姚崇倡导民众用焚瘗之法消灭蝗虫的效果很好，山东地区当年农业获得了较好的收成。

第二年，山东地区又发生蝗灾。姚崇按照老办法，派专使到各地捕杀。此时，朝廷内外议论又起。有些地方官员对捕蝗态度消极，认为捕蝗会遭灾祸，朝廷派往各州县的督察大员无法开展正常的工作。在这种情况下，玄宗也怀疑捕蝗工作能否再进行下去，又同姚崇商量。姚崇坚决主张劝民捕蝗，他说："有些官吏们死抠书本，根本不懂得变通之道。凡事有时要违反经典而顺乎潮流，有时又要违反潮流而合权宜之计。"姚崇列举了历史上一再出现的蝗灾，后果都很可怕。又说："今山东蝗虫，孳生之处，遍地都是，倘若农田没有收成，人民必定会四处迁移，事关国家安危，不可再拘守常规。纵使除之不尽。也比养着成灾强得多。陛下好生恶杀，此事不用你下诏，请允许我下文处理就行了。如果除不得蝗虫，老臣身上所有的官爵，请陛下一概削除。"玄宗见姚崇说得如此坚决，而且再三权衡利弊，终于答应了他的请求。

在捕蝗过程中，姚崇面对的阻力是相当大的。当朝的另一位宰相卢怀慎劝阻姚崇不要管这种事，搞不好要招祸。他说："蝗虫是天灾，怎么可以用人力来制止呢？外面的议论，都认为捕杀蝗虫是不对的。况且杀虫太多，有伤和气。现在如果停止的话，还来得及。望公三思而后行。"姚崇力驳其谬，列举古代帝王及孔子为例，证明为了人的安全，在不违礼制的情况下，是可以杀生的。他坚定地说道："如今蝗虫极盛，只有加以驱除，才可消灭；如果放纵蝗虫吞食禾苗、庄稼，则其所过之处都要为之一空。我们怎么能够坐视山东百姓饿死而不管呢？这件事我已同皇上商量好了，请你以后不要再说。倘若因此而得祸，我愿意独自承担，与你无关。"

汴州（今河南开封市）刺史倪若水拒不执行捕蝗命令，还说什么："蝗乃天灾，应通过修德来感动上天。"并以"十六国时汉国皇帝刘聪既除不得，为害更深"为借口，拒绝应命。姚崇得知后勃然大怒，他在牒报中严厉批评倪若水："古时州郡有好官吏，蝗虫即不入境。如果修德可以免除蝗灾，那么你那里蝗灾的出现，就是无德造成的了！现在你身为朝廷命官，怎么能坐视蝗虫吃食禾苗而忍心不救呢？要是因此而造成饥荒，你将何以自安？"姚崇还说道："刘聪是著名的昏庸之君，当今皇上贤明仁德，拿刘聪来与当今皇上相比，岂不是大不敬吗！"倪若水十分害怕，不敢再抗命，只好急忙指挥捕杀蝗虫。结果证明，他所捕杀的蝗虫共达十四万石，"投汴渠流下者不可胜纪"。使当地未出现饥荒。

姚崇身为宰相，他为国家和百姓的利益着想，发起和领导了历史上这次非同寻常的捕蝗活动。在这件事情上，姚崇不仅表现出了坚定的决心，而且表现出了高人一筹的见识和智慧。灭蝗的结果，既减轻了灾情，又纠正了当时禳祭蝗虫的世俗迷信，是有利于国计民生和社会发展的，具有很大的现实意义。姚崇倡导民众灭蝗的事迹，对后世产生了良好影响，受到了一致的肯定和赞扬。例如，除了《旧唐书》《新唐书》《资治通鉴》等历史著作作了详细记述和肯定之外，明代进步历史学家李贽在《史纲评要》中也因此赞颂他是"救时宰相"。

## 六、严于律己，不谋私利

姚崇作为武则天、睿宗和玄宗的三朝宰相，不仅智慧过人，而且能顾全大局，以国事为重。他一生严于律己，不谋私利，清正为官，使自己立于不败之地。

武则天长安四年（704），姚崇因母亲年事已高，上表太后，请求解职回原籍侍养老母。武则天难违其意，即拜他为相王府长史，罢知政事。同一月，武则天又令姚崇兼知夏官尚书事，同凤阁鸾台三品。姚崇对此深感不安，立即上书："我侍奉相王，不便于管理全国的兵马军队等事。而且这样对相王也没有好处。恳请陛下解臣之职。"武则天深受感动，便改任姚崇兼春官尚书（相当于礼部尚书），令其掌管国家典礼等事。

唐玄宗开元时期，姚崇虽身居宰相要职，但他并没有自己的宅第，全家人住在一个很偏远的地方。他上朝处理政事后往往不能回家，只得就近住在一个叫罔极寺的寺院里。因此，有时就不得不在寺院里处理政务。有一次，姚崇得了疟疾，只好叫家人到罔极寺来照料他。在寺里，他还带病协助源乾曜处理政务。据《资治通鉴》记载："姚崇无居第，寓居罔极寺，以病疟（疟疾）谒告。上遣使问饮食起居状，日数十辈。源乾曜奏事，或称旨，上辄曰：'此必姚崇之谋也。'或不称旨，辄曰：'何不与姚崇议之！'乾曜常谢实然。每有大事，上常令乾曜就寺问崇。"源乾曜和姚崇接触比较多，对于姚崇严于律己、勤俭廉洁的作风十分敬佩。他奏请玄宗让姚崇搬进四方馆（属中书省）住，仍然可以让家人进入照料。玄宗当即批准。姚崇感到四方馆豪华，又藏有公文，不便病人住进去，坚决谢绝。玄宗感动地说："朝廷设四方馆，就是要让大臣居住。我让爱卿居住于此，是为国家社稷着想啊！我恨不得让你住进宫中，住进四方馆又何足推辞呢？"在一千多年前的封建社会中，姚崇这种身居要职而能严于律己、不谋私利的精神，是极其难能可贵的。

早在开元二年（714），玄宗令魏知古任吏部尚书，往东都洛阳，负责考选取士。魏知古也是当时的一个名人，他原为姚崇所引荐，后来与姚崇并列相位。姚崇有两个儿子在东都任职，知道魏知古是自己父亲提拔过的，就想请魏知古为自己谋取私利。后来魏知古到长安，将他们的所作所为都报告给了玄宗。有一天，玄宗装作不经意地问姚崇："你的儿子才能与品德怎么样？现在做什么官？"姚崇很坦率地介绍了两个儿子的情况，说他们为人贪欲，又不谨慎。他估计两个儿子在东都会走魏知古的门路。玄宗原以为姚崇要为儿子隐瞒，在听了姚崇的话后，很是高兴。玄宗又问姚崇，他是怎么知道的。姚崇答道："魏知古本是小吏，我保护过他、提拔过他，并引荐为宰相。我的两个儿子一定以为魏知古会出于感激我的心理，为他们开后门，答应他们的请托，容忍他们为非作歹。"玄宗听了，更加佩服姚崇。同时，他又觉得魏知古太不给宰相姚崇面子了，遂鄙薄魏知古的为人，要罢他的官。姚崇请求玄宗说："我的儿子在外面胡闹，犯了法，陛下赦免了他们的罪已是很万幸了；若是因为这件事而罢了魏知古的官，天下必定以为陛下是出于对我的私人感情而这样做，这会连累了陛下的声誉啊。"玄宗见姚崇说得情真意切，便没有处罚魏知古。

作为"救时宰相"，姚崇敢于面对现实，勇于冲破传统观念，坚韧不拔，政绩可观，是很值得称道的。有一次，姚崇问紫微（中书省）舍人齐瀚："我作为一个宰相，可以比得上历史上什么人？"齐瀚没有回答。姚崇问："能否比得上管仲和晏子？"齐瀚说："管、晏之政，虽然不能施行到后世，但还可以保到他们自己死的时候；你的政令，随时都在更改，似乎比不上他们。"姚崇问："那么究竟可以和谁相比呢？"齐瀚对他说："你可以算得上是个救时之相。"姚崇听后感到很高兴，遂投笔写道："救时之相，难道就容易得到吗？"

姚崇一生言行一致，多有善举，不仅为当时人所赞许，而且也影响到了后代，后来，唐宪宗问宰相崔群："玄宗之政，先理而后乱，何也？"崔群回答说，玄宗用姚崇、宋璟则理，用李林甫、杨国忠则乱，"故用人得失，所系非轻"，对姚崇和宋璟的为政还念念不忘。这也从一个侧面反映出，姚崇的业绩是卓著的，对促成"开元盛世"的历史功绩是应当予以充分肯定的。姚崇历事四帝，政坛波诡云谲，不知多少大臣成为政治斗争的牺牲品，而他却能进退俗如。他依靠自己的智慧和清廉的作风，不仅做了许多利国利民的好事，而且使政敌对他无懈可击，善始善终，成为一代名相。

（王振富）

▼

本文主要资料来源：《旧唐书》卷九六，《姚崇传》；《新唐书》卷一二四，《姚崇传》。

# 忧国忧民亦仕亦隐　大智大略逢凶化吉

## ——李泌传

唐朝天宝年间发生了安史之乱，唐王朝开始由盛转衰，政局长期动乱，朝廷内部倾轧不已。这时，政治舞台上出现了一个大谋略家李泌。每当时局的重大转折关头，都可以看到他的身影，且多有良谋，为安定时局贡献殊多。每到局势粗安后，朝廷内部的倾轧又激烈起来，李泌为避祸而退隐山林。他历事唐玄宗、唐肃宗、唐代宗、唐德宗四帝，以皇帝的宾友自居，以自己的大智大略报效国家，亦仕亦隐，不止一次逢凶化吉，成为中国历史上的一个奇才。

## 一、负经国之才，耻常格仕进

李泌（722—789），字长源，京兆（今陕西西安市）人，原籍辽东襄平（今辽宁辽阳北）。他的六世祖李弼在西魏时曾任太保、八柱国司徒，为西魏的最高军事长官。他的父亲李承休曾任吴房县（今河南遂平）县令。由此可见，李泌出生在一个官宦世家。

李泌自幼聪明过人，7岁时就能作诗文。人们都称他为奇才。唐玄宗开元十六年（728），召天下精于佛、道、儒学的人入京，公开辩论。有一个小孩叫员俶，才9岁，登台论辩，语言犀利，侃侃而谈，将其他参加辩论的人全部折服。许多大臣都称赞员俶是个难得的才子。唐玄宗也很高兴，就问他："还有像你这样聪明的孩子吗？"员俶答道："我舅父家的表弟李泌比我强。"唐玄宗立即派人将李泌接来京师。李泌来进见唐玄宗时，唐玄宗正和燕国公张说看别人弈棋，也就是今天所说的下围棋。唐玄宗怀疑李泌是否真的有才，便命张说对李泌测试一下。张说看着棋盘，便要李泌以"方圆动静"四字作诗一首。李泌迟疑了一会，似乎不明白张说的要求，便请他提示一下。张说便示范道："方若棋局，圆若棋子，动若棋生，静若棋死。"李泌明白了这种格式后随口答道："方若行义，圆若用智，动若骋材，静若得意。"张说的那四句只是就眼前的棋局来说，很浅显，而李泌的四句则充溢着义理和智慧，更显高明。张说遂向唐玄宗道贺，说他得到了一个神童。唐玄宗显得很高兴，回过头来再次打量这个面带稚气的小孩，说道："这个小孩很精神，只是腰比身子还粗"这话颇带谐虐，话中流露着对这个孩童的喜爱。唐玄宗马上命下人赏赐给李泌一束绢帛，并敕谕李泌的家人："一定要培养好这个孩子。"宰相张九龄对李泌尤为器重和欣赏，经常把李泌领到自己家，视如家人。

严挺之和肖诚都是朝廷大巨，张九龄和二人的关系都很好，但严、肖二人却不和。有一天，严挺之劝张九龄，要他断绝与肖诚的来往，张九龄不同意这样做。有一次自言自语地说："严挺之太刚直，而肖诚圆滑，挺叫人喜欢。"张九龄正要派下人请肖诚前来，李泌恰在身边，便率直地对张九龄说："您原本是一介平民，正因为性情刚直而官至丞相，为什么又忽然喜欢起圆滑的人来了？"张九龄大惊，没想到这个小孩子能说出这种有见解的话，马上改容向李泌道谢，称他为"小友"。古代的忘年交不乏其例，但像张九龄这样的宰相和李泌这样的孩童称兄道友，在历史上实不多见。这主要是张九龄为李泌的奇才所折服。

李泌渐渐长大，更加博学多闻，尤精于《易经》。他经常在嵩山、华山和终南山等地漫游，时而和友人谈长生不死之术。表面上看，他常身在名山，但实际上却时刻关心着国家大事。他自恃有济世安邦之才，友人劝他通过科举步入仕途，被他拒绝。他不愿像一般儒生那样按常格仕进。天宝年间，李泌赴京师，径直向唐玄宗献上《复明堂九鼎议》。唐玄宗看到李泌的名字，马上想到他小时聪明过人的形象，立即将李泌召入宫中。唐玄宗要李泌讲老子的《道德经》，李泌讲得颇为精到，且不时有自己独到的见解。唐玄宗很高兴，马上命李泌为翰林待诏，也称待诏翰林，掌表疏批答、应和文章等事。以前虽然就有这种名称，但不是正式官职，只是到唐玄宗时才成为正式官名，主要用来安置有才学之人。唐玄宗还命李泌充任皇太子的讲官，皇太子十分喜欢李泌，待之甚厚。当时杨国忠擅权，他自恃是杨贵妃的堂兄，作威作福，使朝政日趋混乱。节度使安禄山不时进京，与杨贵妃关系暧昧。李泌不时赋诗，对杨国忠、安禄山多有讥讽，对朝政的黑暗也有尖锐的抨击。从表面上看，这时的唐王朝还维持着一派盛世景象，但实际上暗藏着深刻的危机。唐玄宗耽于酒色，整天和杨贵妃宴饮取乐，不理朝政，致使杨国忠趁机窃权，胡作非为。李泌忧国忧时，但自己身微言轻，便只在诗词中发泄自己的忧思和感慨。杨国忠自然对李泌难以相容，便在唐玄宗面前对李泌大加攻击。唐玄宗听信了杨国忠的谗言，立命将李泌斥逐到蕲春郡。李泌自此又过上了平民生活，经常在一些名山大川间游历。同时，他也在时刻关注着时局的变化。

## 二、助肃宗平叛

唐玄宗后期终于爆发了安史之乱，从此使北部中国长期陷于战乱之中。这场叛乱成为唐王朝由盛转衰的分水岭。李泌满怀忧国忧民之心，为平定叛乱、稳定国家大局发挥了重大作用，他的大智大略也得到了充分的展现。

安禄山是个胡族将领，任范阳（今北京）、河东（今山西太原）、平卢（今辽宁辽阳）三镇节度使，统辖着北方广大地区的军事力量。他看到唐王朝已腐败不堪，便于天宝十四年（755）冬起兵，从范阳率兵 15 万南下，起初说是讨伐杨国忠，不久即发动了全面叛乱。安禄山几乎没遇到什么有力的抵抗，仅一个月就攻占了东都洛阳，并接着向长安推进，在潼关与唐军展开激烈的战斗。第二年正月，安禄山于洛阳称帝，国号"燕"。安禄山攻破潼关后，长安陷于危机，唐玄宗于六月仓皇向四川逃去。不久，京师长安也被叛军攻陷。两京的陷落使全国陷入一片混乱，曾盛极一时的唐王朝这时陷入了生死存亡的危急关头。面对此情此景，李泌自然忧心如焚。

天宝十五年（756）七月，太子李亨于灵武（今属宁夏回族自治区）即皇帝位，遥尊逃至成都的唐玄宗为太上皇，全面担当起平定叛乱的重任。肃宗急于招揽贤才，他自然想到了曾和自己朝夕相处的李泌。恰在这时，李泌似乎也意识到了自己的历史使命，不召而至，令肃宗十分高兴。肃宗和李泌彻夜长谈，十分投机。李泌向肃宗详细陈述了天下事成败的历史教训，唐王朝为什么会出现"贞观之治"和"开元盛世"，又为什么忽然出现天下大乱，当前的形势和平叛的策略等，都令肃宗大有顿开茅塞之感。肃宗要授李泌以高官，李泌坚辞，认为自己尚无尺寸之功，骤任高职既令臣下不服，也于自己不祥，表示愿以宾客的身份帮助肃宗安定天下。李泌既然是皇帝的宾客，那么就不必承担什么具体的责任，进退自如，甚至可以发挥其他大臣都无法发挥的作用。肃宗同意了他的请求，使李泌没任官职，但却与皇帝形影不离。他入则参与国家大事的谋划，出则与皇帝同行。李泌以出家人自居，自称"山人"。当他和肃宗一起出行时，围观的人就指着说："那个穿黄衣服的是当今皇上，那个穿白衣服的是山人。"由此可以看出，李泌和肃宗的关系是何等密切。肃宗遇到什么大事，都要征求李泌的意见。肃宗看李泌的衣着形同普通百姓，便赐给他一身金紫衣。

当肃宗于灵武即位前后，其次子建宁王李倓随侍左右。当时李倓带领的兵马很少，在兵荒马乱时盗贼蜂起，数遇险境，多赖李倓奋勇拼杀，使肃宗多次转危为安。李倓不仅骁勇善战，而且颇为孝敬，如果看到他的父皇没能按时吃上饭，就会急得哭起来。肃宗对李倓自然十分满意，就打算任李倓为兵马大元帅，全面负责起平叛大事。这时广平王虽是肃宗的长子，但还没有被立为太子。李泌担心肃宗的这种安排于后不良，便私下对肃宗说："建宁王诚然很贤能，但广平王毕竟是长子，且有君主的胸怀。皇上难道想让广平王当吴太伯吗？"历史上的吴太伯是周文王的大伯父，他看到父亲（即古公亶父）想传位给他的四弟季历，自己便主动让位，逃至吴地，史称吴太伯。肃宗听李泌这么一说，反问道："广平王将要被立为太子，他还要什么元帅呢？"李泌答道："假如建宁王任大元帅以后立了大功，将领们都听他的指挥，你就是不立他为太子恐怕也做不到了。"李泌接着便说到唐太宗和唐玄宗都是由先掌兵权而后夺皇位的事，这种近在眼前的事不能不令肃宗深思。李泌进一步说："太子出师称抚军，留守称监国，今天的兵马大元帅就是抚军，何不让广平王充任此职呢？既有利于征剿，又可以防患于未然。"肃宗深以为是，便按照李泌的建议，命广平王为兵马大元帅。建宁王李倓知道此事后，不但不怨恨李泌，反而对李泌十分感激，表示这样做正合自己的心意。后来的事实证明，这种安排是极富预见性的。在某种程度上避免了一场宫廷内的皇位之争。有一天，肃宗颇为动情地说："先生长时间在朕左右，怎么能长时间没有名号呢？那岂不是会引起别人的疑惑？"于是便授李泌为银青光禄大夫，并兼任广平王元帅府行军长史。李泌仍坚辞不受，表示作为皇帝的宾客也就很知足了。肃宗不从，恳切地对李泌说："我也不愿使先生屈居臣下的位置，只是天下多事，有赖先生多献良谋。待天下安定后，听凭先生实现自己的高尚志向，我决不勉强，只是今天一定要接受官衔。"李泌无奈，只得任职。这虽是散官头衔，但权力可大可小。肃宗的本意就是使李泌既可名正言顺地参决朝政，又能帮广平王谋划军事。从日后的实际情况来看，各种军国大事肃宗都和李泌商量，"权逾宰相"，即实际权力比宰相还大。有一次肃宗亲切地对李泌说："卿曾服侍上皇，后为朕师，今又为广平王的行军长史，我们祖孙三代都从先生的智慧中受益很多。"

肃宗称帝后，经常在一些小事上计较，尤其是对过去的一些恩怨耿耿于怀，致使对平叛的大事形成干扰。这在下面的两件事情上表现得十分突出。

一件是对待李林甫的事。李林甫在玄宗时长期任宰相，是历史上出名的权臣。当时肃宗还是皇太子，李林甫曾多次对他诬陷，使唐玄宗差点儿没有把他这个太子废掉。现在肃宗成了皇帝，虽然李林甫已死去数年，但肃宗还是想清算这笔老账，打算将李林甫的坟墓掘毁，焚尸扬灰。当肃宗把这种打算告诉李泌时，李泌表示反对，认为这样做就等于告诉天下臣民，当今皇帝的心胸狭小，身为天子而又念念不忘旧怨，不利于争取敌对营垒中的人。而且，有许多人曾跟随李林甫做事，他们会以此事为例，煽惑叛军顽抗到底，不利于平叛大局。肃宗对李泌的解释很不高兴，反问道："难道往日的事你都忘了吗？"李泌回答道："我所忧虑的不在这里。太上皇治天下近50年，现避居成都，那里气候湿热，且年事已高，如听说皇上报旧怨，将自感惭愧。如万一因此而病倒，不仅显示皇上胸怀不宽宏，而且不能尽孝道。这种坏名声对皇上就很不利了。"还没等李泌把话说完，肃宗就抱住李泌的脖子哭起来，一边哭一边说道："我没想到这层深意啊！"从此以后对李泌更加信任。

另一件是关于张妃的事。张妃即肃宗的爱妃张良娣，她的祖母是唐玄宗的姨妈。当唐玄宗的生母被武则天杀了以后，唐玄宗即由姨妈抚养长大成人。张良娣本人也聪明伶俐，长得也漂亮，再加上前边所述的那层关系，所以肃宗对张妃特别爱恋。肃宗称帝不久就赠送给张妃一具十分昂贵的七宝马鞍。当时正值平叛的战争时期，张妃却乘坐如此华美的马鞍，自然不合时宜。李泌于是便劝肃宗，现在应向天下臣民显示节俭，不宜让妃子乘坐七宝马鞍，而应将马鞍上的珠宝取下来，用来赏赐给平叛的有功将士。肃宗深以为是，接受了李泌的建议。张妃和李泌都是长安人，张妃深怨李泌没有一点乡人情分。肃宗便代为解释说："李泌这是为社稷着想啊！"于是就命人取下了马鞍上的珠宝，建宁王李倓在廊檐下听到后哭了起来。肃宗问他为什么哭，他说："我日夜为叛乱未平而忧心，今见父皇从谏如流，我就知道叛乱可指日平定了，竟喜极而悲，不禁哭出了声来。"肃宗听了后也颇为感动。但从此以后，张妃便对李泌和建宁王颇为怨恨。不久，肃宗打算立张妃为皇后，与李泌商议。李泌说："陛下登基后，天下臣民都盼望皇上以国事为重，能早日平定叛乱。至于立皇后，那是皇上的家事，只需听从太上皇的吩咐就是了，只是时间应晚一些。"肃宗听从了李泌的建议，使这件不急之务被轻轻放下。

肃宗问李泌，怎么样才能将叛乱尽早平定。李泌先从大处分析道："安禄山叛军将劫掠的金银财宝和妇女都送往范阳，足见安禄山有苟且之心，没有统治中国的远大志向。在随安禄山叛乱的汉人中，只有周挚、高尚等数人稍有谋略，其余的都是乌合之众。至于天下大计，这些人都一无所知。我估计不出二年，叛乱就可以平定下去了。"肃宗听了自然很高兴，便进一步问平叛的具体策略。李泌首先向肃宗分析了全国的大局。当时，叛军除控制了洛阳和长安两京外，还占领了河北和河南的一些地方。抗击叛军的主要是郭子仪和李光弼两支唐军。郭子仪任朔方节度使，李光弼任河东节度使。另外，以回纥（今维吾尔族）为主的西北少数民族的一支部队也前来支援平叛。叛军中善战的只有史思明、张忠志、安守忠、田乾真和阿史那承庆几个人。于是，李泌向肃宗建议道："皇上不必急于求成，王师应求万全，不留后患，以图长治久安。今宜命李光弼一面固守太原，一面出兵河北井陉，威胁范阳；

命郭子仪取陕西冯翊，出兵河东，威胁长安。这样，史思明和张忠志则不敢离开范阳、常山（今河北正定），安守忠和田乾真不敢离开长安，于是便用三个地方牵制住叛军的四员大将。盘踞在洛阳的安禄山身边就只有阿史那承庆一员大将了。可授意郭子仪不要攻取华阴，使叛军可以直通关中。这样一来，叛军就需要北守范阳，西救长安，在数千里的防线上疲于奔命。其劲骑虽精，但不出一年就会精疲力尽。我军则以逸待劳，叛军来时则避其锋，叛军撤时就乘势追击。然后命建宁王为范阳节度使，与李光弼相犄角，以攻取范阳。叛军失其巢穴，其灭亡也就指日可待了。"肃宗深以为是，并按照李泌的谋划进行了一番部署。

不久，回纥兵前来增援，郭子仪率大军逼近长安。肃宗急于要把长安夺回来，便对李泌说："今战必胜，攻必取，为什么不先攻取长安，反而要先攻取范阳呢？"李泌说："如果要先夺取两京的话，叛军的巢穴在范阳，以后叛军还会再度兴起，官军会再次受困。更何况我军所依靠的是回纥骑兵，如夺取两京的话也要到春天。但关东天气热得早，战马易得病，西北的骑兵都想早日回家，战斗力会大大削弱。即使夺得两京，叛军也会在北边重新休整，再度来犯。所以这样做很危险，不是万全之计。"这次肃宗未采纳李泌的意见，而是命广平王为兵马大元帅，以郭子仪为副元帅，于757年春天一举夺回长安。不久，安禄山被其子安庆绪杀死，而盘踞范阳的史思明不听调遣，叛军内部发生了分裂，力量大为削弱。于是，唐军又一举收复了洛阳。至此，两京被唐军收复。但也正如李泌所料，叛军又在重新聚集，准备再次大举来攻。

## 三、辅佐代宗

代宗是肃宗的长子，初为广平王，后被立为太子时改名李豫。当肃宗打算命建宁王带兵赴范阳讨贼时，便和李泌商议："我打算命建宁王率兵讨贼，但广平王是兵马大元帅，担心这样做会削弱广平王的权力。因此，我想把广平王立为太子，先生以为如何？"李泌稍加思量后说："今兵事繁忙，立太子是皇上的家事，最好还是请太上皇裁夺。今太上皇尚健在，你如在立太子的问题上自作主张，那么，人们会怎么猜测你灵武即位的本意呢？我想，一定有人在制造我和广平王的不和，请准许我把这些话告诉他，他一定不肯当太子。"李泌告诉广平王李俶后，李俶十分感激李泌，说道："还是先生理解我的心意，在想方设法保全我。"广平王李俶随后马上进见肃宗，说："今太上皇尚未回宫，我哪里敢当太子！还是等太上皇回宫再作决定吧。"肃宗听了很是高兴，夸奖李俶深明事理。

在那种危机时刻，肃宗的爱妃张良娣却不时向肃宗进谗言。因为自己未被正式立为皇后，对李泌和两个皇子都极为不满，故不时加以陷害。当肃宗欲命而未命广宁王为范阳节度使时，张妃便向肃宗进谗道："建宁王因未得到兵权，心怀不满，正暗中蓄养壮士，准备谋害广平王。"肃宗一时大怒，立命将建宁王赐死。当时李泌不在肃宗身边，所以无法相救。广平王李俶既气愤，又害怕。气愤的是张妃胡作非为，怕的是自己和李泌说不定什么时候也会遭到陷害。于是，广平王李俶便找李泌商议，说自己打算以武力除掉张良娣。李泌表示反对，一是国难当头，这样做会引发朝廷内乱，会使大局不可收拾；二是这样做风险太大，会加速祸患的到来。广平王表示，他主要是为李泌的安危担忧。李泌表示，自己已与皇上说定，收复京师后就退隐山林，所以自己不会有什么祸患。广平王说："先生走后我的处境就更危险了。"李泌安慰他说："张良娣不过是个妇道人家，不必与她计较。你只要尽心对皇上孝敬，就不会有什么危险。"实际上，李泌帮助肃宗平息了一场随时可能爆发的宫廷内乱。

当两京平定以后，肃宗和李泌商议迎回玄宗的事，说自己仍充太子，以尽子道。李泌说："太上皇不会回来复位了。人臣尚且七十而传，何况太上皇复位的话要为天下事劳神呢？"肃宗问应怎么办。李泌献计道，由他和群臣一起上书太上皇，谓皇上每天都盼望太上皇回京，以便早晚请安，以尽孝养。肃宗依计而行。身为太上皇的唐玄宗见书后，回书称，自己希望以四川一地自养，不再东来了。肃宗见书后颇为忧虑，又找李泌商议。李泌说，这是太上皇在试探皇上，可再次上书。当唐玄宗见到第二次上书后，十分高兴地说："我又可以当天子的父亲了。"于是便启驾回长安，但并未复位。

由于李泌受到肃宗的格外器重，故招致大宦官李辅国等人的嫉妒，对李泌百般诋毁。李泌为避祸，便自请退隐衡山。肃宗尽管不愿他离去，但鉴于李泌态度坚决，便赐给他一身隐士服，准许他离职隐居。

在唐军收复长安后，史思明杀掉了安禄山的儿子安庆绪，在范阳称大燕皇帝。后来，史思明在向长安进军途中又被其子史朝义杀死，叛军集团进一步分裂。唐王朝在得到短暂的安宁后，唐朝宫廷也发生了动荡。宝应元年（762），大宦官李辅国率领禁军捕杀了张妃，肃宗受惊吓而死。皇太子李俶继位，是为代宗。

当代宗即位时，李泌还在湖南衡山隐居。代宗派人四处打听李泌的下落，后终于将他召回京师。代宗想命李泌为宰相，李泌坚辞不受。于是，代宗便仿照其父皇的做法，赐给他一袭紫衣，并在蓬莱殿旁建书阁一处，让李泌在书阁居住。代宗退朝后，往往穿着便服来书阁，与李泌商议军国大事。实际上，李泌仍以皇帝的宾客自居，其目的之一是为了躲避朝廷的内部斗争，以求自保。越是这样，代宗对李泌越是格外敬重。

一年的端午节，满朝大臣都有礼品献给代宗，只有李泌没有任何表示。代宗半认真半开玩笑似的问李泌，这是什么原因。李泌回答说："我吃的、穿的、住的都是皇上所赐，属于自己的只有一个躯体了，实在无礼可献。"代宗说："我所要的正是先生的躯体。"李泌答道："我的躯体不属于陛下又能属于谁呢？"代宗随即高兴地说道："先生的躯体既然给了我，那就由不得先生了。"于是，代宗便要李泌还俗吃肉，并在京师当福里赐给他豪华住宅一处，为他娶卢氏为妻，还要李泌出任宰相之职。李泌这时已年过半百，一直过着出家人的生活，始终未娶。这时代宗要他还俗，娶妻吃肉。他起初不肯，一再哀求，但代宗一直不答应，说有话在先。李泌无奈，只得改为过俗人的生活。但对宰相一职，李泌坚辞，不肯充任。代宗后来也就不再强迫他了。

唐中期，朝廷中的内朝官和外朝官的斗争日趋激烈。外朝官是以外廷宰相为首的朝官，称"南衙"；内朝官是以宦官头子为首的居于禁中的官员，不仅掌管禁军，而且承宣诏旨，掌管机密，权力甚大。因宦官衙门在南衙的北边，称"北司"，故历史上将这场斗争也称作南衙北司之争。因李泌经常居禁中，故在外朝官看来，他应是属于北司的人。尽管李泌极力避开斗争的旋涡，但还是不能彻底避开。

起初，大宦官鱼朝恩飞扬跋扈，无恶不作。宰相元载和代宗密商，将鱼朝恩杀掉。外朝官一时占了上风。元载想趁机除掉李泌，说李泌不时在禁军中宴饮，与鱼朝恩关系密切。代宗说："李泌辅佐先帝，禁军中的许多将领都是他的老部下，是我要他经常与这些人会晤的。你不必怀疑他。"但元载对李泌总不放心，仍不时对他攻击。不久，江西观察使魏少游请求朝廷委派副手。这时，元载一改过去攻击李泌的调门，反而对李泌的才能大加称赞，认为李泌可担当此任。李泌为了避开这个是非之地，表示愿意前往。经代宗允准，李泌开始在江西担任观察判官的官职。

李泌外放后，宰相元载更加独断专行。于是，代宗便又借故将元载杀掉。第二年，代宗将李泌召回京师。由于李泌得到代宗的分外信任，因而又招致新任宰相常衮的忌恨。常衮极力要把李泌排挤出京师，便向代宗奏道："过去贤明的帝王如打算用谁为公卿大臣，就先命他为地方官，以体察民间疾苦，然后重用。陛下既然想重用李泌，何不先派他去当刺史？"于是，代宗便命李泌去楚州（今江苏淮安）任刺史之职。这时李泌已年近60，不愿离开京师，便向代宗说了一些留恋京师的话。代宗便又将他留了下来。不久，澧州刺史缺员，常衮乘机向代宗奏道："澧州（今湖南澧县）十分贫穷落后，必须派能臣前去治理，李泌最为合适。"于是，代宗便命李泌为澧州团练使。李泌刚离京不久，代宗感到澧州荒远，便又于途中将李泌改任为杭州刺史。李泌在任上革除弊政，关心百姓疾苦，为当地老百姓做了许多好事。

## 四、辅佐德宗，终至宰相

李泌离开长安不到半年，代宗即病死，德宗李适继位。自安史之乱后，北方出现了藩镇割据的混乱局面。这些藩镇节度使拥兵自重，往往自署官属，父死子继，不听中央调遣。德宗想改变这种局面，拒绝批准藩镇节度使父死子继。于是，北方的几个节度使便联兵发动叛乱，攻城略地，称王建制。建中四年（783）冬，德宗调甘肃兵5000赴河南平叛，因朝廷未给犒赏，便在半路上发动兵变，攻入长安。德宗仓皇之间逃至奉天（今陕西乾县）。这些叛兵在长安拥立朱泚为大秦皇帝，并发兵向奉天追击。这时，都虞侯浑瑊、朔方节度使李怀光和禁军大将李晟都率兵来救，朱泚只好退守长安。

为了集中力量对付朱泚，德宗赦免了北边的几个叛乱军阀。但是，不久李怀光又发动了叛乱。这时，德宗身边只有李晟一支力量可以依靠了，但德宗对这些武人全失去了信任。于是，德宗又想起了李泌，马上派人将他从杭州召来，帮自己谋划天下大事。李泌在当了5年地方官后，又在天下大乱时来到皇帝身边。德宗授他为左散骑常侍，参与密议。

李怀光的叛乱还没有镇压下去，又遇上中原地区闹蝗灾，形势更加严峻。有的人向德宗建议，应赦免李怀光，以换取他不再为乱，仍许其为节度使。德宗问群臣是否可行，大都赞成这样做。当德宗问李泌时，李泌拿来一片桐叶，撕成两半，然后对德宗说："皇上与李怀光的关系就像这片桐叶一样，君臣之分已经不可复合了。"德宗顿时醒悟，遂决定不赦免李怀光。

当朱泚为乱时，德宗曾请求吐蕃（今藏族）派兵入援，并许诺，叛乱平定后，将安西、北庭两地割与吐蕃。当吐蕃军2万余人赶至关中时，浑瑊已将朱泚击溃于咸阳。这时，吐蕃军不仅不积极追击，反而对武功一带大加劫掠，随即西归。当京师平定后，吐蕃的使臣来朝，请德宗按照原来所约，将安西、北庭二地割让给吐蕃。德宗打算如约割让，李泌劝阻道："正因为安西、北庭为朝廷所有，所以西北大片地区尚安定，而且对吐蕃是一种有力的牵制，使其不能全力东犯。如将这两地割给吐蕃，那么关中就十分危险了。更何况吐蕃一直持骑墙的态度，并劫掠武功，就像盗贼一样，怎么还能割让给他土地呢？"德宗遂改变态度，未将两地割让给吐蕃。

贞元元年（785）七月，李泌被授以陕虢观察使。当时，陕虢兵马使达奚抱晖杀死了节度使张劝，要朝廷委任他为节度使。他还和李怀光的势力相勾结，共谋对付朝廷。这里又是水陆交通要道，倘被叛军占领，往京师长安运粮的道路就会被切断，京师的形势就更危机了。正是在这种紧急的情况下，德宗命李泌前往处理。德宗本来要派数千禁军护送李泌前往，但李泌却坚持单骑前去。其理由是，倘若率领着大队兵马，他们就会误以为朝廷派兵讨伐，反而会促使他们下决心叛乱。更何况当地大部分官兵并不想反叛，一个人前往正可以解除他们的疑虑。于是，李泌便一人赴陕州。达奚抱晖见李泌一人前来，疑虑顿消，并盛宴款待。李泌入城后，对全体将士作了一番安抚，局势很快平定下来。李泌又劝达奚抱晖，应礼祭张劝，然后要他到一个安全的地方以度余生。达奚抱晖——照办。李泌对胁从的人未予追究，只将为首的五个人解往京师。于是，一场迫在眉睫的大叛乱就这样被李泌平息了下去。朝廷集中力量对付李怀光，不久便迫使李怀光兵败自杀。

三年后，李泌因政绩卓著而被召回京，封邺县侯，命为宰相。当时，因武将经常拥兵自重，割据称雄，所以德宗对武将颇不信任。而武将也经常感到自危。因李晟和马燧在平叛中的功劳最大，地位最高，所以自危之心也最重。德宗在拜李泌为宰相时说："先生早就该任宰相了，却一再推辞，这次请不要再推辞了。我还要和先生立个盟约，即先生不要报私仇，如报恩的话，我替先生报。"李泌回答道："我信奉道教，既不与人结仇，也无恩可报。我也想和皇上相约，以后千万不要诛杀功臣。"李泌说到这里，看了一下在场的李晟、马燧，接着又说道："譬如李晟、马燧，他们都是为国家立有大功的人，我听说有人对他们进谗言。皇上当然不会听信这类谗言，但应杜绝这些谗言。倘若万一杀了李晟、马燧，各地的藩镇就要发动叛乱了。他们二人都富贵已极，已没有什么更高的奢望。如皇上不以二人功大而猜忌，二人不以自己位高而自疑。天下也就太平了。"德宗站起身来恭听，李晟和马燧二人被感动得流下泪来，当场向李泌拜谢。李泌短短的一席话，将君臣之间的疑虑全部打消，为稳定大局起到了不可估量的作用。

起初，按照宰相张延赏的奏请，德宗曾下诏，大减各地吏员。这些吏员为官府办事，领取有限的俸钱，一旦失业，致有饿死者。李泌请求德宗准许这些人复职。德宗起初不同意，认为连年战乱以后，户口比太平时减少了三分之二，还要那么多吏员干什么。李泌却说："户口虽减少了，但事情却比太平年间增加了十倍。要裁的话，可裁地方官中的冗员，而不可裁吏员。"德宗问哪些人是当裁的冗官。李泌列举道，各州、县没有具体职事的，还有带"兼""试"等字的官员，大体相当于正员的三分之一，皆宜裁去。另外，中朝官的常侍、宾客有 10 人，其中可裁去 6 人；左、右赞善有 30 人，可裁 20 人；按照旧制，诸王不出阁，不置官属，仅此一项亦可裁去大批冗官。德宗一一照办，结果俸禄还有节省。德宗为此非常高兴。

唐中期以后，出现了内轻外重的局面。地方官不仅权重，而且搜刮的钱财也多。京官权轻，俸禄也少。如将一个州刺史调为京官，表面上看官级提高了，但他们却认为这是被罢权。京官薛邕由左丞被贬为歙州刺史，全家欢庆，只恨贬得太晚了。针对这种情况，李泌建议减少京官数量，提高京官俸禄，"时以为宜"，对内轻外重的局面有所匡救。

太子妃的母亲是郜国公主，被人告发，说他时而诅咒德宗，希望德宗早死，由太子继位。德宗盛怒之下，将郜国公主幽禁起来，并怒气冲冲地责问太子。太子吓得不知如何是好。有一天，德宗在李泌面前盛赞舒王贤良。李泌揣测，德宗是打算废掉太子。在中国古代，立太子被称为立"国本"，更换太子是件大事，说不定就会引发一场动乱。李泌回答说："皇上只有一个儿子，却怀疑他，要立弟弟的儿子。臣不敢以古事相争，只是想问一下，皇上与诸弟的情谊到底如何呢？"德宗脸色骤变，气冲冲地问道："你怎么知道舒王不是我的儿子呢？"李泌镇静地回答说："皇上以前对我说过。皇上对自己的亲生儿子尚且怀疑，侄子又怎么敢相信能取信皇上呢？"德宗生气地说："你违抗我的意愿，难道你就不担心全家人的性命吗？"李泌激动地说："臣已经衰老了，今位至宰相，以进谏而死，是臣的本分。假如太子被废，日后皇上后愧起来：自己只一个儿子还杀了，李泌也不劝阻，那么我也杀你李泌的儿子。那样的话，臣就要真的断子绝孙了。我虽有兄弟的儿子，但不是我所希望要的。"说着说着，李泌竟泪流满面。德宗也似乎为之所动，脸上的怒气消失殆尽。于是，李泌又进一步劝道："皇上怀疑太子，却称赞舒王贤良，是否有其他人在窥伺皇位呢？如太子真的有罪，可废太子而立皇孙，天下仍是皇上子孙的天下。怎么能以太子妃母亲的事来连累太子呢？"经李泌反复劝谏，德宗终于打消了更换太子的念头，从而使唐王朝又避免了一场政治危机。

自安史之乱后，藩镇割据，各藩镇节度使每年都向皇帝进献钱财，这种私下进献每年约有 50 万缗钱。这些钱都用于皇帝的私人花费。后来，这类钱有所减少，每年约有 30 万缗，德宗感到手头吃紧。德宗便问李泌应如何办。李泌建议，应杜绝这类私自献纳。今后需要各地进献什么东西，都作为税收计算。这样一来，皇室也不缺花费，各地方官向百姓征税也有法可依，不至于以向皇上献纳为名，加倍搜刮百姓。老百姓的负担可以减轻，也不会怨恨皇上了。德宗深以为是，遂颁旨实行。

经过一段时间治理，唐王朝的财政状况大有好转。以前，因财政吃紧，德宗对功臣的赏赐减少了三分之二。现在府库充实了，德宗便按原额对功臣赏赐。李晟、马燧、浑瑊等功臣将多得的赏赐之物转送给李泌，以示感激。但李泌一概予以婉言谢绝，这使大家认识到，李泌的确是个廉直大臣。

有一次，德宗从容地和李泌说到前几年的李怀光之乱，认为是天命。李泌针对德宗的这种思想说："所谓天命，那只是一种已然之言。人主应该行善政，创造天命，而不应该把各种事都说成天命所至。人主如果把什么事都说成天命的话，那还用得着赏善罚恶吗？商纣王就说过：'我的王位来自天命，他们能把我怎么样？'结果被周武王灭亡了。人主经常言天命，那岂不是和夏桀、商纣王一样了吗？"德宗大受启发，当场表示："今后我也不说天命了。"在中国古代，天命是个无法说清的问题。李泌却用三言两语开导了德宗，使他专注于行善政，不迷信天命，这对治理好国家自然是十分重要的。

正是在李泌的辅佐下，德宗时的政局渐趋安定，政治较为清明，财政状况也大为好转。德宗对李泌的贡献自然十分赞赏，故特加集贤殿和崇文馆大学士，令督修国史。李泌以唐中宗时张说力辞大学士为例，固辞不受"大"字，唯任一学士足矣。李泌对官位看得如此淡薄，令德宗和诸大臣都颇为感动。

李泌鉴于西域使臣及其随从有大批人常驻长安，一直由朝廷提供车马和生活费用，成为国家一项沉重的财政负担，便打算解决这个长期遗留下来的问题。李泌经过详细调查统计，当时长期留居长安的西域使者四千余人，其中不少人还购置了田产房舍，有少数人还通过放高利贷谋取厚利。由于吐蕃当时控制了河西走廊一带，道路阻绝，这些使者又不愿绕道回西域，故长期滞留在长安。加上唐王朝给他们的待遇优厚，他们就更不愿回去了，以至一住就是几十年。李泌奏请德宗，停止供给这些人生活费用，劝其绕道返回西域。真不愿回去者也应自谋生计。这样可每年节省开支50余万贯钱。德宗准予实行，结果这些人却无一人回去。他们当中有的人当了兵，有少数人还被安排了官职，大部分人像中国老百姓一样自谋生计。这一个长期遗留的问题得到了妥善解决，为朝廷节约了大笔开支，缓解了财政危机。

德宗时天下虽然相对安定了，但各地藩镇仍有相当大的独立性。这些藩镇都私自聚敛了大笔钱财，隐瞒不报。李泌建议德宗，对各藩镇颁诏，赦免他们过去聚敛的罪过，以解除他们的顾虑，要他们如实上报，除留一部分充作地方公用经费外，其余的全部解送京师。对老百姓往年拖欠的税额，能征的则征，难以征收的则一概豁免。如有弄虚作假者，许人告发。德宗认为这样做太宽大了。李泌则认为，法令宽大，老百姓得益，而且乐于交纳，国家的收入就可以既多且快。德宗下令施行，果然收到了很好的效果，使长期困扰朝廷的财政问题得到了明显缓解。

在德宗时，吐蕃成了唐王朝的重大威胁，不时攻掠甘肃一带，使长安感到很大的危机。李泌为了解除这个威胁，便打算与回纥结好，让回纥牵制吐蕃。但是，德宗对回纥有一种敌视心理。其原因是，当德宗还是王子时，曾受到过回纥的羞辱，其随从还竟然被回纥人打了一顿板子，还有两个人居然当场被打死。这使得德宗对回纥耿耿于怀，并发誓永不与回纥结好。从当时的大局来看，唐与回纥结好是解除吐蕃威胁的最有效的策略。回纥曾数次表示，愿与唐重修旧好，并请求和亲，但均被德宗拒绝。李泌深知说服德宗的困难，便在一次进谏时故意欲说又止。越是这样，德宗便越是问个不停，问他到底有什么心事。李泌这才说道："有一件关系到社稷安危的大事，只是担心皇上生气，才不敢直说。"德宗命他直说勿隐，不论说什么都赦他无罪。李泌这才说出联合回纥以牵制吐蕃的建议。德宗一听到与回纥改善关系的话就想发怒，但一想起刚才的表态，便强抑住怒气说："和谁联合都行，就是不准和回纥联合！"李泌便又平心静气地加以解释，谓社稷安危事大，个人恩怨事小。倘吐蕃势力继续增强，与回纥联合起来攻唐，唐王朝就危险了。那时再想与回纥联合也不可得了。如因皇上个人恩怨而误了国家大事，传之后世，后人对皇上又该怎么评价呢？岂不是显得心胸太狭小了吗？李泌看德宗有所心动，便在私下又多次劝说，终于使德宗同意了他的主张。回纥得知唐王朝同意与其和好后，十分高兴，积极配合唐军牵制吐蕃，使吐蕃处于两面夹击的不利地位。正因如此，所以吐蕃才未对唐王朝造成太大的危害。

贞元五年（789）春，李泌病死，终年68岁。德宗十分悲痛，为李泌赠官太子太傅。

李泌前后事唐朝四帝，数次为唐王朝扭转危局，充分展示了他的大智大略，为国家做出了很大的贡献，也正因为他功高位显，所以经常受到权倖的倾陷。但是，他却一次次地逢凶化吉，转危为安，表现出了常人不可企及的智慧。李泌常言鬼神怪异，因此而常遭人非议。实际上，这正是他的一种自保之术。他自称"山人"，意即隐士，并不贪图禄位，故当处境危险时便弃官隐退，坦然自如。有的书上说他好黄老之言，似乎是个道士。其实，唐代是儒、佛、道三教合流的时代。李泌不仅信奉道家学说，而且表现出了不少佛教徒的特点，例如不吃肉食即为典型的特征之一。当时以及后世的不少人既信奉佛教，也信奉道教，这些人都称为出家之人。李泌自称"山人"亦即此意。这成了李泌的一张护身符，不止一次地帮助他化险为夷。这也是他智谋的一个主要特点。

（王艳华）

▼

本篇主要资料来源：《新唐书》卷一三九，《李泌传》；《旧唐书》卷一三〇，《李泌传》。

# 足智多谋安天下　"半部论语致太平"

## ——赵普传

## 一、佐命定宋

赵普足智多谋，又直言敢谏，不仅协助赵匡胤建立了宋王朝，而且辅佐宋太宗治国有术，使宋王朝日益富强。他号称"半部论语治天下，半部论语致太平"，虽有溢美之嫌，但他足智多谋却是举世公认的。

赵普（922—992），字则平，生长于五代混战时期的幽州蓟县（今河北蓟县）。时军阀赵德钧主政幽州，连年用兵，民不堪其苦，纷纷离乡背井。赵普之父带领全家人先是逃到常山（今河北省正定县），后因常山也非安居乐业之处，便最后定居在洛阳。后周显德初年，永兴节度使刘词召赵普为从事。虽官职不大，但毕竟给了赵普一次施展才华的机会。不久，刘词病死。因赏识他的才能，特留下遗表将赵普推荐给后周宰相范质。时赵匡胤率兵刚攻下滁州，范质便让赵普做了滁州军事判官，对赵普来说，这次升迁本身的意义并不大，重要的是在滁州他有机会认识了赵匡胤，并得到了赵匡胤的赏识与信赖，从此开始了运筹帷幄、定策佐命的谋士生涯。

赵普到滁州不久，便听说赵匡胤的父亲赵弘殷卧床养病。他亲赴床前，朝夕侍奉，端水喂药，精心照料。赵弘殷能在异乡得到如此细心的照顾，自是感激不尽。久而久之，二人几成至亲，无话不谈。赵弘殷发现赵普非同寻常，尤其是对时局的见解多有惊人之论。便向其子赵匡胤极力推荐。赵匡胤初一接触赵普，也认为是个不可多得的奇才，决定收在门下，随从左右。一天，赵匡胤准备处死一百多名捉来的盗贼，赵普走上前察言观色，发现有冤枉者，便向赵匡胤说明内中缘由，请赵匡胤重新审讯。果然，其中大部分是无辜的。事后，赵匡胤更加器重赵普，遂引为心腹。赵匡胤领同州节度使，就用赵普做推官（节度使之佐）。后赵匡胤就职宋州（今河南商丘），赵普便为他的书记（贴身秘书，主管文字）。

官职大了，眼界也开阔了，赵普开始对后周的政局产生了浓厚的兴趣。不久，周世宗柴荣在收复幽云十六州的征途中积劳成疾，撒手人寰。年仅七岁的柴荣之子柴宗训承继大统，朝政难免陷入一片混乱之中。当时任禁军统帅殿前都点检的赵匡胤不仅手握重兵，而且胸有大志，深得将士们拥护。深思熟虑之后，赵普决心辅佐赵匡胤，坐观时局，一旦有变，马上采取措施，干一番惊天动地的事业。

显德七年（960）春，边关传来军情，北汉契丹联盟大举进攻中原。面对这突如其来的消息，后周朝廷上下一片惊恐。宰相范质、王溥紧急召开御前会议，商讨对策。最后决定派殿前都点检赵匡胤率大军出战。大队人马刚出城门，京城内就传言纷纷，都说赵匡胤应立为天子。有个叫苗训的人，号称上知天文，下知地理，还煞有介事地告诉人们，原来的太阳下又出来一个太阳，预示着要兴王易姓。行进中的队伍之间更是传言四起，人心惶惶，直至傍晚，大军才行到陈桥驿（开封市东北）。安营之后，将士们三五成群，都在议论着白天的传闻。有的说："当今天子年幼，不能亲政，我们出生入死，又有谁知晓呢！"有的说："听说都点检待人宽和，尤其爱护部下，不如干脆先立他为天子，然后再北征。"赵普认真分析了一天来的形势，认为机会已到，便和赵光义（赵匡胤弟）商量说，必须马上采取行动，否则，一旦贻误时机，后果不堪设想。为了慎重行事，赵普先试探一下前来要求策立天子的将领们："都点检对圣上十分忠诚，他是不会饶恕你们这种叛逆行为的。"将领们毫不犹豫地说："谋上是要家灭九族的，但我们决心已定，决不会坐以待毙的！"一向老成持重的赵普对此仍不放心，再次施以缓兵之计："立天子是社稷大事，应从长计议。不如北上击敌，回来后再考虑此事。"将领们仍然表示坚决不答应。此时的赵普再也掩饰不住内心的激动，对身边的赵光义说:"事情已到这种地步,只有照此办理了。"接着便和高级将领们一起分析时局,制订了下一步行动计划。最后,赵普对众将们说:"朝代兴替虽是天命所在,但也在于人心之向背。先头部队昨天已过河,而握有重兵的节度使又盘踞四方,各自为政。如果京城一旦发生混乱,那些有野心的节度使定会乘机起兵,发动叛乱。到时不仅打退不了北汉契丹,就是四方的叛军也难以对付,我们的一切努力都会付诸东流。"众将忙说:"愿听高见!"赵普接着说:"目前只有严肃纪律,禁止士兵乘乱抢劫,以保证京城秩序井然,人心稳定,方可外御敌寇,内靖四方,诸位将官们也可放心做新王朝的官了。"听完赵普入情入理的分析和周密严谨的计划,都纷纷点头称是,一致表示听从赵普统一安排。稳住了众将后,赵普派人星夜返京,密约殿前都指挥使石守信和殿前都虞侯王审琦里应外合。

次日天还没有大亮,赵匡胤突然被一阵嘈杂声音惊醒。他翻身下床,急忙披衣外出看个究竟,见赵普领着一帮全副武装的高级将领跑过来,将士们迫不及待地高声叫道:"诸将无主,愿立点检为天子!"赵匡胤还未正式表态,赵普已令人将事先准备好的一件黄袍披在他身上。这就是历史上有名的"陈桥兵变,黄袍加身"。此次政变,由于赵普的深思熟虑,周密安排,加上将士们齐心协力,赵匡胤兵不血刃便夺取了后周江山。由于赵匡胤、赵普吸取了历次兴王易姓,百姓遭殃的教训,严明军纪,使得后周臣民没有重蹈历史的覆辙,为新兴的赵宋王朝赢得了民心、军心。作为主谋之一的赵普即被授予右谏义大夫,枢密直学士,确立了开国元勋的重要地位。

陈桥兵变,使赵匡胤成功地登上了皇帝宝座,京城安定了。但那些拥有重兵的地方节度使是不会轻易向赵匡胤俯首称臣的。赵匡胤登基不到三个月,昭义节度使李筠在潞州(今山西长治市北)首先举兵,向新王朝发难。宋太祖赵匡胤异常愤怒,决定亲征,并派赵普留守京师,筹集粮草。赵普认为此次出征事关重大,应随从太祖,以备咨询。太祖答应了赵普的请求,要他扈从銮驾,一同出征。进军途中,赵普对太祖说:"陛下初登皇位,定要一举成功,方能震慑天下弘扬皇威。"又说:"兵贵神速,如果能日夜兼程,出其不意,攻其不备,李筠便可束手就擒!"太祖认为赵普的分析十分正确,便照计而行。果然,李筠兵败自杀,第一场叛乱很快被平息了。

一波刚平，一波又起。李筠自杀不久，扬州节度使李重进又起兵叛乱。太祖深感棘手，忙召集群臣商讨平叛策略。赵普首先进计道："李重进外强中干，虽有长江淮河可以凭恃，又修筑了坚固的城堡。但是将士们人心思宋，谁也不愿为叛军卖命。李重进刚愎自用，又听不进别人的计谋，外无援兵可求，内无足粮可资。因此无论是急攻缓攻均可以取胜。但兵贵神速，朝廷最好还是迅速进军，一举平叛。"太祖毫不犹豫地采纳了赵普的建议，一月之内便平息了第二次叛乱。两次平叛的成功，充分展示了赵普运筹帷幄、决胜千里的军事才华，也为宋太祖起到了杀一儆百、慑服天下的作用。

## 二、雪夜献计

平定了二李叛乱不久，赵普就开始为太祖谋划统一全国的大业。建隆二年（961）的一个冬天夜晚，风雪交加，寒气逼人。宋太祖经常微服出访大臣家，赵普为此常不敢脱衣睡觉。赵普心想，这样的坏天气，皇帝不可能再光临了吧！原来，太祖害怕大臣们结党营私，篡位夺权，常常微服私访，洞察人心动向。尤其是那些元老功臣家，太祖不定什么时候就可能站在门口。赵普正想脱衣上床，忽然响起了急促的敲门声。赵普开门一看，果然是皇帝立于雪中。他连忙把太祖迎进屋里。太祖对赵普说"我已约了皇弟（指赵光义）"。不一会，开封府尹赵光义也来了。三人坐下，赵普命家人端上酒菜，捅旺炭火。其妻亦不敢怠慢，亲自斟酒。太祖直呼赵普妻为嫂子，显示了君臣二人非同寻常的关系。事实上，自从滁州赵匡胤之父赵弘殷将赵普认作同宗以来，不仅太祖以赵普为心腹，就是皇帝家人也不把赵普当外人。史载，太祖之母杜太后对赵普尤其器重，每次参与国家大事，仍然称赵普为书记（赵匡胤给赵普的第一个官衔），以示亲切。经常拍着赵普说"赵书记多费心了，我儿还不懂事"。太祖和赵普二人更是合作得非常协调。太祖视赵普为左右手，事无大小，都向赵普征求意见，然后再行动。赵普更是死心塌地为赵宋王朝运筹帷幄，出谋划策，可谓竭尽全力，无怨无悔。元代脱脱在《宋史·赵普传》中感慨万千地说："求其始终一心，休戚同体，贵为国卿，亲若家相，若宋太祖之于赵普，可谓难矣。"

三杯酒下肚后，赵普试着问太祖，"夜深天冷，陛下不在宫中暖和，为什么还外出呀！"太祖接着便说："一榻之外，全是外人的地方，我哪里能坐得住，睡得着觉呢？只有来见爱卿商量对策。"赵普说："南征北伐，统一天下正逢其时，不知陛下是怎么打算的？"太祖不加思索地脱口而出："我想先攻取太原（时为北汉京城）。"赵普听后先是一惊，沉默了好大一会，才抬头向太祖说："臣很难理解您的决策。"太祖急问为什么，赵普便将自己深思熟虑后的"先南后北"策略简单地向太祖说了出来："太原当西北二边，假如我们一举攻取了它，那么西北二边的祸患只有我们自己来抵挡了。为什么不暂且保留它为我们守边？等我们削平南方诸国后再来收拾它也不迟。太原只不过一弹丸之地，何劳陛下担心呢？"太祖听完便哈哈大笑说："我也是这么想的，只不过想试试你罢了！"就这样，"先南后北"的统一大略在风雪交加夜晚的赵普家中最后敲定了。

对于赵普"先南后北"的策略，后人多有微词。他们认为，削平南方诸国后，宋朝军队已将老兵疲，终使幽云十六州无法收回，从而带来了宋辽对峙中宋处于弱势的局面。但如果认真分析一下宋初的形势，赵普"先南后北"的策略还是比较符合实际情况的。宋朝从后周承继下来的中原地区曾经连年战火不断，经济凋敝，虽有周世宗的短暂整顿，但一时仍难以恢复元气。而北边契丹贵族建立的辽却是立国数十年，幅员广大，农牧经济都很繁荣。契丹人又善于骑射。宋与辽相比，无论是军事和经济实力，后者都超过了前者。而处于宋朝南边的后蜀、南唐诸封建割据国，国君大多苟安一时，昏庸无能，加上数年承平，军队战斗力很弱，与宋相比，远处于劣势。加上南方物产丰富，经济繁荣，攻取后可为宋提供北伐的物质基础。

"先南后北"的战略决定之后，赵普便建议太祖首先选择国势衰落、武备废弛的南平和荆南作为突破口。乾德元年（963），宋朝迅速进军两国，势如破竹，大获全胜。乾德二年（964）冬，宋朝兵分两路，吹响了向物质充裕但政治昏暗的后蜀进军的号角。仅用了两个月时间，便使后蜀纳入宋朝版图。从开宝四年（971）起分别攻取南汉、南唐。与南唐毗邻的吴越慑于宋朝的强大压力，不久便自动表示归顺。至太平兴国三年（978），南方诸国已经全部削平。第二年，宋太祖领兵又灭了北汉，基本上完成了统一大业。

从建隆三年（962）至太平兴国四年（979），宋朝按照赵普"先南后北"的策略，进行规模浩大的统一战争。其间，宋太祖曾两次改变既定方针，攻打北汉。然均因辽对北汉的援助而以失败告终。因此，可以说，后人对"先南后北"策略的指责是不足取的。当然，赵普的"先南后北"策略也有很大的遗恨，就是没有把收复幽云十六州放进计划之内，致使宋朝丧失了攻取幽云十六州的有利时机。史载，勇将曹翰向太祖献上一幅攻取幽州的地图，太祖喜出望外，忙去征求赵普的意见，没想赵普却泼了冷水："曹翰可以攻幽州，那么谁去守卫呢？"太祖说："可以再派曹翰守卫吗？"赵普接着说："曹翰死了，谁还能代替他呢？"很显然，赵普认为幽燕之地处于辽的占领之下，即使攻下也难以守住。与其守不住，还不如不取。太祖皇帝对赵普言听计从，至死也没再提收复幽燕之事。宋太宗即位后出兵北伐，已近暮年的赵普上书极力反对，认为动摇百万之众，所得者少，所失者多。可以说，赵普自始至终反对收复幽云十六州，不仅对宋初的统一产生了极大的影响，也为后来辽宋对峙中宋采取守势的局面埋下了隐患。

## 三、治世三策

夺江山不易，守江山更难。夺取后周江山，面对的只不过是孤儿寡母，兵不血刃便可换代易姓。平定二李叛乱，亦是顺天应时，易如反掌。但是，堡垒最容易从内部攻破，也就是说，如果赵匡胤的部下步其后尘，再如法炮制一场兵变，赵宋王朝岂不会成为又一个短命王朝吗！每念此，作为佐命大臣的赵普深感责任重大，终日苦思冥想，寻求巩固宋王朝的大计。

平定二李叛乱后的一天，太祖召来赵普问："自唐末以来几十年间，帝王数易其姓，战乱不断，生灵涂炭，这是为什么？我想平息天下战乱，求得国家长治久安，爱卿可有良策？"赵普心中甚是欢喜，因为他数月来的忧虑毕竟没有白费。便说："陛下想得高远，真是天地人神的福气。这没有什么特别的原因，只不过是方镇权力太大，君弱臣强而已。如果求长治久安，必须削弱方镇的权势，控制他们的粮钱，收取他们的精兵。"太祖深纳其言，遂照此策略进行了一系列整顿和改革。

时手握重兵的石守信、王审琦等将领是太祖的故交，为宋王朝立下了汗马功劳。赵普多次向太祖进策，要改换石、王等人的官职，太祖就是不忍心下手。还说："他们绝对不会背叛我，爱卿有什么可担心的呢？"赵普说"我也不担心他们会背叛陛下。但我仔细地观察了他们几个人，均非统帅之才，恐怕难以制服部下。万一军中有人发难，他们也会身不由己的。"太祖顿悟，便召集石守信等拥有重兵的高级将领一起欢饮。酒过三巡，太祖便屏退左右侍从，对石守信等人说："没有诸将的努力，也没有我今天的皇位，但做天子的也很艰难，真不如做节度使快乐，我从来没有高枕无忧过。"石守信等听后大吃一惊，急问其故。太祖说："这不难理解，谁不愿当天子君临天下呢？"石守信等顿首道："陛下何出此言，今天下已定，谁还敢有异心！"太祖说："诸位当然不会有二心，假如你们的部下有想富贵的，一旦黄袍加到你们的身上，你们虽不想做天子，能办到吗？"石守信等听后吓得涕零皆下，忙说："臣等愚昧没有考虑这么多，望陛下可怜老臣，指条生路。"太祖说："人生如白驹过隙，要想富贵，不过想多积累钱财，自享快乐，亦不使子孙陷于贫困罢了。诸位为什么不放下兵权，外任节度使，选择良田美宅，为子孙创立永久的家业？爱卿们可以多买些歌儿舞女，寻欢作乐，颐养天年。朕再与诸位永结儿女亲家。君臣之间，互无猜疑，不是很好吗！"石守信听完恍然大悟："陛下为臣民考虑得如此周到，实在能让人起死回生啊！"第二天一大早，石守信等人就将辞职报告递了上去。太祖当即批准了他们的请求，并重重地赏赐他们。他命石守信为天平节度使，高怀德为归德节度使，王审琦为忠正节度使，张令铎为镇守节度使，皆罢免军职。赵匡胤赖以夺位的殿前都点检之职永不复设。

就这样太祖听从赵普建议，毫不费力地解除了禁军将领的兵权。接着赵普催促太祖向其他节度使开刀。开宝二年（969）十月，太祖故技重演，宴请各大藩镇的节度使于宫中。待酒酣之时，太祖语重心长地对节度使们说："诸位爱卿都是国家的元老功臣，远离朝廷，公务繁杂，这可决不是优礼贤能的办法。"风翔节度使王彦超非常明智，一听便知语中有话，马上明白太祖的弦外之音，上前说道："臣本没有什么功劳可言，久享皇恩，现在臣已衰朽，只乞求陛下能恩准回归田园。"太祖便乘机罢免了一批节度使的职务。

夺了禁军将领的兵权，罢了节度使的职务，谁来为宋王朝保卫边疆呢！

赵普遂为太祖制定了一系列军队改革整顿方案。首当其冲的当然是保卫中枢机构的禁军：一是数次派遣官吏到各地选择精兵，将武艺高强者纳入禁军行列，即集中精锐兵力保卫京师，保卫皇室的安全。二是树立精兵样板，提高禁军整体的素质。也就是先优选一批身强力壮的士兵做样子，分别派往各地，充做选择的标准。然后委派官吏对选好的士兵进行集中训练，精选之后，一同送往京师，由太祖皇帝亲自考试他们的武技。三是实行"更戍法"。宋初不断发生边患，赵普便建议太祖派禁军戍守边疆，但不固定地方，经常调动。这样既可以有了巩固的边防，又使禁军能知道守边的艰苦。同时，采取"将不专兵，兵不知将"，内外上下互相牵制的措施，暂时达到了无内变、无外乱的目的，保证了社会安定。当然，后人对于赵普的谋划也有所批评，因为北宋中期毕竟陷入了内忧外患的境地，这与赵匡胤的矫枉过正不无关系，与太祖太宗的子孙们循规蹈矩，不加修正亦是分不开的。

打击一批资深的禁军将领和节度使的同时，也解除了节度使一职的军权。但是如果要想从根本上铲除后患，必须进一步从制度上削弱节度使的权限，使其无法形成一方势力，威胁中央。赵普建议太祖派遣大批文臣知州，管理各州事务，拥有地方行政权。五代时藩镇强大，朝廷无法控制，诏命达处，封疆大吏们大都不予理睬。乾德元年（963）始，太祖接受赵普的策略，逐渐削夺了他们的权力，有的明升暗降，有的遥领他职，更有的退休或罢职。几年间，几乎全部实现了文臣任知州的局面。另外，赵普还就限制地方官吏权限问题提出了三条具体方法：其一，京官外任州郡，实行三年任期制，既防止了结党营私，又体谅了京官长期外任的辛苦。其二，在各州长官职下增设通判一职。此职不属知州管辖，直接隶属于皇帝。既防止了他们专权，又可以使他们相互牵制，共同老老实实地为朝廷尽职尽责。其三，是提高七品芝麻官县令的职位，进一步削弱了节度使的权限。可以说，改革后的节度使之行政权已名存实亡，而朝廷对地方的控制也就达到了"如身使臂"的程度了。

经济是政治军事的基础。五代的藩镇强大，这是唐天宝以来中央财权旁落所致。自那时起，藩镇以各种名义截留地方财政收入，中央已很难再从地方上获取大部分收入了。更可怕的是，藩镇直接派人控制税收，大肆搜掠民脂民膏，作为自己建立割据的经济基础。乾德二年（964），赵普建议太祖，命令各州的租课及税收，除去少部分可留在地方作必要开支外，剩余全部上缴中央。太祖采纳并连续两年下发此类诏书，以示坚决。更重要的是，中央在各州设立转运使，掌管全州的财政税收，直接隶属于中央政府，可谓财利尽归于上了。至此，节度使完全丧失了恣意骄横、威胁中央的一切物质基础。

除了改革地方政权的政策外，赵普还为太祖谋划了中央政府官制改革的蓝图。太祖照此一一实行。首先实行中央政府行政、军事、财政三权分立，由枢密院掌军事，中书省（都事堂）掌行政，三司使管财政，完全避免了历代宰相专权的现象。其次，将历代御史台的作用由皇帝的参谋机构变成皇帝的耳目。历代御史台的谏官谏吏只不过向皇帝提提建议而已，改革后的宋代谏官不是劝告皇帝，而是用来监督宰相等官员。通过削弱相权和提高谏官的地位，这就将权力总揽于皇帝之手，进一步加强了皇权。第三，取消权力集中的禁军殿前都点检的职位，另设殿前都、马、步三个指挥使，三人分领禁军大权。同时，三个指挥使仅有统兵权，而调兵权却由枢密院掌握。遇有战争，临时委派统兵将领。第四，改革司法管理，控制司法大权。新设审刑院、大理寺，与刑部共同掌握生杀大权。三家互相牵制，统属于中央。于是，中央集权得到极大加强，自唐中叶以来的藩镇割据局面被彻底打破。

## 四、犯颜进谏

经过几年的南征北讨和国内整顿，宋太祖的天下基本上稳定下来了。作为谋士的赵普虽然不至于遭到兔死狗烹的命运，但是要让太祖像从前一样言听计从，恐怕要难多了。另一方面，坐稳了江山的太祖也难免以个人好恶来决定各级官吏的升降，势必造成赏罚不明，用人失当。要想使自己正确的建议得以实施，赵普只有犯颜直谏了。一次，赵普奏用某人为官，太祖不予理睬。第二天，再将奏本递上去，太祖仍是不睬。第三天上朝，赵普仍将第一天的奏本递上去，太祖勃然大怒，当着满朝文武的面将赵普的奏本狠狠地摔在地上。赵普面不改色，慢慢捡起已经摔破的奏折，拿回家修补好等再次早朝时递上去。太祖皇帝终于感悟过来，任命赵普所奏之人为官。此人果然不负众人所望，为官一任，造福一方。

另有一立功需要升迁的将领，太祖因平日就不喜欢这个人，故迟迟不给他升迁。赵普知道后极力为之奏请，弄得太祖火冒三丈，高声对赵普说："朕就是不让他升迁，看你能对朕怎么样！"赵普心平气和地说："刑以惩恶，赏以酬功。刑赏是天下的刑赏、不是陛下一人的刑赏。怎么能以个人的好恶来决定天下的刑赏呢！"太祖不听这一套，起身退朝。赵普紧随其后。太祖急忙步入后宫，赵普便站在宫门口，很长时间不离开。太祖无奈，只好答应他的请求，依法为那个立功的将领升了官。

乾德元年（963），天雄节度使符彦卿回京朝见，屡向太祖表达尽忠报国之心。太祖听后十分动情，便想委以兵权。赵普认为符的名位已盛，决不可再授以兵权，否则后患难免。他数次进谏，均没有改变太祖的决定。一次退朝后，赵普紧跟太祖后面说："陛下一定要仔细考虑一下利害关系，才不至于将来后悔！"太祖见赵普屡次唠叨此事，觉得不可思议："你为什么这么怀疑符爱卿？朕待他不薄，他哪能背叛朕！"赵普直截了当地回答："陛下为什么能背叛周世宗呢？"太祖默然不说话，终于改变了授符彦卿军权的决定。

有时候赵普碰到太祖滥杀时，也会挺身而出，救大臣于刀俎之下。乾德五年（967）初，有人诬告殿前都指挥使韩重斌，说他私自收罗兵士为心腹，这可是触犯了赵宋王朝的大忌讳。赵匡胤不就是通过此方式夺取后周江山的吗！因此，太祖一听到消息，顿时火冒三丈，不分青红皂白，下令立即将韩推出去斩首。赵普知道韩重斌遭人陷害，苦苦劝谏太祖："如果韩重斌因谗言被杀，就会造成朝廷内外人人噤若寒蝉，谁还敢为陛下统兵打仗呢？"太祖无奈，只好放了韩重斌一条生路，外任乾德节度使。韩重斌知道赵普给了他第二次生命，次日便登门致谢，赵普闭门不开。这向太祖和世人表明，他和韩之间没有什么私交，救韩的目的是为了不使皇帝滥杀无辜，为赵宋江山保留有用的人才，绝无个人私利可图。为此，朝臣对赵普更加敬重。

开宝六年（973）夏，宫中举行盛大宴会。突然阴云四起，倾盆大雨从天而降，太祖很生气。一个时辰过去了，大雨仍没有停下来。太祖开始暴怒，满朝文武大臣都吓得不敢作声。赵普镇定自若地对太祖说："天旱很久了，庄稼都快干死了，天下的老百姓都在翘首盼雨。况大雨对宴会也没有什么损失，不过是沾湿点布帐和乐师们的衣服而已。老百姓却久旱逢雨，都在感激您的恩德呢？普天同乐，正得其时，请皇帝命令乐师就雨中演技，与天下万民同乐！"太祖听后怒气顿消，宴会在快乐的气氛中结束。

由于赵普足智多谋，刚毅果断，犯颜直谏，提拔、任用和保护了不少优秀官吏，避免了太祖因个人好恶而带来的赏罚不明、滥杀无辜等，威信日益提高。开宝四年（971）秋，南唐国王派人送给赵普银两五万。赵普不敢接受，立即禀报太祖。太祖说："这个可以先收下，然后写封答谢信，再稍给使者点东西就行了。"赵普还是叩头推辞，太祖说："我们是大国，要有自己的风度，不要让人瞧不起？尽管收下，不用担心！"赵普便自己借人白银五万两回送给南唐。开宝四年（973）冬，太祖突然驾临赵普家，正巧吴越王派遣使者送给赵普书信一封和海货十箱。听说太祖来了，赵普马上出门迎接。太祖见东西后就问是什么东西，赵普如实回答。太祖说肯定是上等海货，命令左右打开箱子，结果里面全是金子。赵普十分害怕，马上叩头说："臣还没有来得及看信，要知道是金子，肯定会奏请陛下处理的。"太祖笑着说："但受之无妨，他们还以为国家大事全决定于你们这些书生呢。"

功高震主。赵普竭尽全力效忠于太祖，太祖皇帝也曾视他为左右手，也曾当着满朝文武百官的面对告发赵普的人火冒三丈，斥责说："你难道不知道赵普是社稷大臣吗！"并当场折断柱斧（一种礼器）二齿，以示坚决！这一切都没能使赵普免于罢相的结局。当然，这与赵普的部下多行不法亦有关系。史载，赵普居功自傲，强行买下京郊一大片良田以扩建自己的府宅，被谏官弹劾；又有手下人打着他的名义非法从山西贩运木材到开封，以牟取暴利。赵普的对手抓住把柄，对赵普大加弹劾。赵普遂被赶出内廷，外任地方节度使。直到太祖死时，赵普再也没有回到宰相位上。

## 五、再佐太宗

开宝九年（976）十月二十日，宋太祖赵匡胤撒手人寰。其弟赵光义承继皇位，是为宋太宗。按理来说，宋太宗跟随宋太祖多年，无论是陈桥兵变，还是南征北讨，都为赵宋王朝的建立与巩固立下了汗马功劳。其兄死后，由他继位并无什么不可。但是，中国自周朝便确立了嫡长子继承制，早已深入人心，突然冒出个"兄终弟及"来，一时难以令人接受。因此，自从太宗继位以来，朝廷内外有关太祖死因的传闻便沸沸扬扬。

据说，赵匡胤还在行伍中时，就碰到过一位道士，预言他将来能登上皇帝宝座，但是当赵匡胤真当了皇帝后，又再也没见到这位道士的踪影。开宝九年的一天，赵匡胤再次碰到了道士，忙把他召入宫中，斥退宫人，急忙问："你能否告诉我，我的寿命还有多长？"道士道："今年十月二十日晚，如果晴空万里，星斗满天，陛下的寿命则还有一纪；否则就得赶快考虑后事安排。"太祖非常相信道士的话，因为他毕竟预言准了自己登上九五之尊的事实。

好不容易熬到十月二十日晚，太祖急忙登上太清阁，望着晴朗的夜空，心中十分高兴。正想下阁，忽见天空突变，阴云四起，不一会便飘起了鹅毛大雪。太祖知道事情不妙，赶快回宫，令人招来赵光义。二人进入寝殿，摆酒对饮。被屏退的宫人从远处看见烛光下二人不时离开酒席。只到三更时分酒席方散。门外的积雪已有数寸厚。太祖手拿柱斧，一边戳着地上的雪，一边对赵光义说："好办！好办！"不久便回寝室睡觉，一会便传来如牛似雷的鼾声。天快五更时，太祖寝室的鼾声突然停止了。宫人进屋一看，太祖早已不省人事。留宿在宫中的赵光义受遗诏在太祖灵柩前即位。这就是历史上有名的"斧声烛影"之谜。对此，千百年来，众说纷纭，莫衷一是。近来又有人考证，宋太祖生前身体健康，没有什么大病，绝不会饮酒之后就突然死亡。肯定是赵光义迫不及待篡夺皇位，于酒中下了毒药所致。

太宗继位后，先逼死了太祖的儿子赵德昭，除掉了皇位的最大威胁。当然，太宗的担心也不是多余的。他即位不久亲征幽州，德昭亦随驾出征。一天晚上，军中一时找不到太宗，将士们开始谋划立德昭为帝。太宗知道后十分恼火，尽管部队已攻取了北汉，人困马乏，还是下令乘胜收复幽云十六州，结果是无功而返。回朝后，本应对攻取北汉的将士们论功行赏，不论攻取幽云十六州之事是否成功。但太宗对谋立德昭一事怀恨在心，迟迟不提酬赏之事，弄得将士们议论纷纷。出于好意，德昭将实情告诉太宗。没等说完，太宗已火冒三丈："你当了皇帝再为他们请功行赏也不迟！"德昭知道大事不妙，回去便自杀身亡。不久，太祖的另一个儿子也不明不白地死了。

逼死了太祖的两个儿子，赵光义松了一口气，但是弟弟廷美还健在。要知道，对付廷美要比对付两个侄子麻烦多了。太祖两个儿子死后，使忠于太祖的大臣们更加怀疑赵光义杀兄篡位。为了摆脱困境，除掉廷美，太宗开始寻找能帮助自己稳住皇位的人。赵普便成为第一人选：一是赵普是元老重臣，他的言论最具分量；二是赵普因专权罢相数年，也该坐够冷板凳了，如果重被起用，定能为自己效犬马之劳。后来的事实证明，赵普果然没有辜负太宗的期望。

太宗即位之初，命廷美为开封尹。朝廷内外有不少人以为，太宗将来要传位给廷美。太宗先以传位问题试探赵普，赵普毫不犹豫地说："太祖已错了，陛下哪能再错！"太宗听后坚定了除掉廷美的决心。史载，赵普复入相，廷美逐渐为太宗所不容。廷美见势不妙，上书太宗，愿位在赵普之下。但是这并不能改变赵普帮助太宗除掉他的初衷。太平兴国七年（982），太宗乘船出游，有人告发廷美欲乘机篡位。太宗回宫后便罢免了廷美开封尹的职位，命他任西京（今洛阳）留守。

东山再起的赵普老谋深算，一边帮太宗除掉廷美，一边要趁机会将自己的政敌卢多逊除掉。早在太祖朝，赵普和卢多逊常有龃龉。后赵普罢相，卢为宰相，对赵普经常诋毁。赵普的儿子回家完婚不足月余，卢多逊找理由令其到外地任职，使赵普十分恼火。一次，太宗召见赵普，赵普乘机向太宗哭诉"臣开国旧臣，居然要受权佞小人的窝囊气！"不久，朝中就有人告发卢多逊与廷美交往甚密，常串通一气诅咒太宗，大逆大道。太宗下令贬卢多逊死在崖州，为赵普出了口恶气。当然，卢多逊也是罪有应得，史载，卢在赴海南途中就食于路旁小餐馆，碰到一位老太婆颇知京城旧事，卢多逊便和她多说了几句话。老太婆也不知他就是卢多逊。卢说："听您的谈话，知您应是京城的人，为什么一个人孤苦伶仃地在这里？"老太婆一听不觉潸然泪下："我本是中原一士大夫家人，有一个儿子做官。宰相卢多逊让他干违法的事，我儿坚决不听。卢大动肝火，反以我儿违法为名，将我儿抄家流放崖州。未过一年，我儿全家相继死亡，剩下我孤老太婆一人流落山谷，今暂时借居路旁小店。那个姓卢的宰相嫉贤妒能，仗势压人，多行不法，定不会善终。老天有眼，不让我早死，但愿能在这里和他碰面。"卢多逊听完不觉打了个寒战，悄悄地走开了。

除掉了卢多逊，赵普进一步考虑廷美的问题。他认为廷美谪居西京（今洛阳），离京城太近，较容易和朝中大臣串通，便让开封尹李符上书太宗，说廷美在西京不但不闭门思过，反而怨声叹气，似有不满情绪，请求朝廷从重发落，再迁远处，以防不测。太宗便下令，降廷美为涪陵县公，远离京都。由此可以看出，在处理太宗廷美关系问题上，赵普深刻吸取了当初太祖和太宗兄弟关系的教训。在太祖朝，赵普从维护太祖的地位出发，极力阻止赵光义封王。事实上，直到赵普罢相时，赵光义才得以封王。太宗后来曾当着朝臣的面说过，他与赵普有过不和，就是指太祖朝封王的事。后来赵光义登基做了皇帝，赵普处于尴尬局面，理所当然要受冷落。如今太宗要他帮忙除掉廷美，要是不把廷美置于死地，使其永远失掉登基的机会，万一东山再起，登上九五之尊，赵普就是有三头六臂，恐怕也是在劫难逃了。

为了报答太宗重新起用的厚恩，赵普不仅为除掉廷美出谋划策，而且要为太宗继位寻找合法的依据，以消除笼罩在朝廷内外的阴影。于是，他便一手制造了"金匮之盟"。称建隆二年，杜太后处于弥留之时，传赵普接受遗命。赵普急忙赶来，只见杜太后拉着宋太祖的手问："你知道自己为什么能得天下吗？"太祖说："全靠祖上和您的恩德。"杜太后马上纠正说："不对，是因为周世宗使幼儿主持朝政。假如周氏有长君统治天下，恐怕就不会有你的皇位了。因此待你百年之后，必须传位给弟弟光义，那才是社稷之福啊！"太祖听后跪在床前，一边哭一边说："母亲想得长远，孩儿一定遵命！"然后，杜太后对赵普说："你一定要记住我的话，不可违背。"于是，赵普便将此事写成誓书，藏在金柜子里面，命人小心看管。这就是"金匮之盟"。当赵普把誓书奉来给太宗并说明来历后，太宗感慨万分，与赵普之间的恩怨全部烟消云散："人谁无过，朕今年还不到50，已尽知49年的过错了。"太宗遂恢复了赵普的一切待遇，还追他为梁国公。赵普的这一计不仅使太宗继位披上了合法的外衣，安定了因传位问题所带来的人心浮动局面，而且使君臣二人尽释前嫌，改变了赵普长期受冷落的地位。

太平兴国初年，西蜀人陈利用在京师开封卖狗皮膏药，玩弄些雕虫小技以迷惑市民。太宗听说后也逐渐为其所惑，开始宠信陈利用，并为其封官许赏。陈利用头顶郑州团练使的官衔，到处招摇撞骗，欺压百姓，无恶不作。赵普一回到宰相位，马上派人暗中查访陈利用的不法行为。当赵普查到陈利用有杀人之事时，便禀告太宗力请予以严惩。太宗很不情愿地杀掉了陈利用："难道我这一国之君就保护不了他的一条小命吗？"赵普慷慨陈词："陈利用罪恶滔天，不杀他不足以平民愤，不杀他国无以立法。"最后太宗无奈，只好赐死陈利用。

## 六、以《论语》治国

淳化三年（992）七月十四日，走完 71 年人生历程的赵普病逝于洛阳。消息传到朝廷，太宗为之悲悼，废朝五日，派遣专使洛阳主持丧事。下葬之日，太宗亲自撰文并亲笔书写了赵普神道碑，对其一生给予了高度评价。并赠赵普为尚书令，追封真定王，谥号忠献。规格之高，人臣已极矣。太宗的儿子真宗（赵恒）追封赵普为韩王，称他"识冠人彝，才高王佐，翊戴运业，光启鸿图。虽吕望肆伐之勋，萧何指纵之效，殆无以过也"。

赵普作为两朝重臣，出入朝廷三十余年，为赵宋王朝的建立与巩固立下了盖世功勋。从陈桥兵变到扫平二李，从"先南后北"定统一大计，到治世三策，成长治久安大业，太祖始终引以为心腹，事无大小，多用赵普之计。尽管后来太祖罢了赵普的相职，但宋初的一切创制，无不留下赵普智谋的烙印。太宗继位，赵普再被起用，佐太宗除掉了廷美，制造"金匮之盟"，为太宗继位披上了合法外衣，安定了因太宗篡位带来的不稳定局面。二人尽释前嫌，共同创造了太宗朝的繁荣。史载其为相十几年，刚毅果断，以天下为己任。此誉不为过。但纵观赵普其人，既不是出身于书香门第，也未经名师教诲。建隆末年，太祖想更改年号，命赵普呈上过去王朝没有用过的年号以供选择。太祖看后确定用"乾德"。后平蜀，有人献上后蜀宫中宝镜，太祖接过来，发现背面有"乾德四年铸"，不觉大吃一惊，太祖便拿着镜子问赵普，赵普也不知怎么回事。太祖只好召集学士陶谷、窦仪等人问明情况。窦仪说："这肯定是蜀的东西。过去蜀主王衍用过这个年号，宝镜大概是那时铸造的。"太祖听后不觉仰天长叹"宰相须用读书人"，并劝赵普多读书。此事说明赵普确如史载："少习吏事，寡学术。"

那么，赵普的智谋，到底从什么地方来的呢！时人传说，他为相只读一

赵普传

部《论语》。《宋史·赵普传》和《续资治通鉴》亦是这么记载的：赵普每遇国家大事，退朝回府后便闭门读书，有时竟一天不出房门。第二天上朝，便对答如流。家人感到很奇怪，趁他不在家时溜进屋来偷看，只发现一部《论语》。太宗听说后也感到很奇怪，就问赵普，赵普毫不隐讳："臣平生所知，确实不出一部《论语》而已。过去我以其一半辅佐太祖取得了天下，现在想以另外一半辅佐陛下赢得天下的太平。"于是，后人一说到赵普，便马上会联想到一句俗语："半部《论语》治天下，半部《论语》致太平。"

《论语》是孔子和其弟子的对话记录，书中以通俗易懂的方式，深入浅出地向世人揭示了人生哲理，赵普从中获益匪浅，使其在关键时刻正确地处理了与太祖太宗的君臣关系。身仕两朝，三度为相，最终使自己的谋略得以贯彻实施。《宋史·赵普传》说他和皇帝"休戚同体"，"亲若家相"。太平兴国八年（983），太宗在宫中宴请赵普。酒至半酣，太宗即兴赋诗，手赠赵普。赵普接到御诗，激动得老泪纵横，泣不成声："陛下赐臣的诗，应当雕刻于石上，和臣的朽骨一起同葬九泉。"太宗听后亦为之动容。次日，太宗对左右近臣提起此事，仍感慨颇多："赵普为国家建立了不朽功勋。朕自布衣时便与他相识相处，昨天看到他头发白了，牙齿也掉了，不想再麻烦他为国家操心了。直说不便，只好以诗明之。没想到他感激得满脸是泪，我也为之湿眼。"宋琪说："赵普昨天来中书省，手捧陛下御诗，亦是感激涕零：'我老了，恐怕今生今世不能再为圣上效力了。只盼来世再效犬马之劳！'今天又看到圣谕，君臣始终之分，也算是两全了。"因此可以说，作为佐命定策谋士，赵普不仅表现了高超的政治军事才能，而且在处理君臣关系上为后人树立了典范。在这方面，也可能从《论语》中受到许多启示。

（贾贵荣）

▼

本文主要资料来源：《宋史》卷二五六，《赵普传》；卷一，《宋太祖本纪》；卷四，《宋太宗本纪》；《续资治通鉴》卷一至二十。

# 性刚直犯颜直谏　退辽兵转危为安

## ——寇准传

　　生活于北宋初年的寇准，刚正清明，忠诚机智，名垂青史，为世代传颂。他怀着匡扶大宋的慷慨大志，为宋廷出谋划策，殚精竭虑，却被奸佞小人所排挤，屡进屡退，三起三落，最后客死于偏远的荒州。这种悲剧结果的产生，一是由于北宋社会的昏暗腐朽，奸臣当道；二是寇准本人孤军奋战，未能组织起正义之师向邪恶之徒进攻。加之寇准性格豪放，正道直行，疾恶如仇，容易被邪恶之徒所暗算。

## 一、少年奇才，初试锋芒

　　寇准（961—1023），字平仲，华州下邽（今陕西渭南东北）人。先世曾居太原太谷（今山西太谷）昌平乡，后移居冯翊（今陕西大荔），最后迁至下邽。

　　寇准出身于名门望族。曾祖父寇宾、祖父寇延良皆学识渊博，因逢乱世，均未出仕。父亲寇湘，博古通今，擅长书法、绘画，尤其在辞章方面小有名气，曾于后晋开运年间（944—946）考中进士甲科，应召担任魏王赵延寿记室参军（王室秘书）。宋初，因寇准显贵，其父被追封为三国公（燕国公、陈国公、晋国公），追赠官职至太师尚书令（即宰相）。

　　显赫的门第，书香的熏陶，寇准自幼便受到了良好的教育。加之他天分极高，又十分刻苦用功，少年的寇准就脱颖而出。14岁时，已能写出不少优秀诗篇，15岁时，就能精心研读《春秋》三传（《左传》《公羊传》《穀梁传》），指评时弊。

封建时代的文人，大多走的是一条科举取士之路。胸怀大志的寇准正欲施展抱负，有为于宋朝，科考是必经之路。太平兴国五年（980），19岁的寇准怀着经纶天下之志，踌躇满志地踏上了科举出仕之路，来到京都汴梁（今河南开封）应试，考中进士甲科，并取得了参加宋太宗殿试的资格。当时，因宋太宗非常喜欢录用中年人，觉得年轻人缺乏经验，有人就劝寇准多报几岁年龄。寇准非常郑重地说："我正思进取，岂可欺蒙国君？"足见寇准诚实、忠直的一面。

宋太宗是自五代以来第一位非武人坐天下的皇帝。即位之初也重武，一则是因为当时形势需要他继承太祖的统一大业，二则要在众将面前树立起形象，巩固帝位。无奈武运不昌，高梁河二战，太宗匹马单骑逃回后，对外政策愈发保守。重新调整了的内外政策，以守内虚外为核心，以文致治。为了加强和巩固统治的基础，宋太宗广为网罗人才，认为科举才是国家选取真才的唯一途径。他对侍臣说："朕欲博求俊才于科场中，非敢望拔十得五，即使十中有一二个真才，也可以治理好天下了。"为此，宋太宗完善了科举取士制度，并把殿试定为制度，以选拔真才实学者，为朝廷服务。寇准素怀济世之略，有经纶天下之心，在殿试上，凭着满腹经纶，博得了宋太宗的赏识，一试得中，受任为大理寺评事（此为虚衔），担任了大名府成安县（今河北成安）知县。

寇准虽出身名门显贵，却也颇通民情、民心，中国历代的"民本"思想对他也有较深刻的影响。在他任知县期间，极力使百姓摆脱巧立名目的摊派，严格按照国家规定征收赋税和徭役，大大减轻了人民的负担。每当税收和征役时，在县衙门前张贴布告，上写清应征对象的姓名、地址及缴税数目。这样一来，百姓心中明明白白，主动前来缴税、服役，使恶霸、衙役不至于横行乡里，鱼肉百姓。

寇准在任期间，为了充实国库，丰裕一方百姓，还出台了奖励耕织，鼓励垦荒的一系列政策。所辖县境内人民踊跃垦荒，致使荒地大片开垦出来，百姓安居乐业。由于寇准政绩显著，数年间多次升迁。先后担任过殿中丞、郓州通判（今山东东平）、学士院召试（为皇帝起草诏令）、右正言（谏官）及三司度支推官等。在寇准担任言官时，根据自己的观察，坦言直陈，深得正直之士的嘉许。就是在太宗面前，寇准也丝毫不改直爽的性格。宋太宗即位之初，为表示自己下通言论，经常召集群臣议论朝政，并希望群臣直言相谏。一次，朝中君臣对与契丹议和问题进行讨论，众臣皆迎合宋太宗之意，主张对契丹议和。宋太宗经过几次伐辽战役失败的打击后，对北伐契丹失却了信心和决心。虽然北方警报频传，宋太宗对出师一点把握也没有，朝廷上下笼罩着一股恐辽情绪。寇准听到议和的议论后，当即提议：契丹屡屡侵犯我边疆，只能加派劲兵驻守，加强为量，不可与之讲和。然后他分析了备战与讲和的利害，建议加强边地武将的兵权，任贤修政，选励将士，再次北上伐辽，是能够收复失地的。屈辱求和，这是太宗在感情上接受不了的，因为毕竟恢复旧疆也是他的志向，所以寇准一番话，使太宗听来非常顺耳，在一定程度上消除了他的一些恐辽心理，对大臣们也是一种鞭策，起到了凝聚人心的作用。因此，太宗更加赏识寇准，旋即提升寇准为枢密院直学士（掌最高军事机关中的机密文书）。

但是，"伴君如伴虎"。寇准为人非常正直，每次他都从朝廷利益出发陈述自己的主张，即使与皇帝意见相悖、惹怒太宗也毫不退缩。一次，寇准上朝奏事，因其豪爽之性，不会揣摩皇帝的心思，言辞有些激烈，惹得太宗发怒，起身就要退朝。寇准却上前扯住衣角，让太宗坐下，继续劝谏，直至事决之后才罢。太宗息怒后，细思寇准的忠直，反而对他更加信任。太宗高兴地说道："朕得寇准，犹如唐太宗得魏征。"既赞扬了寇准，又抬高了自己。

淳化二年（991）春，天气大旱，农业歉收。之后又雪上加霜，闹起了蝗灾。人们对异常的自然现象议论纷纷。宋太宗急忙召集大臣，议论施政得失，大臣们多推说"天意"，而不愿与朝政联系在一起，故而虚辞搪塞。寇准感到有必要借此促进一下政治，并借此平反几个冤狱。他站出来，引经据典，进行了剖析："《尚书·洪范》有言，天与人之间的关系，犹如形和影、音与响一样，大旱的征兆，似是谴责刑罚不当。"太宗一听有指责他治国不当的嫌疑，一时龙颜发威，起身退朝，把满朝文武晾在一边，谁人还敢言？过了一会儿，宋太宗稍微心平了，气也和了，又传命召见寇准。虽有刚才一番急风骤雨，但寇准依然故我，非但没有后退，反而更容易直截了当地指出问题所在。宋太宗问他："你说治国刑罚有不当之处，究竟有何根据？"寇准说："愿把中书省枢密院二府长官召来，我当面评议得失。"

宋太宗立刻宣唤二府长官王沔等人。寇准面对权要大臣，严辞指斥道："前不久，祖吉、王淮二人徇私枉法，私自受贿。祖吉所受贿赂数目极少，却被判处死刑；王淮监守自盗，侵吞国家资财多至千万，却因为是参知政事（副宰相）王沔之弟，只受杖刑。事后照样为官，这不是执法不平吗？"太宗当即质问王沔有无此事，王沔连连点头，叩头谢罪。太宗深感不快，怒斥王沔，大杀了二府的邪气，并对这种错判给予改正。宋太宗为奖赏寇准的忠正廉直，把用通天犀制作的两条玉带赐给了寇准一条。

淳化二年（991）寇准升任同知枢密院事。在此期间，发生了一件影响他政治前途的大事，他被卷入了官场斗争的旋涡。

淳化三年（992）的一个夏日，寇准与同僚温仲舒一起骑马来到郊外，突然一个疯子来到马前，倒头便拜，口中狂呼"万岁"。寇准一向粗疏，未把此事放在心上。不料，此事被知院（枢密院最高长官）张逊得知，因张逊与寇准关系不睦，数次争吵，张逊早有意把寇准排挤出枢密院。此时乃唆使心腹王宾向宋太宗告发，添油加醋一发挥，寇准的非分之念似乎已经成立。宋太宗看到奏章后，立即传讯寇准，斥责他居心不良。

面对如此险恶的局面，寇准十分冷静地为自己辩解。他说："这是有人故意陷害。试想，狂徒跪在臣与温大人两者面前，为什么张逊却指令王宾独奏寇准有罪？"张逊让王宾详析其罪，寇准便让温仲舒作证洗冤。双方在朝上唇枪舌剑争吵起来，互不相让。太宗感到二人的做法有失体面，双双贬斥。张逊贬为右领军卫将军，寇准被贬为青州知州。

## 二、拥立太子，始登相位

宋太宗一怒之下贬斥了寇准，但却时常想起他的忠正清直，逆耳忠言，有意召回。一次，太宗语带双关地问："寇准在青州过得快乐吗？"君侧小人害怕寇准回朝，伺机诬陷寇准，打消了太宗的念头。他们说："青州是个富庶的地方，寇准为一州之长，生活怎能不快乐呢！""听说寇准天天喝得大醉。

陛下如此想念寇准，不知寇准是否想念陛下。"一番语，太宗的心凉了，寇准的路也被封了。

淳化五年（994）九月寇准才从青州应召返京。此时的宋太宗已近晚年，被立太子一事搅得心绪不宁，先后有冯拯等人因请立太子之事被贬，因此宫中之事，无人敢言。及太宗闻寇准入见，顿时放下心来。寇准入见时，正值太宗腿病复发，褰衣让寇准看，说道："朕年老多病，现在又犯腿疾，你为何现在才来？"寇准说："臣不奉诏，不敢来京师。"太宗说："卿试言朕诸子中，谁可以继承大宝？"寇准回答："陛下是为天下拣选君主，不可与妇人或宦官商量，也不可与近臣议论，如此大事只有陛下宸衷独断，挑选能够不负天下之望者。"太宗低头细思许久，让左右退下，对寇准说："立元侃可以吗？"寇准早已心许，答道："知子莫如父，圣意既然认为可以，请马上决定。"太宗于是以元侃为开封府尹，并晋封为寿王，正式立为皇太子，寇准因其所奏甚合太宗心意，官拜参知政事（副宰相）。诏命颁下，太子行告庙礼，还宫路上，京师士民争相观看，齐声欢呼"少年天子"。太宗听说，心里很不高兴，召寇准入见，对他说："人心都归太子了，把我放在什么地位上？"大凡皇帝都害怕权力、地位的丧失，说话稍有不慎，有可能触其隐痛，生出祸端。宋太宗的青年时代，恰逢其兄赵匡胤已在高位，居于统治集团上层这个圈子之内。包括赵匡胤登基之后，宋太宗在一个较高的层次上目睹和参与了统治者上层的斗争，生活的教科书所给予他的多是政治斗争的内容，因而过早地谙熟了耍手腕、搞权术，猜忌心太重。在他登上皇位后，猜忌其弟其侄，害怕他们威胁自己的皇位，至道二年（996），太祖宋皇后去世。宋太宗还在忌恨宋皇后当初企图立德芳之事，竟不想以皇后礼节安葬。当时翰林学士王禹偁说了一句"后尝母仪天下，当遵用旧礼"的公道话，触到了太宗的痛处，竟"坐谤讪，责知滁州"。这时，宋太宗的猜忌心又在作怪了，看到自己的儿子受到拥戴，也很不愉快。寇准非常明白太宗隐怒的原因，应付得十分巧妙。他拜贺道："陛下选定可以托付神器者，今太子果然得到民心拥戴，这正是社稷之福啊！"太宗这才转忧为喜。入宫，后嫔六宫都来庆贺，太宗颇觉兴奋，破例召寇准一起饮酒，直喝得酩酊大醉。至此，皇位继承问题才算最终得到解决。寇准的机智化解了一场纷争或者也可能是一场宫廷斗争。几句话，使元侃化险为夷，元侃即后来的宋真宗。

寇准以他的机智使后来的宋真宗渡过危机，同样，他也以自己的才干使边民化干戈为玉帛。至道年间（995—997），秦州（今甘肃天水）番民因宋廷的驱赶政策掀起了骚乱。当时秦州知州温仲舒把渭南的番民一律逐到渭北，还修筑栅栏、堡垒，用以阻隔番民的往来。番民对此十分不满，寇准敏锐地洞察到这一情况。他向宋太宗分析道："唐代的帝王十分重视汉、番各民族的友好交往，大臣宋景等也主张不赏边功，终于造成边疆的安定局面，出现了开元年间的太平盛世。而今，封疆大吏贪赏邀功，以至轻启边衅，怎能不招致祸乱呢！此事可要十分警惕！"太宗连连称是，忙把温仲舒调回，派寇准前往渭北安抚番民。

寇准到了秦州后，亲自察访边情，迅速拆除了渭水南岸的栅栏、堡垒，恢复了番民的帐篷庐舍，调解了当地各族人民的关系。从此，秦州境内出现了安定、和平的局面，各族人民得以友好相处。

安抚好边民的寇准回朝不久，又一场政治风波在等待着他。至道二年（996），宋太宗在京师南郊举行祭祀天地的大礼。事毕，中外官员皆得加官进秩。寇准身为副宰相，所引荐之人多得清要官位，难免招致嫉妒，尤其是奸佞小人从中推波助澜。比如，彭惟节位次一向在冯拯之下，此后却晋升至冯拯之上。冯拯不服，仍列衔在彭惟节之上。寇准指斥冯拯扰乱朝制。事关重大，冯拯也不甘示弱，搜罗了寇准的罪状，弹劾寇准擅权，且列举出一些任官不平的事例。

宋太宗看后，对寇准的做法十分不满。久居朝中，一些大臣很会察言观色，本与寇准十分要好的参知政事张洎这时见风使舵，不惜出卖朋友，落井下石，检举寇准诽谤朝政，以表明自己的清白。恰在这时，广东转运使康戬又上言：宰相吕端、参知政事张洎、李昌令皆由寇准引荐升官，吕端与寇准结为至交，张洎一向曲意奉迎寇准，而李昌令软弱不堪，因而寇准得以随心所欲，变乱经制。

如此一奏，寇准的罪名就大了。太宗回头责察吕端。吕端见情势紧迫，自身难保，便顺水推舟把罪名给了寇准，对太宗说："寇准刚烈任性，臣等不欲反复争辩，只怕有伤国体。"事已至此，寇准恐是有口难辨真假。对于无端的指责，依寇准的性格是决不会相让的。因此在朝上，寇准奋力辩解，并抱来中书省授官的卷宗，大有不分出是非曲直不罢休的架势。这使太宗十分反感，当年七月，就贬寇准为邓州知州。后又迁官工部侍郎，历任河阳、同州、凤翔、开封等知州、知府。寇准正道直行，疾恶如仇，其品格十分高尚，但这却不是将相谋臣至关重要的东西，善善而能用，恶恶而能去，必须兼备智谋、涵养和当机立断的特长。寇准虽有治国之谋略，但却缺乏对付奸臣小人的计谋和手段，致使他在官场争斗中成为牺牲品，并且越陷越深，以至断送了自己的政治前途，其教训是深刻的。

### 三、再起拜相，促驾北征

寇准虽被贬放官远郡，但其忠正清直的性格却被京师人所赞赏、传颂。及宋太宗病死、宋真宗赵恒即位后，欲锐意兴革，励精图治，广开言路，遂召回了寇准。宋真宗对寇准深怀好感，早就想拜他为相，但又担心他性情刚直，难以独当全局。直到景德元年（1004）七月，寇准才由毕士安举荐，荣登相位。这年，宰相李沆病逝，宋真宗任命毕士安为参知政事。毕士安进朝谢恩，宋真宗说："且勿早谢，还将拜你为相。现在正是多事之秋，国家无一日不可无相，急需栋梁之材。你认为谁可以与你同为相者？"毕士安答道："为相者，必须具备雄才大略的气度，方能胜任。我已老矣，难以胜此重任。我向皇上举荐一人，他必能辅佐皇上，大有作为。此人就是寇准。寇准忠义两全，果断、有才干，是个宰相人才。"真宗说："人们都说寇准好意气用事，比较冲动。"毕士安非常了解寇准，他对真宗说："寇准做人做事方正有加，为人慷慨有节，忠心为国死而后已。疾恶如仇，素来如一，在朝臣中还找不出第二个这样的人。由于他愤世嫉俗，刚正不为邪恶屈，所以遭到了别人的指责。现在天下安宁，人民休养生息，秩序安然，还感觉不到人才的重要。但是在西北仍存在忧患，它时刻威胁大宋的江山。所以寇准这样的栋梁之材，实在是朝廷所急需的。"一番话，打消了真宗的疑虑，即拜寇准与毕士安同居相位，二人志同道合，十分融拾。寇准守正嫉恶，屡受小人诬陷，而毕士安忠厚和善，有长者风范，且能化解各方矛盾，使寇准免遭打击。

寇准任相之时，宋朝北邻的契丹政权正处于上升时期，扩展疆土的欲望十分强烈。咸平年间（998—1003）宋辽之间的战争各有胜负，但辽军的侵略势头未被遏制，之后秣马厉兵，伺机再次南侵。景德元年（1004）契丹正在涿州（今河北涿州）一带集结军队，时常与宋军发生遭遇战，但作战稍有不利，就引兵退走，还故意装出漫无斗志的样子，借以麻痹宋军。寇准得知这一情报后，立即上奏，提出简练士卒、分扼要害以御敌的建议。他说："这是敌兵大举入侵前的惯用伎俩。请加紧练兵点将，简选骁勇，增派精锐部队把守关隘要地，防备辽兵入侵。"宋真宗采纳了寇准的建议，派遣杨延昭、杨嗣等将，分别把守边关要塞，严密监视敌军。

果不出寇准所料，十一月，辽兵大举南侵。辽国萧太后、辽圣宗耶律隆绪亲率大军20万先攻威虏、安顺两军，继攻遂城、保州，然后会兵望都，直指定州。宋军统帅王超拥众兵依唐河为阵，按兵不动。契丹军仍采取历次所用避实击虚、实行深入的策略，自定州以东宋军防守的薄弱之处，突破王超自以为是铜墙铁壁的唐河防线，兵至望都以东的阳城淀，分师三路，深入祁州、深州（今河北沧县、深县）境，沿胡芦河东进，攻瀛州，乘虚抵沧州、冀州、贝州、天雄军（今河北沧县、冀州、清河、大名），攻下德清军（今河南清丰西北），直驱澶州（今河南濮阳）北城，准备渡河南进，直接威胁宋朝都城开封，并有分兵攻掠京东诸州之势。

契丹军疾风暴雨般的进攻，使宋朝廷内部惊慌失措。边关告急文书，一夕五惊。在群臣惶恐无主时，寇准却显示了杰出政治家难能可贵的镇定风度。他将告急军报搁在一边，照旧饮酒谈笑，安定了人心。但一些胆小怕事的臣僚十分惊慌，忙把军情转奏给宋真宗。赵恒对契丹的入侵本来就缺少足够的思想准备，这时却不知如何措置为好，急召寇准。寇准坦然自若，漫不经心地说："陛下欲了此患，只需五日便可。"真宗便问有何妙计，寇准便请御驾亲赴澶州。赵恒害怕赴河北，推说回后宫商议。寇准向前阻住，劝谏道："倘若陛下入宫，则群臣不得见君，必然惶然无主，那就要贻误军国大事。恳请陛下立即起驾，以安人心。"毕士安从旁附议，力劝真宗领兵亲征。迫不得已，真宗只好思议亲征，召集群臣商讨进兵事宜，一些贪生怕死的大臣出来反对皇帝亲征。参知政事王钦若是江南人，主张皇帝迁都金陵，以避辽军；签书枢密院事陈尧叟是川蜀人，他请求御驾西幸成都。真宗本来就顾虑重重，听此二人一讲，不免动摇起来。

寇准为了坚定真宗亲征的决心，在朝堂之上，义正辞严地驳斥了南逃之议，为真宗分析其中的利害。他说："谁为陛下出此南迁之策，就有可杀之罪。当今皇上神武非凡，武将与文臣又能同心协力，若大驾亲征，敌人必定不战自溃。如其不然，还可纵奇计挫败辽兵，坚守城池使敌劳师费财。彼劳我逸，利弊迥别，我可稳操胜算。为何要抛弃宗庙社稷，流亡到偏远的楚、蜀二地呢？如果那样，所在人心动摇，辽兵必乘虚直入，大宋江山岂能复保？"真宗听罢，甚觉在理，本来真宗觉得南逃之议也不可取，同意了寇准的建议，决定领兵亲征。这时辽兵攻势更加猛烈，河北大名急需一名大员进行全面统辖。寇准深知王钦若智谋多端，擅于权术，唯恐他留在朝中扰乱视听，再次阻挠北上成议，便举荐他出任此职。王钦若有口难言，只好勉强就任，这就为主战势力搬开了一块绊脚石。

景德元年（1004）十二月，宋真宗从京城出发，北上澶州。行至韦城（今河南滑县东南）时，复因有人劝他南退金陵，避敌锐气，产生动摇，召寇准商议进退。寇准正色劝谏道："今敌已迫近，四方危心，陛下只可进尺，不可退寸。"并指出退却的后果，必是"万众瓦解，敌乘其后，金陵也回不得了"。但真宗仍是惴惴不安，难以启驾。寇准见此，心生一计。他急忙走出，找到殿前都指挥使高琼，问道："太尉深受国恩，今且何以报效国家？"高琼大声道："高琼为一武夫，但愿以死殉国。"寇准听了十分高兴，对高琼面授机宜，然后去见真宗。高琼随后而入，立于庭下。寇准对真宗说："陛下对我的话不以为然，何不听听武官高琼的意见？"高琼赶忙奏道："寇宰相之言确是良谋。目前敌师锋芒受挫，我军士气旺盛。陛下正应亲征督战，以期促成大功。"宋真宗见将帅也如此坚持，只好继续前进，行至卫南（今河南滑县），得知攻打澶州的契丹军受挫败退，悬着的心这才放下，继续进至澶州南城（澶州因黄河从此经过，故南北岸分建两城）。初欲到此为止，寇准力排众议，执意真宗渡河北上，他说："陛下不过河，则人心越发不安。若不前进威慑敌军，煞煞辽寇气焰，我军绝难取胜。况且，杨延昭、杨嗣、王超诸将已经率领劲兵分屯中山等地，李继隆、石保吉诸将排开大阵迎击辽军，左右牵制；四方征镇赴援的将领也纷纷赶来勤王；陛下此行万无一失，为何迟疑而不进呢？"宋真宗听罢军情，才继续渡河北进。

宋真宗在澶州北城门楼，接见了众将帅。城下诸军，见皇上亲征，欢声雷动，备受鼓舞。这时先后集结到澶州周围的宋军达几十万人，将士们只等朝廷发布号令，便驱逐强敌，复仇雪恨。河北前线各地的军民闻听赵恒亲征，也纷纷发动攻势，出击敌人。莫州团练使杨延昭还上书，主张乘敌军人困马乏、我方士气高涨之际，由朝廷饬令各军，扼敌归路，围而歼之。且收复幽蓟故地，也指日可取。但是真宗没有这样的勇气和信心，只想尽快结束战争，无论采取何种办法。他把军事大权悉数交与寇准，由寇准指挥对辽作战。但辽军近在咫尺，宋真宗的心始终放不下来，夜不成眠，暗地里派侍从察看寇准的动静。却看见寇准依旧饮酒、下棋，还不时谈笑、歌吟。宋真宗听说寇准一如既往，立刻放心了，心想：寇准如此坦然，我又有何忧！其实，寇准未必不是焦思如焚，夜不成寐。但作为前线的主帅，只有镇定自如，才可安定军心、民心。寇准所作所为正起了这样的镇定作用。

宋、辽在澶州相持多日。辽兵孤军深入，急于求成，但却数次受挫，其统帅萧达揽被宋军射死，辽军士气受到很大影响，加之给养困难，久陷中原战场对其十分不利。耶律隆绪和萧太后采纳宋朝前降将王继忠的建议，派人传信给赵恒，提出罢战议和，条件是辽国长期占有山海关以南的土地。这正和宋真宗的夙愿，他当即回书表示，宋朝也并非喜欢穷兵黩武，愿双方息战安民，派殿直曹利用为使议和。契丹复派使韩杞面见真宗，提出以索还后周世宗时收复的关南故地为罢战条件。真宗生怕割地议和，为后人唾骂，只要不割地，可不惜重金与之言和。真宗之意，是想快快结束战争，早日回到京师。寇准坚决反对这样做，且欲令辽国称臣，使之献出幽、蓟十六州土地。为此，他献计真宗："若依计而行，则可保百年平安；不然，数十年后敌人仍将生事。"可宋真宗无心久战，推脱说："数十年后，自有御敌的人物。我不忍生灵涂炭，姑且议和吧"。

寇准依然坚持自己的主张，无奈朝中大臣多是贪生怕死之辈，纷纷在真宗面前诋毁寇准。有人甚至说：寇准主战，是为了借机抬高自己。寇准在受到四面围攻的险境下，只能忍痛放弃有利的战机，同意议和。曹利用出使辽营前，问真宗到底可允许给契丹多少，真宗不加思索地说道："若逼不得已，虽百万亦可。"寇准闻知，激愤不已，把曹利用召至帐下，命令他"所许银两不得超过三十万，否则，回来后要砍头。"宋辽最后以宋每年给契丹银绢三十万两匹达成协议，罢战言和。这就是历史上有名的"澶渊之盟"。

"澶渊之盟"是在宋军初战胜利并且可望取得更大战果的形势下签订的屈辱和约。即使如此，倘若没有寇准机智、果敢、坚定的斗争艺术，河北地区将长期沦于敌兵铁蹄之下，后果更是不堪设想。这是寇准最为突出的建树，显示了他的治国才能及不屈不挠的斗争精神。为达到真宗亲征的目的，他用拖延法，使宋面临十分险恶的境地，然后激将真宗，使其答应亲征。在亲征途中，寇准显示了自己的军事才能，遇乱不惊，镇定自如，稳定了人心，首先在心理上战胜了敌人，为宋军出师制敌，最终胜利奠定了基础。同时，寇准一路上还要不断打消宋真宗退却的念头，没有顽强的意志，没有胸中韬略在握，是决难胜任的。

澶渊之盟是一个妥协的产物，辽国偏得重惠，乃引兵北归。订盟之后，宋派何成矩、李允则、杨延昭等一批强干的官员和将领，分驻北边要地，使河北地区稳定下来。同时，宋为了向辽表示友好，"改威虏军曰广信、静戎曰安肃、破虏曰信安、平戎曰保定、宁边曰永定、定远曰永静、定羌曰保德、平虏城曰肃宁。"这些沿边地名的改变，对当时民族关系的改善是有积极意义的。宋辽边境渐渐平静下来，真宗不免得意起来，也日益器重寇准。寇准朝中大权在握，选贤任能，惩治邪恶，正大刀阔斧地实施他的治国良策，却对日益逼近的官场暗流毫无察觉。

澶渊之盟后不久，宋真宗就把善于奉迎的王钦若召回京城，给以资政殿学士的宠遇。王钦若在战前遭寇准痛斥后，一直怀恨在心，伺机报复。景德三年（1006）的一天，宋真宗会见文武百官。朝散之后，寇准先自退班，宋真宗敬慕寇准，以至注目远送。王钦若看在眼里，心中已盘算好了如何使真宗疏远寇准的办法。他说："陛下如此敬重寇准，想必是因为他立下捍卫国家的功劳？"真宗点头称是。王钦若出其不意地说："澶渊之役，陛下不以为耻，反以为寇准有功于国，究竟是何道理！"宋真宗不解其意，王钦若就分析道："城下订盟，为《春秋》所耻。澶渊之盟正是在大敌逼近城下而签署的盟约。陛下以大国皇帝的尊严，竟然订立城下之盟，世上还有比这更大的耻辱吗？"看到宋真宗脸色大变，王钦若继续火上浇油，欲置寇准于死地，他说："陛下听说过赌博的事吧。赌徒快要输光的时候，便尽其所有来做赌注，这叫作'孤注'。寇准让皇上亲征，是拿皇上作'孤注'，孤注一掷岂不是危道吗？"这些话，给真宗的心头罩上了一层阴影，竟使他接连几天闷闷不乐，寝食不安，也渐渐疏远了寇准。当时起用寇准，真宗是让他帮自己渡过难关。寇准为相后，不仅在几次关键时刻，争理不让，使真宗有些狼狈不堪，而且敢于打破惯例，提拔任用寒俊敢言之士，论列朝政，也让真宗不自在。经王钦若的挑拨，往昔的尴尬一并袭来，对寇准已生弃意。不久，宰相毕士安病逝，寇准失去了保护伞，景德三年二月，真宗以寇准"过求虚誉，无大臣礼"为借口，罢其相，出知陕州（今河南三门峡市）。后来，寇准又改任户部尚书，兼知天雄军，镇守河北大名。天雄军地处边疆，与辽相望，寇准在其任上，加紧备战，以抗击来犯之敌。辽国得知寇准到此，对寇准人品极为赞赏，曾派使者劝降寇准，遭到严厉的拒绝。一计不成，又使出挑拨一招，说："相公德高望重，为何不在中书省做官，却到天雄军来呢？"寇准机智、巧妙地对答道："如今朝廷无事，无需我居中任职。皇上以为天雄军系北疆锁钥，非我执掌不可。"寇准的一片忠君爱国之情溢于言表。

## 四、误进天书，三登相位

寇准被罢相后，宋真宗任命王旦为宰相，王钦若、陈尧叟为参知枢密院事。一班朝臣中，只有王旦较有德望，奉公守法，但缺乏向邪恶势力斗争的气魄和勇气。其他如王钦若、陈尧叟之辈，老奸巨猾，治国无方，惑主有术，煽动真宗东封泰山，西祀汾阴，闹得乌烟瘴气。王、陈二人的倒行逆施，引起朝野的不满，遭谏官连章弹劾。复有人上书揭露其卖官鬻爵，家藏禁书，真宗罢免了二人。及宰相王旦病逝后，朝中无人，真宗又想起寇准。这时寇准正在前往永兴军的途中。他没有想到，一个关乎他名誉的难题摆在了面前。

宋真宗崇封祥瑞，沉湎于封祀，朝内一班大臣也极意屈奉迎合，希求加官晋爵，以固权位。每次封祀前，都有人奏报得到"天书"，而真宗也就奉"天书"为先导，进行大规模的封禅活动，以至于"天书"频频出现。子虚乌有的"天书"也未能使最不信天书的寇准幸免于难。天禧三年（1019）三月，巡检朱能与内侍周怀政通谋，伪作"天书"，置于长安西南的乾佑山。当时寇准已调往此地，任永兴军长官。宋真宗得到"天书"的消息，欲得"天书"，但朝臣中有人坚决反对，认为天书纯属无稽之谈。有人就献计说："最不信天书的是寇准，如让寇准进献天书，官民准会信服。"于是，真宗命周怀政晓谕寇准进献天书。

这确实给寇准出了一个大大的难题。寇准是不相信天书的，认为是荒诞不存在的，但作为政治家的寇准是不甘寂寞的，他的治国谋略还待施展，况官场厮杀、拼搏，也是其乐无穷。在权力欲的支使下，寇准听从了其婿王曙的怂恿，携带"天书"入朝进献。宋真宗一见，非常高兴，亲自将寇准迎入禁中。不久即拜寇准为相，兼任吏部尚书，重又卷入政治的名利场。

进献"天书"是寇准一生最大的失策。但寇准毕竟还保持着自己正直的性格，对别人的讥讽进行了深刻的反省，认为自己是"名利"思想在作怪，足见其坦荡的胸怀。

真宗在拜寇准为相时，寇准举荐丁谓为参知政事，作为自己的副职。在对待丁谓的问题上，寇准犯了一个严重的错误。

丁谓此人多才多艺，机敏过人。但为人恰壬，善于揣摸人意，曲意奉迎，趋炎附势。寇准只看到丁谓的才学，却未能及时察觉丁谓无德。其间，有许多人向寇准提醒，要提防丁谓。寇准的同年好友张咏曾以死极谏，仍未引起寇准的警惕。寇准的胆识确有过人之处，而深沉不足，在对待丁谓的态度和做法上，寇准反其道而行之，重用丁谓，结果却被丁谓所害。

丁谓由寇准举荐升任副宰相，对寇准十分谦恭，乃至低头哈腰，曲意逢迎。寇准对其做法开始反感起来。有一次朝廷会宴，寇准在豪饮之后，胡须上沾上了羹汤，丁谓马上站起来亲手为寇准拂拭。寇准先前虽被他一时蒙蔽，但终究不失清廉正直本性，难与此辈同气相求。今见他如此奴颜婢膝，心生厌恶，讥讽他说："丁参政是国家大臣，怎么能屈尊为人擦胡须呢？"使丁谓十分难堪，下不了台，对寇准便记恨在心。枢密使曹利用也曾受过寇准的当面挖苦，曹利用为一介武夫，因平定宜州（今广西宜山）陈进起义之功，青云直上。每当二人议事有分歧时，寇准就讥讽他说："君一武夫，岂知此大政！"他也对寇准怀恨在心。丁谓、曹利用由此串联一起，伺机排挤寇准。

天禧三年（1019）十二月，宋真宗任命曹利用、丁谓为枢密使，执掌军机。手握重权的丁、曹二人开始向寇准发起了进攻。而寇准却未能组织起正义之师，向邪恶势力反击，只是单枪匹马，孤军奋战，终于又被拉下马来。

天禧四年（1020）宋真宗得了风瘫病，患病后的真宗日益迷信，对军国大政敷衍应付，余则避居深宫，沉溺丹鼎。刘皇后渐渐专权于政。此前，刘氏宗人横行不法，强夺蜀地百姓盐井。真宗碍于皇后情面，本想原宥其罪，无奈寇准铁面无私，依法惩治。为此，早已惹恼过刘皇后。及真宗卧病，刘皇后执掌政柄，曹利用、丁谓趁机依附刘皇后，并结纳内亲、翰林学士钱惟演，联党固权，沆瀣一气，引起朝野纷纭。寇准深以为忧，于是奏请赵恒："皇太子渐已成人，人望所属，愿陛下思社稷之重，付以神器，以固万世根本。丁谓为人奸佞，不可以辅佐少主，请择方正大臣以为羽翼。"真宗点头答应。寇准既得允准，立刻密令翰林学士杨亿起草诏书，拟用太子监理国事，且欲用杨亿辅政，取代丁谓。杨亿深知事关重大，候至深夜，方才逐退左右，亲自撰写书稿，事情机密，无人知晓。这年六月，事至关键时刻，寇准却在狂饮之后，醉酒走漏了风声。丁谓急找钱惟演等，通谋刘皇后，谗言赵恒，说寇准专权，欲挟太子，架空皇上，图谋不轨。真宗患病后，事多健忘，这时竟记不起与寇准商定过传位之事，轻信了丁谓等所言，将寇准罢相，降为太子太傅，担当有名无实的角色，擢参知政事李迪为相。

继之，丁谓又与赵恒的亲信宦官、入内副都知周怀政发生矛盾。周怀政与客省使杨崇勋等人合谋，欲杀掉丁谓，复相寇准，奉赵恒为太上皇，传位太子，废刘皇后。并商定于天禧四年（1020）七月二十五日起事。就在政变发生的前一天晚上，杨崇勋临阵畏惧，向丁谓作了告发。丁谓闻变，身穿便服，乘坐妇人轿车急找枢密使曹利用商量对策。次日天亮，曹利用即进宫入奏赵恒。周怀政正欲部署起事，突然闯进一队卫士，将他逮捕，与此同时，周怀政的同谋者也一一被抓。丁谓借此大兴冤狱，排除异己，寇准幸得李迪从中保护，仅诛杀周怀政一人了事。但丁、曹并未放手，欲置寇准死地，便把伪造天书之事揭发出来，寇准因献"天书"遭贬，初贬为相州知州。丁谓之流仍不甘心，擅改旨意，将寇准远徙为道州（今湖南道县）司马。寇准终于被这场政治旋涡所吞没，竟成了政治的殉道者。

## 五、高风亮节，枯竹生笋

从荣登相位到此次罢相，寇准的政治生涯坎坷多变，屡遭奸佞小人排挤、打击，几起几落，始终处于政治旋涡的中心地带。寇准虽胸有治国良策，但也无奈官场的斗争，可以说，大部分时间是与奸臣小人进行较量，难以实现他匡扶大宋的雄心大志。何况，封建社会的大臣是皇帝的附属物和奴仆，他们所起的作用大小，在很大程度上取决于皇帝的是否"英明"。不管皇帝是好是坏，是"明主"还是"昏君"，都要求大臣对皇帝的"愚忠"。虽贵为宰相，如果得不到皇帝的支持，也会一无所为。真宗非"明主"，寇准在这样一位皇帝的手下做事，那就可想而知了。

官场险恶多变，曾经改变了多少人的正直之性。但在这个官场的大染缸里，寇准始终如一，能够秉公执法，洁身自好，其品格德行受到了广大人民的称赞。正因为此，在寇准启程赴道州贬所的途中，虽然风险重重，杀机四伏，终能遇难呈祥，逢凶化吉，平安地到达了荒远的道州。

虽是偏僻贬斥之地，寇准并不因此懈怠，每天清晨早起，身着朝服升堂理政，公务之余，还专门造了一座藏书楼，置放经、史、佛、道等书，每遇闲暇，便手不释卷，仔细研读，十分投入。观其所为，似是远离官场争斗中心、心境自然淡泊的文人政客。其实不然，寇准的心潮无时无刻不在汹涌回荡，他的一腔热血始终在沸腾着，正是"居庙堂之高，则忧其民；处江湖之远，则忧其君"的真实写照。此时的寇准，依然怀着忧国忧民的政治情怀，经常独自翘首北望，向往日后再次秉政，施展自己的才学与抱负。有诗为证：

> 萧萧疏叶下长亭，云澹秋空一雁经。
> 惟有北人偏怅望，孤城独上倚楼听。

这是寇准在道州所写的《舂陵闻雁》七言诗。在云淡秋高的时节，萧萧疏叶只有簌簌坠落一途，北归宏愿充其量只能成为憧憬和梦想，挥斥朝堂也只能是对往事的回味而已。

乾兴元年（1022）二月，宋真宗病危。这时丁谓更加专权，凡不阿附自己的人，即一概指斥为"寇党"，轻者贬官，重者流放。引用私党钱惟演为枢密副使，又欲对冯拯等人加官晋爵，专横跋扈。宰相李迪看不过，与其争执于朝堂，官司打到赵恒面前，赵恒周围都是钱惟演、曹利用等人。结果，李迪被罢相，出知郓州（今山东东平），再贬寇准为雷州（今广东海康）司户参军。朝政为丁谓、曹利用等人把持，"朝中正人为之一空"。这时赵恒的病也日渐危重，不仅喜怒无常，且更健忘，语言错乱，不知寇准月内三黜，还问左右："为什么我久不见寇准？"左右慑于丁谓权势，都不敢应答。

丁谓等人不择手段陷害、打击忠良，就连他们的同党也颇觉不忍。但丁谓等人并未就此罢手，要将寇准置之死地而后快，想出一条毒计，在传达刘皇后懿旨时，故意在中使（太监）马前悬一锦囊，内插一把宝剑，并有意将剑穗飘洒在外，以示将行诛戮。中使来到道州，寇准正与郡中僚属在府内聚饮，众人一见杀气腾腾的来者，十分惶恐，唯有寇准神态自若，不慌不忙地对中使说："朝廷若赐寇准死，我当亲看圣旨。"中使见计谋不成，只得如实宣旨：敕贬寇准为雷州司户参军。寇准异常镇定叩拜完毕，然后继续宴饮，直至日暮才罢。

次日，寇准打点行装，再赴雷州贬所。年逾花甲的寇准在一月之内三次被黜，真是感慨万分。身处偏僻荒远的异乡，远离了政治喧嚣的中心，加重了他对往昔的深深回忆，一首《感兴》诗，道出了他的心声：

> 惜昔金门初射策，一日声华喧九陌。
> 少年得志出风尘，自为青云无所隔。
> 主上抡才登桂堂，神京进秩奔殊方。
> 墨授铜章竟何用，巴云瘴雨徒荒凉。
> 有时扼腕生忧端，儒书读尽犹饥寒。
> 丈夫意气到如此，搔首空歌行路难。

回想昔日金榜题名，踌躇满志，更加重了如今举目苍凉的气氛，他的激愤越来越高昂，禁不住要大声控诉宦途的艰难及险恶。

朝堂之上忠奸不辨古来有之，但人民却能公正评说是非曲直。丁谓等人排挤走一班清正大臣后，又将寇准远流于绝地，之后便横行不法，为所欲为，把朝政搞得乌烟瘴气。京师官民十分痛恨这帮奸邪小人，怀念寇准，编了几句顺口溜："欲得天下宁，当拔眼中钉；欲得天下好，莫如召寇老。""钉"为丁谓之姓的谐音，寇老，即对寇准的尊称。

专权跋扈的绝对没有好下场。寇准再贬雷州不到半年，丁谓也获罪被贬至崖州（今海南岛）司户参军。丁谓到崖州贬所，必经雷州。寇准家僮闻讯，欲杀此贼。寇准不愿以私仇坏国法，竭力劝阻。丁谓察知这般情况，仓惶就道。

宋仁宗天圣元年（1023），寇准忧病交加，病在了雷州贬所。此时的寇准虽然品格、情操依旧，心却是彻底冷了，对宋廷彻底绝望了。当年九月，寇准终于走完了荆棘丛生、坎坷多变的人生之路，享年63岁。寇准病逝后，其妻宋氏请求归葬西京洛阳，仁宗准奏。

寇准的灵车北归，取道公安（今湖北公安）等县。沿途官民设祭哭拜，路旁插满了竹枝，其上悬挂祭品。一月之后，枯竹竟然发芽。人们纷纷议论，这是寇公的高风亮节感化所至。因此，人们争相修祠立庙，年年岁岁祭奠英灵。他的精神依然在延续着。

寇准谢世11年，即明道二年（1033），宋仁宗恢复寇准"太子太傅""莱国公"官爵，赠官中书令，谥号"忠愍"。

寇准是一位功业卓著的政治谋略家，虽然是一个悲剧性的人物，但他的品格与精神及办事果敢的作风将永垂青史。

（张立华）

▼

本文主要资料来源：《宋史》卷二八一，《寇准传》；卷四，《宋太宗本纪》；卷六，《宋真宗本纪》。

# 助蒙古马上夺天下　行汉法治国多智谋

## ——耶律楚材传

　　当人们如数家珍般列举中国古代谋士的时候，就会发现，所列举的大都是汉人。其实，在我国少数民族中也有不少杰出的谋略家。其中，耶律楚材就是十分引人注目的一个。他是契丹族人，历辅成吉思汗、窝阔台两大汗，在拖雷监国时亦受重用，为蒙元统治者出谋划策，促使蒙古逐步汉化，建立起多种封建制度，为元王朝的建立立下了汗马功劳。

## 一、博览群书，初登仕途

　　耶律楚材（1190—1244），字晋卿，号湛然居士。稍有点历史知识的人都知道，与北宋长期对立的辽就是契丹人建立的，耶律楚材是辽东丹王突欲的八世孙。其父名耶律履，因学识和德行出众而臣事金世宗，官至尚书右丞，极受信任。

　　在耶律楚材3岁时，其父即死于任上。其母杨氏知书达理，自幼教他读书识字。耶律楚材天资聪颖，又勤奋好学，故年龄稍长即博览群书。他不仅读儒家经典，而且对天文、地理、律历、术数、医学无不研究，对佛学和道家学说也颇精通。他才思敏捷，下笔为文思如泉涌，一挥而就。因此，亲朋好友都知道他是个奇才，日后必有大的作为。

　　按照金朝的礼制，宰相的儿子可以照例补试为中央机关的属官。耶律楚材自恃才高，不愿以恩荫入仕，便请求参加进士科考试。但金章宗不许，命他仍循旧例。金章宗知道耶律楚材的才能出众，每有疑难事就征求他的意见。当时，和耶律楚材同时应试的共17人，耶律楚材的成绩最优。于是，他便先在禁中做一个普通属官，不久即升为开州（今河南濮阳）同知。

耶律楚材生长于战乱年代。当时，金统治着北部中国，南宋偏安江南。金和南宋长期对峙，关系时好时坏。这时，北边蒙古大草原上的形势发生了急剧的变化，铁木真逐渐统一了蒙古各部，自称大汗，即历史上著名的成吉思汗，亦即元太祖。随着成吉思汗力量的增强，便想摆脱金的控制，因而金与蒙古的关系也紧张起来。到金章宗末年，成吉思汗对金已拒不奉命。金章宗自然十分生气，并一度想害死成吉思汗，但未得逞。成吉思汗得知后，便毅然断绝了与金的从属关系。不久金章宗死去，金宣宗继位。面对成吉思汗咄咄逼人之势，金宣宗便将公主送给蒙古，企图以和亲换取喘息之机。但是，金宣宗对成吉思汗仍不放心，害怕成吉思汗说不定哪一天就会率军南下，会京师不保，于是，金宣宗在和成吉思汗达成和议后，立即将京师由燕京（今北京）迁至汴京（今河南开封）。此时，金宣宗提升耶律楚材为员外郎，在燕京留守。

成吉思汗在得知金迁都的消息后，十分恼怒，认为金订和议只是缓兵之计，并不真心与蒙古和好，迁都即是明证。于是，金宣宗贞祐三年（1215），成吉思汗亲率大军伐金，很快攻下燕京，耶律楚材被蒙军俘获。成吉思汗久闻耶律楚材是个贤才，不仅没有杀他，而且亲自召见。耶律楚材身材高大，声若洪钟，长长的胡须在胸前飘动，气色非凡。成吉思汗暗自称奇。鉴于契丹人建立的辽被金所灭，而耶律楚材是契丹族人，所以成吉思汗就对耶律楚材说："辽、金为世仇，朕将为你报仇雪恨。"耶律楚材不仅不感恩，反而说道："臣的祖父和父亲都曾臣事金朝。既然是金的臣，又怎么敢将金主视为仇人呢？"成吉思汗对耶律楚材的这种回答不仅不生气，反而觉得此人很重君臣情分，是个恪守信义的人，便要他在自己身边为官。耶律楚材认为自己乃一降臣，不宜担此重任，便辞归故里。此后数年间，耶律楚材隐居不仕，潜心读书，并对佛学深有研究。

成吉思汗攻占燕京后，几年间便平定了燕地。于是，成吉思汗便又征召耶律楚材入仕。耶律楚材看到，成吉思汗是个雄才大略的君主，可成大事，对自己又推诚任用，便答应为蒙古效力。成吉思汗往往不直呼其名，而是称他为"吾圆撒合里"，意思是"长髯人"。由此可以看出其亲密无间。

在那历史的转折关头，耶律楚材能够认清大势，不为愚忠所囿，不去做金的殉葬者，毅然为推诚任用自己的成吉思汗出谋划策，体现了他作为一个杰出谋略家的胆识。

## 二、辅成吉思汗，建蒙古帝国

成吉思汗名铁木真，是蒙古族杰出的政治家和军事家。他于1206年建立蒙古汗国，称成吉思汗。他为得到耶律楚材而感到十分高兴。在耶律楚材的帮助下，他进一步完善了政治、经济、法律等各种制度，对蒙古社会的发展起了重要的推动作用。尤其令世人称道的是，在成吉思汗东征西讨的过程中，耶律楚材发挥了一个杰出谋士的作用。

1219年，成吉思汗发动了第一次大规模西征，矛头直指中亚和今俄罗斯南部。成吉思汗于六月的一天誓师，虽值盛夏，却突然下起雨雪来，居然积"雪三尺"。古人都有迷信心理，成吉思汗看到这种情况大感疑惑，似乎预感到这次出师大不吉利，因而便想停止这次西征。耶律楚材看出了成吉思汗的心思，便镇静地对他说："水神于盛夏降雪，这是克敌制胜的征兆。"经耶律楚材这么一说，成吉思汗马上转忧为喜，信心大增，立命按时出师。实际上，下雨或下雪都是自然现象，说不上什么吉兆或凶兆。当君主被这些自然现象所迷惑的时候，谋士的作用就是要帮助君主树立信心，不为这些自然现象所惑。同一种自然现象，既可以演绎为吉兆，也可以说成是凶兆，这全看人怎么样去理解、去解释。例如这次夏天降雪，成吉思汗本认为是凶兆。但耶律楚材却解释为吉兆，由于耶律楚材满腹经纶，通阴阳之术，成吉思汗对他的解释深信不疑，因而信心大增。果然，成吉思汗这次西征连战皆捷，很快攻灭了花剌子模（阿姆河下游一带），在喀勒喀河打败了斡罗思（俄罗斯）和钦察联军，版图扩展到中亚地区和今俄罗斯南部。成吉思汗将这些地区分封给长子术赤、次子察合台和三子窝阔台。成吉思汗为这次出征的胜利很高兴，从此对耶律楚材更加信任。此后成吉思汗每当要进行军事征讨时，都要事先征求耶律楚材的意见。

有一个叫常八斤的西夏人，善于造弓，甚受成吉思汗的器重。他看到耶律楚材极受信任，心里颇为不快，经常在人前说："现在正是用武的时候，耶律楚材是个文士，有什么用呢！"面对此种论调，耶律楚材说："治一张弓尚且需要用弓匠，治天下怎么能不用治天下匠呢！"成吉思汗听到以后十分高兴，认为说得很有道理，因而对耶律楚材更加信任。成吉思汗曾指着耶律楚材对窝阔台（即后来的元太宗）说："这个大贤人是上天赐给我家的，你以后凡遇军政大事，都要悉心征求他的意见。"因此，后来当窝阔台继位后仍对耶律楚材格外信任。

1226年，成吉思汗发大兵征讨西夏，耶律楚材随行参决军务。蒙军攻下灵武后，各将领都争相抢夺金银财宝和丝绸珍宝等物，只有耶律楚材搜罗各种文书，又收集了许多大黄药材。不久，蒙古不少官兵感瘟疫病倒，有些人因此死去。这时，耶律楚材便用大黄为官兵治病，救活了许多官兵，并很快扑灭了这场瘟疫。

成吉思汗控制的版图越来越大，但未来得及立法定制。各地的长官生杀任情，夺人财货，役人妻女，随意将大片农田划为牧场。在燕京留守的长官石抹咸得人尤其贪暴，以至"杀人盈市"，尸体堆积得像小山丘一样。耶律楚材得知这些事后十分难过，泪流满面，一连几天吃不下饭去。于是，他毅然入奏，请成吉思汗颁发诏书，各地长官未奉诏命不得擅自征发，处死犯人必须上报，待批准后方能执行，违者处死。成吉思汗准其奏，各地滥杀滥征之风大为收敛。在耶律楚材的辅佐下，成吉思汗初步建立起了蒙古帝国，一些法制也渐渐确立起来。

## 三、拥立窝阔台，力行汉法

1227年，即攻灭西夏的第二年，成吉思汗染疾死去。按照蒙古旧习，诸子自立门户，幼子继承父业，以蒙古本部为封地。正因如此，成吉思汗年长的三个儿子都分封在外，四子拖雷在本部留守。由于新大汗尚未推举出来，暂时就由拖雷监国，史称元睿宗。当时，燕京的社会治安极坏，有不少大强盗，经常天刚黑便赶着车到富家，公开索取财物。这些富家如不如数付给，就要被残暴地杀掉，然后将其家产洗劫一空。拖雷闻知后，命耶律楚材和一个大宦官一起去治理。耶律楚材经详细访查，将这些大盗的名字报告了拖雷。鉴于这些人罪恶极大，拖雷命严加惩治。耶律楚材将这些人全逮系狱中。经讯问，这些人大都是一些官员留在燕京的亲属和一些权势之家的子弟，实际上就是社会上的恶势力，仗势为非作歹。一个犯人的家属向那个宦官行贿，这个宦官便建议对这个犯人缓一缓。耶律楚材一听就知道，这个宦官肯定是受了贿赂。耶律楚材便严肃地晓以利害，此人罪大恶极，如不惩治，被指有包庇之罪，后果严重。这个宦官害怕了，也就不再敢为这个犯人说情，而完全按照耶律楚材的意见处治。于是，这些大小罪犯都受到程度不同的惩罚。其中，罪恶较大的 16 人于同一天被处死。自此以后，燕京的社会秩序就稳定了下来，经过这一件事，拖雷更增加了对耶律楚材的了解，认为他不仅才能出众，而且对蒙古汗国有一颗难得的忠心。因此，凡遇军国大事，拖雷都诚心诚意听取耶律楚材的意见。

1229 年秋天，拖雷和诸宗亲集议，推举大汗的继承人。一连几天，此事一直未决，但支持窝阔台的呼声较高。此事关系到新兴蒙古汗国的命运，宗室围绕此事的斗争也很激烈。由于拖雷身为监国，所以他的态度就显得特别重要。耶律楚材私下对拖雷说："事关宗社大计，应该尽早定下来。"拖雷说："大家的意见尚不一致，以后再议是不是行呢？"耶律楚材诚恳地说："事不宜拖，再拖恐怕会生变故，那时就要晚了。"于是，托雷便力主由窝阔台继承汗位，并择日登极。此议得到其他宗亲人等的赞同。但是，以前蒙古族没有朝拜礼仪。耶律楚材为了提高君权，便按照汉法制定了一整套朝拜的仪制。按照这种仪制，凡是臣下都应该向窝阔台行君臣之礼。察合台是成吉思汗的二子，长于窝阔台，不愿按此礼行事。耶律楚材便诚恳地对察合台说："王虽是兄长，但位在臣列，按礼当拜。王带头朝拜，其他的人就没人敢不朝拜。"察合台深以为是。在窝阔台即位那天，察合台带头行臣下之礼，拖雷等人也都跟着行礼，仪式隆重热烈。仪式结束后，察合台拍着耶律楚材的背说："你真是社稷之臣啊！"

蒙古民族长期以游牧为生，粗犷成习，尤其贵族更是散漫不羁。因此，在窝阔台即位那天，有不少贵族未按时到场行礼。窝阔台为了树立权威，本想将这些人处死。耶律楚材劝道："陛下刚即位，宜对这些人暂示宽宥，以示恩典。这样可以免生内乱。更何况这些人以前不熟悉此礼，情有可原。"窝阔台听从了耶律楚材的建议，对这些人申谕一通，从轻论处。经过一段时间的整顿，恩威并施，蒙元朝廷的礼制便逐渐建立起来。

窝阔台即位时，正是蒙古对南部用兵节节胜利之际。窝阔台在即位的第二年就大举攻金，陆续占领了陕西南部、河南北部和淮西一带。蒙古占领了中原大片区域，但如何治理却没有严明的法纪。将蒙古本部的一些法律用于中原，既不合于实际情况，又不完备，广大老百姓无所适从，动不动就触犯禁网。因此，中原人民一时犯法的人很多。蒙古法令严厉，又没有赦令，老百姓一旦犯禁，不论轻重都要受严惩。于是，耶律楚材便从容地对窝阔台汗说，许多老百姓犯法很轻，应予宽宥。不少蒙古贵族指责他迂腐，但他仍不为所动，一再坚请。窝阔台汗认为他说的有理，于是降诏，凡是他即位以前的事都不再究治。这样，就使许多人得到宥免，有利于稳定中原的社会秩序。

耶律楚材清楚地意识到，蒙古民族原来的那些办法不适合中原地区，必须用汉法治理汉民。于是，耶律楚材便又上奏18件事，请窝阔台汗颁行全国。其中主要的几条是：各州县应设行政长官以管理政事，设万户官掌管军事，使军民分治，且军、政官员可以互相牵制，以遏制官员专横跋扈；应体恤中原百姓的苦难，未奉上命不得擅自征敛，敢擅自向百姓征敛者治以重罪；贪占官物或以官物经商谋利者，皆予严惩；无论汉人还是蒙古、回鹘等少数民族，凡从事农耕者都要照章纳税，抗税者处以死刑；掌管官物的人如自盗官物则处死；凡处死犯人，都必须先上报，后行刑……在耶律楚材所奏18事中，窝阔台汗批准了17件，只有一件未准，即私下请托贡献一事。用今天的话说，就是行贿受贿。耶律楚材认为败坏官风，为害匪浅，应严加禁绝。但窝阔台汗认为，此风由来已久，更何况都是自愿馈送，应听其自便。耶律楚材当廷力争："败坏政事的原因正在于此。"鉴于耶律楚材拒不奉诏，窝阔台汗甚至带着恳求的口气说："凡卿所奏请诸事，朕没有不答应过，难道你就不能答应我这一件事吗？"耶律楚材实在无奈，只好听从。此事非常典型地表明，禁绝官场行贿是多么困难。

在耶律楚材所奏准的17件事中，基本上都是在中原地区实行已久的

"汉法"，只是稍加变通，使之适合于当时蒙古人统治的情况。在中原地区人民看来，这只不过都是些普通的常识。但对于当时刚进入中原地区的蒙古统治者来说，能实行这些办法就是一种巨大的进步。

## 四、官至中书令，倡行文教

1231年（窝阔台汗三年），按照唐朝以来实行的三省制，窝阔台汗开始设立中书省，以耶律楚材为中书令。这个职位实际上就是丞相，即百官之长。中书令下所设的左、右丞相，实际上就是中书令的副手。耶律楚材身为一个契丹族人，能在蒙古汗国中担任如此高职，足可看出他是何等地受到信任。从此以后，窝阔台汗不仅发布政令要与耶律楚材商议，而且大部分政令也要交他去执行。

成吉思汗在位时，因战事频繁，未制订出约束各级官员的法规。进入中原地区后，这些官员巧取豪夺，个人聚敛了大量财富，而官府却无所积蓄。耶律楚材任中书令后，陆续制定了一些限制官员贪墨的规章制度，并对几个罪大恶极的蒙古贵族进行了惩治。耶律楚材的做法妨碍了蒙古贵族的利益，他们尤其对使用汉人为官极为反感。蒙古贵族咸得卜往日即与耶律楚材不和，这时对这位中书令就更为不满。他对窝阔台汗说："耶律楚材所提拔的官员大都是他的往日亲旧，此人必有二心，宜趁早将其杀掉。"窝阔台汗在这点上还算英明，未轻信咸得卜所言，而是认真了解了一番，知其所言为诬告。于是，窝阔台汗便将咸得卜训斥一通，并要耶律楚材大胆用事。不久，咸得卜的属官告发咸得卜许多不法之事，窝阔台汗命耶律楚材去处理。耶律楚材经过一番了解，向窝阔台汗回奏说："咸得卜待人傲慢，容易遭人诽谤。更何况所告发的都是无碍大局的事，所以不必予以惩治。今南方未定，待日后对他稍加裁抑不晚。"窝阔台汗原以为，以前咸得卜曾诬告耶律楚材，这次耶律楚材一定会对咸得卜严加治罪，没想到耶律楚材对咸得卜如此宽容，且完全出于公心。窝阔台汗对身边的一些大臣说："耶律楚材不计私仇，真是一个宽厚长者。你们都应该向他学习啊！"

蒙古贵族可思不花向窝阔台汗奏请，征发原辽、金统治下的百姓去开采金银矿，有些则罚往西域种田或种葡萄。窝阔台汗准其所请，下令征发西京、宣德两地万余户以充此役。① 这在当时是牵动全国的大事。耶律楚材极力劝谏道："先帝（成吉思汗）有遗诏，谓这地方的老百姓质朴，与蒙古本部的百姓没什么区别，缓急可用，不可轻动。现在金国尚盘踞河南，请不要在这时以此事扰民。"窝阔台汗认为耶律楚材说得有理，便打消了这个主意。

蒙古人长期游牧为生，进入中原后，感到各地的大片农田都可以成为好牧场。于是，有的蒙古贵族就对窝阔台汗说："汉人对国家没什么用处，可以将他们都杀掉，将他们的土地充作牧场。"这是一件大事，它不仅关系到广大汉族人民的生命财产，也关系到蒙古汗国能否在中原地区建立起稳定的统治。为此，耶律楚材极力劝谏道："陛下正准备南下伐金，大量的军需应有稳定的供应之地，如能均定中原的赋税，再加上商税、盐税、铁冶等税，每年可得银五十万两，绢帛八万匹，粮食四十余万石，足可供给。怎么能说汉人对国家没用呢？"窝阔台汗认为他说的有理，便命他全面负责以推行此事。于是，经奏准，耶律楚材设立了十路征收课税使，其长官都选用当地有声望的宽厚士人。当年秋后，各地将征得粮食的册籍和金银绢帛陈列于宫廷，请窝阔台汗和蒙古贵族来看。窝阔台汗见到后非常高兴，笑着对耶律楚材说："你不离我身边，却能使国用充裕，实在难以想象，南国的大臣中还有像你这样的贤才吗？"耶律楚材巧妙地回答道："南国的大臣都比我有才能。由于我才能不高，所以才留在了燕京。"窝阔台汗感到耶律楚材不仅才能出众，而且有谦虚的美德，心里很高兴，立即亲自赐酒宴犒赏耶律楚材。这件事的主要意义还不在于此，而是在于使窝阔台汗清楚地认识到，汉人并非无用，从而打消了大规模屠杀汉人的主意。如果说到耶律楚材对中国历史的贡献的话，这点可说是最大的贡献。

1232年春天，窝阔台汗大举伐金，并下诏，凡来降的老百姓一律免死。有的蒙古贵族说："这些人事急则来降，事缓则又逃回，只能为敌所用，不可宽宥，而应全部杀掉。"耶律楚材极力反对，终于促使窝阔台汗颁发了降则免死的诏令。耶律楚材还赶制了免死旗数百面，以给降民，令他们回原籍耕种。于是，许多中原地区的老百姓得以活命。按照蒙古人旧例，凡攻打一

---

① 中国历代所称西京时有变化。此处指辽所称西京，即今山西大同。宣德指今河北宣化。

个城池，这个城池倘不投降，只要稍有抵抗即为拒命。那么，蒙军在攻破城池后就要大规模屠城，即将城中男女老幼全部杀死。当汴梁（今河南开封）即将被攻下的时候，大将速不台向窝阔台汗建议："金人在汴梁已抗拒很久了，蒙军将士死伤许多，将城攻破后，应该屠城。"汴梁是中原古都，倘被屠城，其损失将十分惨重，影响也必定十分恶劣。耶律楚材闻知此事后，马上赶赴前线，向窝阔台汗奏道："将士南征北战数十年，死伤了不知多少人，所要的就是土地和人口。如果夺到了土地，却没有人，夺来的土地又有什么用呢？"窝阔台汗还是犹豫不决。耶律楚材看出，他们未打消屠城的念头。于是，耶律楚材又进一步劝谏道："中原地区那些最奇巧的工匠，家产丰厚的人家，都聚集在这里。如果把这些人都杀了，进了城也将一无所得。"窝阔台汗深以为是，随即下令，要杀的只有金主完颜氏一家，其余官民都不予追究。当时，为躲避战乱而避居汴梁的人口达147万余人。自此以后，蒙古军队在南征时便放弃了屠城的做法。

由于金的顽强抵抗，蒙军虽夺占了金的大片土地，但一直未能将金彻底灭亡。这时，耶律楚材向窝阔台汗建议，可联合南宋，对金两面夹击，金亡就指日可待了。于是，窝阔台汗便遣使赴南宋，共商灭金之事。当时，南宋朝廷已十分腐败，在南方苟且偷安。有的大臣看出了蒙军的用心，他们灭金后接着就会进攻南宋。例如大臣赵范的头脑就比较清醒，并举宋金"海上之盟"为例来陈说利害。当宋徽宗宣和二年（1120），为了夹击辽，北宋和金订盟，待灭辽后即将燕蓟一带交还北宋。但是，灭辽后金却撕毁盟约，不仅不归还燕蓟之地，反而挥师南下，灭掉了北宋。这种历史教训可谓殷鉴不远，南宋君臣应该认识到其中利害。但是，当蒙古使臣答应灭金后将黄河以南尽交南宋以后，许多人的头脑发昏起来，觉得正可借机报金国背盟之仇。当金得知蒙与南宋要联合伐金时，金也派出使臣去南宋陈说利害：蒙古先后攻灭了四十多个小国，接着灭亡了西夏，西夏亡后又伐金，金亡后必然要进攻南宋，"唇亡齿寒，自然之理"。但南宋小朝廷却见不及此，竟答应了蒙古使臣的要求，对金出兵夹击。在南北夹击下，金的处境更加危机，以致统治集团内部也发生了分裂。金的将领崔立在汴梁发动兵变，使蒙军很快进入汴梁，继而又攻占洛阳、蔡州（今河南汝南）等地。金朝最后一个皇帝完颜承麟被乱兵所杀，金朝遂宣告灭亡。

在蒙军攻占河南一带时，俘获的人口很多，但是，当蒙军北撤时，有十之七八的人乘机逃跑。窝阔台汗为此十分生气，遂下令，凡是逃民，以及隐匿逃民的人家，一经发现，则全部处死，其乡社的百姓也要被连坐。此令一出，没人敢为逃民留宿，更不敢供给食物，所以有许多逃民就饿死在路上，景况凄惨。面对此情此景，耶律楚材十分伤心，便从容地向窝阔台汗劝谏道："河南一带已被平定，老百姓都是陛下赤子，他们即使逃走，又能走到哪里去呢？何必因几个被俘的囚犯而连累千百万人呢？"窝阔台汗顿有所悟，立即废除此令。

金虽然灭亡了，但陕西和河南交界一带仍有二十多个州县未降。窝阔台汗准备发大兵征讨。耶律楚材建议道："往年，许多老百姓害怕被蒙军杀害，所以大都逃到那里，并死命顽抗。若许以投降后不杀，这些州县就会不攻自下。"窝阔台汗照此办理，这些州县果然很快都投降了。这正如《孙子兵法》上所说："不战而屈人之兵，善之善者也。"也就是说，这是上策的上策。在这方面，耶律楚材的贡献应说是很大的。

灭金后，大臣们商议如何在中原地区实行"编户齐民"，即编定户籍，据以征发赋役。蒙古族大臣忽都虎等人主张，应以丁为户。耶律楚材坚执不可："如丁逃走，那么这一家的赋税就落空了，应以户来编定户籍。"争论再三，窝阔台汗最后决定，以户立籍。当时，不少将相大臣将俘获的丁口据为己有，由他们奴役。这些人的身份如奴隶。耶律楚材奏准窝阔台汗后，进行"括户"，于是这些人又大都恢复了平民的身份。这不仅使这些人的身份得到提高，而且使国家增加了大量的户籍。这在历史上是一种很大的进步。

蒙军于1234年灭掉金。果不出所料，蒙军不仅未将黄河以南的土地尽给南宋，反而于第二年即对南宋大举用兵。在廷议征西域和南宋时，有的蒙古贵族主张，用汉人去征伐西域，而用已被征服的西域人去征伐南宋。不知道这些蒙古贵族如此主张是出于什么心理，也许是为了利用不同民族间的敌对情绪，便于驾驭，但从战略上看，此法不可行是显而易见的。因此，耶律楚材便向窝阔台汗劝谏道："中原和西域相距辽远，如用此法，未至敌境就已人困马乏。再加上水土不服，易生疫疾，还是应就近用兵。"窝阔台汗便放弃了这种打算，从而减少了大量无谓的消耗。

鉴于蒙古汗国的疆域越来越大，如何治理好这偌大的帝国就成了头等大事。蒙古民族在进入中原后，仍保持着许多落后的习性。他们自恃弓劲马肥，所向无敌，在"马上"夺得了天下，但不知如何有效地治理好天下。尤其是对于文明程度较高的中原地区，再靠塞外漠北的那种通常的办法显然是不行的。对此，耶律楚材的头脑是比较清醒的。蒙古民族大都信奉佛教，但用佛教治国显然是不行的。因此，耶律楚材提出："以佛治心，以儒治国。"这的确是很高明的策略。

对于蒙古贵族单纯崇尚武力的偏狭心理，耶律楚材早就进行过批驳，他把儒者比喻为"治天下匠"即属一例，这种"匠"要比只会造弓造箭的工匠高明千百倍。在窝阔台即位以后，耶律楚材参照中原制度，制定了较完备的朝廷礼仪。他还为窝阔台汗推荐了一些中原名儒，要他们一起治理国家。只要有机会，耶律楚材就讲一些"马上"可夺天下但不能"马上"治天下的道理。灭金以后，耶律楚材再次认真地向窝阔台汗奏道："制造器物必须用好工匠，治理好国家必须用儒臣。儒臣的功业没有数十年是不能成功的。"窝阔台汗知道其中的道理，就命他负责挑选一些儒士为官。于是，耶律楚材就以经义、词赋、论分为三科，命天下儒士前来应考，即使被俘为奴的儒士亦可应试，如其主人不许此人应试，则将主人处死。经过这一次全国性的考试，得士人4030人，其中约四分之一的人是原为奴者。这些人被派往全国各地，充任各级大小官员，从而在一定程度上改变了官员队伍的构成，提高了整个官员队伍的文明程度，对稳定中原地区的统治发挥了很大的作用。

当蒙军攻陷汴京后，耶律楚材急忙遣人入城寻找孔子后人，得到孔子的第51世孙孔元措。经奏准窝阔台汗，由孔元措袭封"衍圣公"。同时，又为山东曲阜孔氏修筑了富丽堂皇的孔庙，拨出大片林地，建林苑。耶律楚材又征召了一些中原名儒，在宫中为王公贵族及其子弟讲授儒家经典。耶律楚材身体力行，亲率大臣及其子弟学习儒家经义。同时，耶律楚材又在燕京设立了编修所和经籍所，从事文教活动，从而推动蒙古汗国的文教事业发展起来。对于蒙元的统治来说，这些措施十分有效。它不仅使统治措施更适合中原的情况，有利于笼络民心，尤其是有利于改变汉族士人的敌对心理，而且为蒙古王公及其子弟的汉化提供了条件。

后来，太原转运使吕振和副使刘子振都因贪赃被逮治。这两个人都是中原儒士。窝阔台汗为此责备耶律楚材："你说孔子的教化可行，儒士是好人，怎么还有这种贪墨之徒呢？"耶律楚材回答得很巧妙："君主教导臣下，父祖教导子孙，都不想使他们陷于不义。三纲五常是儒家名教，历代治国者莫不遵行，这就像天上有日月一样。怎么能因一两个人的过失就使万世之道在我朝被废止呢？"窝阔台汗认为耶律楚材所言极是，便打消了尽行罢免儒士的主意。

经耶律楚材长期不懈的努力，儒学终于成为统治者的主导思想。耶律楚材又征召了不少名儒进入统治集团，像著名的大儒姚枢、杨惟中等人都受到重用。同时，耶律楚材又征召了一些佛家、道家和医卜人才，从而使蒙古武功极盛的同时，"文治"也渐渐昌明起来。这对于蒙古民族的进步和全国的统一发挥了极为重要的作用。

## 五、立纲陈纪，巧进忠言

一年春天，蒙古诸王齐集上都（今内蒙古多伦），共商战略大计。窝阔台汗当众举起酒杯，亲自赐酒给耶律楚材，并颇为动情地说："朕之所以推诚用卿，一是遵先帝（成吉思汗）之命，二是卿忠心为国。如果没有卿的忠心辅佐，蒙古汗国决不会有中原地区。朕之所以能诸事放心，终日高枕无忧，都是卿忠心辅佐的结果啊！"当时，西域诸国及高丽、南宋的使臣都在场，窝阔台汗指着耶律楚材对他们说："你们国家也有这样杰出的人物吗？"诸使臣都拜谢道："没有。这真是位神人！"窝阔台汗高兴地说："你们说的别的一些话可能有假，但这话不假。我猜想你们国家也没有这等人物。"由此可以看出，耶律楚材的智谋对窝阔台汗治国发挥了多么重要的作用，窝阔台汗对他是何等的器重和信任。正因如此，蒙古汗国的纲纪制度大都是按照耶律楚材的建议来制定的。

有一个叫于元的官员建议，应发行"交钞"，犹如现在的纸币，耶律楚材以金时的教训陈述道："金章宗时曾发行交钞，和铜钱一起流通。官府大量滥印，以至一万贯钞才能买一个烧饼，弄得民怨沸腾，国用匮乏。我朝当以金为鉴，如印造交钞的话，也不要超过一万锭。"此议得到窝阔台汗的允准，所以当时虽印行了纸钞，但并未引起经济生活的混乱。

随着中原地区陆续纳入蒙古汗国的版图，疆域越来越大，窝阔台汗按照一些亲王的奏请，打算将各州县分封给亲王和功臣。耶律楚材劝谏道："裂土分封，日后容易产生嫌隙，甚至引发动乱。历史上不止一次出现过这样的局面，宜引以为戒。分封不如多赏赐给他们金银财帛。"窝阔台汗为难地说道："我已经答应分封了，怎么办呢？"耶律楚材说："可以像朝廷往各地派地方官一样，向他们征收贡赋。每年年终从中拿出一部分给亲王，以充生活之资，并令其不得额外科敛。这就可以避免分封产生的祸害了。"窝阔台汗准其奏，并命他制定赋税标准。耶律楚材制定的赋税标准是：每2户纳丝1斤，充作国用；每5户纳丝1斤，以作为亲王功臣的汤沐之资。地税：中等田每亩交粮2.5升，上等田3升，下等田2升，水田5升。商税：三十而税一；盐，1两银买盐40斤。这是国家常赋，地方上不得任意增减。有的大臣认为税额太轻。耶律楚材说："制定赋税从轻，历代都有官员贪墨的流弊，以后一定会有贪墨之人盘剥百姓。从这一点看来，这个税额已算很重了。"在这里，耶律楚材根据经验，知道日后定会有贪墨官员暗中加码，故留有余地。这显然是为老百姓着想。史实证明，耶律楚材的这种做法收到了良好的效果，对稳定蒙古汗国对中原地区的统治发挥了积极作用。

当时，官府集中了大批的能工巧匠，为官府制造各种器物。长期以来，十之八九的器材都被私人侵吞。耶律楚材为了改变这种状况，便制定了严格的考核制度，从而使这种现象大为收敛。

有一次，宠臣脱欢奏，请选一批天下美女以充实后宫。窝阔台汗甚表同意，立即颁诏实行。耶律楚材深知这是扰民之举，因而将此诏书匿不下发。窝阔台汗为此十分恼怒，大声斥责。耶律楚材说："往日已选美女28人，已足够使令。今再往各地挑选美女，定将扰民，臣正要回奏此事呢。"窝阔台汗沉思良久，便命此事作罢。

有的蒙古贵族向窝阔台汗建议，应向中原的老百姓征收母马。其用意很明显，因为蒙古民族是马上民族，深知马的宝贵。将中原地区的母马征来，交蒙古人饲养，可迅速增加蒙军战马的数量。另外，通过此法使中原老百姓没有马匹，就难以反抗蒙古人的统治。这的确是一箭双雕之计。但这些贵族没有想到，这种做法是何等扰民，会给中原老百姓的正常生活造成多么大的混乱。因此，耶律楚材极力反对道："中原是种田养蚕之地，不是出马匹的地方。如果实行这种办法，一定会成为老百姓的大祸害。"窝阔台汗允准了耶律楚材的请求。

当时，在蒙古统治区内高利贷盛行，不仅普通百姓借债以应急，甚至一些下层官员也向商人借贷。利上加利，利息往往高于本钱数倍。人们称之为"羊羔儿利"。许多人因还不起债，致使其妻女被役使为奴。这成为一大社会祸害。耶律楚材遂奏准窝阔台汗，颁令全国，无论利息怎么样增加，都不准超过本钱，永为定制。老百姓以前因借贷无力偿还者，由官府代为偿还。因还不起高利贷而使妻女为奴者，由官府代赎为平民。此法颁行后，深受全国老百姓的欢迎。

另外，耶律楚材身为中书令，将各地度量衡整齐划一；建立钞法，制定各地官员符印规格；修驿站，定传递规则；定赋税制度，限制物价，使各种制度在窝阔台汗时大体完备，老百姓的负担也相对减轻。这样，就在制度上为新帝国的建立奠定了一个好的基础。

有两个道士互争雄长，各拉一帮党羽，互相攻击。其中一个道士诬称另一个道士为逃军，并勾结朝内的一个大宦官和通事官杨惟中，擅自将另一个道士杀掉。另一方的道士告到朝廷，耶律楚材便将杨惟中逮系狱中。那个大宦官便向窝阔台汗指控耶律楚材，说他越权违制。窝阔台汗一时怒起，立命将耶律楚材逮治。没过几天，窝阔台汗又深感后愧，命将耶律楚材释放，官复原职。耶律楚材却不肯解绑，并严正地对窝阔台汗说："臣身为中书令，位极人臣，国家各种政务都归臣处置。陛下当初命逮治臣的时候，是因有罪所至，应将臣的罪过明示百官，表明罪在不赦。今天又释放臣，是因我无罪所至，怎么能如此轻易反复，就像耍小孩一样呢！"耶律楚材如此强硬，众大臣都吓得面如土色，担心会惹怒大汗，再对他严加惩治。但窝阔台汗不仅未发怒，反而和颜悦色地说："朕虽然是大汗，难道就不会有错处吗？"并以好言劝慰。耶律楚材趁机奏上"时务十策"，即"信赏罚，正名分，给俸禄，官功臣，考殿最，均科差，选工匠，务农桑，定土贡，制漕运"。这些奏议都切合时务，窝阔台汗皆予准行。

大商人刘忽笃马等向窝阔台汗提出，愿每年向国家交银140万两，以包买天下商税。耶律楚材极言不可，谓这些人都是贪利之徒，欺上瞒下。一旦实行此法，这些人必定加倍征收，危害甚大。窝阔台汗听从了耶律楚材的建议。耶律楚材在私下对友人说："为政之道，在于尽可能清静。兴一利不如除一弊，生一事不如省一事。当有人遭后人谴责时，就会知道我的话为不谬。"从这些话中可以看出，耶律楚材为政似乎有保守倾向。但就当时的具体情况来看，蒙古以一个游牧民族入主中原，许多举措都带有原始和落后的色彩。各种制度初立，不要动不动就更改，这对稳定蒙古汗国的统治是有好处的。实践也证明，耶律楚材的许多做法收到了良好的效果。

窝阔台汗平时嗜酒如命，经常和近臣一起酣饮，时而大醉。每次喝醉，他都要卧床睡上大半天，不理政事。这种饮酒方式不仅有害身体，而且妨碍政事。为此，耶律楚材屡次劝谏，但窝阔台汗的这种恶习依然不改。有时窝阔台汗口头上答应要改，但一喝起酒来就把自己说过的话忘到了九霄云外。耶律楚材感到，如不让他真切地认识到嗜酒的危害，他是不会改掉这种恶习的。于是，耶律楚材便找了一个铁槽，将酒注入铁槽中。若干天以后，铁槽四周便被腐蚀得斑驳陆离。耶律楚材命人将这个铁槽抬到窝阔台汗面前，指着铁槽对窝阔台汗说："酒能腐蚀器物，对铁的腐蚀尚如此厉害，更何况人的五脏六腑呢！"窝阔台汗看着这个铁槽，耶律楚材的劝谏又那么恳切，顿有所悟，真正认清了嗜酒的危害。窝阔台汗对近臣说："你们虽然也都有爱君忧国之心，但哪里能与长髯人相比呢！"于是，他特为此事赏给耶律楚材许多银两绢帛，并敕谕近臣，以后每天进酒不要超过三盅。自此以后，窝阔台汗基本上改变了嗜酒的恶习。

耶律楚材和窝阔台汗长期相处，君臣相得，亲密无间。耶律楚材劝窝阔台汗不要嗜酒，而他本人也偶有醉酒的时候。有一次，耶律楚材和几个亲王一起宴饮，竟至大醉，以至醉卧车中。窝阔台汗得知后，直奔其营，登上车，用力摇晃烂醉如泥的耶律楚材。这时的耶律楚材沉睡未醒，感觉出有人用力摇晃他，正要发火，猛一睁眼，见是大汗站在自己身边，顿时酒醒几分，赶忙站起来向大汗谢罪。窝阔台汗谐谑地说："有了好酒却自己独醉，怎么就不能和朕同饮同乐呢！"笑了笑就离去了。耶律楚材来不及整好衣冠，马上赶往窝阔台汗的行宫，表示要和大汗同饮同乐，以赎前罪。窝阔台汗见此情景亦很高兴，立命下人备酒，君臣二人边饮边聊，极欢而罢。由这件事可以看出，他们君臣之间的关系是何等亲密无间。也正是由于这种关系，所以耶律楚材敢于直言，敢于当廷谏诤。

但是，窝阔台汗也有固执己见、拒谏不从的时候。关于商税的征收即是一例。当耶律楚材制定征税办法时，行三十税一，税额较轻，且反对由某几个大商人包税。从这个办法执行数年来的情况看，效果良好，征收上来的税额年年有所增加。到窝阔台汗十一年（1239）时，年入税银达110万两。当时，回鹘人田镇海是右丞相，他怂恿安天合向窝阔台汗上奏，谓税额太少，建议由回鹘商人奥都拉合蛮包税，税银每年可增至220万两。这的确是个很有诱惑性的建议，只要改变一下办法，税额可增加一倍，岂不妙哉！窝阔台汗颇为之动心，表示同意，而耶律楚材当廷慷慨陈词，极力反对，谓税额虽增加了，却苦了天下百姓。他与安天合等人当廷力争，以至声色俱厉，眼泪都流了出来，双方甚至攘臂吼叫。窝阔台汗见此情景，便大声说道："难道你们要打架吗？"随后，窝阔台汗不顾耶律楚材的激烈反对，同意了安天合的建议，并望着耶律楚材说："你要为天下老百姓哭吗？我倒要试行一下这个办法！"耶律楚材见无力回天，便仰天长叹道："天下老百姓的穷困，就要从此开始了！"在这件事情上，耶律楚材的意见虽未被采纳，但他敢争敢谏，表现了他处处为蒙古汗国着想的忠心。对此，窝阔台汗是能体会到的。

在古代，许多大谋士苦于朝廷积弊难以革除，往往借天象和其他灾异来借题发挥，以达到革除积弊的目的。耶律楚材亦深明此道。窝阔台汗十三年（1241）春天，窝阔台汗得了一场大病，医生为他摸脉时，几乎已感觉不出脉搏的跳动。乃马真皇后和满朝大臣都十分惊慌，不知该怎么办。乃马真皇后便问耶律楚材。耶律楚材回答说："现在用人多有不当，卖官鬻爵的事很多，监狱中的犯人多属无辜。古人往往因一句善良的话，就使灾异退避三舍。为给大汗禳灾，请大赦天下囚徒。"乃马真皇后命马上下令实行。耶律楚材急忙制止说："非大汗亲自允准不可。"于是乃马真皇后和耶律楚材一起来到窝阔台汗跟前，待他神志稍清醒时入奏，请他颁赦囚之令。这时，窝阔台汗已不能说话，只点了点头，表示允准。于是，耶律楚材马上拟了诏令，颁行全国。第二天，窝阔台汗的病情居然大为好转。几天后，他便能下床理事。此后，窝阔台汗又活了近一年的时间。通过这件事，耶律楚材不仅平反了大量冤狱，而且还赢得了窝阔台汗的更大信任。

## 六、最后岁月

耶律楚材久居枢要，长期受到信任和重用，不仅俸禄高，而且不时得到的赏赐也很多。由于他身居高位，所以亲戚朋友请他帮忙的也很多，希望通过他混个一官半职。耶律楚材的头脑很清醒，他从来不利用自己的权力为亲友谋官，而是将自己的资产送给他们一些，使他们尽可能不愁生计。当时裙带之风很盛，一些人对他这样做颇不理解。例如一个叫刘敏的官员就曾私下和他说起此事，认为他这样做不利于家族的兴盛。耶律楚材却说："给他们一些钱财就可以尽到睦亲之义，不必让他们出来做官。若让他们出来做官，违了法要受惩罚，我又不能徇私情，那岂不是害了他们！"刘敏深以为是，感到耶律楚材的思虑更为深远。

窝阔台汗十三年（1241）冬天，因不听耶律楚材的劝阻，窝阔台汗坚持要外出游猎，结果死于外地行宫。按照遗嘱，应由其孙失烈门继承汗位，乃马真皇后不愿这样做，就问耶律楚材该怎么办。耶律楚材回答得很策略："关于大汗位继承之事不是外臣所应过问之事。如大汗有遗嘱，望能按遗嘱去办。"但乃马真皇后将遗嘱秘不示人，自己竟临朝称制起来。耶律楚材无奈，只得委曲求全。

原来包税的回鹘大商人奥都拉合蛮善于奉承，这时深得乃马真皇后的倚重。这个大商人一时权倾内外，许多人趋炎附势，朝政日非。耶律楚材虽对一些弊端有所匡救，但终究扭转不了这种朝政日非的局面。不久，和林附近的一处兵营发生哗变，这些将士声称，要清除朝中奸邪，迫使乃马真皇后退位。因事起仓促，乃马真皇后十分惊慌，一边命心腹组织镇压，一边收拾细软，准备将都城西迁，以躲避战乱。耶律楚材极力劝阻道："朝廷是天下根本，一迁都就使根本动摇了，从而必定会发生更大规模的动乱，那局面可就真的不可收拾了。"耶律楚材又利用自己的阴阳之术，称自己已看过天象，不会有大的祸害。乃马真皇后这才安定下来，打消了迁都的念头。果不出耶律楚材所料，这场叛乱没过几天就被镇压了下去，从而使这个新兴的帝国避免了一场更大的动乱。

由于大商人奥都拉合蛮深受乃马真皇后信任，致使乃马真皇后竟给他许多盖有御印的白纸，由他随意填写。耶律楚材深知事关重大，拒不从命，并当廷抗争说："天下是先帝打下来的天下，朝廷久有宪章可循。今却要打乱这种宪章，臣断不敢奉诏。"乃马真皇后见耶律楚材的态度如此坚决，且说得有理，只好收回成命。

不久，乃马真皇后又降旨说："今后只要奥都拉合蛮有所奏请，值班令史倘不为之书，就砍断他的手！"面对这种荒唐的令旨，满朝大臣都面面相觑，不敢直言劝阻。这时，只有耶律楚材挺身而出，据理力争道："国家典章，先帝都委托给了老臣，不干令史的事。不论哪个大臣奏事，只要合理，自然就该奉行。如所奏事不可行，自应阻止。为国家大计，臣死且不避，何况砍手呢！"乃马真皇后深为不悦，仍坚持原旨。耶律楚材深知，这是紊乱朝廷典章的大事，断不可行，故情绪颇为激动。他当廷大声争辩道："老臣事太祖、太宗三十余年，尽循朝廷典章行事，无负于国，皇后难道因此而杀老臣吗？"乃马真皇后心里虽很不高兴，但因耶律楚材是先朝老臣，对他颇为敬畏，所以没有因此而治他的罪。正是在耶律楚材的竭力主持下，使许多危害朝廷大政的事被阻止，使乃马真皇后统治期间未酿成大的动乱。

1244年夏天，耶律楚材由于操劳过度，积劳成疾，死于任上，享年55岁。乃马真皇后虽对耶律楚材经常违抗自己的旨意很生气，但治理国家又离不开他。现在这位老臣死了，她心里感到很悲伤，故赠赐耶律楚材家人许多金银，以料理丧事。后来，有人向乃马真皇后进谗言，说耶律楚材当国日久，天下财富约有一半入了他的私宅。乃马真皇后半信半疑，就派近臣到他家里去查看。结果，在耶律楚材家里只看到十几架笙琴，另有一些古今书画，手稿数箱，其他没什么余资。于是，乃马真皇后便打消了抄没他家产的打算。耶律楚材平时不以金银为意，不治家产，这实际上为他的后人避免了一场灾祸。在中国古代，不少人趁自己身居高位之机，不惜触犯刑律，千方百计地搜刮财富，力图使自己的子子孙孙永远享用，结果却事与愿违，有的自己即身陷囹圄，有的则祸发身后，殃及子孙。相比之下，耶律楚材要比这些人高明许多倍。

越到后来，人们越怀念这位一身清廉的能臣。尤其是元中期以后，朝政日趋腐败，大小官员贪墨成风，政以贿成，人们就更加怀念耶律楚材。元文宗至顺元年（1331），按照一些大臣的奏请，追赠耶律楚材为"经国议制寅亮佐运功臣、太师、上柱国，追封广宁王，谥文正"。在古代，这些封号是极为荣宠的。他的儿子名耶律铸，在元世祖时官至中书左丞相，长期受元世祖忽必烈的倚重。其孙十一人，终元为望族，子孙中不乏封侯封王者。当时的人在谈到这种现象时，无不追溯到耶律楚材，追溯到他树立的好的家风。

（晁英起）

▼

本文主要资料来源：《元史》卷一四六，《耶律楚材传》；卷一，《元太祖本纪》；卷二，《元太宗本纪》；耶律楚材：《湛然居士集》。

# 居禅寺心怀天下　辅世祖大元一统

## ——刘秉忠传

对于元帝国的建立和巩固来说，刘秉忠是仅次于耶律楚材的另一个大谋士。在耶律楚材的谋划和辅佐下，蒙古汗国的力量不断壮大，使成吉思汗和窝阔台汗的四处征讨连战皆捷，并接连攻灭了西夏和金，初步建立了一些典章制度。此后，正是在刘秉忠的辅佐下，元世祖基本统一了中国，建立起了完备的适合时宜的典章制度，定一代成宪，促使元朝成为中国历史上疆域最辽阔的大帝国。元王朝迁都北京，设立行省，促进了我国多民族国家的统一和发展。时至今日，每一个中国人仍能感受到这些重大措施的影响。

## 一、官宦世家，隐居禅寺

刘秉忠（1216—1274），字仲晦，原名刘侃。他后来因出家为僧，故又取名子聪。当他随元世祖为官后，又改名秉忠。他原籍瑞州（今辽宁绥安县），祖上累世为辽朝的高官。入金后，历代又仕于金朝。他的曾祖父之兄曾出任邢州节度副使，于是全家便随之迁居邢州（今河北邢台）。自此以后，刘秉忠家人便都自称为邢州人。

当成吉思汗大举伐金时，其大将木华黎陆续攻占了河北诸州县，并在邢州设立都元帅府，用刘秉忠的父亲刘润为都统。后来，刘润又相继担任过巨鹿、内丘两县的提领，都颇有政声。刘秉忠自幼受父亲的熏陶，熟知官场的人情冷暖，这对他日后的为官之道产生了或好或坏的影响。

刘秉忠"生而风骨秀异",自幼聪慧过人。他8岁入学,每日能背诵经书数百言。刘秉忠17岁时入侍邢州节度使府中任小令史。这是写写算算的小官吏,俸禄也不高。在他父亲的俸禄也不高的情况下,他这点俸禄也可聊补家用。

这时的刘秉忠已近成年,不仅一表人才,且胸有大志,性情豪放。他不甘心于这种每日抄抄写写的平庸生活,常常为不得志而郁闷不乐。一天,因文案工作不顺心,投笔叹道:"我家世代为官宦,我岂能甘心于当个刀笔小吏?大丈夫生不逢时,不为世人所识,自当隐居起来,以待时机再展宏志。"于是他辞职而去,隐居于武安山(在今浙江龙游县)中,以读书为乐。后来,江苏天宁寺虚照禅师招他入寺,他便剃度为僧,改名子聪,在寺中掌书记之职,时人称为"聪书记"。后又游历山西云中(今山西大同市),留居南堂寺。

刘秉忠在寺中勤奋地博览群书,诗、书、五经无所不读,天文、地理、律历、佛经以及三式、六壬、遁甲等占卜之术,亦无所不通,尤其对《易经》和邵雍的《皇极经世书》研读精深。这为他日后事业的成功奠定了根基。七八年后,他终于遇到了建功立业的机会。

## 二、晋见世祖,纵论国事

当时,元世祖忽必烈还是一个亲王,常驻漠北,滦河上游和今河北北部皆属其统辖。蒙古统治集团内部为争权夺利而不时发生内争。忽必烈有雄才大略,为应付日后的不测风云,他极力招揽人才,结识天下儒士和名流。燕京大庆寿寺高僧海云禅师应召前往漠北。他途经云中时,闻知南堂寺僧人子聪博学多才,特意前去拜访,结果一见如故,随即邀他一同去谒见藩王忽必烈。刘秉忠欣然同往。此一去,刘秉忠得遇明主,从而为他实现自己的抱负找到了广阔的舞台。

刘秉忠来到漠北,随海云一同谒见忽必烈。忽必烈见到海云身后的年轻僧人气度不凡,便召前询问。刘秉忠应答自如,谈吐不俗,引起忽必烈注意。以后忽必烈又屡次召见,刘秉忠议论天下大事,了如指掌,才华横溢,深得忽必烈赏识。当海云禅师南归时,刘秉忠被留在了藩王府中。从此,他辅佐忽必烈30余年，参与机密，制定国家大计，充分发挥了自己的聪明才智，为元帝国的建立和巩固立下了汗马功劳。

忽必烈素有大志，喜欢结识儒士和释道名流，"好访问前代帝王事迹"，尤其赞赏唐太宗李世民的业绩。他得知，当唐太宗还是秦王时，就广延贤能之士，为他夺天下、治天下发挥了极大的作用。因此，他十分器重像刘秉忠这样有才能的汉族文士。刘秉忠看到忽必烈智谋非凡，胸襟开阔，虚怀若谷，求贤若渴，且对中原历朝帝王文治武功甚感兴趣，料定他将来必能成就一番大业。因此，刘秉忠决心尽心竭力为他出谋划策，以报答知遇之恩。

鉴于忽必烈治下的疆域越来越大，而忽必烈有望成为新帝国的最高统治者，刘秉忠上给他一道洋洋数千言的奏议，陈述治国平天下之道。刘秉忠首先明确主张"治乱之道，系乎天而由乎人"，继之提出"以马上取天下，不可以马上治"的大问题，并以中国历代封建王朝治乱兴衰的经验教训，提示忽必烈，劝导他像当年周公辅佐武王一样辅佐蒙哥。接着，刘秉忠进一步分析了蒙古国旧的制度政策所造成的弊端，主张效法汉文、景、光武和唐太宗等明君，采取建朝省、立法度、定官制、省刑罚、整饬赋税、采用汉法、奖励农桑、置库设仓、招揽人才、量才适用、广开言路等一系列措施。从刘秉忠的这些主张来看，他实际上为忽必烈以汉法治国平天下勾画了一个基本蓝图。

元宪宗蒙哥初继汗位时，即授命其弟忽必烈经略漠南汉地，后又将关中封给忽必烈为领地。忽必烈率领身边的一批谋士离开漠北南下中原。从此，忽必烈有了赖以实现自己宏大志向的根据地。同时，刘秉忠也得到了试行汉法治天下的机会。

刘秉忠的家乡邢州就在忽必烈的统治下。几年前，当刘秉忠的父亲逝世时，刘秉忠回籍奔丧。临别时，忽必烈亲赐银百两，供他办丧事，并派人护送他到邢州。由此可以看出，忽必烈和刘秉忠已建立起非同寻常的信任关系。刘秉忠在原籍守丧期间，他亲眼看到家乡的悲惨境况。邢州八县原在金时有居民八万余户，至元太宗窝阔台时期，减少到一万五千户。窝阔台将这万余民户分赐给两个蒙古贵族功臣。由于他们"不知抚治，征求百出，民不堪忍受"，因此，人民便纷纷逃亡。结果，到忽必烈受封之初，当地百姓已锐减至六七百户。

针对上述情况，刘秉忠上书忽必烈说："数年来，差徭甚重，加上出征军马的调发，使臣烦扰，官吏巧取，民无法承受如此重负，所以就以逃亡求生存。现在，该地已归王爷管辖，应采取休养生息的政策，赋役应比过去减半，或三分之一，就现有之民户人数来定差税。"接着，刘秉忠又进言说："现今人民生活困敝，没有比邢州更为严重的了"，"邢州原有万余户百姓，兵兴以来不满数百，而且社会凋坏日甚"。因此他建议："选派能人前往治理，责其克期见效，以作为四方效法的榜样，使天下均受到恩赐。"对所需人选，他还推荐说："只要有像张耕、刘肃这样优秀的牧守前去治理，一定可将邢州治理好。"

忽必烈采纳了刘秉忠的建议，以邢州为推行汉法的试点。他奏请朝廷批准，选派内侍脱兀脱、牧守张耕、尚书刘肃等人为正副安抚使前往邢州。后来，"三人至邢，协心为治，洗涤蠹弊，革去贪暴，流亡复归，不期月，户增十倍"。效果十分好。

从治理邢州的成功经验中，忽必烈看到了推行汉法的巨大成效，感触很深。从此，他对汉儒谋士更加器重，广泛采纳他们的建议，各种重要政事逐步交由刘秉忠等人处理。

自元宪宗二年（1252）以后，忽必烈陆续采纳了刘秉忠的一系列建议，在河南唐、邓等州和陕西凤翔、京兆等地推行汉法，采取了诸如实行屯田，招抚流民，劝课农桑，兴修水利，发行纸钞，整饬吏治，整肃汉军，减轻赋役，建置学校，保护儒士等措施，兴利除害，收效显著。这样，在忽必烈主管漠南汉地后，很快就使中原一部分地区得到初步的治理，为他后来夺取帝位，统一全国，打下了较好的政治基础和经济基础。

忽必烈重用汉儒、推行汉法的做法引起了蒙古贵族和守旧势力的不满，一些别有用心者散布流言，借机发难。元宪宗六年（1256），有人在蒙哥汗面前进谗言，说忽必烈有"得中士之心"。这使蒙哥汗怀疑忽必烈有另立王国之意，不由得顿生疑窦。他派遣亲信大臣阿蓝答儿为大钩考，在关中设立钩考局，借审查之名给忽必烈宗王府所辖关中的许多官吏罗织各种罪名，严加惩罚，致使许多官吏无辜被杀被罚。忽必烈在谋士姚枢的劝说和策划下，以放弃漠南汉地管理权，返回和林居住为条件，求得蒙哥汗的谅解。

忽必烈回到和林后，在刘秉忠等谋士们的帮助下，继续积聚力量。蒙哥汗是忽必烈的长兄，原来关系很好。在刘秉忠等的建议下，忽必烈说服蒙哥汗，使他同意在靠近中原的地方另建一陪都，迁王府于陪都。这样做表面上是表示无意"得中土"，实际目的则有两个，一是为了摆脱和林守旧势力的干扰，二是为将来重新控制漠南汉地建立一个大本营。刘秉忠受命在桓州（今内蒙古正蓝旗北）东北、滦河北岸的龙冈选择了一块风水好地，营建王府宫室和房舍，历时三年建成，定名开平。忽必烈在这里聚集了一批重要谋士，成为忽必烈集团的根据地。

在当时，对于蒙古贵族统治者来说，推行汉法确是件不易之事。这不仅是统治政策的改革，尤其关系到统治观念的改变。在这方面，如何将儒家"得民心者得天下"的仁治观念灌输到忽必烈的头脑中，改变其视征战杀戮为寻常事的落后观念，这在忽必烈出征时甚至是比推行汉法更难解决的问题。为此，刘秉忠等许多汉族谋士都很费了一番苦心。

元宪宗三年，蒙哥汗命忽必烈远征大理，刘秉忠与姚枢等一班谋士都随军出征。刘秉忠一有机会就在忽必烈身边宣扬佛家和儒家爱护生灵、兴正义之师的道理，宣称"天地之神是好生的，真正的王者神武而不妄杀"，极力主张执行怀柔政策。忽必烈听从他的建议，公开表示不妄杀无辜。忽必烈率军一路征战，进至距大理城不远的地方。忽必烈派使臣前去招降，结果一去不复返。忽必烈料想他们凶多吉少，便与大将兀良合台分军继进，连克堡塞，包围了大理城。大理国国王段兴智与权臣高祥、高和兄弟率领军队出城迎战，结果大败而归。忽必烈再次招降，段兴智等不降，乃率残部弃城而逃。忽必烈派人找到了被杀的使者尸首，大怒，立刻要下令屠城。

刘秉忠急忙上前劝阻道："殿下，杀使拒命者是高祥等人，并非城民之罪。姚枢先生所讲宋将曹彬征南唐的故事，您难道忘了吗？你还记得您对姚枢先生许下的诺言吗？"姚枢、张文谦也恳请忽必烈饶恕城民。忽必烈这才从盛怒中清醒过来，想起以前的许诺，结果使大理城中百姓得以免遭屠杀。不仅如此，忽必烈似有所悟，为笼络民心，还实行了一些颇为开明的政策。因此，云南成为蒙元帝国颇为巩固的根据地。

由于劝行怀柔政策在远征云南的战事中取得了很大的成功，刘秉忠每遇忽必烈出征，便不遗余力地督促其坚持推行怀柔政策。元宪宗九年（1259），忽必烈受命配合蒙哥汗大举伐宋。在出征前，刘秉忠又以征大理的经验再次向忽必烈进言说："王者之师，有征无战，对谁作战都应一视同仁，不可嗜杀。"忽必烈当即答应道："期望与卿等共守此言。"待大军入宋境后，忽必烈命各路将领不得妄杀百姓，不许焚烧房屋，作战时所俘虏的军兵丁口一律释放。正是由于推行了怀柔政策，使得忽必烈军进展顺利，南宋许多城镇和军队都望风而降。大军所至，南宋军民"全活不可胜计"。所以，元军很快就打到了长江边，并由战略要地阳罗堡（今属湖北）渡江。这时，刘秉忠又向忽必烈献策说："古人领兵作战都要及时行赏，以便激励将士的士气，奋勇杀敌立功。现在，我三军野战多日，所向披靡，却没有得到应有奖赏犒劳。应即刻派一名近臣前往犒赏三军。"忽必烈认为此策甚好，立刻派近臣忽鲁苏代表自己到前线劳军。因此全军士气大振，人人乐为忽必烈效力，个个奋勇争先，结果在突破长江天险后，几乎马不停蹄地又进围南宋重镇鄂州。

就在这时，蒙哥汗病死在四川前线。消息传到军中，忽必烈立刻召集诸将和诸谋臣商议。谋士郝经提出"断然班师，亟定大计"，得到刘秉忠、姚枢等一班谋臣武将的大力支持。忽必烈采纳了这个计策，立即罢兵议和，迅速返回开平王府，并于1260年3月在开平单方面召开忽勒台大会，在部分诸王贵族支持者的拥戴下宣布即位。接着，忽必烈凭借着近十年经营漠南汉地所集聚起来的经济和政治实力，一举打败了另立为汗的弟弟阿里不哥，确立了君临天下的绝对地位，成为元王朝的建立者。

## 三、行仁义之师，定一代成宪

在刘秉忠的辅佐下，忽必烈本人实际上日益在"汉化"。从实践中他深深体会到，行"仁义之师"有利于夺取战争的胜利，也有利于巩固胜利果实。他在即大汗位后，更按照刘秉忠之议定"一代成宪"，很快建立起在全国的统治。

忽必烈的即位标志着蒙古汗国进入了一个新时期。这是因为，元朝的"一代成宪"正是从这时起开始逐步建立起来的。很显然，忽必烈十几年来一直都在考虑着的一个重大问题，就是如何建立一个既能保持"国朝（蒙古）之成法"，又有适应中原地区经济文化发展水平的一整套制度。对于这个问题，忽必烈经过多年来与汉族谋士的密切交往，特别是近十年在漠南汉地的实践，其思考逐渐成熟起来。

忽必烈将制定治国方略的重任交给了刘秉忠："凡治天下之大经，养民之良法，卿其议拟以奏。"刘秉忠立即着手进行这项工作。他上采祖宗旧典，参考古代制度，结合现实需要，尤其是参照"汉法"，详细列出条文上奏忽必烈。忽必烈看罢非常满意，便下诏实行。

首先，忽必烈采取了一个具有重大意义的措施——建立年号。自成吉思汗建国后，历代大汗一直未采用过年号。忽必烈采纳刘秉忠等人的建议，按中原王朝的传统，于1260年5月正式下《中统建元诏》，称帝建年号。建立年号一事，是忽必烈按照中原王朝的模式来建立自己王朝的第一步，表示蒙古汗国继承中原王朝"前代之定制"，也表示蒙古统治者统一全国、实现"天下一家"的意志。1264年，忽必烈又下诏改燕京为中都，升开平为上都，并改元"至元"。后又于至元三年（1266）命刘秉忠在中都相其地形，设计和营建都城宗庙宫殿建筑。

至元八年（1271），忽必烈采纳刘秉忠的建议，作出了又一重大决策，即废"蒙古"国号，取《易经》中的"乾元"之义，建新国号为"大元"，进一步表示了要统一天下，实现"天下一家"的意志。

次年，忽必烈又根据刘秉忠的建议，将国家统治重心移至中原，迁都中都，改称大都（今北京），实现了统治重心南移的历史性转变。

忽必烈为了建立稳固的政治制度，逐步建立健全中央和地方行政体制。他按照刘秉忠和其他汉儒谋臣的建议，在中央沿袭金制，设立中书省，总理全国政务。中书令由皇太子兼领，其下分设右左丞相、平章政事和副相（包括右承、左承和参政），大批亲信汉族谋臣被任命为朝廷大臣。例如，王文统、赵壁为平章政事，张文谦为左丞等等。中书省下设吏、户、礼、兵、刑、工六部，置尚书、侍郎分理各部政务。

后来，忽必烈在李坛之乱后，采取罢世侯（即废除诸侯世袭制）的方式将兵权收归中央，设立枢密院以总领全国军务。枢密院长官为枢密使，由皇太子兼领，下设副使、同知院使、副枢、签院、同签、参议等各级官职。至元五年，又设立御史台，总管全国司法和监察事务。以右丞相为御史大夫，下设御史中丞、侍御史、治书御史等职位。另外，御史台下又设立中司和察院，专门负责监督和弹劾各级官吏。

在地方行政机构设置上，忽必烈根据刘秉忠等人的议奏，借鉴宋、金之制，改革全国地方行政机构。建元中统后，阿里不哥联合漠北诸王起兵反叛，忽必烈立即在漠南汉地设立十路宣抚司，作为地方最高行政机构，统归中书省管辖，长官宣抚使由中央直接任命和派遣。这样，通过各路宣抚使，忽必烈便将漠南汉地乃至全国都牢牢地控制在自己的手中。不久，将宣抚司改称行中书省事，全国除中央直辖区外，共设十个行中书省，简称"行省"，形成了沿用至今的行省制。行省之下分设路、府、州、县等各级地方政府机构。

另外，忽必烈"颁章服，举朝仪，给俸禄，定官制"等，都是按照刘秉忠建议而制定的。

古代的君王，特别是开国之君，身边通常都有阴阳术士为其服务。忽必烈也不例外。在忽必烈的身边，有几个专职的术士为他服务，包括萨满①、释、道等各教术士。但是，忽必烈最信赖的恐怕就是刘秉忠了。刘秉忠一身兼通儒、释、道三教之学，深得各教要旨，且无门派偏见，所以很为忽必烈所赏识，不仅遇有军政大事必征询意见，而且还把在恒州为藩王府看风水、建王宫，在燕京为元朝帝都看风水、建宗庙皇宫这等大事委托刘秉忠办理，足见忽必烈对刘秉忠阴阳占卜之术深信不疑。忽必烈在刘秉忠死后曾对身边的大臣们说："刘秉忠的阴阳术数之精湛，预知来事与实际之吻合，只有朕一人知道，他人不得而知。"实际上，阴阳占卜不过是刘秉忠使自己的意见被忽必烈采纳的一种手段。古人都有迷信心理，刘秉忠正是利用了忽必烈的这种心理。

刘秉忠一直扮演着谋士和术士的双重角色。忽必烈每当面临重大决策或行动时，总要请刘秉忠为他占卜算卦，以便预卜吉凶成败。刘秉忠在这方面

---

① 萨满教：流行于亚洲和欧洲北部的原始宗教，在我国蒙古族、满族、维吾尔族等少数民族中流行。该教相信万物有灵和灵魂不灭。萨满即巫师之意，宣称与神灵相通，可为人消灾祈福。

似乎确有神机妙算之能，他将自己的意见和占卜糅为一体，使忽必烈深信不疑，增强了必胜的信心，因而他的建议屡屡奏效。

## 四、举荐贤能，常居禅寺

在刘秉忠的辅佐下，忽必烈建立了元朝，并陆续建立起了完备的典章制度。刘秉忠在元廷中功高位显。但是，他视个人的官爵利禄淡泊如水。《元朝名臣事略》中写道："上（忽必烈）在潜邸，儒士之所以长途跋涉，冒风霜而至，往往有所陈诉祈请。唯公（刘秉忠）独无所求。"

当时，一些与他同时入侍忽必烈的汉人和许多由他荐举入朝的儒士都已做了高官，享有厚禄，独有他依然如故，僧衣斋食，无官无爵，以皇帝的宾友自居，过着出家人的清贫生活。至元元年，翰林学士王鹗上书元世祖忽必烈。奏书中称："刘秉忠久侍藩邸，已有多年，参帷幄之谋，定国家大计，忠贞勤勉，应予褒奖。现陛下已御极天下，万物维新，而功臣刘秉忠却一仍野服散号，臣深为不安。现授以显爵，借以勉励群臣。"忽必烈深以为是，遂颁诏，令其还俗，赐名刘秉忠，拜官光禄大夫，位太保，参预中书省事。同时，忽必烈还亲自做媒，以翰林侍读窦默之女做刘秉忠之妻，并将奉天坊赐予刘秉忠做私宅。刘秉忠一再推辞，但忽必烈坚执不许。刘秉忠无奈，只好接受元世祖的封赏。但是，尽管他位极人臣，有豪华的宅邸，他却仍住禅寺，终日淡然，粗茶淡饭，每以吟诗自适，自号藏春散人，与未封赏前并无什么明显不同。

领受封赏之后，刘秉忠虽然位居高官，仍然斋居素食，生活恬淡如初。对他来说，这些官爵和产业如同虚授。可是，他以天下为己任，事无巨细，凡有关国家大计者，知无不言，尤注意为朝廷选拔推荐人才。早在忽必烈居漠北时，刘秉忠就上书忽必烈："国家广大如天，万中取一，以养天下之名宿儒……使之不致困穷，以便随时为君主量才适用。"刘秉忠为人正直，他为忽必烈尽心举荐贤能。为倡行汉法，他大量推荐中原的汉族儒士。经他推荐的人才许多成了一代名臣，如姚枢、张文谦、许衡等。正因为这样，当时元廷中汉族人才荟萃，其盛况如《元朝名臣事略》中所述："在元朝的旗幡招展之处，在蒲伞华盖迎宾所在，一位又一位德高望重的名儒和有奇才异能的名士接踵而至，月月不断。"刘秉忠为忽必烈做出了许多重大贡献，而举荐贤能是他最大的贡献之一。

由于刘秉忠举荐了许多人，他有时也因此而受到连累。在李坦之乱发生后，忽必烈发现他重用的朝臣王文统竟是李坦同党，他立刻将其处死。事情并没有就此结束。李坦事件在忽必烈的心里留下一个巨大的阴影，他对汉人产生了疑忌心理。在进一步追查王文统的晋身之路时，对推荐过王文统的一批汉族文臣，包括刘秉忠在内都产生了怀疑。其中商挺、廉希宪、赵良弼三人都受到忽必烈的亲自讯问。赵良弼差点被处以割舌之刑。商挺被从元廷中排挤了出来，先是调任四川，后又遭诬告，多次被囚禁。就连姚枢、许衡、张文谦等未受牵连的汉臣，也渐渐地不被重用了。汉族将领史天泽等都被迫交出了兵权。与此同时，色目人作为可信赖的帮手在忽必烈的心目中地位却日益得到加强。如像阿合马这样的花剌子模人，自中统三年以后，连年被加官晋爵，不断委以重任。最后，忽必烈干脆于至元二年颁旨，正式规定："以蒙古人充各路达鲁花赤，汉人充总管，回国人充同知，永为定制。"达鲁花赤是驻各地的最高长官。此后，色目人在元朝政治上的重要性日益增强，中央实权渐渐落入阿合马等人手中，汉人谋士的地位相应降低。

眼见忽必烈用人态度的这个大变化，刘秉忠心中十分清楚，又自知无力扭转大局。这是因为，他自己也因举荐王文统而受到牵连，只是由于忽必烈比较信任他，并在许多事情上离不开他，这才让他继续留在身边。这使刘秉忠清楚地感觉到，自己虽仍居高位，但忽必烈对汉儒的疑忌心理已越来越重，他最信任的谋臣已是蒙古人和色目人。

刘秉忠看到，元朝的统治已大体稳定，元世祖忽必烈似乎已不那么需要汉儒为他出谋划策。眼见一个个汉儒或被治罪，或被斥逐，刘秉忠决定急流勇退。至元十一年（1274），刘秉忠随忽必烈去上都（开平）。那里有座南屏山，刘秉忠在山上筑一小屋，只要皇帝不召见，他就在那里静心修行。忽必烈本来对他也有疑心，但看到刘秉忠仍留恋佛家的清静生活，感到他没什么野心，因而对他的疑心自然也就消失了。这实际上也是刘秉忠的自保之术，事实证明这种自保之术是成功的。

这年秋八月，刘秉忠在南屏山小屋中"端坐而卒"，无疾而终，享年59

岁。忽必烈闻讯后非常悲哀，在朝廷上对群臣说："秉忠事朕三十余年，小心缜密，不避艰险，言无隐情。"刘秉忠家无余资，忽必烈出内府银为刘秉忠治棺木，命礼部侍郎赵秉温掌治丧事宜，隆重安葬于大都。元世祖忽必烈降旨，为刘秉忠赠官太傅，封赵国公，谥号"文贞"。后来，元成宗又赠官太师，谥号"文正"，到元仁宗时，又进封刘秉忠为常山王。

刘秉忠留有文集 10 卷，其诗文恬淡闲雅，颇类其为人。他正是在恬淡中成就了一番大事业，这不能不说是他的奇特之处。

（刘宝全）

▼

本文主要资料来源：《元史》卷一五七，《刘秉忠传》；卷四，《元世祖本纪》；《元朝名臣事略》卷七，《太保刘文正公传》。

# 素负经世之才　助明定国安邦

## ——刘基传

在明朝的开国功臣当中，有所谓"明初四先生"之称，其中最著名的是刘基和宋濂。宋濂以文章博知著称于世，刘基则以谋略出众为历代所传颂。明朝的开国皇帝朱元璋将刘基称之为自己的张子房（张良）。仅此一点即可看出，刘基在朱元璋众谋士中的地位是何等之高。

## 一、初试锋芒

刘基（1311—1375）是浙江青田人，字伯温。刘基家是当地望族，他的曾祖父名刘濠，在宋朝末年任翰林掌书。宋朝被元灭亡后，青田人林融起兵反元，浙江的许多士大夫参与其事。这场起义被元军镇压下去以后，元廷遣官穷查余党，当地许多士大夫受到株连。元朝使者带着要株连的名单，准备下一步大肆诛杀。这个使者在刘濠家借宿，刘濠对使者盛宴款待，令其喝得酩酊大醉。半夜时，刘濠放火烧了房子，使者所携带的名单也随之被大火烧掉。于是，名单上被株连的人都因此而幸免于难。

刘基自幼聪明过人，他的塾师曾对他父亲说："你祖上积德深厚，所以神灵让你家生了这么个聪明孩子。这个孩子日后的前程不可限量，一定会为你家光耀门庭。"刘基的父亲自然十分高兴，更加留意对刘基的培养，总是聘请最有学识的人充任刘基的塾师。

元末至顺年间，刘基举进士，授官高安县丞。他为官清正廉洁，颇有政声，不久即被提升为江浙儒学副提举。因一个御史失职，刘基上疏弹劾。由于这个御史的同党暗中阻挠，刘基的奏疏如石沉大海，未产生任何反响。刘基极为气愤，便又上一疏，对那个御史再次进行弹劾，但仍和上次一样，未产生任何作用。不仅如此，这个御史的同党还对刘基进行威胁利诱。这件事对刘基的刺激很大，使他认识到了官场的黑暗。他本来打算尽心为元朝效力，但此事对他无异于当头一棒，使他感到事不可为，没必要再为腐朽的元王朝卖命。于是，他毅然辞去元朝的官职，回到青田老家。他利用家居的这段闲暇，博览群书，不仅精读儒家经典，而且对天文术数之学无不精通。元末天下动荡，农民起义此起彼伏，元王朝处于风雨飘摇之中。刘基一面在家读书，一面时刻关心着天下大事，与友人谈话时，总是侃侃而论，见解精辟，令人倾倒。西蜀大名士赵天泽在说起江左人才时，首推刘基，认为刘基是一个可以和诸葛亮并列的人物。

元顺帝至正八年（1348），浙东人方国珍趁天下大乱，亦起兵反元，在濒海各州县大加劫掠。元军对方国珍屡加征讨，但官军总是失败的时候多，而方国珍的势力却越来越大。元朝官府鉴于刘基的声望，遂征聘刘基为浙东行省都事，要他协助剿除方国珍。刘基建议，加固庆元等城池，然后派出精锐伺机攻杀。浙东行省按照刘基的建议重新部署，使方国珍很快陷于被动，屡次被官军打败，损失惨重。迫不得已，方国珍遂上书请降。那些当政的官员大都暗中接受了方国珍的贿赂，所以都主张接受方国珍的投降。刘基虽然是方国珍的同乡，但却力主拒降，认为方国珍投降是假，日后仍旧会危害地方。另外，刘基认为，对方国珍这样造反的人不严加剿除，不足以警戒其余。如这时不趁机彻底剿除，他就会做大，日后为害更烈。刘基一再力请，惹得当局大怒，认为刘基越权言事，擅作威福，竟将刘基羁押于绍兴。当时，方国珍得知刘基反对受降后，也曾派人以重金向刘基行贿，被刘基严词拒绝。方国珍最后终于如愿以偿，使元廷接受了他的投降，并被元廷授以官职，仍驻浙东。他名义上虽投降了元廷，但实际上仍拥兵自雄，并不服从元廷调遣。后来果不出刘基所料，方国珍不久又叛去。

在方国珍投降不久，其他小股农民起义不断出现。为镇压这些农民起义，元官军疲于奔命，收效甚微。这些农民起义军自然有一些剽掠行为，刘基对此十分痛恨。因此，他一直主张对这些农民起义要严加剿除。在屡剿无效的情况下，浙东行省便又重新起用刘基，与另一个官员协力防守处州。在刘基的精心谋划下，处州的防务大为加强，起义军数次进攻都被击退。为此，经略使向元廷报刘基守城功高，请予升赏。但因刘基曾反对招降方国珍一事，当局并未按功行赏，而只是授给刘基一个总管府判的小官，且不能参与兵事。刘基感到这是对自己的污辱，遂辞官还籍。他在这段家居期间，写成了《郁离子》一书，在书中表达了他的豪迈志向。这表明，他并不安于这种家居生活，而是在等待时机，以求一展宏图。

## 二、助太祖决策，智灭陈友谅

刘基生活的元末明初是个急剧动荡的时代，天下纷纷扰扰，战乱不止。元朝末年，由于统治集团日益腐朽，阶级矛盾、民族矛盾和各种社会矛盾迅速激化，各地人民的起义斗争此起彼伏。至正十一年（1351），刘福通等人以"重开大宋之天"相号召，在河南发动了大规模起义，在亳州（今安徽亳县）拥立韩林儿为小明王，建立政权，国号"宋"，年号"龙凤"。接着兵分三路大举北伐，攻占汴梁（今河南开封）后，便以汴梁为国都号令各地。刘福通起义后，各地的白莲教徒纷纷起兵响应。明太祖朱元璋原是个游方僧，他看到天下大乱，便丢弃了僧人的衣钵，投身到郭子兴的起义军中。郭子兴看他才略出众，就把自己的养女马氏嫁给他，这就是以贤惠著名的马皇后。至正十五年（1355），郭子兴病死，朱元璋就成了这支队伍的统帅。他率军渡过长江，并于第二年攻占集庆（今南京），改名应天府，作为自己的根据地。朱元璋仍用龙凤年号，自称吴国公。朱元璋的力量一天天壮大起来，成了逐鹿中原的一支劲旅。

这时，除了北边的元政权以外，对朱元璋威胁最大的是陈友谅和张士诚。

陈友谅原是徐寿辉的部下。徐寿辉是长江中上游的红巾军首领，国号"天完"，年号"治平"。后来，陈友谅把徐寿辉杀掉，自称皇帝，国号"汉"，年号"大义"。他拥众数十万，与朱元璋展开激烈的争战。

张士诚以平江（今苏州）为都城，自称诚王，国号"周"，年号"天佑"。他不属红巾军系统，对元政权时降时叛。另外，浙东还有一个方国珍割据政权，也有相当势力。在四川，明玉珍还建立了一个大夏政权，年号"天统"，定都重庆。这些割据势力你争我夺，都想取元政权而代之。朱元璋被夹在陈友谅和张士诚两大集团中间，时刻面临着来自两边的攻击。陈友谅和张士诚还不断暗中联系，企图联合灭掉朱元璋。

朱元璋一边招兵买马，兴屯田，巩固根据地，一边广加搜罗人才。他听说刘基和宋濂的大名，就派人带着丰厚的礼品去聘请。第一次聘请刘基时，刘基坚辞不出。朱元璋得知总制官孙炎是刘基的朋友，便命孙炎致书刘基，诚意相邀，力请出山。刘基这才来到应天，为朱元璋出谋划策，成为朱元璋夺天下、安天下的第一谋士。

刘基见到朱元璋，马上"陈时务十八策"，亦即18条建议。朱元璋看了后十分高兴，感到刘基的确是个难得之才。于是，朱元璋特命修建"礼贤馆"，专门用作刘基的住处，优礼有加。刘基有什么想法和建议，随时可报告朱元璋。由于朱元璋也属于红巾军系统，所以一直尊奉韩林儿。元旦时，朱元璋为韩林儿设御座，上挂韩林儿的画像，上下人等都向韩林儿行跪拜礼，只有刘基不肯下拜。他还对朱元璋说："他只不过是个放羊的孩子，尊奉他有什么用呢！"刘基认为当今天下大乱，元朝不可复兴，应趁机成大事，以顺天命，不必再尊奉这么一个小孩子。这对朱元璋是个极大的启发。朱元璋小时候没上过学，后来只是在马背上学了点文化，只是看到天下大乱，自己便也投身到起义军中，起初并没有要当皇帝的念头。经刘基这么一开导，朱元璋大为醒悟，初步树立了要夺天下当皇帝的信心。后来，朱元璋以接韩林儿来应天为名，将他沉杀于江中。

当时，陈友谅兵力最强，控制的地盘最广，野心也最大。他听身边的谋士说，应天府有钟山王气，风水好，占领了应天就可以成就王业。于是，陈友谅和张士诚相约，联合进攻朱元璋。不久，陈友谅就率领一百余艘大战舰，数百艘小战船，浩浩荡荡向应天杀来。面对强敌，朱元璋部下的文臣武将都吓破了胆，有的主张投降，有的主张弃城外逃，七嘴八舌，乱作一团。胆子小的官员甚至在背地里收拾细软，准备私下逃跑。当朱元璋与部下商议应对之策时，独刘基两眼圆睁，闭口不言。朱元璋看刘基的表情与众不同，就把他引入密室。刘基激动地说："先杀掉那些主降和打算逃跑的人，才能击破强敌。"朱元璋问破敌之计，刘分析道："张士诚龌龊无大志，只想保住他那块地盘，不会有什么作为，可以暂时不必管他。主要的危险来自陈友谅，他兵马多，又有许多大军舰，且居我上游，野心勃勃。而对这种形势，军事上应争取主动，针对主要敌人，集中力量先除掉陈友谅。上游无事，张士诚势孤，一举可定。然后再北取中原，可成王业。"朱元璋听了后十分赞赏，于是下决心首先消灭陈友谅。

刘基进一步分析道，陈友谅虽然人马众多，但恃骄而来。"天道后举者胜"，我军以逸待劳，何愁不能破敌！他建议朱元璋以至诚待下，开府库，以固将士之心，然后齐心协力，伺机破敌。听了刘基的一番话，更加坚定了朱元璋必胜的信心，对刘基的建议，都一一照办。城中原来惶恐的气氛顿时全消，上下充满了必胜的信念。

刘基得知，朱元璋的部下康茂才与陈友谅是老朋友，康茂才的老管家也侍候过陈友谅。刘基遂授意康茂才，让他的老管家偷跑到陈友谅军中，带去康茂才的亲笔降书，并告诉陈友谅一些假情报，愿与陈友谅里应外合，劝陈友谅兵分三路直取应天。陈友谅见书大喜，按约定的路线向应天杀来。

朱元璋在刘基的谋划下，命胡大海攻取广信（今江西上饶），直捣陈友谅的后路，另一面按陈友谅的进军路线埋设伏兵，只等陈友谅来自投罗网。当陈友谅进入埋伏圈后，山上红旗招展，四周伏兵呐喊着奋勇出击，陆上、水上一齐打，很快将陈友谅这支精锐部队击溃，杀死、淹死不计其数，俘虏两万余人。陈友谅的水军因退潮搁浅，船只都动弹不得，结果全部被俘。朱元璋乘胜收复了太平，并进而攻占了原属于陈友谅的安庆、信州、袁州等地。

张士诚得知陈友谅被朱元璋打败，就根本没敢出兵。这也正应验了刘基的预料。朱元璋为这次大胜十分高兴，认为刘基是第一功臣，拿出缴获来的大批金银珠宝赏赉刘基。但刘基并不居功自傲，而是把胜利归之于朱元璋指挥有方，自己对这些金银珠宝坚辞不受，而要朱元璋将这些东西赏给在前线作战的将士。这一来，朱元璋对刘基愈加器重。

陈友谅自恃兵马比朱元璋多，自然对这次失败不服气，不久便又率大军重新夺回了安庆，并继续向应天方向进攻。朱元璋决定溯江西伐，在战船上树起大旗，上面写着"吊民伐罪，纳顺招降"八个大字。陈友谅部下有员骁将，名叫赵普胜，人称"双刀赵"，经常攻陷朱元璋西边的军事重镇，是支劲敌。刘基探明，双刀赵原是徐寿辉的部下。在徐寿辉被陈友谅杀掉后，徐寿辉原来的部将有不少人投降了朱元璋。陈友谅疑心重，为人忌能护短。刘基便抓住他的弱点，使用反间计，陈友谅果然将赵普胜杀掉。赵普胜手下的将领心怀怨恨，也就不再肯出力死战。趁陈友谅将帅不和，士气低落，朱元璋督军大举进攻，一鼓作气攻占了安庆和江州等地。陈友谅仓皇逃回武昌，手下大将傅友德和丁普郎都率领部下投降了朱元璋。这一战基本上扭转了双方的力量对比，使朱元璋可以与陈友谅一决雌雄了。

这时，镇守龙兴的陈友谅的守将胡美见朱元璋屡胜，便派自己的儿子向朱元璋通款，表示愿归附，但要求他手下的部众不要被解散。朱元璋面露难色，觉得不解散部众便不算归附。刘基看出了朱元璋的为难之意，在后边踢了踢朱元璋的座椅。朱元璋会意，马上答应了胡美的请求。于是，胡美正式归附了朱元璋，江西一带不战而附，大大地壮大了朱元璋的势力。事后，朱元璋称赞刘基高明过人。

刘基看到局势粗安，便提出要回家为母亲守制。朱元璋这才知道，刘基的母亲已死去多日，只是因军情紧急，所以刘基才没向他提起此事。朱元璋为此颇受感动，马上准刘基回乡。这时，浙东几乎到处都有割据武装，朱元璋的大将胡大海居然也被杀掉了，整个浙东一片混乱。刘基一边为母亲治丧守制，一边帮助守将夏毅安抚诸地，使浙东渐安定下来。在浙东的方国珍一向敬畏刘基，这时向刘基致书吊唁。刘基在答书中极力称赞朱元璋的威德，劝方国珍不可再犹豫不决。于是，不费一刀一枪，方国珍就归附了朱元璋。刘基虽然在家为母亲守制，但朱元璋每逢军国大计，自己难以决定，就派人来问刘基。刘基的条答都极合朱元璋的心意。朱元璋一些大的军事行动大都是按照刘基的建议来部署的。

当刘基守制期满回到应天后，正赶上北边的形势发生了大变化，在北边的红巾军因孤军深入，两路大军全军覆没，只有山东的一支还勉强坚持了下来。韩林儿退居安丰，孤立无援，形势十分危急。刘福通不得已，只好派人向朱元璋求援。

在朱元璋出兵援安丰之前，刘基极力阻止，认为大军不可轻出。尤其是陈友谅虎视眈眈，如大军北去援安丰，陈友谅若乘机来攻，就会进退无路，形势就极为危险了。另外，把小明王韩林儿救出来，把他摆在什么位置呢？如奉他当皇帝，那岂不是平白给自己加个顶头上司吗？如果要把他关起来或者杀掉，那救他又干什么呢？但朱元璋却不采纳，认为安丰是应天的屏障，救安丰就是保应天。于是，朱元璋便亲自率领大军出救安丰。不料，朱元璋大军还未赶到，刘福通已战败被杀。朱元璋督军力战，将小明王救出，安置在滁州，将他身边都换上自己的人，名为尊崇，实际上是将小明王控制了起来。

果不出刘基所料，在朱元璋率军援救安丰的时候，陈友谅果然乘虚来攻，并很快占领了吉安、临江等地。陈友谅的汉军这次来攻的规模比上次更大。他因上次战败，疆土日益变小，气愤不过，特地建造大战舰数百艘，高数丈，一色丹漆，上下三层，上下层之间听不见对方说话。大的可容3000人，小的可容2000人。这在当时就是很大的战舰了。陈友谅自以为必胜，带着百官和家小，倾国而来，号称大军60万，意在一举消灭朱元璋。

刘基一直劝朱元璋要避免两线作战，这时可真要两线作战了。对朱元璋来说，形势的确很危急。幸亏朱元璋的侄子朱文正固守洪都（今江西南昌），使汉军一直未能得手。汉军几乎用尽了攻城的方法，朱文正也用尽了防御的方法，这场洪都攻守战一直打了85天，双方伤亡都很惨重。这为朱元璋争得了宝贵的时间，阻挡了汉军不能直扑应天。七月，朱元璋从北边回师后，便亲统20万大军来解洪都之围。陈友谅得知朱元璋来攻，不得不撤围，掉过头来到鄱阳湖迎战朱元璋。于是，双方展开了一场历史上有名的鄱阳湖大战。

在鄱阳湖大战中，双方都几乎倾注了全部兵力，苦战36天之久，是一场决定生死存亡的大会战。在这场大会战中，无论从兵力上还是从装备上，汉军都占有明显的优势。但是，朱元璋的军队上下齐心，士气较高。刘基和朱元璋一直同乘一船，部署指挥大都按刘基的建议办。一天，朱元璋亲自督战，刘基就在朱元璋旁边。刘基忽然发现，汉军的大炮已对准朱元璋的指挥舰，立即拉朱元璋跳到另一艘船上。他们二人刚离开，那艘指挥舰就被汉军的大炮击沉。陈友谅以为朱元璋必死无疑，十分高兴。不大一会，朱元璋乘着别的船攻了上来，陈友谅和部下的将士都大惊失色。双方混战三天不分胜负。刘基仔细分析了双方的形势，便建议朱元璋派一支人马扼守湖口，然后主要用火攻消灭敌人。汉军的船大，几十条大军舰用铁索连在一起，虽有不怕风浪的优点，但转动不灵活。朱元璋的船虽然小，但操纵灵活，进退自如。汉军发现后路被切断，军心更加动摇。朱元璋调集来大量的火炮、火铳、火蒺藜等火器，还有一种叫"没奈何"的火器，长约 7 尺，外裹以芦苇，中间装上火药捻子。在与敌船靠近时，就点燃火线，使"没奈何"落到敌船上，敌船顿时被烧毁。这种火器接连烧毁了汉军的数艘大战船，使汉军防不胜防。火器进攻后，接下来的就是白刃战，短兵相接，喊杀声震天动地，箭如雨点，炮如雷轰，波浪掀天，杀得湖水都被染红了。陈友谅看到连战失利，就打算冲出湖口。在激战中，陈友谅要亲自看明情况，就把头伸出船舱外边。结果，陈友谅刚把头伸出来，就被飞箭射中，立即死去。汉军全军皆败，陈友谅的儿子陈理急忙逃回武昌。

朱元璋虽然取得了这次大会战的胜利，但也付出了沉重的代价，将士伤亡惨重。朱元璋回来后对刘基说："上次未听先生的话，差点误了大事。我实在不应该到安丰去。假如陈友谅趁应天空虚，直捣应天，我就没有退路了，幸而陈友谅不直攻应天，而是去攻打洪都，在洪都相持了 3 个月，为我争取了时间。陈友谅出此下策，怎么能不失败呢？可是，这一仗虽然打胜，也是够危险的啊！"从此以后，朱元璋对刘基更加倚重。

### 三、运筹帷幄，剪灭群雄

按照刘基最初的战略分析，朱元璋在消灭了西边的陈友谅之后，下一步就是要对付张士诚了。在刘基的策划下，对张士诚的进攻分为三个步骤。第一步先攻占淮水流域，使张士诚的势力仅局限于长江以南。这个计划在大约半年的时间内完成。第二步是切断张士诚的左、右两臂，分兵两路，攻取杭州和湖州，这个攻势在 3 个月的时间内即告完成，从而造成对平江从西、北、南三面包围之势。第三步就是对平江的攻围战。前后一直打了 10 个月，最后将张士诚俘获。

在对张士诚大举进攻之前，刘基和宋濂为朱元璋拟定了一篇讨伐张士诚的檄文。檄文首先说明了当时的情势和起兵经过，接着又列举了张士诚的八条罪状，从而把朱元璋一军说成正义之师。檄文末段极力分化张士诚军民，说明只杀首恶，不追究从犯；凡投降过来的，都一律推诚任用；逃亡的军民和投降过来的军士，都许他们回去；百姓无论贫富，都允许他们保有原来的田产房舍。对于争取张士诚部下的归顺，减少大军进攻时遇到的抵抗，这篇檄文发挥了重要作用。

张士诚死守平江（今苏州），拒不投降。朱元璋的大军经 10 个月的围攻，终将平江攻克。张士诚见大势已去，回屋上吊自杀，被部下救起。他在被押赴应天的途中，闭目不语，也不进饮食。到应天后，朱元璋问他话，他闭口不答。朱元璋命李善长耐心问话，意在劝其投降，不料反挨了一顿臭骂。朱元璋气极，下令用乱棍将张士诚打死。至此，张士诚原来控制的大片区域遂尽为朱元璋所有。

在攻灭张士诚之后，朱元璋就开始着手征讨浙东的方国珍了。方国珍原来是个盐商，在海上起事，称雄浙东 20 年。他对元朝时降时叛。他后来看到朱元璋的势力越来越大，便假意归附，但并不奉朱元璋所奉的龙凤正朔，也不听从朱元璋调遣。朱元璋有时极为生气，想断绝与方国珍的关系。刘基劝道，在张士诚未被消灭之前，无力征讨方国珍，不如先将他放在那里，只要不帮着张士诚进攻应天就行。朱元璋深以为是，就说："到时他再想奉我的正朔也晚了。"果然，在朱元璋与张士诚进行的近二年的拉锯战期间，方国珍一直采取坐视的态度。等张士诚被攻灭后，厄运也就接着降到了他的头上。

按照刘基的建议，在分兵攻打台州和宁波的同时，另派一支水军从海路进攻，与进攻宁波的一军相会后，以切断方国珍逃入海中的退路。

当时，方国珍一面每年向朱元璋进献一些金银绸缎，一面又为元朝运粮，脚踏两家船，左右摇摆。当朱元璋的军队夺取杭州以后，他才真正惊慌起来，便派人北边联络王保保，南边联络盘踞福建一带的陈友定，打算结成掎角之势，以抗击朱元璋。另外，他还盘算着，万一两头都靠不住，就凭自己的一千余艘海船，满载金银财宝逃入海中，也足够一辈子享用。但他没有料到，朱元璋的几路大军进军神速，王保保和陈友定还未来得及采取任何行动，他已连遭败绩，无屯身之地。好歹总算逃到了海上，结果又被朱元璋的水军击溃。方国珍走投无路，只好向朱元璋投降。这次对方国珍用兵，前后不过3个多月。

朱元璋虽然没上过学，但悟性极好。刘基经常向他讲一些治国安邦平天下的道理，并以历史上的经验说明，凡是要成就一番大事业，一定要军纪严明。朱元璋对此十分赞赏，制定了十分严明的纪律。因此，朱元璋的大军无论到什么地方，都从未发生过抢劫老百姓的事。据《国初事迹》一书记载，朱元璋的大军到某地后，"兵不离伍，市不易肆，开仓以济贫民"，因而获得了老百姓的拥护和支持。这是朱元璋的势力越来越强大的重要原因。

按照刘基的建议，至正二十四年（1364）正月，朱元璋即吴王位，设置百官，建中书省，建立了一整套统治机构。这实际上就是明王朝的雏形。四年后，经过东征西讨，南征北战，在大体削平群雄之后，朱元璋正式登基称帝，建立了明王朝，应天府也随之改名为南京。

## 四、开国定制，宽猛相济

明初的典章制度多出刘基、宋濂之手。朱元璋称吴王后，刘基献上了"戊申大统历"。有一年大旱，刘基请求赶快审结狱中的犯人。朱元璋便命刘基前往，许多冤案被平反，果然大雨如注。于是，刘基在人们的心目中颇有神秘色彩，认为他通晓阴阳，料事如神。朱元璋性情刚猛，动不动就杀人。当时天下未定，刘基极力劝朱元璋，应依法定人之罪，不可滥杀。于是朱元璋就命刘基立法定制。刘基参酌前代的一些法律，结合当时的实际，制定了一整套律令，从而在治人以罪的时候有了依据。

有一天，朱元璋面有怒色，似想杀人。刘基问他是什么原因，朱元璋就说到自己夜里做了一个梦，不吉利，就想借杀人来破解。刘基却说，这个梦不是不吉之兆，而是吉兆，是得众之象，应停止用刑，以等待喜报传来。三天以后，前线果然传来了胜利的捷报。朱元璋十分高兴，就把决囚的事全托付给了刘基，并拜刘基为御史中丞兼太史令。

明初定处州（今浙江丽水）府税粮，每亩地比宋代加征税粮五合，只有刘基的老家青田县不加征。很显然，这是朱元璋对刘基的一种特别的奖励。朱元璋也为这条特殊的法令感到很得意，所以在朝廷上公开对大臣们说："让刘基家乡的老百姓世世传为美谈吧！"

朱元璋在南京即帝位，但对是否建都南京却长期犹豫不决。论地理条件和经济条件，南京都很适宜。只是从军事的角度看，主要威胁来自北边的蒙元残余势力，而南京距前线太远，不宜调度。另外，历史上在南京建都的六朝都是短命王朝，这无疑也给朱元璋投下了不吉利的阴影。于是，洪武元年（1368）三月，朱元璋亲自赴汴梁（今河南开封）考察。他觉得汴梁地处中原，位置适中，遂决定在此建都。但他又感到这里无险可守，又决心把南京也作为都城，实行古已有之的两京制。在他赴汴梁考察期间，特命刘基和左丞相李善长居守，协力处理朝中大事。在刘基看来，元朝之所以灭亡，就是因"宽纵失天下"。因此，新朝刚立，应整顿纪纲，严明法纪。于是，他命御史对那些有违法行为的官员随时弹劾，不必隐晦。即使经常在皇帝身边的宦官，只要有过错，也马上禀告皇太子后置之法。朱元璋外出，南京由皇太子监国，但对朝政大事的处理基本上都由刘基和李善长决定。由于刘基用法严厉，所以朝中大小臣僚对刘基都颇为敬畏。

在此期间，中书省都事李彬因受人贿赂被劾。李彬是左丞相李善长的部下，且平时二人的关系十分亲密。明代尚左，左丞相是中书省最高官员，其地位在刘基之上。李善长请缓一缓再对李彬治罪，但刘基坚执不许，并立即派人将李彬的罪过报告朱元璋。朱元璋同意刘基对李彬的定罪。当时正赶上天气大旱，刘基在祈雨时将李彬斩于祭坛下。为了这件事，刘基与李善长之间便产生了隔阂。等到朱元璋从汴梁回来后，不少人在朱元璋面前攻击刘基。尤其令朱元璋生气的是，刘基居然在祭坛下杀人，认为是大不敬，为此对刘基责备一通。刘基深知朱元璋的为人，动不动就杀人，自己受到许多人的攻击，又受到朱元璋的斥责，说不定哪一天自己就会人头落地，因而就思及早退隐。不久，他的妻子死去，刘基遂告假回乡。

这时，朱元璋除实行两京制之外，又在凤阳大兴土木，要把他的老家建成"中都"。刘基在离京前特上了一道奏疏，谓"凤阳虽帝乡，非建都地"，意思是不必在凤阳大兴土木，那里不适于作为京师。后来，朱元璋总算接受了刘基的建议，停止了在凤阳的大规模营建。

刘基本来想远离政治旋涡中心，在家乡优游晚年。但是，在刘基回乡后，朝廷中连连出事，北边的蒙元残余势力不断内犯，给新建立的明王朝造成很大的威胁。朱元璋对身边的其他谋士也不满意，于是就又想到了刘基。朱元璋遂亲自写了一封手书，召刘基赴京。在明初，如果叫某人出来做官，这人却不出来，也会被杀头。贵溪儒士夏伯启叔侄二人为了不当官，故意截去两个手指。此事被朱元璋知道后，立命将二人处死。他为此还制定了一条法律："士不为君用者，诛。"那么，刘基如果坚辞不出，也会大祸临头。无可奈何，刘基只得入京。朱元璋见到刘基后十分高兴，对他"赐赉甚厚"，并追赠刘基的祖父、父亲都为永嘉郡公。对刘基本人，朱元璋数次要为他提高爵位，但刘基皆坚辞不受。许多人以官职越高越感到荣耀，刘基则不然，他认为在那种时候官职越高越危险。后来的实践证明，那些贪图禄位的人大都被朱元璋一批又一批地杀掉。在这一点上，刘基表现出了超人的高明。

有一次，朱元璋因为某一件事训斥李善长，想对他严加治罪。刘基却劝道："李善长是勋旧老臣，能协调各个将领之间的关系。不可因小过而废大才。"朱元璋感到很吃惊，便对刘基说："李善长多次说你的坏话，想加害于你，你怎么还为他解脱呢？我准备罢免他，由你继为丞相。"刘基赶快叩头说道："这就像换梁柱一样，必须要用大木。如果要用细木去当梁柱，大厦马上就会倾倒。"这件事后来传到李善长耳中，令李善长对刘基十分感激，二人的关系也重归于好。这件事也为刘基赢得了许多好名声，认为刘基能顾全大局，不计个人私怨，宽宏大度。

后来，朱元璋罢免了李善长的丞相之职，打算用杨宪来接替李善长，问刘基是否可行。杨宪平时和刘基的私人关系十分密切，按照人之常情，刘基一定会支持这样做。另外，有杨宪这么一个朋友做垂相，刘基的日子也会好过得多。但出人意料的是，刘基不支持这样做。他对朱元璋说："杨宪这个人有丞相之才，无丞相之器。当丞相的人应当持心如水，以义理为处理一切事情的准则，自己不应有任何私心，而杨宪却做不到这一点。"朱元璋听刘基这么说，也大感意外。这件事使朱元璋对刘基有了更深一层的认识，更加感到刘基忠心无二，一切都出于公心。朱元璋又问刘基："让汪广洋当丞相如何？"刘基回答说："此人的偏狭浅薄比杨宪更有过之。"朱元璋又问胡惟庸如何，刘基说："这就像找一匹驾车的马，你总不希望它把车给你掀翻！"朱元璋沉吟了片刻，很诚恳地对刘基说："给我当丞相，实在没有人能超过先生。"刘基急忙推辞："臣嫉恶太甚，易得罪人，尤其是臣喜欢清静，受不了繁琐事务的打扰。我要当丞相，一定会辜负皇上的厚爱。天下何患找不到有才之士，望皇上细心去找吧。"后来，果不出刘基所料，这三个人有两人当了丞相，但都未得善终。杨宪身材高大，相貌出众，通经史，有辩才，但心胸狭小，凡是不利于自己的人，就千方百计地予以排挤。许多投机钻营的人以他为靠山。洪武三年，他只当了几个月的左丞，便被人揭发出许多奸贪之事，被朱元璋下令处死。汪广洋先后两次出任右丞相，但只是碌碌守位，遇事不置可否。他和胡惟庸同居相位，明知胡惟庸有许多奸邪之事，但也不予揭发。洪武十二年（1379），汪广洋被贬谪海南，半道上又接到朱元璋训斥他的敕书，遂自缢而死。第二年，丞相胡惟庸即以谋反被诛。这正如刘基所说的那样，胡惟庸这匹驾车的马差点把朱元璋的大车给掀翻。

朱元璋于洪武三年（1370）大封功臣，授刘基为"开国翊运守正文臣、资善大夫、上护军，封诚意伯"。在明初诸臣中，刘基的爵位算是较高的了。

明朝初年，为了纠正元朝的宽纵，朱元璋以猛治国，许多大臣只是因为些些小过错即被杀头。朱元璋还连兴大狱，成批成批地诛杀臣僚。刘基认为，治国应宽猛相济，开国之初应该用严刑；经过数年整治，天下已安定，应该改变一下做法了。于是，他便借朱元璋问天象之机，向朱元璋进言道："从大体上来说，霜雪之后，必有阳春。今国威已立，应该稍示一下宽大了，不宜再用严刑。"朱元璋深以为是，遂命令将锦衣卫的刑具全部烧掉。锦衣卫既负责侍卫皇上，又掌管诏狱。许多大臣就是在诏狱中被施以严刑而致死的。朱元璋命烧掉锦衣卫的刑具，显然是昭示天下，从今以后不再用严刑来惩治大臣了。尽管朱元璋后来没有完全做到这一点，但刘基的奏议毕竟对他产生了某些影响，酷刑有所减少。

## 五、功成身退，苦心自保

刘基亲眼看到，开国功臣一个接一个地被杀掉，他深知"功高震主者身危"的道理，特别是朱元璋为人刚愎，自己更应该及早抽身。洪武四年（1371），也就是刘基被封为诚意伯的第二年，他便以年老多病为由，请求辞官回乡。朱元璋看他没什么野心，即命其带爵回乡养老。

刘基回到青田老家后，隐居山中，只是和几个朋友下棋饮酒，闭口不谈自己的功劳，也不谈朝廷中的事。他平时穿着普通人的衣服，即使在集市上，人们也认不出他就是赫赫有名的刘伯温。青田县的知县很想见一见刘基，几次登门拜访，皆不得见。于是，这个知县就打扮成乡间老农，终于在一条小河边见到了刘基。当时刘基正坐在河边洗脚，便叫儿子领知县到一所茅舍中，用普通农家的饭菜招待这个知县。饭后，这个知县才告诉刘基，自己是青田知县，并表示希望为刘基做点事，态度颇为诚恳。刘基闻知他是知县后，露出很吃惊的样子，自称属民，婉谢而去。从此以后，知县再也无法见到刘基。在明初，朱元璋用特务刺事，无论官员在朝还是在野，都逃不掉这些特务的监视。许多大臣就是因为私下不谨慎而受到严惩。刘基深明此中利害，担心言多有失，所以闭口不谈政事，也不与地方官来往。尽管刘基如此谨慎，但还是受到了丞相胡惟庸的中伤和陷害。

事情的起因是刘基的一封奏疏。原来，在浙东有一片叫谈洋的空闲地，南接福建，历来是盐盗的聚集之地。方国珍就是在这个地方起事造反的。因此，刘基便上奏朱元璋，请求在谈洋设立巡检司，以防盗贼在那里聚众起事。刘基派长子刘琏进京上奏，但刘琏未先告诉中书省，而是由通政司直接上达朱元璋。当时胡惟庸以左丞掌中书省事，对此十分不满。再加上刘基过去对他的评价不好，对刘基素有积怨，便借此事对刘基大加攻击。他对朱元璋说，谈洋那地方有王气，风水好，刘基想以谈洋做自己的墓地。当地的老百姓不让给他，他就想以设巡检司为名，将当地老百姓赶走，借以实现他日后让子孙称王的目的。刘基素以通晓阴阳著称，朱元璋虽然没有因此而治刘基的罪，但内心里还是有几分相信，不久便借故削去刘基的俸禄。刘基得知后，颇为害怕，便亲自赴京谢罪。事后留住在京师，不敢再说回乡的事了。

后来，胡惟庸果然当了丞相，刘基十分忧虑。他私下对友人说："假如我对胡惟庸的评说不应验的话，那就是天下老百姓的福气！"胡惟庸表面上装出对刘基很尊重的样子，但暗地里却密切地监视着他的一举一动。胡惟庸清楚刘基的分量，因为在廷臣中能不时与朱元璋密语的没有几个人，许多大事也就是那种密语时决定的，外人难得其详。也正因如此，所以胡惟庸对刘基特别留心提防。刘基也清楚，自己时刻处于危险的境地，故不久就忧虑成疾，一病不起，随后便一再请求回乡养老。洪武八年（1375）三月，朱元璋派人护送刘基回乡。他回到青田老家后，病情日益加重，自知将不久于人世，便把儿子刘璟叫到床前说："为政之道，有时要宽大一些，有时要严猛一些，应交替使用。数年来，皇上以严猛治国，当今的要务在于修德省刑，实行宽大之政，以收揽民心，使国家长治久安。"刘基还说了一些对政治军事的建议，最后说："现今胡惟庸为相，我说出来没什么用处。胡惟庸被除掉后，皇上一定会想到我。如果皇上问我死前说了什么话，你就将我的这些话密奏皇上。"刘基在家待了一个多月就死去了，年65岁。

洪武十三年（1380）胡惟庸以谋反伏诛后，朱元璋自然想到了刘基当初对胡惟庸的评价，因而十分怀念刘基，并特地派人到刘基家中探问。刘璟遂将刘基死前的话密奏朱元璋，朱元璋看到后大受感动，也更加佩服刘基的先见之明。这时，刘基的长子刘琏因胡惟庸陷害，已坠井而死。朱元璋便命刘琏的儿子承袭伯爵，食禄500石。其他大臣的爵位都只能承袭一代，朱元璋念刘基父子皆为胡惟庸所排挤陷害，特许刘基后人代代袭爵，一直延续到明朝灭亡。

据《明史·刘基传》载，当刘基在京病倒时，胡惟庸特地领一个医生来为刘基看病。刘基服了这个人的药后，就一直感到肚子里有一块像拳头般大小的石头。当胡惟庸被治罪时，有的人就把这件事说成胡惟庸的一条罪状，说他有意谋害刘基。此事是否确凿，今已无法详考，但刘基受胡惟庸的排挤则是毫无疑问的。

刘基是明初著名谋臣，朱元璋一直对他十分器重，平时不直呼其名，而是称他为"老先生"。朱元璋还经常不无自豪地对别人说："他是我的张子房（张良）。"因为刘基通晓阴阳术数，所以在后人心目中总蒙有一层神秘色彩。刘基除著有《郁离子》一书外，还著有《覆瓿集》《梨眉公集》传于世。后世民间流传的有关占卜、风水之类的书中，有不少托名为刘伯温所著。至于这些书到底与刘基有多少关系，今已无法详考了。

（李冬生）

▼

本篇主要资料来源：《明史》卷一百二十八，《刘基传》；《国初事迹》；《明史纪事本末》卷三，《太祖平汉》。

# 助成祖起兵一隅　定天下常居禅寺

## ——姚广孝传

从历史上可以看出，凡是成就一番大事业的人，他身边总有那么一两个得力的谋士。齐桓公"九合诸侯，一匡天下"，多得力于管仲；刘邦最终战胜项羽，建立了汉朝，多得力于张良和萧何。朱棣本是一个藩王，通过靖难之役终于夺取了皇位，则多得力于大谋士姚广孝。正是在姚广孝的辅佐下，使明成祖成了中国历史上最有作为的皇帝之一。

## 一、素怀鸿鹄之志

姚广孝（1335—1418），长洲（今属苏州市）人，名道衍，字斯道。"广孝"是朱棣称帝后赐给他的名，后人便习称他为姚广孝。他祖上世代为医，他对此却不感兴趣。当他14岁时，便出家为僧。他在僧人中年龄虽小，但特别聪明伶俐，经常向一些高士求教，学到许多阴阳术数之学。年龄稍长，他不满足于在一地为僧，便到处云游，从而结识了许多高僧。同时，在云游中使他对天下形势和社会弊病也有了更深入的了解。他志向远大，别人与他一交谈就会立即感到他与众不同。

有一次他游北固山（今江苏镇江市丹徒区），触景生情，赋诗怀古，词意慷慨。他的同游人宗泐和尚看了后说："这哪里像出家人说的话呀！"姚广孝只笑而不答。宗泐从此对姚广孝的远大抱负有了了解，正是他后来将姚广孝推荐给了明成祖。

姚广孝曾游河南嵩山少林寺，遇到当时著名的相士袁珙。当时姚广孝并未要袁珙为自己相面，但袁珙一见到他就感到十分惊异，对他反复端详，说道："这是哪里来的怪异僧人，三角眼，形如病虎，性情一定嗜杀。这是一个刘秉忠之流的人物。"刘秉忠是元代的高僧，极有谋略，年轻时即怀有大志，后辅佐元世祖忽必烈统一了中国，建立了元朝。姚广孝听袁洪说自己像刘秉忠，不仅不生气，反而很高兴，因为这与他想有一番作为的心思正暗自相合。

洪武十五年（1382）八月，马皇后病死，被安葬在南京钟山南麓的孝陵。明成祖当时在北平做燕王，闻讯后急忙赶来南京，以亲生儿的身份为马皇后送葬。马皇后是中国历史上一个出名的好皇后，勤俭宽厚，深孚众望。葬礼过后，燕王等几个藩王余哀未尽，为表示孝心，就请他们的父皇派高僧随他们回藩府，以便回去为马皇后诵经祈福。明太祖自然很高兴，就命僧录司推荐僧人。僧录司是管理全国佛事的官署，当时的僧录司左善世就是僧人宗泐。宗泐便把姚广孝推荐给了燕王。从此以后，姚广孝就成了燕王一生事业的得力谋士。

关于燕王和姚广孝的结识，还流传着一个有趣的故事。其大意是说，姚广孝进京后一见到燕王朱棣，就感到他气度不凡，有帝王之相。燕王也感到姚广孝非同一般。姚广孝私下对燕王说："如果你能让我跟随你，我一定奉一顶白帽子给大王戴。"燕王也是个聪明人，对这话的寓意他自然很清楚，"王"字的上边加个"白"，就成了皇帝的"皇"字。至于当时二人是否敢作这种露骨的表示，今已难详考，但这两个胸怀大志的人物志趣相投，话语投机，则是确定无疑的。一个偶然的机会使两个杰出人物走到了一起，他们共同导演了中国历史上一幕又一幕波澜壮阔的活剧。

## 二、助燕王起兵

姚广孝到北平后，就在广寿寺当住持，在那里为马皇后祈福。他的心思却并不在这里，而是要帮助燕王朱棣成就一番大事业。他经常出入燕王府，形迹甚秘。

洪武三十一年（1398）闰五月，明朝的开国皇帝朱元璋死去，皇太孙朱允炆继位,年号"建文",故历史上就称他为建文帝。姚广孝感到机会来了,便千方百计地怂恿燕王起兵,以武力从侄儿建文帝手中夺取皇位。

在这里,有必要简单交代一下当时的背景。原来,在朱元璋的26个儿子当中,燕王朱棣排行第四。朱元璋称帝后,立长子朱标为太子。但朱标于洪武二十五年(1392)就先于父皇死去,这使朱元璋很伤心。从谋略和勇武各方面看,朱元璋对燕王最中意,故一度想立燕王为太子。但是,燕王前边还有两个哥哥,即秦王和晋王。他这两个哥哥都不争气,在藩地多有不法,朱元璋甚至一度打算废掉对他们的藩封,因此就没有被立为太子的指望了。经过反复斟酌,朱元璋决定立朱标的儿子朱允炆为皇太孙。朱元璋死后,朱允炆继位。这位新皇帝看到,他那些叔叔都在外地做藩王,时刻都是对自己皇位的威胁。尤其是北边的几个塞王,手中都握有重兵,更令他不安。于是,建文帝就按照齐泰和黄子澄的建议,开始削藩。建文帝首先削了周王,继而又削了湘王、齐王、桂王和岷王。其中,周王是燕王唯一的一个同母兄弟。本来,削藩的主要目标是燕王,因为他的力量最强、威胁最大。但是,建文帝优柔寡断,一时又未拿出燕王的确切罪证,所以暂时未动燕王,对燕王只采取了一些防范措施。

对燕王来说,废削周王和其他四王是个明显的信号,下一步可能就要轮到自己的头上了。更何况,自己身边的部队被朝廷陆续调离,只剩下少量的护卫,这更是不祥之兆。但是,他还不敢贸然起兵反抗朝廷,因为这在封建时代被认为是大逆不道的篡逆之举。姚广孝清楚地看出,燕王正处于犹豫之中,倘继续犹豫不决,就一定要成为建文帝的阶下之囚。于是,他便极力对燕王进行鼓动,促使他下决心马上起兵。姚广孝感到,这不仅于燕王生死攸关,而且是自己显身扬名的大好时机。

据一些史籍记载,姚广孝当时曾为明成祖占卜。姚广孝跟人学过阴阳术数之学,懂点占卜的知识。燕王问他用的是什么卜术,姚广孝说是"观音课"。他交给燕王三枚铜钱,让燕王掷。燕王刚掷出一枚,姚广孝就一本正经地说:"殿下要做皇帝吗?"燕王马上制止他说:"莫胡说。"燕王尽管这么说,但对这种预示自己要当皇帝的卦象,内心里是十分高兴的。

姚广孝是燕王的密友,他对燕王想做皇帝的心思是很清楚的。有一次,燕王写了个上联："天寒地冻，水无一点不成冰。"姚广孝接着对了个下联："世乱民贫，王不出头谁做主。"从姚广孝对的这个下联来看，怂恿燕王起兵的意思就很明显了。但姚广孝发现，燕王对起兵一事还是未下定决心。

当时，姚广孝的朋友袁珙也在北平。袁珙是明初的一个奇人，善相术，据说曾相士大夫百余人，"无不奇中"。姚广孝先在燕王面前将袁珙的相术渲染了一番，燕王便决定让袁珙为自己相一次。燕王故意穿上卫士的服装，和其他九个卫士一起在酒馆饮酒。袁珙走进来一看，便马上跪在燕王面前说："殿下怎么这样不自爱呢？"那九个卫士故意笑话他，说他胡说。燕王也装作不以为然。但袁珙就是认准了燕王，出口就称殿下。燕王怕他说出有妨碍的话，便急忙带他回宫。袁珙在宫里又仔细对燕王相了一番，说燕王"龙行虎步"，有天子之相，到40岁的时候，胡须过了肚脐，就要登皇位了。燕王听了自然十分高兴，但害怕这话泄露出去，传入朝廷对自己不利，便把袁珙打发了回去。姚广孝自然也很高兴，出来后拍着袁珙的肩膀说，事成后定有厚报。后来，当燕王即位后，马上将袁珙召来京师，授官太常寺丞，即是对他的回报。

姚广孝见燕王仍迟疑不决，便又把他另一个朋友金忠召来。金忠精通《易经》，善于卜筮。他在北平以占卜为生，多奇中，北平城里的人都称他为神人。姚广孝极力在燕王跟前称赞金忠的卜术。燕王心里也在盘算着起兵的事，就以生病为名，召金忠前来占卜。结果，燕王得了一个"铸印乘轩"的卦。金忠借以发挥道："此象贵不可言。"实际上就是说，燕王有天子之象。经姚广孝等人的一再怂恿和劝说，再加上风声越来越紧，燕王便决定马上准备起兵。从此以后，金忠经常出入燕王府，成了燕王的心腹。

古人大都有迷信心理，即使一些大人物也难以摆脱。卜筮是一种文化现象，也是一种历史现象。它是历史的产物，也翻转过来影响过历史。特别是对处于历史关键位置上的人物来说，占卜往往能产生很大的作用，有时这种作用甚至是决定性的。像公开起兵反抗朝廷这种事，不要说不一定会成功，即使成功了，也会遭到当时人和后世人的唾骂，所以燕王曾一度犹豫不决。姚广孝利用了燕王的迷信心理，通过术士占卜帮他下定了决心。

按照姚广孝的建议，燕王挑选了一些身手不凡的壮士做贴身护卫，并以勾逃军为名，在全国各地招纳了一些异人术士来协助自己。这些人犹如春秋战国时的策士，可以起到一般人起不到的作用。

要起事就要练兵，而这时建文帝派了许多人对燕王进行严密监视，他的一举一动随时都会有人报告朝廷。为了保密，姚广孝就在后苑操练将士，赶造军器。为了迷惑外人，姚广孝便建议燕王建一个大地下室。燕王府是元朝旧宫所在地，院落广大深邃，也就是今天的故宫。燕王便命姚广孝督办此事。于是，姚广孝就在后苑修了一个大地下室，上面再建上房屋，周围绕以又高又厚的墙垣，墙根下再埋上大大小小的瓮缸。为了尽可能的保险，还在后苑养了大群的鹅鸭，用鹅鸭的叫声来遮掩操练和打造军器的声音。

真是没有不透风的墙，无论燕王府的围墙多么高大，也无论姚广孝采取的保密措施多么周到，府内的动静还是露出了蛛丝马迹。建文帝从不同的渠道得知，燕王正准备起兵谋反。于是，建文帝便下令逮治燕王。

北平都指挥佥事张信将建文帝的密令又密告了燕王。这时燕王终于下定了决心，必须马上举事。燕王立即把姚广孝召来，密商举兵的事。这时突然来了一阵暴风雨，屋檐上的瓦落下数块。燕王以为这是不祥之兆，心里很烦躁，脸上一片愁容，大有就此罢手之意。在燕王看来，自己是建文帝最年长的叔父，又没有明显的过失，即使削去藩王王号，也不失一生富贵。姚广孝看出了燕王犹豫的心理，就解释说，这是吉祥之兆。燕王听了申斥道："你这个妄和尚，哪来的吉兆呢？"姚广孝却不慌不忙地说："殿下没听说过吗，'飞龙在天，从以风雨'。屋瓦堕地，这是上天示意，要殿下换住黄屋了。"这是说燕王是真龙天子，一说举兵起事，上天马上就以风雨相从。旧瓦堕地，换住黄屋，也就是说很快要当皇帝了。燕王听了姚广孝这一番解释，顿时转忧为喜，也不再犹豫了。作为一个好的谋士，不仅要帮主帅出谋划策，而且要能够随时随地帮助主帅树立信心。古人迷信心理重，本来是一件平常小事，他们就会误以为是吉兆或是凶兆。同样一件事，有的人可以解释为吉，有的人也可以解释为凶。看来，姚广孝是个很称职的谋士，通常被认为是凶的征兆，经他一解释，却变成了吉兆，而且说得有根有据。在那紧急关头，姚广孝成功地帮燕王树立了信心，于是3年之久的"靖难之役"就拉开了序幕。

## 三、辅世子留守，助燕王征讨

建文元年（1399）七月五日，燕王正式起兵，公开反抗朝廷。他首先智擒了驻守北平的张昺和谢贵，夺占九门，接着便在北平誓师，以诛齐泰、黄子澄为名，称自己的军队为"靖难"之师。在姚广孝的筹划下，除掉了建文年号，将建文元年改称为洪武三十二年。燕王自署官属，任命了一批文武官员，实际上就是建立了一个以自己为首的割据政权。燕王除掉建文年号，但未使用自己的年号，而是仍使用洪武年号，这显然是出于一种策略考虑。因为朱元璋是明朝的开国皇帝，使用洪武年号容易为广大百姓所接受，也可以显示出自己与朱元璋的特殊关系和特殊感情。

为了使出师有名，又不背上叛逆的恶名，姚广孝为燕王精心地炮制了一篇檄文。在古代，臣下如举兵公然反抗朝廷，被认为是大逆不道的叛逆行为，会遭到朝野的齐声声讨。为此，姚广孝把举兵的目的说成是"清君侧"，即要除掉奸臣齐泰、黄子澄，而不说是针对建文帝的。檄文中只是说，建文帝受了齐、黄的蒙骗，离间皇室骨肉，竟接连废削了五个藩王，这不会是建文帝的真心，"实奸臣所为也"。燕王自己一直"奉法循公"，完全是无辜的。这些奸臣就像伐大树先剪枝叶一样，最后要危害朝廷。自己为了大明江山，不敢不讨。

明眼人都很清楚，燕王的目的决不仅仅在于除掉齐、黄，而是要最终夺取皇位。但是，当燕王在誓师时把这番话说给将士时，慷慨陈词，自己完全无辜，不得已才起兵，居然使将士颇受感动，至有"感动流涕"者。这一来，将士们不仅不认为自己是叛逆之师，反而是正义之师。

燕王率兵在外东征西讨，姚广孝则辅佐世子在北平留守。所谓"世子"，即燕王的长子朱高炽，也就是后来的仁宗。皇帝的继承人被称为太子，藩王的继承人则称为世子。当时的兵力不多，且主要用于在外攻城略地，守城的兵力就更单薄了，且大都是老弱病残。尽管如此，姚广孝安抚士卒，激励部下，为燕王建立了一个巩固的后方。在燕王率大军在外作战的时候，建文帝派来讨伐的大军几次攻打北平，北平皆安然无恙。其中，最激烈、最危险的一次是打破李景隆的围攻。

当燕王粉碎耿炳文的第一次北伐后，即率主力远出，夺取北边的大宁等军事要地。这时，建文帝命令李景隆为大将，率领50万大军北伐。李景隆得知燕王远征大宁，便率师直扑北平。北平南边的一些城市，像涿州、雄县等地，虽曾被燕军占有，但燕王为了不分散兵力，所以并未在那里派兵驻防。因此，李景隆几乎没遇到什么抵抗就直达北平城下。当他来到卢沟桥时，见这里也没有设防，他更加得意洋洋，用马鞭指指画画地说："不守卢沟桥，我就知道燕王没什么能为了！"遂督众直逼北平城下。

李景隆的数十万大军屯集北平周围，猛攻九门。这时双方力量的对比是极其悬殊的。姚广孝辅世子留守，不仅兵力少，而且多老弱。史书上说，他们"奉命居守，时将士精锐者皆从征。城中所余老弱不及十一"。[1] 以这些"不及十一"的老弱士兵来抵御雷霆万钧之势的南军，形势之危急是显而易见的。当此危急关头，姚广孝却显得镇定自若。他劝世子，守城的关键在于得人，鼓励有识之士献计献策，另外要激励部下，使上下齐心协力，尽心防守。世子朱高炽深以为是，便经常到居民中访寒问暖，深得民心。如访得兵民中的有识之士，便推诚相待，虚心听取他们对守城的建议。他每天天不亮就起床，到半夜时才歇息，除了随时征求姚广孝的意见外，每有大的举措还要禀告仁孝皇后。仁孝皇后是明初大将徐达的长女，燕王妃，燕王即位后就立她为皇后。这位仁孝皇后不愧是将门之女，对如何防御、如何激励部下，"悉得其宜"。在朱高炽和姚广孝的感召下，许多城内的老百姓自动上城助守。姚广孝除了随时出谋划策外，还督领工匠赶造兵器，以加强守备。

李景隆以为燕王在外，北平可一举攻下，未料到竟会遇到如此顽强的抵抗。李景隆亲自督众猛攻，形势十分危急。燕王在离去时曾嘱咐朱高炽和姚广孝，要他们全力据城固守，"勿出战"。在敌强我弱的情况下，这自然不失为可行的基本原则。但姚广孝不为这种原则所拘泥。他劝朱高炽，挑一些身强力壮的勇士，半夜里抓着绳索顺着城墙下去，对敌营进行偷袭。他们在这里杀一阵，在那里放一把火，搅得敌人不得安宁，白天打起仗来也没精打采。因夜里难以分清敌我，有时引得敌军在半夜里相互厮杀起来，直到天亮

---

① 《明仁宗实录·序》。

后才知道是自家人。这种偷袭十分有效，使南军在夜里得不到休息，城又久攻不下，李景隆便命大军退十里安营。

李景隆经过一番休整，便又督众来攻，想一鼓作气将北平攻下。在这种情况下，九门都险象丛生。尤其是彰义门，几乎被南军攻破。姚广孝协助朱高炽奋力死守，下至妇女、小孩也轮番登城御敌。因此，虽险象不断，但都化险为夷。姚广孝这时发现，南军准备了一些云梯，看来是要强行登城。当时正值寒冬，滴水成冰，姚广孝便命将士连夜提水上城，将水浇到城墙上。于是，在城墙上凝成了滑滑的冰，致使南军强行登城的计划又落了空。至此，两军便处于时打时停的胶着状态。

当燕王夺占大宁后，挟宁王向北平进发。然后对李景隆里外夹攻，南军大败。燕王进入北平，对姚广孝和朱高炽守城之功倍加赞赏。

燕王并未在城中久留，而是趁南军新败，便率军乘胜追击。这时后方已基本稳定，燕王可以放心地南下追了。燕军这次向南追击连连获胜，李景隆则一败再败，连北方的基地德州也被燕军攻占。李景隆仓皇南逃，到济南依靠铁铉。这时，河北、山东的许多城池已为燕军所有。面对如此神速的顺利进军，燕王自然是喜上眉梢。但是他万万没有想到，在济南他却连连受挫。

铁铉是山东参政，为人廉洁强直。李景隆北伐，他督运粮草，从未误过事。他看到南军连连失败，十分痛心，曾和参军高巍对酒抒怀，激昂慷慨，并一起对天盟誓，誓死报效朝廷。面对锐不可当的燕军，他们和盛庸等一起誓以死守。他们收抚南逃的败兵，激励部下，又动员济南城中的青壮年协同防守，使济南的防务很快得到整饬。

燕王督众对济南接连猛攻，志在必得。因为济南是北平通往南京的要冲，倘能夺占济南，即使攻不下南京，也可以大体统治江北的半壁河山。正因如此，燕王攻占济南的心情就特别急切。更何况自举兵以来，燕军几乎是攻无不克，战无不胜，难道就能兵败济南城下？因此，燕王亲自督众猛攻。铁铉善抚士卒，士气颇为高涨，使燕军连连受挫。燕王十分气恼，便赶制了一些云梯，准备强行登城。铁铉便用计焚烧了燕军的攻城器具。他同时又派出小股奇兵偷袭燕军，弄得燕军不得安宁。燕王制定的其他攻城计划也一个接一个地落空。

燕王率军攻打济南一连三个月，始终未能攻下。但他并不死心，还是千方百计地要把济南攻下来。想当初在真定与耿炳文大战时，围攻两天不下即班师而回，这次攻济南三个多月，却一直攻打不停，其原因就在于济南的战略地位重要。能否拿下济南，是能否乘胜直扑南京的关键。从五月到八月，夏去秋来，济南却久攻不下。燕王虽十分愤恨，却无计可施。姚广孝虽在北平留守，但时刻都在关注着前线的形势。他看到，这样长期在济南对峙于燕军不利。燕军兵马少，利于速战，如主力长时间屯于坚城之下，说不定会出现什么变故，甚至连后方都会不保。实际上，当时大将平安正率领一支南军向北平迂回，准备伺机攻打北平。于是，姚广孝便修书一封，对燕王说："师老矣，请班师。"燕王也担心平安会切断自己的后路，于是就顺水推舟，决定撤围北还。

## 四、直取南京

燕王从济南撤围后，在东昌（今山东聊城）又被盛庸击败，遂退回北平。燕军在山东接连受挫，士气大为低落。尤其令燕王伤心的是，他手下的第一员大将张玉在东昌战死，他认为这是最大的损失。燕王回北平后，"意欲稍休"，实际上是锐气大挫，对击败南军的信心产生了动摇。姚广孝看出了燕王的心理，就极力对他进行鼓励，谓胜败乃兵家常事，更何况自举兵以来，胜的多，败的少，正表明军心可用。南军虽在山东打了两次胜仗，但总的看来损失惨重。燕军兵力少，控制的地盘小，守是没有出路的，只能振作精神，马上出去，对南军保持攻势。这时，由于建文帝控制宦官较为严厉，不少宦官纷纷来到北平，投归燕王。从他们口中得知，南军大都调往前线作战，南京防守空虚。姚广孝于是建议，燕军应直取南京，然后以南京号令天下。南京当时是京师，攻下南京大体就意味着战争的胜利。同时，燕军自夺占大宁后，收编了朵颜三卫，这是一支剽悍的蒙古骑兵，战斗力甚强，经常为燕军冲锋陷阵。因此，姚广孝便向燕王建议，燕军应扬野战之长，避攻坚之短，不必与南军争夺一城一地，而应疾速南下，力争趁京师空虚，尽快拿下南京。经过姚广孝的一番分析，燕王深以为是，精神大振，决定马上出师南下。当然，这次南下不再经过济南，而是从西边绕道进攻京师。

从当时的情况来看，这个策略无疑是非常正确的。燕王起兵已近3年，虽然攻下了许多城池，但大都旋得旋失，没有那么多兵力分兵驻守。因此，尽管燕王打了不少胜仗，但实际控制的地盘仍只是北平一带，连河北的大部分城市和地区也仍处在建文帝的控制之下。长期打消耗战，对燕王显然不利。另外，对燕王与建文帝争夺皇位的这场战争，绝大多数人都在观望，其中的是非曲直他们并不关心。他们只关心谁登基当皇帝，谁当了皇帝就服从谁。千百年来，中国人形成了一种观念，似乎皇帝就是国家的代表，忠于国家就要忠于皇帝。当时南京是京师，燕王只要能夺取了京师，他就可以以皇帝的身份号令天下。到那时，各地就会传檄而定。在这一点上，姚广孝和燕王取得了共识。于是，燕王自己率师南下，由姚广孝辅世子继续在北平留守。

正当燕军辗转南下的时候，建文帝的谋士方孝孺心生一计，想离间燕王父子之间的关系。方孝孺的门人林嘉猷曾在北平燕邸供事，知道燕王世子与次子朱高煦不和，而宦官黄俨又党附朱高煦。世子在北平留守，朱高煦随燕王在外征战。方孝孺代建文帝拟书信一封，派人赴北平送给世子朱高炽。书信中劝世子背燕归属朝廷，许以燕王之位。方孝孺的用意在于使燕王父子之间生疑，迫使燕王停止南下而返回北平。当这封书信刚送到北平时，宦官黄俨就派人驰报燕王，说世子已和朝廷密谋，很快要谋反归顺朝廷。但此事被姚广孝识破，认为建文帝有事相商的话，也只能致信燕王，不应当致信世子。这种反常的做法定是反间计。因此，他建议世子"不启封"，派人将书信和送信的人一起送至燕王军前，听燕王发落，其反间计就会不攻自破。当时燕王果然生了疑心，就问高煦。高煦说世子与建文帝历来就很亲善，从而使燕王的疑心更重。正在燕王犹豫之时，世子派的使者来到，将书信和送信的人一并交给燕王。燕王看到书信后，疑虑顿消，为自己差一点误杀世子而感叹不已。

燕军长驱南下，接连打了几个大胜仗，很快进入安徽境内。但是，燕军却在齐眉山（今安徽灵璧西南）遭到了惨败。对燕军来说，当时的形势十分严峻。那时已是四月底五月初，南方已进入盛夏，阴雨连绵，天气湿热。燕军多是北方人，不习惯这种气候，军中疾病流行。因此，许多将士纷纷劝燕王回军。在那关键时刻，弄不好燕军就会土崩瓦解。当时力主继续南下的将领只有朱能和郑亨二人。燕王为此十分发愁，以致一连好几天没有解衣甲。正在这节骨眼上，姚广孝致燕王书信一封。其大意是说，用兵不可能常胜，决不可因小挫而丧志。项羽曾百战百胜，最后却失败了；刘邦屡败，但最后却胜利了，并建立了汉王朝。更何况自举兵以来，胜多败少，这次小败何足挂齿！正应整兵速进，决不可后撤。燕王深以为是，遂打消了疑虑，激励部下，整军继续南下。

燕军连战皆捷，终于突破长江天险，进入南京。当时宫中火起，建文帝"不知所终"。于是，3 年之久的靖难之役以燕王的胜利而告终。燕王登基做了皇帝，他就是历史上著名的明成祖。正如姚广孝所料，各地果然传檄而定。正是在明成祖在位的 22 年间，明朝的国力达到鼎盛。

### 五、常居禅寺，广施恩德

明成祖登基后，自然要论功行赏，大封功臣。姚广孝虽未亲临战阵，却是靖难之役的第一功臣。明成祖的身边原来大都是武人，出谋划策主要就是依靠姚广孝。促使明成祖下决心起兵的是他，燕王统兵在外作战，也由他辅佐世子在北平留守，不仅使明成祖免去了后顾之忧，而且使燕军得到源源不断的补给。在几次转折的关键时刻，姚广孝帮助明成祖坚定了信心，决策得当，终于以少胜多、以弱胜强，使明成祖夺取了天下。这正如《明史·姚广孝传》中所说，靖难 3 年，"或旋或否，战守机事皆决于道衍……论功以为天下第一。"明成祖自然要对他大加封赏了。但是，姚广孝却辞而不受，只接受一个僧录司左善世的僧官。姚广孝本来是个僧人，对人世间禄位看得很淡。他不仅不要其他正式的官号，而且也不住在官府，平时仍住在禅寺。明成祖要他蓄发还俗，他坚执不肯。明成祖赐给他豪华的宅第，他也推辞不受。明成祖从宫中挑出两个特别漂亮的宫女送给他，姚广孝竟一个多月未接近她们，也不与她们说话，也不说要她们走。明成祖无奈，只好将这两个宫女召回。

姚广孝上朝时着朝服冠带，退朝后仍穿僧人缁衣。明成祖赏给他的金银财宝无数，但他对这些东西看得很轻，大都拿来散发给"宗族乡人"。当苏州一带发大水时，他回乡赈灾，除散发朝廷的钱粮外，他还把自己的积蓄都拿来救济灾民。当时，由于他辅佐明成祖反抗朝廷，被正统的士大夫视之为篡逆，故不少人鄙视姚广孝。有一次他去登门拜访旧日的好友王宾，王宾竟闭关不见。这使姚广孝感到很伤心。他去看望自己的同母姐姐，他的姐姐居然也不让他进门。他信奉佛教，对儒家学说多有非议。而儒家学说是中国封建社会的正统，影响大，且是士人借以求取功名的本钱，故士大夫大都是儒家学说的信徒。姚广孝曾著《道余录》一书，书中所议多与儒家不和，这自然遭到儒家士大夫的反对。姚广孝虽在见解上与儒家不和，却无意与儒家士大夫作对，甚至对儒家某些士人的气节颇为赞赏。例如当明成祖长驱南下时，他跪在明成祖跟前密托："方孝孺素有学行，城破之日，他必不肯降，请不要杀他，杀了方孝孺，天下读书的种子就绝了。"方孝孺是当时最负盛名的大儒，门生遍天下。后来，由于方孝孺坚不肯降，并当廷又哭又骂，对明成祖当廷侮辱，被明成祖立命处死。过去，中国历史上有"诛九族"的刑罚，从来没有"诛十族"之刑。只是因方孝孺一案，中国历史上才有了"诛十族"之说，即在往日的九族之外，又加上方孝孺的学生一族。方孝孺一案表现了明成祖令人发指的残忍，但是，当人们知道姚广孝向明成祖的请托后，儒家士人对他的鄙视稍有减轻。

明成祖即位后，永乐元年即命文臣编纂《永乐大典》，由解缙总其事。第二年编成，明成祖不满意，就改命姚广孝总其事。在中国历史上，这是一次少有的收集保存古典文献的大规模的文化工程，前后有大约三千文人参与其事，故史称"三千文士修大典"。姚广孝虽不信奉儒家学说，但在《永乐大典》中仍以儒家文献为主。这为姚广孝赢得了不少好的声誉。

在建文帝在位期间，曾对明太祖朱元璋所制定的制度多有更正。明成祖为了表明自己遵守祖制，表明自己是明太祖的正统继承人，凡是建文帝所实行的新法，几乎全部改行洪武旧制。这样一来，有些事情就从一个极端走向了另一个极端。大臣们慑于明成祖的威严，明知有些事情不必再改，但也不敢劝阻。在旧臣中只有蹇义对这种做法有所劝阻，实际上真正发挥了作用的还是姚广孝，认为用法贵在适时，不必因为建文时实行过就一定要改。明成祖深以为是，遂下令停止了许多不必要的纷更。

明成祖即位之初，曾对建文旧臣进行血腥的屠戮，像"瓜蔓抄""诛十族"之类，已成为历史名词，成了明成祖残暴的象征。姚广孝对明成祖的这种做法也有所匡救。姚广孝密劝明成祖，建文旧臣只要表示愿归顺的，都可继续任用。他们能效忠建文帝，也能效忠新朝。更何况，建文帝只在位4年，绝大部分臣僚都是明太祖选拔的，明成祖继承的是明太祖的基业，他们完全可以为新朝效力。夺天下才是第一步，更主要的是治理天下。杀人太多，就会失掉民心，甚至会留下隐患，不利于今后治理天下。这使明成祖恍然大悟，立即停止了对建文旧臣的诛杀。为了安抚建文旧臣，明成祖将建文时的奏章都拿出来，凡是关于民生之类的都留下，其余凡有所干犯的都统统烧掉，从而解除了建文旧臣的后顾之忧。明成祖还在朝廷上问解缙等人："你们大概也有一些有干犯的章奏吧？"还没等解缙回答，修撰李贯就抢先答道："我就没有。"明成祖遂正色说道："你以为没有这样的奏章就是贤臣吗？食其禄，就应任其事。当国危之际，近侍独无一言，那能算忠臣吗？我不是厌恶那些忠于建文的人，只是厌恶那些诱导建文帝变坏祖宗法规的人。以前你们是他的臣，就应该忠于他；今天事我，就应该忠于我，不必曲自隐蔽。"明成祖这一招就显得很高明，使建文旧臣基本上解除了顾虑。明成祖还有意表现出对旧臣的推诚任用，使建文旧臣敢于大胆任事。例如明成祖建立内阁后，解缙等内阁七学士都是建文旧臣，都成了明成祖的心腹。像著名的"三杨"（杨士奇、杨荣、杨溥）、"蹇夏"（蹇义、夏原吉），都是建文旧臣，都受到了明成祖的重用，后来都成了治国名臣。

姚广孝还向明成祖建议，不能只是封赏有功的将领，也不能忘了那些有功的普通百姓。于是，明成祖便对那些在靖难之役中有功的百姓也进行了赏赐。像北平、保定、通州等地协助燕军守城的妇女，有的运砖、运石，有的运水浇城，在抵御南军中都有功劳，因此而分级受到赏赐。例如保定当时参加运砖石的妇女，每人赏钞100贯、绢1匹、棉花3斤。赏赐虽不算很丰厚，但这些老百姓都很高兴，纷纷传颂新天子的恩德。

明成祖在渡江攻取南京时，舟工是周小二。明成祖也没有忘掉这个为自己操舟的人，不仅赏给他一些钱物，而且还下诏免其徭役3年。他感到周小二为人颇为精干，还授给他一个巡检的小官职。此举为明成祖赢得了很好的声誉，觉得他颇有人情味，不忘旧恩。这对那些大批的新官员来说，也是一种激励，鼓励他们尽心为新朝效力。

当时，南京虽然是京师，但明成祖经常住在北平，将北平称行在，而留太子在南京监国。永乐十八年（1420），北平的新宫殿建成，明成祖遂正式决定迁都北京，即原来的北平，而将南京作为陪都。姚广孝不贪图禄位，平时以明成祖的宾友自居，别人不敢向明成祖说的话，他三言两语就解决了问题。姚广孝平时住在北平的庆寿寺，明成祖有闲时也到寺中来和他闲聊。永乐十六年（1418），姚广孝已84岁，身体又多病，就不能再上朝觐见了。于是，明成祖便经常到寺中来探视他。明成祖看他经常吐痰，就赐给他一个纯金的唾壶，犹如今天的痰盂。明成祖看姚广孝不久于人世了，就问他还有什么想说的话。姚广孝只是说："僧人溥洽已系在狱中多年了，愿皇上放了他。"溥洽是建文帝的主录僧。当明成祖进入南京时，只是看到宫中火起，但并未见到建文帝的尸体。社会上流行着一种传言，说建文帝冒充僧人逃出去了，就是溥洽帮他逃出去的。有的人还甚至说，就是溥洽将建文帝藏了起来。于是，明成祖就借故将溥洽系入狱中，一关就是十多年。对此敏感人物，没有人敢为他说情。这时，明成祖按照姚广孝的请求，立命将溥洽放出。姚广孝支撑着病弱的身体，勉强下床来向明成祖叩拜。于是人们传言，姚广孝临死还做了一件善事。

姚广孝在溥洽释放不久即死去。明成祖十分伤心，命礼部和僧录司为他隆重治丧，以僧礼葬，并停止视朝两天。明成祖还颁旨，追赠姚广孝为"推诚辅国协谋宣力文臣，特进荣禄大夫，上柱国，荣国公"，并赐葬于房山县东北，谥号为"恭靖"。明成祖还亲自为姚广孝神道碑撰写了碑文，以志其功，同时也表达了自己对姚广孝的哀思。姚广孝有一养子，明成祖特授他为尚宝少卿。

姚广孝不仅以自己的谋略帮明成祖登上了皇位，而且辅佐明成祖治理国家，使明朝的国力在永乐年间达于鼎盛。姚广孝主持编纂了《永乐大典》，使这部书成为中国历史上最大的一部类书，保存了大量的古典文献，他个人也有著作传世。作为一个僧人，姚广孝能成就如此的功业，在历史上是极为罕见的。

（陈翠萍）

▼

　　本篇主要资料来源：《明史》卷一百五十四，《姚广孝传》；《明史》卷五、卷六、卷七，《明成祖本纪》；《明史纪事本末》卷十六，《燕王起兵》。

# 辅明初五帝　致天下太平

## ——杨士奇传

人们所熟知的历代大谋士，绝大部分都活动在改朝换代之时，在乱世中显示出其出众的谋略，在太平年代却很少见有大谋士出现。实际上，一些谋略家的智谋对治理好国家有着极为重要的作用，他们对国家、对民族的贡献一点也不亚于乱世中的谋士。从某种意义上来说，这些谋士的作用更应该受到肯定。在这种类型的谋士当中，明初的杨士奇可算是一个佼佼者。

杨士奇（1365—1444），名杨寓，士奇是他的字，在当时及后世都以他的字为人所熟知，祖籍江西泰和。稍有点历史知识的人大都知道，"三杨"是明初的名臣，其为首者即杨士奇。明初文学有所谓"台阁派"，统治文坛达百余年，其领袖人物之一即杨士奇。杨士奇历辅建文帝、明成祖、明仁宗、明宣宗、明英宗五帝，长居内阁，使明朝的国力在此期间达到鼎盛。像汉代的"文景之治"、唐代的"贞观之治"那样，这期间的明王朝也出现了"永宣之治"。这段强盛太平的历史几乎完全与杨士奇的活动相伴始终。杨士奇死后只过了5年，就发生了"土木之变"，明王朝随之由盛转衰。

## 一、艰苦谋生，才能初露

在杨士奇还很小的时候，父亲即因病死去。寡母孤儿，相依为命，不仅生活十分艰苦，而且还常常无辜受人的欺凌。实在无奈，母亲便改嫁到一个姓罗的人家，杨士奇也就改姓了罗。在封建社会，像杨士奇这样身份的人是很低贱的，经常会听到不堪入耳的受人侮辱的话。杨士奇实在忍受不了这样的侮辱，就又回到了杨家，恢复了原姓氏。家中的生活自然贫困得很，但也正是这种贫困的生活磨炼了杨士奇，使他比一般孩子更早地体会到人情冷暖、世态炎凉。杨士奇下决心改变自己的处境，便尽一切可能刻苦读书。村上的教书先生看他是个好苗子，不时接济他一点，学费也不向他要，从而使杨士奇受到了最基本的教育。年龄稍长，他便自己开馆授徒，生活除自给外，还能稍有点节余。此后数年都以开馆教书为业，尤以在湖北开馆的时间最长。这期间，杨士奇结识了不少文人学士，常有诗词赠答。他不仅学问好，而且重朋友情谊，在士林中的名声越来越高。

明朝的开国皇帝朱元璋死后，皇太孙朱允炆继位，年号"建文"，历史上就称他为建文帝。按照旧制，一个新皇帝继位后，要马上组织文士为前一个皇帝修"实录"。建文帝命各地推举大儒，为朱元璋一朝修《明太祖实录》，杨士奇被荐举入京，参与其事。在修撰《明太祖实录》期间，杨士奇的才能得到初步展露，尤其是他的史才和史识，更为同行所称道。不久，建文帝即将他召入翰林院，充任编纂官。后来，吏部奉建文帝之命，考核史馆诸儒士。吏部尚书张枕在看到杨士奇的策文后，惊奇地说："这不是一般只知道死读经书的儒士所能说出来的！"于是就举杨士奇为第一。建文帝遂授杨士奇为吴王府审理副，仍在史馆供职。

建文帝即位不久，即按照齐泰、黄子澄的建议开始削藩，也就是削夺诸藩王的权力。建文帝的20多个叔叔都在外地做藩王，像燕王等北边的几个所谓"塞王"，经常带兵出征，势力更大。建文帝担心众藩王会威胁自己的皇位，就开始了削藩斗争。燕王看到5个藩王已被削，下一步就可能轮到自己，于是便起兵反抗，这就出现了长达3年之久的"靖难之役"。在这场争夺皇位的战争中，燕王取得了最后胜利，建文帝"不知所终"。燕王登基做了皇帝，他就是历史上著名的明成祖，改元"永乐"。明成祖看杨士奇为人老成，便将他改为编修，不久又选拔他进入内阁，成为著名的内阁七学士之一。他参与机务，多有建言，明成祖对他也推诚任用，从而使他的才能得到了充分的展现。

## 二、为官勤谨，巧护太子

明成祖为了加强中央集权，设立了内阁。原来，朱元璋因丞相胡惟庸谋反，便罢丞相不设，并把这一点立为"祖训"，以后如有人建议设立丞相，格杀勿论。但是，朝廷中的事务都由皇帝亲自处理，实在忙不过来，所以朱元璋后来又设了四辅官，以备顾问。明成祖便在这个基础上设立了内阁。内阁成员都来自翰林院，都是颇有才华的文士，由他们协助皇帝处理政务，起草诏令。在内阁七学士当中，杨士奇任职最久，也是最负有盛名的一个。历史上常说"三杨当国"，为首的就是杨士奇，另两个人是杨荣和杨溥。

杨士奇奉职勤恳谨慎，在家的时候从来不说朝廷上的事，虽至善亲朋私下交谈，也听不到他一句有关朝廷上的话。在朝廷上议事时，他从不锋芒毕露，而显得十分谦恭，但奏事明快简洁，三言两语就说出了问题的要害。有时众人对某事久议不决，杨士奇一发言，大家总认为切实可行。杨士奇为人厚道，人有小过，常常代为掩饰。有一次，广东布政使徐奇进京，带来当地一些土特产，用来赠送廷臣，许多人受到他的馈赠。有的人上疏弹劾徐奇，说他向京官行贿，别有所图，并将一份受礼人的名单交给了明成祖。许多大臣的名字都在这张名单上，却唯独没有杨士奇的名字。明成祖问杨士奇是怎么回事。杨士奇平心静气地回答道："当徐奇赴广东上任时，许多大臣为他送行，并有诗文相赠。我恰好当时有病，所以没去送行，所以在他馈赠的名单上也就没有我的名字。至于名单上的这些人是否真的受了他的礼，也未可知。何况礼品轻微，当没有别的意思。"明成祖本来正一腔怒气，打算对徐奇和名单上的诸大臣进行严惩，经杨士奇这么一说，怒气顿时化解，并下令将那张名单马上烧掉，不予追究。这件事牵连到许多人，这些人为此都很感激杨士奇。

永乐初年，仍以南京为京师，以北平（今北京）为行在。明成祖经常住在北平，由太子在南京监国，由杨士奇等人辅佐太子处理日常政务。明成祖有三个儿子，次子被封为汉王，三子被封为赵王。汉王以勇武著名，在"靖难之役"中多有战功。汉王和赵王相勾结，总想倾陷太子，所以经常在明成祖面前说太子的坏话。时间一久，明成祖颇为心动，便打算更换太子。太子没什么勇武可言，但心地善良、为人谦和，不像汉王那样狂悖。永乐九年，明成祖由北平返回南京，问杨士奇有关太子的情况。杨士奇也听到一些有关太子的谗言，就说："殿下天资甚高，即使有点小过错，也一定会知过改过。殿下存心爱护百姓，决不会辜负陛下的重托。"明成祖本来想惩治太子，但经杨士奇这么一说，马上转怒为喜，便暂时打消了更换太子的念头。

永乐十二年（1414），明成祖第二次亲征漠北蒙古，得胜回师。这次汉王随征，经常向明成祖说一些太子的坏话。说得多了，明成祖难免不有所心动。回到京师后，以皇太子迎驾迟缓为由，对太子痛加训斥，并将太子身边的一些大臣尽逮下狱，其中包括内阁大学士黄淮和杨溥等人。这一关押就是10年，等太子继位后才将他们放出。当时还牵连到杨士奇。当明成祖问到太子的事时，杨士奇不仅不推脱责任，反而说道："太子孝敬如初，之所以迎驾迟缓，都是我等大臣的罪过。"这么一说，明成祖的火气反而平息了下来，没有治杨士奇的罪。汉王身边的一些人则交章弹劾杨士奇，谓杨士奇是辅佐太子的第一重臣，更负有罪责，不应该单独宽宥他。于是，明成祖便下令将杨士奇逮系诏狱，但没过几天便又下令将他放了出来。

永乐十四年（1416），明成祖由北平行在回到南京。他隐约听到一些有关汉王胡作非为的事，就问吏部尚书蹇义。蹇义吓得浑身发抖，不敢回答一句话。人们都清楚，在这种事情上一句话说不好就可能掉脑袋。明成祖接着又问杨士奇，杨士奇则巧妙而从容地回答道："我和蹇义都侍奉太子，外人不敢在我们两人面前说汉王的事。以前陛下命他就藩云南，他不去；后又命他就藩青州，他仍不去。今听说要迁都北平，他却要在南京留守。其中有什么深意，请陛下熟察。"明成祖默然不语，似有所醒悟，遂起身回宫。过了两天，明成祖掌握了数十件汉王不法之事，遂将汉王召来，严词切责，并命剥去他的冠服，囚禁于西华门内，还打算将他废为庶人。明成祖还杀掉汉王身边的几个不法之徒，第二年命汉王徙封乐安（今山东惠民），即日启行，不得拖延。于是，太子的地位遂转危为安。他就是后来的明仁宗。永乐十九年，杨士奇升为左春坊大学士，仍在内阁办事。

永乐二十二年（1424），明成祖死于北征回师的路上，仁宗继位。仁宗立即升杨士奇为礼部侍郎兼华盖殿大学士。有一天，吏部尚书蹇义和户部尚书夏原吉奏事未退，仁宗看见杨士奇前来，便对跟前的这两个尚书说："新华盖殿大学士来了，一定有好意见，让我们一起听一听。"杨士奇进来说："恩诏刚颁下两天，说要减少各地岁贡，但惜薪司却传旨，要征枣80万斤，这不恰好与两天前颁的恩诏相违背吗？"仁宗深以为是，立命减少一半。不久，仁宗又加授杨士奇少保，和杨荣、金幼孜一起赐"绳愆纠谬"银印，许以此印密封言事。不久，仁宗又加授杨士奇少傅。

当各地长官来朝时，兵部尚书李庆向仁宗建议，把军中的余马分给各地，每年再向各地征用马驹，这样可使军中常有壮马。杨士奇反对这样做，对仁宗说："朝廷选贤能之士授予官职，却让他们去牧马，这岂不是贵牲畜而贱士人吗？"仁宗答应停止这样做，不久却变得无声无息了。杨士奇又言及此事，仁宗仍未有举动。不久，仁宗召来杨士奇说："那件事我哪里是真忘呢？我听说李庆等人不喜欢你，我怕你孤立，不想因你的奏言来停止此事，怕因此使你受他们的伤害。现在有理由了。"仁宗拿出陕西按察使的奏章，谓养马扰民，不宜行。杨士奇对仁宗的厚意非常感激。不久，仁宗命杨士奇兼兵部尚书，同时领三种俸禄，但杨士奇坚辞，一定要辞去尚书的俸禄。

在仁宗还是太子的时候，御史舒仲成曾帮助汉王倾陷他。太子这时当了皇帝，就想借故治舒仲成的罪。仁宗知道杨士奇那时也遭到过他的弹劾，就找杨士奇商量。杨士奇力言不可，即位时刚颁诏，对以前忤旨的官员皆宽宥，如这时借故治舒仲成的罪，天下人就会说皇帝不守信用，这样就会使许多人提心吊胆。杨士奇还借古论今："如汉景帝之待卫绾，不亦可乎？"仁宗大悟，就打消了这个念头。

有一天，仁宗要臣下直言政事得失。大理寺少卿弋谦出班陈言，话语激切，惹得仁宗一时大怒，立命将弋谦逮系狱中。鉴于仁宗怒气未消，大臣们都不敢为弋谦说话。只有杨士奇在等到仁宗怒气稍消后奏道："弋谦是应诏陈言，如果因此而治他的罪，那么群臣的嘴巴恐怕都要封起来了。"仁宗深以为是，马上下诏，升弋谦为副都御史，并颁诏全国，为此事引罪自责，要天下臣民有言勿隐。从此以后，大臣们有什么话都敢于当廷直言。

有一个地方官上书，称颂天下太平，为自古未有，自然也对仁宗的仁政称颂一番。仁宗看了很得意，就当廷交臣下传阅。大臣们都说合于实际，有的还变着法儿对仁宗的圣德称赞一通。只有杨士奇表现得很特别，不仅没说一句称颂的话，反而说道："陛下的恩泽虽遍及天下，但是还有很多老百姓流徙外地，无家可归；前几年连续用兵，又屡兴大工程，民力还没有恢复过来，还有许多人食不果腹。如果再与民休息几年，太平盛世大概就要真的到来了。"仁宗侧耳细听，并当众对廷臣们说："杨士奇说得很对啊！"他回过头来又对吏部尚书蹇义等人说："我以至诚对待诸卿，希望你们尽心辅佐，能治理好国家。只有杨士奇连续五次上书陈言，你们却没说过一句政事之失。难道朝政没有一点缺失吗？天下就真的那么太平了吗？"蹇义等大臣都感到很惭愧，都一齐顿首谢罪。几天后，仁宗特颁敕书，赐给杨士奇一方"杨贞一印"。接着，仁宗命杨士奇和黄淮、金幼孜一起充任总裁官，编纂《明太宗实录》。

## 三、直言得失，不随波逐流

仁宗只在位一年就死去了，他的儿子宣宗继位。在编纂《明仁宗实录》时，杨士奇仍充任总裁官。

宣德元年（1426），汉王果然举兵反叛。宣宗率兵亲征，兵不血刃即将汉王擒获。在回师经过献县时，兵部侍郎陈山来迎，并奏道，汉王和赵王历来都串通一气，倾陷先皇仁宗，应乘机突然出兵彰德，再将赵王擒获，以永绝后患。杨荣等人也极表赞成。杨士奇却说："谋叛当有事实，难道天地鬼神是可以随便欺骗的吗？"杨荣厉声斥责杨士奇："你难道想坏大事吗？赵王与汉王勾结，天下的人都知道，怎么能说没证据呢！"杨士奇说："今皇上只有两个叔父，汉王谋叛，自然罪不可赦；赵王如没罪，就应该厚待他，如对他怀疑，可以预先提防他，使他不危害国家就是了。为什么一定要加兵征讨呢？"当时，只有杨溥与杨士奇的意见相合。杨士奇正准备入内进谏，杨荣已先入。杨士奇要进去，被侍卫挡在门外。不大会儿，宣宗召蹇义和夏原吉入内，两人便把杨士奇的话禀告了宣宗。宣宗起初也没打算逮治赵王，今又见杨士奇也这么说，便打消了移兵逮治赵王的念头。回京后，宣宗对杨士奇说："有很多人说赵王图谋不轨，应怎么办呢？"杨士奇说："赵王是陛下最亲近的人，应想法保全他，不可听流言。"于是，杨士奇代宣宗草拟一书信，连同大臣们弹劾赵王的章奏，派人一起送给赵王。赵王见到后，高兴得流泪，说道："我可以活下去了。"遂上表谢罪，并将自己的护卫军献出。从此以后，再没人弹劾赵王了。宣宗待赵王也日益亲厚，私下对杨士奇说："赵王之所以能得以保全，都是你的功劳啊！"为此，宣宗赏给杨士奇许多金币。

宣宗即位后，一直为安南的战事所困扰。原来，明成祖于永乐五年（1407）将安南征服，在那里设置郡县，一如内地。但是，安南不断地发生反叛，几次镇压，几次又叛，双方的损失都十分惨重。这时，安南黎氏谎称找到了原国王陈氏的后人，请明廷准其复国。许多大臣表示反对，只有杨士奇和杨荣的意见一致，认为不必因远方蛮荒之地，将天朝拖得死去活来，应该趁机许陈氏复国，也从而使中国军队从安南脱身。宣宗深以为是，遂放弃安南，为此每年节省军费近百万两白银。

宣德五年（1430）春天，宣宗侍奉皇太后谒皇陵。事后，杨士奇等大臣在便殿拜见皇太后，皇太后对杨士奇慰劳有加。宣宗对杨士奇说："太后常对我说，先帝时，只有你敢于犯颜直谏，不怕惹先帝生气。先帝能接受你的劝谏，故不败事。太后常教导我，一定要能听臣下直言。"杨士奇回答道："这都是皇太后的圣德之言，愿陛下常记在心。"过了几天，宣宗特颁敕，说杨士奇年老有病，上朝时或许会晚一会儿，不要因此对他论奏。这实际上是宣宗对杨士奇的一种特殊礼遇。

当时，有关各地水旱灾荒的报告接连不断，宣宗便召来杨士奇，说打算免去灾区的租赋。杨士奇又趁机请求，应同时免去老百姓往年欠交的税粮，减少江南官田税额，停止并不急需的大工程，对关押在狱中的犯人尽早审理，确实有冤屈的，应尽早平反，以使皇上的恩德广布。宣宗一一应允，天下老百姓为此颇为高兴。过了两年，宣宗又问杨士奇："恤民诏颁下已久，还有什么可恤的吗？"杨士奇奏道："诏书中说要减少官田上的税额，但户部仍照旧额征收。"宣宗听了后十分生气，立即又颁下一诏书，有不按诏书行事者，严惩不贷。这才使老百姓真正得到了实惠。杨士奇又奏请道，应招抚逃民，让他们回乡复业；对贪墨的官员要严加惩治，鼓励各地推举贤才，即使犯人家的子孙，也允许他们参加科举，才优者同样可以入仕。除此以外，杨士奇还建议，凡是三品以上的官员，都可以举荐贤才，如所推举之人不称职，举荐人应被连带治罪。对杨士奇的这些建议，宣宗都——应允。这时，宣宗励精图治，杨士奇等人尽心辅佐，一些弊政得到及时纠正，"海内号为治平"。永乐时虽国力强盛，但征战频繁，大工迭兴，所以老百姓的劳役甚重。只是到了宣德时，承继了永乐强盛的余续，天下又多年没有战争，所以老百姓才真正过上了几年太平日子。在这当中，杨士奇发挥了极为重要的作用。

君臣相谐，天下太平，宣宗便仿照古代皇帝的做法，每当岁首，命百官休假 10 天，即从正月初十至正月二十，百官不必上朝，和家人共度元宵佳节。在正月十五的晚上，宣宗还和大臣及他们的家人一起观灯。每逢节日，宣宗还和众大臣一起出游。在春暖花开时，宣宗不时和大臣们一起去万岁山（今北京景山）赏花。君臣之间赋诗唱和，也不时从容言及民间疾苦。大臣们有所建言，在游玩时随时就说了出来。宣宗都虚心听纳，对一些好的建议就命身边的人记下来，回去后马上传旨实行。与这种太平盛世相适应，在文坛上便兴起了所谓"台阁派"。杨士奇即台阁派的主要首领之一，君臣相互唱和的一些作品就成了台阁派的代表作。台阁派是"永宣盛世"的产物，反过来又为"永宣盛世"增添了许多绚丽的色彩。由于台阁派有许多歌舞升平之作，故今人的文学史对其评价甚低。但台阁派的文章典雅流畅，无艰涩之苦，且统治文坛百余年，自有其可取之处。尤其是开创人之一的杨士奇，的确自成一家，非末世的空泛庸俗之作所可比。流传至今的《东里全集》，即杨士奇的文集，至今为文史学者经常翻阅，即表明其文章有一定的价值。

## 四、不计私怨，以公心处事

在宣宗即位之初，内阁也像永乐时那样有"七学士"。其中，陈山和张瑛是宣宗的宫邸旧人，随宣宗继位，二人得进入内阁。但二人才能平平，处理章奏多有疏误，不久即被派往外地为官。黄淮因身体多病而致仕，金幼孜病死，于是内阁中就只剩下"三杨"了，这就出现了历史上著名的"三杨当国"的局面。由于三人居住的位置，杨士奇被称为西杨，杨荣被称为东杨，杨溥被称为南杨。杨荣遇事果敢刚毅，尤其通晓军事，曾数次随明成祖北征，多有功勋。有一次，杨荣筹划甘肃的兵事后回京，明成祖亲自切西瓜犒赏他。但是，杨荣经常私下接受将领的贿赂，边将几乎每年都要向他进献良马。宣宗得知了杨荣的这些事，就问杨士奇，其用意是想将杨荣退出内阁。杨士奇却说："杨荣通晓兵事，臣等远远不及，不可因小过错而废大才。"宣宗笑了笑说："杨荣曾多次说到你的过错，没想到你却为他解脱。"杨士奇接着说道："望陛下像宽容我一样来宽容杨荣。"宣宗听从了杨士奇的劝谏，使杨荣得以仍在内阁。后来，杨荣隐约地听到了这件事，对杨士奇十分感激，自感对杨士奇有愧。从此以后，杨荣对杨士奇格外尊重，"三杨"同心协力，使宣宗时的朝政颇为清明。宣宗也感到杨士奇不计私怨，处处从大局出发，以公心处理政事，忠心可倚，所以对杨士奇的奏请几乎无不应允。

宣宗在位 10 年，死后由他的儿子英宗继位。英宗继位时才 9 岁，军国大事都要禀告太皇太后，也就是英宗的祖母，即仁宗的皇后。在仁宗还是太子的时候，就多赖杨士奇之力才得以保全，故此后对杨士奇格外倚信。这时英宗才是个 9 岁的孩童，太后更是倚重杨士奇，有什么事就派宦官去内阁，问"三杨"该如何处理，然后施行。"三杨"又以杨士奇资望最重。杨士奇也慨然以天下为己任，勇于任事，勤勤恳恳，各种政务都处理得有条不紊。这时，由杨士奇主持，连续推行了许多善政。例如杨士奇看到漠北蒙古力量渐强，时有犯边之意，即请练士卒，严边防，使北边的防备得到明显加强，使蒙古部多年不敢内犯；设南京参赞机务大臣，分遣文武官员镇抚江西、湖广、河南、山东；尤其令人称道的是，自明太祖朱元璋开始，经常派校尉侦缉臣民隐事，实际上就是特务，尽管以前有不少大臣请求停止用校尉刺事，但皆未被允准，这时却被杨士奇给罢去了。从此以后，尽管还有"厂卫"等特务组织，但再也看不到校尉这种特务了。另外，杨士奇又请免去灾区赋税，慎用刑法，严格考核各级官员。杨士奇的各种奏请都被一一允准。因此，英宗在位的前几年，朝政清明，天下欣欣望治。

英宗年号"正统"。正统三年（1438）时，《明宣宗实录》编成，杨士奇也是总裁官，为此而被升为少师。正统四年，杨士奇以年老，请求致仕回乡，但太后不许，而仅许他回乡省墓，不久又回朝继续理事。

在英宗时，出现了一个历史上著名的大宦官王振。在历史上，宦官乱政以汉、唐、明三朝为烈，而明代宦官乱政则自王振始。王振原是个县令，因罪被判处死，他自请阉割为宦以抵罪，于是就成了宦官。由于他颇通文墨，所以英宗在很小时他就待奉在侧。英宗即位后，王振升为司礼太监。司礼监是宦官二十四衙门的第一衙门。司礼太监是宦官的总头领，且有代皇帝"批红"的权力，即内阁的票拟需经皇帝"批红"后方能生效，而皇帝或小或懒于理事，就往往由司礼太监代为"批红"。有点政治常识的人都会想到，这是一种很大的权力，说不定什么时候就会乘机塞进一些自己的私货。起初，由于英宗的祖母张太后在，"三杨当国"，王振还不敢太嚣张。但在张太后死了以后，王振便渐渐跋扈起来。

明太祖朱元璋为了限制宦官干政，特地在宫门口挂了一块铁牌，上面写着："内臣不得预政事，预者斩！"王振进进出出都会看到这块铁牌，感到太刺眼，就在张太后死后不久将铁牌取下，砸坏扔掉。对杨士奇的票拟，他也不时挑点小毛病，故意刁难。但杨士奇、杨荣都是五朝老臣，声望极高，王振一时对他们还不敢过分为难。有一次，王振刺探到，靖江王佐敬曾馈赠杨荣许多银两。还有一次，杨荣回乡省墓，回京后未及时报告朝廷。王振感到机会来了，想借以除掉杨荣。杨士奇对王振的野心早有觉察，很清楚他的狼子野心，他弹劾杨荣并不是为了国家，而是为了扫除自己争权道路上的障碍。于是，杨士奇极力在英宗面前为杨荣开脱，使杨荣未受惩处，"三杨当国"的局面仍得以继续维持。但是，杨荣为这件事忧愤积心，不久就一病不起，终于死去。从此以后，内阁就只剩下杨士奇和杨溥了，更形孤立，王振的气焰自然也就高了起来。

王振贪墨成性，大肆侵吞军饷，致使四川的一支守军发生哗变。这场哗变还没有完全平息下去，当地的一些少数民族又趁机发动叛乱。于是，明廷不得不发大军前往镇压。在杨士奇的精心协调下，这场叛乱总算被镇压了下去，但明王朝的损失也很大，仅将士就战死数万人，多年积蓄的钱粮被耗费一空。

王振自恃有宠，气焰日益嚣张。他常以周公自比，意思是，自己和英宗的关系就像周公辅成王一样。许多公侯勋戚称他为"翁父"，连英宗皇帝也不直呼其名，而称他为"先生"。他对哪个官员不顺眼，轻则借故降职，重则逮系狱中，甚至杀头。尤其令人发指的是，王振经常故意激英宗发怒，在殿上当众廷杖大臣。这不仅是一种肉体上的摧残，而且是一种人格上的污辱。每当廷杖时，监刑的是王振一伙太监。如果监刑太监脚尖分开，就表示不要打死；如两脚尖合拢，受刑人就一定要被打死了。在这种情况下，大臣们人人自危。杨士奇这时年近八十，虽尽力匡救，但对王振已无可奈何。

鉴于北部边境时有警报，蒙古瓦剌部势力渐强，杨士奇估计瓦剌不久就会成为北边的大患。于是，杨士奇上奏英宗，请求将太仆寺的一些马匹充实边防，再从西边买一些战马，以补充北部边防战马的不足。英宗下诏准行。但是，由于王振克扣买马的银两，所以效果并不明显。

王振感到杨士奇是自己争权道路上的最大障碍，便处心积虑地打击杨士奇。他通过东厂特务侦知，杨士奇的儿子在家乡有许多不法行为，便唆使言官弹劾杨士奇。英宗一直对杨士奇很尊重，廷臣担心会因此而伤害杨士奇，所以就没有对杨士奇的儿子治罪。英宗只是将他儿子的一些罪状封起，交给杨士奇。王振还不甘心，接着又用东厂特务查到杨士奇之子的一些新罪状，英宗这才决定，将杨士奇之子逮系狱中。杨士奇心里很清楚，儿子只是一介普通百姓，即使有些横暴，也用不着朝廷为此兴师动众，其用意显然是针对自己。杨士奇遂上疏自责，谓自己教子无方，自己又年老多病，请准予辞官，回乡养老。英宗怕伤害杨士奇，特降诏，对杨士奇极力慰勉，使杨士奇颇为感动。但杨士奇还是忧虑成疾，不久死去，时年80岁。英宗为杨士奇之死很伤心，特赠官太师，谥号"文贞"。

杨士奇为人持重和善，好奖掖寒士。像著名的清官能臣于谦、周忱、况钟等，都是因杨士奇推荐而步入仕途的。杨士奇死后不久，瓦剌即大举内犯，王振挟英宗亲征，结果50万大军全军覆没，英宗被俘，北京也差一点被瓦剌攻陷。这场事变在历史上被称作"土木之变"，是明王朝由盛转衰的分水岭。幸赖杨士奇有识，举荐了于谦这位能臣，在北京保卫战中击退了瓦剌，使明王朝在万分危急的情况下转危为安。

周忱和况钟都是明代著名的清官，苏州等地的老百姓甚至为他们立祠纪念。一些小说、戏剧对他们的事迹也多有描述。如没有杨士奇的推荐，这些人可能终生不为所用，老死乡间。

在"三杨"中，杨士奇以学行著称，杨荣以才识闻名，而杨溥素有操行，皆人所不及。杨士奇在"三杨"中资望最重，以自己的学行和智谋历辅明初五帝，使明王朝进入最强盛富庶的时期，这不是只有小智小谋的人所能做到的。

（孙　宇　孙向群）

▼

本篇主要资料来源：《明史》卷一四八，《杨士奇传》；《明史》卷五、卷六、卷七，《明成祖本纪》；《明史》卷八，《明仁宗本纪》；《明史》卷九，《明宣宗本纪》；《明史》卷十，《明英宗前纪》。

# 辅清初四帝　以德义安邦

## ——范文程传

范文程（1596—1666），字宪斗，号辉岳，明朝万历二十四年（1596）生于一个名门家庭，清朝康熙五年（1666）去世。他一生经历了努尔哈赤和皇太极的开创时期，又经历了顺治和康熙两个朝代，为官40多年，是清朝最著名的开国功臣，对清朝的建立与巩固起了重要作用，是清代初年卓越的政治家和谋略家。

### 一、出身仕宦家，仗剑谒军门

范文程的先祖是宋朝观文殿大学士、高平公范纯江；曾祖范璁，为正德年间进士，曾做过兵部尚书，后来因为与明朝权臣严嵩不和，愤然辞官；祖父范沈，曾经担任明朝沈阳卫指挥同知；父亲范楠，一生没有做官，范文程为其次子。

范文程少年时期便喜好读书，才思敏捷。由于他生长在一个世代为官的家庭中，所以，父祖们在仕途上的坎坷经历在他幼小的心灵上打上了深深的烙印。随着年龄的增长，他逐渐养成了沉着、刚毅的性格，18岁时，他和哥哥同时考中沈阳县学秀才，这在当时的辽东来说已是凤毛麟角了。

范文程生活的年代，正是明朝阶级矛盾和民族矛盾逐渐加深的时代。当时，居住在东北地区的女真族各部之间不断发生兼并和掠夺战争。其中的一支建州女真南迁到以苏子河流域为中心的抚顺关以东的地区，那里山清水绿，土地肥美。这支部落在酋长、建州左卫部指挥使努尔哈赤的带领下，开始逐步统一女真各部。到了明万历四十四年（1616），绝大部分女真部落被努尔哈赤征服。就在这一年，努尔哈赤自称大汗，定都于赫图阿拉（即兴京，在今辽宁省新宾满族自治县），开始了历史上的后金时期。

天命三年（1618），努尔哈赤以"七大恨"祭天，誓师伐明，起兵攻袭明朝的战略要地抚顺及其附近地区。这次攻袭使得北京满朝震惊。不久，努尔哈赤便攻陷了抚顺。

21 岁的范文程耳闻目睹了满族的兴起与努尔哈赤后金政权的建立与发展。他清楚地看到，明朝已是气数将终，而后金正方兴未艾。于是，他同哥哥一起，毅然亲赴汉营，"仗剑谒军营"，投效了努尔哈赤。努尔哈赤见范文程身材魁梧，气宇不凡，十分赏识。在谈话中，又发现他对于当时的世态时事非常了解，便十分喜欢他。并且得知范文程是范璁的曾孙后，便对自己手下的诸位大臣说："这是名臣的后代，一定要好好待他！"由于范文程熟知明朝及辽东的政治、军事形势，因而成为努尔哈赤的亲随，投笔从戎，南征北战，参与了攻打辽阳、西平、广宁（卫名，今辽宁省北镇市）等许多战役，都起到了重要的参谋作用。

然而，当时，后金与明主要在战场上较量，女真人最重武功。范文程虽饱读经书，却未能在战场上建立勋业，再加上他年纪尚轻，又是刚投奔来的，因此，范文程的才能真正得到赏识和重用，不是在努尔哈赤时期，而是在皇太极执政之后。

## 二、运筹帷幄，妙计迭出

天命十一年（1626），努尔哈赤率领大军围攻由明将袁崇焕坚守的宁远城，久攻未下，大挫而退，未能实现一举夺取全辽、直逼山海关的企图。于是，退回沈阳。八月，就因患毒疽而死。努尔哈赤死时还未嗣君，但他在生前规定，死后由满洲贵族共同商议从八大和硕贝勒中公推一人继承王位。按此规定，四贝勒皇太极被拥立，即后金汉位，改元天聪。

皇太极即位后，范文程一直侍奉其左右，经常以治国和平天下的思想和策略对皇太极进行说教，把汉族封建皇帝的治国理论、经验和措施介绍给皇太极，这样，就使得皇太极的思想有了一次大升华，从而摆脱了建州女真奴隶制思想的束缚。所以，皇太极统治东北期间，女真族的社会经济得以进一步发展，封建的农奴制代替了奴隶制。皇太极提出了要调整汉满关系，缓和民族矛盾。随着形势的发展，以及统治地域的不断扩大和人口的逐渐增加，他又采取了一系列措施巩固政权，整顿和改革国家机构。天聪三年（1629）四月，皇太极想以历代帝王的得失作为自己的借鉴，并且记录自己的政绩得失，于是建立了内阁的雏形——文馆。不久，范文程便被选入其中，参与帷幄，从而成为皇太极的主要谋士之一。他足智多谋，曾使用多种谋略手段，使后金捷报频传。

天聪三年（1629），皇太极率领大军攻入蓟门（今河北省唐山市、秦皇岛市、迁西县和青龙县一带），夺取遵化。范文程另外又率领部分军队攻克了潘家口、马兰峪、三屯营、马拉关、大安口五城。此后，后金部队被围困在大安口。在这次战斗中，范文程主张用火器进攻，结果大获全胜，从而逐步取得了皇太极的信任。

一次，皇太极亲自率兵攻打永平，留下范文程守遵化，不料明军发动了突然进攻。范文程率领军队身先士卒，奋勇抗战，最终将敌军击退。皇太极知道后十分高兴，授予了范文程世职（世职，世代相袭的职位，有俸禄和礼仪方面的待遇，没有实权）游击之职和三等阿达哈哈番的爵位。

同年冬天，范文程又用其计谋，为皇太极拔除了宿敌，从而使后金部队得以从容退出关外。当时，皇太极亲统大军，由龙井关、洪山口越过长城，直趋北京。明朝宁远巡抚袁崇焕、锦州总都祖大寿率师回援。于是，与后金部队在北京近郊展开了激战。双方势均力敌，相持不下。这时，范文程便向皇太极建议使用反间计，利用俘虏的明朝宦官，告诉崇祯帝说袁崇焕与皇太极之间已有密约，今日后金兵临城下就是袁崇焕所致。猜忌而多疑的崇祯帝便信以为真，于是将袁崇焕逮捕入狱，不久便处死。祖大寿听说后大为惊骇，也慌忙率兵逃回锦州。由此，范文程的反间计使得后金部队转危为安。可见，范文程堪称是足智多谋的军师。

天聪五年（1631），清军围攻大凌河，攻克城池。但是，蒙古降卒中有阴谋杀害叛将反叛回去的人，皇太极大怒，要杀死这些叛兵。范文程却婉言劝说，晓其利害，从而让皇帝宽恕了五百多人，免予其死罪。这时明朝有一部分军队坚守西山之巅，清军久攻未下，范文程便单枪匹马到达营地，动之以情，晓之以理。于是，轻而易举地便将西山守军招降了。皇太极欣喜万分，把招降来的人全部赐给了范文程。

天聪六年（1632），皇太极率领满洲八旗和蒙古各部越过兴安岭，远征察哈尔，以彻底打败东部蒙古，孤立明朝，并且使蒙古诸部成为自己的力量。驻察哈尔的首领林丹汗得知后，驱赶富民和牲畜，渡过黄河，弃掉本土向西逃去。等到皇太极赶到归化（今呼和浩特市）时，已是人去城空。数万后金部队，千里驰驱，人疲粮尽，只能以猎取黄羊为食。这种形势对皇太极非常不利。当时正值盛夏，饮水奇缺。所以因饥渴而死的士卒很多。如能见到一个小泉，晚到的竟然要用一只羊来换讨一碗水喝。在这种情况下，八旗军想继续追击林丹汗，已经势所不能，从原路退出关外的话，沿途地薄民穷，将士无以给养，何况千里兴师，徒劳无功，势必名利两失。而全军将士都想借机南下抢掠明朝地面，只是苦于出师无名，无计可施。在这种情况下，皇太极便与范文程、宁完我、马国柱等共同商议了对策。范文程上书指出，唯有深入，才为上策，但必须以议和为幌子。并且建议皇太极从雁门关攻入，原因是道路无阻，而且沿途人民富裕，可以为军队提供粮草。他又让皇太极下谕诏示沿途百姓，说林丹汗已经逃跑，现在土地已经归后金，只是道远无法迁徙人民前来，所以谋求议和。这样就为皇太极出师找了个堂堂正正的理由。皇太极采纳了他的建议，一面致书明大同、阳和、宣府等地官员，要求议和，并以10日为限；一面挥师直奔宣府、张家口，沿路纵兵扰民，饱掠而返。以议和为诱饵，欺骗舆论，制造进攻和掳掠的借口，这足可见范文程的高明之处。而且，皇太极也多次采用议和手法以求胜利，屡试不败，花样翻新，在明清争斗中起了重要作用。

在招降明朝官员，为清王朝延揽人才方面，范文程也表现了他的独特才干。早在天聪五年（1631）大凌河之役时，他就因招降明朝守将而立过功。天聪七八年间，当时明将孔有德、耿仲明、尚可喜等航海来投，皇太极也派范文程前往联络和安抚。崇德七年（1642），明将洪承畴在松山战败被俘，起初誓死不屈，恶骂不休，于是皇太极派范文程前去劝降。他与洪承畴天南海北，谈古论今。说话间，梁上积尘飘落于洪承畴衣襟上，洪承畴几次拂去，机敏的范文程见此情景，即告皇太极："承畴不会死的，他爱惜自己的衣服尚且如此，何况自己的生命呢！"洪承畴不久果然降服。

从此，范文程日益受到皇太极的宠信和重用。后金政权建立之初，带有浓厚的军事民主制的色彩，各部权力逐渐加强。为进一步加强集权统治，天聪十年（1636）三月，皇太极又对文馆进行改革，成立了内三院（内国史院、内秘书院、内弘文院）。范文程由于深受皇太极信任，被任命为内秘书院的大学士，进世职二等甲喇章京，负责撰写、起草对外往来书信，记录各衙门的奏疏词状以及代替皇太极起草敕谕、祭文等。

天聪七年（1633），皇太极创立了八旗汉军以应需要，这为"选用招降，以汉攻汉"提供了组织、军事上的保证。在商议推选汗军固山额真时，诸大臣都提出由范文程担任。皇太极却说："范章京的才干当然可以胜任这个职务，然而，固山额真只是汉军一个旗的职务。我认为他是我的心腹和栋梁之材，固山额真的职务由谁担任你们就另议吧。"这充分说明了皇太极对范文程是极为重视的。

天聪九年（1635）冬，皇太极与范文程商议能否尊号称皇帝。范文程回答皇太极说："人从天象而行，哪有天特意告诉汗受尊号的道理呢？获得玉玺的事，各国归附的事，人心归顺的事，这本来都是天意。今汗顺天意，合人心，受尊号，定国政适当。"皇太极听后十分高兴，于是在次年春就接受了群臣上书，尊号为皇帝，改元崇德，定国号为"清"。

由此可见，范文程的权力绝非仅限于内秘书院。他虽不在议政大臣之列，但几乎能参与所有重要机密、内外政策的制定。国家机构的建立和完善，各级官员的任命，范文程都拥有广泛的影响和权力。范文程认为削弱王权与加强君权的斗争关系到整个国家的生死存亡，于是他上疏建议仿照中国历代朝廷官制，"请置言官"，于是，崇德元年（1636），皇太极设立了都察院，独立行使监察权。为了改变六部中职事混乱、互相推诿的局面，范文程又在崇德三年（1638）提出了改革建议，得到了皇太极的批准，这样就停止了各王贝勒对各部院的干预，加强了中央集权。范文程还向皇太极提出："治国安邦，从根本上说，最重要的在于人才。特别是培养人才，保护优秀的人才，是最重要的。"这样，皇太极选用人才不拘一格，打破民族界限，只要有一技之长，都加以任用。范文程还建议，通过办学校和进行考试来选拔人才，从而使皇太极在短短几年内就得到了数量可观的人才，这些人忠于清朝，成为许多大衙门的骨干和大清统一全国的重要力量。崇德三年（1638），范文程又协助皇太极建立了"理藩院"，统一处理各少数民族事务，这对于推动各民族间的合作，改善民族关系起到了十分积极的作用。在范文程的主要参谋下，清王朝很快模仿明王朝，并有所增加与发展，完成了封建化的过程，加强了中央集权，成了一个政治上、军事上、文化上都能与明朝一比高低的劲敌了。

随着权力的日益集中，皇太极晚年的性格也愈加暴躁，许多亲王大臣动辄得咎，有的被削爵，有的被罢官，但是对范文程始终宠信不衰。每次召见总要半夜时分才出来，有时还没来得及休息，又被召见。每当议论大事时，皇太极必定要问："范章京知道吗？"如果有不妥当之处时，就说："为什么不与范章京商议呢？"如果范文程有病，对一些事情的处理就要等他病好再裁决。许多抚谕各国的书敕，都由范文程起草。起初，皇太极还详细审查，以后便不再浏览了，他说："范文程办事肯定没有错误。"因此，范文程已经成为一个至关重要的决策人物。皇太极对他恩宠备至。有一次，范文程把他的父亲接来侍奉，皇太极赏赐范文程珍肴佳味，但范文程念及父亲没有吃，所以犹豫不敢动筷子，皇太极知道了，于是就下令撤去食物，赐给范楠。

## 三、把握时机，勇取中原

崇德八年（1643）八月九日，皇太极在沈阳突然病死。于是，在满洲贵族内部，立即爆发了一场争夺帝位的斗争。皇太极的长子肃亲王豪格和皇太极的弟弟睿亲王多尔衮，是帝位的主要竞争者。但是，皇太极第九子福临未满六岁，却被拥立为帝，由他叔父济尔哈朗和多尔衮辅政，这无疑是满洲贵族各派政治势力之间为避免内部分裂而达成的妥协。在这场斗争中，范文程意识到卷入斗争是危险的，尤其自己是汉人，更应当慎重，同时他也看到自己的功劳和才能是世人皆知的，而且为旁人所不及，将来无论哪一派得势都要依赖他，所以，范文程十分明智地采取了回避的态度。也正因此，满洲贵族内部的斗争丝毫没有影响到他在朝中的地位。由此也可看出，范文程的政治头脑异常清醒——不论谁来继承皇位，他都是一个忠于新君的大臣。

无论是投奔努尔哈赤还是追随皇太极，范文程都以其雄才大略，制定了进攻中原夺取全国的战略方针，并在处理错综复杂的矛盾中始终坚持这个方针不变。这说明范文程对明清现状了如指掌，而且有通观全局的眼光，能在历史发生大转变的关键时刻，把握时机，推动历史前进。难怪有些历史学家往往把他比作楚汉相争时的张良或明代功臣刘基。

经过两代人的努力，清朝进行了一系列的改革，使政治、军事、经济都有了雄厚的基础，从而拥有了赖以夺取全国政权的实力。顺治元年（1644）三月底四月初，清王朝决定派多尔衮、阿济格、多铎统兵再次伐明。此时李自成已攻下北京，但消息尚未传到沈阳，所以清廷对这次出征要达到什么战略目标并不明确，对是否入关也犹豫未决，举棋不定。

四月四日，范文程上书济尔哈朗和多尔衮，极力督促清军尽早入关。他说，明覆亡，已无可挽回，黄河以北必将为他人所有。此种形势，犹如"秦失其鹿，楚汉逐之"，是诸王建功立业的大好机会，失此时机，必贻悔于将来。他又说，现在中原百姓惨遭灾难和动乱之苦，流离失所，都想有个圣明的好皇帝，能安居乐业。而以往清兵入关数次，主要是进行掠夺，所以中原百姓会认为清军胸无大志，只是贪图财利而已，会心怀疑虑，从而不敢拥护清朝。因此，范文程在这次上疏中又特别强调进军必须严明纪律，秋毫不犯，这样才能使中原地区的官兵百姓向风归顺，近悦远来。而且，明朝的精兵已经基本上没有了，八旗等可以包围他们，长驱直入，直取北京。

当多尔衮伐明大军进军至辽河时，传来了李自成攻进北京、崇祯皇帝自缢而死、明朝灭亡的消息。在这紧要关头，多尔衮急召在孟州温泉养病的范文程速来商讨对策。范文程抱病前行，率军日夜兼程，赶往山海关，使清军在政治上、军事上作了重大策略转变，从"伐明"转而与农民军为敌，牢牢抓住了"吊民伐罪"的"仁义之师"这一旗号。范文程分析当时的形势说，李自成涂炭中原，一逼崇祯自杀，招致天怒；二对官绅施刑，引起士愤；三毁居民房舍，遭到民恨；四军心骄傲，可一战破之。只要讨其罪行，抚恤士大夫，就会成功。二十二日，清军入山海关，击溃了李自成亲自率领的20万大军。清军每日奔行一百二三十里，未遇任何抵抗，便于五月二日进入北京城。

在进军北京途中，范文程多次向多尔衮进言："让人生存是天子的品德，自古以来没有因为嗜杀百姓而得天下的。如果清朝只想得东北地区，那么攻打掠杀都可以用，但是要想得到整个华夏，不安抚百姓是不行的。"他还亲自起草文告，宣称："我们是仁义之师，是为你们报君父之仇来的，不会杀害平民百姓。现在我们只是诛杀闯王贼而已。有官吏来归的，恢复其职位；百姓来归的，许其从事旧业。我们大军的行动是有严格纪律的，绝对不会伤害你们。"他让人把文告四处张贴，广泛宣传，并且都署上自己的官阶和姓名。这些文告看似平凡，但在当时进关的关键时刻，却成了大清向农民起义军的宣战书，是瓦解农民起义军、向所有被起义军打倒的官僚、地主、豪绅宣传清军政治主张的重要渠道之一。它掩饰了清、明矛盾，突出了地主阶级与农民阶级的矛盾，从而使各地迎降不绝。

清兵入京后，正是大乱未定、百废待举之时，多尔衮忙于戎机，竟闭门不出。文武甲兵，事无巨细，都由范文程来处理。根据当时在北京的明朝遗民张怡记载，范文程非常体恤百姓疾苦，他曾说过："我大明骨，大清肉耳。"那时北京城里一些市棍地痞，趁着鼎革混乱之际，把所掠夺的宫中的锦缎服饰，列市叫卖，清兵"艳而争鬻之"。范文程得知后十分忧虑，说："怎么能这样呢，真是太愚蠢了，我在睿亲王面前极力说京城百姓穷苦，所以严禁抢劫。但现在这样炫耀，既然动了贪心，必定会引起怀疑，以后再说什么怎么能听进去呢？况且我担心清兵会扰乱老百姓，所以每人给两个月的粮饷，现在都用来买绵绮，以后没有什么吃的了，还能不抢吗？"于是他就立即下令禁止此种行为。

当时已故明尚书倪元路的家属致书范文程，请求扶丧南还，范文程立即遣人骑马持令简送到张湾。所以当时许多殉难的大臣，都陆续发回南方。范文程对他们以礼相待，表现了一个政治家的不凡气度，也赢得了汉族地主阶级的好感与信赖。

为了迅速稳定局势，安抚民心，范文程襄助多尔衮制定了各种政策和措施，他宣布为崇祯帝发丧三日，以此来证明清朝夺得北京并不是来自明朝，而是来自于李自成农民军。他还安抚乱后幸存者，访求隐居的贤士，甄别参考前朝的文书档案资料，更定律令，广开言路，召集诸曹胥吏，征求册籍。由此，使广大人民大大减轻了对清政府的敌对情绪。

明朝的赋税额屡次增加，但是规定赋税的黄册在战乱中销毁了，只有万历一朝得以保存下来。有的大臣就建议到直隶和各省求新的黄册，范文程说："依万历时的赋税，都让百姓苦不堪言，何况新的呢！"于是商议仍用万历时的赋税制，并且废除了明朝时的三饷（军饷、剿饷、练饷）加派。

多尔衮定都北京后，对大臣进行封功赏爵，范文程被封为三等男。顺治五年（1648）又被封为一等阿思哈尼哈番加拖沙喇哈番（爵位名，正二品），赐号为"巴克什"（满语，原意是"师"称号名，赐给读书识文墨的大臣，以示荣宠）。后来，又晋升二等精奇尼哈番（二等子爵，从一品）。

顺治二年（1645），江南已经平定下来，范文程上书说："治理天下的根本在于得民心，士人是百姓中的优秀者，如果得士人心，那么就能得民心。"他请求进行乡试、会试，并多次亲自担任会试主考官，利用升科取士，争取了汉族地主知识分子对清政权的支持。

就这样，范文程进京伊始，亲主政务，日理万机，为崇祯帝发丧，安抚孑遗，举用废官，搜求隐逸山林之贤士，考订文献，更改明朝律令，广开言路，安定了人心，又实行了轻徭薄赋，给人民以生息的条件，这些都为清王朝的巩固奠定了基础。范文程殚精竭虑，夙兴夜寐，充分施展了他安邦定国之才，成为政坛上风云一时的人物。

然而，由于范文程忠心耿耿为清朝献计献策，对多尔衮也刚直而不随声附和，这就激起了喜好独秉大权的多尔衮的不满，所以，尽管范文程德高望重，也难以摆脱同多尔衮的矛盾。两人在许多政策上存在诸多分歧。多尔衮曾经对范文程发出警告说："现在国家各项事物，各有专人管理。"以限制范文程的权力，范文程却依然故我。范文程对多尔衮过分宠信和依赖冯铨等阉党深为不满。冯铨，是明阉党魏忠贤党羽中的头面人物。清朝入关后，他归降清朝，同其他汉官一样，揣摩执政意旨，以迎合多尔衮的心意。由于他善于迎合清初统治者，所以在多尔衮摄政时期，颇受恩宠和重用。顺治二年

（1645）八月，给事中许作梅、御史李森先等人弹劾冯铨，成为汉官交章弹劾的第一名大学士。但是这次弹劾遭到失败，许、李二人被罢官。范文程至少是在暗中对他们深表同情。

顺治三年（1646）二月，多尔衮又以范文程平素多病不能过于劳累为口实，开始限制和削弱范文程的权力。同年八月，又因甘肃巡抚黄图安呈请终养问题，范文程又被多尔衮以"擅自关白"辅汉王济尔哈朗为由而被下法司勘问。范文程虽然没有被罢官，但与多尔衮的关系更趋疏远。从此，范文程也更加小心，以防遭不测。

此时，满洲贵族内部的矛盾又趋尖锐。多尔衮代天摄政，其爵位也愈来愈受尊崇，被尊为"皇父摄政王"。他高下在心，凡是他喜欢的人，即使不应该做官的也滥加提升；他不喜欢的则滥加降职。他专断权威，排斥异己，深为多尔衮所嫉妒的豪格虽镇压张献忠有功，也终于被罗织罪状，在顺治五年（1648）被置于死地。济尔哈朗虽同居辅政，只因曾经主张立豪格为君，也以"擅谋大事"等罪名，罢其辅政。反之，其同母弟豫王多铎曾力主立多尔衮，则待之甚厚，顺治四年（1647），晋封他为"辅政叔德豫亲王"，取代了济尔哈朗。

顺治七年（1650），患有风湿病的多尔衮出猎古北口外，坠马受伤，涂以凉药，太医认为用错了药，十二月初九死于喀喇城。其灵柩被运回北京，被追尊为"诚敬义皇帝"。但是由于他生前满洲内部明争暗斗一直十分激烈，所以死后仅2个月，顺治八年（1651）二月十五日，苏克萨哈、詹岱就首先告发多尔衮曾"谋篡大位"；其亲信大学士刚林、祁充格也以依附多尔衮妄改太祖实录之罪被杀。顺治五年（1648）前后，多尔衮曾命刚林、祁充格二人同范文程一起删改太祖实录，当时范文程深知此事关系重大，但又不能违命不从，于是就托词养病，闭门避祸。所以他虽然参与此事，但又因为他不是多尔衮一党之人，故被免于死罪，仅以革职留任论处，不久便官复原职。范文程能躲过这次大难，完全是由于他有自知之明，才得以保全自己。

## 四、敬献谋略，安邦定国

爱新觉罗·福临还不满6岁就被拥立为帝，由其两位叔父济尔哈朗和多尔衮来辅政，成为满洲贵族内部各派势力之间为避免内部分裂而达成妥协的产物。崇德八年八月二十六日（1643 年 10 月 8 日），福临在沈阳继承帝位，翌年改元顺治。但在以后长达 8 年的时间里，摄政王多尔衮独专威权，福临只不过是"拱手以承祀"而已。

由于多尔衮在喀喇城的去世比较突然，所以福临的亲政就意外地提前了。顺治八年正月十二日（1651 年 2 月 1 日），福临在太和殿宣布亲政。虽然福临年仅 14 岁，但他比一般的同龄人显然要早熟得多。为了克服阅读汉文奏章的困难和汲取中国历代帝王的治国经验，他发愤读书，博览万卷，在史书中受汉文化的熏陶，领悟儒家"文教治天下"的奥秘，所以他能尽量利用汉民族固有的生活方式和伦理道德观念去不断完善他的统治。他亲政后，一反过去之法，不顾满族王公大臣反对，继续重用汉官，其中就有范文程。

顺治九年（1652），范文程被任命为议政大臣，这是在此之前汉人从未得到过的宠遇。同时范文程受命监修《太宗实录》。

同年，范文程就弹劾冯铨之事向福临进疏，他说："这些上书弹劾冯铨的大臣，其目的无非是为皇帝，为大清江山着想，所以皇帝应当重新考虑，珍视他们的这种爱国之情。"顺治帝接受了他的奏议，并晓谕吏部许作梅、李森先等官复原职，冯铨被赶出朝廷。

福临亲政之初，无论军事、经济、政治各方面所面临的形势都十分严峻险恶。当时直隶及各省的财政收入以及粮食都达不到规定的数目，赋税欠缺，粮饷不足的情况十分严重，一年甚至亏欠四百余万石。范文程上疏皇帝说："湖广、江西、河南、山东、陕西五省由于长期战乱，已地广民稀，所以应当实行屯田，命令督抚选拔清廉能干的官吏去掌管屯田，并把选拔的官吏的好坏作为给督抚赏罚的标准。"同时，他又具体地阐明了屯田的实行办法及巨大的益处，他说，屯田官吏的俸银禄米，第一年从本钱中来支付，第二年收获后再偿还，以后的俸银禄米，都由屯田收入支付。因此，即使增加官吏，也不会因俸禄支出而加重负担。屯田所用的牛、谷种、农器都由各州县自己配备。没有主人的及有主人但主人弃而不种的土地都划为官屯。如果农民有愿意耕种而财力不足的，国家发给牛和谷种，把收获的三分之一交给国家。3 年后，土地即归耕种的农民。接着他又详细地说明了屯田的其他细则。他建议编保甲，协助官府守夜巡察，杜绝犯法作乱事情的发生。这样，百姓将不再处于饥饿之中，流民和亡命的人也会闻风而至，农田荒芜的局面就能加以改变。

初始设立屯田时，各地所收获的粮草都由各道分别贮藏保管，所收之物不易贮藏的，就近供应军饷。凡是需要雇车船来运送的，不能役使屯民，使用屯牛。屯所在的州县吏受兴屯道指挥。如果屯道称职，那么 3 年便可提升两级，而且享有和边疆地区官员一样的俸禄和其他待遇；如果不称职，那么责成巡抚立案纠查，如有庇护就实行连坐，以坚决做到"赏倍罚严"。

范文程的建议得到了顺治帝的赞同。顺治十年（1653），他便设立了屯道厅，在北方推行屯田开荒，并且认为这是既可解决"赋亏饷绌"又可"弭盗安民"的良策。在四川等地，实行由政府贷给农户牛、种子和农具的政策，鼓励垦荒。这种政策的实行，使政府坐收充足的税额，有利于解决当时严重的财政危机。

范文程在上疏中提到的奖惩官吏的措施，也得到了较好的实施。顺治十四年（1657），顺治帝批准了户部议定的官员垦荒考成则例，以官员的垦荒实绩作为对他们奖惩的标准。如顺治十五年（1658）九月，顺治帝看到河南巡抚贾汉复清察开垦荒地 9 万余顷，每年可增赋银四十八万八千余两的报告，非常高兴，称赞他"实心任事"，并且下令给他优厚的待遇。

顺治十年（1653）五月，顺治帝同范文程一起探讨如何治理国家的问题。范文程说："大多数为民行善、合乎天意的王朝，都君主圣明，大臣贤良，相互劝勉而不祖护，这样才能承受上天的恩德而对国家有益。如果皇帝刚愎自用，谁还进谏呢？这势必会使哪些善于谄媚、阿谀奉承的人得势，而正直的人便会被日趋疏远。如果皇帝能确保自己公正圣明，那么大臣自然会从善，这样便会国运长久，天下太平。"他劝说顺治帝要顺应民心，符合大势所趋。因此，多尔衮死后，顺治时期的君臣关系又趋密切。

另外，范文程还屡次上疏，建议举荐人才应不论满汉新旧，不拘资格大小，不避亲疏恩怨。他认为，举荐人才，首先看中的应是他的才能，应当实事求是地列举被举荐者的实际情况，由皇帝和大臣议定，进行一番核实查对，而且还应当考虑举荐者的人品如何。这样，这个被荐人能否适合任命，皇帝自然心中有数，等职位有了空缺，便可加以选用提拔。如果这个被举荐的人称职，那么视其政绩大小，同时奖赏举荐他的人；如果不称职，同样视其罪行轻重，惩罚举荐的人。这种举荐人才的方法在具体实施中取得了很好的效果，避免了许多官官相护、裙带关系等官场恶习的出现。

顺治帝亲政后，一直比较注重加强统治和稳定社会秩序，他非常希望能建立一个比较廉洁的、行政效率较高的政府机构。因此，他很重视对吏治的整顿，并经常巡视内三院，宣诏诸臣，进行咨询。作为内院首席大学士的范文程，每次所做的回答都非常符合皇帝的心意。有一次，顺治帝在范文程陪同下巡视内院，看到值班官员寥寥无几，就问为什么会这样。范文程解释说，由于一些人回家过端午节，所以值班的人就少了。皇帝听了以后很不高兴，说："大家都想贪图安逸。而要安逸，就需要先劳苦一番，使国家安定。只有这样，安乐才能长久。"但他又不愿因此而对那些人治罪，便又说道："人哪能没有过错，能够改正便是美德。成、汤盛德，并不以改过为耻辱。"范文程回答道："君主圣明，大臣贤良，相互劝勉而不袒护，才能承受上天的恩德，对国家和人民有益。"皇帝说："说得好！自此以后，我有错也会改正，你们应当不忘直言敢谏，指出我的错误，这才行啊！"

范文程一生所进奏章，多是"动关大计"。他与皇帝议论政事，崇尚简明扼要，还能一针见血，直言不讳。顺治十一年（1654）顺治帝派官吏到各地检查用刑是否慎重，范文程直谏道："以往派遣满汉大臣巡视各地，都担心会骚扰百姓，所以停止了，现在各地遭受水旱灾害，百姓处于灾难之中，应当停止派遣官吏。"顺治认为言之有理，便欣然接受了他的建议。

范文程对于那些敢于直言不苟、秉公不阿的臣僚颇为关注。例如当时著名的谏臣魏象枢，因在朝中直言进谏，常常遭到权贵们的嫉视，而只有范文程"心识之"，他说："直哉，此我国家任事之臣也。"以后遇到捏造罪状陷害魏象枢的他就当众揭穿。所以范文程时常因"培养人才，保护善类"被大臣们称道。

顺治帝对范文程的评价也很高。他在谕书中曾说："大学士范文程任事多年，忠诚不减，朕所依赖。"范文程得病时，顺治曾给他以特有的礼遇：顺治曾亲自调药赐以范文程；赏赐给他的珍品有的甚至只有皇帝才能享用；范文程身材魁梧，皇帝命令专门替他定做衣冠，以便使他能穿着合体。诸如此事，"多不胜纪"。

## 五、功成身退，美名传扬

顺治十一年（1654）八月，清廷为了表彰范文程的功绩，加秩少保兼太子少保；九月，范文程以年老体衰、积劳成疾为由上疏请求告老还乡。福临却命他"暂令解任调摄"，一俟病痊，"以需召用"，而且还特加升太傅兼太子太师。到顺治十四年（1657）又恩诏加秩一级，并命画工画范文程图像藏在皇宫内。范文程功成引退，离开朝廷，平安度过了晚年。

顺治十四年（1657）秋，可能由于太监们的鼓动和怂恿，顺治帝在南海，召见了佛教高僧憨璞聪，对他的言谈非常欣赏，从此便对佛教产生了浓厚的兴趣。顺治帝是个性格暴躁、感情脆弱而又多愁善感的人。顺治十七年（1660）顺治帝所宠爱的董鄂妃突然病死，他痛不欲生，寻死觅活，萌发了消极厌世、出家为僧的念头。然而，不料出家未成，情绪却日益消极低沉，次年病死于养心殿，年仅24岁。8岁的三子玄烨（即康熙帝）继承帝位，由索尼、苏克萨哈、遏必隆、鳌拜四人辅佐。

清圣祖康熙即位后，下令祭祀太宗皇太极之山陵。祭祀时，范文程回想起自己追随皇太极，襄助多尔衮，智辅顺治，出谋划策，为大清江山付出的一切，竟"伏地哀恸不能起"。

康熙五年（1666）8月31日，这位为清初江山做出重大贡献的谋臣安然去世，享年70岁。皇帝亲自为他撰写了祭文，葬之于怀柔红螺山（今北京怀柔区），立碑记载其功绩，赐谥号文肃。康熙五十二年（1713），康熙亲笔书写了"元辅高风"四字作为横额悬于他的祠堂之上，这是清朝统治者对他在清初作用的最高评价。

范文程一生经历清初四朝，智辅四帝襄助大清帝业，而且能备受恩宠，这在中国古代政治人物中也属罕见。究其原因，除了他超然的政治才干和胆量过人的谋略外，更重要的是他的性格比较豁达，心胸宽广，不计较名利得失，由此能在各派政治斗争中善于保护自己，尽避纷争，使自己立于不败之地。不论是知人善任的皇太极，还是独秉大权的多尔衮，他都以自己非凡的智慧，做到君臣融洽，赢得统治阶级的信任，不能不说与其胸襟宽广有关。在《清代七百名人传》中曾有这样的记载："性谦慎，乐施，气量渊深，人莫能窥其喜怒。"

范文程在那个时代所能做到的，是为统一的多民族国家尽自己的一份力量。他颖敏沉毅，提倡民族合作、谅解，安定百姓，轻徭薄赋，发展生产，选拔人才，直言敢谏，这对于清朝的建立和巩固，尤其是在清初形势比较复杂的情况下，使清恰当地处理好明清、君臣关系上，起了不可估量的作用。而努尔哈赤、皇太极、顺治、康熙皇帝不囿于民族偏见，重用范文程，委以重任，授予重权，君臣相辅相成，终于成就了大业。由此可见，范文程无愧为清初卓越的政治家。

（林　红）

▼

本文主要资料来源：《清史列传》卷五，《范文程传》；《清史稿》卷二三二，《范文程传》。

# 文武兼备叱咤风云　降清灭明褒贬不一

## ——洪承畴传

洪承畴（1593—1665），字彦演，号亨九，福建泉州府南安县（今福建南安）二十七都英山霞美乡（今英都镇良山村）人。据《洪承畴墓志》记述，早在盛唐时期，洪承畴的先祖本姓陈，是京北府万年县（今陕西西安西北）人，唐玄宗时曾官至太傅，后来，因为得罪了当朝宰相李林甫，贬谪到福建，死的时候被封为国公，谥号忠顺。从此，洪承畴的祖先就在福建英都落户繁衍。

洪承畴的曾祖父洪以洗，是明朝中期的庠生，赠中宪大夫，累赠太傅兼太子太师，武英殿大学士。曾祖母林氏，累赠恭人，一品夫人。祖父洪有秩，曾入选贡生，为当地人所推重，后累赠资政大夫、兵部尚书兼都察院右副都御史。父亲洪启熙，也为庠生，性格庄重，以孝子闻名乡里，后来累赠资政大夫、兵部尚书兼都察院右副都御史。累封，是由于洪承畴在明清两朝官位显赫，因此恩及父母、祖上跟着受封赠。

### 一、崭露头角，总督陕西三边

万历二十一年（1593）九月二十二日，洪承畴出生于外祖父傅员外家。那时，因为家境贫寒，父亲外出谋生。不久，由于当地的风俗偏见，洪承畴随母搬回家中。

洪承畴的母亲傅氏读过书，知书达理，教子极严。他从小在母亲的教导下，攻读诗书，聪明好学。据说8岁那年，洪承畴的外公傅员外去世，母亲带他去送殡，主持丧事的人问他们有无祭文，母亲摇头，他却张口说有。进入灵堂，他向外公的灵位恭敬地跪拜行礼后，就振振有词地念道：

神风呼请上大人，子孙跪拜孔乙己，

金银纸钱化三千，猪头礼品乃小生。

这个祭词是套用《三字经》的句子，无惊人之处，但作为8岁的孩子能出口成章，足见其思维敏捷。

洪承畴童年时家境并不好，不到11岁便辍学回家，帮助母亲做豆腐干。他经常到一个叫水沟学馆的附近叫卖，生意不错。有一天，洪承畴去那里卖豆腐干，学馆里几个学生围拢来，每人买了一块。洪承畴要他们多买一块，学生们愁眉苦脸地说，先生要他们对对子，他们还没对出来，不敢多耽搁。洪承畴便答应帮他们对对子，但每人必须多买一块豆腐干。这天，学馆的先生看了几个学生对的对子，很满意，连声称道。这件事便在学生里渐渐传开了，请洪承畴帮助对对子的学生越来越多，他的豆腐干也不用再到别处卖了。这时，学馆里的先生见他的学生作对子总要出去一趟，便产生了怀疑。一天，他就拉着一个学生当场对对子，学生答不出来，只好承认是个卖豆腐干的小孩帮他对的，先生便立即让人把洪承畴叫来，他见洪承畴样子很聪明，了解到是因为家境贫寒不能继续读书，就想试试他的才思，于是出了一副对子的上联让他对。先生指着桌子的砚台说：

砚台长长，能赋诗文百篇。

洪承畴看着他自己卖剩的豆腐，很快答道：

豆腐方方，犹似玉印一章。

先生听了很高兴，就又出了一副对子的上联：

白豆腐，豆腐白，做人清正博学学李白。

洪承畴明白，既然先生倒过来以豆腐为题，他就应以砚台作答，于是就随口应道：

黑砚台，砚台黑，为官铁骨叮当包黑。

先生听了，觉得洪承畴不仅有天分，而且抱负不凡，就去找他的母亲，劝她送孩子上学，并答应不收学费。洪承畴就这样又进了学馆，并很为先生所器重，成为他的得意门生。

洪承畴在水沟学馆一学就是五六年，学业进步很快。据说，学馆先生后来要去京师应考，就把他推荐到了泉州城北学馆读书。23岁那年，也就是万历四十三年（1615），洪承畴考中第十九名举人。第二年，他又连捷中二甲第十七名进士。

洪承畴的青年时代，正是明由盛入衰的时代，朝政吏治十分腐败，土地高度集中，农民流离失所，社会动荡不安。一般而言，封建社会的衰世之臣，大多成为贪官污吏，或与奸佞之臣同流合污。当时也有一些有识之士，想用自己的政绩改变这种衰败的局面。洪承畴便属于这种人。24岁那年，洪承畴便中进士，被选用刑部江西清吏司署郎中事主事；随后又任刑部贵州清吏司署员外郎主事；接着又改任刑部云南清吏司署郎中事主事。他先在刑部任事6年，在当时腐败的官僚机构中，洪承畴大概也难显其才能。直到天启七年（1627），35岁的洪承畴才被擢至陕西布政使参政。

洪承畴初到陕西，正是农民起义蓬勃兴起、官军四处围剿的时候。崇祯二年（1629），陕西清涧农民王左挂率起义军进攻耀州时，洪承畴率领一部分官员联合本地乡勇1万余人，把这支起义军围于云阳，迫使这支农民起义军乘雷雨之夜才突围出去。洪承畴的才能由此初露头角。在当时各将领剿抚失策、屡战屡败的情况下，洪承畴的这次胜利自然引起了明廷的重视。崇祯三年（1630），洪承畴被任命为延绥巡抚，崇祯四年（1631）再升为陕西三边总督。崇祯七年（1634）任兵部尚书，总督河南、山西、陕西、湖广、保定、真定等处军务，同时仍兼总督三边之职，成为镇压农民起义军的主要军事统帅，自然也就成了陕、鲁、豫各省农民军的死对头。他所率领的明军，成为明朝最得力的一支部队，也是崇祯一朝最可倚重的兵力，被人称为"洪兵"。

短短的 2 年时间，洪承畴从一个粮通参政晋升到三边总督，升迁之快是前所未有的。这一方面是形势的需要，当时陕西农民起义风起云涌，对明王朝来说，社会动荡已呈不可收拾的局面，而且明军纪律败坏，无战斗力，无法对付农民军的冲击。另一方面陕西农民起义处于初发阶段，一呼百应，没有严格组织起来，缺乏战斗力，而洪承畴实行了以剿为主、剿抚兼施、各个击破的方针，残酷镇压了许多起义军。杀王左挂便是一个很好的例证。王左挂是陕西最早的起义将领，崇祯元年（1628），聚众万余人起兵宜川，曾被洪承畴围困于云阳，后来乘雷雨逃出。此后又在怀宁河再败。于是在崇祯三年（1630）春，向明朝请降。李自成当时就在王左挂部下，他和一些头目对王左挂受降不满，就率众自谋出路。王左挂受降后，并没有真心事明，暗中谋划再起。洪承畴看到王左挂三心二意，准备谋叛，便在同年八月，同陕西巡抚李应期、总兵杜文焕设计将王左挂等 98 人全部杀害。

洪承畴在进剿农民起义军的同时，还派出间谍混入农民军，施用反间计，致使农民军的动摇分子降明；同时一些农民领袖因叛徒的出卖而被杀。洪承畴见胜利在望，便从投降的农民军里，拉出 400 名比较强壮的，加以杀害。洪承畴杀降之后，陕西农民起义军暂时被镇压下去了。

崇祯八年（1635）后，农民起义军逐渐合小股为大股，英勇作战，声东击西，战斗力有了很大提高，洪承畴企图消灭农民军主力于河南的阴谋未能得以实现。农民起义军进入陕西后，洪承畴召集得力大将召开军事会议，部署剿杀农民起义军的命令，但是几次出师均失败。洪承畴手下的悍将曹文诏主动请缨，誓与农民起义军决一死战。但是由于他对农民军的实力估计不足，加上他急于报仇，于是带他的侄儿曹变蛟匆匆率众 3000 人，进击农民军，在真宁（今甘肃正宁）县东地区和农民军发生遭遇战。农民军采取诱敌深入、分而治之的战略，使曹文诏四面被围，被迫拔刀自杀。曹变蛟突围逃脱，但是官军损失惨重。曹文诏"勇毅而有智略"，是洪承畴手下最为得力的战将。洪承畴得报后，竟"为之仰天恸哭"，一度龟缩在西安不敢出来。

曹文治的死，使明廷看到这样一个现实：仅仅陕西一省，就把洪承畴弄到这个地步，再让他兼管河南、山西等地军务，势必顾此失彼。于是崇祯帝便决定以潼关为界，关外军务由湖广总督卢象升总理，洪承畴"专督关内兵"，固守陕西三边，对以李自成为首的起义军实行重点围攻。

洪承畴受命后，亲自率领大军击败李自成于陕西渭南、临潼。崇祯九年（1636），他率部 2 万余人出击李自成等部，随后又调集总兵左光先和柳绍宗合击农民军，在干盐池（今属宁夏海原县）大败起义军。崇祯十一年（1638）十月，李自成起义军北行入陕后又进入甘肃。洪承畴又命曹变蛟率部追击。农民军处处失利，陷入被动状态。后来洪承畴采用四面出击各个击破的方针，使李自成起义军陷入包围之中。洪承畴从此更得崇祯帝信任。

崇祯十一年（1638）初，满洲清军入犯京畿，北京告急。洪承畴奉命率左光先、马科等部将出潼关，到北京参加防卫。洪承畴在陕西镇压农民起义，历时 10 年，到此结束。

## 二、经略辽东，兵败降清

就在洪承畴、卢象升等在陕西大肆镇压农民起义军之时，东北的满洲（包括其前身的女真）迅速壮大，对明王朝造成严重的威胁。

15 世纪中期，我国东北的一支建州女真，辗转迁到了辽东长城外，过着农耕和畜牧、渔猎生活。16 世纪后期 17 世纪初期，建州女真的杰出领袖努尔哈赤，逐步统一了女真各部，于 1616 年正式建立金朝，改元天命，这就是历史上的后金。

后金天命三年（1618）努尔哈赤率 2 万大军，以对明朝的"七大恨"为檄文，大举进攻驻有明军的抚顺城。明军措手不及，抚顺城被后金军队占领，明游击李永芳向努尔哈赤投降。接着努尔哈赤又击败来援的明军，明总兵张承胤参将蒲世芳阵亡。第一次交战，后金军便把明军打得大败。抚顺、清河相继被攻陷。明王朝听到抚顺之败，十分恐慌，在朝中有识之士的建议下，决定成立山海关镇，派 6000 兵众防守。

明派新任命的辽东经略杨镐到山海关部署对后金作战。明军虽然聚集了

10万军队，但是统帅并不精明，作战方案比较守旧；而那时的后金正在兴起，朝气蓬勃，统帅者有勇有识。双方在萨尔浒（今辽宁抚顺东大伙房水库一带）展开激战。结果后金大败明军，而且此次战役成为中国历史上一次有名的以少胜多的战役。明朝主将杨镐，因战败被捕入狱，定为死罪。

萨尔浒之战明军的失败，说明新兴的后金势力已相当强大，战斗力很强，在之后短短的时间里，后金连续攻克了东北重镇开原（今辽宁开原老城）、铁岭等地，势力日益强大。虽然明朝在东北连失重地，但并不想就此放弃东北的领土。万历四十七年（1619）三月，萨尔浒之战后，明朝又任命熊廷弼经略辽东。熊廷弼原为监察御史，曾巡按辽东，后因涉及党争，落职在家。此人文武全才，有胆有识。尽管此次上任时辽东形势已经恶化，但他还是有雄心壮志，要逐步收回失地。就在他厉兵秣马，准备对后金发起进攻时，明熹宗即位。熹宗一朝由宦官魏忠贤当权，政治更加混乱黑暗，御史冯三元等弹劾熊廷弼欺君，妄称不罢免熊，辽东便不能保。雄心勃勃的熊廷弼终于在弹劾声中交还尚方宝剑，辞去了职务。明朝以袁应泰代熊廷弼为经略，以致明兵在辽沈的设防更加薄弱了。

努尔哈赤却率领后金军队长驱直入，接连攻克了辽阳、沈阳，整个辽东便为后金所控制。形势的严峻迫使明廷考虑对策，重新起用熊廷弼。但是，同时出任的兵部尚书张鹤鸣、广宁巡抚王仕贞却与熊廷弼在军事上各持一端，致使明朝军队节节败退，使后金轻而易举地攻占了广宁。熊廷弼再次入狱。

天启五年（1625），努尔哈赤决定迁都沈阳，显示出其目的并不只是满足在东北地区的胜利，而是想寻找机会入关，入主中原。明王朝对山海关的镇守则尤为重视，兵部侍郎王在晋被任命为经略山海关，但是诸将内部纷争很多。然而其中，袁崇焕初露头角。后金天命十一年（1626），努尔哈赤率大军进攻宁远城，城中守将总兵满桂、参将祖大寿和袁崇焕一起，誓守宁远，他们同努尔哈赤的13万大军展开激烈的战斗，使后金军遭到严重损失，兵员死亡很多。这是努尔哈赤起兵以来所未曾遇过的，而且损失也是前所未有的。努尔哈赤只好带领残兵败将，满怀愤恨地返回沈阳。由于心情郁愤，8个月后便病逝了。

宁远的胜利给明军以很大的鼓舞，这是自辽战以来第一次战胜努尔哈赤。之后，袁崇焕正确估计了明与后金的力量对比，没有对后金发动突然进攻。天聪元年（1627），明军在袁崇焕的指挥下，又取得了"宁锦大捷"，使后金军队被迫撤回沈阳。但是此次大捷使袁崇焕在朝中树敌太多，不久被革职。崇祯帝即位后才被重新起用。但是崇祯二年（1629）时，后金军绕道古北口入长城，进围北京，袁崇焕星夜入援。皇太极实行反间计，假说袁同后金关系密切，一向多疑的崇祯帝便信以为真，将袁逮捕下狱，处以死刑。率师回援的锦州总兵祖大寿听说后大为惊骇，慌忙带兵逃回锦州。明军再失大凌河。

崇祯九年（1636）、崇祯十一年（1638）皇太极率军两次伐明，矛头直指京师。第二次入关总计抢掠 2000 里，历时 5 个月，破城达 70 余座。清军掠夺到大量财富和人口后实力大增，明王朝却备受损失。北京始终处于危急之中。几年时间，明朝历任经略，不是战死，便是因内部矛盾被革职或杀害，无一人落得好下场。洪承畴就是在这种情况下奉命入京的。

崇祯十一年（1638）九月，清军在睿亲王多尔衮率领下，又一次起兵入关，分路进攻北京附近城镇，击毙明朝前辽总督吴阿衡于密云，明朝京师又一次受到威胁。崇祯帝慌忙调集各地兵马入援京师，其中便有洪承畴。崇祯十二年（1639）正月，崇祯授洪承畴兵部尚书兼副都御史总督蓟辽军务。

那时，清军在劫掠河北、山东之后，已回到沈阳。皇太极迫切希望实现入主中原的愿望，但考虑到以满洲一个少数民族来统治偌大的汉族和其他民族，就现有的人数是不可能的。而且，即使占领了北京，也很难有足够的力量控制全国其他城市。根据以往的经验教训，皇太极认为必须创造条件，积蓄力量。他决定首先攻占明军在山海关外的军事据点，然后再攻占山海关，夺取北京。于是下决心组织松锦战役，因为明军的精粹基本上集中在宁锦一线，如果把这部分明军消灭，进关当不会遇到太大的困难。

崇祯十三年（1640）三月，皇太极命令清军到义州（今辽宁义县）筑城屯田，准备对明朝关外重镇锦州实行长期围困。四月底，皇太极还亲自到义州巡视，之后又到锦州城外察看地形，部署包围锦州的兵力。洪承畴急令前锋总兵祖大寿、辽东总兵吴三桂等扼守锦州、松山，后来又调宣府、大同总兵王朴、杨国柱，蓟镇总兵唐通，榆林总兵马科，援救锦州。当时锦州已处于清军的重重包围之下。洪承畴扎营固守，又时而出兵与清军交战。由于洪承畴指挥得当，明军还略占优势，但是始终未能打破清军的包围，形势发展仍很严重，锦州守将祖大寿一再告急，明廷决定由洪承畴率主力出关解困。

洪承畴主张步步为营，且战且守。待敌自困，一战解决，采取"持久之策"。而兵部尚书陈新甲，以兵多饷艰为由，力主速战速决，而且他提出如果明军长期在关外驻而不战，容易被清军牵着鼻子走。因此他建议 10 万多明军即刻出关，等到击败清军后，立刻回防，这样就不会存在"兵多饷艰"的问题。由此，崇祯帝改变了原来的态度，不支持洪承畴的意见，密令他即刻出兵。

洪承畴被迫于崇祯十四年（1641）七月二十六日誓师宁远（今辽宁兴城），率领吴三桂、曹变蛟、白广恩、马科、王廷臣、杨国柱、王朴等总兵，步骑 13 万，救援锦州。松锦战役进入关键性的第二阶段。在这一阶段中，双方准备的时间都很长，汇集的兵力也十分雄厚，这场战争的胜负直接影响到双方的前途和命运，所以战斗一开始，双方就打得很激烈。从七月二十八日到八月十日，经过紧张的争夺战，明军控制了松山至锦州之间的制高点乳峰山，并与锦州守军协同作战，对清军实行夹击。清军被迫固守待援。这时马绍榆建议洪承畴"乘锐出奇"，张斗也建议要防止清军抄其背后，但是洪承畴十分轻蔑地拒绝了这些正确意见，说："我当了 12 年的督师，难道还不如你们书生知道的多吗？"就这样，明军失去了最有利的决战良机，并给清军留下了可乘之机。

清军被迫固守时，皇太极决定派八旗兵来增援松山清兵，并决定带病亲自到松山督战。原打算八月十一日启程，后因鼻出血，只好后延 3 天，虽仍流血不止，但他顾不上这些，决定立即出发，率领 3000 名骑兵，纵马飞驰，昼夜兼程，十九日便到达松山。皇太极到达松山后，立即命令拜伊图、英额尔岱、科尔沁、土谢图等亲王所部在松山、杏山扎营，实行对松山的包围，并且针对洪承畴布阵的疏漏，指挥清军，只用一天的时间，就掘出从锦州西面往南直通大海的三条壕沟，把明军围困起来，切断了明军松山、杏山之间的通道，使明军联系中断。

开始，清军挖壕沟，洪承畴并不知道，当他们发现被围困时，军心便动摇起来。洪承畴接连写了10多份奏疏，高赵潜因怕洪承畴有功，便不给传递，使奏疏不能上达。在这种情况下，明军想突破清军镶红旗营地，与清军展开了激战。清军由皇太极亲自督阵，奋勇阻击，明军突围未获成功。而同时清军将领阿济格乘明军无备，突然攻入松山南面的笔架山，夺得了明兵大批屯粮。明军后路被断，屯粮被夺，陷入困境。

为了稳定军心，洪承畴召开紧急军事会议，他分析了明军面临饥饿和退路被断的严重形势后，认为只有次日就展开决战，才有获胜的希望。他决定亲临前线，指挥全体将士血战。可是，明军将领意见分歧很大，争论不休。有的主张明日再战；有的主张今晚就战；多数人主张先突围到宁远就粮，再待机反攻。洪承畴深感形势危急，但多数将领已无斗志，矛盾重重，畏敌如虎，洪承畴只好兵分两路，乘夜突围。

由于大同总兵王朴贪生怕死，率部于当晚逃跑，打乱了原先的突围计划，其他各将也随之竞相逃走。于是突围变成了争先恐后的逃命。而且，沿途又遇上清军伏击，伤亡惨重。首先逃出的几支清军几乎全军覆没，吴三桂、王朴、白广恩、唐通、马科等和六镇残兵，突围后逃入杏山。监军张若麒乘船从海上逃到宁远，只剩下总兵曹变蛟、王廷臣和辽东巡抚邱民仰没有逃跑。他们撤入松山城，决心同洪承畴只守松山。为了保存一部分实力，在此之前，洪承畴决定留三分之一人马守松山城，其余三分之二由吴三桂、曹变蛟、白广恩等六位总兵率部突围，企图沿海岸线南逃，但突围的明军遭到清军的拦截，数万人被赶入海滩，又正遇海水涨潮，逃脱者仅200多人。

明军主力大势已去，清军取得了决定性的胜利。从九月初开始，松锦战役进入了最后一个阶段。当时明援兵13万，几乎全被冲垮，留在松山城中只有1万余人，而且粮食断绝，战、守都十分困难。但崇祯帝下令死守，还要"乘机突围"。而松山本弹丸之地，既无兵力又无粮草，死守亦难持久，突围谈何容易。崇祯帝既已下令，洪承畴也决心死守，不和清兵交战。但是松山周围满布清营，外援完全断绝，明廷在短期内拼凑足够的援兵也是不可能的。松山之败，明朝损失巨大，仅兵马器械就损失达十分之七；更重要的是明朝腐败已极，朝臣不顾国家安危，只是应付公文，不办实事。固守松山城中的洪承畴，曾组织力量突围，但由于兵力不足，先后几次都没有成功。洪承畴见援兵无望，突围不成，就只好闭城紧守。其实是在毫无办法的情况下，束手待毙而已。

崇祯十五年（1642）二月，松山副将夏承德暗中降清，约定十八日夜配合清军攻城。第二天清晨，夏承德率部众捉住洪承畴和诸将领，献与清军。这样，清军毫不费力地就攻入松山，得到了洪承畴和明朝诸将。据民间传说，洪承畴在城破时乘马逃跑，马失前蹄跌倒，而被清军捉住，至今在松山南城岗还有"马失前蹄"处。

捉到洪承畴后，皇太极下令将洪承畴、祖大乐解往沈阳，其余邱民印、曹变蛟、王廷臣及其部200多人，连同所部3000多人都被处斩。他还下令将松山夷为平地。松山既已攻破，清立即调兵进攻锦州。明守军看到松山兵败，士气瓦解，况且城内弹尽粮绝，而朝廷又无力救援，于是，祖大寿在皇太极一再招降下，率2000余人献城投降。

清军占领锦州以后，便把目标投向尚在明军手中的塔山和杏山。清军仍采取挖壕沟的办法，围困明军，同时，皇太极多次下诏，劝两城的明军将士投降，均遭到拒绝。四月八日，多尔衮率军对塔山发动进攻，次日，便将明军7000人全部歼灭。十几天后，清军又攻打杏山，明将请降。至此，历时2年之久的松锦战役终于以清军的胜利而告终。明朝在关外的城池要塞，除宁远外，全部落入清军手中，大批火器、粮食等物资被缴获，从此，明朝就丧失了山海关外的防御优势，也失去了镇压农民军的主要力量，因而加速了灭亡的进程。

洪承畴是明朝的重臣，朝中文武对他寄予很大希望，而皇太极要入主中原，更需要他这样具有文韬武略的定国安邦大臣，所以能否得到洪承畴的忠心归顺，就成为结束松锦战役后的头等大事。

洪承畴被送到沈阳后，据说被幽禁在大内大清门左边旧有的三官庙内，距宫门很近。清廷一再劝降，洪承畴坚决不从。劝降的满将，见洪承畴怒目而视，死不开口，一怒之下，便要举刀砍他，他竟"延颈承刃，始终不屈"。于是皇太极改变方式，用逼辱和虐待来消磨他的意志，将他拘锁于北馆，不给粮食吃，只给菽水喝。洪承畴决心绝食，"米浆不入口者七日"，但

洪承畴传

仍然"求死不得"。

皇太极为此废了很大力气,他派了汉族政治家范文程前去劝降。范文程与洪承畴山南海北,谈古论今。说话间,梁上积尘飘落于洪承畴衣襟上,洪承畴几次掸去。范文程见此情景,便对皇太极说:"洪承畴不会死的,他爱惜自己的衣服尚能如此,何况自己的生命呢?"后来,皇太极亲自去看望洪承畴,并且解下自己的貂皮大衣披在洪承畴身上,洪承畴深受感动,并当即叩头降清。皇太极非常高兴,立即下令大摆宴席庆贺。许多大将都不高兴地说:"洪承畴仅仅是一阶下囚,为什么要如此恩重地对待他呢?"皇太极便说:"我们栉风沐雨,究竟是为了什么?"众人说:"得取中原呗。"皇太极便笑着说:"得取中原,我们都好像是瞎子,现在有一个引路的,难道不好吗?"这样一说,众臣都心悦诚服。洪承畴被招降,一方面是皇太极招降政策的结果,另一方面,洪承畴也从皇太极礼贤下士和宽广的胸怀中,看到清朝有可能成功,而腐败的明朝已很难重振基业。

崇祯十五年(1642)五月四日,洪承畴同意剃发,正式降清。清廷怕他反悔,当天夜里就给他剃了发。第二天下午,皇太极命明朝降臣、降将洪承畴、祖大寿、祖大乐、夏承德、祖大弼等入见。他们当众"三拜于庭,九叩头",正式向皇太极称臣投降。

洪承畴的归降是明朝意想不到的。先是由洪的一个家人回来报信,说洪被俘后,"义不受辱,骂贼不屈",已被清军杀害。由于洪承畴在明廷有很高威望,松山战败又是兵部尚书陈新甲从中掣肘,明廷对洪承畴十分同情。崇祯帝对此很关切,一听到洪承畴壮烈殉节,"痛哭遥祭",准备隆重祭奠。直到明亡后,洪承畴随多尔衮入关,明人才知他尚在人世,不禁摇头叹息:"苍素变于意外,人不可料如此。"

洪承畴的家人似乎也很难接受这个事实。《清代轶闻》一书记载,洪承畴降清后,将其母由福建接到北京。他的母亲见洪承畴后大怒,还用拐杖击打承畴,"数其不死之罪"。还说:"你迎我来北京,是让我也当一名旗下的老侍女吗?"并且举杖便打,声称要为民除害,洪承畴"疾走得免"。

《清代轶闻》中还记载了这样一件事,明末上海附近有个叫沈百五的人,家资甚富,早年曾接济过洪承畴,洪承畴感恩戴德,称呼沈为伯父。后来洪承畴镇压山东、河南农民起义军时，淮河运粮中断，沈百五曾倾尽家财，为洪承畴"运粮数千艘"。为此，曾授沈百五户部山东清吏司郎中。几年后，洪承畴降清，但沈百五不愿与之为伍，跑到上海，想争取援兵，被清兵抓获，洪承畴前往沈处劝降，沈百五故意装作不认识他，说："我的眼睛已经瞎了，你是谁？"洪承畴回答道："我是小侄承畴啊，伯父难道您忘了？"沈百五大声说："我所知道的洪承畴恩受皇帝宠爱，已为国捐躯很长时间了，你是什么人，难道也想让我不仁不义吗？"而且还抓住洪承畴的衣襟猛扇几记耳光，洪承畴当时笑着说："钟鼎山林，各有天性，不可强也。"最后将沈百五遣送到南京，在清桥下杀了他。

从中国历史上看，历代改朝换代，新王朝接纳旧王朝有作为的大臣担任重要职务，本是司空见惯的事。而洪承畴作为汉人建立的明朝的重臣，投降满洲贵族建立的清朝，则难以摆脱众人的非议。因此，作为少数民族的政权，清朝在初建时，汉臣降之，仍为不可原谅之举。洪承畴降清，也就很自然地引起一些明朝遗臣的谴责与非难。

洪承畴降清后，皇太极虽然对他恩养有加，但由于"不强令服官"，所以，在皇太极时期，一直没有给洪承畴委任官职。洪实际上也没起太大的作用。皇太极死后，多尔衮摄政，洪承畴才逐渐受到重用。

## 三、助清入关，建功立业

洪承畴降清一年多以后，崇德八年（1643）八月九日，皇太极突然去世，年仅 51 岁。由于事出突然，事先没立皇太子，这样，必然发生争夺皇位的斗争。皇太极的长子肃亲王豪格和皇太极的弟弟睿亲王多尔衮，是帝位的主要竞争者。但是，经过激烈的斗争后，年仅 6 岁的皇太极的第九子福临却继承了帝位，由睿亲王多尔衮和济尔哈朗共同辅政，改元顺治。很明显，这是满洲贵族各派政治势力之间为避免内部分裂所达到的妥协。顺治的即位，使得清朝统治者的注意力，重新投向了关内。

顺治元年（1644）三月，李自成大顺军攻占北京，崇祯帝自缢。但是当时的清朝尚未得到确报。在大顺军向北京迅猛进军时，范文程曾上书多尔衮，指出明亡已是大势所趋，"我国虽与明争天下，实与流寇角也"。根据当时的形势，他提出"进取中原"的大计和进取的方针政策。遇事敏捷果断的多尔衮，立即觉察到时间的紧迫，数日之内，急聚军马。四月七日，清廷决定大举南伐。

四月九日，由摄政王多尔衮亲自出马，豫郡王多铎、武英郡王阿济格、恭顺王孔有德、怀顺王耿仲明、智顺王尚可喜等均率军前往。这次出动的队伍空前庞大，满洲蒙古的八旗兵出动了三分之二，汉军八旗则全部出动。洪承畴也随军前往。四月十三日，清军抵达辽河，明山海关总兵平西伯吴三桂遣副将杨坤向清军乞降。多尔衮此时已获知李自成攻占北京和崇祯帝已死的消息，他决定向洪承畴咨询军事。洪承畴分析了当时的形势并提出了对策。首先，他继范文程之后，提出清军入主中原，要安抚百姓，严明军纪，以争得人心；在安抚的同时，对反抗者要严厉镇压。当然，值得肯定的是，他提出对抗拒的府、州、县"城下之日，官吏诛"，而"百姓仍予安全"。这是为了争取民心，对人民客观上也是有益的。其次，他对农民军受到清军攻击后的去向，做了较符合实际的估计，并提出了具体的镇压农民军的方案，建议清军迅速进军，以快速包围京师，剿灭农民军。最后他还提醒清朝最高统治者，农民军比明军多，不可轻视，因此不要大意。

从当时来说，洪承畴的进言对多尔衮是很有用的。多尔衮采纳了他的建议。山海关大战后，洪承畴便根据他的主张，起草了多尔衮向明朝军民发布的出师告示。在告示中，洪承畴把清军说成是救国救民的仁义之师，号召满汉地主阶级联合镇压农民军。在北方，这个号召得到了汉族地主阶级的响应，"窜匿山谷者争还乡迎降，大军所过州县及沿边将吏皆开门款附"。

五月二日，清军进入北京。此时，面对北京城内民心不安的形势，多尔衮采纳了范文程、洪承畴等人的建议，安抚百姓，"不屠人民，不焚庐舍，不掠财物"。对于那些归降过大顺政权的明朝官吏，也官复原职，对于降清的汉族文武官员，都升级任用。由此争取了明朝降官和汉族地主的支持，并且为明崇祯皇帝发丧，从而利用了普通市民怀旧的心理，得到了他们的赞同。另外，为安定民心，清朝入关后，宣布取消明末的加派。这样，在一系列措施相继出台后，北京城终于安定下来了，并且博得了统治阶级的欢心，多尔衮能够采取上述一系列措施，主要是他周围的汉臣在起作用，尤其是范文程和洪承畴两人所起的作用最大。

清军占领北京后，曾进行分功赏爵，洪承畴奉命以太子太保、兵部尚书兼都察院右副都御史原御入内院佐理机务，为秘书院大学士。还在皇太极时，清朝就仿照明朝内阁，设立内三院，即国史、秘书、弘文三院，每院设大学士一人、学士二人。内国史院负责记录皇帝起居诏令，收藏御制文字，编纂史册及历代实录。内秘书院负责撰拟致外国往来书礼，录各衙门奏疏及皇帝敕谕。内弘文院负责注释历代行事进讲，并颁行制度。内院大学士与机要，起着皇帝助手和参谋秘书的作用。内三院实际上还是原来文馆的扩大，从地位上看，内三院比六部低。

多尔衮入京时，洪承畴实际上已在内院协助多尔衮办理机务，他发现内院所办的都是些关系不大的事，从加强中央集权的角度看，应当提高内院的权力，才能协助多尔衮处理好朝政。所以他便向多尔衮进言，提出恢复明朝的内阁票拟制度，也就是内外文武官员的奏章和各部院覆奏的本章，都要通过内院，由内院根据所奏情况，拟定办法，再送呈皇帝，由皇帝批改后，仍回到内院，再由内院发到六科，由六科去抄发各部院。如果发现问题，大学士就能有所指陈，六科也可据以摘参，达到防微杜渐的目的。此建议的实质是要使内院成为皇帝之下的最高权力机构，即相当于明朝内阁。从当时来看，这是有利于加强清朝统治的。多尔衮也比较倚重内院大学士，很信任他们，几乎和他们天天在一起议论军国大事。大学士中最有影响的就是洪承畴。但是在多尔衮执政的时代，内三院并没有成为皇帝之下的最高权力机构，而只是一个没有实权的顾问班子，这当然与多尔衮对汉人的防范是分不开的。

为安定北京的秩序，洪承畴还会同冯铨上本，对北京的缉察工作提出具体的建议。他认为应该参照明朝旧例，在京郊设巡捕营，配备两员参将，将东、西两营改为南、北二营。把总 10 员，巡逻兵丁 1700 名，这样，京城外三四十里，都可巡逻到。另外，对于巡兵的供给也提出了具体的建议。他们所上的这本奏文，对清初巩固中央政权在北京的统治和安定社会秩序，都是很重要的。

早在崇德八年（1643）八月二十六日，福临在沈阳就已继帝位，但在入关后的顺治元年（1644）十月初一，福临再次举行登基大典。这是为什么呢？原来多尔衮和内院大学士范文程、洪承畴考虑到，无论是皇太极的即位，还是福临在关外的即位，都只能说明，他们是中国东北地区的一个民族政权的最高统治者。尽管清朝再强大，但统治的地区也很有限，谁也不会认为（包括他们自己）是中国的统治者。而福临入关的登基就不同了。他是在元明两朝的都城登基，这就说明他所统治的范围不再是偏于一隅，也不仅限于北京、河北地区，而是要"定天下"，也就是要统治整个中国。因此，福临的第二次登基是非常重要的，无论对他本人还是对清朝来说，这次登基的意义远远超出第一次。洪承畴等汉族内院大学士为筹备登基大典积极参与其事。奏定郊祀、宗庙、社稷乐章等，使福临在北京的登基仪式，完全按照中国五朝的登基制度进行。告天之礼结束后，福临便正式成为入关后的清朝皇帝，也成为整个中国的最高统治者。

为了进一步加强满汉地主阶级联合统治的基础，帮助满族统治者学习汉族地主阶级丰富的统治经验，洪承畴积极劝导满洲贵族尤其是最高统治者顺治帝带头"学汉文，晓汉语"。针对满族笃信藏传佛教的情况，洪承畴一再提醒顺治，要倡导儒家学说，不要把藏传佛教与儒家学说相提并论。像金世宗和元世祖那样，以儒学为师，"博综典籍，勤于文学"。使"上意得达，下情易通"。

洪承畴在这时期还参加了撰修《明史》的工作。顺治二年（1645），洪承畴和冯铨、李建泰、范文程等奉旨总裁《明史》。但是由于明朝晚期的资料缺乏，洪承畴等对编明史也有顾虑，所以这次修史成效不大。

洪承畴在京佐理机务，为多尔衮出谋划策制定典章制度，建立封建统治秩序；而且，他还利用自己在前明的旧关系，举荐了原来的许多明臣出任清朝的官职。顺治帝还特别鼓励洪承畴进言，并且传谕："凡有所奏，可行即行。纵不可行，朕亦不尔责也。"这说明洪承畴已日益得到清廷的信赖和重用。多尔衮重赐洪承畴貂皮朝衣、貂褂、银两、庄园、奴婢及牛马等物。与他同时得到赏赐的还有八旗的固山额真内院大学士和六部尚书等官。但这些人每人的赐物只有一匹马，同洪承畴的所得无法相比。在整个清军入关的过程中赐给降臣的物品很多，但像洪承畴这样一次得到如此多的赐物很罕见。

这一方面说明洪承畴对清军入关做出了巨大的贡献，同时也说明多尔衮很赏识他为官的才干和作风。

## 四、剿抚并用，平定江南

多尔衮完成福临在京的登基大礼后，就着手筹划统一中国的行动。十月十九日，多尔衮派英王阿济格率3万清军征讨大顺军。之后，又派豫王多铎为定国大将军率2万多清军收取江南。派出两支人马的目的就在于消灭农民军和南明势力，一统中国。但由于大顺军反攻迅猛，使清军改两路进攻为先歼灭农民军再讨南明。由此，清军势力大增，大顺军连连失利。顺治二年（1645）二月，多铎率军向南京进发，他们先入河南，攻占了南明在河南的州县，紧接着又继续南下。到四月中旬，迫近南明的重要城市扬州。

南明政权是在清军进入北京时建立起来的，崇祯帝吊死煤山消息传到江南的时候，南京的明朝官吏，以南京兵部尚书史可法为首，发布檄文，号召各地勤王。同时，他们也在考虑明王朝继承人的问题。崇祯的儿子没有逃出北京，他们只能从藩王中挑选。那时陆续逃到南京的藩王有潞王、周王、鲁王、福王等，其中福王是明神宗的直系子孙。但福王朱由崧昏庸无才，而潞王较为贤明，史可法等重臣主张立潞王。而逃到南京的凤阳总督马士英，是阉党头目，他主张立福王，以便于操纵。顺治元年（1644）五月十五日，朱由崧即帝位，以1645年为弘光元年。南明的弘光政权这样建立起来了。

然而，朱由崧终日饮酒作乐，不理政事，大权落到马士英手中，马士英为专权把史可法挤出南京，把正直的官员罢免，而且拉拢一些阉党为官，以致弘光政权内部矛盾重重，党争激烈。清朝统治者对弘光政权看得十分透彻明白，所以决定征讨南明政权。

清军来到扬州城下，并没有立即攻城，而是首先招降史可法，被史可法严辞拒绝。但终因寡不敌众，被清军所俘。史可法誓不投降，后被杀于扬州南城楼上。扬州的战斗，是清军入关后在同南明王朝作战中遇到的第一次剧烈而顽强的抵抗。多铎为报复扬州军民的抵抗，下令屠城十天，惨遭屠杀的百姓有几十万人之多。接着清军又占领瓜州、镇江、丹阳。五月十四日，攻入南京。由于弘光政权极不得人心，所以清军进入南京，没有遇到什么抵抗，多铎对南京没有采取屠城的政策。相反，为了安定人心，还贴出两个告示，当时人们称赞多铎对南京的态度有六件事可取："一不杀百姓，二斩抢物兵八人，三骂李乔先剃头，四放妇女万人，五建史可法祠，六修太祖陵。"

多铎进入南京，弘光政权垮台，清军的首要敌人李自成被湖北的地主武装杀害，这一系列的消息传到京师，清廷内外，皆大欢喜。多尔衮也兴奋地认为大清王朝已经是稳坐天下了。他忙不迭地派人前往多铎军中慰问，令多铎报上有功将帅名单，以给封赏。还派人祭告天地太庙、社稷，并颁诏大赦河南、江北等地。人在争取事业成功时往往小心谨慎，而在取得一定成功时，便会骄傲大意起来。足智多谋的多尔衮，也没有避免常人容易犯的错误。

六月初五，他派侍卫尼雅达、费扬古带着皇上的敕书去慰问嘉奖多铎，同时让多铎传达命令，要求文武军民一律剃发，否则军法论处。10天之后，多尔衮以福临的名义谕礼部正式下达剃发令，这道十足的民族压迫的命令，限期只有10天，迟疑者，"必置重罪"。二十八日，多尔衮又颁诏河南、江南、江北没有招降的地方，要他们从速归顺，而且把剃发不剃发作为投降不投降的标志。各地执行起来层层加码，有的地方限三日之内全部剃发，有的则令一日内就要剃完。剃发令下达后，清兵带着剃发匠沿街巡视，看到留发的汉人，就拦住强行剃发，稍有反抗，就将他的头砍下悬挂起来示众。

本来，多铎到南京、无锡、苏州、杭州都比较顺利，没有引起太大的骚动。但是，多尔衮一下剃发令，刺激了民族感情，如点火浇油，引起江南人民的反抗。各地反抗斗争风起云涌，最剧烈的是江南江阴和嘉定人民的抗清斗争。这些斗争使清军南下受到层层阻碍，造成清初的动荡不安，加剧了民族矛盾。

江南的抗清斗争形势，迫使清廷考虑派一个有影响的汉族官员去招抚江南。多尔衮一下就看中了洪承畴。多尔衮说："我亦见他做得来（指去任招抚工作），诸王也荐他好，故令他南去。"顺治二年（1645）六月，清廷正式任命洪承畴以原官总督，招抚江南各省地方。七月初三，多尔衮又以顺治帝名义赐敕洪承畴，敕文全长700多字，是临行前给洪承畴的指示，也是平定江南的具体政策。敕文首先表示了对洪承畴的倚重。江南初定，人心还有疑虑，有些正在观望，没有归顺，所以清廷安抚江南，就全靠洪承畴了。其次给他布置前往江南的具体使命：一是宣传清朝德意，兴利除害，让归附的人民得到一些实惠；二是对尚未归顺的地方，先招降，若不成，再用兵；三是对南方归降的水陆军队，挑选精壮的训练成水军，以备调用，但不要弘光政权组织的军队；四是对隐居山林的及故明乡绅中有才德的，要寻访来录用，对文武官员中有才干、有政绩、有战绩的要推荐提升，对奸诈平庸之辈要及时罢免。再次是给他安抚江南的权限，对将来归附的各省，由他节制；敕文中没有涉及的事，可由他随机行事。最后，在敕文里，再一次表明清廷对洪承畴的期望，希望洪承畴不要"有负倚托"。

从闰六月初委任洪承畴招抚江南，到洪承畴到达南京的 2 个月里，江南的抗清势力风起云涌，形势发生了很大的变化。先是朱元璋的九世孙唐王朱聿键在福州建立隆武政权，之后朱元璋的十世孙朱以海又在浙江绍兴建立了鲁王政权。尽管隆武政权和鲁王政权内部矛盾重重，成不了大业，但他们毕竟是朱元璋的后代，在民族矛盾尖锐的时候，他们在汉族人民心里还是有一定号召力的。江南各地抗清势力纷纷集结在这两个政权周围，成为一支强大的力量。加上当时大顺军处境不利，南明王朝也感到力量单薄，双方都改变了斗争策略，联合起来，一同抗清。除此之外，广大江南人民，包括农民、市民、小手工业者和知识分子以及地主绅士纷纷起来反抗清王朝的民族压迫，达到了"目前满地皆寇，处处响应"的地步。

面对遍及江南各地的抗清浪潮，洪承畴采取了以招抚为主、以剿灭为辅的策略，他认为应以"平贼安民为责任"，"贼之胁从数多，不招抚必不能平贼"。洪承畴在江南的招抚，主要利用他在明朝为官时的旧关系。招抚张缙严投顺，只用两封信就解决了江南、湖广、河南三省交界处 40 余寨的抗清势力，避免了清军在这里与抗清势力兵戎相见。还有明朝总兵高进忠，有军队 3000 人，战舰 69 艘，驻守在崇明。洪承畴了解到高进忠的情况后，观望形势的发展，认为应当设法招抚他，既可收复崇明，又能得到一支兵马。这对清军来说，尤其重要。于是洪承畴亲自写信招降，高进忠为他的信所动，投降了清朝。另外，洪承畴还招来农民军将领。顺治二年（1645）九月，原李自成的译侯田见秀、义侯张鼎等在他的招抚政策影响下，均"赴省投诚"。

洪承畴由于招抚江南运筹得当，很快取得效果。九月底，他在向清廷的

洪承畴传

奏报中说道："江西南昌、南康、瑞州、抚州、饶州、临江、吉安、广信、建昌、袁州及江南徽宁等府俱平。"这些地方能迅速归于清朝，除了他充分利用旧关系外，同时也很注意安定民心，不去伤害百姓。这样，洪承畴通过招抚不但使江南许多地方迅速平静下来，而且为清廷招徕了大批人才。清廷的最高统治者见到洪承畴的疏报，异常欣喜。多尔衮代顺治帝向洪承畴致信祝贺，对其大加赞赏，而且由此对他更加信任，授予他更大的权限，在招抚之事上，可以不必请示，独自处理。洪承畴作为一个故明降臣，如此热衷招降明朝故旧，并加以录用，是由于清王朝对他的信任和他对清王朝的坦荡忠诚。也正由此，清廷对其大加赏赐，从而成为清军入关后接受赏赐最多的一位汉臣。

洪承畴招抚江南，并非限于江南省一地，而是指东南各省。例如在徽州（今安徽歙县）有一支颇有影响的抗清力量，领导人是金声。他学识渊博，胸怀大志，领导军民在绩溪同清军展开了斗争。由于寡不敌众，且中洪承畴之计，城破被俘。洪承畴想让他归降，对他以礼相待，让他居住在馆舍里，条件很优厚，但金声视死如归，拒不归降。据说当时洪承畴曾问金声是否认识自己，金声故意说不认识。洪承畴说我就是洪亨九，金声听罢，怒斥道："咄，亨九受先帝厚恩，官至阁部，办卤阵亡，先帝恸哭，辍朝，御制祝版，赐祭九坛，予溢荫子，此是我明忠臣，尔为何人，敢相冒乎？"洪承畴被问得面红耳赤，无言对答。洪承畴见多方劝降无效，只好将金声等人处死。但是洪承畴深知笼络民心的道理，清军打垮义军，占领徽州后，并没有实行屠城政策。所以引起的反抗自然较少。洪承畴这种做法既为清廷的统一做出了贡献，又有利于缓解民族矛盾。平定安徽后，洪承畴就把注意力转向浙江的鲁王政权。在招抚鲁王政权过程中，洪承畴力劝王之仁、夏完淳归降，但二人愿为明王朝礼殉，拒不降清，因而被杀害。两人仁至义尽，算是尽了臣节；洪承畴身为招抚重臣，为早日平定江南，忍辱负重，力劝二人归降，亦可说是有文韬武略，笃识远见。清军击溃绍兴的鲁王政权后，洪承畴和清平南大将军博洛又把注意力转向福建，他首先致信手握军政大权的郑芝龙，劝他降清，并答应给他浙江、福建、广东三省王爵。本来就在观望形势的郑芝龙，见信非常高兴，于是给清军复信说："遇官兵撤官兵，遇水师撤水师，倾心贵朝，非一日也。"并向隆武帝上疏还乡，致使本来是一夫当关、万夫莫开的仙霞关无一人防守，清军得以长驱直入，很快打垮了隆武政权。由此可见，洪承畴的一封信既避免了清军力量的损伤，又避免了对老百姓的屠杀和骚扰，于清朝的统一和福建老百姓都是一件幸事。

除了把主要矛头对准南明的唐王、鲁王政权及其附庸外，对故明其他宗室的反清势力，洪承畴也花了很大气力去剿平。顺治三年（1646）初，故明瑞安王朱谊泩和故明总兵朱君召，乘江南各地抗清形势的发展，在南京一带到处组织义军，号召反清。正月，他们与南京城内一些人联合，准备起事，结果事情败露，被洪承畴得知。于是他便下令捕斩为首分子30余人。十八日，义军2万人分三路进攻南京城，被清军击退，洪承畴派出大批清军在城内外搜捕，屠杀了近千人。除镇压朱谊泩这支威胁南京的队伍外，还镇压了石应琏等领导的司空寨义军，以及故明高安王朱常淓等数支义军。对于抓获的故明王室，洪承畴也遵照圣旨，一一处斩。这样，江南众郡县一一平定下来。

江南形势基本稳定下来时，洪承畴的父亲去世，再加上他本人眼睛有病，"若自掩左目，则右目竟不能见字，数步之内，不能辨人物，必开左目，然后能见字，批判方能见人物"，所以上揭帖，要求准许他回京守制。在洪承畴一再请求下，清廷终于同意他回京师并入内院理事，但必须等到新任的江南、江西、河南总督马国柱到任，方可离开江宁。

洪承畴请求回京，除身体劳累成疾和父丧外，还有一个重要的原因就是，他是一名汉臣，工作比较难做，而且他越来越感到继续留在江南已经不合适了。鲁王朱以海及手下一些人施用反间计，想以封洪为国公的办法，破坏清对洪承畴的信任。尽管头脑清醒的多尔衮对鲁王的反间计不相信，但是对于洪承畴来说，毕竟内心有些不安。这时，又发生了这样一件事，迫使他更为坚决地要求回京。广东的僧人函可，是故明尚书韩日缵的儿子，出家多年，顺治二年（1645）春，从广东来到南京印刷藏经。不久，清军占领南京，函可久居江宁，想回广东。因为韩日缵是洪承畴的会试房师，于是，函可就去找洪承畴，请他发给通行印牌，以便返回广东。洪承畴看在过去房师的面上，又想函可是个和尚，没什么问题，就给了他通行印牌。顺治四年

（1647）十月，函可一行 5 人出江宁城。巴山、张大猷手下的守城人，从函可带的竹箱里查出福王答阮大铖书稿和《变记》一书，均有反清内容，于是 5 人都被扣留审讯，送洪承畴处。洪承畴上疏引咎，吏部奏议"以承畴徇情于给印牌，应革职"。多尔衮认为洪承畴平定江南，劳绩可嘉，应当宽恕，于是由顺治下旨没有革他的职。

顺治五年（1648）三四月间，洪承畴在江宁移交工作后，便起程回到北京。

洪承畴在招抚江南各省的时间里，为清朝的统一和安定江南做出了重大贡献，取得了非常明显的成效。南明隆武、鲁王政权的覆灭，以及其他抗清势力的剿平都表明了他招抚政策的成功。他减少了武力征服，对人民和社会来说减少了战乱和破坏，有利于人民和社会的安定以及生产力的发展；对清朝来说，减轻了统一的阻力，有利于巩固清中央政权的统治。洪承畴在江南征收赋税，为清朝在江南积累了不少财富，同时也根据实际情况，注意民间疾苦，多向朝廷申请减免赋税，呼吁救济重灾区，为人民群众解决了一些生活问题。当然，由于事情繁杂，"手口忙乱"，洪承畴也出现了一些小差错，除函可之事外，还曾经将清工部送江宁制造的诰轴式样看错，以致织出后仍是明朝样式，白白花费了 3600 两白银。洪承畴为此事曾上书要求处分，并要变卖产业抵还费用，但被多尔衮免予处分。尽管如此，洪承畴的差错同其功绩相比仍然是微不足道的，清王朝统治者对此也十分清楚，因而也并没有因其一时疏忽而给予处分。

## 五、二度入京，佐理机务

洪承畴从江南回到北京后，很得清朝最高统治者的重视，皇上仍让他入内院办事，而且"加上四祖尊号，覃恩封赠三代，皆少师兼太子太师，三代皆配夫人"，还保持"荫一子入监读书"。皇帝、太皇太后亲自赐宴，这对大臣来说，是相当荣宠的待遇。

洪承畴二次入京在内院仍是佐理机务，这次时间长，整整 5 年，而且所起的作用要比前次入京佐理机务的作用大。但这期间有个过程，刚入京时，恰逢函可之事和诰轴之事以后，对他或多或少有些影响，所以，清廷虽然很信任他，却没有因在江南战绩卓著而提拔他，只是官复原职而已。顺治六年（1649），多尔衮任命洪承畴和范文程、刚林、祁充格、冯铨、宁完我、宋权一同充任《太宗文皇帝实录》一书编纂的总裁官。但由于多尔衮希望按他的意思删去多尔衮的生母、太妃纳喇氏不愿殉葬的记载，所以在他死后不久，便引起政治动荡，使编纂工作一度停下来。尽管顺治九年（1652）再次编写，但洪承畴不久被调任南方，所以这次编纂工作成效不大。

除了编书，洪承畴还在顺治六年（1649）做了会试的正考官。满洲贵族为了笼络和收买汉族地主阶级知识分子，早在天聪三年（1629），就开始在境内实行科举考试。清朝入关后，为了消除地主阶级知识分子的反清情绪，更为了健全从中央到地方各级统治机构的需要，顺治于北京登基的诏书上，就定下了乡试和会试的时间。洪承畴本人是进士出身，自然也积极倡导科举，加上他学识渊博，清朝统治者就任命他为会试的正考官。

洪承畴时常上疏提出有利于治国安邦的各项建议。例如提出选官的保举连坐法。这是针对清初急于健全各级官僚机构，选官范围比较广泛，不免造成泥沙俱下、鱼龙混杂的情况而提出的。这种做法使得举荐人必须慎重行事，也可以在一定程度上避免滥荐亲信、门人而不论其品德、才能。所以得到了多尔衮的赞同并被历朝所接纳、实施。洪承畴在任都察院左都御史时，还提出了御史巡方的具体办法，这对于巩固清朝统治起了一定作用。

顺治帝自幼倾慕中原文化，所以不断重用汉臣，使汉臣的势力在中央的内三院和六部中，不断得到发展。这样满汉大臣之间的矛盾也有增无减，同时，汉族大臣内部也产生了矛盾。顺治亲政时，清军已占领了江南的广大地区，江南的明朝官员陆续降清，经过相互推荐，大批汉臣进入清朝政府。他们之间，不少人很有才华，如陈名夏、陈之遴等，很得顺治帝宠信，而他们用人一般偏爱江南籍故人，这就同满洲贵族及北方籍的汉官有了矛盾。虽然没有形成像明末那样剧烈的党争，但以冯铨、宁完我为首的"北党"和以陈名夏为首的"南党"之间存在着明争暗斗。洪承畴本是江南人，由于出任招降江南总督，推荐的江南明朝降官不少，自然有南党嫌疑。不过，他又同入关前降清的北党中的宁完我、冯铨等共事的时间较长，所以他在南北汉臣之间的斗争中处于一种微妙的地位。尽管如此，一开始，他就被卷入了张煊参劾陈名夏的斗争中。

顺治八年（1651）五月，河南道御史张煊上疏参劾吏部尚书陈名夏十罪、两不法，其中一些条文涉及洪承畴，"又名夏与洪承畴、陈之遴于火神庙屏左右密议，不知何事"，"（洪承畴）不请旨送母回闽"。张煊上疏时，顺治帝正外出打猎，执掌吏部的巽亲王满达海看到疏文后，认为此事关系重大，就派人飞驰奏闻顺治，顺治帝知道后匆匆回京。同时，满达海命人拘禁了洪承畴和陈名夏，并且让诸王和各部大臣在朝廷上讨论这个案子。洪承畴被拘禁后，一面"以送母回闽未明奏，自引罪"，一面对火神庙与陈名夏等密议的事，加以解释。结果，免了陈名夏、洪承畴等人的罪，处死了张煊。但不久，顺治帝又公开审理此案，认为陈名夏的一些罪状属实，于是将陈革任，发正黄旗汉军下。张煊得到昭雪，对他的后代也厚加抚恤。对于洪承畴，顺治帝从轻发落。下旨曰："洪承畴火神庙聚议，事虽可疑，实难悬拟，送母归原籍虽不奏和遣，然为亲甘罪，情尚可原。姑赦其罪，仍留原任，以责后效。"洪承畴卷入的这场斗争终于结束了，他以其在朝廷的地位、名望从满汉大臣矛盾的漩涡中跳了出来。

## 六、年逾六旬，再定江南

顺治五年（1648）以来，随着清朝统治向全国各地的深入发展，民族矛盾进一步激化，全国的抗清运动出现新高潮。大顺军与南明势力联合，共同抗清；大西军在云贵重建政权，孙可望、李定国、刘文秀、艾能奇同时称王，形成以云贵为中心，包括四川西南部、湖南西部和广西部分地区的辽阔范围。除此之外，各地的抗清义军也风起云涌。如广东、福建、山东、山西、浙江、江北等地，抗清势力此伏彼起；同时，南明的永历政权也展开了斗争，这些抗清斗争促使广东、江西、山西的汉族降将相继反清。一时间，清朝统治者惊惶失措。顺治认为，只有洪承畴才能担当力挽狂澜的重任。于是顺治十年（1653），任命洪承畴为太保兼太子太师，经略湖广、广东、广西、云南、贵州五省总督军务，兼理粮饷。"抚镇以下，听其节制。兵马粮饷，听其调度，一应抚剿事宜，不从中制，事后报闻"。

当时，洪承畴已经 61 岁了，"理宜退休"。在退休之年，受到如此重任，他自然异常感激，表示一定要"尽心竭力"完成抚剿任务。洪承畴仔细分析了当时的形势，认为经略五省，目的是"平贼安民"，而"贼"的胁从数量很多，应当采用招抚的办法。但是他又认为这些"贼""负固已久，不真剿，必不能成真抚"。为此，提出应加强五省的兵力，他还挑选了一些骁勇兵将，组成一支精干的队伍，从北京出发，踏上再定江南的道路。

洪承畴来到湖南，经过一番详细的调查研究，认为清军从前攻城略地，往往"旋得旋失"，原因在于"进守无兵，驻守无粮"。因此，他根据以往的教训和现实力量的对比，提出了"安襄樊而奠中州，因全楚以巩江南"的战略防御方针。他主张军事以守为主，采取守势；政治上"广示招徕"，采取攻势；经济上"开垦田亩"，恢复生产。他认为，一旦条件成熟，便转守为攻。清廷同意他的主张，又任命陈泰为大将军，率八旗兵进驻湖广的战略要地。顺治十二年（1655）五月，孙可望派大军攻岳州、武昌、常德等地，洪承畴和陈泰指挥清军在常德设下埋伏，结果大获奇捷，迫使孙可望撤回贵州。经过洪承畴一年多的苦心经营，湖南的形势有所改变，"地方稍得改观，人心渐有固志"。顺治对洪承畴的筹划、调度以及因此取得的成就深表满意。

洪承畴经略五省两三年里，做了不少工作，军事上也有所进展。但是，对洪承畴经略湖广的方针、政策及其所作所为，清朝统治者的看法不一致，满汉官员不少人见长期没有明显进展，而耗费又较大，对洪承畴加以指责。户部侍郎王弘祚因为军事日益增加，"征兵转饷，骚动数省，大为民生困弊"，上疏劾他畏难避苦，久不见功。四川巡抚李国英也指责洪承畴坚持以守为战，"必致师老财匮"，"坐而自困"。他们认为，永历政权连遭失败和内讧，造成清兵大举进攻的良机，建议把进攻云贵、消灭永历政权的希望重新寄托在平西王吴三桂的身上。然而文武大臣的指责和建议都没有改变洪承畴以守为战的方针，他一再上疏申辩，说明这一方针的正确。他还利用顺治十三年（1656）两广总督李率泰进攻南宁劳而无功的事实，说明这一方针的正确性。

但是朝廷内外的反对，使得洪承畴自己也一筹莫展，于是他以有罪、无能、老疾为由向朝廷提出要求罢斥处分。顺治帝接到洪承畴的请求后，不但仍让他留任，而且"晋太傅，仍兼太子太师，荫一子入监"。由于顺治帝的信任，洪承畴又根据他招抚江南的经验，对各派抗清势力的头面人物实行招抚政策，主要目标是孙可望、李定国。但是由于孙、李都有一定实力，各地抗清声势十分浩大，形势比较复杂，招降孙、李的事一直未见成效。

由于洪承畴招抚成效不大，内外朝臣对此提出批评意见。正在这时，洪承畴病情加重，无法坚持工作，于是他再次向顺治帝上揭帖，请求卸任，得到了顺治帝的同意。

顺治十四年（1657）十一月中旬，正当洪承畴打点行装，准备回京，清廷也决定不再设五省经略，将原官兵一齐撤回的时候，孙可望突然率众来降，从而使整个抗清形势急转直下。对于洪承畴本人的影响也尤为重要，使得他的处境有了转机。洪承畴用孙可望投降的实例，证明了他军事上以守为战、政治上"广示招徕"政策的正确性。

孙可望的归降，削弱了西南的抗清力量，暴露了云贵的虚实。清廷决定，由罗托、吴三桂、赵布泰等分路进攻，并令洪承畴留原任，率所属将士同罗托一道由湖广前行，相机攻取贵州。

洪承畴建议，进兵西南应以收拾人心为本，"必先得土司苗蛮之心，而后可以为一劳永逸之计"。他还认为，不应等到三路兵马集中贵州后再合兵攻云南，应该是在任何一路清兵攻克贵州省城之后。清廷基本采纳了洪的建议，允许西南少数民族"暂免剃发，照旧妆束"，从而缓和了民族矛盾。许多人"争先出山贸易、耕作，交运粮米"，对于恢复和发展生产是有利的。而且洪承畴提出的进军计划，不仅解决了兵多粮少的难题，而且使清军在临战前处于较为有利的地位。

顺治十六年（1659），清军攻占昆明后，清廷又把消灭永历及其政权的任务交给了洪承畴，洪承畴认为当前最主要的任务是安定云南内部，他上疏说云南地方偏远，土司种类最多，不易治理，最好参照元明两朝的经验，留兵驻镇，使边疆永远安宁。于是清廷很快决定派平西王吴三桂率兵留驻云南。

## 七、盖棺无定论，褒贬终不一

就在云南局势胜利在望的时候，洪承畴又一次因病请求回京。7天之后，顺治帝便同意了他的请求，他到北京后不久，顺治帝于顺治十八年（1661）正月去世，8岁的皇太子玄烨即位，五日，洪承畴因病请求休致，得到朝廷的同意。

清廷对洪承畴的功绩是肯定的，从谕旨到部议都称赞他"劳绩茂著"。但对洪承畴的世职问题议来议去，最后不过给了个三等轻车都尉。这同他的功劳相比，确实比较低。对他本人来说，也是始料不及的。因为在他任五省经略时，顺治帝曾许愿说："功成之日，优加爵赏，俟地方既定，善后有人，即命还朝，慰朕眷怀。"这一年洪承畴已经69岁了。

康熙四年（1665）二月十八日，洪承畴"卒于都门之私第"，享年73岁，他死后，朝廷"赐祭莽如例，谥文襄公"。朝廷令内院撰写《洪承畴碑文》，与卫周祚写的墓志铭比较，对洪承畴评价褒贬显然有别。

洪承畴劳碌一生，为明清两朝的统治者效尽犬马之劳，但是乾隆时仍将他和一大批背明降清的汉官"律以有死无贰之义"，打入"贰臣传"。这是包括洪承畴在内的降清明臣生前所料想不到的。不过乾隆认为，洪承畴"虽不克终于胜国，实能效忠于本朝"，并且"宣力东南，树权讨伐"。因此将他列贰臣中的"甲等"。

应当看到，清朝毕竟是满族建立的王朝，对满族来说，由于狭隘的民族意识，论功行赏时，是不可能做到各民族一律平等的。所以洪承畴在晚年不免受到不公正待遇。至于被列入"贰臣传"，则是由于当时清朝统治已经巩固，为了能使清王朝江山持久，就要提倡效忠一朝一主的思想。因此，自然对兼事两朝的洪承畴加以贬斥。这是出于清朝统治的需要，不足以作为评价洪承畴功过的根据。洪承畴在清初的卓著功绩是应得到肯定的，对清朝的统一和满汉统治者的迅速协调，洪承畴的功绩是不可磨灭的。

（林　红）

　　本文主要资料来源：《清史列传》卷七八，《洪承畴传》；《清史稿》卷二三七，《洪承畴传》；《明史》卷二三，卷二四，《庄烈帝本纪》。

# 大智大勇守新疆
# 志在"今亮"胜"古亮"

## ——左宗棠传

在中国近代史上，左宗棠（1812—1885）是一个非常重要的人物，也是一个因个性鲜明而备受瞩目的人。他早年曾参加过科举，并中了举人，后又三次会试，都名落孙山，只得以教私塾为生。但他胸怀大志，长期潜心舆地，埋首兵书，致力于经世致用之学，常以诸葛亮自喻，其学问和器识为当时的有识之士赞赏不已。1854年，左宗棠被湖南巡抚邀请入幕府，后又在曾国藩手下督办军务。此后，左宗棠被破格提拔，青云直上，以一个不第进士的举人身份，任巡抚、总督，直到入阁拜相、封侯赐爵。由于历史的局限性，左宗棠曾参加过镇压太平天国起义、捻军起义等。但是，在反对沙俄侵略和收复新疆的过程中，他为维护祖国统一，保卫领土完整，做出了重大贡献，使西北大片已失去的疆土重回祖国怀抱。正像台湾历史学家缪凤林在考察西北后作出的结论，"自唐太宗以后，左宗棠是对国家主权领土功劳最大的第一人"。左宗棠一生素行高洁，廉正勤勉，性情刚烈，才华横溢。其军事学识、政治眼光、爱国思想是当时之人很难逾越的。

### 一、家世·学问·性情

1812年11月10日，在湖南湘阴东乡左家塅，降生了一个孩子。传说，这天夜里，那家的年近八十的老太太梦见一神人从天空降落到她家院子里，自称是"牵牛星"，不禁惊醒，听说媳妇生下一个孩子。同时，产妇房中一片白光，连灯烛都显得暗淡不明，不多会儿，天就亮了。这个在神话中出世的孩子就是本文的主人公，姓左，名宗棠，字季高。卒谥文襄，人称左文襄公。

左宗棠家世比较清寒。祖父左斐中和父亲左观澜都是秀才，平时以教书为业，有少量的束修收入。另外还有几十亩田，每年可收租谷48石。左宗棠上有两个哥哥、三个姐姐，一家十口人就靠这清苦的收益生活。在封建社会里，这是典型的所谓"耕读之家"。有时候，遇到年景不好，田粮歉收，只好以糠屑充饥。左宗棠29岁时在长沙处馆曾作诗八首，其中一首追忆了他父母在世时家庭生活的情景：

> 十数年来一鲜民，孤雏肠断是黄昏。
>
> 研田终岁营儿哺，糠屑经时当夕飧。
>
> 五鼎纵能隆墓祭，只鸡终不逮亲存。
>
> 乾坤忧痛何时毕，忍嘱儿孙咬菜根。

左宗棠生下来时，母亲奶水不足，只好捣米成汁来喂他。但仍吃不饱，日夜啼哭，以至于"脐突出"，直到年老体胖，还是"腹大而脐不深。"在这样的家庭中成长起来的左宗棠，深知生活的艰辛，所以他一生都过着俭朴的生活，从不过分享受。

在左宗棠青少年时期，其家境日渐中落，姐姐出嫁，祖母、祖父、长兄、母亲先后亡故，母亲去世时所欠的医药费、殡葬费等白银200余两，直过了三五年，左宗棠入赘周家后，才得以偿清。1830年，左宗棠父亲一病不起。十口之家，只剩下他和二哥左宗植两人，家境一落千丈。幸亏当时湖南巡抚吴荣光创立湘水校经堂"课士"，左宗棠因成绩优异，七次名列第一，获得类似今天奖学金性质的生活补助——"膏火"。1831年，左宗棠谋食他乡，客游武昌。1832年，贫苦无所依的左宗棠入赘湘潭周家。其夫人周诒端，号筠心，与左宗棠同年生，家里非常富有，自小受过良好的家庭教育，颇有才气，诗词歌赋，都不亚于左宗棠。尽管这门婚事是早就定好的，但在当时社会中，入赘还是很不光彩的。

左宗棠小时候家庭生活虽然清苦，但深得祖父母和父母亲的宠爱。在左宗棠4岁时，曾跟祖父上山游玩，采了一把栗子回来，祖父让他回家跟哥哥、姐姐分着吃，他却把栗子全部分给了哥哥、姐姐，自己没有吃。祖父看见后，非常高兴，认为这孩子从小能分物均匀，又能不贪，将来必能成一人物。左宗棠从5岁开始，就随着两个兄长一起跟祖父、父亲读书，在他们的严格管教和循循善诱下，左宗棠的文化知识基本功非常扎实，字也写得挺秀可爱。9岁时就开始学做八股文，15岁应童子试。第二年应府试，成绩优等，知府本来打算把他拔置冠军，因照顾某生年老，把他抑为第二。到21岁那年，与次兄左宗植同时应湖南乡试，这一年的湖南乡试主考官是礼科掌印给事中徐法绩。左宗棠的考卷，本来已被阅卷官所摒弃，并无取中的希望。但这一年的乡试，道光皇帝曾经特别降旨，让各主考官特别查阅未被取中的"遗卷"，以免遗落人才。徐法绩独自查阅遗卷5000余卷，寻得6人，而以左宗棠居首。最后，左宗棠与其兄同中举人，其兄左宗植荣获第一，俗称解元，左宗棠名列第十八。这是他在科举考试中所取得的最高功名。自此以后，左宗棠曾于1833年、1835年、1838年三次赴北京参加会试，都没有得中进士。之后，左宗棠绝意于科举。

左宗棠之所以在科举功名上没有得到充分发展，这与他大部分精力专致于经世致用之学有关。因为在科举时代，读书人为了从科举中获取功名富贵，往往以全部精力去钻研揣摩八股文。但是，左宗棠在还没中举之前，就开始了对经世致用之学的研究。在左宗棠18岁那年（当时，他正在家为父亲服丧，不能参加科举考试），他买到了《天下郡国利病书》和《读史方舆纪要》等书，读后大感兴趣。从此，他的思想学识都进入了一个新的境地。在这一时期，他还认识了湖南善化籍的江宁布政使贺长龄。通过交谈，贺长龄得知左宗棠对于兵要地理以及全国的山川形势与社会现状很有研究。在极为赞赏的同时，允许左宗棠随意借阅他自己所收藏的很多"官私图史"。每次左宗棠去借书，贺长龄都亲自上楼取书，从不怕麻烦；还书时，贺长龄都要详细询问读书所得，互相讨论研究。

在得到贺长龄帮助的同时，左宗棠还深得贺长龄的弟弟贺熙龄的教诲。

当时，左宗棠在长沙城南书院读书，而贺熙龄主讲城南书院，他非常喜欢这个学生，曾做诗夸奖左宗棠说："开口能谈天下事，读书先得古人心。"还说："季高谈天下大事，了如指掌。"由于他们的称赞与鼓励，加上接触到了大量的典章制度和政治实际，左宗棠的视野扩大，见识大为增长，生平学问在这一时期奠定了良好基础。

1837年，左宗棠正主讲醴陵的渌江书院，恰逢两江总督陶澍（湖南安化县人）乘阅兵江西之便回湖南省墓，路过醴陵。醴陵知县为总督大人预备公馆，请左宗棠代撰楹联，左宗棠当时非常钦佩陶澍在两江总督任内的政绩，如整饬吏治，整顿盐务、漕务等。他写的楹联是：

> 春殿语从容，廿载家山印心石在。
>
> 大江流日夜，八州子弟翘首公归。

这副对联虽然摆脱不了赞誉的性质，但措词非常大方得体，既表达了故乡人对陶澍的景仰和欢迎，也道出了陶澍一生中最得意的一件事。联中的"印心石"，是陶澍幼年读书的一所堂屋，承蒙道光皇帝御赐匾额："印心石屋"。所以，陶澍见了这副楹联大为赏识，得知是左宗棠的手笔，便请来相见。左宗棠本来对陶澍非常仰慕，再加上平日一肚子经世济民的想法无处倾吐，这次见了陶澍，巴不得全部倒出来，于是半是请教，半是展示，从学问到国事，从盐政到海运，足足畅谈了一夜。陶澍为家乡有这样的奇才而十分高兴，认定左宗棠日后前程会超过自己，竟不顾两人相差三十几岁而与左宗棠建立忘年之交。那年陶澍59岁，左宗棠才26岁。第二年，陶澍重病在身，邀请左宗棠到江宁。他深知左宗棠气宇宏远，志行坚毅，不但前途不可限量，而且可以托之大事。所以，他把年仅8岁的独子陶桄和全部家事托付给左宗棠，并主动提出与左宗棠的女儿联姻。左宗棠非常感激陶澍的知己之恩。加上当时已经会试三次，看透了考场弊端，所以，他也决心再不赴京会试，要"读书课儿，躬耕柳庄，以湘上农人终世"。不久，陶澍去世，左宗棠去陶家当塾师，实际兼"总管家"，在安化小淹一住8年。一方面主持内外，把全部所学悉心教给陶桄，另一方面，他也借此机会，读遍了陶澍所收藏的清代典章以及陶澍的奏疏、书札等，体察了一番官场世故与政治得失，生平学问也更上一层楼。

左宗棠的学问可以分为三部分：

第一部分是舆地学。左宗棠所处的时代，正是阶级矛盾、民族矛盾相互交织，地主阶级改革派思想发生、发展的时代，为了了解天下形势，当时许多地主阶级改革派如龚自珍、魏源等人都擅长地舆之学。在他们的思想影响之下，左宗棠也从研究地舆之学开始了他的经世致用之学。他先后阅读了顾炎武的《天下郡国利病书》、顾祖禹的《读史方舆纪要》、齐道南的《水道提纲》，分别做成札记。他在会试失败之后一段时间，曾向岳母在另外一个院落借了所房子，叫做西楼，自立门户。左宗棠就在西楼上，潜心研究地学，考察山水的分布、疆域的沿革、城池的兴废、攻守的形势、探索绘制地图的原理，他发现以往书上绘制的地图，有很多失实，所以他计划自己绘制地图。横的方面，先绘一张全国地图，纵横九尺，再绘制分省地图；纵的方面，先绘成一张清代的图，推上去再绘成明代的图、元代的图、宋代的图，乃至《禹贡》的图；还要把山川、道里、疆域沿革和历代兵事的关系，做成说明。他还摘抄各省通志和西域图志，把山川、关隘、驿道远近，分门别类，订成几十大本，题名"朴余阁钞本史部"或"经部"。夫人周诒端也协助他进行研究，往往都是左宗棠绘制草图，周夫人为他影绘；左宗棠忘了某一个典故，就由周夫人给他在某书某函某卷检出，十之八九都不会错。就这样，整整画了一年，才完成了全国分省地图。鸦片战争发生后，左宗棠还专门阅读关于海防记载的图书，同时，写成了几篇建设海防的意见书。左宗棠后来在军事上的成功，很大程度上都要靠他对于地理的精熟。

第二部分学问是农学。左宗棠在研究舆地学的同时，还分出一部分精力研究农学。他读遍了历代讲农事的著作，也是分门别类地抄出来，计划编成一部《朴存阁农书》，他不但研究水稻的种植，其他如种桑、养蚕、栽茶、种树、园艺果蔬、土壤性质以至粪肥的使用等，都成为他研究的对象。1844年，他用教书积存的收入，在湘阴东乡柳庄买了70亩田，全家搬去居住，并在柳庄亲自试验一种"区田"，也就是现在所谓的因地制宜和间隔种植，结果非常成功。后还把区田画成图样，以向别人介绍区田种法的好处。他还在住宅周围种桑千株，劝家人养蚕缲丝。湘阴原没有种茶的，左宗棠开风气之先。由于他经营得法，仅茶园一项收入，便够交纳赋税。每次从安化回家，他都巡行田头，指导耕作，自称"湘上农人"。可以说，左宗棠对于农事有特殊的嗜好。以至于后来出山之后，不论走到哪里，都非常在行地教兵士种田，教人民归耕。

第三部分学问是有关国计民生的水利、荒政、田赋和盐政。这些在传统的农业社会里是非常重要的。当时，陶澍收藏的这类图书可以说是全国第一，左宗棠在教陶澍儿子的 8 年时间里，饱览了这些图书，也精熟了这一部分学问，这一切，都为他日后的事业成功创造了良好的条件。

左宗棠从青年时期，就显出了他极强的个性和不凡的见识。虽然有些高傲自负，但志向远大。他 20 多岁时，生活无依，客居妻家，却写下了这样一副对联：

> 身无半亩，心忧天下；
>
> 读破万卷，神交古人。

以抒发自己的豪情壮志。后在东山隐居时，其客厅两边楹柱上的联语是"文章西汉两司马，经济南阳一卧龙"，可见气魄之大。他常以诸葛亮自比，书信末尾常以"亮""小亮""今亮"落款，还对人说"今亮或胜古亮"，盼望能像诸葛亮那样干一番大事业。起初，左宗棠自比诸葛亮，原只是和朋友们打趣。但在一般人的心目中，则把他们都看成是用兵如神的"军师"。左宗棠经纶满腹，才华出众。1849 年，林则徐从云南因病返回福建，路过长沙，特地派人到柳庄招左宗棠相见。两人虽然从未见面，但都相知已久，所以首次会晤极为融洽。左宗棠仓促间失足落水，衣履尽湿，登舟后即向林则徐说："闻古人待士以三薰三沐之礼，今三沐已是拜领了，至于三薰也不曾做到。"林则徐笑着说："你还这么文绉绉的呢，赶快换衣服，免得着凉。"当晚，两人在湘江船上叙谈，通宵不眠。从鸦片战争到遣戍新疆，从水利设施到舆地兵法，无所不及，直到鸡鸣天晓，才依依惜别。"文忠公一见倾倒，诧为绝世奇才"。

左宗棠的才学个性在当时是很有名的。他为人倜傥耿介，刚直豪迈，与人稍有意见不合，就可能和对方决裂，从不留情面。他以为是好人时，又可以始终认定是好人，有时甚至说得过分好。左宗棠和曾国藩之间曾有一段有趣的互相讥讽。那是在 1839 年冬，左宗棠与郭嵩焘等人一起拜访曾国藩，大家议论国事兴致很高。左宗棠爱发表一些标新立异的观点，又最会讲话，口若悬河，滔滔不绝。曾国藩总是说不过他，心中略有不快。临到客人告辞时，曾国藩笑着对左宗棠说："我送你一句话，'季子自称高，仕不在朝，隐不在山，与人意见辄相左。'"话中嵌着"左季高"三字。左宗棠听后微微一笑，说："我也送你一句话，'藩臣当卫国，进不能战，退不能守，问你经济有何曾？'"也恰好嵌着"曾国藩"三字。这虽是一段笑话，但从中可以看出左宗棠的才思敏捷和对曾国藩不服气的心情。后来，对曾国藩"天津教案"的处理，左宗棠当时虽然正在远隔千里的平凉，仍提出了不同意见并进行了尖锐的批评。

左宗棠才气纵横，精力充沛，免不了予智自雄，事必躬亲，甚至做事专断，以至于左宗棠在湖南巡抚任幕僚时，被巡抚骆秉章所倚重，以幕府身份而实际操纵湖南的政权。当时湖南人都戏称左宗棠为"左都御史"，而骆秉章只不过是右副都御史，左宗棠的权力要超过骆秉章，以至于后人为左宗棠编纂全集，直接将骆秉章任湖南巡抚七年半所上的奏折，亦编入左宗棠全集之内，作为附篇，其目的在于使人知道，这也是左宗棠所撰奏稿，不过借骆秉章之名奏上皇帝而已。左宗棠的揽权，加上性气刚烈矫强，"使气好骂"，以至于招怨树敌太多，把很多人都得罪了，几乎引来杀身之祸。据说永州镇总兵樊燮在带兵入川时，路过长沙到巡抚衙门拜访。樊燮为官很不清廉，声名恶劣，又仗着朝里有人有恃无恐。当时有很多的参劾信函都压在巡抚衙门，左宗棠碍于骆秉章的面子，也不便处理。这天，樊燮来到巡抚衙门后，只向骆秉章鞠躬请安，对坐在对面的左宗棠只随便问了声好。谈话过程中，樊燮又口出狂言，左宗棠极为反感。樊燮告辞时，又不理睬左宗棠。左宗棠勃然大怒，喝道："你进衙门不向我请安，出衙门不向我告辞，你太猖狂了，湖南武官，无论大小，见我都要请安，你不请安，是何缘故？"樊燮也怒而高声说："朝廷体制并未规定武官见师爷要请安。武官虽轻，也不比师爷贱，何况樊某乃朝廷任命的正二品总兵，岂有向你四品幕僚请安的道理。"左宗棠气得呼呼大喘，环眼暴凸，燕颌僵硬，好半天，才冒出一声炸雷般的声音："王八蛋，滚出去！"樊燮窝着一肚子气回到武昌，向他的姻亲湖广总督官文添枝加叶地控告左宗棠无视朝廷命官，骄横跋扈，独断专行。以致发生了闻名当时的樊燮京控案件。清政府命令官文密查，"如左宗棠有不法情事，可即就地正法"。虽然如此，但后经多人营救，加上朝廷正急用人才，左宗棠转祸为福，樊燮终被革职。但从中可以看出左宗棠刚直不阿、直爽豪迈的性格特点。传说，樊燮被革职后，带二子回到原籍湖北恩施，建一栋楼房，楼房建成之日，樊燮宴请恩施父老，说："左宗棠只不过一举人，既辱我身，又夺我官，且波及我先人，视武人为犬马。我把二子安置楼上，请名师教育，不中举人进士点翰林，雪我耻辱，死后不得入祖茔。"樊燮重金聘请名师，以楼房为书房，除先生与儿子外，别人一律不准上楼，每日酒饭，都要亲自过目。二子不准着男装，都穿女子衣裤，又将左宗棠骂他的"王八蛋，滚出去"六字写在木牌上，置于祖宗神龛下面，告诫二子："考上秀才进学，脱女外服；中举脱女内服，方与左宗棠功名相等；中进士，点翰林则焚木牌，并告诉先人，已胜过左宗棠了。"二子谨受父命，在书案上刻上"左宗棠可杀"五字。后来，樊燮的第二子樊山果然中了进士。报捷那天，他恭恭敬敬地在父亲坟头报喜，当场焚烧"王八蛋，滚出去"木牌。当然，这些都是后话了。

左宗棠的这种刚直不阿、敢讲真话、肯办实事的性格，使他成就了一番大事业。但是，由于性情太刚，气度不够，左宗棠也常常得罪一些人，手下真正的人才很难留住，因为同是有才气、有抱负的人，不甘心只处于唯唯诺诺的地位，所以，留在左宗棠手下的往往都黯然失色。特别是到了晚年，手下能够独当一面的人几乎没有了。

## 二、幕僚·巡抚·船政

左宗棠出山，充当"军师"的经历与诸葛亮有某些相似之处。

1850年，广西爆发了太平天国起义，到1852年，太平军日益壮大，已由广东、广西两省进入湖南，准备攻打长沙。当时湖南巡抚张亮基极需广搜人才以备顾问，并协助处理军政事务。胡林翼得知后，就把通晓军事的左宗棠推荐给张亮基做幕僚。这时左宗棠正避居东山白水洞。张亮基派人请其出山，左宗棠复信辞谢。后胡林翼又写信给左宗棠，劝他万勿推却，宜迅速出山。他说："中丞思君如饥渴。"又说："设楚地尽沦于贼，柳家庄、梓木洞其独免乎？"左宗棠本来就有强烈的忠君思想，加上把起义农民看作盗匪，这时，在胡林翼的恳切劝说下，加上同住山中的郭嵩焘的劝行，还有长沙守备江忠源的推荐敦促，以及张亮基的两次邀请，左宗棠决定应聘出山。这年，左宗棠已 41 岁。

左宗棠进入长沙后，开始参与镇压太平天国运动。张亮基将全部军事委托给了这位新来的"参谋长"。左宗棠为人也最为忠直，不避嫌疑，不答应则已，既已答应，便把守卫长沙视为当然责任。他事事过问，桩桩关心，凡他经办的事，无论巨细，没有一件不是有条不紊、妥妥帖帖。并且主意特别多，在他面前，几乎没有难事，而各种建议又都能被张亮基所采纳，并立刻付诸实施。左宗棠的知识和才能得以施展，有了用武之地，一生功名也从此开始。

太平军围攻长沙 3 个月久攻不下，只得放弃湖南。左宗棠在谋划用兵的同时，向张亮基提出了整饬吏治的建议。张亮基完全接受，许多部署也大都按左宗棠的方略行事。1853 年，张亮基调任山东巡抚，左宗棠也辞职重返东山。

新任湖南巡抚骆秉章，也邀请左宗棠出山，他总是不肯。直到 1854 年春，在大家的劝说下，左宗棠才又出来，重入骆秉章幕。此后，骆秉章和张亮基一样，对左宗棠言听计从，对其军事策划无不信任，对他所行文书画，概不检校。能取得这样的信任，自然能放开手脚大干一番。因此，左宗棠亦以"士为知己者死"的劲头，一直在骆秉章幕下襄办军务，前后达 6 年之久。

在这期间，左宗棠协助骆秉章内谋守御，外筹军备，费了不少心思。一方面要整饬吏治，把此前各路失守的负责军官予以甄别整肃，斥退所谓"团练不力"的地方官员。另一方面要充实军饷军械，制造船炮，补充水师。但当时军费奇缺，为了开辟财源，增加收入，决定设置厘局，向商贾征收厘金（即商业税），用以充实军饷。同时，左宗棠还协助办理减漕，废除向农民征缴漕粮的一切陋规，另定减免办法。这样，既减轻了农民负担，同时又充实了军饷，补充了各县开支，一扫以前漫无标准、浮收滥取的弊病。这些措施都收到了明显的效果，使骆秉章能顺利地督抚湖南，支援邻省。左宗棠的军事谋略和经济管理才华也初露锋芒，名声也日渐增大。以至于当时人们评论："骆秉章之功，皆左宗棠之功。"（郭嵩焘和王闿运语）"国家不可一日无湖南，湖南不可一日无左宗棠。"（藩祖荫语）

1860年，左宗棠因樊燮案的牵连，向骆秉章提请辞职，结束了他的幕客生涯。不久左宗棠得到诏令以四品京堂候补，随同曾国藩襄办军务。左宗棠遵照曾国藩的指示，在长沙招兵买马，从而建立了4个营，每营500人，4个总哨，每哨320人，另外增选最精锐的勇士200人，分成8队，作为亲兵。又将王珍旧部1400人接收过来，不改编原来的编制，全军共5000人，全部屯驻长沙城南金盘岭，由王开化总领全军营务，刘典、杨昌浚为副手，积极从事训练。从此组建了有名的楚军，实现了他独率一军亲临前线的愿望。

1861年12月，左宗棠奉命督办浙江军务。1862年1月，被正式任命为浙江巡抚，集军政大权于一身，成为一名独当一面的清政府大员，时年正好50岁。1863年，清政府又任命左宗棠为闽浙总督，仍兼浙江巡抚。1864年，太平天国起义被清政府所镇压。

早在第一、二次鸦片战争中，英法等外国侵略者依仗船坚炮利，横行中国沿海地区，一再打败清政府，迫使清政府不得不订立丧权辱国的《南京条约》，对此，稍有爱国心的中国人无不切齿痛恨。所以，早在第一次鸦片战争期间，林则徐就指出：要学习西方，制造坚船利炮以御外侮。魏源也提出了"师夷长技以制夷"的口号。随着太平天国运动的失败，阶级矛盾退居次要位置，中华民族与国外列强的矛盾逐渐上升。一些地主阶级开明派开始办洋务，洋务运动兴起。在这种形势下，左宗棠继承和发展了魏源"师夷长技以制夷"的爱国思想，投入到洋务运动中，开始创办福州船政局。

左宗棠早在青年时期，就仔细研读过唐宋以来官方和私人史书中记述的有关"海国故事"，深知海军对国防及贸易的重要性。在鸦片战争期间，左宗棠虽偏居山区，消息闭塞，但还是极为关心战局形势的变化。从他的

《上贺蔗农先生》书中，可以看出他提出的反侵略战略战术和爱国思想，与魏源《海国图志》中的《筹海篇》《林则徐集》奏稿中《密陈夷务不能歇手片》中的见解大致相同。他积极主张建立自己的海军，特别重视制造轮船对巩固国防的作用。他曾致函总理衙门说："中国自强之策，除修明政事，精练兵勇外，必应仿造轮船，以夺彼族之所恃。此项人断不可不罗致，此项钱断不可不打算。"1864 年，他在杭州，曾觅匠仿造过一艘小轮船，船形及轮机均与外国轮船相似，在西湖试航，行驶缓慢。据手下的法国退役军官德克碑及税务司日意格说："大致不差，惟轮机须从西洋购觅，乃臻捷便。"后左宗棠因忙于入闽督师和赴广东镇压太平军余部，所以无暇定议。到 1866 年春，太平军余部被歼，左宗棠由粤返闽，筹建船厂的问题才终于被提上了议事日程。

　　经过一番筹划之后，左宗棠于 1866 年 6 月向清政府递上《拟购机器雇洋匠试造轮船先陈大概情形折》，说明他准备设局制造轮船的目的和计划。首先，他把设局造船作为保卫祖国海疆、防范外国侵略的重要手段。指出："我国家建都于燕京，天津实为要镇。自海上用兵以来，泰西各国火轮兵船直达天津，藩篱竟成虚设，星驰飙举，无足当之……臣愚以为欲防海之害而收其利，非整理水师不可；欲整理水师，非设局造轮船不可。泰西巧而中国不必安于拙也，泰西有而中国不必安于无也。"他认为购买机器制造轮船已成为刻不容缓之举，成一船即练一船之兵，5 年后成船较多，可以布防沿海各省，遥卫津沽。其次，他还强调制造轮船对发展沿海贸易、抵制外国海轮操纵沿海运输的重要作用。指出自准许洋船装载北货行销各口以来，北方货物腾贵。江浙富商以海船为业者，往北方购买货物，价本愈增，运回南方，"费重行迟"，不能减价以抵洋商，时间越长消耗越厉害，最后，只有亏本歇业。他认为，如果怕海船搁朽，可以作商船使用，他说："目前江浙海运即有无船之虑，而漕政益难措手，是非设局急造轮船不为功。"由于受社会历史条件的限制，当时左宗棠可能不十分了解兵船和商船的区别，认为轮船可以兼兵船和商船之用，既能够达到巩固国防的目的，又可以在经济方面发挥作用。因此，他声称：新造成的轮船，平时可用来运输漕粮，完成运漕任务后则听商雇用，薄取其值；一旦海疆出现敌情，则专听官方调遣，随时出击。他由此推论说："轮船成，则漕政兴、军政举，商品之困纾，海关之税税旺，一时之费，数世之利也。"再次，左宗棠认为，福州船政局开办后，还可"添机器，触类旁通，凡制造枪炮、炸弹、铸钱、治水，有适民生日用者，均可次第为之"。

清政府于1866年7月14日发布上谕，肯定"试造火轮船只实系当今应办急务"，批准筹建马尾船政局。左宗棠兼任首届船政大臣，聘请法人日意格、德克碑为正、副监督，计划兴建铁厂、船漕、船厂、学堂、住宅等工程，并向外国订购机器、轮机、大铁船漕等。聘请法英两国工程技术人员。还设立了求是堂艺局，挑选"资性聪颖、粗通文字"的子弟入局学习，聘请熟悉中外语言文字的洋教师教习英文和法文以及有关造船、驾驶等方面的学问。左宗棠还制定了《船政事宜十条》和《艺局章程》，他们既确定了有关轮船和学堂的规章制度，也勾画出船政局的基本轮廓，同时还反映了左宗棠的建厂思想。左宗棠所筹建的船政局，不仅是一座制造船舰的工厂，而且是一个培养海军人才的基地。福州船政局创办的求是堂，可以说是中国最早的、最现代化的海军学校、造船工程学校和造船技工学校，也是左宗棠提倡务实以培养有用人才的成功体现。艺局规模从最初提议招募艺童60名，到1872年增至300余名。艺局分为前学堂和后学堂，前学堂由法国教师讲授法文、数学、物理、化学以及有关轮船制造的课程，又称法国学堂；后学堂由英国教师讲授英文、天文、地理、数学以及管轮和驾驶等课程，又称英国学堂。为了满足实际需要，船政局后又增设了绘事院和艺圃。绘事院主要是培养绘制船图、机器图以及测算方面的人才；艺圃的目的则在于培养青年技工。当时左宗棠的目的就是培养一批精通洋务、把"聪明寄于实"的有用人才，以摆脱列强挟制，并谋求自强。从这里培养出来的628名航海、造船、蒸汽机制造方面的管理、驾驶及工程技术人员，为发展中国造船工业和创建海军做出了重要的贡献。特别是船政学堂毕业的学生，一大批成为船政局、福建水师、北洋水师的骨干力量。如邓世昌、林永升、刘步蟾、林泰曾等都是船政学堂的首届毕业生。此外，中国近代杰出的铁路工程师詹天佑、传播西方文化的启蒙思想家严复，也曾就读于船政学堂。从这里我们可以看出左宗棠长远的战略眼光。他曾特别强调说："兹局之设，所重在学造西洋机器以成轮船，俾中国得转相授受，为永远之利，非如雇买轮船之徒取济一世可比，其事较雇买为难，其费较雇买为巨……窃谓海疆非此，兵不能强，民不能富；雇募仅济一时之需，自造实无穷之利也。"福州船政局创办之初，左宗棠由闽浙总督调任陕甘总督，船政局的具体经营由船政大臣沈葆桢负责，但左宗棠首创船政局的功绩是不可埋没的。

### 三、"海防""塞防"之争

1866 年 10 月，正在筹建福州船政局的左宗棠接到清政府调他任陕甘总督的命令。为了安排船政局事务，他奏请推迟 2 个月才离开福州。从此开始了他在西北的事业。

当时西北的局势非常严重。新疆古称西域，从汉代开始就是中国不可分割的一部分。汉代以后，历代都在西域设有政权机构，管辖这片土地。清康熙年间，为了维护祖国的统一，安定边境秩序，清政府出兵平定了准噶尔部封建主噶尔丹的叛乱。1755 年、1757 年清政府又两次出兵讨伐准噶尔部上层封建主的叛乱，略定南疆。1759 年 12 月 13 日，清政府将西域改名新疆，设立了伊犁总统将军为首的各级军事、行政机构，统辖包括巴尔喀什湖以及帕米尔在内的广大新疆地区。通常天山以南称南疆，天山以北称北疆。新疆既是我国西北边疆的战略要区，又是中国通向中亚的交通要道。

由于长期以来清统治者在西北地区采取"以汉制回"的政策，常常发生仇杀事件，日积月累，仇恨滋生，势必官逼民反。在太平天国运动期间，陕西、甘肃爆发了回民起义，新疆地区也爆发了维吾尔、回族等人民起义。但起义一开始，领导权就被各族封建主和宗教上层分子所篡夺，形成了互不统属、各据一方的混乱局面。如在陕西的董福祥、白彦虎，甘肃的马化龙，在新疆地区有以库车为中心的黄和卓政权，以乌鲁木齐为中心的阿訇妥得璘（妥明）政权，以喀什噶尔为中心的回族封建主金相印、柯尔克孜族封建主思的克伯克为首的政权等。这些上层分子，对外依靠英俄帝国主义，对内残酷剥削压迫人民，掠夺了大量财富，并且还提出排满、反汉、卫教等反动口号，蛊惑人心，使起义的反封建性逆转为各封建统治集团之间争权夺利的斗争，人民仍生活在水深火热之中。特别是在西方列强频频入侵、民族危机日益严重的形势下，回族中一些封建主，竟直接、间接地勾结外国侵略势力，为虎作伥，既背叛祖国，也损害回族人民的根本利益。例如马化龙盘踞的金积堡，便有洋枪近 3000 支，还有专人负责与洋人的交往。又如盘踞肃州的马文禄，与新疆割据势力相勾结，当沙俄侵占伊犁时，堵住清军入疆的必由之路。因此，当时回军割据集团的存在，对于维护祖国领土主权的完整，捍卫中华民族的整体利益，是一个严重的障碍。所以，障碍不除，道路不通，就无法用兵新疆，也难以抵御外敌。

左宗棠来到陕甘后，从全局考虑，开始节节西进，先后占领金积堡、河州、肃州等，打开了由内地入疆的大门。

此时，新疆则在阿古柏政权统治之下，并同时被英俄两国所觊觎。

1864 年 9 月，金相印攻陷喀什噶尔的疏附（回城），但久攻喀什噶尔的疏勒（汉城）不下，便向中亚的浩罕国求援。1865 年春，浩罕统治者派遣军事头目阿古柏率军进入新疆，侵占喀什噶尔。接着又攻陷英吉沙尔、库车、阿克苏等地。这年秋天，一支在塔什干被沙俄打败的浩罕败兵 7000 多人侵入南疆，投奔阿古柏。1867 年，阿古柏悍然宣布成立"哲德沙尔汗国"（哲德沙尔，七城之意，指喀什噶尔、阿克苏、库车、莎车、叶尔羌、吐鲁番、和阗），自称"毕条勒特汗"（意谓洪福之王）。当地各族人民大批沦为奴隶，阿古柏对新疆实行了极为残暴、野蛮、黑暗的异族统治。为了镇压人民的反抗，阿古柏还建立起一支由五六万人组成的反动武装，实施他的残暴统治。

19 世纪中叶以后，英、俄两国在中亚的殖民统治愈演愈烈。1865 年 6 月，俄军占领浩罕的塔什干城，迫使浩罕成为它的附庸。次年，俄军占领撒马尔罕城。1867 年，沙俄在塔什干城设立"土耳其斯坦总督府"，势力达中国边境。同样，英国自征服印度后，对中国南疆地区也是垂涎三尺。从 1865 年起，多次进入南疆活动。南疆地区成为英俄两国殖民竞争的角逐场所。所以，阿古柏政权在南疆的出现，自然引起了英俄的极大关注，它们都力图把阿古柏置于自己的控制之下，使它成为自己入侵新疆的工具，而阿古柏也想寻找一个强有力的主子，作为自己的保护伞，所以，在新疆问题上，中英俄三国之间的外交关系极为复杂。

沙俄在 1866 年与阿古柏的守边官吏订立所谓协议，约定双方互不干涉对方的行动，沙俄军队被允许进入南疆追捕逃犯，沙俄也给喀什噶尔同样的权利。后沙俄又乘中国西北地区的动乱、清政府无暇西顾之机。在1871年7月上旬，侵占了伊犁九城地区。"设官置戍，开路通商，晓示伊犁永归俄辖"。后又通知清政府表示"俄国无久战之意，是代为收复"。沙俄侵占伊犁后，还竭力扶植阿古柏匪帮，目的是使阿古柏变成它的忠实走狗，扩张它在南疆的侵略势力，并使阿古柏在新疆割据自雄，使新疆长期陷入混乱状态，沙俄得以借口拒绝交还伊犁。

英国在1873年后，也加紧了拉拢阿古柏的外交活动。双方互有来使，1874年2月，阿古柏与英国在喀什噶尔订立了《英国与喀什噶尔条约》，共12款，主要内容是：英国承认"哲德沙尔汗国"为独立国；英国在南疆取得通商、低税、领事裁判权；英国臣民得在阿古柏统治地区购买或租用土地、房屋或货仓，没有占有者的同意，不得强行进入搜查等。此后，阿古柏也从英国得到了步枪6万支和修理厂的设备，成为英国肢解新疆的工具。

在英俄的支持下，阿古柏把他的势力向东扩张到吐鲁番以东的辟展，并横越天山向北扩张到乌鲁木齐、玛纳斯，加上沙俄侵占了伊犁，因此，清军反而限于塔尔巴哈台、古城、哈密一带的狭小地区，新疆几乎沦为异域。因此，驱逐侵略者，收复新疆，成为各族人民的共同心愿。在这种民族危机的紧要关头，左宗棠提出了恢复旧山河、征讨阿古柏匪帮的爱国要求。并且不顾年老体弱，挺身而出，毅然承担起收复新疆的重任。他在给部将刘锦棠的信中说：俄人侵占黑龙江以北之地后，"形势日迫，兹复窥吾西陲，蓄谋既久，发机又速，不能不急为之备。俄人战事，与英法略同，然也非不可制者。本拟收复河湟后即乞病还湘，今既有此变，西顾正殷，断难遽萌退志，当与此虏周旋"。他写信给儿子说："西事无可恃之人，我断无推卸之理，不得不一力承当。"在给其他家人的书信中也说："西事艰阻万分，人人望而却步，我独一人承当，亦是欲受尽苦楚，留点福泽与儿孙，留点榜样在人事耳。""我年逾六十，积劳之后，衰态日增……腰脚则酸疼麻木，筋胳不舒，心血耗散，时患健忘，断不能生出玉门关矣，惟西陲之事，不能不预筹大概"。由此可以看出，左宗棠收复新疆、长治西陲的决心和信心。

1873年春，左宗棠在写给总理衙门的复信中详细分析了敌我双方形势，并明确提出了收复新疆的具体方案。他指出："就兵事而言，欲杜俄人之狡谋，必先定回部；欲收伊犁，必先克乌鲁木齐。如果乌城克复，我武维扬，兴屯政以为持久之谋，抚诸戎俾安其耕牧之旧，即不遽伊犁，而已隐然不可犯矣。乌城形势既固，然后明示以伊犁我之疆索，尺寸不可让人。"这是一个非常有见识和谋略的方案。因为左宗棠认为，沙俄侵占伊犁，恐怕用谈判交涉是很难收回的，终究要靠战斗收回。

1874年，清政府任命乌鲁木齐都统景廉为钦差大臣督办新疆军务，金顺为帮办大臣。随后又任命左宗棠督办粮运事宜，以内阁学士袁保恒为帮办。这样，用兵新疆的行动开始筹划部署，左宗棠积极筹备饷粮、整顿部队，秣马厉兵。但由于四人之间意见不一，争执很多，西征并不能顺利进行。更不幸的是，1874年，日本入侵台湾，9月，中日签订《北京条约》，沿海各省吃紧。当时执掌朝中大权的直隶总督、内阁大学士兼北洋通商大臣李鸿章，为了扩大自己的政治资本，巩固自己的政治地位，乘机建立由他控制的北洋海军，竟冒天下之大不韪，公然提出放弃祖国的西陲重地新疆，西征军应"停兵撤饷"，移"西饷作海防之饷"的卖国论调。由此，在清政府内部引发了一场"塞防"与"海防"的激烈争论。

李鸿章在他的《筹议海防折》中，大发谬论，认为国防的重点在海防，不在西北边防。历代备边，多在西北，但自鸦片战争以来，战争多在沿海，东南海疆万余里，各国通商传教，一国生事，各国构煽，一旦生衅，防不胜防，应该集中饷力，加强海防，于练兵制器的同时，还应购买铁甲舰6只，每只100万两，炮艇10只以及其他辅助艇船。这样可以组成水师舰队，沿海防务，"声势较望"。他还认为，中国只能"力保和局"，不能进兵新疆，开罪英俄两国。他在奏折中说：乾隆年间勘定新疆，"徒收数千里之旷地，而增千百年之漏卮，已为不值"，无事时，每年协饷300余万。并认为现在阿古柏盘踞南疆，新疆北邻俄国，西接土耳其、波斯各国，南靠英属印度，"既勉图恢复，将来断不能久守"；就中国目前形势而论，国家力量有限，实不及专顾西域。最后他说："新疆不复，于肢体元气无伤，海疆不防，则心腹之大患愈棘。"并得出结论，对已出塞和准备出塞的各军，可停则停，可撤则撤，其撤停之饷，即均作海防之饷。

李鸿章的这些论调对于正在准备的西征军来说等于釜底抽薪。当时左宗棠在西北握有重兵，正在为收复新疆而筹建西征大军。这时李鸿章却出来阻挠破坏。一时间，"边疆无用论""得不偿失论""出兵必败论"等甚嚣尘上，新疆面临着令人担忧的命运。在此关键时刻，左宗棠挺身而出，力排众议，据理力争，主张要东西兼顾，海防、塞防并重。

1875年3月10日，清政府曾密谕左宗棠："现在通筹全局，究竟如何办理之处，著该大臣酌度机宜，妥筹具奏。"并要他对关外将帅、军队能否胜利，如何调度"通盘筹画，详细密陈"。左宗棠接旨后，针对李鸿章的论调，立即于4月12日呈上《复陈海防塞防及关外剿抚粮运情形折》和《遵旨密陈片》，详细分析了敌我形势，激昂、诚恳地陈述了自己的见解：

首先，在奏陈国防形势时左宗棠指出新疆必须收复。他认为，从历史上看，"周、秦、汉、唐之盛，及其衰也，先捐西北，以保东南，国势浸弱，"以致灭亡。故只有保住西北，才可控制东南；光想保住东南，不但保不住东南，势必最后连西北都失掉。他说：乾隆年间勘定新疆，"当时盈廷诸臣颇以为开边未已，耗敝滋多为疑。而高宗（乾隆帝）不为所动，用意宏深"。我国定都北京，蒙古环卫北方，多年来无烽燧之警，不仅前代的九边皆成腹地，即由科布多、乌里雅苏台以达张家口，亦皆分屯列戍，斥堠遥通，然后畿辅之地太平无事，因此，"重新疆者，所以保蒙古，保蒙古者所以卫京师，西北臂指相联，形势完整，自无隙可乘"，反之，新疆不固，则蒙古不安，不仅陕西、甘肃、山西"时虞侵轶，防不胜防，即直北关山，亦无宴眠之日"。所以，新疆必须收复。为了收复新疆，左宗棠提出要收复乌鲁木齐，否则，新疆无总要可扼。因为新疆天山南、北两路有富八城、穷八城之说。富八城都在乌鲁木齐、阿克苏以西，这里土地肥沃，物产丰富。而穷八城是指乌鲁木齐以东四城和哈密向南而西抵阿克苏的四城。前者地势高寒，山溪多而平川少，后者地势偏狭，中多戈壁。从南、北两路的军事地理形势而言，北八城广，南北城狭，北可制南，而南不可制北，所以，乾隆时先定北路，再及南路，用富八城的财富，养我在新疆分屯列戍之兵。退一步说，即使"画地自守，不规复乌鲁木齐，则无总要可扼"。若此时即停兵撤饷，自撤藩篱，"我退寸而寇进尺，不独陇右堪虞，即北路科布多、乌里雅苏台等处，恐也未能安然"。何况停兵节饷，于海防未必有益，于塞防却大有妨碍。

其次，左宗棠还分析了当时的形势。他说：就目前形势而论，西方国家断不至于在沿海挑起战争，而关外贼氛极炽，收复新疆有燃眉之急。再说沿海船厂加紧造船，购船之费可省。另外，海防本有经常之费，加强海防，所缺经费无多。"夫使海防之急倍于今日之塞防，陇军之饷，裕于今日之海防，犹可言也"。而事实上，塞防经费不足，所部官兵连年欠饷达800余万两，一年只发一月满饷，即使停兵撤饷，对海防也无多少好处。而且乌鲁木齐未复，万无撤兵之理，即使收复乌鲁木齐，定议画地而守，以征兵变为戍兵，也是"地可缩而兵不能减，兵既增而饷不能缺"，所以停兵撤饷根本无从谈起。

再者，针对当时李鸿章等人认为，收复新疆是办不到的，左宗棠认为，新疆贼氛虽炽，但盘踞乌鲁木齐附近的叛国逆匪白彦虎所部等，"能战之贼，至多不过数千而止"，不难一鼓歼灭。阿古柏盘踞南疆，与白彦虎串通一气，目前首鼠两端，"踉伏未动"，故就用兵的策略而论，首先应集中力量进剿白彦虎，收复乌鲁木齐，然后再审势而定大军行止。并且只要"剿抚兼施"，"粮运兼筹"，西征是可以取得胜利的。为了表明自己的心迹，左宗棠上奏说："臣年已六十有五，正苦日暮途长，乃不自忖度，妄引边荒艰巨为己任"，实有"万不容己者"，新疆"若此时即便置不问，似后患环生，不免日蹙百里之虑"。

另外在《遵旨密陈片》中，左宗棠还建议调整前线将帅，以景廉之任改为金顺，把"同役不同心"的袁保恒调离，建立一个有权威、有效率的指挥部。

以上我们可以看出左宗棠在新疆问题上的精辟见解。

左宗棠的正确主张，得到湖南巡抚王文韶的赞成，特别是得到了执政的武英殿大学士、军机大臣文祥的支持，文祥认为"以乌垣为重镇，南钤回部，北抚蒙古，以北御英、俄，实为边疆久远之计"，遂"排众议之不决者，力主进剿"。这样，清政府终于下定了用兵收复新疆的决心。

1875年5月3日，清政府发出六百里加紧谕旨：任命左宗棠为"钦差大臣、督办新疆军务"，授予他筹兵、筹饷、指挥军队的全权，并明令将镇迪道归陕甘总督统辖，同时基本采纳了左宗棠建议的人事安排，景廉和袁保恒一并调京，金顺调补乌鲁木齐都统，帮办新疆军务，重新组建了西征军的最高指挥部。从此揭开了用兵新疆的战幕。

## 四、挥师新疆的准备

左宗棠对西北和新疆问题早就有独到精辟的见解。早在1833年，左宗棠22岁时，他在进京会试出闱后，就把平日对于时局的观念，吟成《癸巳燕台杂感》八首，其中第三首说：

> 西域环兵不计年，当时立国重开边。
>
> 橐驼万里输官稻，砂碛千秋此石田。
>
> 置省尚烦他日策，兴屯宁费度支钱。
>
> 将军莫更纾愁眼，中原生计亦可怜。

从中可以看到左宗棠对巩固西北边疆的抱负。他高度评价了康熙、乾隆年代的"立国重开边"，也谴责了历代封疆大吏的不善经营，并了解到西北运输和给养的困难，也早早意识到新疆该建行省，该兴屯垦。后来在27岁时，左宗棠又很细心地研究有关西域的图书。1850年，左宗棠在跟林则徐舟中夜谈时，双方就对西北的军政事务，见解极为一致。临别之前，林则徐将自己在新疆整理的宝贵资料，包括新疆地理观察数据、战守计划，以及俄国在边境的政治、军事动态等，全部交付给左宗棠。并且说："吾老矣，空有御俄之志，终无成就之日。数年来留心人才，欲将此重任托付。东南洋夷，能御之者或有人；西定新疆，舍君莫属。以吾数年心血，献给足下，或许将来治疆用得着。"以至于海外传闻当时送别时，林则徐拍着左宗棠的肩膀说："将来完成我的大志，唯有靠你了。"如今，左宗棠年轻时代的志向、林则徐的遗愿，就要变成现实了。左宗棠虽已64岁，疾病缠身。但为了争取西征的军事胜利，使金瓯阙缺，他置个人的生死、利害得失于外，排除各种干扰困难，调整人事权，整顿部队，做西征的准备工作。

对于西北军事，左宗棠认为："筹饷难于筹兵，筹粮难于筹饷，筹转运难于筹粮。"正是由于这个认识和由此而提出的因时、因地的对策，左宗棠才取得了西征的胜利。

所谓筹兵之难，是指没有可用之兵。当时，陕甘兵力除了本省原有的制兵和临时招募的勇营外，还有各方调拨的湖北军、四川军、贵州军、湖南军、安徽军、吉林马队、黑龙江马队等。由于系统不同，所以很难指挥。并且这些军队按编制说，多数并不足额；按素质说，多数沾染军营恶习，根本没有战斗力。而新疆的原驻之兵，有锡伯、索伦、达呼尔、察哈尔、蒙古、厄鲁特，及绿营携眷兵、换防番戍兵，等等，更是杂乱无章。而南方兵又往往不喜欢到北方去，所以，可用之兵极小。

而筹饷之难又难于筹兵。西北地区，历来贫困。当时，清政府政治腐败，财政紊乱，国库空虚，甘肃和新疆的经费，即便在平时，也要靠江苏、浙江、四川等省的接济。西征军的经费，主要依靠各省协饷，而海防经费也大多来自各省协饷，而此时由于南方各省都刚历经战乱，自己财力也很支绌。加之李鸿章时时处处与西征军争饷，经过5年兵事后的西北物价高涨，致使西征军饷银窘困不堪。有时连盐菜、马干、官兵一年发一月满饷的饷银都发不出来。单是陕甘两省部队饷项，每年已缺500万两，而军装和军火等项价款和运费还不算在内。所以即便有了可用之兵，也没有可支之饷。

而筹粮之难是指无粮可购。本来西北粮食生产就不够。而连年战乱，使得人口锐减，田地荒芜，生产严重破坏。根本不可能供给大量兵马的消费。左宗棠虽然也主张举办屯田，以求自给自足，但不能随时随地就有收获，还需多方采购。他认为，短时期内在一个地方采购大批粮食，必然会使粮价暴涨，影响当地人民生活，使百姓无法过活。何况在西北即使把一两个地方的存粮统统搜刮下来，也无济于事。所以即使有了饷，未必有粮可购。

筹转运又难于筹粮。由于西北地势所限，不通舟楫。加上地广人稀，再经战乱，逃亡流徙，劳动力极为缺乏。不像东南地区可以靠船舶人力。西北的运输工具，只有车驼。过高的山地不便行车，沙漠地区又只能行驼。而这些运输用的牲口，由于历年战乱，大量减少，很难雇到、买到。还有些交通路线，必须找有水可喝的地方歇脚。再加上牲口运粮本身就需要食物，不能就地取给，须随身装载。所以，长途搬运，所得实在有限。即便是有了粮，也很难尽量、尽快转运。按照左宗棠的精密计算：就关内说来，要花两石的粮价，才能运到一石的粮。至于关外，要十石的粮价，才能运到一石的粮，可见运输问题的严重。

从以上所谈，我们可以看出用兵新疆的艰难。也正是基于这种认识，所以左宗棠认为，自古在西北边塞用兵，决不能人数太多，最好只使用最少的精兵，兵数越少，消费也越少，饷、粮、运就都比较容易解决了。

在进兵新疆已成定局后，左宗棠开始着手解决一系列的棘手问题。

首先，整顿部队，统一人事权，革黜庸将，整肃军纪。

成禄，早在1867年1月清政府就命令任乌鲁木齐提督的他进驻哈密，为景廉后援，但六七年来，成禄始终畏缩不前，滞留高台，克扣军粮，虚报胜仗，作威作福。1870年9月10日，阿古柏侵占乌鲁木齐，新疆形势万分危急，清政府严令成禄出关，增援督办新疆军务的景廉，但成禄置若罔闻，视陕甘总督若有若无，不受节制。左宗棠忍无可忍，严劾成禄。成禄被革职拿问，所部12营经过整顿，并成3营，归景廉节制调遣。

穆图善，1867年曾署理陕甘总督，后领兵督办兰州防务。他人还老实，但用人不当。所部虚额极多，纪律废弛，横虐人民，四处剽掠。1873年，左宗棠上奏请将穆图善所部步队"概予遣撤，以节虚糜"。1875年，穆图善调京供职。

金顺，军功起家。所部号称20余营，按照官兵实数，挑强汰弱，包括整顿后的成禄所部，归并成20营。

景廉，1871年，任乌鲁木齐都统，1874年改授为钦差大臣督办新疆军务。但他只图苟安目前，不求进取，与左宗棠同役而不同心，遇事龃龉掣肘。并且虚报兵数吃空额，师无纪律，士无斗志。因此，左宗棠建议景廉内调，由金顺暂管关外军务，并责令金顺将景廉所部整顿，由原来的所谓34营，最后裁并为19营。

另外，左宗棠在1873年11月4日攻陷肃州后，为了适应西征的需要。对他所指挥的主力湘军也大事整编遣汰，剔除空额，汰弱留强，严禁虚额冒滥。他规定，凡是不愿出关西征的，不论是军官还是士兵，一律资遣回籍。既经整编成军，即不准擅离军营，违者重惩。

左宗棠在整顿部队的同时，严肃军纪，他严令所部官兵，不得到处勒索、骚扰百姓，违者严惩不贷。并向官兵宣布，不许官长克扣勇丁粮饷。如遇这种事情，准许勇丁向上级"哭诉"，上级一定代为做主。他言出法随，令行禁止，一遇此种情况，不管官职多高，立即予以惩办。

经过一番大刀阔斧的整顿、集训、裁减冗员，既精减了兵力，提高了战斗力，又减轻了军粮、军饷的负担。组成了一只由汉、回、满等民族构成的西征大军。这支军队主要包括刘锦棠统率的湘军25营、张曜统率的嵩武军16营，还有金顺统率的40余营，徐占彪的蜀军7营。后由于兵力不足，左宗棠还先后奏调金运昌部皖军10营、易开俊部湘军7营、谭上连部湘军4营、徐万福部湘军4营等，总兵力为七八万人。

其次，筹措西征饷银，这也是左宗棠急需解决的问题。打仗离不开军饷，而像恢复新疆这样大的军事行动，当然更需要大量的经费。

西征军官兵七八万人，每年需饷银600余万两，外加出关粮运经费每年计200多万两，一年共需军费实银800余万两。而当时甘肃全省一年的丁粮收入只有20余万两，陕西省也不过40万两。由于地方经济困窘，西征军的饷银要靠各省协饷支应。但由于各省的年成有丰歉，厘金有旺衰，还有各省督抚与左宗棠的私交好坏等因素都直接影响到对西征协饷能不能按期递解。从1874年4月到11月，西饷仅收到饷银300多万两，各省拖欠严重。1874年冬，左宗棠上奏说：现在将近年底，总须年底以前力求发出一月满饷；同时，明春应发各军盐菜、粮价、马干等款都无着落。经过反复考虑，他说不借洋商巨款，无以济燃眉之急。清政府由于无力拨解巨款解决西征饷银的问题，只好同意左宗棠向英国怡和洋行借款300万两，其欠款和息银由江苏、浙江、广东三省应协西饷偿还。到1875年下半年，西征军缺饷情况更为严重，欠饷已达2600余万两之多。当时，一部分部队已挺进，另一部分因缺饷，不能进疆。同时部队还继续整编，需大量饷银补发被裁遣的官兵的欠饷和遣送回籍的路费。同时还派员到各路采购军粮，转输新疆，也需饷银。而西征的准备工作，如添购驼、骡、马匹、皮棉衣裤、锣、锅、皮碗口袋、帐篷、旗帜、号褂、应更换的军械、火器、火药等都需饷银才能进行。另外，左宗棠从长远利益考虑，从巩固新疆的后方着眼，要安抚流亡，恢复生产，他命令甘肃地方官大量散发种子、种羊，设立粥厂，发放赈济款项等，这也是一笔不能省的巨大开支。所以，左宗棠向清政府郑重声言：如果各省不立即采取紧急措施，及时拨解西饷，那么"现办诸事无项支销，待发诸军无款散给，而前途局势难言。盐菜马干粮、年终满饷，及准假勇夫不能照旧发给，而后局势难言矣！"等到时机已误，然后再议补救之策，则花费更多，恐怕很难争取到像目前这样的局势了。在整个西征过程中，左宗棠不断运用犀利而带感情的文笔，说明"塞防"的艰难，要求清政府催促有关各省迅速递解协饷。

在 1876 年，西征军欠饷增至 2700 万两，不得已，左宗棠提出，请允许借洋款 1000 万两。"仍归各省、关应协西征军饷分十年划扣发还……以便迅赴戎机"。虽然李鸿章反对借贷洋款，但清政府看到，如果经费掣肘，新疆收复无望，足以动摇清政府的统治。特别是一旦西征军因无饷哗溃，关内外将不堪设想。因此，清政府命令由户部在所收海关洋税项下一次提拨 200 万两，由各省关饷西征协饷提前拨解 300 万两，由左宗棠自借外债 500 万两，合计 1000 万两。对于向洋商借款，虽说是迫不得已，但左宗棠认为是奇耻大辱，深感内疚。在西征过程中，左宗棠为筹饷费尽了心思，排除了各种干扰，终于使西征军度过了军饷的危机。为西征的胜利创造了起码的物质条件。

再次，购运粮料。有了饷银并不等于有了粮。左宗棠早就说过："粮运两事，为西北用兵要著。事之利钝迟速，机括全系乎此。"出关作战。战线长达数千里，军队要经过浩瀚的沙漠，翻越峻峭的天山，军粮的筹集和运输都十分困难。从什么地方采购粮料，从什么路线转运最为经济合算，还有粮价、运费这些都直接影响到军费的开支，在当时军饷紧张的情况下，这些都需审慎抉择。所以，尽管左宗棠身为一军统帅，对粮运问题都是亲自过问，慎重运筹。他就各军官兵等人数所需积储的粮食算了一笔细账。步兵每营算勇丁 500 人，长夫 200 人，合 700 人。马队每营算马勇 250 人，战马 250 匹，1 营马队，抵 2 营步兵。每一名勇夫口粮，每日净粮一斤十两。每匹战马每口支料四五斤，草 12 斤。有多少部队，就按这个标准筹备多少粮料。他说：少买不足供食，多买又太累赘。如果转运前去，加上运费，耗费太重，非常不值。所以必须精打细算。尤其是采购粮食，左宗棠颇费心思。他先是经过认真的调查研究和精心考虑，反复权衡，确定采粮地区一部分在甘州、凉州、肃州一带，另一部分在宁夏、包头、归化等地，还有少量在外蒙乌里雅苏台和科布多等地采购。这样，左宗棠为了准备出兵新疆而在各地采办粮食，分地储存。截至 1876 年 5 月，由甘肃运至安西和哈密的粮食约 1000 万斤，从俄国境内购粮 480 万斤运存古城，由哈密运存古城的约 400 万斤，由归化和包头运存巴里坤的约 500 万斤，从宁夏运存巴里坤的约 100 万斤。以上合计共 2480 万斤。有了粮食，如何转运呢？像这样一批粮食，如果以现代的交通工具来担任运输的话，载重 5 吨的卡车也需要 2400 余车次。而且由上述采粮地区经肃州或哈密到达巴里坤前线，路程都在 3500 里以上，长途转运，车辆的调遣和油料的消耗都非常惊人。而西征军当时都要靠人力或兽力来担任运输，所遇到的困难，是今人很难想象的。主要原因是路程太长，交通工具太落后，途中消耗的粮食太多。比如车运，一车载粮不过 600 斤，一夫两骡，日需耗粮 2 斤，料 16 斤，途程 40 多天，结果，车未到而粮已用完。驼运耗粮较少，每驼日喂料 1 升，一夫可以管五驼，每驼可负 500 斤，日行 80 里，到达时还有 400 多斤的余粮。比较起来，当然以驼运最为合适。但蒙古、新疆所产的骆驼有限，为了运输 2400 余万斤的粮食需要雇数以万计的骆驼，这就非常困难。不得已，只好根据道路情况及水草情况，酌情使用驼运和车运。至于各部队出发，当然都要步行，还要随身携带七八天的粮食，往往都是一袋十几斤的生红薯，饿了吃红薯，渴了也吃红薯，以致很多人见了红薯就恶心。从此也可以得知，用兵新疆运输的艰难。并且由于路程远而运输困难，所需的运输费自然也多。例如在肃州购粮每百斤需银五两五钱，运到安西的运费是十一两七钱，运到巴里坤是十五两。也就是说运到巴里坤，运费为粮价的三倍。所以兵饷的支出相应增多。这也加重了筹饷的困难。

为了转运粮食，左宗棠采取了各种办法。在从凉州经哈密到古城这一段。总共 3540 里，采用官运和民运并进、节节转运的运输方式。从归化、包头和宁夏到巴里坤，由商驼包运，实装实卸，损害最少。并且左宗棠的所有粮运，都支付相当的费用，决不允许扰累民间，也不许与民争利。这些措施都是实在而有效的。

在筹措军粮时，左宗棠很注意处理好"军食"和"民食"的关系，他说："要筹军食，必先筹民食，乃为不竭之源。""夺民食以饷军，民尽而军食将从何出乎？"为了节约军饷，当1874年张曜率军进往哈密时，左宗棠立即指示他开荒筹粮。调动军队屯田的积极性。到1875年秋，嵩武军开荒2万余亩，收获净粮大米八九十万斤，足供张曜所部使用2个月。

在兴办军屯的同时，左宗棠还强调搞好民屯，并要求由官府发给百姓赈粮、种子、牛力，秋后照价买粮。使当地人民有利可图。他说：若民屯办理得法，则垦地较多，所收之粮除留种子及自家食用外，余粮都可按价收买，何愁买不到军粮？并且，还可以节省大量长途运输的费用。

除粮运外，在其他后勤供应方面，左宗棠也采取了一系列措施，如在上海设立采办转运局，负责购运枪炮、弹药、筹借外债，收集情报；在汉口设立后路粮台，转运上海采购的军需物资，又在西安设立一个总粮台和一个军需局。1873年春，设立了兰州兵工厂（兰州机器局），1875年又建立了兰州火药局。这样，自古以来所谓"兵马未动粮草先行"的后勤供应问题得到了较好的解决。于是，左宗棠统率西征军分头向新疆进攻。

## 五、收复新疆

1876年4月4日，左宗棠从兰州驰抵肃州，展开了对新疆的军事行动。4月26日，左宗棠命令刘锦棠等统率西征军主力挺进新疆。

由于运输能量有限以及沿途水草缺乏等原因，出关部队的行动处处都被限制在一定的范围之内。因此，左宗棠在调查分析了敌我情况的前提下，制定了"缓进速战"的战略方针，并以此指导整个收复新疆的军事行动。所谓缓进，是指当一批部队进占一地后，先用营中的车驼将后方的粮料搬来储存，随后第二批部队跟着驻进，腾出的车驼又可以回去搬运第二批粮料，然后第三批部队又跟着进驻。这样层层递进衔接转运，等到兵员和给养都达到足够的数量，然后才对选定的下一个目标发动攻击。当战役结束后，还要扫荡残敌、抚辑流亡、休整部队等。所以，一个战役结束与下一个战役的发动之间的准备要充分，故而前进要缓。所谓速战，则是因为给养供给不易，所以必须争取时间，以迅速有效的方法集中全力开展攻击，避免顿兵坚城。务必要一举摧垮敌人，迅速解决战斗，之后进占预定的目标，以便继续展开下一个目标的攻击。由于新疆是我国故土，征讨阿古柏、收复新疆是正义行动，兵以义动，师直为壮，因而出关大军精锐勇猛，加上前敌总指挥刘锦棠更以善战著称，所以西征军节节取得胜利。到1876年11月，西征军已先后攻破了乌鲁木齐、昌吉、呼图壁、玛纳斯等重要据点，肃清了天山北路，使西征军在战略形势上占据了有利地位。这是收复新疆的第一阶段。军事行动到此暂时中止，原因是冬季到来，天气寒冷，作战不便，而且在大战之后，消耗极大，需要较长时间的存储补充和恢复。

西征的第二阶段是收复吐鲁番。自从收复乌鲁木齐后，左宗棠就积极筹备下一步的用兵计划。左宗棠用兵好算、能算，善于料敌决胜，每次用兵之前，必先审定敌情，对自己部队的士气、战斗力，特别是军需的供给了解清楚，做到知己知彼，才能克敌制胜。为此，左宗棠心力交瘁，"每一发兵，须发为白"。

他首先继续整编部队，解决军粮问题。在1877年12月，左宗棠上奏整顿裁汰金顺所部40营，裁并成20营，并裁撤了设在宁夏、包头等地的采运机构，这样一方面提高了北疆防守的战斗力，另一方面也缩减了饷银开支。

在军事部署上，左宗棠认定用兵南疆必须巩固后路，使自己立于不败之地。所以他指示对巴里坤到古城的粮运要道，要切实保护。

在对待南疆各族人民的问题上，左宗棠高瞻远瞩，超越流辈。他说，此次进兵，应剿对象是阿古柏匪军、白彦虎所部逆匪，至于被裹挟之众，"均应宽贷，亦天理人情所宜"。各部官兵对待各族民众，"如能以王土、王民为念"，申明纪律，恪遵"行军五禁"，严禁杀掠奸淫，则八城民众"如去虎口而投慈母之怀"，不但此时容易成功，也是日后长治久安的基础。

在进攻吐鲁番、达坂的军事部署上，左宗棠决定两路进兵，使达坂、吐鲁番、托克逊敌军不能互相支援。1877年4月14日，刘锦棠率步、骑、炮兵20余营，自乌鲁木齐南下达坂。20日，一举攻下达坂城，炮毙、阵毙敌军数千名，生俘1000余人。缴获战马800余匹、精利枪炮军械1400余件。

歼尽守城之寇，杀尽外援之敌，使阿古柏部众一人一骑不返。而西征军阵亡52名、受伤160名。所以达坂城战役极为漂亮。4天之后（24日），刘锦棠又挥师进击托克逊。26日收复托克逊。共毙敌2000余人，生擒百余人，夺获战马数百匹、枪械2000余件，西征军伤亡90余人。与此同时，张曜等部也攻占了吐鲁番，白彦虎弃城逃窜。达坂、吐鲁番、托克逊的攻克，歼灭了阿古柏的主力，使南疆的战略形势发生了根本变化，"南八城门户洞开"。5月22日，阿古柏在库尔勒惊惧服毒自杀。

西征的第三阶段是收复南疆。西征军攻取达坂、吐鲁番、托克逊等三城后，敌军已面临崩溃的绝境。而西征军在接连胜利之后，士气旺盛，斗志昂扬。进兵南路已不困难。但左宗棠并不急于马上前进。他认为，第一，进兵南八城，行程四五千里，虽然库车以西是膏腴之地，粮食基本上可以就地采购，但这样长的行军路线，万一军粮供应不上，后果不堪设想，所以，在大举进攻前，要办好粮运。第二，这时正值夏天，气候太热，不便用兵。特别是吐鲁番明代就有"火州"之称。吐鲁番的热、巴里坤的冷和安西的风并称"关外三绝"。所以，左宗棠觉得需等秋高气爽的时候，再长驱直入。第三，西征军在连克三城之后，也需要休整，养其锐气。由此，左宗棠认为，进攻南八城，与前两次战役一样，仍是"缓进速战"。

进攻南路的兵力，刘锦棠的湘军为前驱，张曜的嵩武军为后援，徐占彪的蜀军调回巴里坤和古城之间。1877年8月25日，刘锦棠率湘军开始从托克逊出发，西征军开始进攻南八城。10月9日，西征军收复库尔勒，18日，收复库车，21日，不战而下拜城，24日，不战而下阿克苏，11月16日，西征军收复乌什，12月18日，收复喀什噶尔，21日，收复叶尔羌，24日，收复英吉沙尔，1878年1月2日，西征军收复和阗。伯克胡里、白彦虎率残部逃窜俄境。至此，侵占南疆达14年之久的阿古柏匪帮全部被歼，南疆重新回到祖国怀抱。

综括用兵新疆三个阶段的战役，从1876年7月到1878年1月，先后只用了一年半的时间。收复北路不到4个月，收复吐鲁番不到半个月，收复南路，也只有4个半月。可以说是神速。左宗棠认为，取得这次战役胜利最主要的原因，就是"缓进速战"。"缓进"便是事前有充分的准备，准备没有完成，不妨慢慢地进。而"速战"便是准备一经完成，便选择时机，用迅雷不及掩耳的手段，把战事尽快解决。这种战法类似于今天的闪电战。虽然我们现今看来收复新疆，历时一年半，但上溯到 1874 年 1 月，左宗棠奉命筹办粮饷转运，历时也是一年半，这是左宗棠的准备时间。在收复新疆的过程中，从督师肃州到进兵北路，相隔 2 个月，从收复北路到进兵吐鲁番，相隔半年，从收复吐鲁番到进兵南路，又相隔 4 个月，在这些时间之内，左宗棠都是仔细地准备、计算。他要算准用多少兵，要从哪里采办多少粮，用多少车驼，运到哪里，供多少时间的给养。还要算准天时和地利，既要避去冰雪封山的时节，又要避开酷日如烧的日子，并且还要考虑到在到达或收复某一地点时，要恰逢那里粮食收获，这样可以就地取得给养。还要算准敌人逃窜的路线，布置下拦截网。在知道敌人有新式武器的情况下，自己也配备了相当数量的新式枪炮。还在各地做大量的宣传工作，使民众倾向于西征军。所谓"知己知彼"，就必须在知了之后，做充分准备，知得越透彻，准备得越充分，成功得也就越迅速。左宗棠收复新疆，打破了历代用兵新疆的纪录。

南疆虽已收复，但是新疆问题并未完全解决。原因是 1871 年 7 月 4 日，沙俄乘中国多事之秋，出兵侵占伊犁。以保卫其边境为借口，声明等中国收复乌鲁木齐、玛纳斯后，即将伊犁交还中国。但是，在中国军队收复了乌鲁木齐和玛纳斯，并全歼阿古柏匪徒收复南疆后，沙俄仍旧占领伊犁不肯交还。对此，左宗棠认为，伊犁是中国故土，在整个新疆具有重要地位，必须收回。他主张先通过外交途径解决，如果不能达到目的，就用军事手段来收复失地。1881 年 6 月 22 日，清政府派崇厚为全权大臣，赴俄办理收回伊犁及中俄新约事宜。崇厚庸懦无能，在不体察西北形势的情况下，从海道前往俄国，在俄国人的软硬兼施之下，糊里糊涂就签订了一个《瓦里机亚条约》，收复伊犁既花费 500 万卢布的代价，又在分界条款内划去了霍尔果斯河以西和伊犁山南的特克斯流域大片中国领土，使中国在名义上虽收回了伊犁，但只是孤城一座，事实上还是不能守。此外，在通商条款内，也平添了许多不能允许的权利。消息传来，朝野大哗，左宗棠更是激烈反对。他指出，俄国居心险恶，如不急起力争，"新疆全境将日蹙百里之势"。甘肃、陕西、河北边防，也将因之危急，那时再议筹边"正恐劳费不可殚言，大局已难复按也"。最后，左宗棠提出反对沙俄侵吞伊犁的方针："就时势次第而言，先折之以议，委婉而用机；次决之以战阵，坚忍而求胜。"也就是先通过外交途径的谈判来解决，解决不了的，应不畏强暴，与俄国兵刃相见，以战争的手段来收回伊犁。与此同时，左宗棠已开始部署边境防务，准备抗俄，认为只要军饷应手，内外一心，胜利是有把握的。在主战爱国力量的督促之下，1880年2月，清政府命曾纪泽重新去与俄人谈判，并命左宗棠统筹战守事宜。左宗棠决定分三路进兵，以武力收复伊犁。

　　1880年5月26日，年已69岁的左宗棠，为了在大军西进时就近指挥，从肃州率亲兵出了嘉峪关，前往新疆的哈密坐镇。临出发时他让亲兵抬着一口黑漆棺材，庄重告诉部将：只许成功，不许失败，不成功，即成仁，黑漆棺材便是成仁的归宿地，显示了与俄人决一死战的决心。由于伊犁地区属于中国，世所共知；加上左宗棠的积极备战，沙俄如果同中国开战，胜利的希望极为渺小；还有曾纪泽的硬顶软磨，迫使俄国与中国在1881年2月24日订立了《中国伊犁条约》和《陆路通商条件》，争回了不少权利。这是晚清外交史上仅有的一次胜利。这一方面是由于曾纪泽杰出的外交才能，另一方面左宗棠在新疆积极备战所显示的实力后盾，对此也产生了决定性影响。所以，主战、备战和外交谈判才使伊犁得以收归中国。左宗棠的贡献是不可磨灭的，在中国近代史上占据着重要地位。因为一部晚清的历史，几乎都是吃败仗、割地赔款、丧权辱国的记载，读来让人极为气愤，唯一令人值得兴奋的就是左宗棠在西北的作为。

　　左宗棠对巩固西陲的赤诚之心，还表现在他坚韧不拔地主张新疆建置行省。在收复新疆的过程中，左宗棠一方面制定战略战术，调兵遣将，指挥每次战斗，另一方面，也注意战后的政治、经济建设。他制定了一系列安辑流亡、恢复生产的政策。并在没有郡县的地方（如南疆），每收复一个城池，都设立一个善后局，专办这种工作。在经济上，他开渠凿井，兴修水利，兴办屯田，提倡种稻，推广种棉和织布，贷款牧羊，大规模倡导蚕桑业，发展生产。在教育上，左宗棠兴办书院，如奖助兰山书院、添设新书院、恢复旧书院、并兴办义学，不但在省城扩充义学，还在外县创办，为回民专设义学；并刊发书籍。在财政上，左宗棠重新制定征收田赋的办法，还整理盐务、茶务、厘金，整理币制，改铸新疆制钱和银圆。为了改变西北的荒凉面貌，左宗棠还注意修路筑城。在西征过程中，左宗棠一面进军，一面筑路，路旁种植柳树、榆树等，规定部队开到哪里，马路筑到哪里，柳树也种到哪里。只是从陕西长武境界起到会宁县止，600多里间，连年种活的树共有264000多株。这就是有名的"左公柳"。1879年，杨昌浚应左宗棠之约西行，见道旁之树，即景生情，吟诗一首：

> 大将筹边尚未还，湖湘子弟满天山。
>
> 新栽杨柳三千里，引得春风度玉关。

由于左宗棠的努力，使新疆建省初具规模。

新疆建省，远在道光年间，魏源和龚自珍早就有此主张。林则徐在1850年与左宗棠相见时也曾告诫："欲求数百年之长治久安，不能光靠一时战功。"所以，在用兵的同时，左宗棠极力主张新疆建省。1877年，左宗棠肃清吐鲁番，清政府命左宗棠统筹全局，左宗棠就上奏说："立国有疆，古今通义。规模存乎建置，而建置因乎形势。必合时与地通筹之，乃能权其轻重而建置始得其宜。至省费节劳，为新疆长治久安之策，纾朝廷西顾之忧，则设行省，改郡县，事有不容已者。"这是左宗棠第一次正式提出新疆建置行省。1878年和1880年左宗棠又三次上奏，建置行省，并提供了一个建置的轮廓。1882年10月，已离开西北调任两江总督的左宗棠，仍然不忘新疆建省之事，第五次上奏，请求中枢，核令新疆建省问题。1884年11月，清政府终于宣布新疆开置行省。任命刘锦棠为新疆巡抚。虽然这时左宗棠已于9月去世，来不及目睹，但他生前的主张，终于得以实现，九泉之下也可以瞑目了。左宗棠在新疆的经营，正像陕甘总督杨昌浚所评价的：左公用兵新疆是展"霸才"，而主张新疆建省是行"王道"。收复新疆与建设新疆可以说是左宗棠一生的壮举。

### 六、福州抗法，鞠躬尽瘁

1881年10月下旬，年已70岁的左宗棠被任命为两江总督兼任南洋通商大臣。次年 2 月到任。赴任之前，左宗棠曾请假一月回湘省墓。就当时名位而论，左宗棠治军 20 年，自陕还朝，授军机大臣，任两江总督，出将入相，衣锦荣归，自然非常得意。他曾在一天宴饮时，对女婿说：两江有名的总督。湖南有三人，一为陶文毅公（陶澍），一为曾文正公（曾国藩），一为我。但他二人都不及我，"文毅时未大拜"（未任宰相）。"文正虽大拜。但未尝生还"（卒于任所）。但我亦有一事不如二人，"则无长须耳"。

左宗棠上任两江总督后，恰逢法国侵略者又在西南边境起兵，战火从越南逐渐逼近中国的广西、云南边境。对此，左宗棠极力主战，他说：我是两江总督兼任南洋通商大臣，管辖两江地区及东南各省海口。法国进犯越南，企图侵犯滇、桂边境，岂能坐视！一旦开衅，两江地区首当其冲，尤应加强防务。所以，左宗棠在两江任内，一方面同投降派斗争，另一方面在两江总督辖境内整军经武，准备打仗。他首先增强沿海、沿江的防务，并订立作战赏罚章程，用以统一上自总督、下至官兵的行动。深得全体官兵的拥护。同时还在江苏沿海大办渔团。其次，左宗棠还命旧部王德榜回湘募勇 10 营，组成恪靖定边军，开赴前线。1884 年 1 月，王德榜率恪靖定边军陆续开赴广西。3 月，法军发动猖狂进攻，北宁失守，桂军全线崩溃，纷纷逃亡，桂边吃紧，形势岌岌可危。王德榜出关后，经苦心筹划，稳定了前线战局。但 7 月 2 日清政府命"关外各军限一月撤回内地"，恪靖定边军第一次出关半途而废。1885 年 2 月 23 日，法军占领镇南关，3 月，王德榜与冯子材并肩作战，取得了震惊中外的镇南关、谅山大捷。

1884 年，法国在侵略西南边陲的同时，8 月 23 日，又挑起马尾海战，福建水师全军覆没。福州风声鹤唳，草木皆兵，东南震动。在朝野的反投降、主战的声浪中，9 月 7 日，清政府仓促应战，起用左宗棠为钦差大臣，督办福建军务，率领恪靖亲军去支撑东南危局。9 月 16 日，73 岁高龄的左宗棠，顾不得疾病缠身，左眼失明，慷慨成行，冒暑数千里，前往福州前线，肩负抗法的艰巨任务，12 月 14 日到达福州。"前面但见旗帜飘扬，上书'恪靖左侯'，中间则队伍排列两行，个个肩荷洋枪，步伐整齐，后面一人，乘肥马，执长鞭，头戴双眼花翎，身穿黄绫马褂，堂堂相貌……主将左宫保也。再后青蓝顶、亮红顶武弁道随，不计其数。所过街坊各铺户均排设香案迎迓。盖榕垣当风声鹤唳之秋，经此一番恐怖，一见宫保，无异天神降临，所以敬礼如此也"。福州人心渐安。

左宗棠抵达福州后，就开始采取措施，积极抗法。首先，他派兵增援台湾，稳住了台北局势。其次，整顿闽江防务，创办渔团。从而使福建、台湾的防务大为加强，法国舰队再也不敢闯进闽江、不能逞凶于东南沿海。在中越边境，这时中国军队也取得了镇南关、谅山大捷。但是，清政府下令停战撤兵，1885 年 6 月 9 日，李鸿章与法国公使巴德诺签订了《中法天津条约》，清政府以军事上的胜利换取不平等条约的签订，成了世界外交史上的一件奇闻。左宗棠闻之悲愤之极，本来有病的身体，更加恶化。就在这重病垂危之中，7 月 29 日，左宗棠还向清政府上了一个《请专设海防大臣》的奏折，提出了全盘规划、统一领导指挥以加强海防建设的七条意见，设计了一幅海军建设蓝图。同时，他还特别关心台湾问题。在去世前不到一个月，奏请将台湾开置行省。他说："今日之事势，以海防为要地，而闽省之筹防，以台湾为重地。""台湾孤峙大洋，为七省门户，关系全局"，以形势而论，台湾不能不开置行省，设立重臣，妥善经营。建议将福建巡抚改为台湾巡抚，福建巡抚原有公事，改归闽浙总督办理。1885 年 10 月 12 日，清政府命令将福建巡抚改为台湾巡抚，台湾置行省。这时左宗棠却看不到了。1885 年 8 月，朝廷准左宗棠回籍安心养病。但未及上路，就病情恶化。在神志不清时，还经常喊："娃子们，出队！我要打仗。"不甘屈和却又无可奈何的左宗棠，临终前，自知不久于人世，但"恶气未吐"，壮志未酬，于是口授遗疏书："此次越南和战，实中国强弱一大关键，臣督师南下，迄未大伸挞伐，张我国威，遗憾平生，不能瞑目。"1885 年 9 月 5 日，74 岁的左宗棠满怀悲愤和遗憾，在福州与世长辞。当时，正是狂风大作、暴雨如注、惊雷震撼，仿佛苍天也在痛悼左公的逝去。"江南江北居民，奔走痛悼，如失所亲"，福州城中百姓"闻宫保噩耗，无不扼腕深嗟，皆谓朝廷失一良将，吾闽失一长城"。

## 七、用兵、为政、用人的风格

左宗棠一生，事业非常辉煌，在用兵、为政、用人上也具有自己非常鲜明的特色。

左宗棠用兵非常精细谨慎。在这一点上，自比诸葛亮的左宗棠可以说和诸葛亮一样。一般人可能以为像左宗棠这样雄才大略、性格高傲的人，用兵会粗心浮躁。但实际上，左宗棠的用兵始终主张和实行一个"慎"字。每次用兵，他都要做到：注意当前敌将，先要察看他的性情，清楚他的力量，再和他开战。注意认真侦察，对于敌人一举一动，都要透彻和准确地了解，不许丝毫放松。注意前路后路，前路要搜索得绝对没有敌人埋伏拦截，后路要防护得十分周密稳妥，使敌人没法包抄袭击，才肯前进。每次作战时，他都要提醒前敌将领"慎之又慎"。这种文字在左宗棠的函牍批札中常可见到。像前面我们谈到的在西征过程中粮料的转运，左宗棠方方面面都计算得清清楚楚。每次用兵，左宗棠都要把许多有关系的问题，逐一考虑解决，所以他常说"耽迟不耽错"。宁可事前做得稳当，以后干得快，"以速补迟"。在没有完成部署之前，决不轻举妄动，就是清政府催促责备，左宗棠也决不迁就。但左宗棠用兵并不呆板，而是十分灵活，在遇到时机时，他往往用十分灵活敏捷的手段来迎合、利用这个时机去取得胜利。这并不是行险侥幸，而是他的一切筹划布置，真正达到了周密境界。过去许多将帅收复了一个失地，往往不久又失掉，给老百姓造成许多痛苦。但左宗棠的这种谨慎用兵，却取得了完全不同的成绩。只要收复的失地，决不会再失掉。每收复一失地，左宗棠都马上办理善后，恢复地方秩序，使百姓安居乐业。

另外，左宗棠治军为官非常清廉，并且乐善好施。对待部下，他像历史上的一些名将一样，与士卒同甘共苦。他在行军时，从不住公馆，都是和士兵一样住营帐。他常穿件布袍，在一张白木板桌上料理军书。在西征过程中，不管气候多么恶劣，风沙、冰雪，还是炎荒，60多岁的左宗棠都始终坚持住营帐。当时左宗棠最宠爱的大儿子孝威去西北探亲，他也叫儿子同住营帐。因孝威历来体质较弱，帐篷有风吹入，从而受寒致病，也不敢对父亲谈，以致落下病根，回家后，英年早逝。

西征中，军饷拖欠很严重，士兵生活非常艰苦，忍饥挨饿并不少见，但部下都甘心和左宗棠一起过穷日子。之所以能取得将士的谅解，就是因为左宗棠"不欲以一丝一粟自污素节"，与部下同甘共苦，甚至从自己养廉项下，拨款充军饷。有时连自己家人生计都受影响。同时，左宗棠对于部下也非常爱护。在《楚军营制》中，明确规定："凡为统领、营官、哨官，总要体恤兵勇、长夫，视如一家之人。"如有勇夫受伤、患病，都应照护好。派人服侍汤药，使伤病者不受亏苦。对于打仗特别奋勇出力的勇丁阵亡，家庭贫苦的，左宗棠还常常在官家的抚恤外，再自己掏腰包，贴补他们的家庭。对于将领更是如此，例如当左宗棠的老部下和助手刘典在兰州去世后，左宗棠深知刘典平日"刚明耐苦，廉公有威"，而身后萧条，所以他自己负担了刘典身后的一切开销，从年俸中划去 6000 两银子交给刘典家属，赡养其 87 岁的老母和抚养其子女。这种乐善好施并不是一件两件，也不是沽名钓誉。左宗棠在家做寒士时，就经常尽一家之力来救济别人。家乡两次水灾，左宗棠捐出他教书的收入，甚至典去夫人的衣饰散米煮粥，配药施医救助难民。到左宗棠得意后，依然乐于帮助亲族、帮助师友、帮助僚属、帮助地方，义举如捐款修筑城墙，捐款书院膏火费，赈济湘阴水灾（一次捐 1 万两）。这样，就常耗去了他廉俸收入的九成以上。左宗棠做了 20 多年的督抚，作为一名封疆大臣，共有余廉 2500 两银子、一块墓田、一所在长沙不很大的住宅。这在清末官场中是很少见的。传给四个儿子的财产，每人只有 5000 两银子。而住宅还是当初在湖南巡抚幕府时，胡林翼看见他家眷在本乡，照顾不便，和骆秉章一起凑了 500 两银子买来送给他的。后来他的二儿子花了千把两银子扩建，还受到左宗棠的严厉批评。他在家信里多次教子要勤俭忠厚，不失寒素之风。

左宗棠平素制军非常严格，但他也经常自找乐趣，调节单调的生活。比如在哈密军营时，他自辟菜园 20 亩种菜，同时也提倡士兵种菜。这样一可以使士兵饭菜就地取材，二可以增加点额外收入，三还可以防止士兵闲暇时想家。他还喜欢下象棋，喜欢吃家乡菜辣子鸡，他还喜欢在晚餐后与幕僚讲故事、说笑话，有时引吭高唱湘剧《定军山》，有时踱出营帐，见勇丁在吃饭，就和他们一起吃，随便谈笑。传说，左宗棠在西北时，一天与幕僚谈及诸葛亮，喜不自夸，幕僚冷讥说："借东风、破曹操，此诸葛之所以为亮也，失街亭、斩马谡，此葛亮之所以为猪也（诸猪同音）。"又一花匠说："诸葛虽是三国人才，然六出祁山，六次失败，其才有限。"左宗棠听后大受刺激，从此在致友人的信中，再也不用"小亮"名字落款。虽然这是趣谈，但也可以看出他与部下的融洽关系。

左宗棠在用人方面，基本上和他的做人标准"廉耻信义，刚明耐苦"相似。他的用人标准就是"廉干"，既要廉洁，又要能干。廉洁是就性行心术而说，能干是就本领而言。左宗棠曾把用人比作做菜，他说："厨丁作食，肴果都是此种，而味之旨否分焉。解此，便可知用人之道。凡用人：用其朝气，用其所长；常令其喜悦；忠告善道，使知意向所在；勿穷以所短，迫以所不能，则得才之用矣。"谈到用人过程，左宗棠曾说："吾察人颇严，用人颇缓，信人颇笃，此中自谓稍有分寸也。"从中可见左宗棠对人才的认识。大体来讲，左宗棠有心愿求人才，有眼光识人才，有本领用人才，只是缺少气度容人才。《湘军志》作者王闿运这样评论湘军的首领：胡林翼能求人才而不识人才，曾国藩能用人才而不求人才，左宗棠能识人才而不容人才。

左宗棠的一生，可以说是为了国家的利益"鞠躬尽瘁，死而后已"。特别是他晚年在西征时，由于年近六旬，加上身患腹泻之症，还数度咯血，自觉"食少事烦"。但是，强烈的责任心使他尽心竭力，不敢稍图安逸。从1860年督师出山，左宗棠没有回过家。他在西北时期，他的四女婿和女儿、夫人周诒端、二女儿、侄儿和二哥、大儿子和大媳妇，一个个先后在长沙亡故，连续演成生离死别的惨剧。但是他身在边疆战场，无暇想家，只能把悲痛埋在心里。直到新疆军事告一段落后，才有机会想回家的问题。

综观左宗棠的一生，由于左宗棠自比诸葛亮，所以我们用秦翰才先生的评语来结束全文："左宗棠的军功，大于诸葛亮，左宗棠的政绩，不如诸葛亮，左宗棠的忠和介的美德，至少和诸葛亮相当。"

（赵慧珠）

▼

本文主要资料来源：《清史列传》卷五一，《左宗棠传》；罗正钧：《左宗棠年谱》；秦翰才：《左文襄公在西北》；董蔡时：《左宗棠传》；左焕奎：《左宗棠略传》《左文襄公全集》奏稿卷、书札卷。

左宗棠传

# 读书求经世致用　救国靠勇谋并施

## ——薛福成传

薛福成（1838—1894），字叔耘，号庸庵，江苏无锡人，晚清著名的政治家、谋略家和外交家。

1865 年，薛福成以《上曾侯相书》进身，自此在曾国藩的幕府办事 8 年，成为著名的"曾门四弟子"之一。曾国藩死后，薛福成于 1873 年进入李鸿章幕府，专办外交，任职 10 年。1883 年，薛福成出任浙江宁绍台道。在 1884 年中法战争期间，亲自指挥了击退法国侵略者、捍卫镇海海口的战争。1889 年起薛福成被清政府任命为出使英、法、意、比四国钦差大臣。在任驻外公使期间，他细心考察西方社会的利弊，极力维护国家主权和尊严，关心海外华人的利益。1894 年，薛福成在离任返国途中发病，抵达上海不久即不幸病逝，年仅 56 岁。

## 一、立志苦读

1875 年的一个深夜，虽是春色已浓，此时的京都却显得异常的沉闷，古老的紫禁城完全被笼罩在一股令人窒息的气氛之中。经过两次鸦片战争和太平天国运动的沉重打击，庸腐的清政府已不堪内忧外患，摇摇欲坠。而同治帝"龙驭上宾"所带来的帝位更替对清廷又不啻雪上加霜。此时，那拉氏慈禧端坐在书案前，双眉紧蹙。这个煞费心机走上权力顶端的女人，眼见自己多年苦心营造的大厦将倾，不禁忧心如焚。面对书案上厚厚一叠"内外大小臣工"为济时艰而上的奏疏，她耐心地一一翻阅，以期得到些许良计，挽狂澜于既倒。翻着翻着，心情不由更感沉重："举国众臣，奏议堆积如山，却如此难得一清庙明堂之作，怎不叫人寒心沮丧！"正翻着，忽见她眼光一亮，将一本奏疏拿到眼前细细阅读起来，精神也似乎为之一振。这是山东巡抚丁宝桢转呈的一份奏议。此时，慈禧似乎完全被这份奏议吸引住了……

今欲人才奋起，必使聪明才杰之士，研求时务而后可……其用人之道，如胆识兼优、才辩锋生者，宜出使；熟谙条约、操守廉洁者，宜税务；才猷练达、风骨峻整者，宜海疆州县。求之既早，斯用之不穷。

文笔练达，字迹工整，见解独到，切中时弊。读着读着，慈禧不由拍案叫好："诚群臣之中，有三成有如此胸襟者，我大清何忧，天下何忧！"于是，又将其细细审阅，并决定把这份奏疏留在朝廷参考，第二日即分发各衙门臣僚议奏。这份引起慈禧如此嘉赏的奏疏名为"应诏陈言疏"，它的作者便是薛福成。

薛福成于 1838 年 4 月 12 日出生于江苏省无锡县。薛家虽门庭寒素，但世代好书，也算是书香门第。薛福成的父亲薛晓帆于 1845 年考中恩科进士，曾任镇江府学教授，并在湖南任过县令。

父亲宦游在外，家庭的重担便都落到了母亲顾氏的肩上。薛福成的母亲出身于无锡的一个望族，5 岁那年父亲病逝，自此家道中落，薛福成与母亲相依为命，过着平淡的生活。顾氏 18 岁嫁到薛家，持家政、事父母、睦姑娣，"区处井然有度"，贤惠达理，而且为人慷慨大度，闻名乡里。顾氏十分重视对子女的教育，虽然从不对孩子们打骂呵斥，但"教诫不少倦"，时常鼓励他们刻苦攻读。这对小福成的影响很大，那些"头悬梁、锥刺股""断齑画粥"的感人形象深深铭刻在薛福成幼小的心灵中，激励他发奋苦读，"罔敢自逸"。

1858 年，薛福成同四弟福保一起参加了无锡县的童生考试，结果二人同被录取，这大大激起了薛福成通过科举获取功名的欲望。然而，就在这时，

薛福成传

生活发生了新的变化。1858 年夏，刚刚被提升为浔州知府的薛晓帆还未来得及上任，便因积劳成疾而病故。薛福成和大哥薛福辰料理完父亲的丧事后，于 1860 年自湖南返回无锡。这时，正值太平军东征苏常地区，薛家的产业在战火中化为乌有。为了逃避战乱，母亲只得扶老携幼、举家乔迁，几经周折，最后才在苏北宝应安顿下来。如果说此前的薛福成还只是一个满腔豪气、心高气傲的少年书生，此时的薛福成历经丧父家衰，亲眼看到了内外交困下的中国哀鸿遍野的悲惨景象，更加深刻地体会到了中国社会的危机和民族的苦难，已经日益成熟起来。他开始思考祖国灾难深重的原因，努力探寻挽救祖国危亡的途径。

鸦片战争之后，面对日益加重的内忧外患，许多有识之士都以"救亡图存、富强中华"为目的，要求改变现状。而改革考试制度，注意研究现实问题成为一种影响很广的思想倾向。薛福成受到这股思潮的影响，对徒事空谈的旧八股产生了怀疑，开始注意阅读一些反映现实的文章和书籍。

薛福成不但博览经史子集，关心时事，而且在学习过程中十分注重同其他学友切磋交流，相互促进，增长见识。有一次，薛福成与同游的学子提及即将到来的乡试，将话题转到了科举制的弊端上。当时，众人对科举制的态度明显分为两派，或反对或拥护。拥护的一方认为科举考试能够阐发圣人贤达的深意，可以"根柢经史"，完全能够体现一个人的智慧才识。薛福成则大不以为然，他精辟地提出了自己的见解，认为科举制弊病丛生，理论与实际脱节，学与用分离，致使许多有用之才难以报效国家。虽然他并没有打算从根本上取消科举制，只是企图通过科举与征辟（即由大臣直接向皇帝举荐有用之才）并用的方式来为国家发现和培养有用之才，但在当时的历史条件下，他所显示出的改良倾向是非常难得的。

从此，薛福成便以"经世致用"为目的，致力经世实学，决心将自己培养成一个真正有真才实学、利国利民的人才。

时光荏苒，日月如梭，转眼已是 1865 年，薛福成已成长为一个持重练达、才识过人的青年。他期待着有朝一日，能有机会施展自己的满腹才学，实现"经世致用"的抱负。

## 二、入参曾国藩幕府

清同治四年（1865），薛福成终于获得机缘，被卷入了政治的漩涡。

1865年夏天，清军将领僧格林沁被捻军击毙，使清廷惊恐万分，于是忙任命两江总督曾国藩为钦差大臣，节制直隶、山东、河南三省兵力，前往镇压。曾国藩在北上"剿捻"过程中，沿途张榜，招贤纳士。此时薛福成正愁无以报国，见到榜文，大为欣喜，认为这是一个施展自己才华的难得机会。于是，他慨然写下洋洋万言的《上曾侯相书》，全面系统地阐述了自己的政治见解和治平天下的方略，上呈曾国藩。曾国藩见其文"闳议郁发、灏气孤行""朴茂神味、洋溢其间"，兼具了古文家的宏迈和策论家的精深。一个年轻的学子，竟有如此深厚的国学功底，且晓于国家大事，真令曾国藩欣赏不已，认定此人今后一定会有所造就，于是就邀他"径入幕府办事"。

这样，薛福成就成为曾国藩门下一名参与机要的随员，开始了他长达8年的宾幕生涯。在最初一年多的时间里，他走南闯北，为曾国藩剿捻出谋划策。他走出了先前的狭小天地，更多地了解到各地的政俗民情、大众疾苦。曾国藩在镇压太平天国后为取信于清廷而自动裁撤了湘军，丧失了自己的军事优势，所以在捻军的运动战面前连连失利。1866年底他被罢斥，回任两江总督。这样，薛福成也跟着到了六朝古都——南京。

自进入曾幕以来，薛福成同曾国藩之间逐渐建立了深厚的师生之情。曾国藩对薛福成赏识信任、以诚相待，薛福成在曾国藩面前也直陈己见、毫不隐讳。因此，曾国藩很喜欢同薛福成一起谈论时事机局。二人经常"晨夕晤谈"，切磋军国大事，交流对"兵事、饷事、吏事、文事四端"的看法，时日一长，竟达到了"囊括世务，无所不谈"的地步。

有一天，曾国藩与薛福成攀谈期间，突然发问："为什么我大清泱泱大国，数万臣民，却总为泰西蝼蚁之国所欺呢？"听到这个问题，薛福成表情凝重起来，他略一沉吟，答道："泰西各国以工商为立国之道，枪炮轮船无可比拟，国富而民强，而我国自康乾之后，百工不振，轻商自闭，国力日衰。以弱对强，以衰抗盛，我大清怎能不陷入被动境地？"薛福成的一番话，铿锵有力，切中时弊。听到这席直言，曾国藩心中不禁暗暗称许。他不露声色地稍思片刻，继而又问：

"那么，依你之见，我们该当如何呢？"

一向镇静自若的薛福成听到这样一问，表情不禁由凝重转而激动。

"如今我们正处于一个动荡变革的时代，任何一个国家，都是适时而动，除旧布新，以应时局。闭关锁国、夜郎自大只会使自己更落后，被动挨打。常言时不我待，于我大清，当务之急是力图自强，当放眼世界，学习西方，取人之长而补己之短，如魏源所言'师夷长技以制夷'，这才是国富民强之法、抵御外侮之策。绝不能再抱守残缺、坐井而观天了！"

薛福成的见解系统表达了他对当时中国社会深重的民族危机感和责任感，以及学习西方、革新自强的主张。这在林则徐、魏源思想的基础上又前进了一步。

薛福成不但晓于时弊，倡导改革，而且富于正义感、谋略过人。同治八年（1869）四月，薛福成在北上保定途中，顺便看望在山东巡抚丁宝桢幕下供职的四弟福保，并拜谒了丁宝桢。二人十分投机，畅谈半月不倦。一日，二人叙谈间，丁宝桢愤然谈起太监安德海依仗慈禧太后作恶多端的事，并悄声征询薛福成的意见："听说权阉安德海要去广东，看来山东是其必经之地。如果抓住他的把柄将其先斩后奏，你看如何？"薛福成早就对专横独裁的慈禧太后深为不满，对安德海更是深恶痛绝，如今见有这么好的除奸机会，颇中下怀，于是便抓住时机鼓动丁宝桢为国除害，以建不世之业。薛福成深知安德海很受慈禧宠爱，除奸之事，稍有疏忽，便会酿成大患，殃及天下。为确保行动万无一失，他和福保一起积极献计献策，建议丁宝桢严密布置，果断行事。果然，当年秋天安德海取道山东，离京南下。丁宝桢闻讯，决定依计而行，一面以太监不能单独出京的家法为由，派快马连夜上奏朝廷，指斥安德海无视王法、"矫旨出都"，一面命令部下追捕安德海。最后在泰安境内将其抓获。死到临头的安德海狗仗人势，骄蛮狂横，气焰非常嚣张。而丁宝桢禁不住左右陈述利害，原想将安德海就地正法、先斩后奏的思想动摇了，犹豫不决，想等朝廷下旨再作发落。哪知其奏疏至京，已经掀起轩然大波。一些不满慈禧专权的王公大臣纷纷以祖宗家法不可违为由，主张应斩除安德海，以正视听。于是，慈安太后下达懿旨，将安德海就地正法。尽管慈禧阴险狡诈，但面对祖宗家法，也无计可施，只好眼睁睁看着自己宠信的太监在济伏法。这样，丁宝桢遵照朝廷旨令，堂堂正正地铲除了这一权阉。

薛福成在曾国藩的幕府中前后共待了 8 年，此间他忠实地追随曾，并得到了提携，官至五品。同时，薛福成作为曾国藩的门生，承袭了其"文章与世变相因"的精髓，成了以曾为核心的"湘乡派"的骨干之一，同张裕钊、吴汝纶、黎庶昌合称"曾门四弟子"。多年的幕僚生活，使薛福成得到了比较全面的锻炼，他一方面感激曾国藩对他的赏识与提拔，另一方面也期待着有朝一日能独立地干一番事业。

1872 年 3 月，曾国藩在南京病故，这使得薛福成的幕僚生涯暂告一段落。协助办理完曾的丧事后，薛福成也只得另谋出路。在当时的晚清社会，官场论资排辈的现象非常严重，虽然薛福成有才识、有抱负，但仍只不过是一名五品小官，仍处于报国无门的境地。离开两江总督衙署，他匆匆抵达苏州书局任职。此后 3 年的时间里，薛福成一方面忠于职守，勤于笔耕，写了《海瑞论》《叶向高论》等大量针砭时弊、借古喻今的政论和史论文章，以及一些别具一格、脍炙人口的笔记小品；另一方面，他一如既往地坚持自己经世治国的宏愿，时刻关心国家的安危。19 世纪六七十年代的中国，内忧外患，日趋严重。各帝国主义列强疯狂加紧对中国的控制和掠夺。面对祖国深重的危机和灾难，薛福成忧心如焚，常常夜不能寐："呜呼！中国不图自强，何以善其后！"他真切希望能为中国的独立与富强出一把力。

## 三、投身北洋集团

1875 年，薛福成自苏州起程，打算乘光绪登基之机到北京谋个出路。他中途在济南逗留时，发现 1874 年 12 月间的一份邸报上刊有一条朝廷懿旨。原来同治帝驾崩后，朝廷为了在帝位更替时期稳住局势，决定广开言路，谕令大小官员向朝廷建言，以济时艰。薛福成认为这是一个吐露胸臆的大好机会，于是将自己多年深思熟虑的主张与见解，整理成章，形成了包括"治平六策"和"海防密议十条"的《应诏陈言疏》。这就是文章开头所提到的引起慈禧重视的万言书。成篇之后，由于薛福成只是一个五品官员，没有资格向朝廷直陈奏议，所以，他只好托丁宝桢转呈。

这时的薛福成已为官 10 年，对国家的内外政策和官场的现状有了更深一步的了解，在此基础上提出的治平六策和海防密议十条，与他 10 年前初出茅庐时的治平方略相比较，更加严谨、具体，更加符合实情且富有哲理。例如在"择交宜审"一条中，他根据自己追随曾国藩多年办外交的经验教训，从中国国际地位及与周边国家关系的实际情况出发，指出"择交不可不慎"，要区别不同国家的不同情况，确定可援的盟友和应认真对待的劲敌，而不能四面树敌，使自己处于孤立无援的境地。他还从历史和现实的外交实例中总结出经验教训，说："盖择交之道得，则仇敌可为外援；择交之道不得，则邻援皆为仇敌。诚宜豫筹布置，隐为联络，一旦有事，则援助必多，以成则操可胜之权，以和必获便利之约矣。"而在"开矿宜筹""商情宜恤""茶政宜理"等条中，他重视工商业的思想明显地表露出来。"开矿宜筹"中，他提出购买外国的先进机器，采用官办和商办相结合的方法，大力开采金、银、煤炭等矿藏，是富强中国的明智之举；在"商情宜恤"中，他从国家富强之道的高度，初步论证了扶持华人商业运输的发展、与洋人分利的必要性和重要性；"茶政宜理"中，他提出仿西人之法，适当增加出口茶的税额，用赚外国人钱的办法，增加国家的财源。商业发展了，国富必然民强，列强就不敢肆意凌辱中国了。这些都是薛福成后来大力呼吁发展民族工商业的思想基础。

薛福成虽然对这份万言书颇为自信，但至于到底能否引起朝廷的重视，并无很大把握。哪知奏疏上达之后，犹如一石激起千层浪，在京城引起了极大轰动。先是慈禧对其十分欣赏，令各衙门复议；接着各衙门在复议过程中也都认为有很高的参考价值，并对其中一些建议，如"择交宜审""储才宜豫""条约诸书宜颁发各边关、各行省、分行州县"等议准实行，对一些具体建议，如汰减绿营、添设练军；停止捐例、津贴京员等也予以采纳实施。一时间，街头巷尾，茶楼酒肆，人们纷纷议论起《应诏陈言疏》。置身京城之外的薛福成成了一个享名京都的新闻人物。

薛福成名满都下，引起了一位府员大臣的注意。他就是担任北洋大臣、直隶总督，并以曾国藩未竟事业继承人自居的李鸿章。李鸿章认为薛福成是一个不可多得的办洋务的人才，于是礼聘他入北洋戎幕办事。见李鸿章对自已如此礼遇，薛福成也不便推辞。这样，他又辗转成为李的幕僚。

入参北洋戎幕的薛福成已不同往昔，经过 10 多年的磨炼，处世更加练达。李鸿章将其留在左右襄理政务，为自己出谋划策。在北洋戎幕期间，薛福成不但竭力运筹、尽其所能地辅佐李鸿章，而且代其撰写了许多重要的奏疏、咨札、书信，以至后来李在亲朋中不少酬酢文字也让薛代笔。

虽然时刻追随李鸿章左右，但是薛福成并没有因此而成为李鸿章手下唯命是从的工具，而是一贯地坚持自己的爱国立场，并显示出了深远的谋略。关于这一点，从以下几件典型事件中表现了出来。

首先是他在马嘉理事件的处理和烟台谈判中所表现出来的态度。

1874 年，英国翻译官马嘉理未经中国政府允许，擅自带领英国侵略武装"探险队"由缅甸闯入云南，气焰嚣张，胡作非为，不听当地政府劝阻，被当地百姓击毙。这就是轰动一时的马嘉理事件。早就虎视我国西南边疆的英国正苦于找不到借口，于是趁机滋事，以断绝外交关系为威胁，增派军队来华，并多次中断正在进行的谈判，提出八项无理要求，乘机勒索。

被帝国主义的侵略吓破了胆的清廷一下子慌了神，急忙派李鸿章去同英国交涉。薛福成随同李鸿章前往，他并没有被英国侵略分子穷凶极恶的表面声势所吓倒，而是十分冷静地分析了当时的局势，以"上李伯相与英使议约事宜书"为题，向李陈述了自己的主张和建议。

薛福成认为，英国在欧洲方面既受到德俄联盟的威胁，又想从德俄对土耳其的争夺中获得好处，因此日子并不好过，而口口声声所谓断交、动武，不过是依仗其军事优势的一种惯用的威吓手段罢了，并非真想与中国开战。英使威妥玛态度强硬，也不过是抓住了清廷软弱可欺的特点，想在离任之际多敲诈一点好处，以便回国邀功请赏。为了不使英国得寸进尺，应该"以拒为迎，先加驳斥，然后因势利导，可以保持不决裂，而转圜必速"。认为，面对英国的战争威胁，中国并非无能为力，我们可以加强防务，以备不测；同时，还可以将英国在处理马嘉理事件中提出的种种苛求和玩弄的讹诈伎俩，公之于世，以争取国际舆论的同情和支持，并借助德、俄牵制英国。对英国提出的八项无理要求，薛福成表达了自己的意见：

首先，薛福成分析、揭露了八项无理要求的实质。指出其与马嘉理事件本身毫无关系，实际上是为了更多地攫取在华利益，满足英国的侵略欲望。

其次，英人八条，都是围绕其商业利益而提。如果中国毫无异议，全部接受，既丧失主权，又会带来巨大的经济损失。例如仅免除洋货厘税一款，中国每年就要损失白银 1000 万两。

最后，针对上述分析，薛福成旗帜鲜明地提出了自己的主张：宁可不惜一战来保卫国家权益，也不能屈膝事之，他说，中国如"以全力拒之"，胜可卫国、扬威，即使失败，赔款也不过一年的厘税。再说中国以广博之土、数万之众，合力拒敌，何愁不胜？

建言上呈之后，薛福成本来抱着一线希望，认为或许可以打动李鸿章，使之据理力争，维系国体。哪知李鸿章在谈判中秉承清王朝的旨意，为求苟安，不惜作出无原则让步，签订了丧权辱国的《烟台条约》。这使薛福成大失所望，只得叹曰："谋议之佥同，时势之相迫，有欲不如此而不可得者。"尽管如此，薛福成此时表现出的识微鉴远、洞中机宜却深为人们所称道。

1877 年 3 月，薛母顾氏病故。按旧礼，薛福成告假丁忧，为母亲守制 3 年。他在第二年经驻德公使刘锡鸿推荐，被朝廷任命为驻德使馆的三等参赞。因李鸿章与刘锡鸿不睦，认为后者是挖他墙脚，遂以"丁忧人员，例应终制"为由上奏朝廷，取消了任命。这样，1879 年春，薛福成在 3 年守孝即将期满的时候，又被李鸿章上奏朝廷，调回了北洋戎幕。

重返北洋的薛福成马上就遇到一桩很棘手的事。1879 年夏，英国人赫德在窃取了中国海关总税务司要职之后，妄图进一步控制中国的海防，于是趁中国谋划建立海军之际，向清廷进言，表示愿意帮助中国筹建海军。他的虚情假意骗取了清廷的信任。当时一些满洲权贵由于不满李鸿章这个汉族官员的显赫权势，于是以为官无能、丧失藩属琉球和筹建海军无效为由，向李提出责难，并支持朝廷通过决议，成立总海防司，让赫德总管中国的南北洋海防。这样一改过去由南、北洋大臣兼管海防的惯例，实际上剥夺了李鸿章筹建海军的实权。眼看大权旁落，面对朝廷的任命书，李鸿章不禁忧心如焚，愁肠百结，急忙找薛福成商量，期望找到一个补救的办法。

薛福成仔细地分析了这件事的始终，认为关键不在于李鸿章的权力被削弱，而在于中国公然将国家的军事大权拱手让给洋人，这不但损害了中国主权，而且遗患无穷。尤其是赫德，他既"总司江海各关税务，利权在其掌握，已有尾大不掉之势"，如果他又掌握了中国的海军，则会"酿无穷之患"。可是，自己只是一个五品微官，想干预朝廷改变决定，谈何容易！入夜，薛福成的书房中依然灯火通明，他正在苦苦思索挽回这个险局的办法。忽然，他灵机一动，计上心头。于是奋笔疾书，写成《李伯相论赫德不宜总司海防书》。第二天一早便交给了正满腹惆怅、寝食难安的李鸿章。李鸿章读罢，不禁面露喜色，拍案叫好，连连称赞薛福成技高一筹。原来，薛福成抓住了赫德"阴鸷而专利，怙势而自尊"这一特点，认为赫德贪恋利权，筹建海防不过是为其谋利的一个幌子罢了。虽然总理衙门已经下达任命书，不能更改，但仍可以用正式行文方式通知赫德，总海防司这一要职不能遥控，必须亲临海滨，专司练兵，而其总税务司一职，则需别人代替。在被告知两者只能取其一的情况下，薛福成料定，赫德必然不会舍弃总税务司这个肥缺。这样，朝廷对赫德的总海防司的任命，也就成了一纸空文，兵权旁落的威胁也就解除了。

混迹官场多年的李鸿章，深知每一步都要小心谨慎。他斟酌多日，思虑周全，才致函总理衙门，详细陈述了赫德领总海防司的种种危害，并依薛福成之计提出了补救措施。先前那些排挤李鸿章的权贵大臣见书后不禁恍然大悟：中国初振武备，却使用"本不知兵名"的赫德，这本身就是养虎遗患。于是立即采纳了李鸿章函中之策，正式行文通知赫德，总海防司一职"非可遥控"，须亲赴海滨，专司练兵，并放弃总税务司。不出薛福成所料，赫德接到公文后，思量再三，还是不忍心割舍中国的海关大权，只好强抑贪欲，表示愿意放弃总海防司一职。这样才保住中国的海防大权没有旁落洋人之手，否则，军权为人挟制，后果将不堪设想。京城中很快传开，说北洋大臣李鸿章用锦囊妙计成功地粉碎了洋人赫德的阴谋，维护了中国的主权，长了中国人的志气。有的甚至添枝加叶，越传越玄。人们哪里知道，真正出谋献计的并不是这位直隶总督，而是有匡时之略、明于料敌的五品官薛福成。

在客居北洋长达 10 年的日子里，薛福成一方面恪尽职守，为李鸿章尽心尽力地办理公务，另一方面也从未忘记自己的抱负。19 世纪七八十年代的中国，内忧未解，外患更为严峻：日本出兵占领琉球，将其改置为冲绳县；

沙俄侵占伊犁后，又逼迫清政府与其签订了丧权辱国的《里瓦几亚条约》；秋天，西方各国公使串通一气，胁迫中国修订条约，全盘免除了洋货行销中国的厘税……面对这些外侮，薛福成的爱国之心被深深地刺痛了，他深切地体会到，要抵御西方列强的蚕食鲸吞，"应变而不受其侮"，必须"应之得其道"，那么如何才能做到呢？薛福成根据自己多年对社会现实的洞悉，将自己多年反复筹思的有关国家内政外交的大计，整理成书，通过李鸿章呈递总理衙门，"备采择"。这篇长达 2 万余字的上书，便是奠定薛福成在中国近代史上的地位和影响的力作——《筹洋刍议》。

在《筹洋刍议》的前半部分中，薛福成详细地阐述了独立自主的外交立场。他反对依靠第三国的"调停"，申明在处理外交事务时要坚持原则，不能妥协退让。

薛福成分析了中国周边的国家，认为沙俄和日本是中国最大的威胁。他指出：这两个国家对中国"实有吴越相图之心"。为今之计，中国应"御俄人之道利用柔，非柔也，化其竞争之气也；御日本之道利用刚，非刚也，示以振作之机也"，上下要一心，御侮自强。薛福成还非常重视武器"先声后实"的威慑作用，强调发展武备、练兵选将的重要性。

薛福成在《筹洋刍议》的后半部分，系统阐发了自己治理内政、振兴国家的思想。他指出，中国要自强，必须舍弃腐朽的官办形式，大力发展民族工商业，充分发挥私人办工业企业的优越性。不应该由少数洋务派大官吏垄断中国新型机器工业生产的主办权，应该鼓励那些有能力、有财力的个人以集股的方法开办私人工业企业，政府对私人工业企业应施行减税等优惠政策，让他们自负盈亏，大胆经营。私人工业企业发展起来了，就能够为国家增加税收来源，增强国力以抵御外敌。薛福成积极主张维护中国的关税自主权，来保护民族工商业的发展。他说，征税是国家的神圣主权，面对各国提出的废除厘金的无理要求，中国应严加拒绝，而不能让列强垄断中国市场，摧残民族工商业的发展。

薛福成在《筹洋刍议》中正式提出了"变法"的口号，他引古论今，详细论证，得出了不变法我将处处不如人的结论。在当时的历史条件下，他能够站在民族荣辱的高度，疾呼变法，这是十分难能可贵的，充分体现了他强烈的民族自信心和尊严感，也激励着一切有爱国心的中国人，为了祖国的强大而不懈努力。

从 1875 年入参北洋到《筹洋刍议》问世的 5 年间，薛福成始终竭心尽力为李鸿章出谋献计，处理政务，但二者在政治观念和节操抱负方面有很大分歧。尤其是后期，李鸿章在处理涉外事务中屡屡屈辱忍让，丧失气节，推行"以和为贵"的妥协外交，这与薛福成坚决抗击外侮的主张是根本对立的。随着时间的推移，这种对立与冲突日趋激化，突出表现在二者对待法国侵略的不同态度上。

1882 年，法国进攻越南，直接威胁中国南大门。作为中国藩属的越南王朝急忙向清廷请求支援。在这危急时刻，薛福成毅然写成《与法兰西立约通商保护越南论》，主张坚决抵抗法国侵略。李鸿章却一味秉承朝廷旨意，妥协退让，根本听不进薛福成的进言。这样，薛福成对这位北洋大臣彻底失望了。1884 年 6 月，朝廷任命薛福成担任浙江宁绍台道。这样，薛福成终于告别了近 20 年的幕僚生涯，踏上了新的征途。

## 四、抗法卫国

薛福成出任浙江宁绍台道，可以说是受命于危难之中。当时，法国为了打开中国的西南门户，不惜将战火从越南燃至中国西南边境，并且派遣远东舰队从海上挑衅，封锁珠江口，骚扰台湾，妄图攻占我国东南沿海城市，进而讹诈更大的利益。面临这种时局，薛福成虽然为自己能够得到一个施展聪明才智的机会而感到宽慰，却又不无担心，一则当时镇守边防的都是重臣宿将，而自己只不过是一个初出茅庐的四品微官，二来面对的法国侵略者又极为嚣张，如果稍有失误，就可能酿成大患。当时的浙江抚台是刘秉璋，他又给薛福成出了一个更大的难题。按常规，在大敌逼临之际，统辖整个浙江沿海防务的重任应由抚台承担，刘秉璋却以"提挈纲维"为名，将防务重任全盘推给了薛福成。刘秉璋手下镇守浙东的将领之间矛盾重重，军队又有"楚勇""淮勇"之分，彼此互不服气，时常发生冲突，极难统辖。将这样复杂的部队交与薛福成，更增加了他任务的艰巨性，迫使他不仅要监察宁、绍、台三地文武官员，还得负责浙江海防事宜，督饬镇海、宁波两地的关税，同时还不得不时时注意协调各级官员和将领间的关系。

在筹防浙东的过程中，薛福成不畏困难、勇挑重担，显示了高度的爱国心、责任感和极强的组织协调能力。一到浙江，他便不顾连日的奔波劳累，亲自赶到镇海等地视察防务。他还十分注重征集将领的意见，广泛听取各方面的建议。虽然赴任只几日，他却很快熟悉了防务，并将各项工作布置得井井有条。尤其是他表现出的申明大义和拳拳诚心，更使大家深为感动。于是，大家尽弃前嫌，纷纷陈述己见，献计献策。招宝山炮台守备吴杰提出了在海口处留出通道，用以诱敌的建议，其他各位大臣也纷纷提出了关于御敌、军备、后勤等各方面的意见和建议。看到大家如此踊跃，薛福成倍感欣慰，多日的劳顿一扫而光。当时的浙江提督是欧阳利见，他素来与刘秉璋不和，对其派薛福成这样一个没有经验的四品文官主持海防事宜，尤其不满。但看到薛福成上任后顾全大局，不辞辛劳，对左右谦虚周到，不摆架子，对自己又格外敬重，顿生好感。所以当薛福成向他征求海防大计时，他便直陈己见，并表示要同仇敌忾，共御外侮。

正当薛福成忙于防务部署的时候，法国侵略者发动了对福建马尾军港的突袭，毫无作战准备的福建海军被动作战，全军覆没。清政府被迫对法宣战。与福建毗邻的镇海，气氛煞时紧张起来。薛福成顾不得有病在身，顶风冒雨巡察前沿阵地，亲自落实各项防务。同时，为了防止法国奸细从中破坏，避免腹背受敌，加强了后方的安全保卫工作，限制法国人的活动，以防奸细混入。

1884年冬，春节即将来临，浙东各处张灯结彩，人们都沉浸在浓郁的节庆气氛中。法军以为有隙可乘，派遣了6艘军舰，意图偷袭镇海。哪知镇海在薛福成的周密布置下，防备森严，法舰见到我军严阵以待的戒备形势，只好灰溜溜掉头而去。薛福成料定法军诡计未能得逞，定不肯善罢甘休，更加警惕，严密防范。1885年2月14日，正是农历的大年夜，薛福成正与部下布置防卫事宜，突然有报说3艘舰只往镇海疾驰而来。薛福成立即奔赴海口阵地，通过瞭望镜一看，竟是3艘插着清龙旗的清朝军舰。原来，这3艘军舰是清朝南洋舰队的"开济""南琛"和"南瑞"号，在奉命援台途中遭遇法国军舰，统领吴安康贪生怕死，还未交手，掉头就逃。为了逃脱法舰的追逐，一口气逃进了镇海港。对吴的作为，薛福成自是非常鄙视和愤懑，由于没有统辖关系，也不便多言。他力劝吴安康趁法舰未到，返回江阴要塞，以确保三舰的安全，但吴安康被法国侵略者吓破了胆，认为逃到镇海便万事大吉，赖在镇海死活不走。无奈，薛福成只好将其安置妥当，采取紧急措施，准备迎敌。他一边命令撤去镇海海口外的灯塔、浮标，放水沉船，堵塞通道，全体官兵进入战略状态，时刻注意法舰动向；一边致电南洋大臣、两江总督曾国荃，请求台湾、福建等地清军抓住时机，协同作战，重创敌人。同时，为了防止吴安康等人弃舰潜逃，他同提督欧阳利见联衔颁发告示，严禁三舰官兵登岸，否则以军法处置。对于薛福成的沉着冷静、临危不乱，左右将领纷纷跷指称道。

16日傍晚，法舰发现了三舰的下落，立即驶入金塘海面，伺机进攻。法舰头目孤拔自从奇袭马尾得逞后，更是来势汹汹。他于3月1日下午派小火轮探测进入海口的通道，结果被我方炮火击溃，掩护它的一艘装甲舰也在我方的众炮齐发中连中数弹，狼狈逃窜。孤拔不甘心失败，又亲自指挥3艘主力舰发起冲击。中国将士团结一致，奋力还击，法舰只好掉头而逃。此后，贼心不死的侵略头目孤拔又指挥发起了两次进攻，妄图打开入港通道，偷袭招宝山威远炮台，但在我军严谨的防守与密集的炮火下，都以失败告终。

强攻不成，又缺乏内应，孤拔陷入了进退两难的境地，停留在金塘海面一筹莫展，丧失了先前的气势。薛福成抓住时机，一面派小股兵力，发挥灵活、快速的优势，不断骚扰敌舰，使其惶惶不可终日，一面积极策划大的反攻。3月20日夜，薛福成组织发动了对法舰的突袭。法舰毫无准备，在清军猛烈的炮火中乱作一团，结果其旗舰连中五弹，死伤多人，孤拔身受重伤，只好仓皇南逃，再也不敢进犯浙江沿海。6月，孤拔身受重伤，病死于澎湖，结束了他罪恶的侵略生涯。

薛福成在这次海战中表现出了极大的智慧和大无畏的精神，得到了广大将士及浙东人民的拥戴。朝廷为表彰他的功绩，授予他布政使的官衔。在他4年的苦心经营下，浙江沿海建立了比较严实的防线，为以后的防卫和御敌打下了良好的基础。

在任职浙东期间，薛福成在忙于政事的同时，仍笔耕不辍。中法战争以中国的不败而败结束之后，他利用余暇，将筹防浙东期间的禀牍、书牍、咨札、电报以及来往公文函稿等编成《浙东筹防录》，并将自己 20 多年来的文稿分门别类，编辑成册，题以"庸庵文编"，校排刊印。正当薛福成着手编纂《庸庵文外编》时，1888 年底，他又被朝廷任命为湖南按察使。正当他即将赴任之际，情况又发生了变化。清廷免去了他湖南按察使的职务，赏二品顶戴，任命他以三品京堂候补的身份，担任出使英法意比四国钦差大臣，从而开始了他的外交生涯。

长期以来，薛福成一直期望能亲自考察西方各国的实际情况。如今终于得到了这样一个机会，他内心自然非常兴奋。1889 年 5 月 21 日，薛福成锦衣上朝，陛辞请训。他以自己的持重练达赢得了光绪帝的信任与欣赏。此后的一段时间，他积极为出使做准备。

## 五、出使四国

1890 年 1 月 31 日清晨，薛福成一行 30 余人，乘坐法国客轮"伊拉瓦第"号，由上海出发，开始了为期一个月的西行之旅。

薛福成为这次出使做了充分的准备。他特地选择谙熟洋务的爱国思想家黄遵宪做助手，随行人员也都是他多方考虑、精心挑选的。

旅途中，薛福成广泛接触客轮上的外籍旅客，他所表现出的渊博的学识、不卑不亢的态度、积极务实的精神，给同船之人留下了深刻的印象，得到了大家的交口称赞；同时，他还积极与属下沟通交流，切磋思想，讨论西方各国以商强国之道，探寻中国强盛之法，细研此次西行的各项目的和任务。

"伊拉瓦第"号在香港稍作停留之后，取道西贡、新加坡、科伦坡，通过苏伊士运河和地中海，历经 34 天的航行，薛福成一行终于在 1890 年 3 月 6 日到达了法国港口马赛。当薛福成第一次登上欧洲的土地，想到自己多年来的夙愿即将变为现实，心中不禁激动万分。

在办完交接手续并按惯例拜会过四国元首之后，薛福成便开始了繁忙的工作。他经常穿梭于伦敦、巴黎、罗马等繁华都市之间，除处理日常事务外，还十分注重对西方各国文化的了解。在法国，他登上埃菲尔铁塔，参观了拿破仑一世的陵寝和兵器陈列馆，游览了著名的巴黎蜡人馆和油画院；在英国，他游览了泰晤士河底的江底隧道，考察了著名的剑桥大学，参观了英国海军和军港炮台；在意大利，他游览了世界天主教的圣地——梵蒂冈，参观了古罗马帝国的遗址、暴君尼禄的故宫、宏伟的巨型斗兽场、气势磅礴的圣彼得大教堂……薛福成被这些西方文化的精华深深吸引住了。欧洲悠久的古典文明、高超的艺术魅力、灿烂的文化成就，使薛福成大大开阔了眼界，加深了对西方文化的了解。在游览之余，薛福成并未忘记将其精粹介绍给中国人民，留下许多脍炙人口的游记，其中《游巴黎蜡人馆记》便是其名作之一。

薛福成对西方社会的状况进行了深入细致的考察，他十分推崇西方资产阶级的议会民主制，认为它能够"通君民之情"，是西方繁荣的根本所在。他说，世界各国的统治形式不外三种：君主制、民主制和君民共主制，英德的君主立宪政体便是君民共主的制度。它既没有美国民权过重之弊，也无法国叫嚣太盛之病，是理想的途径。他提倡君主立宪，虽然也带有害怕民众参与政权的阶级偏见，但在当时历史条件下能提出这种思想，说明薛福成已从一个封建改良主义者变成了资产阶级君主立宪制的拥护者，思想上又前进了一步。西欧各国经济的发展，也是薛福成瞩目的焦点，他通过对西欧各国工业、商贸、军事、科技等发展状况的比较和研究，认为欧洲各国的强盛是其"学问日新、工商日旺"的结果。这更确立了他工商立国的思想。薛福成在他的著作中以显著篇幅介绍了西方先进的文化和教育，希望落后的祖国能一改封建科举制度，引进西方先进科技和教育方法，培养人才，使中国富强。

虽然薛福成清楚地看到了西方各国物质和精神方面的优越性，极力呼吁学习西方，取长补短，但从不盲目崇洋。薛福成认为，妄自菲薄与夜郎自大都是不足取的。前者"惊骇他人之强盛而推之过当"，后者则认为"堂堂中国何至效法西人，意在摈绝而贬之过严"，都不利于中国的发展。因此，既应看到中国悠久的文化，发挥自己的聪明才智，又要认识到自己的不足，善于借鉴。薛福成充满信心地说，只要做到这点，数千年之后，中国因西学之势，而跃于西人之上，就是可能的。

出使期间，薛福成还为维护国家主权、保护华侨利益，作出了不懈努力。

清朝长期以来一直施行禁海政策，1860 年后被迫允许华工出洋，但没有具体有效的保护政策。薛福成目睹了海外华人悲惨的生活，极为同情，深感在华侨集中地区设立领事馆之必要。满清政府在立约时只答应给外国人在中国设立领事馆的权利，并未争取在国外设立领事馆。郭嵩焘、曾纪泽先前拟设领事馆的努力，都遭到列强的阻挠而未成功。薛福成吸取郭、曾二人的经验教训，反复思量，采取了严密的步骤。他首先照会英国外交部，以国际公法和惯例为根据，指出中国有权设立领事馆驻英国属地。在他的据理力争下，英国政府不得不原则上同意了其要求。经过多次交涉，英国同意了清政府将驻新加坡领事馆改为总领事馆的要求。薛福成推荐黄遵宪担任驻新总领事，并合力促使清廷颁布了几条保护归侨的规定。他还争取到了在南洋槟榔屿设立副领事以及在仰光设立领事馆的权利。这在当时是极大的外交成就。

每当海外华侨利益遭到侵犯时，薛福成都亲自出面，据理力争，积极维护华侨利益。他还针对侨胞回国后备受歧视和冷遇的现实，多次上书，促使清政府下达谕令，善待归侨，并颁给护照以资保护。这些举措大大改善了海外华侨的境况。

薛福成将"收利权于西国"当作自己出使的重大使命，妥善解决了滇缅边境界务和商务谈判的棘手问题.有力维护了中国的主权。

1885 年，英国出兵侵占清朝属国缅甸，并通过 1886 年 7 月的《中英会议缅甸条款》，迫使清廷承认了其对缅甸的殖民统治。条款还规定，由中英两国另外立约，共同议定滇缅边界和通商事宜。薛福成不顾有病在身，通过多种途径，积极搜集中英两国在缅甸问题上的谈判资料，研究滇缅交界地区的历史与现状，就滇缅边界和通商问题与英国进行艰难交涉。

1891 年 3 月 4 日，薛福成照会英国外交部，重申了 1886 年《中英会议缅甸条款》中的条文，表示愿意就此具体磋商，并强烈要求英国履行每隔 10 年由英国派遣缅甸官员向中国朝贡的允诺。英国素来以为中国软弱可欺，但看到薛福成措词有力、义正辞严的照会，大有措手不及之感。当然，贪婪成性的侵略者并未因此而放弃其侵略意图，而是加紧了对滇缅边境地区的增兵，不断挑衅，妄图制造争端，加快侵略步骤。薛福成识破了英人的阴谋，一方面多次与英国外交部交涉，对其侵略行径表示抗议，另一方面向总理衙门汇报，申明利害，强调谈判划定中缅边境的重要性与迫切性。在其一再奏请下，清政府在1892年初决定，派薛福成为全权代表，就滇缅边界问题同英国谈判。

在谈判过程中，英国费尽心机，千方百计加以阻挠。薛福成则据理力争，寸步不让。起初，英国急于同法国抢夺对华侵略利益，被迫同意谈判，但在交与中国使馆的《备忘录》中矢口否认过去签署的协议，妄图维护其既得侵略利益。对于这种无赖泼皮之举，薛福成大加痛斥，并以大量史料为据，表明英国只能履行前言，重新谈判，显示了他周旋到底的决心，英国没想到向来软弱可欺的清廷，其外交官的态度竟如此强硬。于是要求谈判地点改在北京，意欲避开薛福成，换个昏庸的官僚。薛福成在征得总理衙门同意后，正告英国当局：改变地点在时间与费用上都是一种浪费，没有必要。英国政府只好同意于1892年9月在伦敦举行谈判。

在谈判桌上，面对骄横狂妄的对手，薛福成坚持原则，刚柔相济，不卑不亢。对英国人的强词夺理，薛福成引经据典予以驳斥，常常使对手哑口无言。英人见谈判占不到便宜，便在边界占领区筑炮台、修兵营，妄图以武力恐吓薛福成就范。薛福成料到英国人会施以威吓，特请求清廷也在云南边境整军练兵，严阵以待。英国政府见软、硬两手都不能得逞，于是又以中止谈判相要挟。薛福成毫不气馁，悉心与之周旋。经过近2年的艰苦斗争，终于迫使英国在《中英续议滇缅界、商务条款》上签了字。这样，薛福成为中国争回了中缅边界已被英国侵占的大片领土和多处天险关隘，捍卫了中国西南边境的疆土。同时，中国也获得了在缅的最惠国待遇，并在仰光设立了领事馆。这是近代中国备受欺凌的外交史上一次巨大的成功。

1894年，薛福成圆满完成了出洋使命，被召回国，拟升都察院左副都御史。他回国不久即一病不起，于光绪二十年六月十九日（1894年7月21日）深夜与世长辞，时年56岁。

薛福成病逝的消息迅速传遍了大江南北。在上海，各界人士主动组织起来，为他举行了隆重的葬礼。光绪皇帝也深表惋惜，特地下旨，按都御史的例行待遇祭葬薛福成，并命令国史馆收集薛福成的事迹，为其立传。

薛福成被埋藏在风景秀丽的军帐山麓。人们永远怀念这位晚清著名的外交家和政治家。每当人们忆及晚清这段屈辱的历史时，也就自然联想到，薛福成曾以自己的才智和谋略，在极为困难的条件下巧与列强周旋，最大限度地维护了国家的权益和尊严。

（周云红）

▼

本文主要资料来源：《薛福成选集》；丁凤麟：《薛福成传》；《清史列传》卷五八，《薛福成传》。